# 돈 되는 엑셀 2007 실무 활용기술

두드림기획(이형범) 지음

돈이당~

YoungJin.com Y.
영진닷컴

# 돈 되는 엑셀 2007 실무 활용 기술

ISBN 978-89-314-3715-7

**독자님의 의견을 받습니다**

이 책을 구입한 독자님은 영진닷컴의 가장 중요한 비평가이자 조언가입니다. 저희 책의 장점과 문제점이 무엇인지, 어떤 책이 출판되기를 바라는지, 책을 더욱 알차게 꾸밀 수 있는 아이디어가 있으면 이메일, 또는 우편으로 연락주시기 바랍니다. 의견을 주실 때에는 책 제목 및 독자님의 성함과 연락처(전화번호나 이메일)를 꼭 남겨 주시기 바랍니다. 독자님의 의견에 대해 바로 답변을 드리고, 또 독자님의 의견을 다음 책에 충분히 반영하도록 늘 노력하겠습니다.

이메일 : support@youngjin.com
주 소 : 서울특별시 금천구 가산동 664번지 대륭테크노타운13차 10층 (주)영진닷컴 기획1팀
내용 문의 메일 : inbook@chol.com, www.edodream.com

## STAFF

**집필** 두드림기획(이형범) | **기획** 기획1팀, 오렌지페이퍼 | **책임 총괄** 김태경 | **진행** 김미정, 오렌지페이퍼 |
**북 디자인** 디자인허브

# 더 중요한 일을 위해 엑셀 사용 시간을 줄여라!

**그 야 말 로** 요즘은 누구나 엑셀을 사용하는 것 같습니다. 무엇이나 마찬가지겠지만 쓴다고 다 같은 수준으로 엑셀을 쓰는 것은 물론 아닙니다만, 여러분은 어떻습니까? 제법 잘 쓰고 있다는 생각을 합니까? 아니면 더 잘 쓰고는 싶은데 공부할 시간이 없어서 잠시 미뤄두고 있는 것입니까?

**정 주 영** 현대그룹 창업자. 어떻게 그렇게 많은 일을 다 처리할 수 있느냐는 물음에 중요한 일을 가려내 그것에 전력을 다하라고 했답니다. 급하고 큰일부터 가려내어 전력을 다하면 작은 일들은 저절로 해결된다고 말입니다. 이 대답은 정주영을 성공으로 이끈 시간 관리 방법입니다. 아마도 회사 업무 중 엑셀 작업이 여러분에게 가장 중요한 일은 결코 아닐 것입니다. 하지만 업무를 처리하기 위해 매일 껴안고 지내야 하는 낯익은 프로그램이기는 할 것입니다. 엑셀보다 더 중요한 일을 위해서 여러분의 엑셀 사용 시간을 줄이십시오. 엑셀로 이전과 같거나 그보다 더 많은 일을 해내되 단지 사용 시간만 줄이라는 것입니다. 많은 사용자들은 엑셀을 전혀 엑셀답게 활용하지 못하고 있는 것이 현실입니다. 그래서 엑셀 앞에 붙어 있는 시간만 늘리고 있지요.

**엑 셀 은** 여러분의 업무를 믿고 맡겨도 될 만큼 제법 똑똑합니다. 똑똑한 엑셀에게 제대로 일을 시키기 위해서는 녀석이 어디까지 일을 처리할 수 있는지 그 능력의 한계를 미리 알아두는 것이 중요합니다. 이 책의 목적은 그것입니다. 많은 실무 문서를 직접 작성하면서 엑셀로 어떤 업무까지 처리할 수 있는지, 지금까지 여러분의 귀중한 시간을 낭비하게 했던 엑셀은 무슨 문제가 있었는지 스스로 인식할 수 있게 하는 것입니다. 문제를 인식하고 해결해 나가는 동안 여러분에게 매일 주어지는 86,400초의 시간은 더 중요한 일을 위해 쓰일 것입니다.

**두드림기획(이형범)** 드림

# 한눈에 보는
# 돈 되는 엑셀 2007 실무 활용 기술

## THEME
### 01   생각하는 엑셀 문서를 만들자 | 직장인 필수 기본 문서

직장인이라면 누구나 이런 저런 명칭이 붙은 문서들을 만들어야 합니다. 고객이나 상사가 요구하는 문서를 만들기 위해 하루하루가 매우 분주합니까? 다들 한다고 해서 일단 엑셀로 하긴 하지만 워드프로세서 생각이 간절하십니까? 그렇다면 여러분은 아직 '생각하는 엑셀 문서'를 모르고 있는 것 같습니다. 혹은 알고는 있지만 어려울 것이라고 미리 겁을 먹고 있을지도 모르겠습니다. 어쨌거나 계속 엑셀을 사용해서 문서를 만들어야 한다면 평범한 문서가 아니라 여러분의 업무 시간을 확실하게 다이어트해 줄 수 있는 '생각하는 엑셀 문서' 만들기에 도전해야 합니다. 엑셀 2007이 빵빵하게 지원하는 몇 가지 기능만 익히면 절대 어려운 일이 아닙니다. 지금부터 여러분의 엑셀 실력이 빠르게 업그레이드될 것입니다.

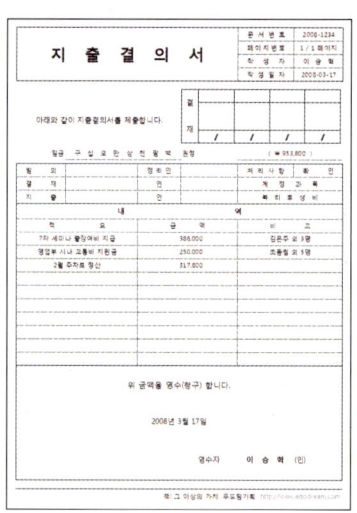

## Section 01   금액의 계산과 표시가 자동으로 완성되는 지출결의서

지출결의서는 사무실 경비와 같은 적은 금액의 지출에 대하여 담당자가 관리자로부터 결재를 받기 위해 사용합니다. 지출 내용과 금액을 입력하면 금액의 합계를 자동으로 계산하여 한글과 숫자로 각각 표시해주는 지출결의서를 작성해 봅니다. 또한, 회사 문서에 거의 빠지지 않고 등장하는 결재란을 만들고, 그림 복사 기능을 이용해서 문서에 삽입하는 방법도 함께 살펴봅니다.

## Section 02   주간 날짜가 자동으로 입력되는
##                      주간 업무 보고서

금주와 차주의 업무 내용을 날짜와 시간에 따라 입력한 후 처리 결과를 보고하기 위한 주간 업무 보고서를 작성해 봅니다. 기준이 되는 날짜를 입력하면 해당 날짜가 포함되어 있는 주의 날짜와 요일이 보고서에 자동으로 표시되고 사용자는 시간에 따라 업무 내용을 입력해서 보고서를 완성할 수 있습니다.

## Section 03   업체별 견적 금액이 자동으로 적용되는 구매품의서

구매품의서는 물품을 구매하기 전에 충분한 검토와 협의를 거쳐 구매를 결재 및 승인 받을 수 있도록 준비하는 문서입니다. 구매품의서는 지출을 동반하는 것이기 때문에 구매에 대한 정확한 금액을 명시하는 것이 중요합니다. 여기서 작성할 구매품의서는 구매 물품에 대한 수량과 각 업체별로 제시한 단가를 이용하여 최저 가격을 제시한 업체의 견적 내용을 자동으로 표시합니다. 나중에 다른 건으로 다시 구매품의서를 작성할 때 구매 품목과 수량, 업체별 단가만 수정해서 자동으로 구매품의서를 완성시킬 수 있습니다.

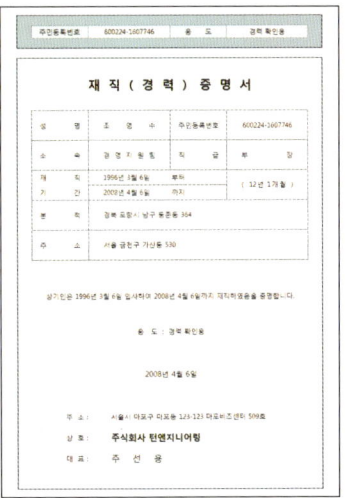

## Section 04   품명과 수량만 입력해서 바로 만드는 견적서

품명, 규격, 수량, 단가 등 어떤 거래에 대한 구체적인 내용과 필요한 가격을 미리 계산한 것을 견적서라고 합니다. 여기에서는 거래 가능한 품명과 규격, 단가 등을 정리해 두고 견적서 양식에서는 품명과 수량 등 최소한의 항목만 선택하거나 입력해서 나머지 항목을 자동으로 계산하는 견적서를 만들어 봅니다.

## Section 05   주민등록번호만 입력해서 자동으로 완성하는
                  재직(경력) 증명서

재직증명서는 사원이 현재 회사에 재직하고 있음을 증명하기 위한 문서이고, 경력증명서는 해당 사원이 언제부터 언제까지 어떤 업무를 맡아 근무했는지를 증명하기 위한 문서입니다. 재직증명서와 경력증명서의 형식은 크게 다르지 않으므로 여기서는 두 문서를 하나의 형식으로 작성합니다. 사원명부에 등록해 놓은 사원의 주민등록번호를 이용하여 증명서에 필요한 정보를 가져오는 방식으로 재직(경력) 증명서를 자동으로 완성합니다.

# THEME 02

## 엑셀을 더욱 강력하게, 함수를 정복하자 | 경리/총무 업무를 위한 계산 문서

엑셀을 이용해서 문서를 작성하기로 마음을 먹었다면 그 바탕에는 다른 무엇보다 엑셀의 계산 기능에 대한 신뢰가 깔려 있을 것입니다. 거의 모든 엑셀 문서가 계산을 위한 수식을 포함하고 있습니다. 엑셀이 계산기보다 더 마음을 끄는 이유는 더하기, 빼기, 곱하기, 나누기 등 아주 기초적인 연산 외에 함수를 이용해서 더 융통성 있고 조건에 따라 반응하는 계산을 그것도 자동으로 할 수 있다는 점입니다. 함수를 정해진 규칙에 따라 익숙하게 사용할 수 있으려면 반복해서 학습하고 경험하는 것이 가장 좋습니다. 이번에 다루게 될 문서들은 다른 문서들에 비해 많은 함수를 필요로 합니다. 어떤 곳에 어떤 함수를 적용해야 하는지 배우고 수식을 분석하는 동안 여러분의 엑셀 논리력은 탄탄해질 것입니다.

## Section 01  입출고 내역에 따라 자동으로 재고를 계산하는 입출고 관리

상품의 입고와 출고가 발생했을 때 입출고 내역을 입력하고 관리할 수 있는 문서입니다. 이 문서는 두 개의 시트로 구성되어 있는데, [품목관리] 시트에서는 상품에 대한 각종 정보와 입고량, 출고량, 현재 재고량 등을 한 눈에 볼 수 있고, [입출고내역] 시트에서는 상품 코드만 입력해서 그 밖의 상품 정보를 자동으로 표시하고 입고와 출고를 구분해서 수량을 입력하고 금액을 계산합니다. 입출고 관리 문서의 작성 과정을 응용하면 매입매출장, 입금 및 출금 관리 문서 등도 쉽게 만들 수 있습니다.

## Section 02  현금의 입출 내역을 깔끔하게 정리하는 금전출납부

금전출납부는 현금의 입금 및 출금 내역을 기록해 놓는 장부입니다. 엑셀로 만드는 금전출납부의 장점은 수입과 지출에 따라 자동으로 잔액을 계산하고 전체 합계를 실시간으로 확인할 수 있다는 것입니다. 여기에서는 특히 수입 항목과 지출 항목을 미리 등록해 두고, 수입과 지출에 따라 해당되는 항목을 선택할 수 있도록 수식과 데이터 유효성 검사를 함께 활용하는 방법을 중요하게 다룹니다. 이 과정을 통해 작성한 금전출납부를 응용하여 용돈 관리나 가계부와 같이 개인적인 용도의 문서로 만들어 사용하거나 소규모 회사에서 현금출납부로 활용할 수 있습니다.

## Section 03 기초 정보만 입력하면 각종 공제액을 자동으로 계산해 주는 급여대장

급여대장은 많은 수식을 필요로 하는데 특히 갑근세나 주민세, 건강보험, 국민연금, 고용보험 등 근로기준법에 정해져 있는 공제액을 계산하기 위해 수식이 사용됩니다. 물론 법으로 정해져 있는 공제액 이외에도 회사마다 사규에 의해 정해진 각종 수당이나 기타 공제액을 계산하는 부분도 필요합니다. 완벽한 수식으로 급여대장을 한 번 만들어 놓으면 매월 수당이나 기타 공제액 등 달라지는 부분만 새로 입력해서 빠르게 급여대장을 만들 수 있습니다.

## Section 04 거래내역을 입력해서 자동으로 완성하는 세금계산서

세금계산서는 사업자의 거래 내역을 증명하는 매우 중요한 세금영수증입니다. 세금계산서를 매번 손으로 직접 써서 발행하는 것은 특히 거래가 빈번한 사업장에서는 매우 비효율적일 뿐만 아니라 금액을 잘못 계산하는 실수를 범할 위험성까지 있습니다. 이번 과정을 통해 세금계산서를 만들어 두면 작성에 필요한 최소한의 내용만 입력해서 자동으로 세금계산서 양식을 만들어 출력할 수 있게 됩니다.

## Section 05 출퇴근 시간을 기록해서 근태시간을 바로 계산하는 출근부

매일매일 출근 시간과 퇴근 시간을 기록해서 근무 시간을 계산하고 시급(시간당 급여)에 따라 월 급여를 계산하는 일용직 근로자의 근태 관리에 적합한 출근부 양식을 만듭니다. 정해져 있는 출퇴근 시간과 실제 출퇴근 시간을 비교해서 근무 시간과 함께 지각, 조퇴 등을 자동 계산하는 것이 이번 문서의 핵심 작업이라고 할 수 있습니다. 시간을 이용한 계산 작업은 의외로 까다로운 조건을 면밀하게 분석하고 검토하지 않으면 전혀 뜻밖의 결과로 나타나는 경우가 많습니다. 출근부 작성 과정을 살펴보면서 시간을 처리하는 방법을 확실하게 익혀두기 바랍니다.

**THEME**

## 03 시선을 사로잡는 차트로 승부하자 | 기획/관리 업무를 위한 차트 분석

엑셀 2007이 자랑하는 특징 중의 하나는 이전 버전보다 한층 더 세련된 전문가 스타일의 그래픽 구현이 가능하다는 것입니다. 이전에는 그럴싸한 그래픽을 엑셀 문서에 포함시키기 위해서 포토샵 등의 그래픽 프로그램을 함께 사용해야 했기 때문에 엑셀을 꽤 한다는 사용자들에게 상처 아닌 상처를 주었습니다. 하지만 엑셀 2007은 몇 번의 마우스 동작으로 포토샵 부럽지 않은 그래픽을 만들 수 있는 기능을 지원합니다. 차트는 워크시트의 데이터를 그래픽으로 비주얼하게 표현하는 것으로 차트를 통해 더욱 명확하고 쉽게 데이터의 흐름을 읽고 데이터를 비교할 수 있습니다. 차트를 이용한 분석 작업을 통해 엑셀 2007의 화려한 그래픽 기능이 차트에 어떤 영향을 미칠 수 있는지 생생하게 느낄 수 있을 것입니다.

### Section 01 작업 일정의 시간적 흐름을 표시하는 간트 차트

간트 차트는 고안자인 헨리 간트(Henry Gantt)의 이름을 딴 것으로 프로젝트의 일정 관리를 목적으로 주로 사용되는 차트입니다. 간트 차트는 프로젝트의 시작과 끝을 그래픽 바(Bar)로 표시해서 전체 일정을 파악하기 쉽게 도와줄 뿐만 아니라 프로젝트 사이의 관계를 표시할 수도 있습니다. 엑셀에서 '간트 차트'라는 차트 종류를 지원하는 것은 아니지만, 누적 가로 막대형 차트를 응용해서 쉽게 간트 차트를 만들 수 있습니다.

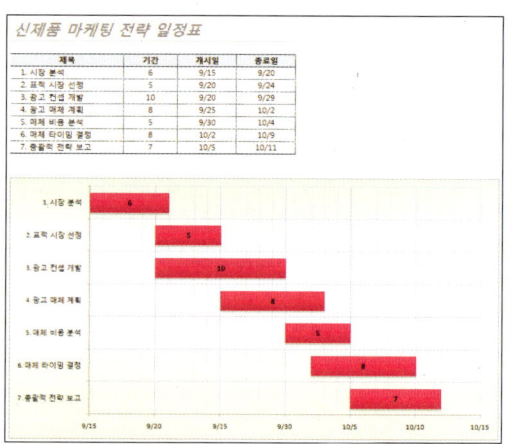

### Section 02 목표 금액과 달성 금액의 차이를 명확하게 보여주는 목표 달성 차트

세로 막대형 차트는 항목별로 데이터의 크기를 비교할 때 유용한 차트 종류입니다. 여기에서는 대리점별로 목표 금액과 현재까지 달성 금액을 비교하기 위한 세로 막대형 차트를 작성합니다. 이 차트의 특징은 목표와 달성을 표시하는 두 개의 세로 막대를 겹쳐서 표시하는 것입니다. 이를 위해 보조 축을 사용하게 됩니다.

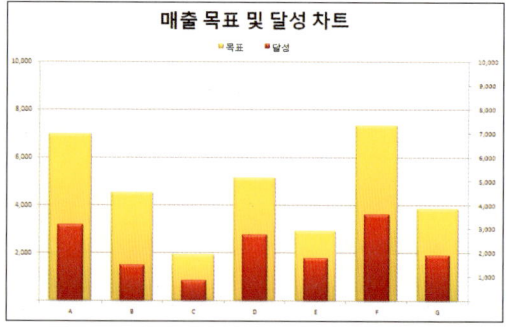

## Section 03  선택한 상품의 매출을 표시하는 매출 차트

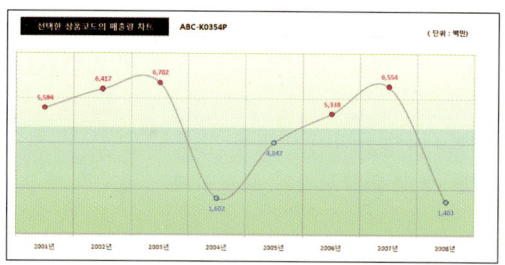

매출표에서 선택한 특정 상품의 매출을 표시하는 매출 차트를 작성합니다. 이 차트의 특징은 전체 평균 매출을 그림 영역의 배경으로 표시하고, 매출이 평균 이상일 때와 평균 미만일 때 각각 다른 서식으로 데이터 레이블을 표시한다는 것입니다. 목적을 달성하기 위해 매출표에서 선택한 상품의 매출과 평균 매출을 수식을 이용해서 가져오고, 몇 가지 단계를 거쳐 데이터를 가공해서 차트의 원본 데이터를 새로 만들어야 합니다. 더 특별하고 의미 있는 형태의 차트를 만들기 위해 필요한 차트 활용의 기술을 익힐 수 있습니다.

## Section 04  원형 대 가로 막대형으로 만드는 매출 분석 차트

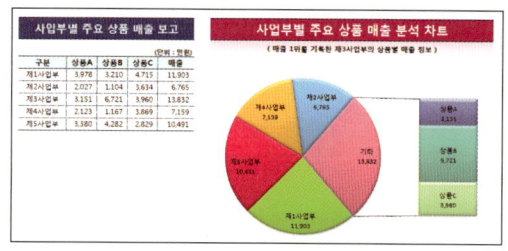

원형 차트는 단 하나의 데이터 계열을 사용해서 각 항목의 크기를 전체에 대한 비율로 표현합니다. 원형 차트를 사용할 때의 주의할 점 중 하나는 항목의 개수가 일곱 개를 넘지 않아야 보기 좋은 원형 차트를 만들 수 있다는 것입니다. 항목의 개수가 많을 경우 원형 차트의 단점을 보완하기 위해 원형 대 원형 차트나 원형 대 가로 막대형 차트를 사용합니다. 이러한 차트는 원형 차트에서 몇 개의 항목을 따로 떼어내 보조 원형 차트나 누적 가로 막대형 차트에 표시합니다. 여기에서는 원형 대 가로 막대형 차트를 이용하여 5개 사업부의 매출을 표시하면서 가장 매출이 높은 사업부의 세부 항목을 누적 가로 막대형 차트에 표시하는 방법을 살펴봅니다.

## Section 05  확인란으로 경쟁사를 선택해서 표시하는 시장 점유율 비교 차트

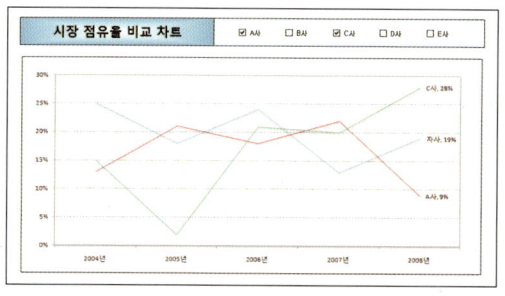

꺾은선형 차트는 시간의 흐름이나 순서별 항목에 따른 추세를 표시할 때 사용합니다. 여기에서는 2004년부터 2008년까지 자사와 다섯 개의 경쟁사에 대한 시장 점유율 데이터를 꺾은선형 차트로 표시합니다. 이 차트에서 중요한 점은 확인란 컨트롤을 사용하여 차트에 표시할 경쟁사를 직접 선택할 수 있다는 것입니다. 차트에는 자사의 시장 점유율과 함께 확인란 컨트롤을 통해 선택한 경쟁사의 시장 점유율만 표시합니다. 자사와 A사의 시장 점유율만 표시하거나 자사와 A사, B사의 시장 점유율을 표시하여 비교할 수도 있습니다.

## THEME

**04 데이터 분석으로 미래를 관리하자 | 판매/영업 업무를 위한 데이터 활용**

엑셀 2007은 이전 버전에 비해 워크시트의 크기가 매우 커졌습니다. 이전 버전까지는 65,536개의 행과 256개의 열로 워크시트가 구성되어 있었지만 엑셀 2007은 무려 1,048,576개의 행과 16,384개의 열을 제공합니다. 워크시트가 커졌기 때문에 우리는 더 많은 데이터를 워크시트에 저장할 수 있게 되었으며, 워크시트 데이터를 이용하여 더 많은 작업을 고려할 수 있게 되었습니다. 원시적인 형태의 데이터를 업무에 효과적으로 활용하려면 데이터를 관리하고 분석하기 위한 엑셀 기능을 익혀야 합니다. 이번 Theme에서는 데이터를 목적에 따라 분류하고, 요약하고, 분석하는 기술과 함께 이러한 작업 과정을 자동화하기 위해 수식 및 매크로를 활용합니다. 여기에서 사용하는 매크로는 '매크로 기록' 기능에 많은 부분을 의존한 기초 매크로이기 때문에 매크로 초보자라 하더라도 별 무리 없이 성공적으로 작업을 마칠 수 있습니다. 다섯 번째 Theme에서 매크로는 더 심도 있게 다룰 것입니다.

### Section 01  자동 필터로 필요한 데이터만 검색할 수 있는 회원 관리 문서

자동 필터는 무엇보다 간단한 조건으로 빠르고 쉽게 원하는 데이터만 보여준다는 점에서 가장 많이 사용할 만한 데이터 검색 기능입니다. 자동 필터는 텍스트, 숫자, 날짜/시간 등 데이터 종류에 따라 각각 다른 데이터 검색 기능을 제공하는데, 엑셀 2007은 날짜 데이터의 필터링 방법에서 매우 많은 기본 조건을 제공합니다. 자동 필터를 이용해서 데이터를 필터링하고 그 결과를 다른 워크시트에 복사해서 빠르게 보고서를 구성하는 방법을 살펴봅니다.

### Section 02  고급 필터로 입출고 내역을 검색해서 결과를 복사하는 입출고 관리 문서

고급 필터가 자동 필터보다 더 좋은 점은 조건을 지정할 때 유연성을 제공한다는 것입니다. 자동 필터는 단순한 조건으로 데이터를 검색할 때 매우 유용한 도구임에 틀림이 없지만 복잡한 조건을 지정할 때는 한계가 있습니다. 여기에서는 기간과 거래처, 거래구분, 상품명을 조건으로 사용해서

고급 필터로 데이터를 검색한 다음 고급 필터 고유 옵션을 사용해서 그 결과를 원하는 위치에 복사합니다. 고급 필터의 사용 방법과 함께 수식을 이용해서 조건을 만드는 기술을 배울 수 있습니다.

## Section 03　기간과 거래유형으로 자동 요약되는 비용 처리 대장

자동 부분합 기능을 삽입하면 빠르고 쉽게 데이터를 특정 필드(열)를 기준으로 요약할 수 있습니다. 예를 들어 월별로 금액의 합계나 평균을 표시하거나, 구분항목과 거래유형에 따라 데이터의 개수를 표시할 수 있습니다. 부분합은 데이터 범위에 삽입되는데 나중에 부분합을 제거하면 데이터 범위는 원래대로 돌아갑니다. 이러한 부분합의 특성을 이용하여 단추를 클릭하면 부분합을 삽입하고, 다른 단추를 클릭하면 삽입한 부분합을 제거하도록 매크로를 이용하여 자동화하는 과정을 살펴봅니다.

## Section 04　피벗 테이블로 쉽고 빠르게 구현하는 거래 분석 문서

피벗 테이블은 대량의 데이터를 가장 쉽고 빠르게, 효과적으로 요약하고 분석할 수 있도록 도와주는 매우 훌륭한 도구입니다. 여기에서는 일 년 동안의 거래현황 데이터를 브랜드와 제품군에 따라 기간별(월과 분기)로 요약해서 거래량의 합계를 파악할 수 있는 피벗 테이블 보고서를 작성합니다. 이 과정을 통해 엑셀 2007에서 달라진 피벗 테이블 보고서의 작성 방법을 익힐 수 있습니다.

## Section 05　수식으로 데이터를 요약 및 분석하는 거래 요약 문서

피벗 테이블은 대량의 데이터를 빠르고 효과적으로 요약할 수 있어 매우 편리하지만 정해진 레이아웃을 사용하므로 여러분이 원하는 형태의 문서를 얻기가 쉽지 않습니다. 자신이 원하는 형태로 데이터를 요약하기 위해서는 아무래도 수식을 사용하는 방법이 가장 유연하다고 할 수 있겠습니다. 여기에서는 데이터베이스 함수를 최대한 활용하여 데이터를 요약 및 집계하는 과정을 살펴봅니다. 다른 함수와는 사용 방법에 있어 약간의 차이가 있는 데이터베이스 함수를 사용하는 방법에 대해 배울 수 있습니다.

**THEME**

# 05 효과적인 업무 처리를 위해 매크로에 도전하자 | 2배 효과와 시간 절약을 위한 자동화 문서

매크로를 사용하면 확실하게 업무 자동화를 실현할 수 있으며, 그로 인해 여러분의 업무 효율이 두 배로 높아집니다. 매크로가 일반적인 엑셀 기능을 익히는 것보다 다소 어렵다는 이유로 덮어 두기에는 너무 아까운 장점이 많습니다. 여기에서는 초보자의 눈높이로 되도록 쉽고 간단하게 매크로를 이용한 문서 자동화에 도전합니다. 정식으로 VBA 문법을 하나씩 익히는 것도 물론 중요한 학습 방법이지만 일단 실무에서 사용하는 매크로를 도입해 보고 매크로 코드를 하나씩 해석하는 과정을 통하면 더 빨리 매크로에 대해 이해하고 엑셀의 마력에 빠져들게 될 것입니다.

## Section 01 엑셀로 구현하는 메일 머지(Mail Merge) 작업

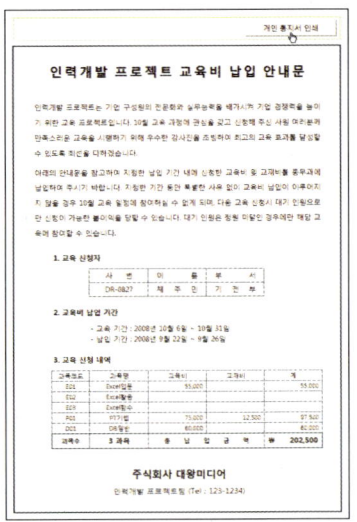

워드프로세서로 문서 작업을 하다가 엑셀로 프로그램을 바꾼 사용자들이 가장 많이 하는 질문이 바로 메일 머지 작업입니다. 메일 머지는 똑같은 내용의 편지에서 특정 부분만 바꿔 수십, 수백, 수천 장의 문서를 한 번에 작성하는 기능입니다. 대부분의 워드프로세서는 이러한 메일 머지 기능을 지원하는데, 엑셀에서는 수식과 매크로를 이용해서 워드프로세서보다 더 똑똑한 메일 머지 작업을 구현할 수 있습니다. 여기에서는 사내 교육을 위해 직원들의 교육 신청 데이터를 이용하여 자동으로 납입 통지서를 작성하는 과정을 살펴봅니다. 여기서 만든 매크로를 응용하면 개인별 급여지급 명세서를 출력하거나 고객에게 보내는 안내문 등을 자동으로 작성할 수 있습니다.

## Section 02 ActiveX 컨트롤을 이용하여 그림이 표시되는 상품 검색 시트

ActiveX 컨트롤의 형태는 양식 컨트롤과 거의 흡사합니다. 지금까지 살펴본 바에 의하면 양식 컨트롤은 [컨트롤 서식] 대화상자를 이용해서 입력 범위나 셀 연결 등을 지정하고, [매크로 지정] 대화상자를 이용해서 매크로와 연결하여 사용할 수 있었습니다. 이에 비해 ActiveX 컨트롤은 디자인 모드에서 [속성] 창을 이용하여 입력 범위나 셀 연결을 비롯한 각종 속성을 설정할 수 있으며 해당 컨트롤의 이벤트에 반응하는 매크로 즉, 이벤트 프로시저를 통하여 동작합니다. 여기에서는 몇 개의 ActiveX 컨트롤을 워크시트에 삽입하고 속성을 설정한 다음 이벤트 프로시저를 작성하여 작업을 자동화하는 과정을 살펴봅니다.

### Section 03　고객 주소록으로 만드는 주소 레이블

고객 관리 업무 중 하나로 일정한 기간마다 상품 카탈로그나 안내문, 생일 축하문 등을 발송하는 일이 있습니다. 주소록에 고객의 이름과 주소 등이 입력되어 있다면 주소록 데이터를 이용하여 일정한 양식에 맞게 주소 레이블을 출력할 수 있습니다. 여기서 작성하는 매크로를 실행하면 A4 용지 한 장에 12개의 주소 레이블을 출력할 수 있도록 미리 만들어 둔 양식으로 고객의 주소를 가져와 인쇄합니다. 이 매크로를 응용하면 용지 한 장에 10장이나 14장 등 여러분이 원하는 개수로 레이블을 인쇄할 수 있으며, 편지 봉투에도 주소를 인쇄할 수 있습니다.

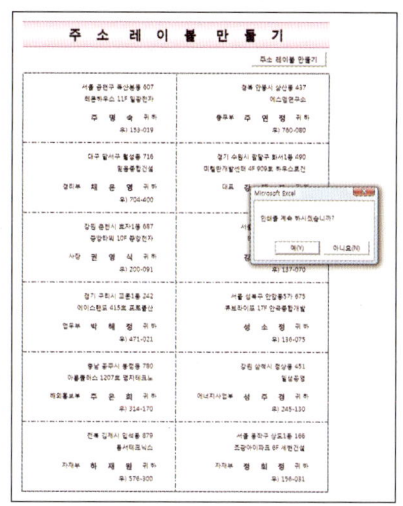

### Section 04　여러 파일의 데이터를 하나의 시트에 통합하기

여러분이 데이터 관리 업무를 맡고 있다면 여러 지점이나 여러 부서 등에서 보내온 데이터를 하나로 취합하는 작업이 필요할 수 있습니다. 여기에서는 6개의 대리점에서 보내온 4분기 판매 데이터를 하나의 시트로 통합하는 과정을 매크로로 자동화하는 방법을 살펴보려고 합니다. 대상이 되는 파일을 열고 데이터가 들어 있는 셀 범위를 복사한 다음, 통합 워크시트에 복사한 데이터를 붙여 넣고, 열어 놓은 대상 파일을 닫는 과정이 자동화의 대상입니다. 경우에 따라 실무에서는 100개 정도의 파일이나 심한 경우 그보다 훨씬 많은 파일을 하나로 통합하기 위해 여기서 만든 매크로를 활용할 수 있습니다.

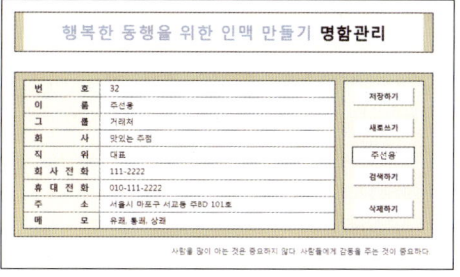

### Section 05　입력, 수정, 검색, 삭제까지 너무 완벽한 엑셀 명함관리

명함 관리는 엑셀에서 데이터를 입력, 수정, 검색, 삭제하는 일반적인 모든 과정이 포함되어 있습니다. 따라서 명함 관리를 정확하게 이해하고 작성할 수 있다면 고객 관리, 거래처 관리 등을 비롯해서 다양한 형태의 데이터를 수월하게 관리할 수 있는 문서를 만들 수 있게 됩니다.

# 효율적인 학습을 위한
# 본문 구성 살펴보기

**Seciton 리드문**
해당 Section에서 다루는 실무 문서에 대한 내용을 간결하게 설명합니다.

**Section 제목**
어떤 실무 문서를 다루는지 보여줍니다. 다양한 업무 유형별 실무 문서 중 자신에게 필요한 문서를 바로 찾아 볼 수 있도록 구성하였습니다.

**Step 제목**
실무 문서를 실제로 작성하는 과정을 단계별로 나누어 소개합니다.

**따라하기**
실제로 문서를 작성하는 내용입니다. 각 과정을 하나하나 나눠 꼼꼼하게 설명하므로 학습 내용을 빠르게 익힐 수 있습니다.

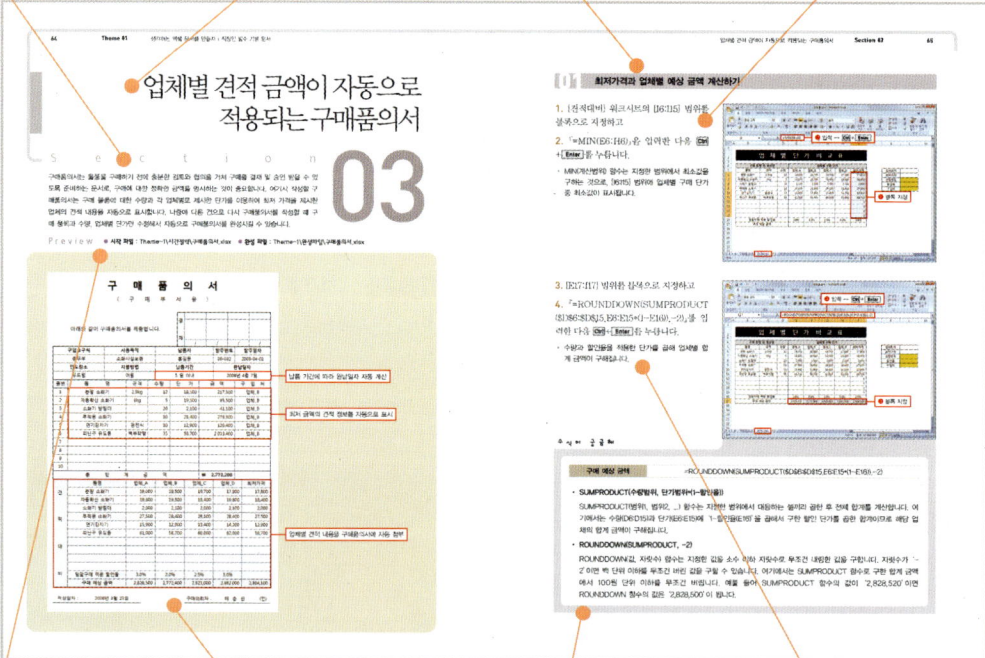

**예제 파일 경로**
작업하는 문서를 작성하기 위해 필요한 소스 파일과 문서의 완성 파일의 경로를 한눈에 알아볼 수 있도록 정리해 두었습니다.

**문서 미리 보기**
작업하게 될 문서를 미리 보여주며, 작업 내용의 키포인트가 되는 내용을 콕 집어 소개합니다.

**수식이 궁금해**
본문에서 설명하는 수식에 대해 자세하게 설명합니다.

**부연 설명**
따라하기 과정에 대한 부연 설명입니다. 문서 작성 과정에 도움이 되는 설명이므로 꼼꼼하게 읽어 봅니다.

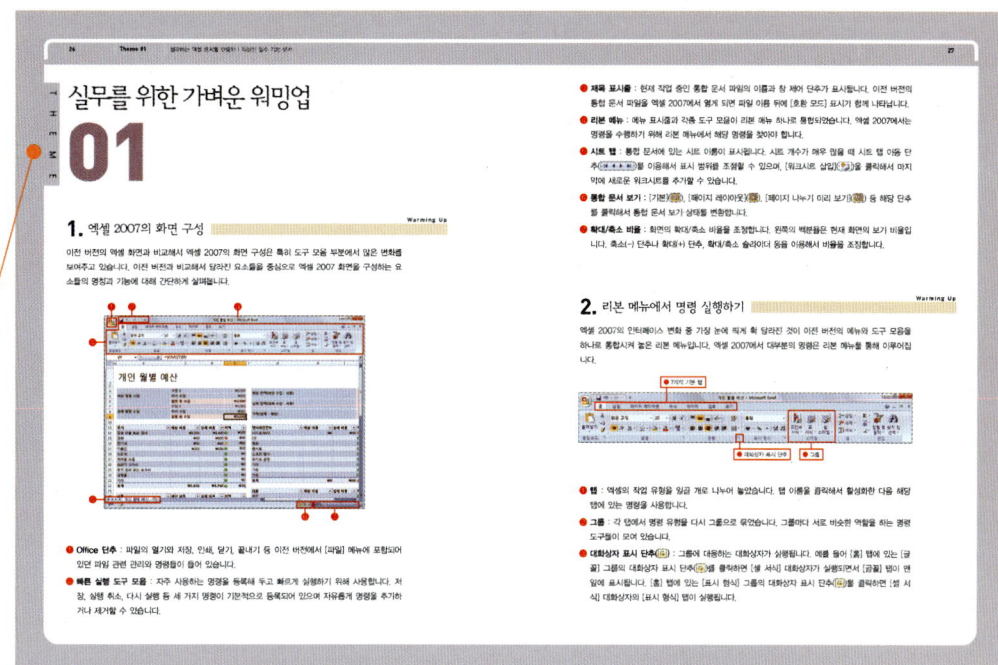

## 실무를 위한 워밍업

각 테마별 문서를 작성할 때 밑바탕이 되는 핵심 기술을 간략하게 살펴봅니다. 여기에서 다루는 내용들은 실무 문서를 더 쉽고 빠르게 작성할 수 있게 하는 역할을 해주므로 빠짐없이 확인해 보도록 합니다.

## Upgrade

각 Section에서 작성한 실무 문서의 수준을 높이는 과정을 소개합니다. 문서의 일부 요소를 다른 기능으로 대체하거나 조금 더 고급스러운 문서로 변경하는 방법 등을 소개합니다.

## 왜 그런지 궁금해

본문 내용과 관련해 좀 더 자세하게 알아두어야 할 부분을 짚어줍니다.

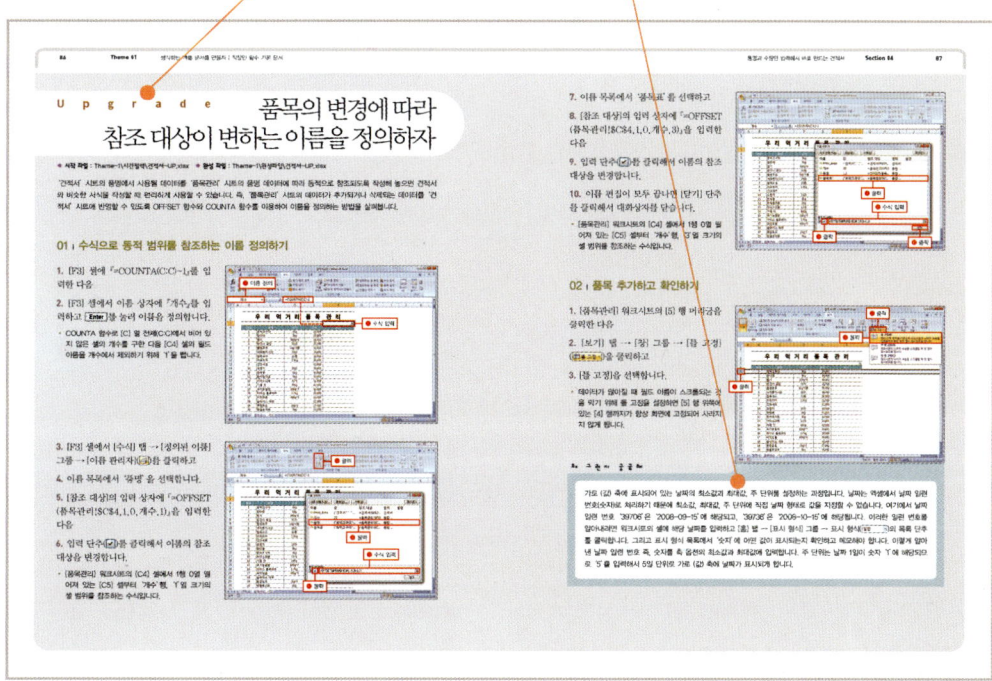

# 효율적인 학습을 위한
# 부록 CD 구성 살펴보기

## 1 본문 예제 파일

책의 예제로 사용된 문서의 소스 파일과 완성 파일이 수록되어 있습니다. 각 Theme의 폴더 안에 예제의 소스 파일이 담겨 있는 [시간절약] 폴더와 예제의 완성 파일이 담겨 있는 [완성파일] 폴더가 있으며, 본문에 명시되어 있는 각 문서 파일을 불러와 활용할 수 있습니다.

Theme-1 ┌ 시간절약
        └ 완성파일

Theme-2 ┌ 시간절약
        └ 완성파일

Theme-3 시간절약
        완성파일

Theme-4 ┌ 시간절약
        └ 완성파일

Theme-5 ┌ 시간절약
        └ 완성파일

## 2 필수 함수 강좌 파일

저자가 직접 제작한 엑셀 필수 함수 학습 문서를 담았습니다. [날짜/시간 함수], [논리 정보 함수], [데이터베이스 함수], [수학 함수], [재무 함수], [조회 함수], [텍스트 함수], [통계 함수]의 8가지 테마로 구분한 강좌 파일을 제공하며, 각 파일에는 함수에 대한 형식과 자세한 설명이 담겨 있습니다. 이 강좌 문서를 통해 본문에서 자주 사용되는 필수 함수를 내 것으로 확실히 익혀 둡니다.

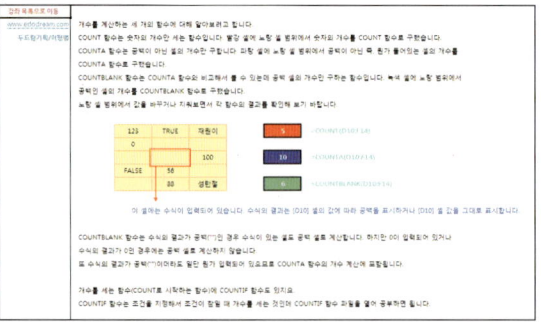

# THEME 01

### 생각하는 엑셀 문서를 만들자
## 직장인 필수 기본 문서

# THEME 02

## 엑셀을 더욱 강력하게, 함수를 정복하자
## 경리/총무 업무를 위한 계산 문서

THEME **03**

시선을 사로잡는 차트로 승부하자
# 기획/관리 업무를 위한 차트 분석

**T H E M E 04**

데이터 분석으로 미래를 관리하자
**판매/영업 업무를 위한 데이터 활용**

**THEME 05** 효과적인 업무 처리를 위해 매크로에 도전하자
**2배 효과와 시간 절약을 위한 자동화 문서**

# 생각하는 엑셀 문서를 만들자
## 직장인 필수 기본 문서

THEME

# 01

직장인이라면 누구나 이런 저런 명칭이 붙은 문서들을 만들어야 합니다. 고객이나 상사가 요구하는 문서를 만들기 위해 하루하루가 매우 분주합니까? 다들 한다고 해서 일단 엑셀로 하긴 하지만 워드 프로세서 생각이 간절하십니까? 그렇다면 여러분은 아직 '생각하는 엑셀 문서'를 모르고 있는 것 같습니다. 혹은 알고는 있지만 어려울 것이라고 미리 겁을 먹고 있을지도 모르겠습니다. 어쨌거나 계속 엑셀을 사용해서 문서를 만들어야 한다면 평범한 문서가 아니라 여러분의 업무 시간을 확실하게 다이어트해 줄 수 있는 '생각하는 엑셀 문서' 만들기에 도전해야 합니다. 엑셀 2007이 빵빵하게 지원하는 몇 가지 기능만 익히면 절대 어려운 일이 아닙니다. 지금부터 여러분의 엑셀 실력이 빠르게 업그레이드될 것입니다.

Section 01 금액의 계산과 표시가 자동으로 완성되는 **지출결의서**

Section 02 주간 날짜가 자동으로 입력되는 **주간 업무 보고서**

Section 03 업체별 견적 금액이 자동으로 적용되는 **구매품의서**

Section 04 품명과 수량만 입력해서 바로 만드는 **견적서**

Section 05 주민등록번호만 입력해서 자동으로 완성하는 **재직(경력) 증명서**

T
H
E
M
E

# 실무를 위한 가벼운 워밍업

# 01

## 1. 엑셀 2007의 화면 구성

이전 버전의 엑셀 화면과 비교해서 엑셀 2007의 화면 구성은 특히 도구 모음 부분에서 많은 변화를 보여주고 있습니다. 이전 버전과 비교해서 달라진 요소들을 중심으로 엑셀 2007 화면을 구성하는 요소들의 명칭과 기능에 대해 간단하게 살펴봅니다.

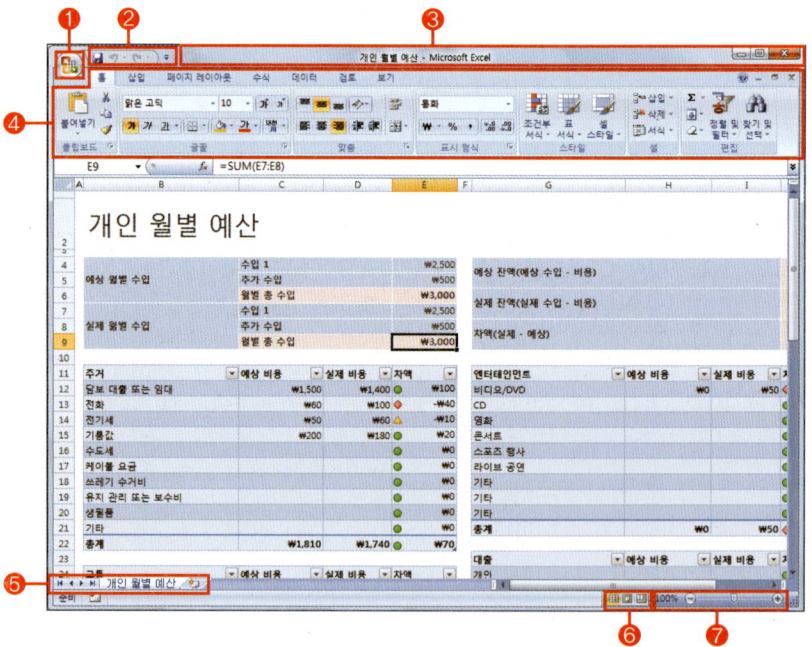

❶ **Office 단추** : 파일의 열기와 저장, 인쇄, 닫기, 끝내기 등 이전 버전에서 [파일] 메뉴에 포함되어 있던 파일 관리와 관련된 명령들이 들어 있습니다.

❷ **빠른 실행 도구 모음** : 자주 사용하는 명령을 등록해 두고 빠르게 실행하기 위해 사용합니다. 저장, 실행 취소, 다시 실행 등 세 가지 명령이 기본적으로 등록되어 있으며 자유롭게 명령을 추가하거나 제거할 수 있습니다.

❸ **제목 표시줄** : 현재 작업 중인 통합 문서 파일의 이름과 창 제어 단추가 표시됩니다. 이전 버전의 통합 문서 파일을 엑셀 2007에서 열게 되면 파일 이름 뒤에 [호환 모드] 표시가 함께 나타납니다.

❹ **리본 메뉴** : 메뉴 표시줄과 각종 도구 모음이 리본 메뉴 하나로 통합되었습니다. 엑셀 2007에서는 명령을 수행하기 위해 리본 메뉴에서 해당 명령을 찾아야 합니다.

❺ **시트 탭** : 통합 문서에 있는 시트 이름이 표시됩니다. 시트 개수가 매우 많을 때 시트 탭 이동 단추(◄ ◄ ► ►)를 이용해서 표시 범위를 조절할 수 있으며, [워크시트 삽입](📄)을 클릭해서 마지막에 새로운 워크시트를 추가할 수 있습니다.

❻ **통합 문서 보기** : [기본](⊞), [페이지 레이아웃](▦), [페이지 나누기 미리 보기](▦) 등 해당 단추를 클릭해서 통합 문서 보기 상태를 변환합니다.

❼ **확대/축소 비율** : 화면의 확대/축소 비율을 조정합니다. 왼쪽의 백분율은 현재 화면의 보기 비율입니다. 축소(-) 단추나 확대(+) 단추, 확대/축소 슬라이더 등을 이용해서 비율을 조정합니다.

## 2. 리본 메뉴에서 명령 실행하기

엑셀 2007의 인터페이스 변화 중 가장 눈에 띄게 확 달라진 것이 이전 버전의 메뉴와 도구 모음을 하나로 통합시켜 놓은 리본 메뉴입니다. 엑셀 2007에서 대부분의 명령은 리본 메뉴를 통해 이루어집니다.

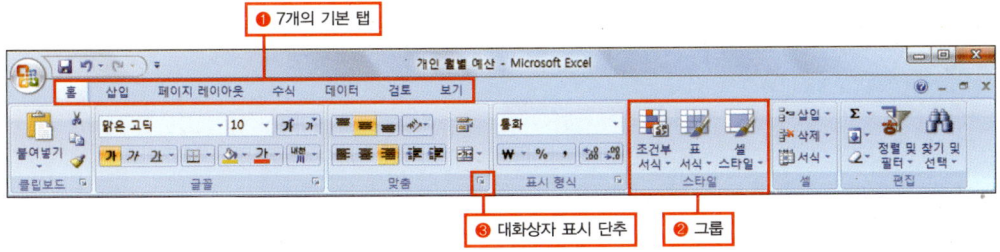

❶ **탭** : 엑셀의 작업 유형을 일곱 개로 나누어 놓았습니다. 탭 이름을 클릭해서 활성화한 다음 해당 탭에 있는 명령을 사용합니다.

❷ **그룹** : 각 탭에서 명령 유형을 다시 그룹으로 묶었습니다. 그룹마다 서로 비슷한 역할을 하는 명령 도구들이 모여 있습니다.

❸ **대화상자 표시 단추**(📎) : 그룹에 대응하는 대화상자가 실행됩니다. 예를 들어 [홈] 탭에 있는 [글꼴] 그룹의 대화상자 표시 단추(📎)를 클릭하면 [셀 서식] 대화상자가 실행되면서 [글꼴] 탭이 맨 앞에 표시됩니다. [홈] 탭에 있는 [표시 형식] 그룹의 대화상자 표시 단추(📎)를 클릭하면 [셀 서식] 대화상자의 [표시 형식] 탭이 실행됩니다.

# 3. 해상도와 리본 메뉴 크기

리본 메뉴는 엑셀 창의 크기와 모니터의 해상도에 따라 다르게 나타납니다. 리본 메뉴는 '1024×768' 해상도에 맞게 최적화되어 있습니다. 해상도가 '1024×768' 보다 낮게 설정되어 있거나 엑셀 창의 크기가 일정 크기 이하로 줄여져 있으면 일부 그룹은 그룹 이름만 표시됩니다. 그룹 이름만 표시되어 있을 때 해당 그룹에 포함된 명령을 선택하기 위해서는 먼저 그룹 이름을 클릭해서 명령들을 표시한 후 원하는 명령을 선택해야 합니다.

다음은 [보기] 탭의 [표시/숨기기] 그룹이 정상적으로 표시되는 경우와 그룹 이름으로만 표시되는 경우를 비교한 것입니다.

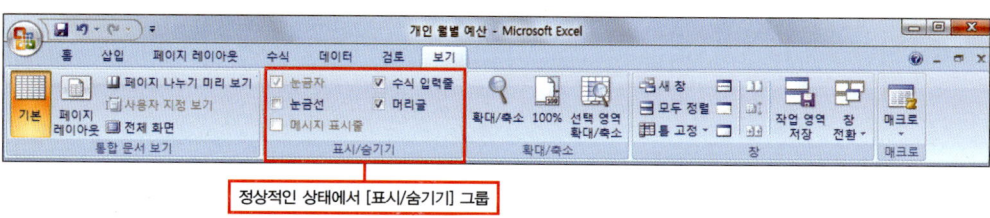

정상적인 상태에서 [표시/숨기기] 그룹

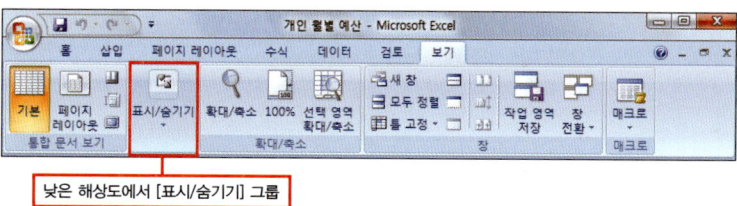

낮은 해상도에서 [표시/숨기기] 그룹

# 4. 빠른 실행 도구 모음에 명령 추가하기

빠른 실행 도구 모음은 저장, 실행 취소, 다시 실행 등 세 개의 명령 도구를 기본적으로 보여주고 있습니다. 빠른 실행 도구 모음에 자주 사용하는 명령을 등록해 두면 리본 메뉴에서 명령을 찾지 않고 빠른 실행 도구 모음에서 바로 선택하여 실행할 수 있으므로 편리합니다.

- 빠른 실행 도구 모음 사용자 지정(🔽) 단추를 클릭하면 [빠른 실행 도구 모음 사용자 지정] 메뉴가 열립니다. 여기에는 일반적으로 많이 사용하는 몇 개의 명령들이 포함되어 있는데, 원하는 명령을 클릭하면 바로 빠른 실행 도구 모음에 추가됩니다. 이미 추가되어 있는 명령 앞에는 체크(✓) 표시가 되어 있으며, 이미 추가한 명령을 다시 클릭하면 빠른 실행 도구 모음에서 제거됩니다.

• 리본 메뉴에서 특정 명령을 빠른 실행 도구 모음에 추가할 수도 있습니다. 추가하려는 명령을 리본 메뉴에서 찾은 다음 해당 명령을 마우스 오른쪽 단추로 클릭하면 바로 가기 메뉴가 표시됩니다. 이 메뉴에서 [빠른 실행 도구 모음에 추가]를 선택하면 해당 명령이 빠른 실행 도구 모음에 추가됩니다.

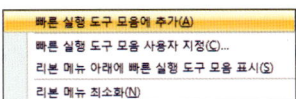

# 5. 데이터 표시 형식 바꾸기

엑셀은 셀에 입력하는 데이터를 입력한 형태 그대로가 아니라 다른 형식으로 바꾸어 표시할 수 있습니다. 입력 데이터와 셀에 표시되는 형태가 다르다고 해서 실제 데이터가 변하는 것은 아닙니다. 엑셀은 숫자, 문자, 날짜와 시간, 수식 등 입력 데이터를 그 유형별로 분류합니다. 데이터를 입력할 때는 데이터 종류에 따라 정해져 있는 규칙을 지키는 것이 중요합니다. 규칙을 지키지 않고 입력한 데이터는 이후에 데이터를 재활용할 때 여러 가지 문제를 발생시킵니다. 규칙을 지켜 제대로 입력한 데이터를 입력 형태 그대로가 아니라 원하는 형태로 셀에 표시할 수 있다는 것이 엑셀의 매력 중 하나라고 할 수 있습니다. 표시 형식은 [홈] 탭 → [표시 형식] 그룹에 있는 도구들을 사용해서 바꿀 수 있습니다.

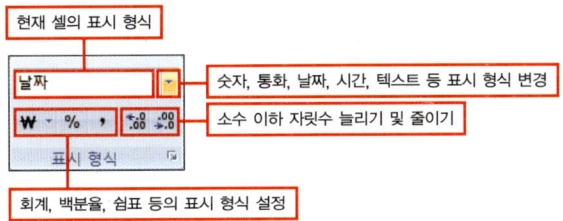

[표시 형식] 그룹에서 바로 설정할 수 없는 표시 형식은 대화상자 표시 단추(⌹)를 클릭해서 [셀 서식] → [표시 형식] 탭을 실행하고 지정합니다. 범주를 지정하면 오른쪽에 해당 범주에 대해 사용할 수 있는 상세 옵션이 나타납니다. 예를 들어 다음과 같이 [숫자] 범주를 선택하면 소수 자릿수와 1000 단위 구분 기호(,)의 사용 여부, 음수의 표시 형식 등을 선택할 수 있습니다.

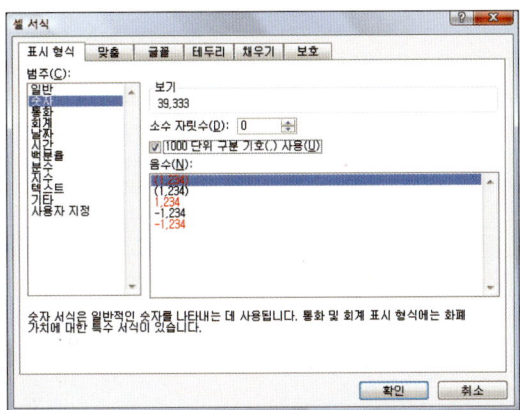

# 6. 사용자 지정 표시 형식 사용하기

사용자 지정 표시 형식은 사용자가 직접 데이터의 표시 형식을 지정하는 서식 코드를 입력해서 지정합니다. [셀 서식] 대화상자의 [표시 형식] 탭에서 [범주]를 [사용자 지정]으로 선택한 다음 [형식]에 정해진 규칙에 따라 서식 코드를 입력해야 합니다. 사용자 지정 서식 코드는 세미콜론(;)으로 구분해서 4개의 구역으로 구성하는데, 반드시 4개의 구역을 모두 지정할 필요는 없습니다.

| 사용자 지정 서식 코드의 구성 | 양수;음수;0값;텍스트 |
|---|---|

다음은 4개의 구역을 모두 사용해서 양수, 음수, 0값, 텍스트의 표시 형식을 사용자 지정하는 서식 코드입니다.

| 사용자 지정 서식 코드의 예 | #,##0;[빨강](#,##0);"zero";@"님" |
|---|---|

❶ 양수 : **#,##0**

'#'과 '0'은 모두 숫자를 표시하는 자리를 의미하는데 '#'은 해당 자리에 숫자가 없을 경우 아무것도 표시하지 않고, '0'은 해당 자리에 숫자가 없을 경우 대신해서 '0'을 표시한다는 차이가 있습니다. 이 서식 코드는 숫자 천 단위마다 쉼표(,)를 삽입해서 표시합니다.

❷ 음수 : **[빨강](#,##0)**

셀에 음수가 입력되면 빨간색으로 괄호 안에 숫자를 표시합니다. 색을 지정할 때는 서식 코드 앞부분에 대괄호로 색 이름을 지정해야 합니다.

❸ 0값 : **"zero"**

셀에 숫자 '0'을 입력하면 '0' 대신 작은따옴표로 묶은 내용 'zero'가 표시됩니다.

❹ 텍스트 : **@ "님"**

'@'은 텍스트의 표시 자리를 의미합니다. 셀에 텍스트 '배고파'를 입력하면 실제 셀에는 '배고파님'이라고 표시됩니다.

# 7. 자주 사용하는 사용자 지정 서식 코드

| 서식 코드 | 입력 데이터 | 표시 결과 | 설명 |
|---|---|---|---|
| #,##0 | 12345 | 12,345 | 숫자 천 단위마다 쉼표(,) 삽입 |
| 00000 | 123 | 00123 | 0 자리에 숫자가 없으면 대신해서 0 표시 |
| 0.0% | 125.7 | 125.7% | 숫자에 100을 곱하고 %를 붙여서 표시 |
| \ #,##0 원 | 12345 | \ 12,345 원 | 숫자 앞에 통화 기호, 숫자 뒤에 '원' 표시 |
| [>=0]▲;[<0]▼ | 123 | ▲ | 숫자가 0 이상이면 ▲, 0 미만이면 ▼ 표시 |
| [DBNum4] | 3800 | 삼천팔백 | 숫자를 한글로 표시 |
| [DBNum1] | 3800 | 三千八百 | 숫자를 한자로 표시 |
| YYYY년 MM월 | 2008-09-12 | 2008년 09월 | 날짜의 연도(YYYY) 4자리와 월(MM) 2자리 표시 |
| DD-MMM | 2008-09-05 | 05-Sep | 날짜의 일(DD) 2자리와 영문 세 글자의 월(MMM) 표시 |
| DDDD | 2008-09-12 | Friday | 날짜를 영문 요일로 표시 |
| (AAAA) | 2008-09-12 | (금요일) | 날짜를 한글 요일로 괄호 안에 표시 |
| @ 귀하 | 신나라 | 신나라 귀하 | 텍스트 뒤에 '귀하'를 붙여서 표시 |

# 8. 이름 상자로 셀 범위에 이름 정의하기

'이름'은 셀, 셀 범위, 상수, 수식 등에 붙이는 별명과 같은 것입니다. 예를 들어 [K5:K20] 범위에 미리 '점수'라는 이름을 정의해 놓으면 '=SUM($K$5:$K$20)'과 같이 셀 참조로 수식을 만들지 않고 '=SUM(점수)'로 수식을 만들 수 있습니다. 이름을 정의할 때 다음과 같은 규칙을 지키도록 합니다.

- 이름은 한글, 영문, 숫자, 밑줄(_) 등으로 구성합니다. 공백은 포함시킬 수 없습니다.
- 이름은 반드시 문자나 밑줄(_)로 시작되어야 합니다.
- 이름은 기본적으로 절대 참조를 사용합니다. 필요에 따라 상대 참조를 사용할 수도 있습니다.
- 이름의 최대 255개 문자를 포함할 수 있습니다.
- 셀 참조와 동일한 형태의 이름은 사용할 수 없습니다.
- 영어 대소문자를 자유롭게 사용할 수 있지만 대소문자를 구분해서 인식하지는 않습니다.

이름을 정의하는 가장 쉬운 방법은 이름 상자를 이용하는 것입니다. 단, 셀이나 셀 범위에 이름을 정의할 때만 사용할 수 있습니다. 상수나 수식에 이름을 정의할 때는 다른 방법을 사용합니다.

❶ 이름을 정의하고자 하는 셀을 클릭하거나 셀 범위를 블록으로 지정합니다.

❷ 이름 상자를 클릭하고 원하는 이름을 입력한 다음 [ Enter ]를 누릅니다.

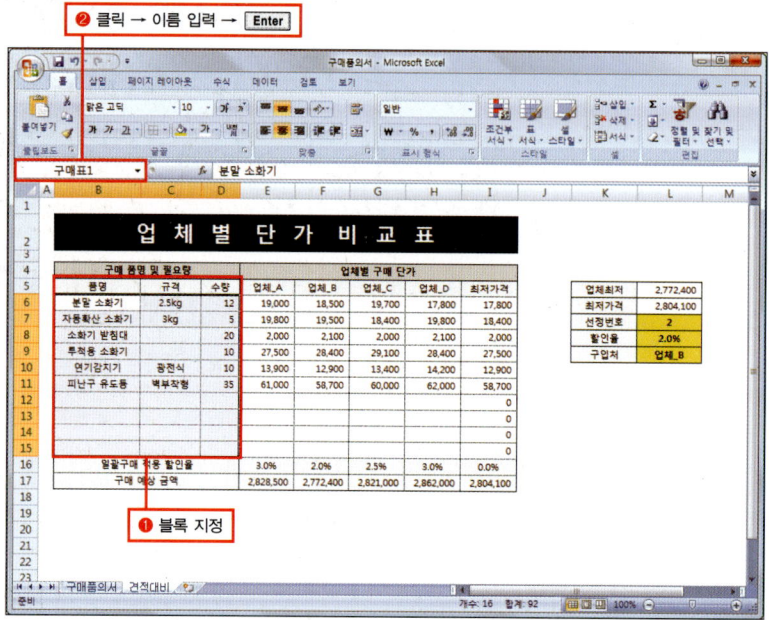

# 9. 수식으로 이름 정의하기

수식이나 상수에 이름을 정의할 때는 [새 이름] 대화상자를 사용합니다. [수식] 탭 → [정의된 이름]
그룹 → [이름 정의]( 이름 정의 )를 클릭하면 [새 이름] 대화상자가 실행됩니다.

❶ [이름] 입력 상자에 이름을 입력합니다.

❷ [참조 대상]에 등호(=)로 시작하는 수식을 입력하고 [확인] 단추를 클릭합니다.

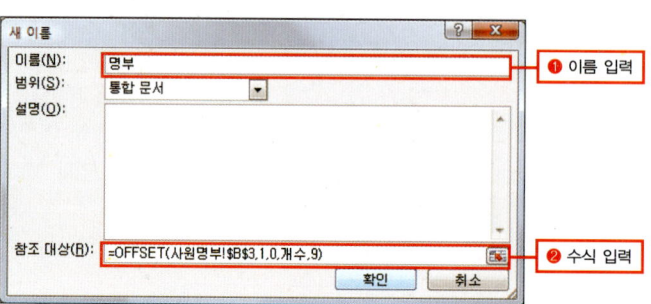

# 10. 이름 편집 및 삭제하기

[수식] 탭 → [정의된 이름] 그룹 → [이름 관리자]( )를 클릭하면 [이름 관리자] 대화상자가 실행됩니다. 이 대화상자에서 새로운 이름을 만들거나 기존의 이름을 편집하고 삭제할 수 있습니다.

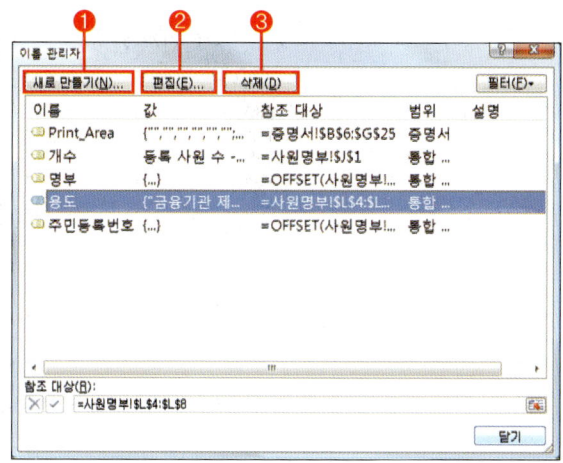

❶ **새 이름 만들기** : [새로 만들기] 단추를 클릭하고 [새 이름] 대화상자에서 [이름]과 [참조 대상]을 지정합니다.

❷ **이름 편집** : 이름 목록에서 원하는 이름을 선택하고 [편집] 단추를 클릭합니다. [이름 편집] 대화상자에서 [이름]과 [참조 대상]을 수정할 수 있습니다.

❸ **이름 삭제** : 원하는 이름을 선택하고 [삭제] 단추를 클릭합니다.

# 11. 자주 사용하는 이름의 참조 대상

셀이나 셀 범위에 이름을 정의하는 것은 매우 간단하고 쉽습니다. 하지만 수식을 이용해서 이름을 정의할 때는 수식에서 사용한 함수까지 모두 알고 있어야 합니다. 다음에서 앞으로 많이 사용하게 될 이름의 참조 대상(수식)을 미리 설명합니다.

• **입력한 데이터 개수를 계산하는 이름**

| 수식 | =COUNTA(상품정보!$C:$C)-1 |
|---|---|
| 설명 | – COUNTA 함수는 [상품정보] 워크시트의 [C] 열 전체($C:$C)에서 비어 있지 않은 셀의 개수를 구합니다.<br>– 보통 각 열의 첫 번째 행에는 필드 이름이 있으므로 COUNTA 함수로 구한 개수에서 1을 빼면 필드 이름을 제외하고 순수하게 입력된 데이터 개수가 됩니다.<br>– 필드 이름 외에도 문서의 제목까지 [C] 열에 입력되어 있다면 2를 빼서 개수를 구합니다. |

• **'개수'에 따라 달라지는 범위를 참조하는 이름**

| 수식 | =OFFSET(상품정보!$C$4,1,0,개수,5) |
|---|---|
| 설명 | - '개수'는 앞에서 설명한 대로 현재 입력되어 있는 데이터 개수를 가리키는 이름입니다. 이름 '개수'가 어떤 값인지에 따라 OFFSET 함수로 다른 범위를 참조하는 수식입니다.<br>- OFFSET(참조,행,열,높이,너비) 함수는 지정한 참조에서 행, 열만큼 떨어져 있는 셀부터 시작해서 주어진 높이와 너비에 해당하는 셀 범위를 반환합니다.<br>- '=OFFSET(A1,3,2,5,3)'과 같은 수식은 [A1] 셀에서 3행 2열 떨어져 있는 [C4] 셀부터 시작해서 5행 3열 크기의 [C4:E8] 범위를 반환합니다.<br>- 만약 이름 '개수'의 값이 '100'이라면 위의 수식은 [상품정보] 워크시트의 [C4] 셀에서 1행 0열 떨어져 있는 [C5] 셀부터 100행 5열 크기의 [C5:G104] 범위를 반환합니다.<br>- OFFSET 함수와 COUNTA 함수를 함께 사용해서 동적 범위를 참조하는 이름을 정의할 때 자주 등장하는 수식이므로 반드시 이해할 필요가 있습니다. |

**Warming Up**

# 12. 데이터 유효성 검사 설정하기

데이터 유효성 검사는 셀에 입력 가능한 데이터를 제한하기 위해 사용하는 것으로 사용자가 실수로 특정 범위를 벗어나는 데이터를 입력하는 것을 미리 방지할 수 있도록 도와줍니다. 데이터 유효성 검사를 설정할 셀 범위를 블록으로 지정한 다음 [데이터] 탭 → [데이터 도구] 그룹 → [데이터 유효성 검사](📋)를 클릭하면 [데이터 유효성] 대화상자가 실행됩니다. 이 대화상자의 [설정] 탭에서 입력 가능한 데이터 종류와 범위 등을 지정합니다.

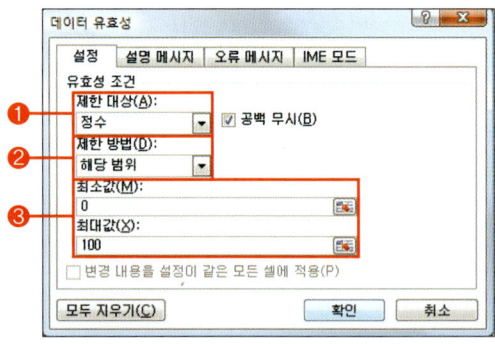

❶ **제한 대상** : 정수, 소수점, 목록, 날짜, 시간, 텍스트 길이, 사용자 지정 등 입력 가능한 데이터의 종류를 먼저 선택합니다.

❷ **제한 방법** : 예를 들어 [제한 대상]을 [정수]로 선택했다면 어떤 값 이상, 어떤 값 미만, 어떤 값부터 어떤 값까지 등 입력된 값을 제한하기 위한 방법을 선택합니다.

❸ **입력 가능한 값의 범위** : [제한 대상]과 [제한 방법]을 무엇으로 선택했느냐에 따라 최소값, 최대값, 값, 시작 날짜, 끝 날짜 등 세부적인 값을 지정합니다.

# 13. 목록에 있는 데이터만 입력할 수 있도록 제한하기

자주 사용하는 데이터 유효성 검사의 [제한 대상]으로 [목록]이 있습니다. [제한 대상]을 [목록]으로 지정한 다음 원본에 입력 가능한 데이터 목록을 쉼표로 구분해서 직접 입력하거나 데이터가 입력되어 있는 셀 범위를 지정할 수 있습니다. 이렇게 [목록]으로 데이터 유효성을 설정하면 해당 셀을 클릭했을 때 오른쪽에 목록 단추가 나타납니다. 이 목록 단추를 클릭하면 원본으로 지정한 데이터가 목록에 표시되고 이 중에서 하나를 선택하는 방법으로 데이터를 쉽게 입력할 수 있습니다.

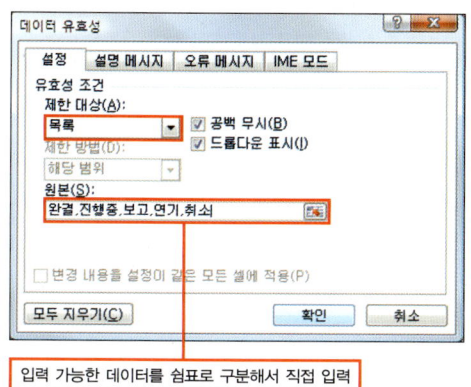

입력 가능한 데이터를 쉼표로 구분해서 직접 입력

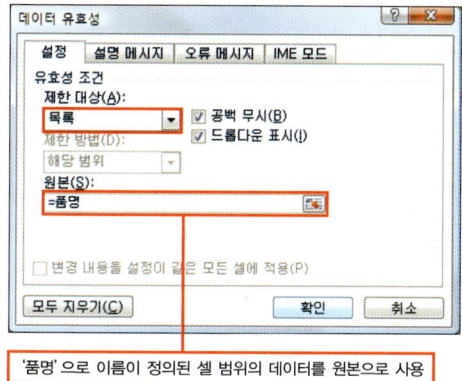

'품명'으로 이름이 정의된 셀 범위의 데이터를 원본으로 사용

# 14. 조건에 맞는 셀만 강조해서 표시하기

조건부 서식은 주어진 조건을 만족하는 셀의 서식을 바꾸는 기능입니다. 예를 들어 매출이 일정 값보다 클 때 빨간색으로 표시하거나, 중복 입력된 데이터를 강조 표시해서 수정할 수 있도록 도와줍니다. 조건부 서식을 설정할 셀 범위를 미리 블록으로 지정한 다음 [홈] 탭 → [스타일] 그룹 → [조건부 서식](📊)을 클릭하고 [셀 강조 규칙], [상위/하위 규칙], [데이터 막대], [색조], [아이콘 집합] 등 하위 메뉴에서 조건과 서식을 설정합니다.

다음은 [조건부 서식](📊)을 클릭하고 [셀 강조 규칙] → [보다 큼]을 선택한 다음 비교할 값을 '7000'으로 입력하고 적용할 서식을 선택하는 과정입니다. 블록으로 지정한 셀에서 '7000'보다 큰 값이 들어 있는 셀에 지정한 서식이 적용됩니다.

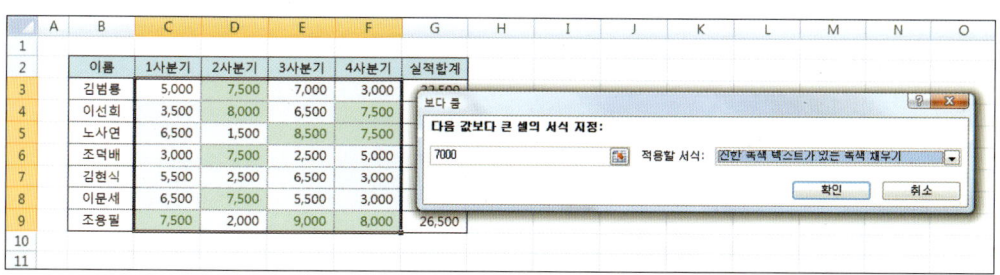

# 15. 데이터 막대, 색조, 아이콘 집합으로 조건부 서식 설정하기

엑셀 2007에서는 재미있는 조건부 서식 기능이 새로 등장했습니다. 조건부 서식을 이용하면 셀 값을 데이터 막대나 색조, 아이콘 집합 등을 이용해서 값의 크기를 쉽게 비교할 수 있도록 도와줍니다. [조건부 서식](📊)을 클릭하고 [데이터 막대], [색조], [아이콘 집합] 등 하위 메뉴에 들어 있는 종류를 선택합니다.

데이터 막대

색조

아이콘 집합

- **데이터 막대** : 막대의 길이가 길수록 값이 크다는 것을 의미합니다.
- **색조** : 2가지 색조나 3가지 색조를 사용하여 값의 크기를 그라데이션으로 나타냅니다.
- **아이콘 집합** : 값의 크기에 따라 선택한 아이콘 집합에서 해당되는 아이콘을 셀에 표시합니다.

# 16. 수식으로 조건부 서식 설정하기

실무 문서에서는 특히 조건부 서식에서 수식이 많이 사용됩니다. 수식은 그 결과가 참(TRUE)이나 거짓(FALSE)으로 판단되어야 합니다. 수식의 결과가 참(TRUE)이면 조건부 서식에서 지정한 서식이 셀에 적용됩니다.

[조건부 서식](📊)을 클릭하고 [새 서식 규칙]을 선택하면 [새 서식 규칙] 대화상자가 실행됩니다. 규칙 유형을 [수식을 사용하여 서식을 지정할 셀 결정]으로 선택하고 수식 상자에 TRUE 또는 FALSE로 결과가 나오는 수식을 입력합니다. 이 수식의 결과가 TRUE일 때 셀에 적용할 서식은 [서식] 단추를 클릭하고 [셀 서식] 대화상자에서 지정합니다.

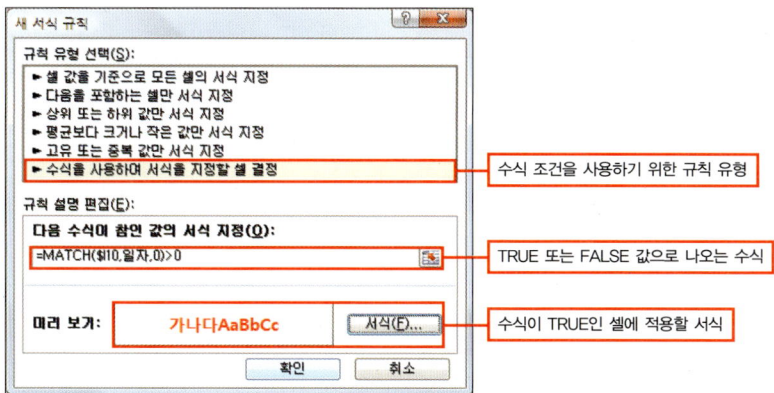

새 서식 규칙 — 수식 조건을 사용하기 위한 규칙 유형 — =MATCH($I10,일자,0)>0 — TRUE 또는 FALSE 값으로 나오는 수식 — 가나다AaBbCc — 수식이 TRUE인 셀에 적용할 서식

# 17. 자주 사용하는 조건부 서식의 수식 조건

조건부 서식에서 자주 사용하는 몇 가지 수식을 미리 살펴보겠습니다. 수식의 결과가 TRUE 또는 FALSE가 되어야 하기 때문에 일반적으로 비교 연산자를 많이 사용합니다. 수식 조건을 사용할 때는 블록으로 지정한 셀 범위에서 활성 셀이 기준이 되어야 합니다. 예를 들어 [C5:K20] 범위를 블록으로 지정한 경우에는 [C5] 셀을 기준으로 수식을 작성합니다.

## • 일요일인지 검사하는 수식 조건

| 수식 | =WEEKDAY(C5)=1 |
|---|---|
| 설명 | – WEEKDAY(날짜) 함수는 날짜의 요일 번호를 구합니다.<br>– WEEKDAY 함수로 구한 요일 번호가 1과 같으면 일요일을 뜻합니다.<br>– [C5] 셀을 상대 주소로 참조했기 때문에 블록으로 지정한 각 셀의 요일 번호가 '1'과 같은지 비교합니다. |

## • 같은 행의 [C] 열에 있는 값이 '서울'인지 검사하는 수식 조건

| 수식 | =$C5="서울" |
|---|---|
| 설명 | – 블록으로 지정한 셀 범위가 [C5:K20]이라면 '$C5'는 각 행에서 [C] 열에 있는 셀을 참조합니다. 즉, 5행에 있는 모든 셀은 [C5] 셀을 참조하고 6행에 있는 모든 셀은 [C6] 셀을 참조합니다.<br>– 각 행에서 [C] 열에 있는 셀의 값이 "서울"과 같은지 검사해서 서식을 적용합니다.<br>– 이와 반대로 각 열에서 [5] 행에 있는 셀을 참조하려면 'C$5'로 셀을 참조해야 합니다. |

## • 셀의 수식 결과가 오류 값인지 검사하는 수식 조건

| 수식 | =ISERROR(C5) |
|---|---|
| 설명 | – ISERROR 함수는 인수로 지정한 값이 오류 값인지 검사해서 오류이면 TRUE, 오류가 아니면 FALSE를 반환합니다.<br>– [C5] 셀을 상대 주소로 참조했기 때문에 각 셀의 값이 오류 값이면 서식이 적용됩니다. |

# 금액의 계산과 표시가 자동으로 완성되는 지출결의서

S e c t i o n

# 01

지출결의서는 사무실 경비와 같은 적은 금액의 지출에 대하여 담당자가 관리자로부터 결재를 받기 위해 사용합니다. 지출 내용과 금액을 입력하면 금액의 합계를 자동으로 계산하여 한글과 숫자로 각각 표시해주는 지출결의서를 작성해 봅니다. 또한, 회사 문서에 거의 빠지지 않고 등장하는 결재란을 만들고, 그림 복사 기능을 이용해서 문서에 삽입하는 방법도 함께 살펴봅니다.

P r e v i e w    ● **실습 파일** : Theme-1\시간절약\지출결의서.xlsx    ● **완성 파일** : Theme-1\완성파일\지출결의서.xlsx

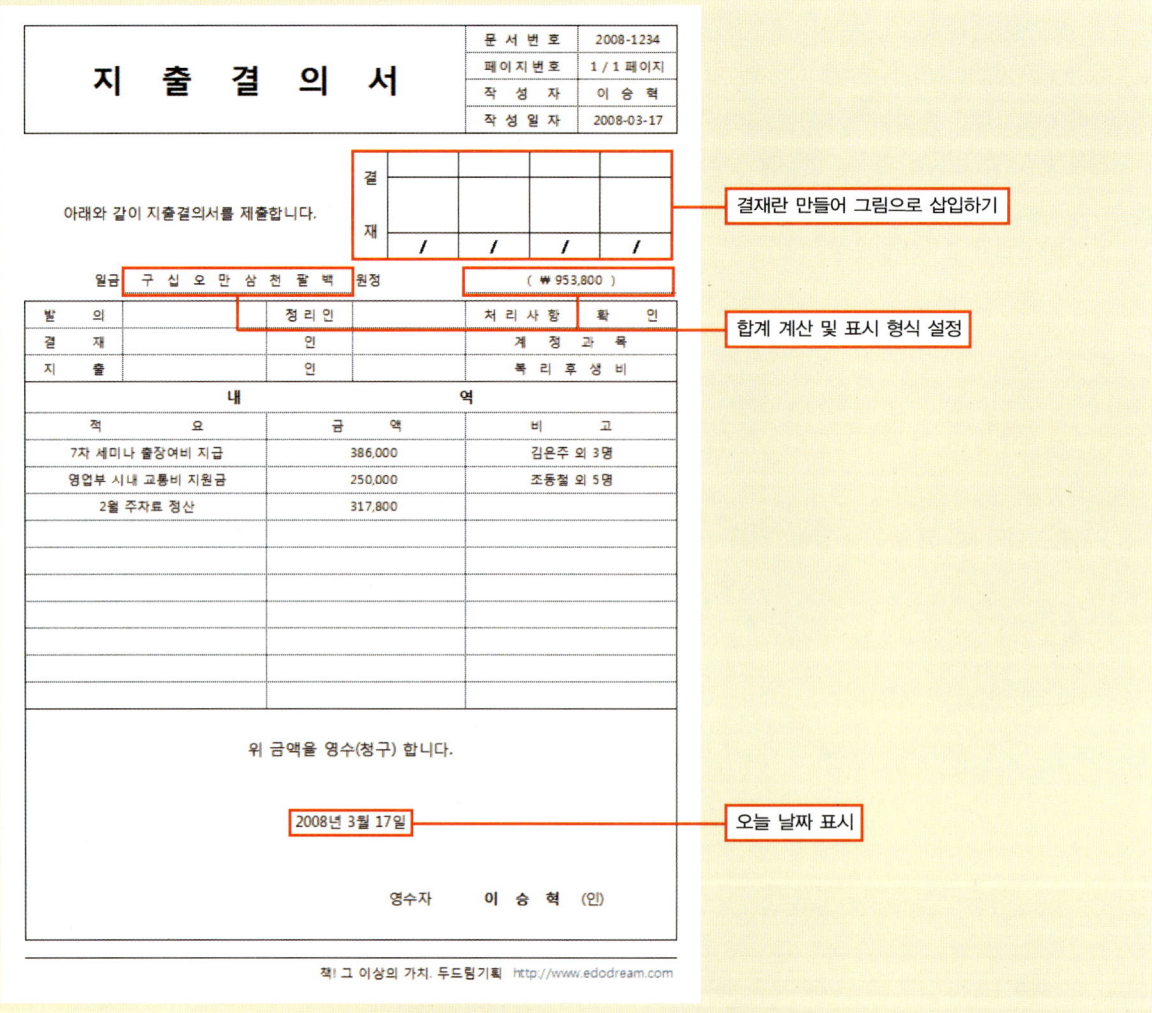

결재란 만들어 그림으로 삽입하기

합계 계산 및 표시 형식 설정

오늘 날짜 표시

## 01　금액의 합계 구하기

**1.** 금액의 합계를 표시할 [B7] 셀을 클릭하고

**2.** [수식] 탭 → [함수 라이브러리] 그룹에서 [자동 합계]( Σ 자동 합계 ▼ )를 클릭합니다.

• [B7] 셀에 『=SUM()』 수식이 자동으로 입력됩니다.

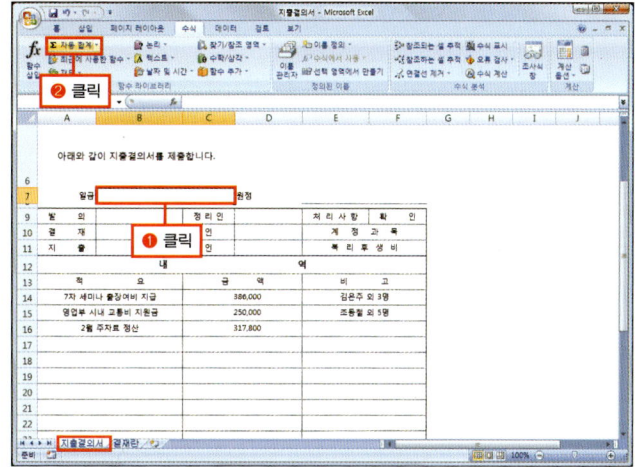

**3.** [C14:D23] 범위를 드래그해서 SUM 함수의 계산 범위로 지정하고

**4.** Enter 를 누릅니다.

• [B7] 셀에는 『=SUM(C14:D23)』이 입력되어 금액의 합계가 표시됩니다.

• SUM(범위) 함수는 지정한 범위의 합계를 구합니다.

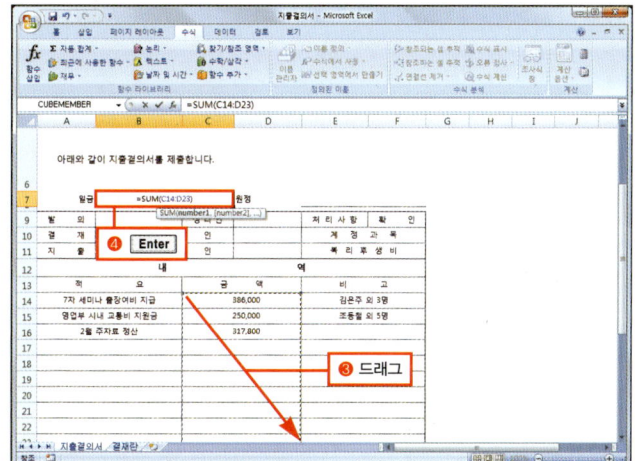

**5.** [E7] 셀을 클릭하고 등호(=)를 입력한다음

**6.** [B7] 셀을 클릭해서 『=B7』로 수식이 작성되면 Enter 를 누릅니다.

• [E7] 셀에는 [B7] 셀과 같은 값이 표시됩니다.

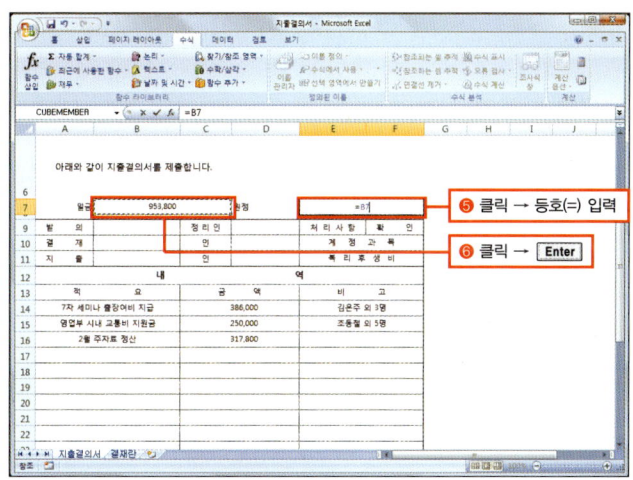

## 02 금액의 표시 형식 지정하기

**1.** [B7] 셀에서

**2.** [홈] 탭 → [표시 형식] 그룹의 대화상자
표시 단추(⬜)를 클릭합니다.

• [셀 서식] 대화상자의 [표시 형식] 탭이 실행됩
니다.

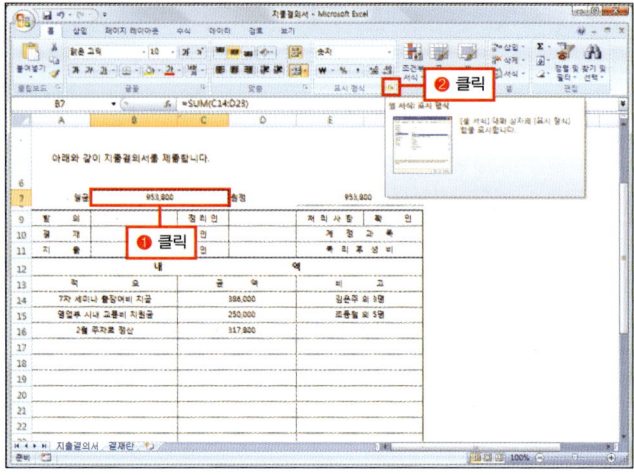

**3.** [기타] 범주를 클릭하고

**4.** [형식] 목록에서 [숫자(한글)]을 클릭한
다음

**5.** [확인] 단추를 클릭합니다.

• 금액의 합계가 한글로 표시됩니다.

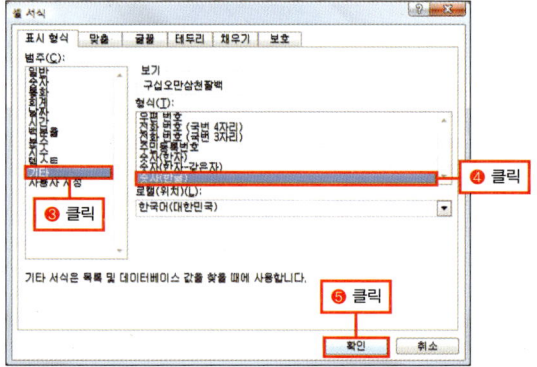

**6.** [E7] 셀에서

**7.** [홈] 탭 → [표시 형식] 그룹의 대화상자
표시 단추(⬜)를 클릭합니다.

• [셀 서식] 대화상자의 [표시 형식] 탭이 실행됩
니다.

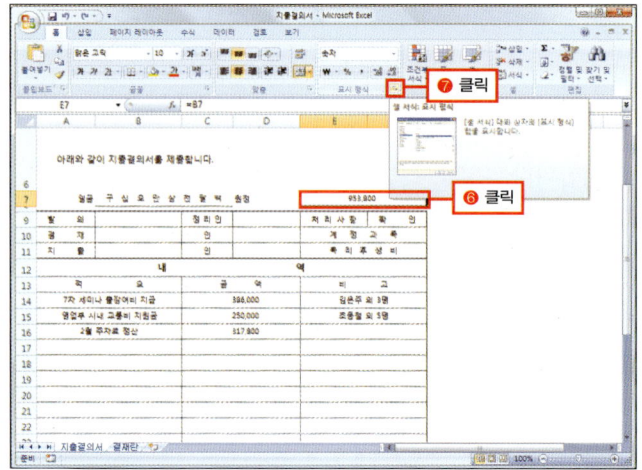

8. [사용자 지정] 범주를 선택하고

9. [형식]에 『( ₩ #,##0 )』를 입력한 다음

10. [확인] 단추를 클릭합니다.

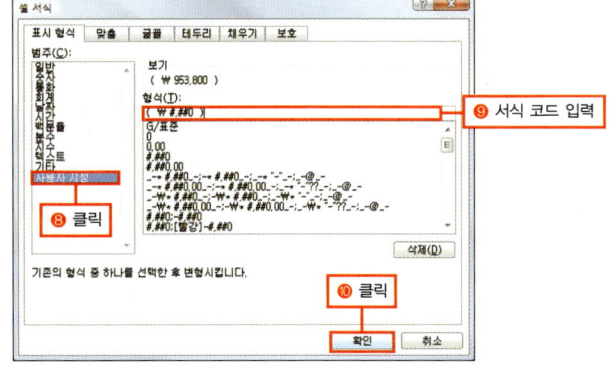

11. [E7] 셀의 금액이 괄호와 통화 기호 (₩), 천 단위마다 쉼표가 삽입된 형태로 표시됩니다.

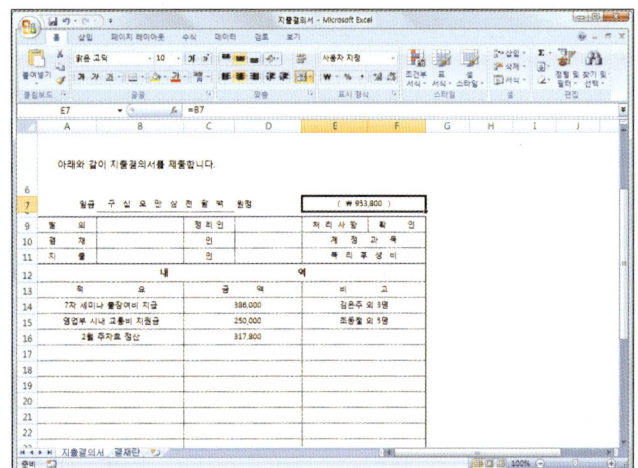

## 03 오늘 날짜 입력하기

1. [A25] 셀을 클릭하고

2. 『=TODAY()』를 입력해서 오늘 날짜를 표시합니다.

3. 날짜의 표시 형식을 바꾸기 위해 [홈] 탭 → [표시 형식] 그룹의 대화상자 표시 단추 (🔲)를 클릭합니다.

• TODAY 함수는 인수 없이 사용하며 현재 컴퓨터에 설정되어 있는 오늘 날짜를 표시합니다.

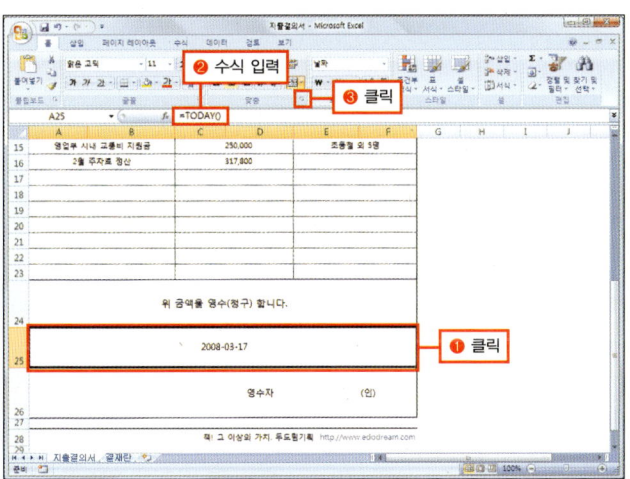

**4.** [날짜] 범주를 선택하고

**5.** [형식] 목록에서 [2001년 3월 14일]을 선택한 다음

**6.** [확인] 단추를 클릭합니다.

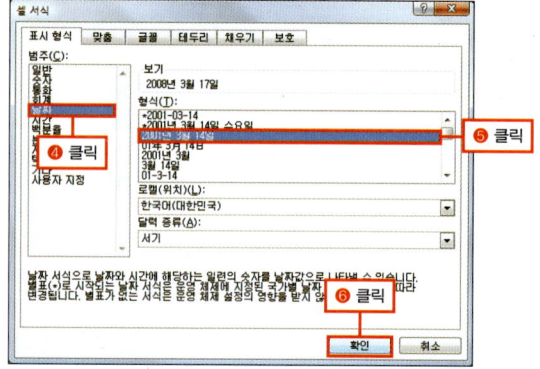

**7.** 오늘 날짜가 지정한 형식대로 표시됩니다.

**8.** [E26] 셀에 영수자의 이름을 임의로 입력합니다.

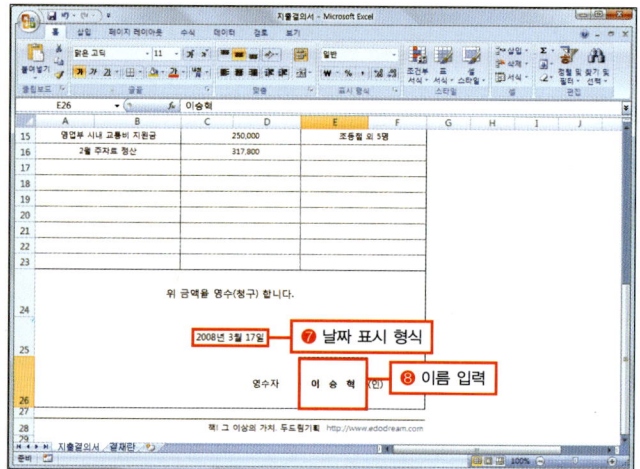

## 04 결재란 만들기

**1.** [결재란] 워크시트의 [B2] 셀에 『결재』를 입력하고

**2.** [B2:B4] 범위를 블록으로 지정한 다음

**3.** [홈] 탭 → [맞춤] 그룹의 대화상자 표시 단추(▣)를 클릭합니다.

• [셀 서식] 대화상자가 실행되고 [맞춤] 탭이 표시됩니다.

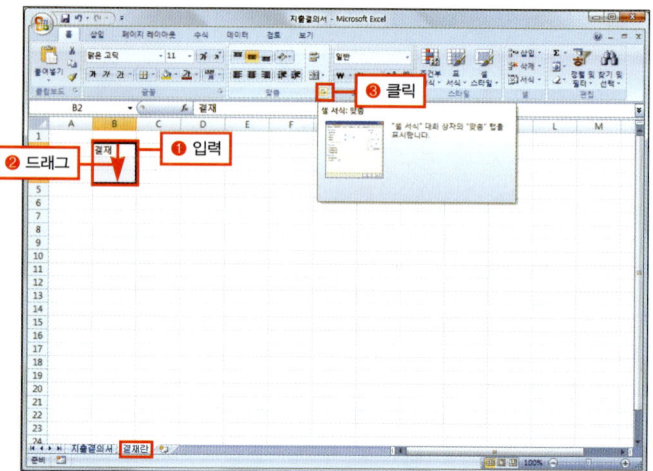

**4.** [방향]에서 세로 텍스트를 클릭하고

**5.** [텍스트 맞춤]의 [세로]를 [균등 분할 (들여쓰기)]로 지정한 다음 [들여쓰기]를 [1]로 입력합니다.

**6.** [셀 병합]을 클릭해서 선택한 후

**7.** [확인] 단추를 클릭합니다.

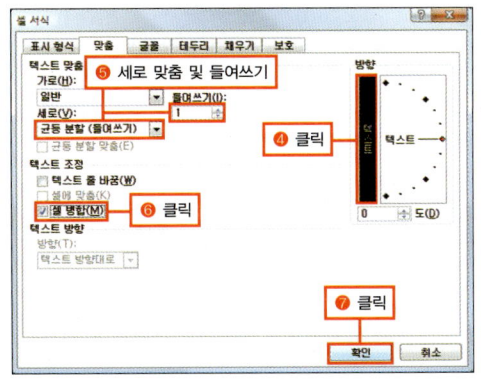

**8.** 2, 3, 4 행의 행 머리글 아래를 드래그해서 행 높이를 조절하고

**9.** B 열의 열 머리글 오른쪽을 왼쪽으로 드래그해서 열 너비를 줄입니다.

- 행/열 머리글의 경계선에서 마우스 왼쪽 단추를 클릭한 채 드래그하면 행/열의 크기를 조절할 수 있습니다.

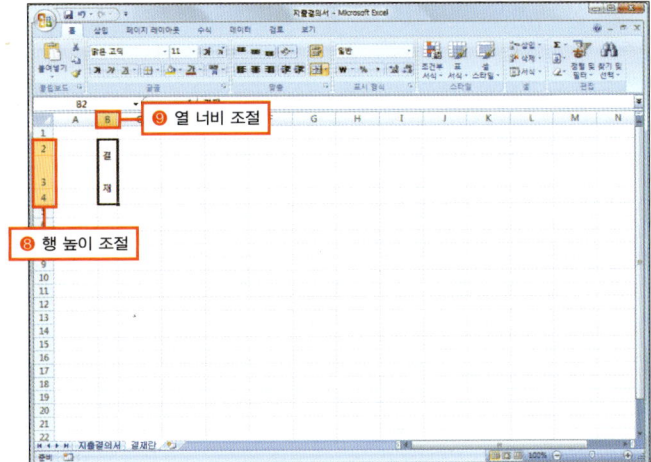

**10.** [C4:F4] 범위를 블록으로 지정하고 슬래시(/) 앞에 문자 접두어(')를 붙여 『'/』를 입력한 다음 Ctrl + Enter 를 누릅니다.

**11.** [홈] 탭 → [맞춤] 탭에서 [가운데 맞춤](≡)을 클릭해서 슬래시(/)를 셀 가운데로 표시합니다.

- Ctrl + Enter 를 누르면 블록으로 지정한 범위에 동일한 데이터가 한번에 입력됩니다.

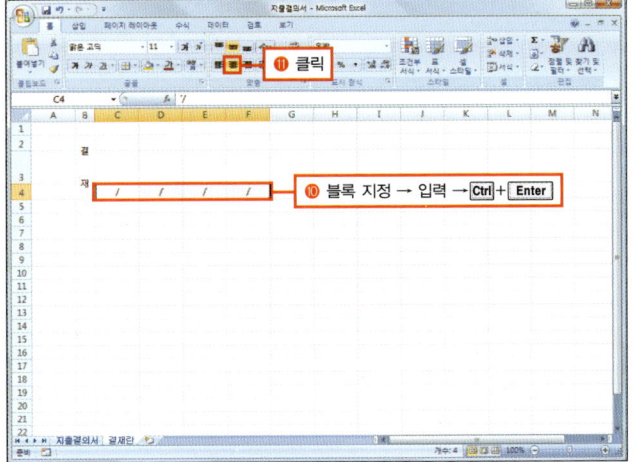

**12.** C 열부터 F 열까지 열 머리글을 드래그해서 열 블록을 지정한 다음

**13.** 열 머리글 경계선을 드래그해서 너비를 조절합니다.

• 열 블록에 있는 모든 열의 너비가 동일한 크기로 조절됩니다.

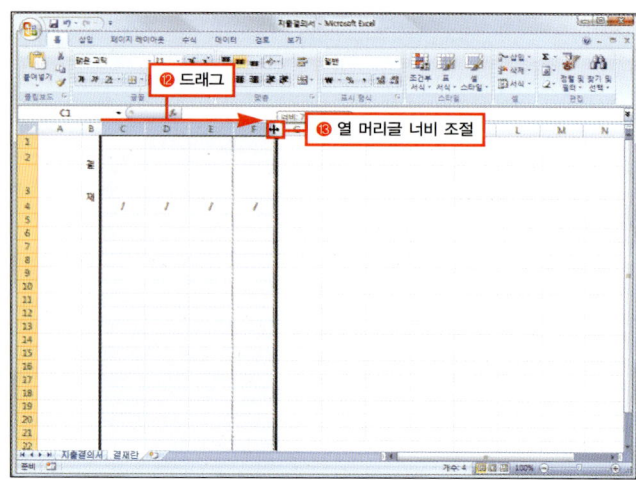

**14.** [B2:F4] 범위를 블록으로 지정하고

**15.** [홈] 탭 → [글꼴] 탭에서 [테두리]( ) 의 목록 단추를 클릭한 다음 [다른 테두리] 를 선택합니다.

• [셀 서식] 대화상자가 실행되고 [테두리] 탭이 표시됩니다.

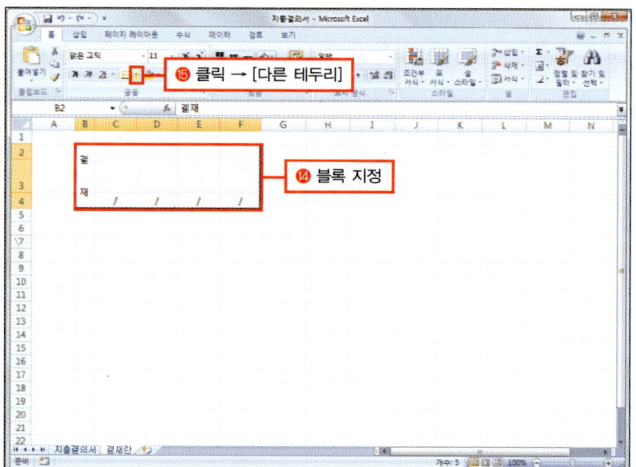

**16.** 선 스타일에서 [실선]을 선택하고 [윤곽선] 단추를 클릭한 다음

**17.** 선 스타일에서 [점선]을 선택하고 [안쪽] 단추를 클릭합니다.

**18.** 테두리 설정이 모두 끝나면 [확인] 단추를 클릭합니다.

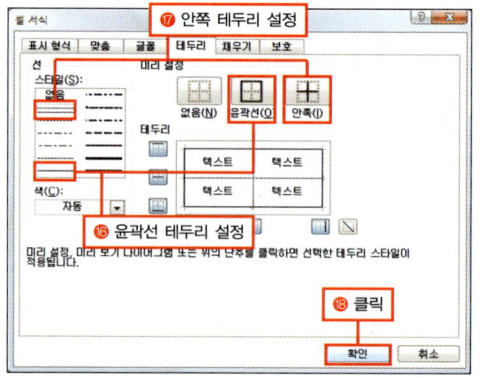

**19.** [B2] 셀과 [C2:F2] 범위를 블록으로 지정하고

**20.** [홈] 탭 → [글꼴] 탭에서 [채우기 색](🎨)의 목록 단추를 클릭한 다음 원하는 색을 선택합니다.

· [B2] 셀을 클릭하고 Ctrl 을 누른 채 [C2:F2] 범위를 드래그해서 떨어진 셀 범위를 블록으로 지정합니다.

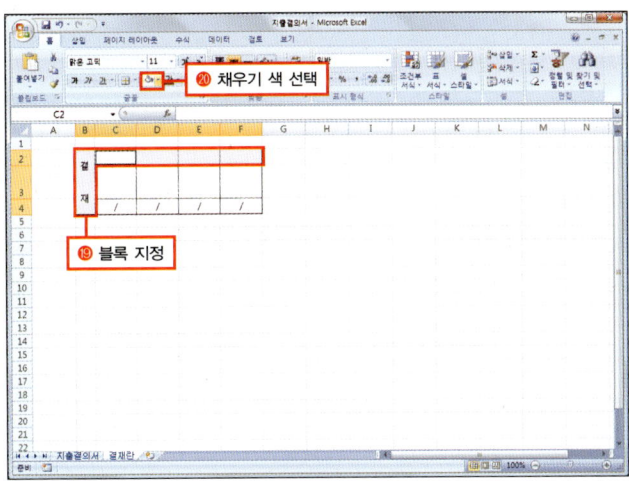

## [05] 결재란을 그림으로 복사해서 삽입하기

**1.** [B2:F4] 범위를 블록으로 지정하고

**2.** [홈] 탭 → [클립보드] 그룹에서 [복사](📋)를 클릭합니다.

· 복사 명령의 바로 가기 키는 Ctrl + C 이므로 메뉴를 이용하지 않고 Ctrl + C 를 눌러도 됩니다.

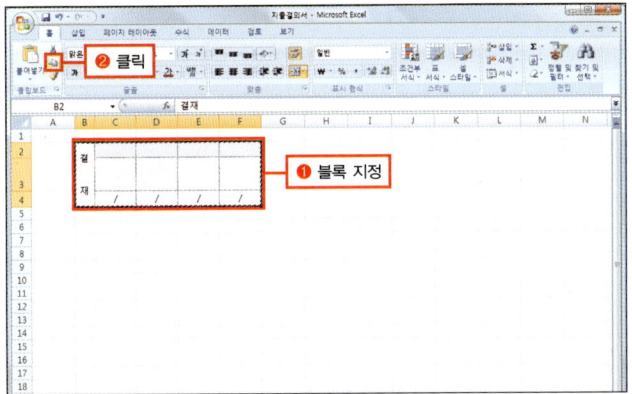

**3.** [지출결의서] 워크시트로 이동한 후 [홈] 탭 → [클립보드] 그룹에서 [붙여넣기](📋)의 목록 단추를 클릭하고

**4.** [그림 형식]-[그림으로 붙여넣기]를 선택합니다.

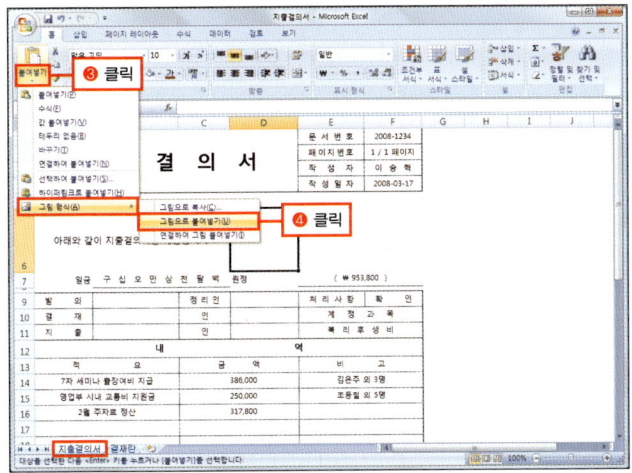

5. 복사했던 결재란이 그림으로 삽입되면 마우스로 드래그해서 위치를 조정합니다.

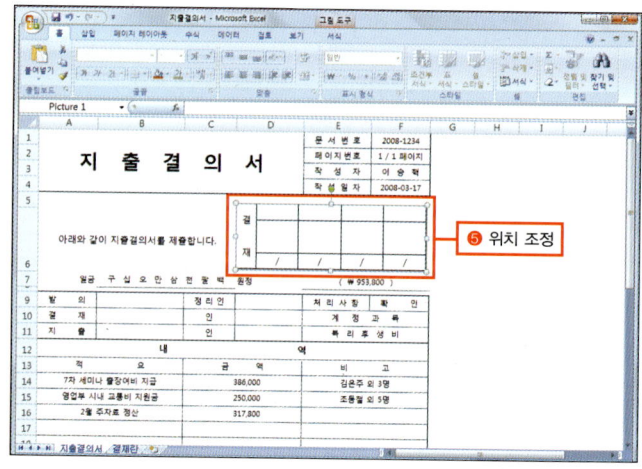

## 06 인쇄 영역 설정하기

1. [A1:F28] 범위를 블록으로 지정하고

2. [페이지 레이아웃] 탭 → [페이지 설정] 그룹의 [인쇄 영역]()을 클릭한 다음

3. [인쇄 영역 설정]을 선택합니다.

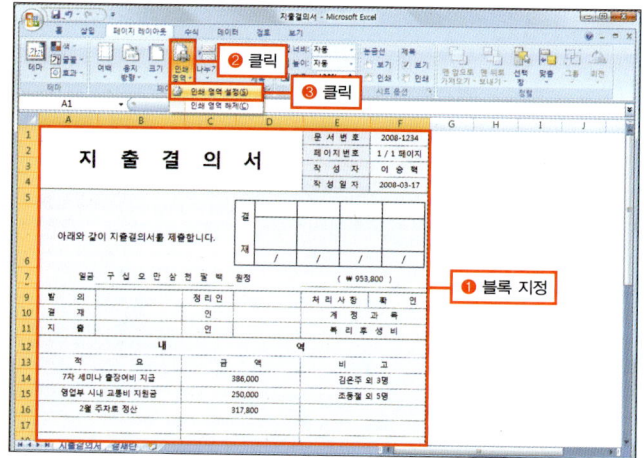

4. Office 단추()를 클릭하고 [인쇄]-[인쇄 미리 보기]를 선택합니다.

5. 인쇄 미리 보기에서 지출결의서가 한 페이지에 원하는 형태로 인쇄되는지 확인합니다.

• [인쇄 미리 보기] 탭 → [미리 보기] 그룹에서 [인쇄 미리 보기 닫기]()를 클릭하면 인쇄 미리 보기가 종료됩니다.

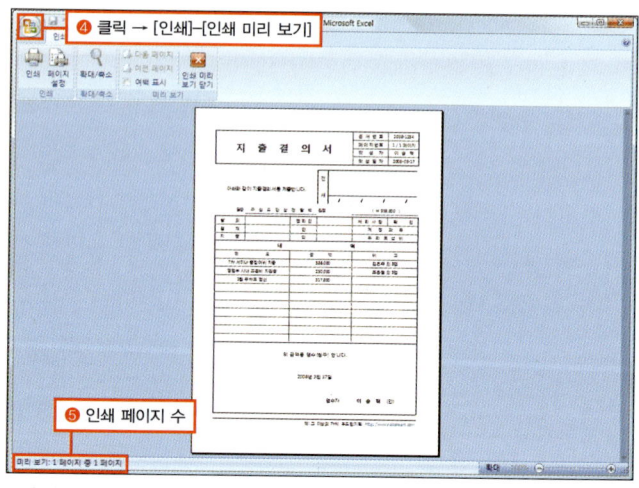

# U p g r a d e

# 지출결의서의
# 수식을 보호하자

● **실습 파일** : Theme-1\시간절약\지출결의서-UP.xlsx    ● **완성 파일** : Theme-1\완성파일\지출결의서-UP.xlsx

열심히 만들어 놓은 수식을 다른 사람이 임의로 변경하지 못하도록 하려면 셀에 '잠금' 속성을 설정하고 워크시트를 보호해야 합니다. 수식을 보호하는 것은 지출결의서뿐만 아니라 다른 문서에서도 매우 중요합니다. 여기서 배운 방법을 사용하여 여러분의 중요한 문서를 실수나 고의적인 행위로부터 보호하기 바랍니다.

## 01 | 셀 잠금 설정하기

**1.** 워크시트의 모두 선택 단추(☐)를 클릭해서 모든 셀을 블록으로 지정한 다음

**2.** [홈] 탭 → [셀] 그룹 → [서식](🗒서식 ▾)을 클릭하고

**3.** [셀 잠금]을 클릭합니다.

• 초기 상태에서 모든 셀에는 '셀 잠금'이 설정되어 있습니다. 이 과정을 통해 모든 셀의 '셀 잠금'이 해제됩니다.

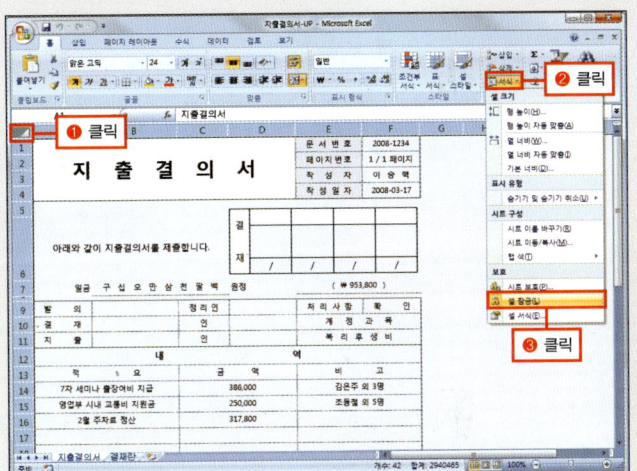

**4.** [B7] 셀을 클릭하고 [Ctrl]을 누른 채 [E7] 셀과 [A25] 셀을 클릭해서 블록으로 지정한 다음

**5.** [홈] 탭 → [셀] 그룹 → [서식](🗒서식 ▾)을 클릭하고

**6.** [셀 잠금]을 클릭합니다.

• 수식이 들어 있는 세 개의 셀에만 '셀 잠금'을 설정합니다.

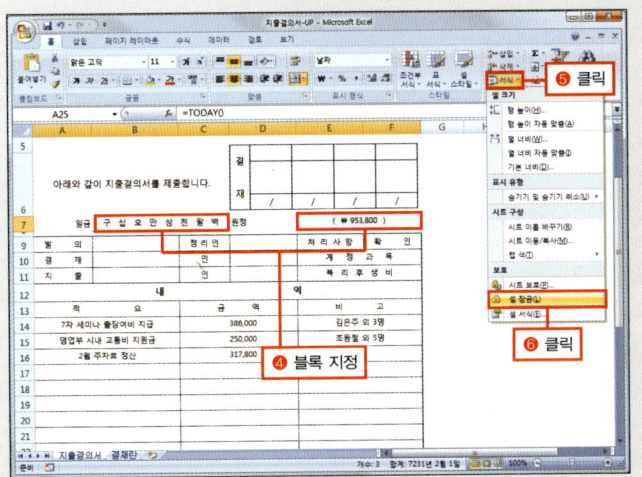

## 02 | 시트 보호하기

**1.** 임의의 셀을 클릭해서 블록을 해제하고

**2.** [홈] 탭 → [셀] 그룹 → [서식]( 🔲서식 ▾ )을 클릭한 다음

**3.** [시트 보호]를 클릭합니다.

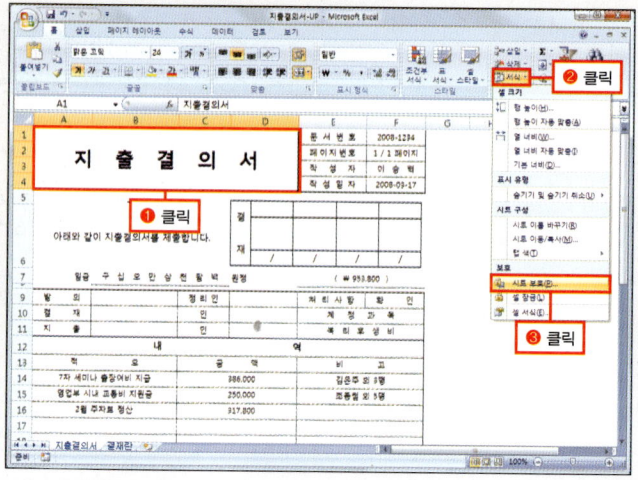

**4.** [시트 보호] 대화상자에서 [시트 보호 해제 암호]를 '12345'로 입력하고

**5.** [확인] 단추를 클릭합니다.

• [시트 보호 해제 암호]는 시트 보호를 해제할 때 필요한 것으로, 암호를 입력하지 않고도 시트를 보호할 수 있습니다. 입력한 암호를 잊지 않도록 메모해 두어야 합니다.

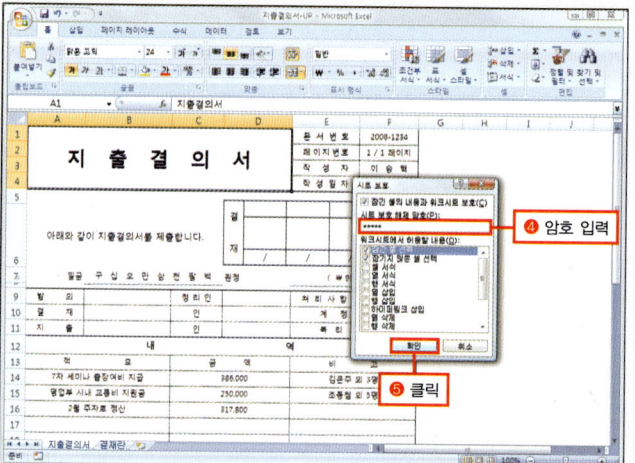

**6.** [암호 확인] 대화상자가 실행되면 앞에서 입력한 시트 보호 해제 암호 '12345'를 다시 입력하고

**7.** [확인] 단추를 클릭합니다.

• [암호 확인] 대화상자는 암호를 입력했을 때만 나타납니다.

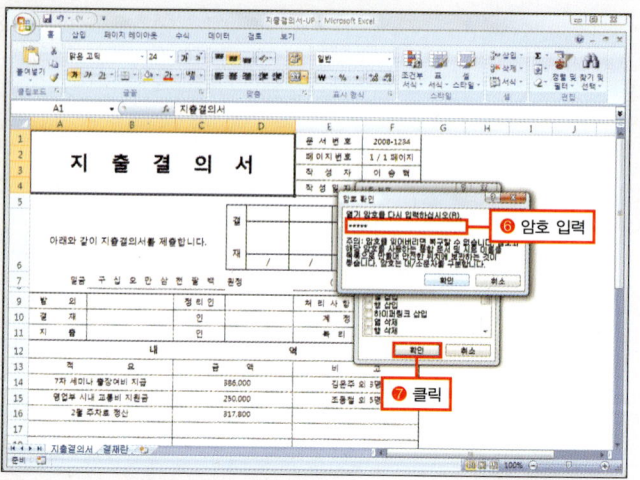

**8.** '셀 잠금'이 설정되어 있는 셀을 변경하려고 시도하면 다음과 같은 메시지가 나타나는데, [확인] 단추를 클릭해서 메시지를 닫습니다.

- 시트 보호를 설정하면 '셀 잠금'이 설정되어 있는 셀을 변경할 수 없게 됩니다.

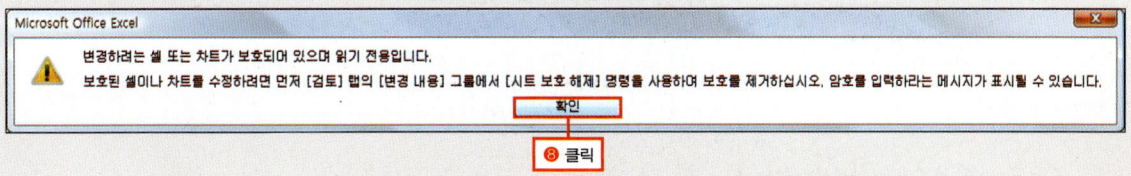

❽ 클릭

# 주간 날짜가 자동으로 입력되는 주간 업무 보고서

S e c t i o n

# 02

금주와 차주의 업무 내용을 날짜와 시간에 따라 입력한 후 처리 결과를 보고하기 위한 주간 업무 보고서를 작성해 봅니다. 기준이 되는 날짜를 입력하면 해당 날짜가 포함되어 있는 주의 날짜와 요일이 보고서에 자동으로 표시되고 사용자는 시간에 따라 업무 내용을 입력해서 보고서를 완성할 수 있습니다.

P r e v i e w    ● **실습 파일** : Theme-1\시간절약\업무보고서.xlsx    ● **완성 파일** : Theme-1\완성파일\업무보고서.xlsx

입력 날짜에 따라 금주의 시작 날짜 계산

| 업무 보고서를 작성할 주간의 날짜를 입력하십시오 ➤ ➤ ➤ | 2008-09-03 | 금주 시작 : 2008년 9월 1일 (월) |

금주와 차주의 기간 표시

## 주 간 업 무 보 고 서

| 부서명 | 홍보부 |
| --- | --- |
| 작성일 | 2008년 9월 5일 |
| 담당자 | 조길제 |

| 금주 업무 내용 | ( 2008년 9월 1일 ~ 2008년 9월 5일 ) | | 처리 결과 | 차주 업무 내용 | ( 2008년 9월 8일 ~ 2008년 9월 12일 ) | |
| --- | --- | --- | --- | --- | --- | --- |
| 일자 | 시간 | 업 무 내 용 | | 일자 | 시간 | 업 무 내 용 |
| 9/1 | 14:00 | 부서 업무 회의 | 완결 | 9/8 | 10:30 | 용인 공장 관리자 미팅 |
| | | | | | 14:00 | 부서 업무 회의 |
| (월) | | | | (월) | | |
| 9/2 | 12:30 | 대리점 사장단 오찬회 참석 | 완결 | 9/9 | 9:00 | 광고 대행사 입찰 회의 |
| | 16:00 | 신제품 마케팅 전략 프레젠테이션 | 보고 | | 13:00 | 신제품 판촉물 배부 |
| (화) | | | | (화) | | |
| 9/3 | 10:30 | 서울 마포지구 판촉활동 지원 | 완결 | 9/10 | 9:30 | 신규 대리점 모집 광고 개시 |
| (수) | | | | (수) | | |
| 9/4 | 9:30 | 신규 대리점 모집 광고 개시 | 연기 | 9/11 | 12:00 | 홍대점 사장님 미팅 |
| | 15:00 | 월드컵점 납품 계약 | 보고 | | | |
| (목) | | | | (목) | | |
| 9/5 | 11:00 | 여대생 설문조사 통계 | 보고 | 9/12 | | |
| | 14:00 | 중앙P&C 업무 제휴 미팅 | 취소 | | | |
| (금) | | | | (금) | | |

목록에서 선택하여 처리 결과 입력

금주와 차주의 날짜 및 요일 표시

## 01  금주 시작 날짜 계산하기

**1.** [F2] 셀에 금주에 있는 날짜 중 하나를 임의로 입력합니다.

- 날짜는 '년-월-일' 형식으로 입력해야 합니다. 예를 들어 '2008-9-3' 형식으로 기준 날짜를 입력합니다.

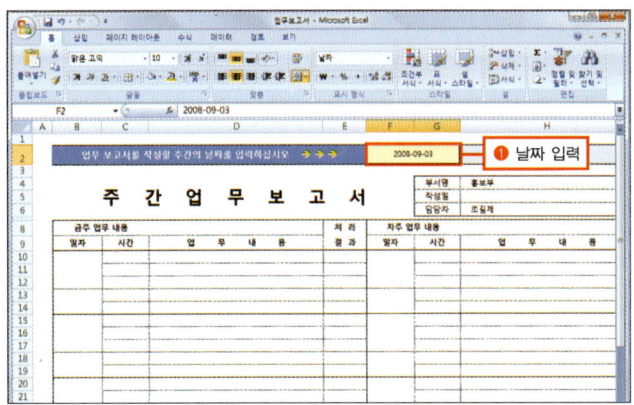

**2.** [H2] 셀에 『=F2-(WEEKDAY(F2)-1)+1』을 입력한 다음

**3.** [H2] 셀에서 대화상자 표시 단추(🔲)를 클릭합니다.

- [H2] 셀에 [F2] 셀의 날짜가 들어 있는 주의 월요일 날짜가 계산되어 표시됩니다.

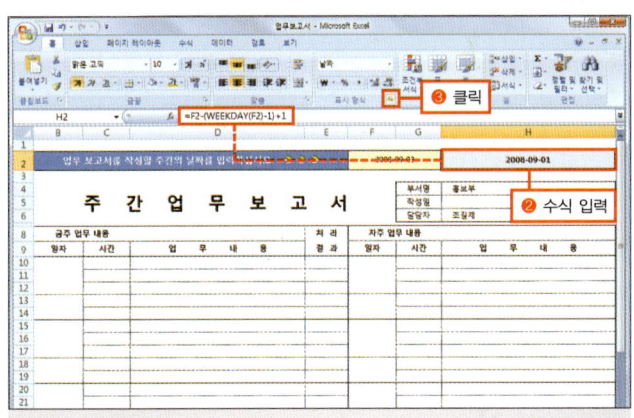

**수 식 이  궁 금 해**

| 금주의 월요일 날짜 | =F2-(WEEKDAY(F2)-1)+1 |
|---|---|

[F2] 셀에 입력한 기준 날짜가 포함되어 있는 주의 월요일 날짜를 계산하기 위한 수식입니다. 월요일의 요일 번호가 '2' 번이기 때문에 기준 날짜(F2)의 요일 번호를 이용해서 다음과 같이 월요일 날짜를 구합니다. 예를 들어 기준 날짜 '2008-09-03'의 요일 번호는 수요일 즉, '4'이므로 기준 날짜에서 3일(요일 번호-1)을 빼고 다시 1일을 더해서 월요일 날짜로 만듭니다.

| 기준 날짜의 요일(F2) | 요일 번호 | (WEEKDAY(F2)-1) | F2-(WEEKDAY(F2)-1)+1 |
|---|---|---|---|
| 일 | 1 | 0 | F2 + 1일 |
| 월 | 2 | 1 | F2 + 0일 |
| 화 | 3 | 2 | F2 - 1일 |
| 수 | 4 | 3 | F2 - 2일 |
| 목 | 5 | 4 | F2 - 3일 |
| 금 | 6 | 5 | F2 - 4일 |
| 토 | 7 | 6 | F2 - 5일 |

**4.** [셀 서식] 대화상자의 [표시 형식] 탭에서 [사용자 지정] 범주를 선택하고

**5.** [형식]에 『금주 시작 : yyyy년 m월 d일 (aaa)』를 입력한 다음

**6.** [확인] 단추를 클릭합니다.

- 월요일 날짜가 '금주 시작 : 2008년 9월 1일 (월)' 형식으로 표시됩니다.

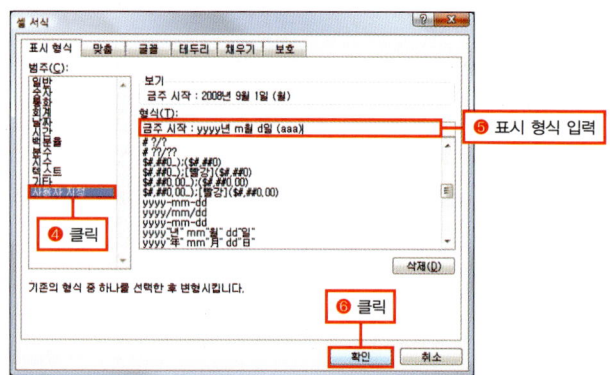

## 02 작성일 입력하기

**1.** [H5] 셀에 『=TODAY()』를 입력해서 오늘 날짜를 표시하고

**2.** [H5] 셀에서 대화상자 표시 단추(⬚)를 클릭합니다.

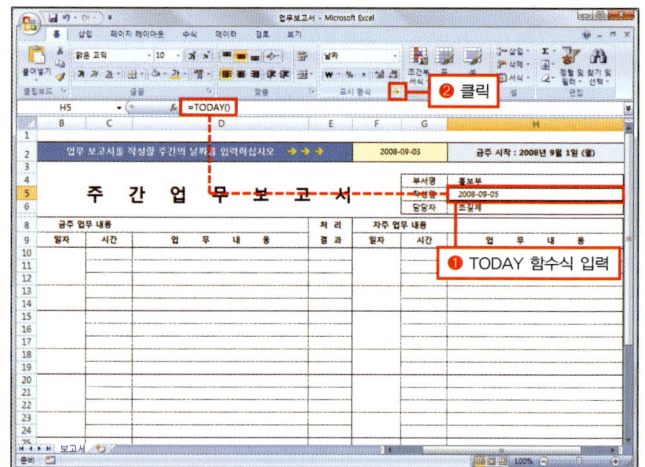

**3.** [셀 서식] 대화상자의 [표시 형식] 탭에서 [날짜] 범주를 클릭하고

**4.** [형식]에서 [2001년 3월 14일]을 선택한 다음

**5.** [확인] 단추를 클릭합니다.

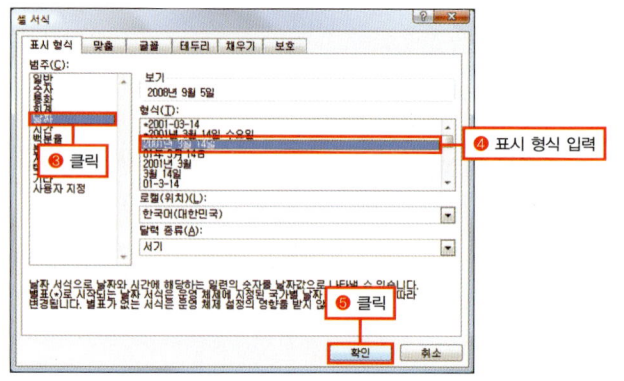

## [03]  금주와 차주의 기간 표시하기

**1.** [D8] 셀에 『=TEXT(H2,"( YYYY년 M월 D일 ~ ")&TEXT(H2+4,"YYYY년 M월 D일 )")』을 입력해서 금주의 월요일부터 금요일까지 기간을 텍스트로 표시합니다.

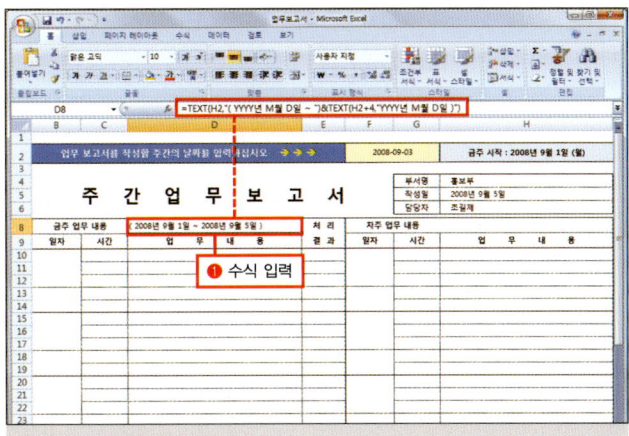

**수 식 이  궁 금 해**

TEXT(값,"표시 형식") 함수는 값에 지정한 표시 형식을 적용하여 텍스트로 변환합니다. 금주의 시작 날짜(H2)와 시작 날짜에 4를 더한 마지막 날짜(금요일)를 각각 TEXT 함수를 이용하여 원하는 형태로 표시한 다음 & 연산자로 연결해서 기간을 표시하는 수식입니다.

| 금주의 기간 | =TEXT(H2,"( YYYY년 M월 D일 ~ ")&TEXT(H2+4,"YYYY년 M월 D일 )") |
|---|---|

- **TEXT(H2,"( YYYY년 M월 D일 ~ ")**

  [H2] 셀의 금주 시작 날짜를 "( YYYY년 M월 D일 ~ " 형태로 표시합니다. 금주 시작 날짜가 '2008-09-01'이면 '( 2008년 9월 1일 ~ '이 수식의 결과가 됩니다.

- **TEXT(H2+4,"YYYY년 M월 D일 )")**

  [H2] 셀의 시작 날짜에 4일 더한 금요일 날짜를 "YYYY년 M월 D일 )" 형태로 표시합니다. 금주의 금요일 날짜가 '2008-09-05'이면 '2008년 9월 5일 )'과 같이 표시됩니다.

- **TEXT&TEXT**

  두 TEXT 함수의 결과를 & 연산자로 연결합니다.

**2.** [H8] 셀에 『=TEXT(H2+7,"( YYYY년 M월 D일 ~ ")&TEXT(H2+11,"YYYY년 M월 D일 )")』을 입력해서 차주의 기간을 표시합니다.

- 차주의 시작 날짜는 금주 시작 날짜(H2)에 7을 더해서 구하고, 차주의 마지막 날짜는 금주 시작 날짜(H2)에 11을 더해서 구합니다.

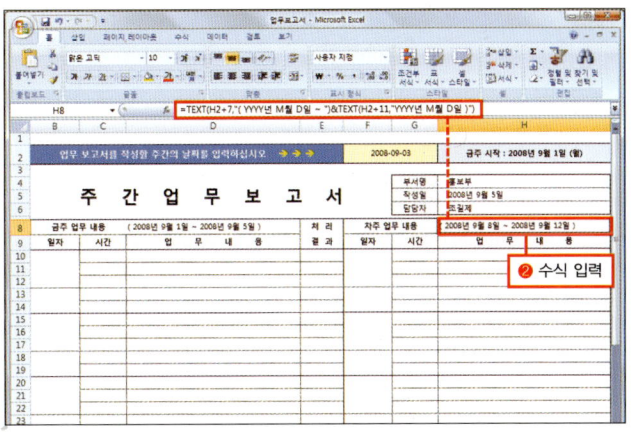

## 04 금주의 일자와 요일 표시하기

**1.** [B10] 셀에 『=H2』를 입력해서 [H2] 셀의 금주 시작 날짜를 그대로 가져옵니다.

**2.** [B10] 셀에서 [홈] 탭 → [표시 형식] 그룹의 대화상자 표시 단추(📷)를 클릭하고

**3.** [셀 서식] 대화상자의 [표시 형식] 탭에서 [사용자 지정] 범주를 선택한 다음

**4.** [형식]에 『M/D』로 표시 형식을 입력하고

**5.** [확인] 단추를 클릭합니다.

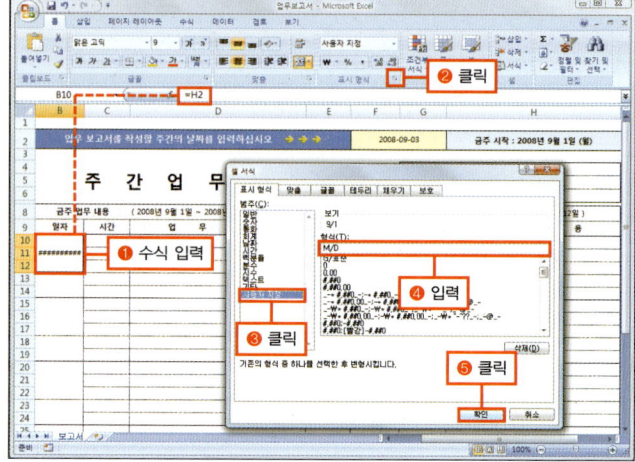

**6.** [B30] 셀을 클릭하고 Ctrl을 누른 채 [B25], [B20], [B15] 셀을 차례로 클릭해서 블록으로 지정한 다음

**7.** 『=B10+1』을 입력하고 Ctrl + Enter 를 누릅니다.

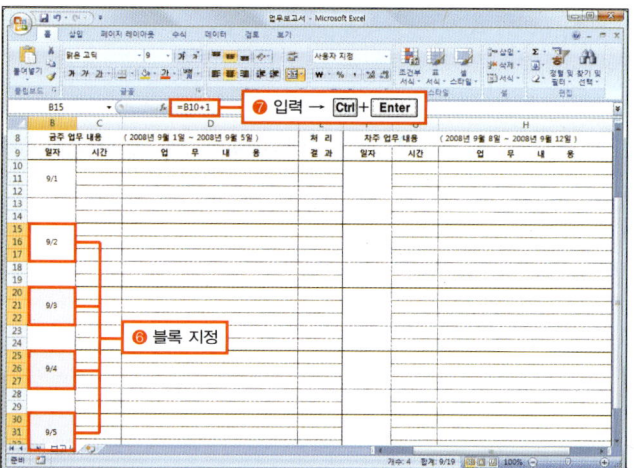

### 왜 그런지 궁금해

- **활성 셀을 기준으로 수식을 입력해야 합니다.**

  [B30], [B25], [B20], [B15] 셀을 차례로 클릭한 다음 입력한 수식은 블록으로 지정한 4개의 셀 중 [B15] 셀을 기준으로 입력됩니다. [B15], [B20], [B25], [B30] 순서로 셀을 클릭하고 수식을 입력하려면 마지막에 클릭한 [B30] 셀이 기준이 되므로 『=B25+1』을 입력하고 Ctrl + Enter 를 눌러야 합니다.

- **표시 형식을 따로 설정하지 않아도 됩니다.**

  [B15] 셀을 기준으로 『=B10+1』을 입력하고 Ctrl + Enter 를 누르면 [B15] 셀의 표시 형식은 [B10] 셀과 동일하게 설정되고, [B20] 셀은 또 [B15] 셀과 동일한 표시 형식이 설정됩니다. 따라서 [B15] 셀을 기준으로 수식을 입력했을 때 [B10] 셀과 같은 표시 형식을 블록으로 지정한 모든 셀에 자동으로 적용시킬 수 있습니다.

**8.** [B33] 셀을 클릭하고 Ctrl 을 누른 채 [B28], [B23], [B18], [B13] 셀을 차례로 클릭해서 블록으로 지정하고

**9.** 『=B10』을 입력한 다음 Ctrl + Enter 를 누릅니다.

**10.** 같은 셀들이 블록으로 지정된 상태에서 [홈] 탭 → [표시 형식] 그룹의 대화상자 표시 단추(⬛)를 클릭하고

**11.** [사용자 지정] 범주를 선택한 다음

**12.** [형식]에 『(aaa)』를 입력하고

**13.** [확인] 단추를 클릭합니다.

• 날짜가 '(월)' 형식의 요일로 표시됩니다.

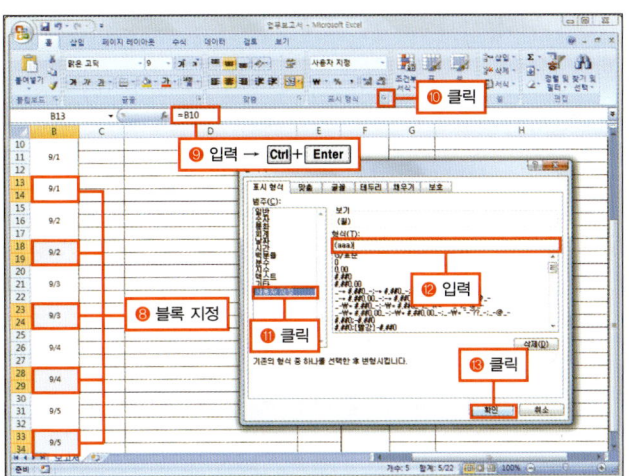

## [05] 차주의 일자와 요일 표시하기

**1.** [F30] 셀을 클릭하고 Ctrl 을 누른 채 [F25], [F20], [F15], [F10] 셀을 차례로 클릭해서 블록으로 지정한 다음

**2.** 『=B10+7』을 입력하고 Ctrl + Enter 를 누릅니다.

• 금주의 각 날짜에 7일을 더한 차주의 날짜가 표시됩니다.

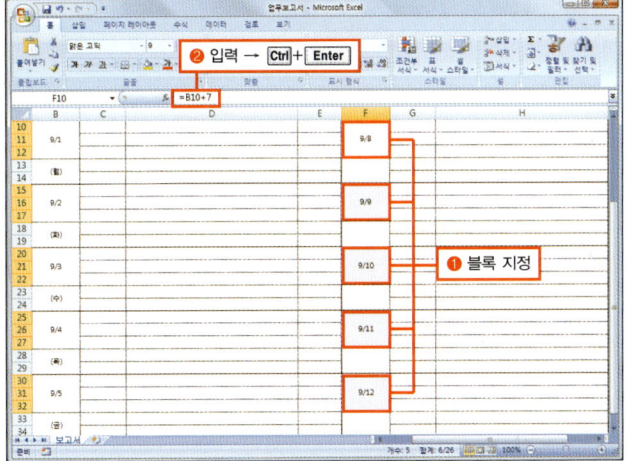

**3.** [F33] 셀을 클릭하고 Ctrl을 누른 채 [F28], [F23], [F18], [F13] 셀을 차례대로 클릭해서 블록으로 지정한 다음

**4.** 『=B13+7』을 입력한 후 Ctrl + Enter 를 누릅니다.

· 금주 날짜에 7일을 더한 날짜가 입력되고 금주 날짜에 지정한 표시 형식대로 요일이 나타납니다.

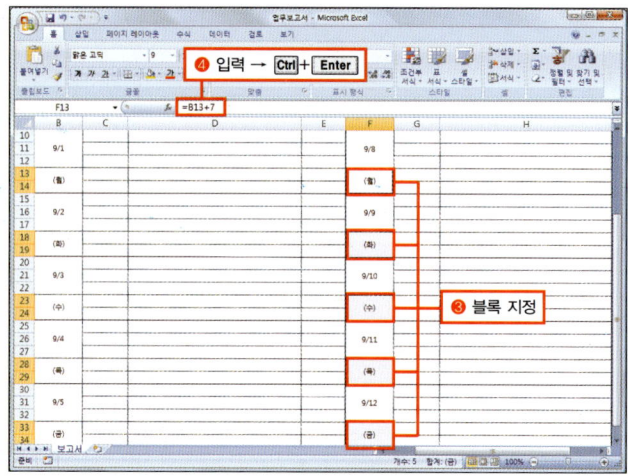

## 06 목록에서 선택하여 처리 결과 입력하기

**1.** 처리 결과를 입력할 [E10:E34] 범위를 블록으로 지정하고

**2.** [데이터] 탭 → [데이터 도구] 그룹에서 [데이터 유효성 검사](🔲)를 클릭합니다.

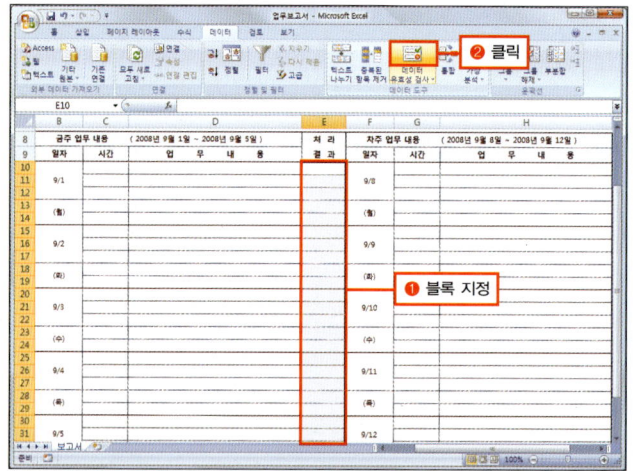

**3.** [데이터 유효성] 대화상자의 [설정] 탭에서 [제한 대상]을 [목록]으로 선택하고

**4.** [원본]에 『완결,진행중,보고,연기,취소』를 입력한 다음

**5.** [확인] 단추를 클릭합니다.

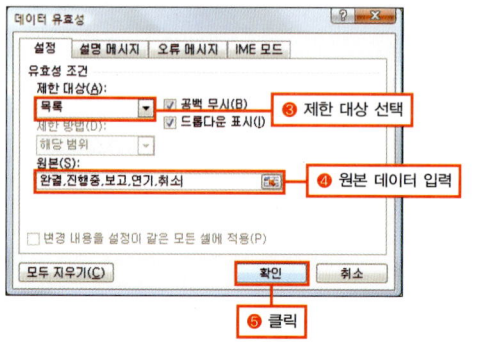

**6.** 처리 결과를 입력할 셀을 클릭하면 목록 단추가 나타납니다. 목록 단추를 클릭하면 원본으로 입력한 데이터 항목이 목록에 표시되고, 원하는 항목을 클릭해서 쉽게 처리 결과를 입력할 수 있습니다.

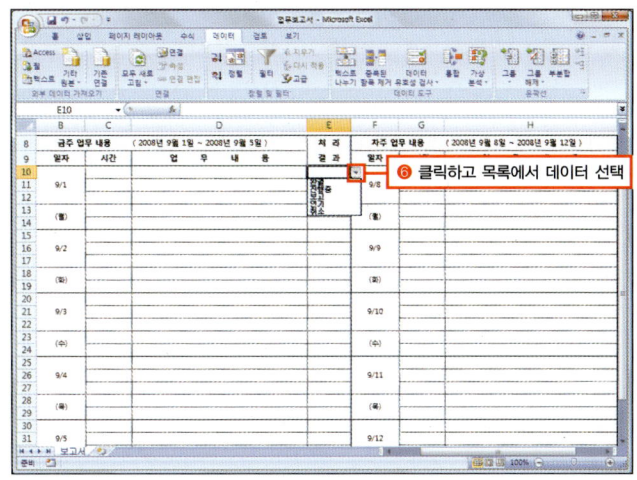

# U p g r a d e
# 업무 보고서에
# 공휴일을 표시하자

● **시작 파일** : Theme-1\시간절약\업무보고서-UP.xlsx  ● **완성 파일** : Theme-1\완성파일\업무보고서-UP.xlsx

앞의 주간 업무 보고서는 월요일부터 금요일까지 기록되도록 작성했기 때문에 토요일을 파란색으로 표시하고, 일요일을 빨간 색으로 표시할 필요가 없습니다. 하지만 나라에서 정해 놓은 공휴일이나 회사 창립일 등 업무를 쉬게 되는 날을 다른 날과 구 분해서 표시할 필요가 있습니다. 업무 보고서 작성의 업그레이드 과정으로 다른 워크시트에 공휴일 목록을 미리 만들어 두고 업무 보고서에 공휴일을 표시하는 조건부 서식의 설정 방법을 살펴봅니다. 이 과정을 통해 출근부, 일정표, 달력 등의 문서에 토요일과 일요일, 공휴일 등을 조건부 서식으로 다르게 표시하는 기술을 익힐 수 있습니다.

## 01 ㅣ 공휴일 목록에 이름 정의하기

**1.** [공휴일] 워크시트에서 [B5:B29] 범위 를 블록으로 지정하고

**2.** 이름 상자를 클릭한 후 『일자』로 이름 을 입력한 다음 [Enter]를 누릅니다.

• 더 많은 공휴일이 있을 경우 범위를 충분히 늘려 서 사용합니다.

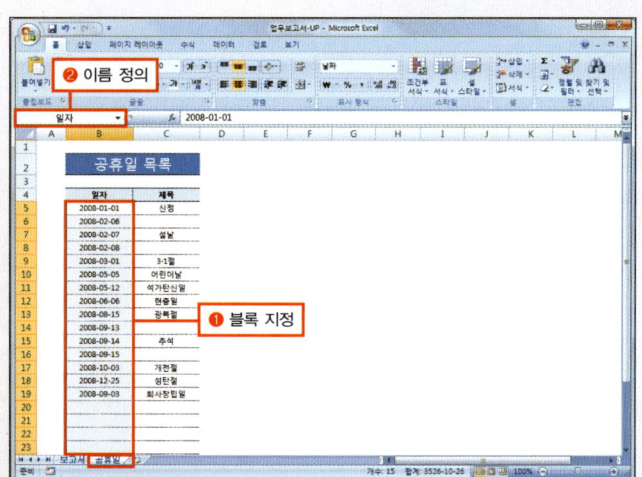

**3.** [C5:C29] 범위를 블록으로 지정하고

**4.** 이름 상자에 『제목』을 입력한 다음 [Enter]를 누릅니다.

• 두 개의 이름 '일자'와 '제목'은 조건부 서식을 설정할 때 조건을 지정하는 수식에서 사용됩니다.

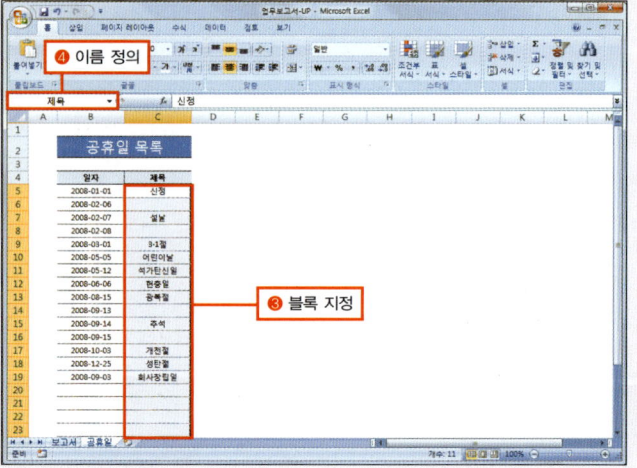

## 02 ꟾ 금주 일자와 차주 일자 구하기

**1.** [보고서] 워크시트의 [I10] 셀에 『=$H$2
+INT((ROW(A1)−1)/5)』를 입력합니다.

- 셀 표시 형식이 일반 범주일 경우 날짜 형식으로
  표시되지 않으므로 Ctrl+1을 눌러 [셀 서식] 대
  화상자의 [표시 형식] 탭에서 [날짜] 범주의
  [*2001-03-14] 형식을 선택합니다.
- 금주의 시작 날짜가 계산되어 표시됩니다.

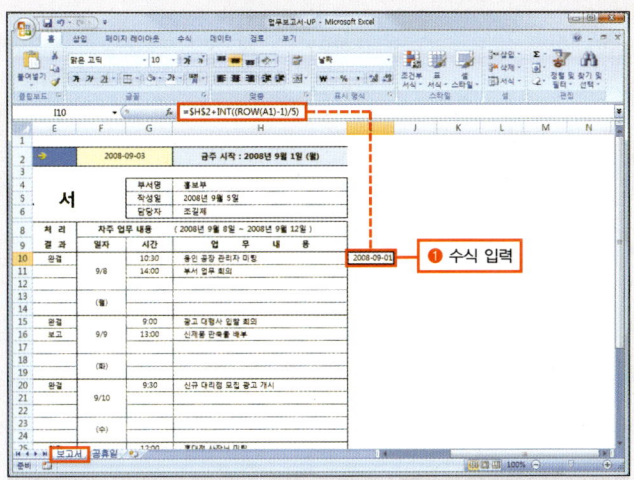

**수식이 궁금해**

조건부 서식의 수식에서 금주의 일자를 참조하여 공휴일 목록의 '일자' 범위에 해당 날짜가 포함되어 있는지 비교해
야 합니다. 현재 업무 보고서에는 셀 병합을 한 상태로 일자가 표시되어 있기 때문에 각 행에서 일자를 참조하기 쉽
도록 임시 열에 금주 일자를 다시 표시하는 과정이 필요합니다.

| 금주의 날짜 | =$H$2+INT((ROW(A1)−1)/5) |
| --- | --- |

- **ROW(A1)−1**

  [A1] 셀의 행 번호 '1'에서 '1'을 뺀 값을 구하므로 결과는 '0'입니다. 수식을 [I11] 셀로 복사할 경우 'ROW(A2)−
  1'로 셀 참조가 바뀌므로 [I11] 셀에서는 '2−1=1'로 계산됩니다.

- **INT((ROW(A1)−1)/5)**

  'ROW(A1)−1'의 결과를 '5'로 나누어 INT 함수로 정수 부분만 취합니다. [I10] 셀에서는 'INT(0/5)=0'으로 계산
  되고 [I11] 셀로 수식을 복사할 경우 'INT(1/5)=0'으로 계산됩니다. [I15] 셀에서는 'INT(5/5)=1'로 계산됩니다.

- **=$H$2+INT((ROW(A1)−1)/5)**

  [I10] 셀의 수식을 아래로 복사했을 때 [I10:I14] 범위의 각 셀에서 INT 함수의 결과는 모두 '0'이기 때문에 [H2]
  셀의 시작 날짜가 그대로 표시됩니다. [I15:I19] 범위에서는 INT 함수의 결과가 모두 '1'이기 때문에 [H2] 셀의 시
  작 날짜에 '1'을 더한 다음 날짜가 표시됩니다. 이렇게 5행 간격으로 시작 날짜부터 금요일에 해당되는 날짜까지
  금주 날짜가 각 셀에 표시됩니다.

**2.** [J10] 셀에 『=I10+7』을 입력해서 금주 날짜에 7일을 더한 차주 날짜를 계산합니다.

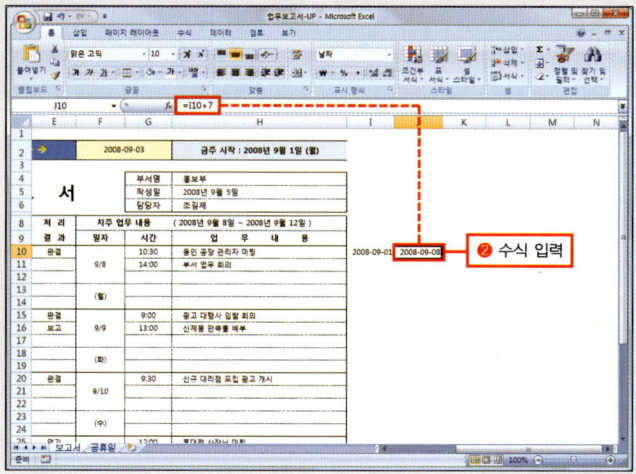

**3.** [I10:J10] 범위를 블록으로 지정하고 채우기 핸들을 [J34] 셀까지 드래그해서 수식을 복사합니다.

- [I10:I34] 범위에는 금주의 날짜가 5행 간격으로 표시되고, [J10:J34] 범위에는 차주의 날짜가 5행 간격으로 표시됩니다.

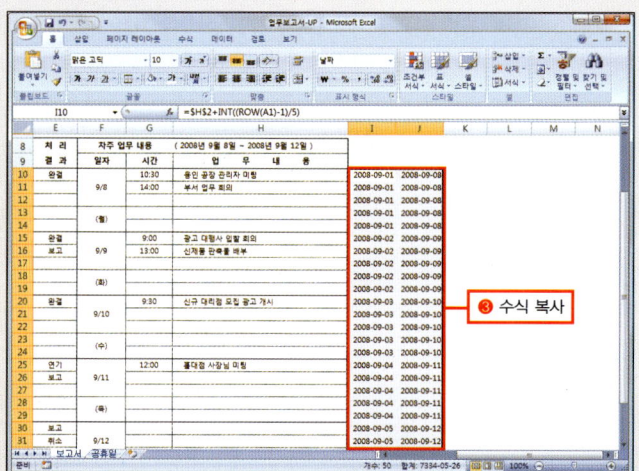

## 03 ┃ 금주 날짜에 공휴일을 표시하는 조건부 서식

**1.** [B10:E34] 범위를 블록으로 지정하고

**2.** [홈] 탭 → [스타일] 그룹 → [조건부 서식]( )을 클릭한 다음

**3.** [새 규칙]을 클릭합니다.

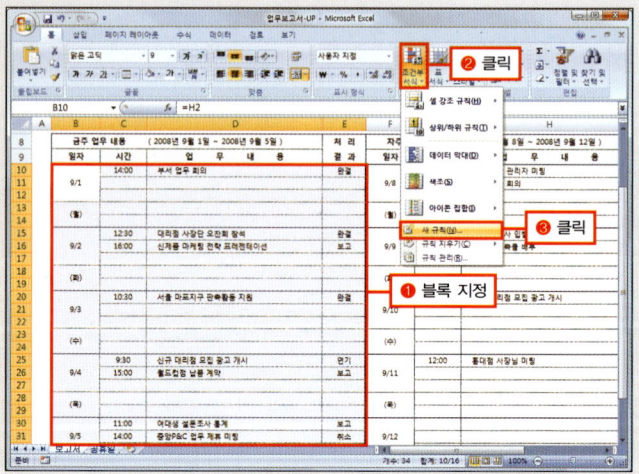

**4.** [새 서식 규칙] 대화상자가 실행되면 규칙 유형에서 [수식을 사용하여 서식을 지정할 셀 결정]을 클릭하고

**5.** 수식 입력 상자에 『=MATCH($I10, 일자, 0)>0』을 입력한 다음

**6.** [서식] 단추를 클릭합니다.

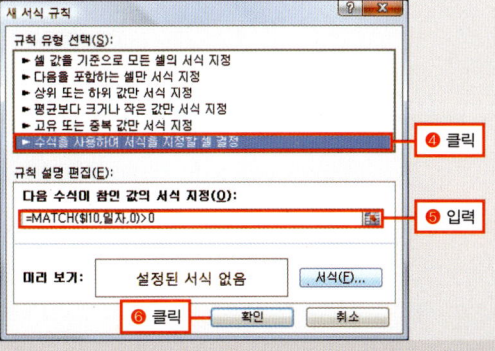

### 수식이 궁금해

[I] 열에 표시되어 있는 금주 날짜를 공휴일 목록의 '일자' 범위에서 찾아 해당 날짜가 있을 경우 금주 날짜 영역에 다른 영역과 구분되는 서식을 지정해야 합니다. MATCH 함수는 '일자' 범위에서 [I] 열의 날짜를 찾아 위치 번호를 반환하는 역할을 합니다. 만약에 MATCH 함수가 해당 날짜를 찾지 못하면 '#N/A' 수식 오류가 발생하게 됩니다.

| 금주 날짜를 '일자' 범위에서 찾기 | =MATCH($I10,일자,0)>0 |
| --- | --- |

- **MATCH($I10,일자,0)**

  MATCH(값, 범위, 옵션) 함수는 지정한 범위에서 지정한 값을 찾아 위치 번호를 반환합니다. 옵션을 '0'으로 지정하면 정확하게 일치하는 값을 찾게 됩니다. 여기에서는 '일자' 범위에서 [I10] 셀의 날짜와 정확하게 일치하는 날짜를 찾아 위치 번호를 반환하는데 위치 번호는 '1'부터 시작되므로 항상 '0'보다 큰 값이 됩니다. 일치하는 날짜가 없으면 MATCH 함수는 '#N/A' 오류 값을 반환합니다. 수식은 현재 셀을 기준으로 작성되지만 [I] 열의 날짜를 참조할 때 각 행에서 행 번호가 달라져야 하기 때문에 '$I10'과 같이 열은 절대 참조, 행은 상대 참조 형식으로 지정합니다.

- **MATCH>0**

  MATCH 함수의 결과가 '0'보다 큰 값일 때 즉, 일치하는 날짜를 찾았을 경우에만 TRUE를 반환합니다. 수식의 결과가 TRUE일 때 조건부 서식에서 지정한 서식이 셀에 적용됩니다.

**7.** [셀 서식] 대화상자의 [글꼴] 탭에서 [글꼴 스타일]을 [굵게]로 선택하고

**8.** [색]을 [빨강]으로 지정합니다.

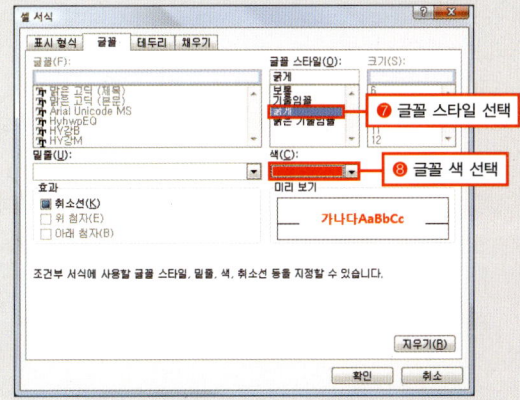

**9.** [채우기] 탭에서 셀의 채우기 색을 선택하고

**10.** [확인] 단추를 클릭합니다.

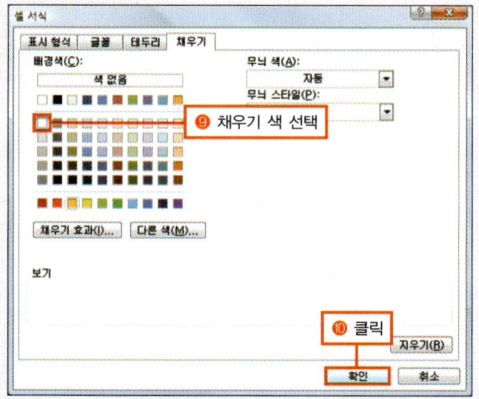

**11.** [새 서식 규칙] 대화상자로 돌아오면 [확인] 단추를 클릭합니다.

- 블록으로 지정한 각 셀에서 조건부 서식의 수식 조건이 TRUE일 때 지정한 서식이 셀에 적용됩니다.

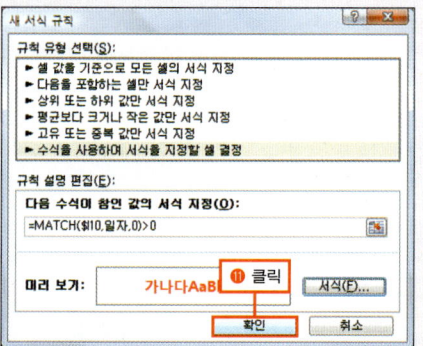

## 04 ㅣ 차주 날짜에 공휴일을 표시하는 조건부 서식

**1.** [F10:H34] 범위를 블록으로 지정하고

**2.** [홈] 탭 → [스타일] 그룹 → [조건부 서식](📋)을 클릭한 다음

**3.** [새 규칙]을 클릭합니다.

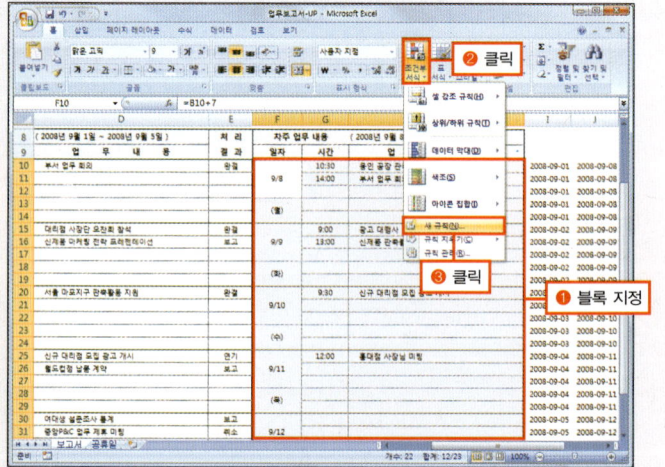

**4.** [새 서식 규칙] 대화상자에서 규칙 유형을 [수식을 사용하여 서식을 지정할 셀 결정]으로 선택하고

**5.** 『=MATCH($J10,일자,0)>0』으로 수식 조건을 입력한 다음

**6.** [서식] 단추를 클릭하고 [글꼴 스타일]은 [굵게], [색]을 [빨강], 채우기 색은 [회색]으로 지정한 다음 [확인] 단추를 클릭합니다.

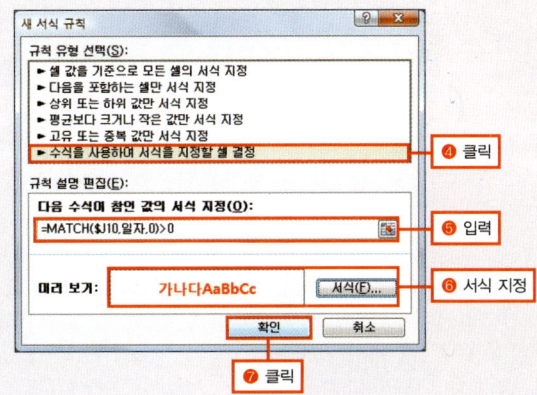

**7.** 다음과 같이 수식 조건과 서식이 모두 만들어지면 [확인] 단추를 클릭합니다.

**8.** 임시로 사용한 열을 화면에서 숨겨야 합니다. [I:J] 범위를 열 머리글을 이용해서 블록으로 지정하고

**9.** 마우스 오른쪽 단추를 클릭한 다음 [숨기기] 메뉴를 클릭합니다.

• 임시로 사용한 [I] 열과 [J] 열이 화면에서 숨겨집니다.

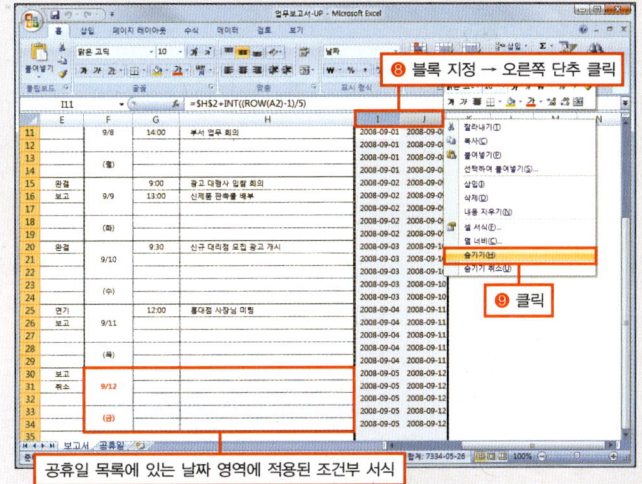

공휴일 목록에 있는 날짜 영역에 적용된 조건부 서식

# 업체별 견적 금액이 자동으로 적용되는 구매품의서

S  e  c  t  i  o  n

# 03

구매품의서는 물품을 구매하기 전에 충분한 검토와 협의를 거쳐 구매를 결재 및 승인 받을 수 있도록 준비하는 문서로, 구매에 대한 정확한 금액을 명시하는 것이 중요합니다. 여기서 작성할 구매품의서는 구매 물품에 대한 수량과 각 업체별로 제시한 단가를 이용하여 최저 가격을 제시한 업체의 견적 내용을 자동으로 표시합니다. 나중에 다른 건으로 다시 구매품의서를 작성할 때 구매 품목과 수량, 업체별 단가만 수정해서 자동으로 구매품의서를 완성시킬 수 있습니다.

Preview　　● 시작 파일 : Theme-1\시간절약\구매품의서.xlsx　　● 완성 파일 : Theme-1\완성파일\구매품의서.xlsx

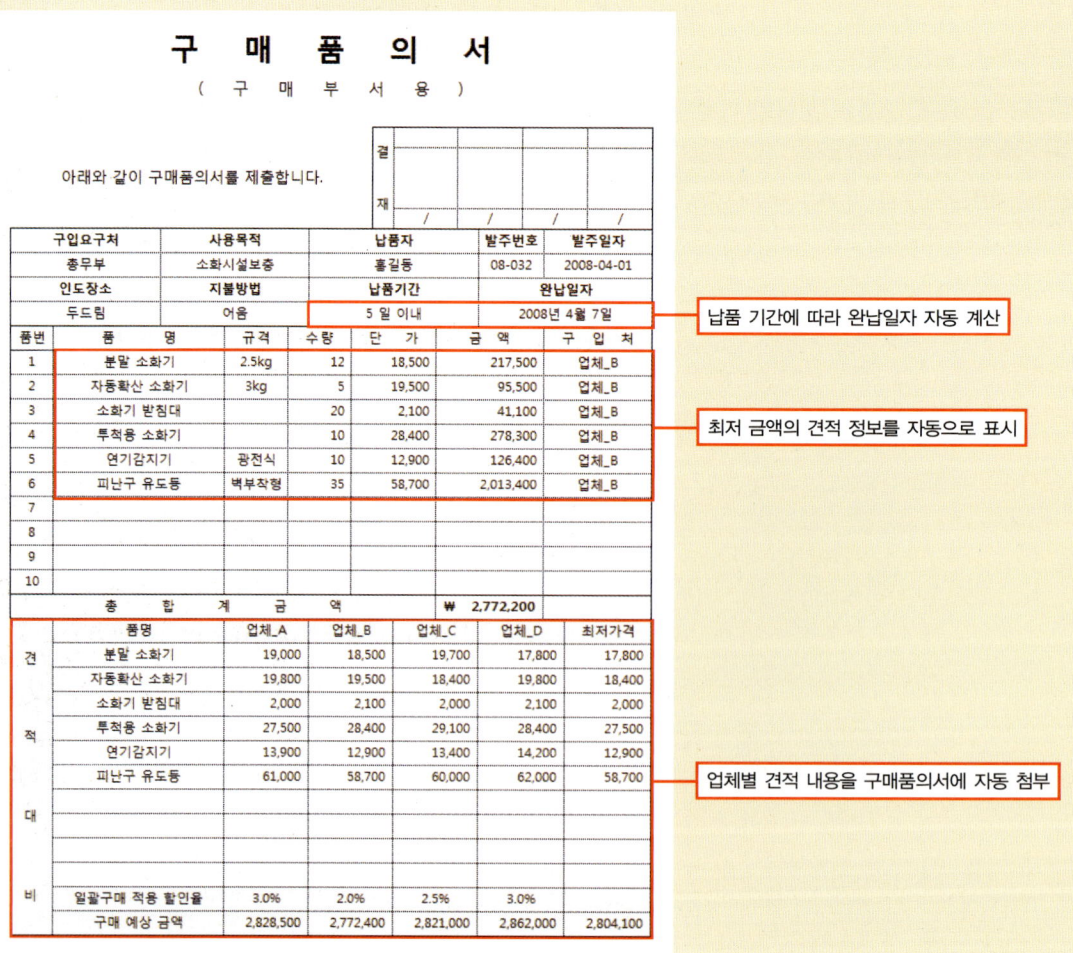

납품 기간에 따라 완납일자 자동 계산

최저 금액의 견적 정보를 자동으로 표시

업체별 견적 내용을 구매품의서에 자동 첨부

## [01]　최저가격과 업체별 예상 금액 계산하기

**1.** [견적대비] 워크시트의 [I6:I15] 범위를 블록으로 지정하고

**2.** 『=MIN(E6:H6)』을 입력한 다음 Ctrl + Enter 를 누릅니다.

- MIN(계산범위) 함수는 지정한 범위에서 최소값을 구하는 것으로, [I6:I15] 범위에 업체별 구매 단가 중 최소값이 표시됩니다.

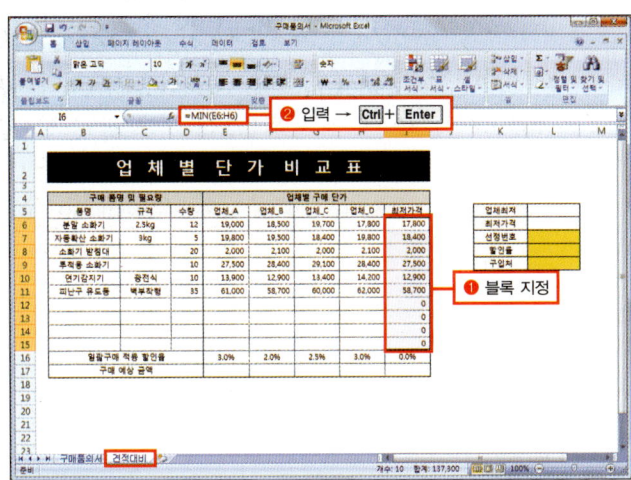

**3.** [E17:I17] 범위를 블록으로 지정하고

**4.** 『=ROUNDDOWN(SUMPRODUCT ($D$6:$D$15,E6:E15*(1−E16)),−2)』를 입력한 다음 Ctrl + Enter 를 누릅니다.

- 수량과 할인율을 적용한 단가를 곱해 업체별 합계 금액이 구해집니다.

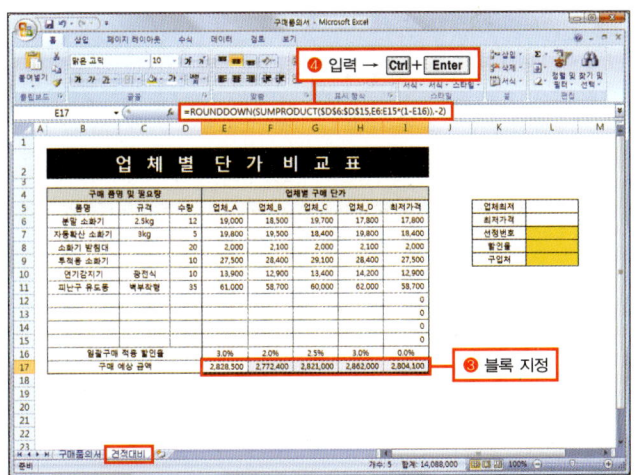

#### 수식이 궁금해

| 구매 예상 금액 | =ROUNDDOWN(SUMPRODUCT($D$6:$D$15,E6:E15*(1−E16)),−2) |
| --- | --- |

- **SUMPRODUCT(수량범위, 단가범위*(1−할인율))**

  SUMPRODUCT(범위1, 범위2, ...) 함수는 지정한 범위에서 대응하는 셀끼리 곱한 후 전체 합계를 계산합니다. 여기에서는 수량(D6:D15)과 단가(E6:E15)에 '1−할인율(E16)'을 곱해서 구한 할인 단가를 곱한 합계이므로 해당 업체의 합계 금액이 구해집니다.

- **ROUNDDOWN(SUMPRODUCT, −2)**

  ROUNDDOWN(값, 자릿수) 함수는 지정한 값을 소수 이하 자릿수로 무조건 내림한 값을 구합니다. 자릿수가 '−2'이면 백 단위 이하를 무조건 버린 값을 구할 수 있습니다. 여기에서는 SUMPRODUCT 함수로 구한 합계 금액에서 100원 단위 이하를 무조건 버립니다. 예를 들어 SUMPRODUCT 함수의 값이 '2,828,520'이면 ROUNDDOWN 함수의 값은 '2,828,500'이 됩니다.

# 02 최저 가격 선정하기

**1.** [L5] 셀에 『=MIN(E17:H17)』을 입력해서 구매 예상 금액 중 최저 금액을 구하고

**2.** [L6] 셀에 『=I17』을 입력해서 최저가격에 대한 구매 예상 금액을 표시합니다.

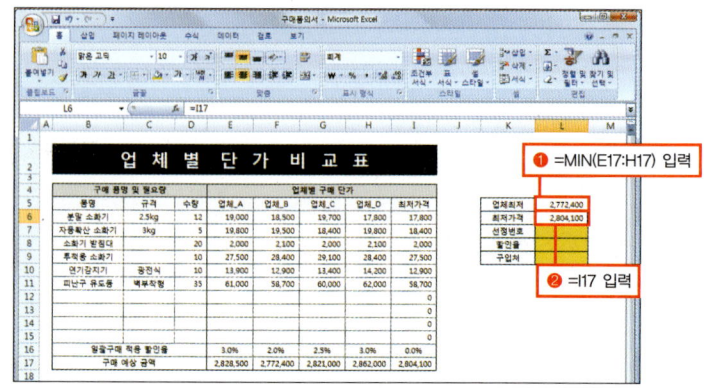

**3.** [L7] 셀에 『=IF(L5>L6,5,MATCH(L5, E17:H17,0))』을 입력한 다음

**4.** [L7] 셀에서 이름 상자를 클릭하고 『선정번호』를 입력한 후 Enter 를 누릅니다.

• [L7] 셀에 '선정번호'로 이름이 정의됩니다.

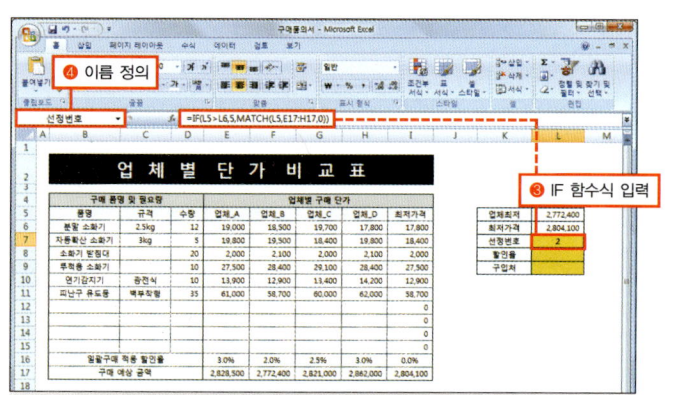

## 수식이 궁금해

'선정번호'는 업체별 구매 단가에서 구매품의서에 표시할 견적 내용이 몇 번째 열에 있는지를 의미하는 숫자로, 구매품의서에는 4개의 업체별 구매 예상 금액과 최저가격에 대한 예상 금액 중 더 적은 값을 표시해야 합니다. [L5] 셀이 [L6] 셀보다 크면 무조건 최저가격이 있는 '5' 열이 선정번호가 되고, [L5] 셀이 [L6] 셀보다 작거나 같을 경우 4개의 업체 중 구매 예상 금액이 업체 최저 금액(L5)과 같은 업체의 열 번호가 선정번호가 되어야 합니다.

| 선정번호 | =IF(L5>L6,5,MATCH(L5,E17:H17,0)) |
| --- | --- |

### • MATCH(L5,E17:H17,0)

MATCH(값, 범위, 옵션) 함수는 범위에서 지정한 값의 위치 번호를 구합니다. 옵션을 '0'으로 지정하면 정확하게 일치하는 값을 찾을 수 있습니다. 여기에서는 MATCH 함수가 업체별 구매 예상 금액(E17:H17)에서 업체 최저 금액(L5)과 같은 값을 찾아 위치 번호를 구합니다. 현재 [L5] 셀의 값이 '2,772,400'이고 [E17:H17] 범위에서 '2,772,400'이 '2'번째 셀에 있으므로 MATCH 함수는 위치 번호 '2'를 반환합니다.

### • IF(L5>L6,5,MATCH)

IF(조건, 값1, 값2) 함수는 조건이 참이면 값1, 조건이 거짓이면 값2를 반환합니다. 여기에서는 업체 최저 금액(L5)이 최저가격(L6)보다 크면 업체별 구매 단가에서 최저가격이 '5' 열에 있으므로 '5'를 반환하고, 그렇지 않으면 MATCH 함수로 구한 위치 번호 '2'를 반환합니다.

**5.** [L8] 셀에 『=INDEX(E16:I16, 선정번호)』를 입력해서 일괄구매 적용 할인율(E16:I16)에서 '선정번호' 번째에 있는 값을 표시합니다.

**6.** [L8] 셀에서 이름 상자를 클릭하고 『할인율』을 입력한 다음 Enter 를 눌러서 이름을 정의합니다.

• INDEX(범위, 번호) 함수는 지정한 범위에서 지정한 번호에 해당되는 셀 값을 구합니다.

• '선정번호' 셀이 '2'이면 [E16:I16] 범위에서 '2' 번째에 있는 [F16] 셀의 값을 표시합니다.

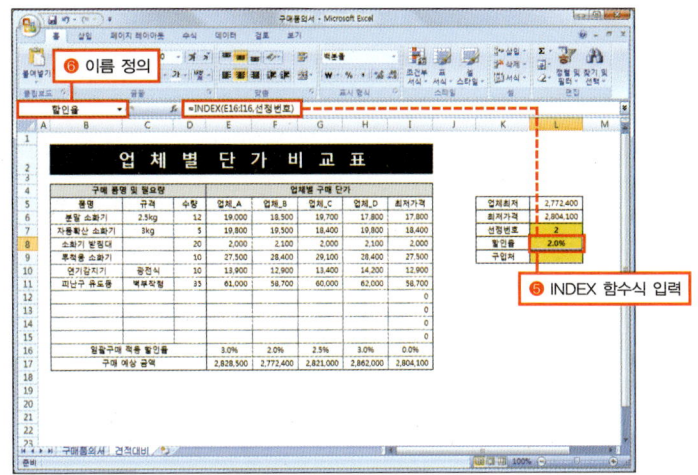

**7.** [L9] 셀에 『=INDEX(E5:I5, 선정번호)』를 입력해서 업체명(E5:I5)에서 '선정번호' 번째에 있는 셀의 값을 표시합니다.

**8.** [L9] 셀에서 이름 상자를 클릭하고 『구입처』를 입력해서 이름을 정의합니다.

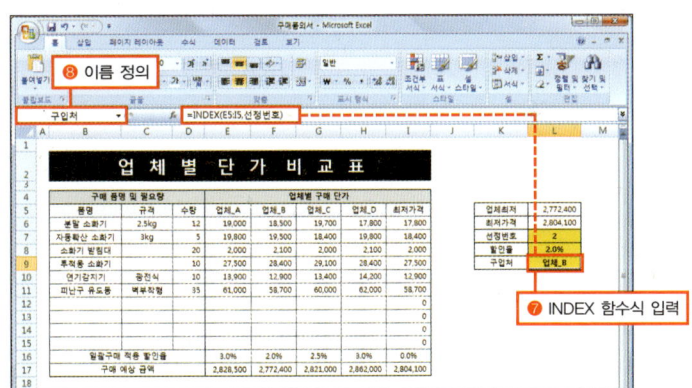

## [03] 단가 비교표에 이름 정의하기

**1.** [B6:D15] 범위를 블록으로 지정하고

**2.** 이름 상자에 『구매표1』을 입력한 다음 Enter 를 눌러 이름을 정의합니다.

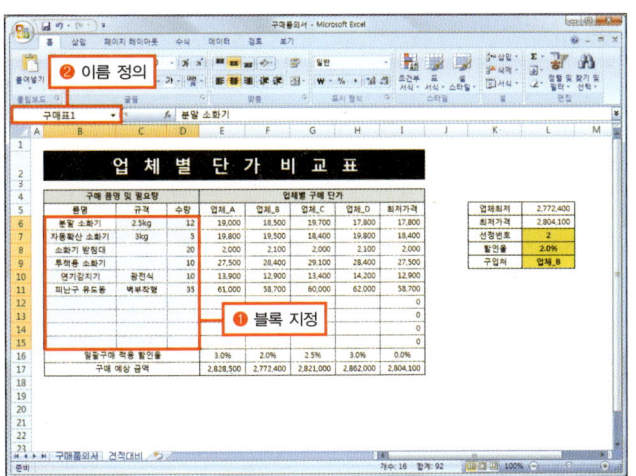

**3.** [E5:H5] 범위를 블록으로 지정하고

**4.** 이름 상자에 『업체명』을 입력한 다음 Enter 를 눌러 이름을 정의합니다.

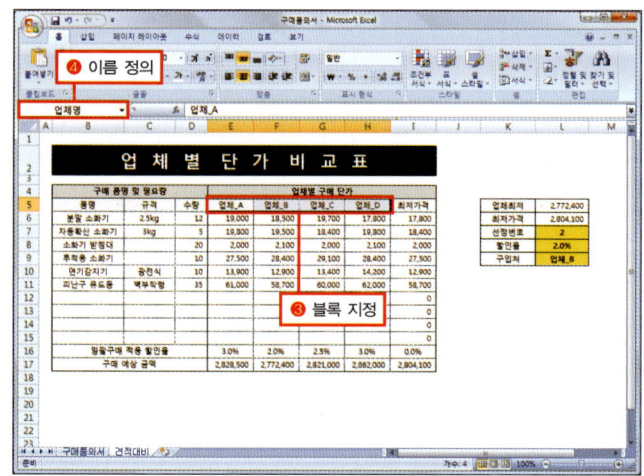

**5.** [E6:I17] 범위를 블록으로 지정하고

**6.** 이름 상자에 『구매표2』를 입력한 다음 Enter 를 눌러 이름을 정의합니다.

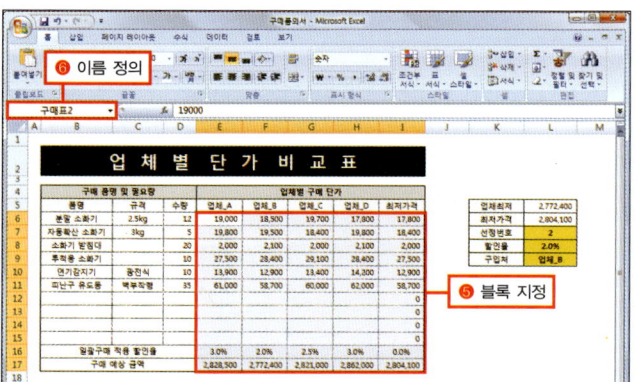

## 04 구매품의서의 납품기간 및 완납일자 계산하기

**1.** [구매품의서] 워크시트의 [P11] 셀에 '일' 단위로 납품기간을 입력한 다음

**2.** [P11] 셀에서 [홈] 탭 → [표시 형식] 그룹의 대화상자 표시 단추(⬚)를 클릭합니다.

• [셀 서식] 대화상자의 [표시 형식] 탭이 표시됩니다.

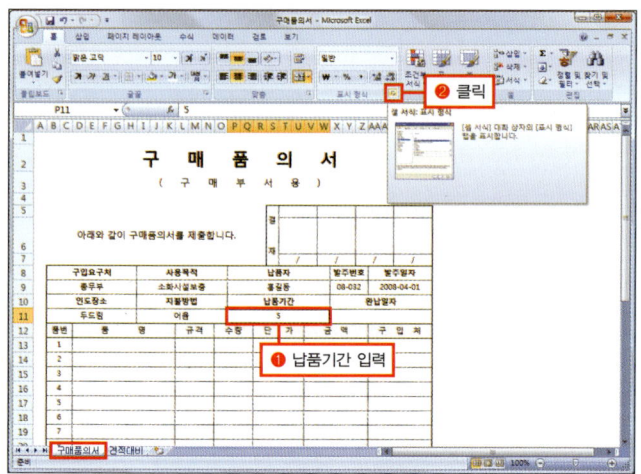

**3.** [사용자 지정] 범주를 선택하고

**4.** [형식]에 『0 일 이내』로 서식 코드를 입력한 다음

**5.** [확인] 단추를 클릭합니다.

- 납품기간에 '5'를 입력했으면 사용자 지정 서식 코드로 '5 일 이내'가 셀에 표시됩니다.

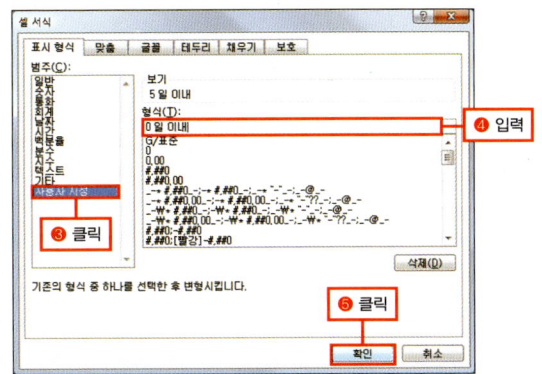

**6.** [X11] 셀에 『=AA9+P11+IF(WEEKDAY(AA9+P11)=1,1,0)』을 입력하고

**7.** [X11] 셀에서 [홈] 탭 → [표시 형식] 그룹의 대화상자 표시 단추(📷)를 클릭합니다.

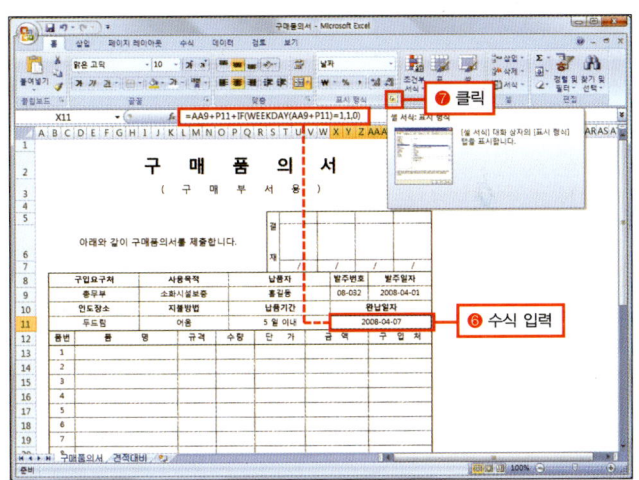

**수 식 이　궁 금 해**

'완납일자'는 발주일자(AA9)에 납품기간(P11)을 더한 날짜로 구합니다. 이 수식에서 IF 함수는 '발주일자+납품기간'으로 구한 '완납일자'가 일요일일 경우 '1'일을 더해서 월요일에 해당하는 날짜를 표시하기 위한 것입니다.

| 완납일자 | =AA9+P11+IF(WEEKDAY(AA9+P11)=1,1,0) |
| --- | --- |

- **WEEKDAY(AA9+P11)**

  발주일자(AA9)에 납품기간(P11)을 더한 날짜의 요일 번호를 WEEKDAY 함수로 구합니다. 요일 번호는 일요일부터 숫자 '1'로 시작합니다.

- **IF(WEEKDAY=1,1,0)**

  WEEKDAY 함수로 구한 요일 번호가 '1'과 같으면 즉, 일요일이면 '1'을 반환하고 일요일이 아니면 '0'을 반환합니다.

- **AA9+P11+IF**

  발주일자(AA9)에 납품기간(P11)을 더한 날짜에 IF 함수로 구한 값을 더합니다. '발주일자+납품기간'으로 구한 날짜가 일요일일 경우 IF 함수가 반환한 '1'을 더해 다음 날짜(월요일)를 표시합니다. 일요일이 아니면 '0'을 더하므로 해당 날짜를 그대로 표시합니다.

8. [날짜] 범주를 선택하고

9. [형식] 목록에서 [2001년 3월 14일]을 선택한 다음

10. [확인] 단추를 클릭해서 완납일자의 표시 형식을 설정합니다.

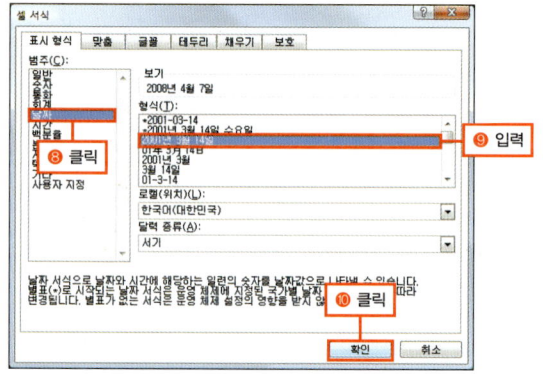

---

## 05 구매품의서에 구매 정보 표시하기

1. [D13:D22] 범위를 블록으로 지정하고

2. 『=INDEX(구매표1,B13,1)』을 입력한 다음 Ctrl + Enter 를 누릅니다.

- INDEX(범위,행,열) 형식으로 [B13] 셀이 '1'이므로 '구매표1' 범위에서 1행 1열에 있는 값을 표시합니다. [D14] 셀에서는 '=INDEX(구매표1,B14,1)' 이 되어 '구매표1' 범위에서 2행 1열에 있는 값을 표시합니다.

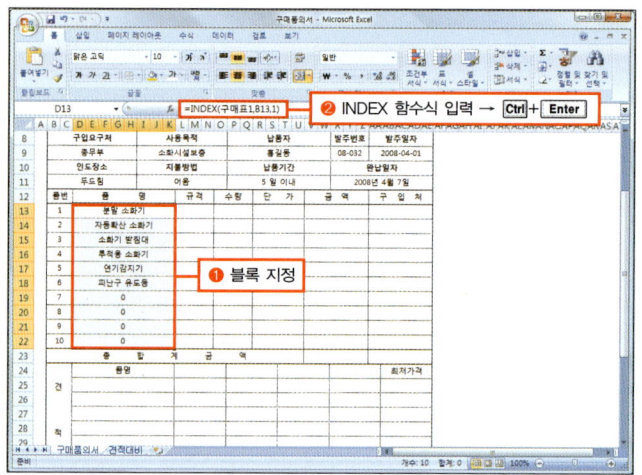

3. [L13:L22] 범위를 블록으로 지정하고 『=INDEX(구매표1,B13,2)』를 입력한 다음 Ctrl + Enter 를 누릅니다.

4. [O13:O22] 범위를 블록으로 지정하고 『=INDEX(구매표1,B13,3)』을 입력한 다음 Ctrl + Enter 를 누릅니다.

- [L13:L22] 범위에는 '구매표1' 범위의 2열에 있는 값을 차례로 표시하고, [O13:O22] 범위에는 '구매표1' 범위의 3열에 있는 값을 차례로 표시합니다.

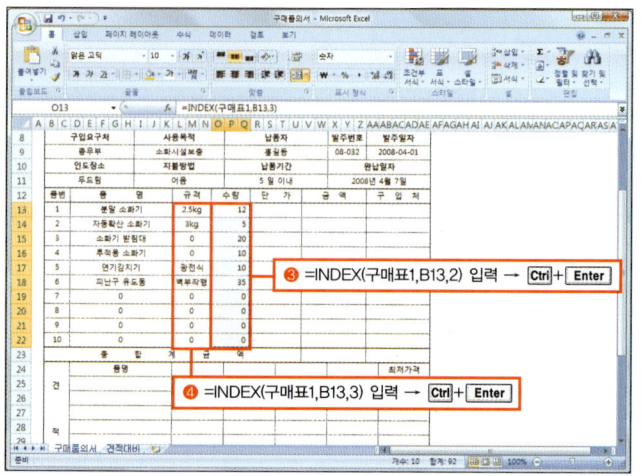

**5.** [R13:R22] 범위를 블록으로 지정하고

**6.** 『=INDEX(구매표2,B13,선정번호)』를 입력한 다음 Ctrl + Enter 를 누릅니다.

- [B13] 셀이 '1'이고, '선정번호'의 값이 '2'이므로 '구매표2' 범위에서 1행 2열에 있는 값을 표시합니다. [R13] 셀에서는 '=INDEX(구매표2,B14, 선정번호)'가 되어 '구매표2' 범위에서 2행 2열에 있는 값을 표시합니다.

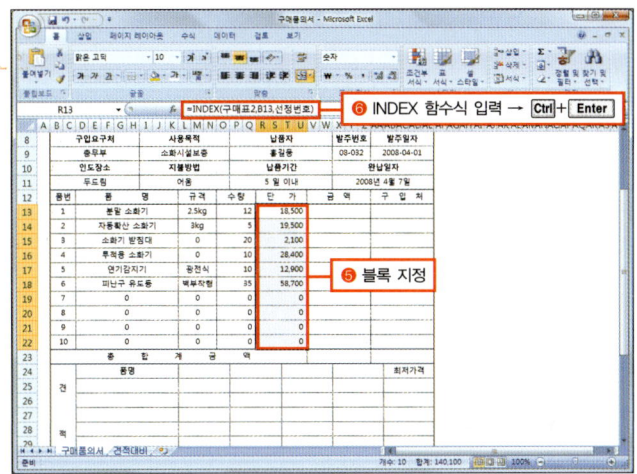

**7.** [V13:V22] 범위를 블록으로 지정하고

**8.** 『=ROUNDDOWN(O13*R13*(1-할인율),-2)』를 입력한 다음 Ctrl + Enter 를 누릅니다.

- 수량(O13), 단가(R13)*(1-할인율)을 곱해서 할인율이 적용된 금액을 구한 다음 ROUNDDOWN 함수의 자릿수를 '-2'로 지정해 백 원 이하를 무조건 버립니다.

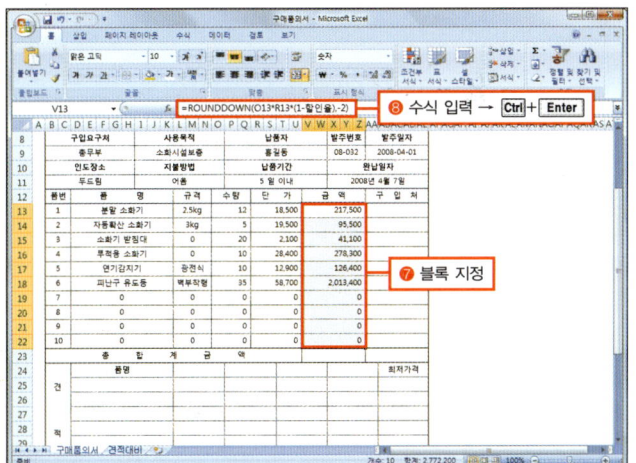

**9.** [AA13:AA22] 범위를 블록으로 지정하고

**10.** 『=IF(D13=0,"",구입처)』를 입력한 다음 Ctrl + Enter 를 누릅니다.

- IF 함수로 품명(D13)의 값이 '0'이면 공백 문자열 ("")을 표시하고, '0'이 아니면 '구입처' 셀의 값을 표시합니다.

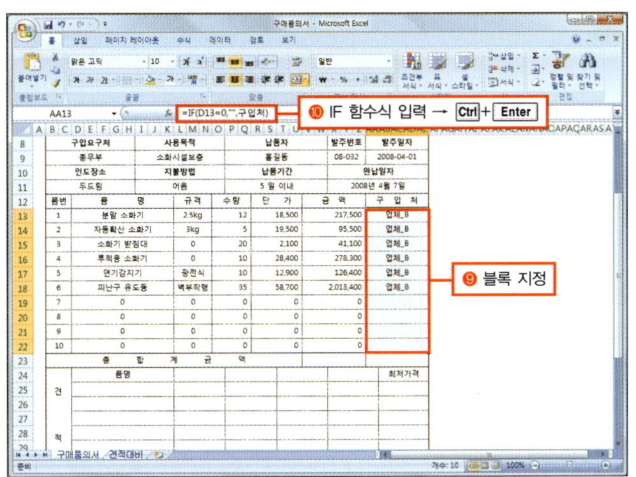

**11.** 금액의 합계를 계산할 [V23] 셀에서

**12.** [수식] 탭 → [함수 라이브러리] 그룹의 [자동 합계](Σ 자동 합계 ▾)를 클릭하고 SUM 함수식이 입력되면 Enter 를 누릅니다.

• '=SUM(V13:Z22)' 로 SUM 함수식이 자동으로 입력되어 금액의 합계가 구해집니다.

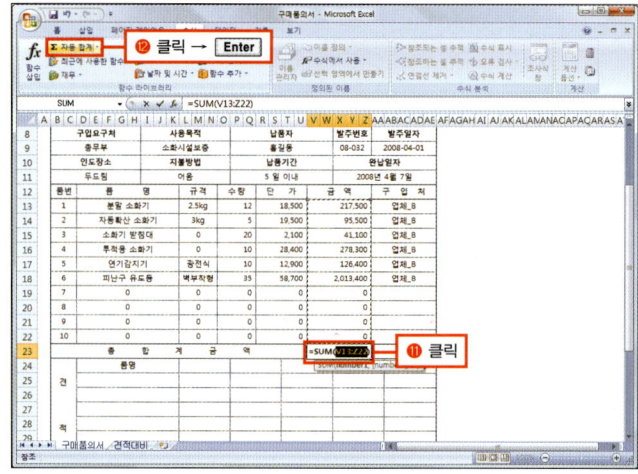

# 06  구매품의서에 업체별 견적 내용 표시하기

**1.** [D25:D34] 범위를 블록으로 지정하고

**2.** 『=INDEX(구매표1,ROW(A1),1)』을 입력한 다음 Ctrl + Enter 를 누릅니다.

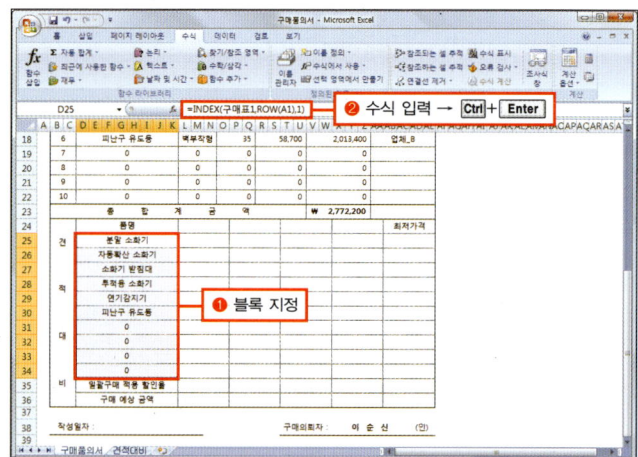

**3.** [L24] 셀에 『=INDEX(업체명,1)』을 입력해서 '업체명' 범위의 '1' 번째 셀에 있는 값을 표시합니다.

**4.** [P24] 셀에 『=INDEX(업체명,2)』, [T24] 셀에 『=INDEX(업체명,3)』, [X24] 셀에 『=INDEX(업체명,4)』를 각각 입력해서 '업체명' 범위의 '2', '3', '4' 번째 셀에 있는 값을 차례로 표시합니다.

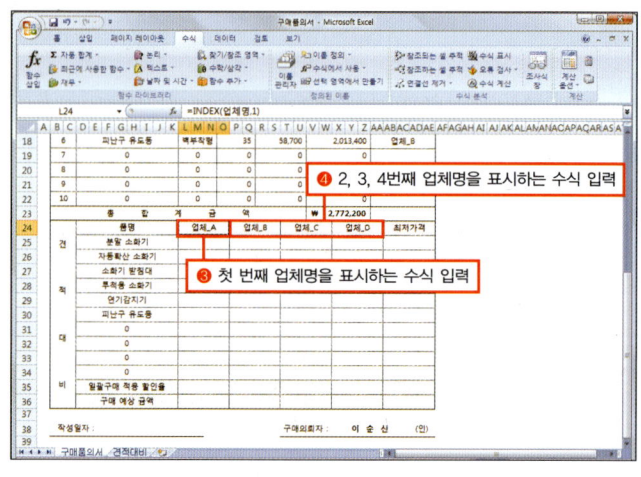

**5.** [L25:AE36] 범위를 블록으로 지정하고

**6.** 『=INDEX(구매표2,ROW(A1),COLUMN ()/4-2)』를 입력한 다음 [Ctrl]+[Enter]를 누릅니다.

- '구매표2' 범위의 각 셀 값을 그대로 가져와 표시합니다.

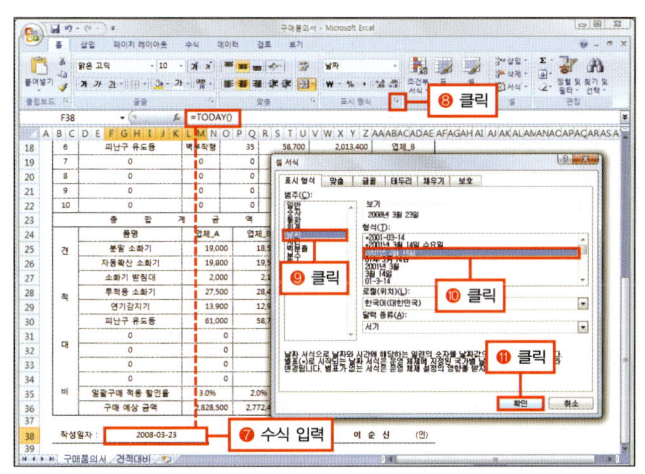

**수식이 궁금해**

| 견적내용 표시 | =INDEX(구매표2,ROW(A1),COLUMN()/4-2) |
|---|---|

'구매표2' 범위에 있는 내용을 그대로 가져와 표시하는 수식입니다. INDEX(구매표2, 행 번호, 열 번호) 형태의 수식으로 '구매표2' 범위에서 지정한 행, 지정한 열에 있는 셀 값을 가져옵니다. 행 번호는 ROW 함수를 사용해서 1, 2, 3, … 순서로 1씩 증가시키면 되지만 열 번호는 구매품의서에서 4개의 셀이 하나로 합쳐져 있기 때문에 COLUMN 함수를 이용한 계산이 필요합니다. 다음과 같이 각 셀에서 행 번호와 열 번호를 계산해서 INDEX 함수로 특정 셀의 값을 가져오게 됩니다.

| 수식 셀 | 행 번호 | 열 번호 | INDEX |
|---|---|---|---|
| [L25] | ROW(A1)=1 | COLUMN()/4-2=12/4-2=1 | INDEX(구매표2,1,1) |
| [P25] | ROW(E1)=1 | COLUMN()/4-2=16/4-2=2 | INDEX(구매표2,1,2) |
| [T25] | ROW(I1)=1 | COLUMN()/4-2=20/4-2=3 | INDEX(구매표2,1,3) |
| ~ | ~ | ~ | ~ |
| [L36] | ROW(A12)=12 | COLUMN()/4-2=12/4-2=1 | INDEX(구매표2,12,1) |
| [P36] | ROW(E12)=12 | COLUMN()/4-2=16/4-2=2 | INDEX(구매표2,12,2) |
| [T36] | ROW(I12)=12 | COLUMN()/4-2=20/4-2=3 | INDEX(구매표2,12,3) |

**7.** [F38] 셀에 『=TODAY()』를 입력해서 오늘 날짜를 표시하고

**8.** [F38] 셀에서 [홈] 탭 → [표시 형식] 그룹의 대화상자 표시 단추(⬚)를 클릭합니다.

**9.** [셀 서식] 대화상자의 [표시 형식] 탭에서 [날짜] 범주를 선택하고

**10.** [2001년 3월 14일] 형식을 선택한 다음

**11.** [확인] 단추를 클릭합니다. 이렇게 해서 오늘 날짜의 표시 형식을 바꿉니다.

## 07 작성일자 표시 및 출력 확인하기

**1.** Office 단추(🔘)를 클릭하고 [Excel 옵션] 단추를 클릭합니다.

**2.** [Excel 옵션] 대화상자에서 [고급] 범주를 선택하고

**3.** [이 워크시트의 표시 옵션] 영역에서 [0 값이 있는 셀에 0 표시]의 선택을 취소한 다음

**4.** [확인] 단추를 클릭합니다.

• 수식의 결과가 '0'일 때 숫자 '0'을 숨겨줍니다. INDEX 함수식의 결과가 '0'으로 표시되는 것을 막기 위한 방법입니다.

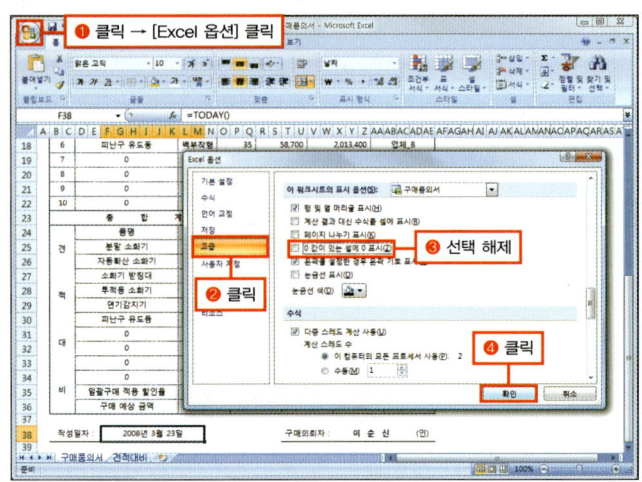

**5.** Office 단추(🔘)를 클릭하고 [인쇄]-[인쇄 미리 보기]를 클릭합니다.

**6.** 인쇄 미리 보기에서 구매품의서의 인쇄 형태를 확인합니다.

• 현재 구매품의서는 [B2:AE38] 범위가 인쇄 영역으로 설정되어 있습니다.

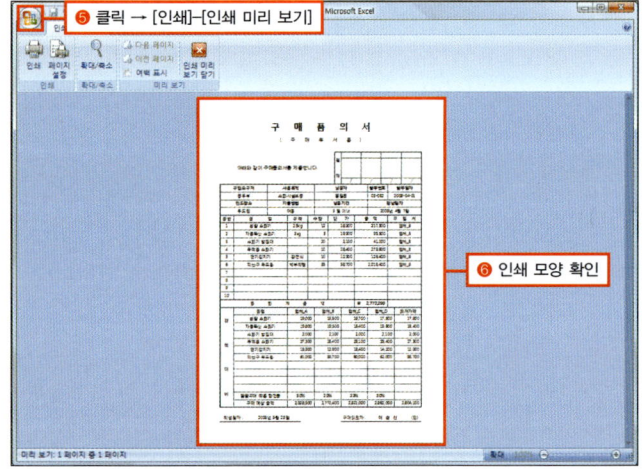

# U  p  g  r  a  d  e

# 구매품의서를
# 서식 파일로 저장하자

● **시작 파일** : Theme-1\시간절약\구매품의서-UP.xlsx

구매품의서를 자주 작성해야 하는 부서에서 근무하고 있다면 구매품의서를 서식 파일로 저장해 두고 사용하는 것이 효율적입니다. 서식 파일은 미리 만들어진 문서를 새 문서로 열어 주기 때문에 필요한 항목만 입력해서 같은 형식의 문서를 빠르게 다시 만들 수 있도록 도와줍니다. 구매품의서를 서식 파일로 저장해서 새 문서로 여는 과정까지 살펴봅니다.

## 01 | 구매품의서를 빈 양식으로 만들기

**1.** [구매품의서] 워크시트에서 [B9:AE9], [B11:W11] 범위를 Ctrl을 이용하여 블록으로 지정하고 Delete를 눌러 입력 내용을 지웁니다.

* 수식이 입력되어 있는 부분을 제외하고 직접 입력해야 하는 부분만 내용을 지워 빈 양식으로 만듭니다.

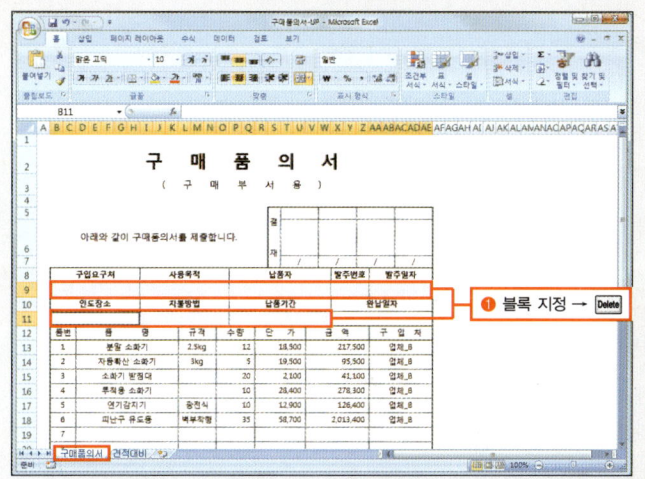

**2.** [견적대비] 워크시트에서 [B6:H11], [E16:H16] 범위를 블록으로 지정하고 Delete를 눌러 내용을 지웁니다.

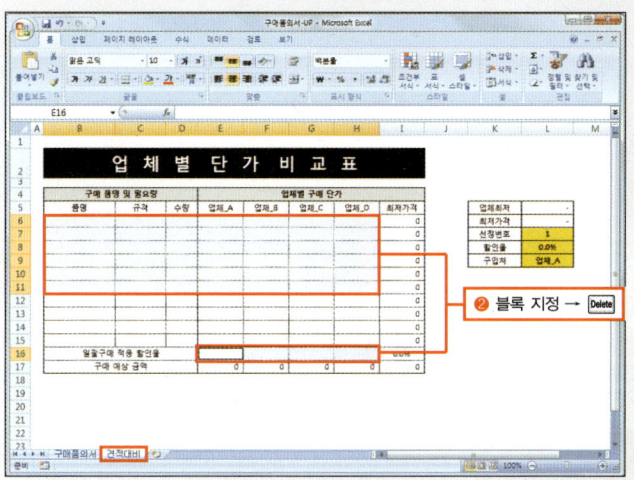

**3.** [K:L] 범위의 열 머리글을 드래그해서 블록으로 지정하고

**4.** 마우스 오른쪽 단추를 클릭한 다음 [숨기기] 메뉴를 클릭합니다.

• 구매품의서 작성을 위한 수식이 들어 있는 임시 열을 화면에서 숨겨 깨끗하게 보이도록 하기 위한 과정입니다.

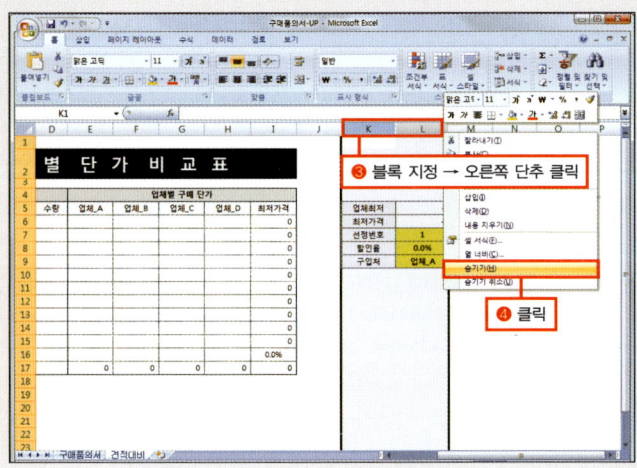

## 02 ǀ 서식 파일로 저장하기

**1.** Office 단추(🔘)를 클릭하고

**2.** [다른 이름으로 저장]을 클릭합니다.

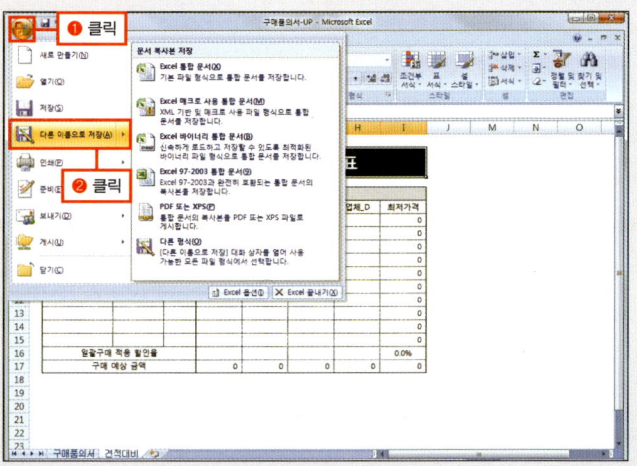

**3.** [다른 이름으로 저장] 대화상자가 나타나면 [파일 형식]을 [Excel 서식 파일]로 변경합니다.

**4.** 파일 형식을 바꾸면 저장 경로가 자동으로 [Templates] 폴더로 이동되는데 [파일 이름]을 『구매품의서』로 변경하고

**5.** [저장] 단추를 클릭합니다.

• 서식 파일의 확장자는 '.xltx'로 설정됩니다. 서식 파일로 저장이 끝나면 창 오른쪽 상단에서 창 닫기 단추(☒)를 클릭해서 현재 서식 파일을 닫습니다.

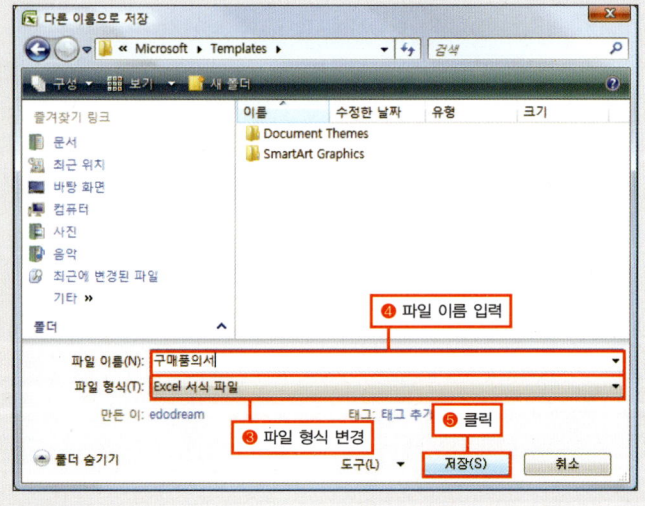

## 03 ┃ 서식 파일로 새 통합 문서 만들기

**1.** Office 단추()를 클릭하고

**2.** [새로 만들기]를 클릭합니다.

**3.** [새 통합 문서] 대화상자의 [서식 파일]
범주에서 [내 서식 파일]을 클릭합니다.

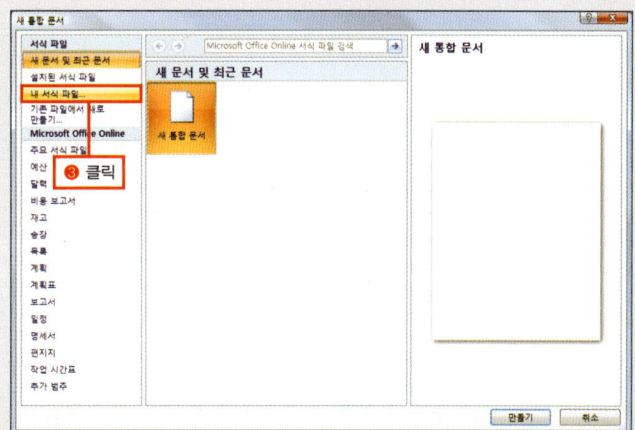

**4.** [새로 만들기] 대화상자가 실행되면 [내
서식 파일] 탭에 앞에서 저장한 [구매품의
서] 서식 파일을 선택하고

**5.** [확인] 단추를 클릭합니다.

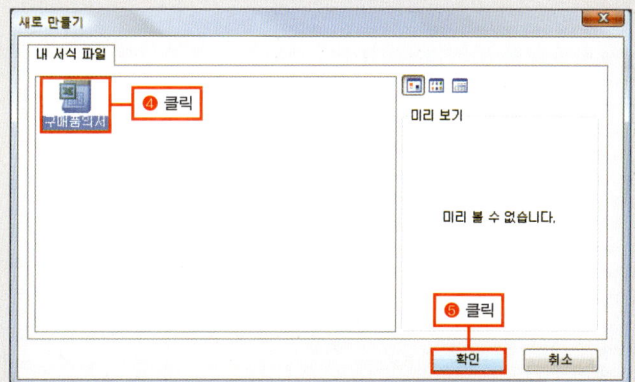

**6.** 새 문서로 열린 '구매품의서' 서식 파
일은 제목 표시줄에 '구매품의서1' 이라는
이름으로 표시됩니다. 이제 필요한 곳에
데이터를 입력한 다음 저장 명령을 실행
해서 원하는 이름으로 저장하면 됩니다.

• 서식 파일을 사용하지 않고 새 통합 문서를 열면
제목 표시줄에 Book1, Book2, … 등으로 임시
파일 이름이 나타나는 것처럼, 서식 파일을 사용
해서 새 문서를 만들면 서식 파일의 이름과 번호
로 임시 파일 이름이 나타납니다.

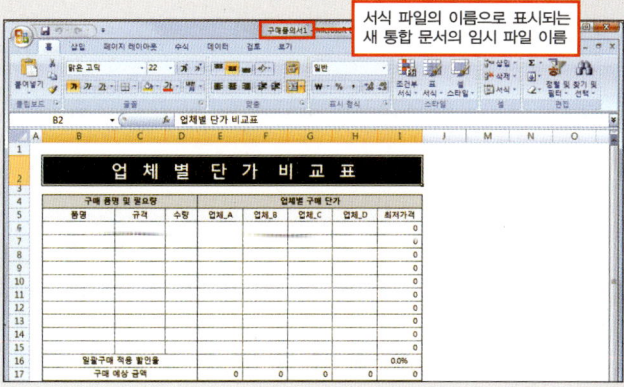

# 품명과 수량만 입력해서
# 바로 만드는 견적서

S e c t i o n

# 04

품명, 규격, 수량, 단가 등 어떤 거래에 대한 구체적인 내용과 필요한 가격을 미리 계산한 것을 견적서라고 합니다. 여기에서는 거래 가능한 품명과 규격, 단가 등을 정리해 두고 견적서 양식에서는 품명과 수량 등 최소한의 항목만 선택하거나 입력해서 나머지 항목을 자동으로 계산하는 견적서를 만들어 봅니다.

P r e v i e w  ● **시작 파일** : Theme-1\시간절약\견적서.xlsx  ● **완성 파일** : Theme-1\완성파일\견적서.xlsx

## 견 적 서

| 서기  2008년 10월 6일 | 공 | 등록번호 | 123-12-12345 | | | |
|---|---|---|---|---|---|---|
| | | 상   호 | 우 리 먹 거 리 | 대   표 | 유   기   농 | |
| **참 좋은 웰빙**  귀하 | 급 | 주   소 | 서울시 마포구 마포동 123 한신타워 103호 | | | |
| | | 업   태 | 서 비 스 업 | 종   목 | 식   품 | |
| 아래와 같이 견적합니다. | 자 | 전화번호 | (02) 000-0000 | 팩스번호 | (02) 000-0001 | |

| 합   계   금   액   : | 일금 삼백오십구만오천삼백오십 원정 | ( ₩ 3,595,350 ) |
|---|---|---|

| 품     명 | 규격 | 수 량 | 단   가 | 공 급 가 액 | 세   액 | 합   계 |
|---|---|---|---|---|---|---|
| 세척봉지사과 | 26과 | 5 | 19,000 | 95,000 | 9,500 | 104,500 |
| 완숙토마토 | 5kg | 10 | 12,000 | 120,000 | 12,000 | 132,000 |
| 참다래 | 5kg | 25 | 18,900 | 472,500 | 47,250 | 519,750 |
| 슬라이스 대추 | | 30 | 32,900 | 987,000 | 98,700 | 1,085,700 |
| 아이스대봉 | 12개 | 20 | 32,000 | 640,000 | 64,000 | 704,000 |
| 아이스 블루베리 | 1.7kg | 15 | 30,000 | 450,000 | 45,000 | 495,000 |
| 견과세트 | | 12 | 42,000 | 504,000 | 50,400 | 554,400 |
| | | | | | | |
| | | | | | | |
| | | | | | | |
| | | | | | | |
| | | | | | | |
| | | | | | | |
| | | | | | | |
| | | | | | | |
| | | | | | | |

| 특 기 사 항 | ▶ 견적서 유효기간 : 2008년 10월 13일까지 |
|---|---|
| | ▶ 계약금 : 10% (계약 체결시 납부) |

전체 합계를 구하고
사용자 지정 표시 형식 설정

• 목록에서 품명 선택
• 규격과 단가의 자동 표시
• 공급가액, 세액, 합계의 자동 계산

견적서 유효기간 계산
및 글머리 기호 적용

## [01]　목록에서 선택하여 품명 입력하기

**1.** [품목관리] 워크시트에서 [C5:C24] 범위를 블록으로 지정하고

**2.** 이름 상자를 클릭한 후 『품명』으로 이름을 입력한 다음 Enter 를 누릅니다.

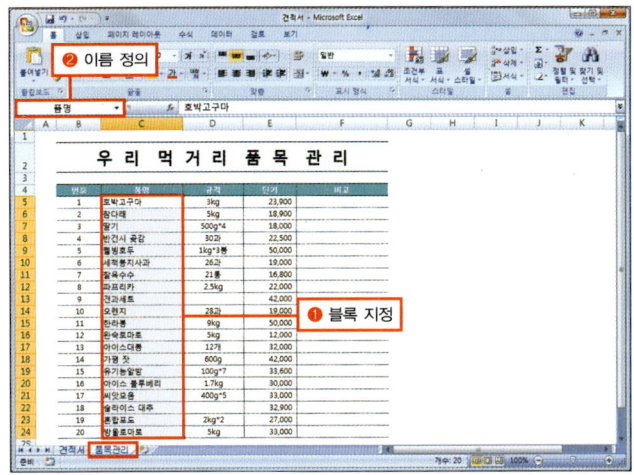

**3.** [견적서] 워크시트에서 [B10:B29] 범위를 블록으로 지정하고

**4.** [데이터] 탭 → [데이터 도구] 그룹 → [데이터 유효성 검사]( )를 클릭합니다.

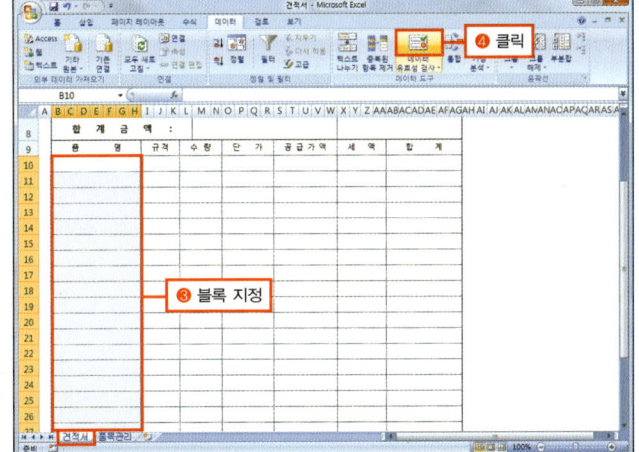

**5.** [데이터 유효성] 대화상자의 [설정] 탭에서 [제한 대상]을 [목록]으로 선택하고

**6.** [원본]에 『=품명』을 입력한 다음

**7.** [확인] 단추를 클릭합니다.

• 데이터 유효성이 설정된 셀에는 '품명' 범위에 있는 데이터만 입력할 수 있게 됩니다.

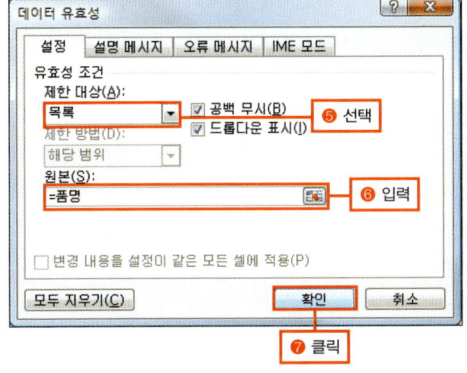

8. 품명을 입력할 셀을 클릭했을 때 오른쪽에 목록 단추가 나타나는데 이 단추를 클릭하고

9. 목록에서 원하는 품명을 선택해서 입력할 수 있습니다.

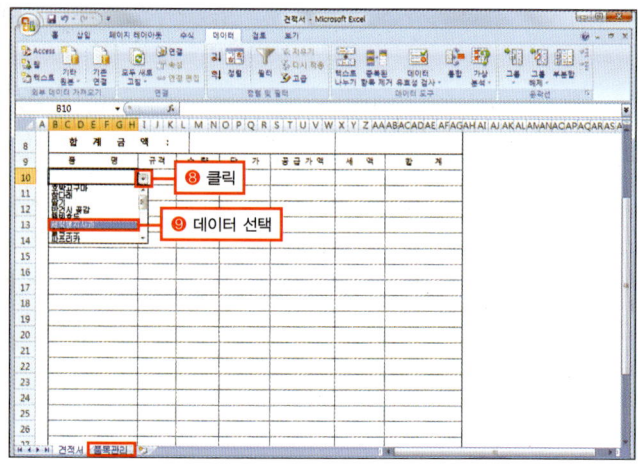

## 02 품명에 따라 규격과 단가 표시하기

1. [품목관리] 워크시트에서 [C5:E24] 범위를 블록으로 지정하고

2. 이름 상자에 『품목표』로 이름을 입력한 후 Enter 를 누릅니다.

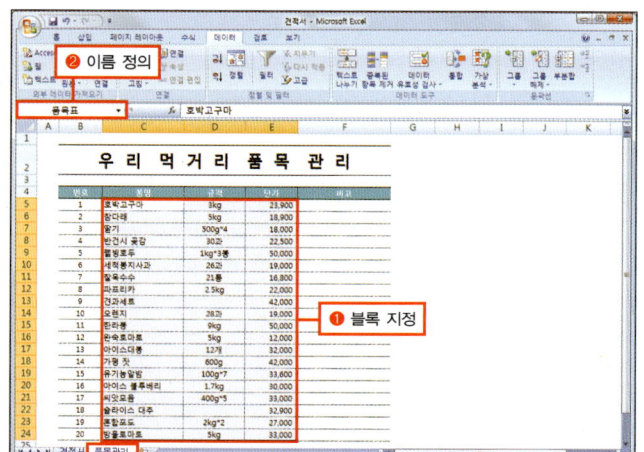

3. [견적서] 워크시트에서 [I10:I29] 범위를 블록으로 지정하고

4. 『=IFERROR(VLOOKUP(B10,품목표,2,0),"")』을 입력한 다음 Ctrl + Enter 를 누릅니다.

• [B10] 셀에 입력한 품명에 해당하는 규격이 표시됩니다. [B10] 셀에 아무 것도 입력되어 있지 않을 때는 아무 것도 표시되지 않습니다.

• VLOOKUP 함수의 결과가 빈 셀일 때 숫자 '0'이 표시되는 것을 막기 위해 [I10:I29] 범위에 '0;;;@'로 사용자 지정 표시 형식이 설정되어 있습니다.

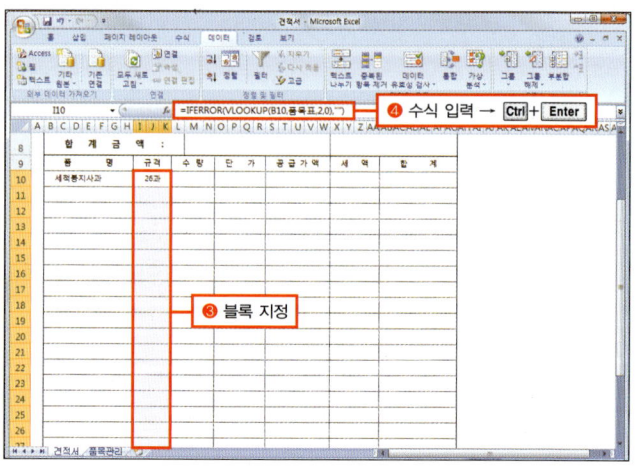

수식이 궁금해

[B10] 셀에서 입력한 품명을 '품목표'의 첫 번째 열에서 찾아 '2' 번째 열에 있는 규격을 표시하는 수식입니다.

| 품명에 따라 규격 표시하기 | =IFERROR(VLOOKUP(B10,품목표,2,0),"") |
| --- | --- |

- **VLOOKUP(B10,품목표,2,0)**

  VLOOKUP(값, 범위, 열 번호, 옵션) 함수는 지정한 범위의 첫 번째 열에서 주어진 값을 찾아 범위의 지정한 열에 있는 값을 반환합니다. 여기에서는 '품목표' 범위의 첫 번째 열에서 [B10] 셀과 일치하는 값을 찾은 다음 '2' 번째 열에 있는 규격을 반환합니다. VLOOKUP 함수의 옵션을 '0' 으로 지정하면 첫 번째 열에서 값을 찾을 때 정확하게 일치하는 값을 찾습니다.

- **IFERROR(VLOOKUP,"")**

  IFERROR(수식, 값) 함수는 수식의 결과가 오류 값일 때 그 오류 값 대신 주어진 값을 표시합니다. 여기에서는 VLOOKUP 함수가 지정한 값을 찾지 못할 경우 빈 문자열("")을 대신 표시합니다.

**5.** [L10] 셀에 임의로 수량을 입력하고

**6.** [O10:O29] 범위를 블록으로 지정한 다음

**7.** 『=IFERROR(VLOOKUP(B10,품목 표,3,0),0)』을 입력한 다음 Ctrl + Enter 를 누릅니다.

- VLOOKUP 함수로 '품목표'의 첫 번째 열에서 [B10] 셀과 같은 품명을 찾은 다음 '3' 번째 열에 있는 단가를 표시합니다. [B10] 셀에 품명이 입력되어 있지 않으면 IFERROR 함수에 의해 숫자 '0' 이 표시됩니다.

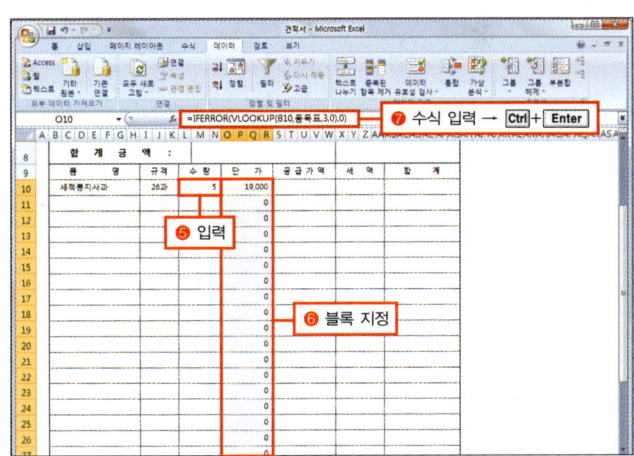

**03　공급가액, 세액, 합계 계산하기**

**1.** [S10:S29] 범위를 블록으로 지정하고

**2.** 『=L10*O10』을 입력한 다음 Ctrl + Enter 를 누릅니다. 이 수식은 수량(L10)과 단가 (O10)를 곱해서 공급가액을 계산합니다.

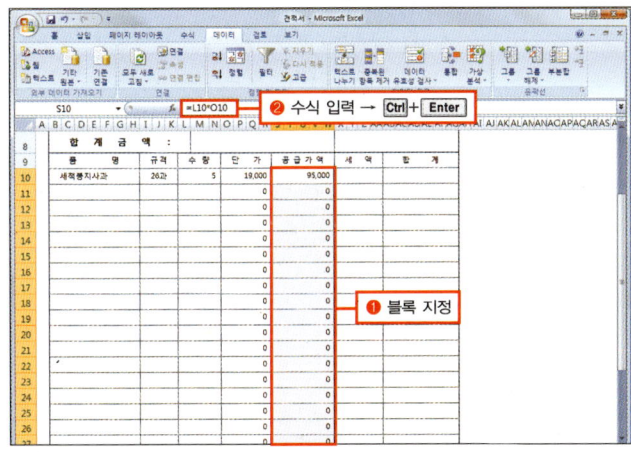

3. [X10:X29] 범위를 블록으로 지정하고

4. 『=S10*10%』를 입력한 다음 Ctrl + Enter 를 누릅니다. 이 수식은 공급가액(S10)의 10%로 세액을 계산합니다.

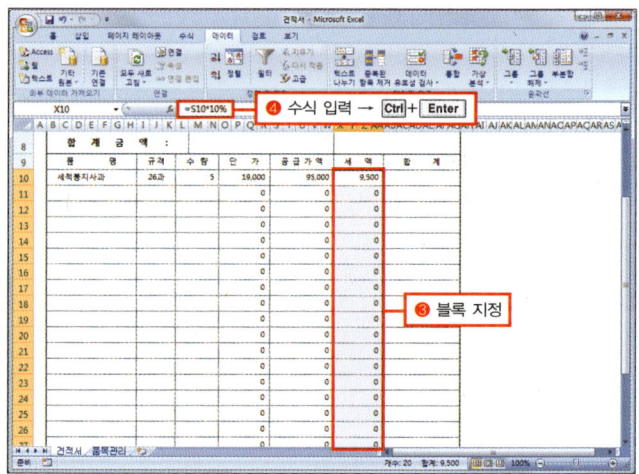

5. [AB10:AB29] 범위를 블록으로 지정하고

6. 『=S10+X10』을 입력해서 공급가액(S10) 과 세액(X10)의 합계를 계산합니다.

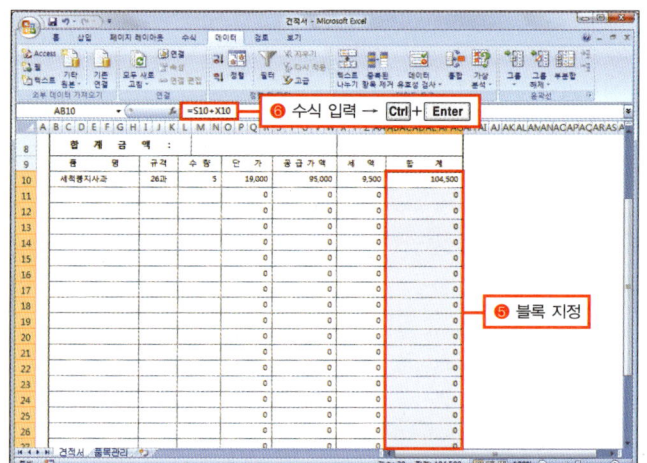

7. [O10:AB29] 범위를 블록으로 지정하고

8. [홈] 탭 → [표시 형식] 그룹의 대화상자 표시 단추(⌐)를 클릭합니다.

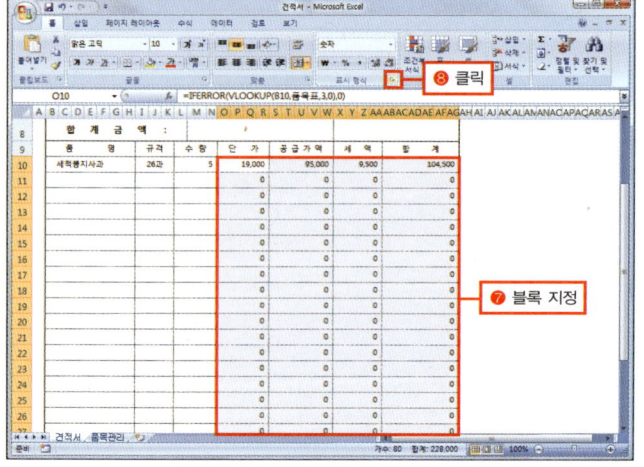

**9.** [셀 서식] 대화상자의 [표시 형식] 탭에서 [사용자 지정] 범주를 선택하고

**10.** [형식]에 『#,##0_-;;』을 입력한 다음

**11.** [확인] 단추를 클릭합니다.

• '양수;음수;0값' 순서로 표시 형식을 지정하는데, 음수일 때와 0값일 때 서식 코드를 생략한 형태입니다. 이렇게 하면 음수나 0값일 때 셀에 아무것도 나타나지 않습니다.

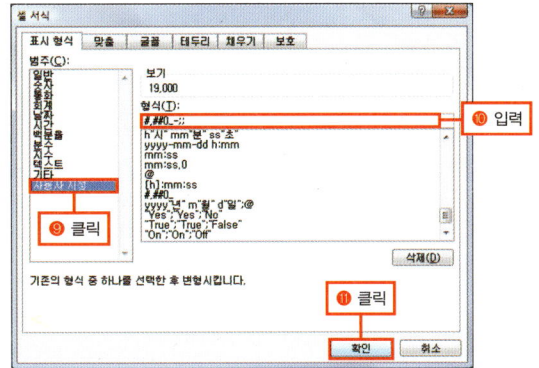

## 04 합계 금액의 표시 형식 설정하기

**1.** [M8:X8] 범위를 블록으로 지정하고

**2.** 『=SUM($AB$10:$AG$29)』를 입력한 다음 Ctrl + Enter 를 누릅니다.

• [AB10:AG29] 범위에 있는 합계(공급가액+세액)의 전체 합계가 구해집니다.

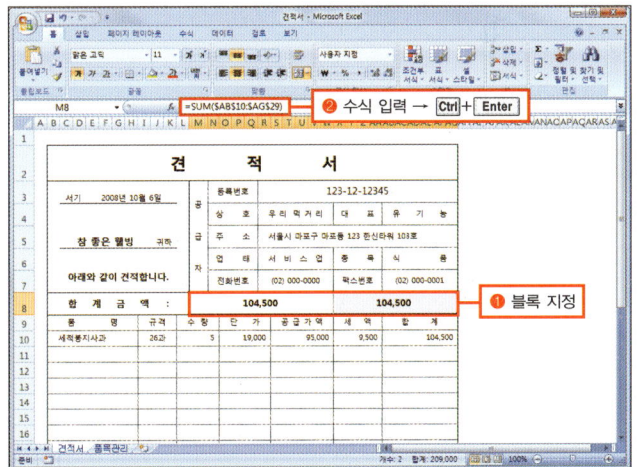

**3.** [M8] 셀에서 [홈] 탭 → [표시 형식] 그룹의 대화상자 표시 단추(⬜)를 클릭합니다.

**4.** [셀 서식] 대화상자의 [표시 형식] 탭에서 [기타] 범주를 선택하고

**5.** [형식]에서 [숫자(한글)]을 선택합니다.

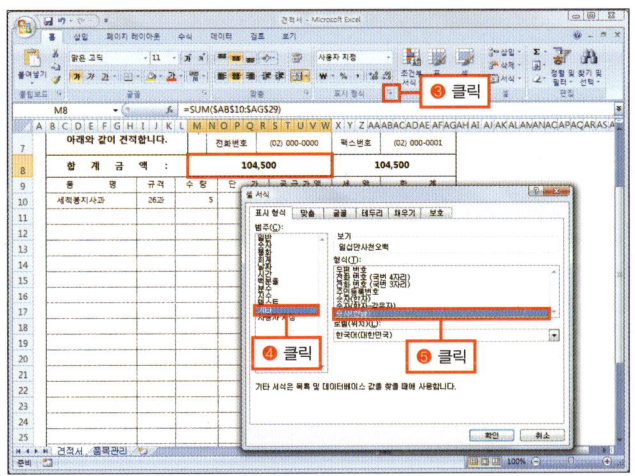

**6.** [사용자 지정] 범주를 클릭하면 앞에서 선택한 '숫자(한글)'에 해당하는 서식 코드 『[DBNum4][\$-412]G/표준』이 형식 상자에 표시됩니다.

**7.** 형식 상자에 표시된 서식 코드의 앞과 뒤에 필요한 문자를 추가로 입력해서 『일금 [DBNum4][\$-412]G/표준 원정』과 같이 서식 코드를 만들고

**8.** [확인] 단추를 클릭합니다.

• 숫자가 '일금 팔십칠만육천구백 원정'과 같은 형태로 나타납니다.

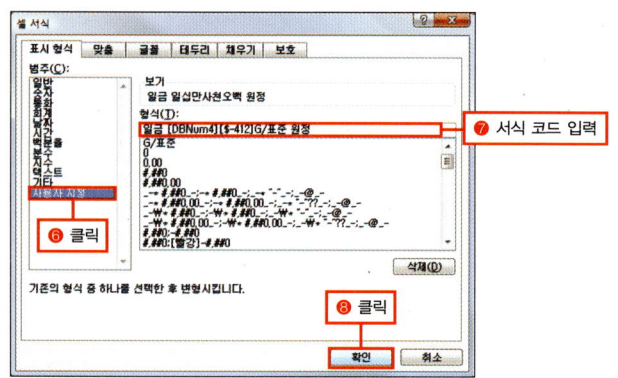

**9.** [X8] 셀에서 [홈] 탭 → [표시 형식] 그룹의 대화상자 표시 단추(⬚)를 클릭합니다.

**10.** [셀 서식] 대화상자의 [표시 형식] 탭에서 [사용자 지정] 범주를 선택하고

**11.** [형식]에 『( ₩ #,### );;』을 입력한 다음

**12.** [확인] 단추를 클릭합니다.

• 숫자가 '( ₩ 876,900 )' 형태로 나타납니다.

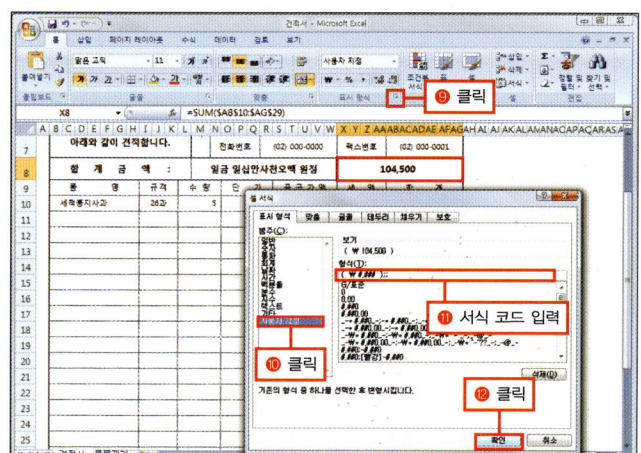

---

## [05] 견적서 유효 기간 표시하기

**1.** [E30] 셀에서 『=TEXT(E3+7,"견적서 유효기간 : yyyy년 m월 d일까지")』를 입력해서 견적서 유효기간을 표시합니다.

• [E3] 셀의 날짜에 7을 더한 날짜를 따옴표("")안의 표시 형식을 적용하여 텍스트로 변환합니다.

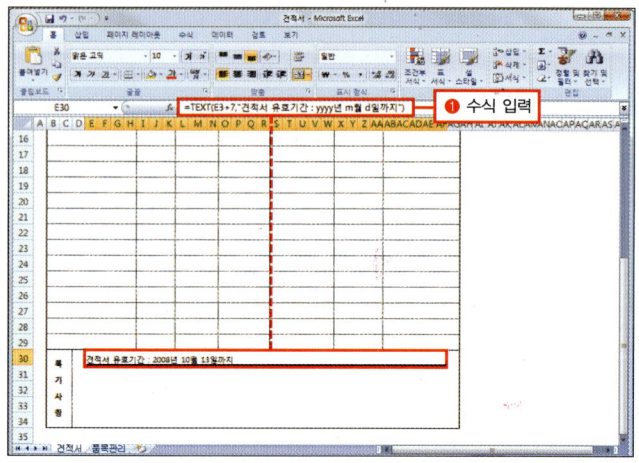

**2.** [E30:E34] 범위를 블록으로 지정하고

**3.** [홈] 탭 → [표시 형식] 그룹의 대화상자
표시 단추(⟱)를 클릭합니다.

**4.** [사용자 지정] 범주를 선택하고

**5.** 『▶ @』로 서식 코드를 입력한 다음

**6.** [확인] 단추를 클릭합니다.

- 기호 '▶'는 한글 자음 'ㅁ'을 입력하고 [한자]를 누
른 다음 기호 목록에서 선택하여 입력합니다.

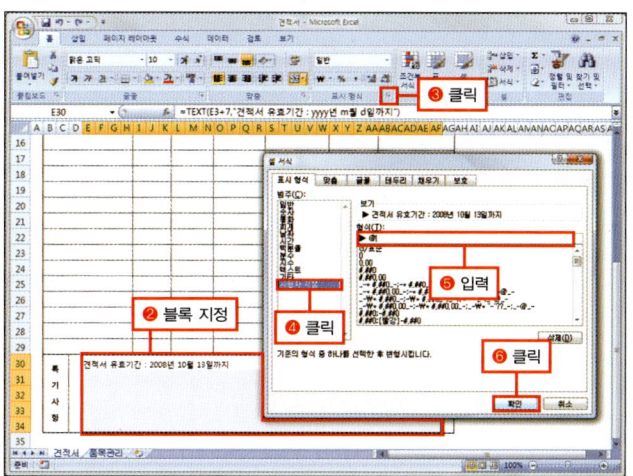

**7.** [E31] 셀에 『계약금 : 10% (계약 체결시
납부)』와 같이 특기 사항을 입력하면 자동
으로 텍스트 앞에 '▶' 문자가 함께 표시됩
니다.

- 서식 코드에서 '@' 문자가 있는 부분에 현재 셀
에 입력한 텍스트가 표시됩니다.

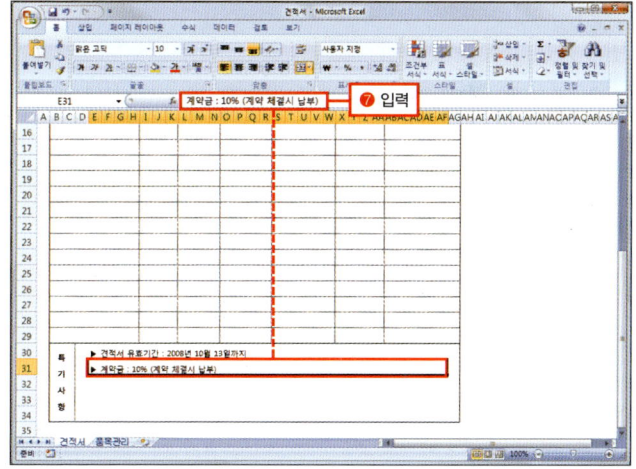

# U p g r a d e  품목의 변경에 따라 참조 대상이 변하는 이름을 정의하자

● **시작 파일** : Theme-1\시간절약\견적서-UP.xlsx    ● **완성 파일** : Theme-1\완성파일\견적서-UP.xlsx

'견적서' 시트의 품명에서 사용될 데이터를 '품목관리' 시트의 품명 데이터에 따라 동적으로 참조되도록 작성해 놓으면 견적서와 비슷한 서식을 작성할 때 편리하게 사용할 수 있습니다. 즉, '품목관리' 시트의 데이터가 추가되거나 삭제되는 데이터를 '견적서' 시트에 반영할 수 있도록 OFFSET 함수와 COUNTA 함수를 이용하여 이름을 정의하는 방법을 살펴봅니다.

## 01 ∣ 수식으로 동적 범위를 참조하는 이름 정의하기

**1.** [F3] 셀에 『=COUNTA(C:C)-1』를 입력한 다음

**2.** [F3] 셀에서 이름 상자에 『개수』를 입력하고 `Enter`를 눌러 이름을 정의합니다.

- COUNTA 함수로 [C] 열 전체(C:C)에서 비어 있지 않은 셀의 개수를 구한 다음 [C4] 셀의 필드 이름을 개수에서 제외하기 위해 '1'을 뺍니다.

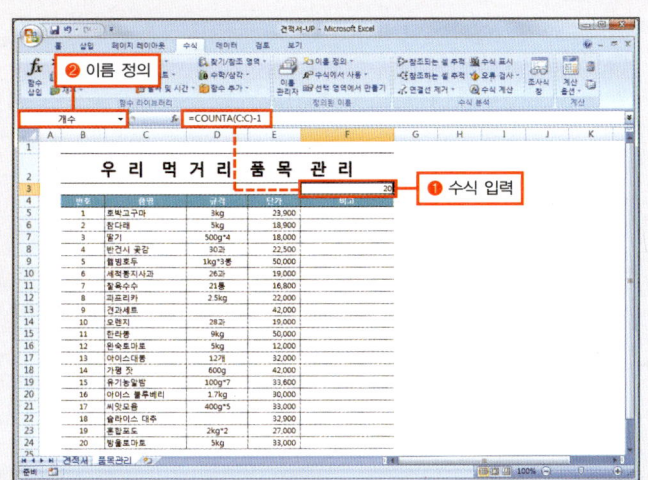

**3.** [F3] 셀에서 [수식] 탭 → [정의된 이름] 그룹 → [이름 관리자](📋)를 클릭하고

**4.** 이름 목록에서 '품명'을 선택합니다.

**5.** [참조 대상]의 입력 상자에 『=OFFSET (품목관리!$C$4,1,0,개수,1)』을 입력한 다음

**6.** 입력 단추(✔)를 클릭해서 이름의 참조 대상을 변경합니다.

- [품목관리] 워크시트의 [C4] 셀에서 1행 0열 떨어져 있는 [C5] 셀부터 '개수'행, '1'열 크기의 셀 범위를 참조하는 수식입니다.

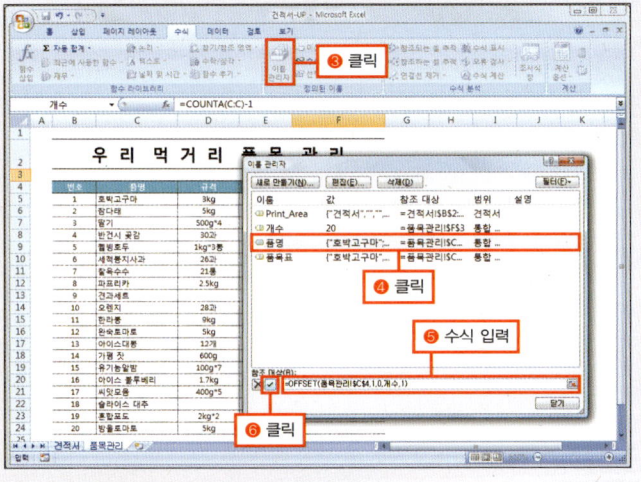

**7.** 이름 목록에서 '품목표'를 선택하고

**8.** [참조 대상]의 입력 상자에 『=OFFSET (품목관리!$C$4,1,0,개수,3)』을 입력한 다음

**9.** 입력 단추(☑)를 클릭해서 이름의 참조 대상을 변경합니다.

**10.** 이름 편집이 모두 끝나면 [닫기] 단추를 클릭해서 대화상자를 닫습니다.

- [품목관리] 워크시트의 [C4] 셀에서 1행 0열 떨어져 있는 [C5] 셀부터 '개수' 행, '3' 열 크기의 셀 범위를 참조하는 수식입니다.

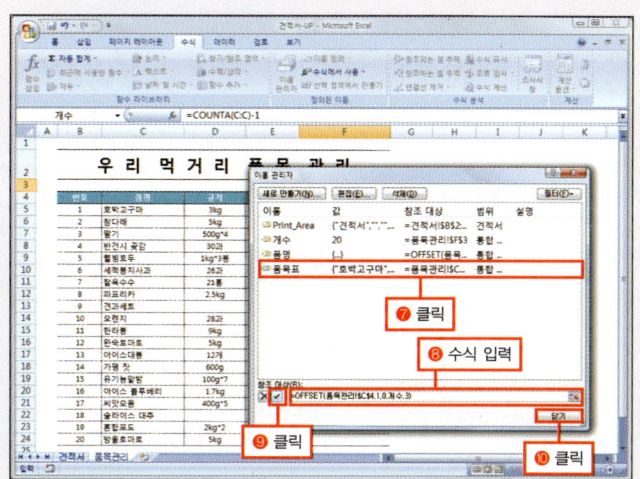

## 02 | 품목 추가하고 확인하기

**1.** [품목관리] 워크시트의 [5] 행 머리글을 클릭한 다음

**2.** [보기] 탭의 [창] 그룹에서 [틀 고정] (🔲틀 고정▾)을 클릭하고

**3.** [틀 고정]을 선택합니다.

- 데이터가 많아질 때 필드 이름이 스크롤되는 것을 막기 위해 틀 고정을 설정하면 [5] 행 위쪽에 있는 [4] 행까지가 항상 화면에 고정되어 사라지지 않게 됩니다.

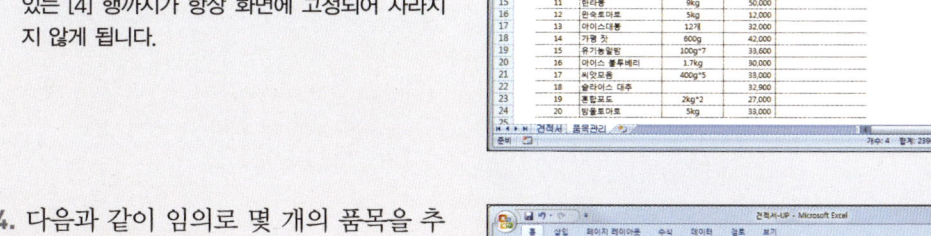

**4.** 다음과 같이 임의로 몇 개의 품목을 추가로 입력합니다.

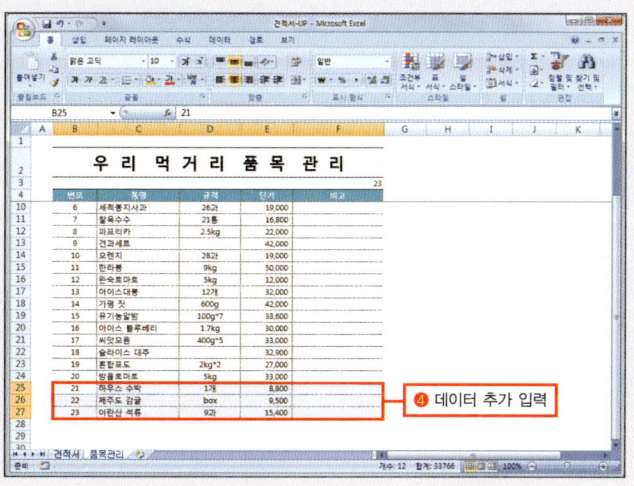

**5.** [견적서] 워크시트에서 품명을 입력할 셀을 클릭하고 나타나는 목록 단추를 클릭하면

**6.** 추가한 품명까지 목록에 표시되는 것을 확인할 수 있습니다. 여기에서 추가된 품명 중 하나를 선택해서 입력합니다.

• 품명을 선택하면 자동으로 규격과 단가가 표시됩니다.

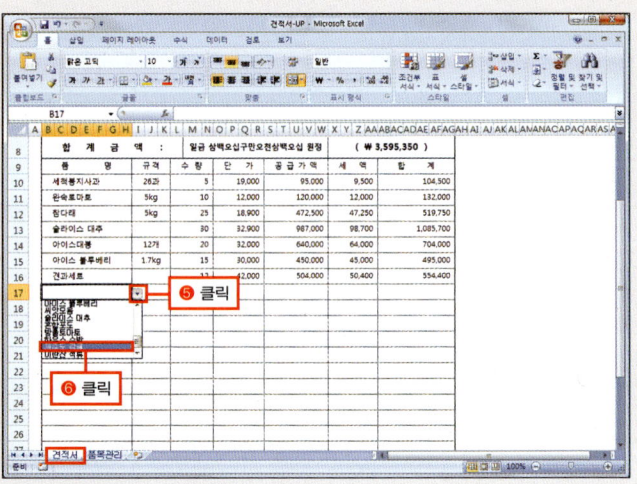

**7.** 입력한 품명에 대한 수량을 입력하면 공급가액, 세액, 합계 등이 계산되어 표시됩니다.

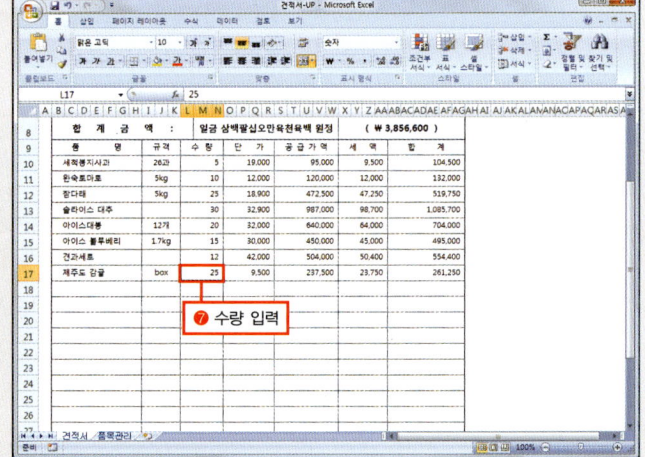

# 주민등록번호만 입력해서 자동으로 완성하는 재직(경력) 증명서

S e c t i o n

05

재직증명서는 사원이 현재 회사에 재직하고 있음을 증명하기 위한 문서이고, 경력증명서는 해당 사원이 언제부터 언제까지 어떤 업무를 맡아 근무했는지를 증명하기 위한 문서입니다. 재직증명서와 경력증명서의 형식은 크게 다르지 않으므로 여기서는 두 문서를 하나의 형식으로 작성합니다. 사원명부에 등록해 놓은 사원의 주민등록번호를 이용하여 증명서에 필요한 정보를 가져오는 방식으로 재직(경력) 증명서를 자동으로 완성합니다.

P r e v i e w    ● **시작 파일** : Theme-1\시간절약\재직(경력)증명서.xlsx    ● **완성 파일** : Theme-1\완성파일\재직(경력)증명서.xlsx

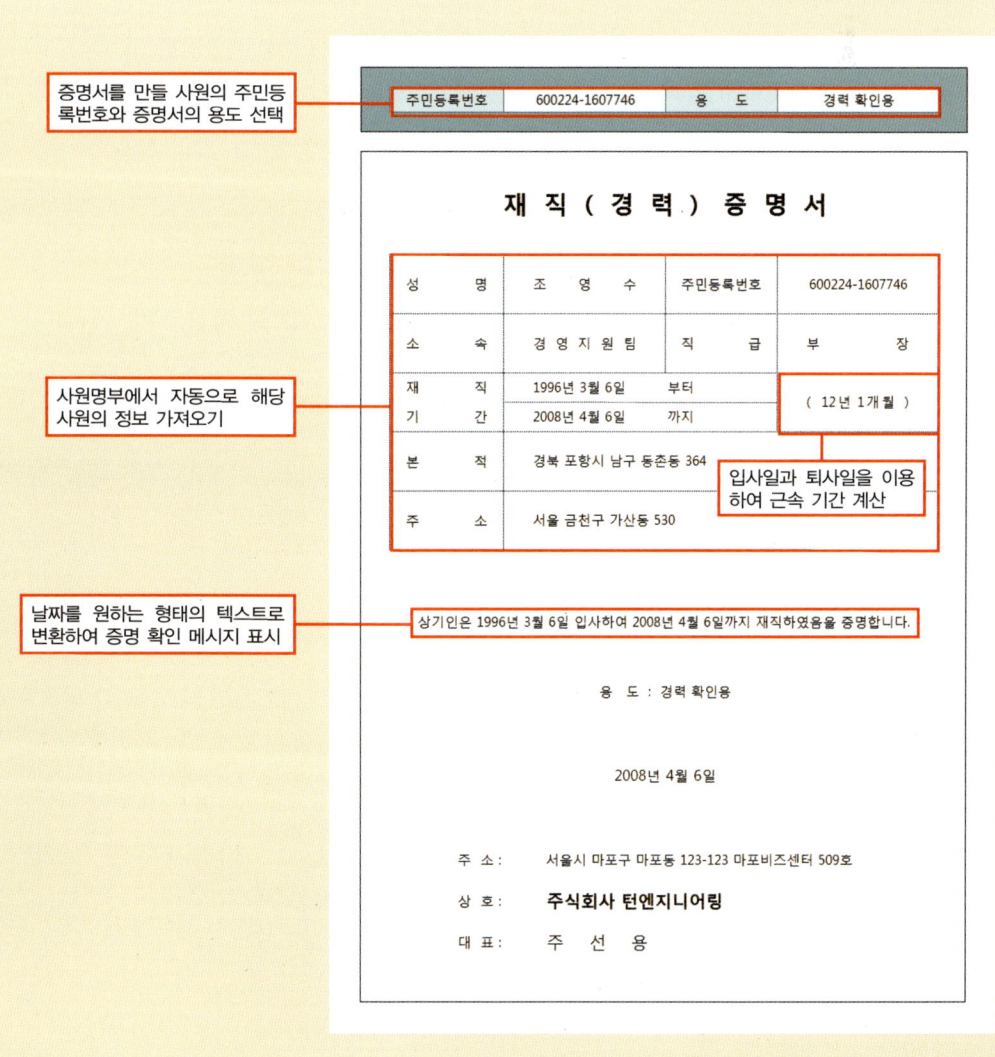

증명서를 만들 사원의 주민등록번호와 증명서의 용도 선택

사원명부에서 자동으로 해당 사원의 정보 가져오기

날짜를 원하는 형태의 텍스트로 변환하여 증명 확인 메시지 표시

입사일과 퇴사일을 이용하여 근속 기간 계산

| 주민등록번호 | 600224-1607746 | 용　도 | 경력 확인용 |

## 재 직 ( 경 력 ) 증 명 서

| 성　　명 | 조　영　수 | 주민등록번호 | 600224-1607746 |
| 소　　속 | 경 영 지 원 팀 | 직　급 | 부　　장 |
| 재　직 기　간 | 1996년 3월 6일　부터<br>2008년 4월 6일　까지 | | ( 12년 1개월 ) |
| 본　　적 | 경북 포항시 남구 동촌동 364 | | |
| 주　　소 | 서울 금천구 가산동 530 | | |

상기인은 1996년 3월 6일 입사하여 2008년 4월 6일까지 재직하였음을 증명합니다.

용　도 : 경력 확인용

2008년 4월 6일

주 소 :　서울시 마포구 마포동 123-123 마포비즈센터 509호

상 호 :　**주식회사 턴엔지니어링**

대 표 :　주　선　용

## 01　사원명부에 등록한 사원의 수 계산하기

**1.** [사원명부] 워크시트의 [J1] 셀에 『=COUNTA(B:B)-2』를 입력한 다음

**2.** 이름 상자에 『개수』로 이름을 입력하고 **Enter**를 누릅니다.

• COUNTA 함수로 [B] 열 전체(B:B)에서 비어 있지 않은 셀의 개수를 구하고, [B1] 셀과 [B3] 셀을 개수에서 제외시켜야 하므로 '2'를 뺍니다. 이렇게 하면 현재 등록되어 있는 사원의 수가 구해집니다.

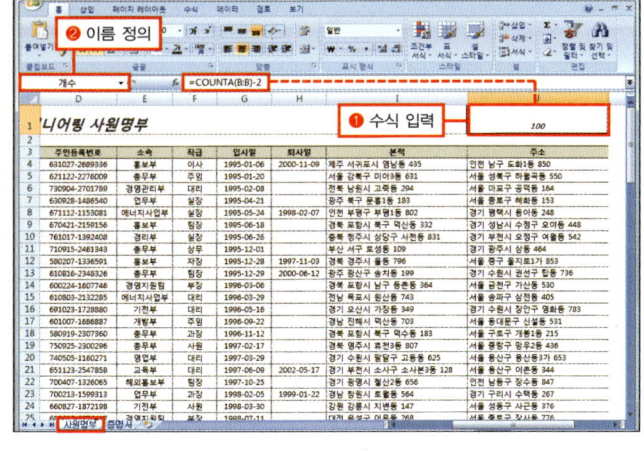

**3.** [J1] 셀에서 [홈] 탭 → [표시 형식] 그룹의 대화상자 표시 단추(⬚)를 클릭하고

**4.** [셀 서식] 대화상자의 [표시 형식] 탭에서 [사용자 지정] 범주를 선택합니다.

**5.** [형식]에 『등록 사원 수 - 0 명』을 입력한 다음

**6.** [확인] 단추를 클릭합니다.

• 사원의 수가 '100'명이면 '등록 사원 수 - 100 명'으로 셀에 표시됩니다.

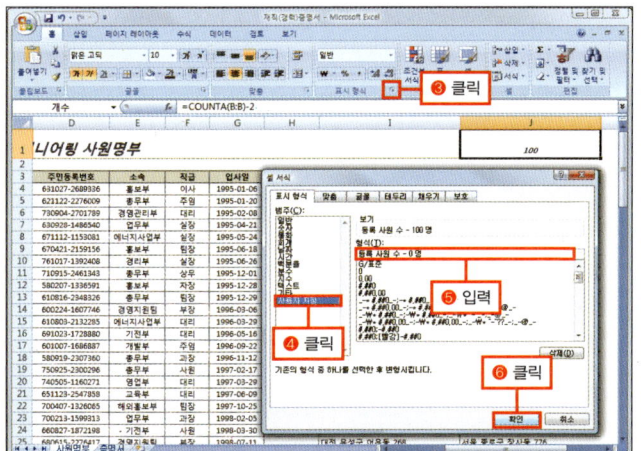

## 02　수식에 필요한 이름 정의하기

**1.** [수식] 탭 → [정의된 이름] 그룹 → [이름 관리자](⬚)를 클릭하고

**2.** [이름 관리자] 대화상자에서 [새로 만들기] 단추를 클릭합니다.

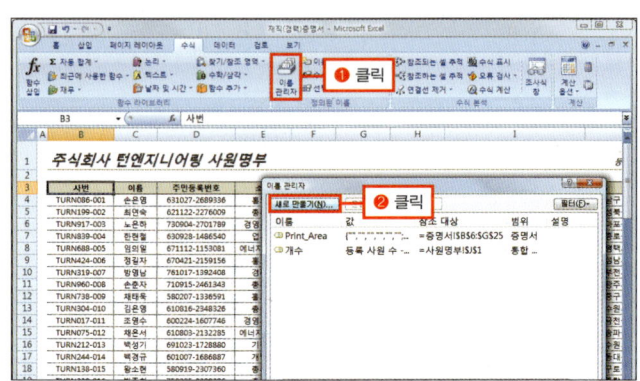

3. [새 이름] 대화상자에서 이름에 『주민등록번호』를 입력하고

4. [참조 대상]에 『=OFFSET(사원명부!$D$3,1,0,개수,1)』을 입력한 다음

5. [확인] 단추를 클릭합니다.

• [D4] 셀부터 마지막 사원의 주민등록번호까지를 참조하는 이름 '주민등록번호'가 만들어집니다.

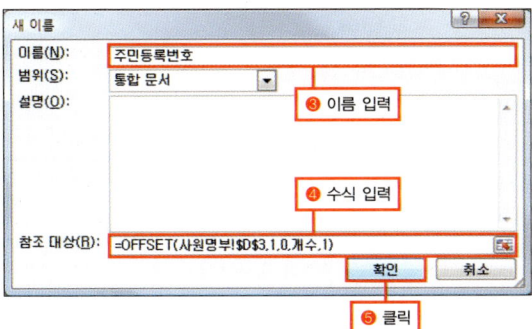

6. [이름 관리자] 대화상자에서 다시 [새로 만들기] 단추를 클릭하고 이름에 『명부』를 입력합니다.

7. [참조 대상]에 『=OFFSET(사원명부!$B$3,1,0,개수,9)』를 입력하고

8. [확인] 단추를 클릭합니다.

• [B4] 셀부터 마지막 사원의 주소까지를 참조하는 이름 '명부'가 만들어집니다.

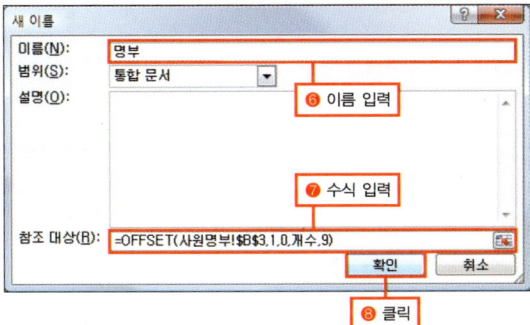

### 수식이 궁금해

사원명부에는 계속해서 입사하는 신규 사원들의 정보가 입력될 것입니다. 수식에서 필요한 이름을 만들 때 현재 입력되어 있는 사원까지 참조 대상에 포함시키려면 OFFSET 함수와 COUNTA 함수를 이용해서 동적 범위를 참조하는 수식으로 이름을 정의해야 합니다. 두 개의 수식에서 사용된 이름 '개수'는 COUNTA 함수로 미리 사원의 수를 계산해 놓은 셀을 참조합니다.

| 이름 '주민등록번호' | =OFFSET(사원명부!$B$3,1,0,개수,1) |
|---|---|
| 이름 '명부' | =OFFSET(사원명부!$B$3,1,0,개수,9) |

• **OFFSET 함수의 형식**

  'OFFSET(기준 셀, 행, 열, 높이, 너비)' 형식으로 사용합니다. '기준 셀'에서 지정한 '행'과 '열'만큼 떨어져 있는 셀로부터 지정한 '높이'와 '너비'의 셀 범위를 구하는 함수입니다. 예를 들어 '=OFFSET(A1,1,2,3,5)'와 같이 입력하면 [A1] 셀에서 1행 2열 떨어져 있는 [C2] 셀부터 3행 5열 크기의 [C2:G4] 범위를 반환합니다.

• **=OFFSET(사원명부!$B$3,1,0,개수,1)**

  이름 '개수'의 값이 '100'이라면 [사원명부] 워크시트의 [B3] 셀에서 1행 0열 떨어져 있는 [B4] 셀부터 100행 1열 범위를 참조합니다.

• **=OFFSET(사원명부!$B$3,1,0,개수,9)**

  이름 '개수'의 값이 '100'이라면 [사원명부] 워크시트의 [B3] 셀에서 1행 0열 떨어져 있는 [B4] 셀부터 100행 9열 범위를 참조합니다.

9. [이름 관리자] 대화상자에서 다시 [새로 만들기] 단추를 클릭해서 [새 이름] 대화상자를 실행합니다.

10. 이름에 『용도』를 입력한 다음 [참조 대상]을 [L4:L8] 범위로 지정하고 [확인] 단추를 클릭해서 이름을 정의합니다.

11. [이름 관리자] 대화상자에서 [닫기] 단추를 클릭합니다.

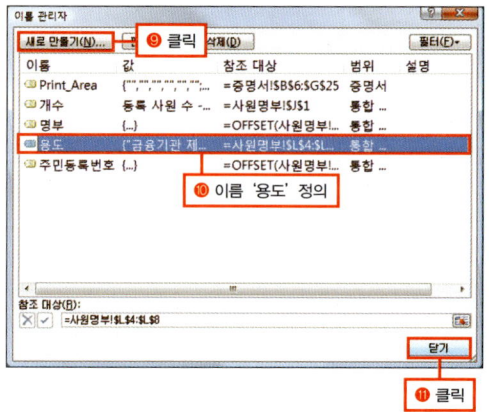

## [03] 주민등록번호와 용도를 목록에서 선택하여 입력하기

1. [증명서] 워크시트의 [D3] 셀에서 [데이터] 탭 → [데이터 도구] 그룹 → [데이터 유효성 검사](🔲)를 클릭합니다.

2. [데이터 유효성] 대화상자의 [설정] 탭에서 [제한 대상]을 [목록]으로 선택하고

3. [원본]에 『=주민등록번호』를 입력한 다음

4. [확인] 단추를 클릭합니다.

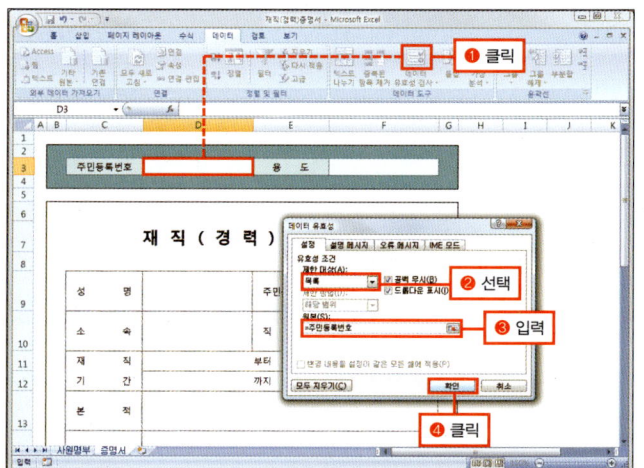

5. [F3] 셀에서 [데이터] 탭 → [데이터 도구] 그룹 → [데이터 유효성 검사](🔲)를 클릭합니다.

6. [데이터 유효성] 대화상자의 [설정] 탭에서 [제한 대상]을 [목록]으로 선택하고

7. [원본]에 『=용도』를 입력한 다음

8. [확인] 단추를 클릭합니다.

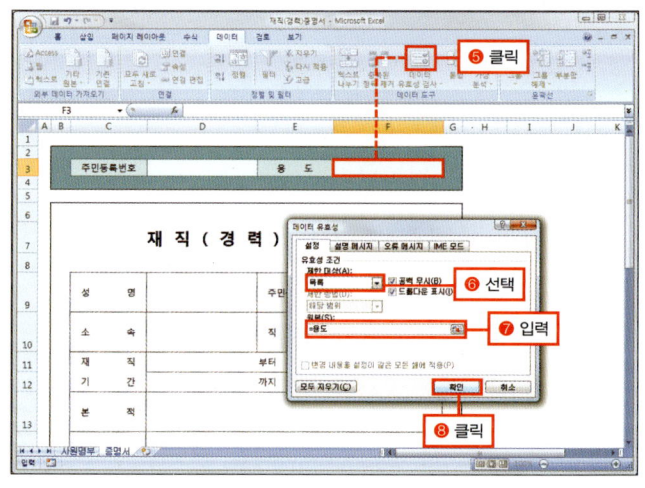

**9.** [D3] 셀에서 목록 단추를 클릭하면 이름 '주민등록번호' 가 참조하는 범위의 데이터 목록이 나타납니다.

**10.** 목록에서 원하는 주민등록번호를 클릭해서 셀에 증명서를 만들 사원의 주민등록번호를 입력합니다.

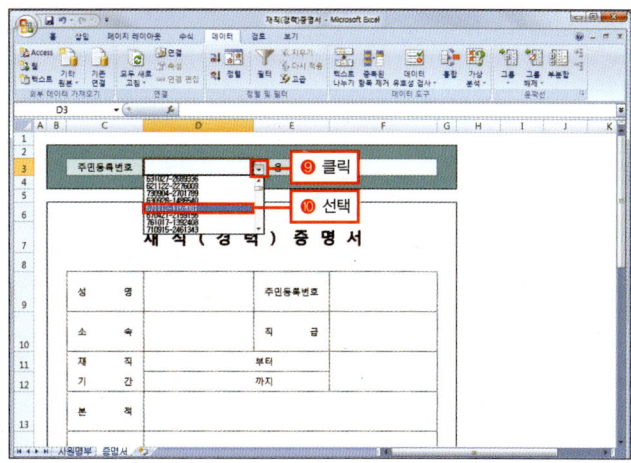

**11.** [F3] 셀에서 목록 단추를 클릭하면 이름 '용도' 가 참조하는 범위의 데이터 목록이 나타납니다.

**12.** 목록에서 증명서의 용도를 선택하여 입력합니다.

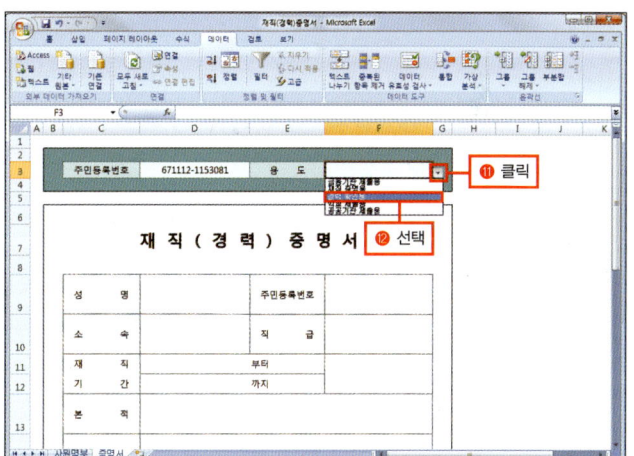

## 04 선택한 사원의 정보를 가져오는 수식 만들기

**1.** [수식] 탭 → [정의된 이름] 그룹 → [이름 정의](  이름 정의  )를 클릭해서 [새 이름] 대화상자를 실행합니다.

**2.** [이름]에 『번호』를 입력하고

**3.** [참조 대상]에 『=MATCH(증명서!$D$3, 주민등록번호,0)』을 입력한 다음

**4.** [확인] 단추를 클릭합니다.

• 이름 '번호' 는 MATCH 함수로 '주민등록번호' 범위에서 [D3] 셀과 같은 값이 들어 있는 셀의 위치 번호를 계산합니다.

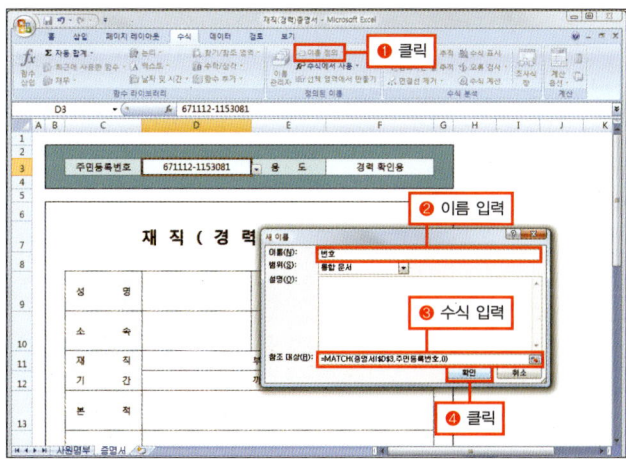

5. [D9] 셀에 『=INDEX(명부,번호,2)』를 입력해서 [D3] 셀의 주민등록번호에 해당되는 사원의 이름을 표시합니다.

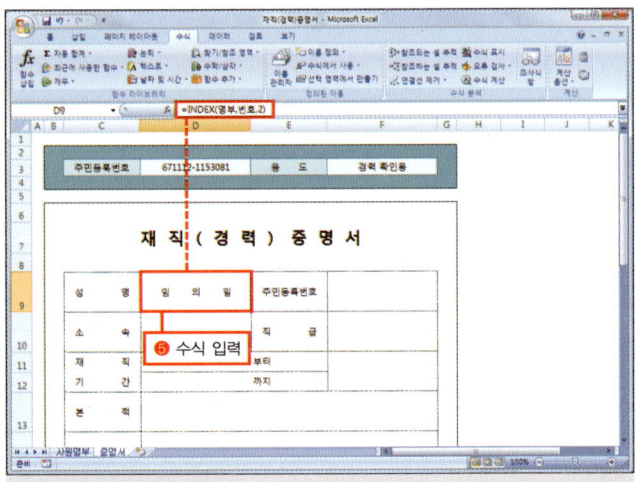

**수 식 이  궁 금 해**

이름 '번호'는 [D3] 셀의 주민등록번호를 '주민등록번호' 범위에서 찾아 위치 번호를 반환합니다. 만약에 [D3] 셀에서 세 번째 주민등록번호를 선택했다면 이름 '번호'의 값은 '3'이 됩니다. MATCH(값, 범위, 옵션) 함수는 지정한 범위에서 주어진 값이 몇 번째에 있는지 그 위치를 번호로 구하는 함수입니다. 옵션을 '0'으로 지정하면 정확하게 일치하는 값을 찾습니다.

| 선택한 주민등록번호의 위치 번호 | =MATCH(증명서!$D$3,주민등록번호,0) |
| --- | --- |

[D3] 셀에서 선택한 주민등록번호의 위치 번호가 '3'이라면 즉, 이름 '번호'의 값이 '3'이라면 다음 INDEX 함수는 '명부' 범위에서 3행 2열에 있는 이름을 가져옵니다. INDEX(범위, 행, 열) 함수는 지정한 범위에서 주어진 행과 열에 있는 특정 셀의 값을 구하는 함수입니다.

| 선택한 주민등록번호의 이름 | =INDEX(명부,번호,2) |
| --- | --- |

6. [F9] 셀에 『=D3』을 입력해서 [D3] 셀에서 선택한 주민등록번호를 그대로 가져와 표시합니다.

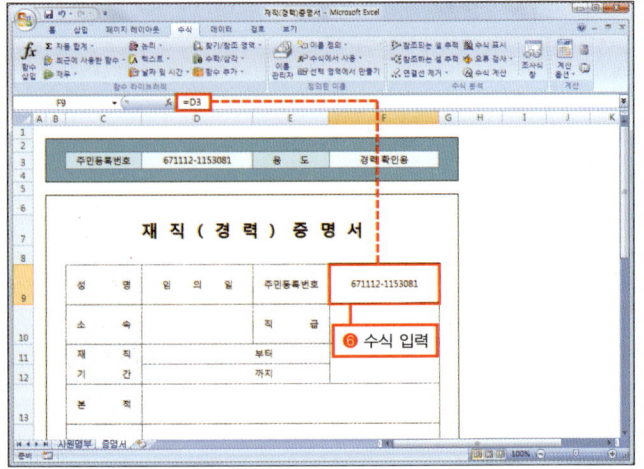

**7.** [D10], [F10], [D11], [D12], [D13], [D14] 셀에 각각 INDEX 함수를 사용해서 [D3] 셀의 주민등록번호에 해당하는 소속, 직급, 입사일, 퇴사일, 본적, 주소를 가져와 표시합니다.

• INDEX 함수에서 열 번호만 4, 5, 6, 7, 8, 9 순서로 달라집니다.

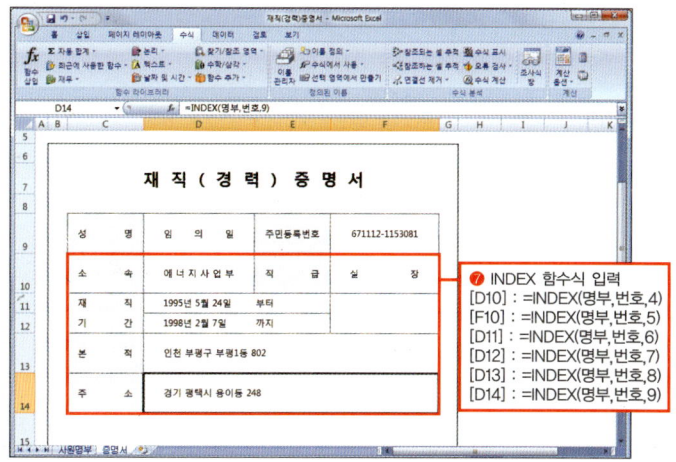

**05** 재직기간과 근속기간 계산하기

**1.** [사원명부] 워크시트에서 아직 퇴사일이 입력되어 있지 않은 주민등록번호를 [D3] 셀에서 선택하면 [D12] 셀에 아무 것도 표시되지 않습니다.

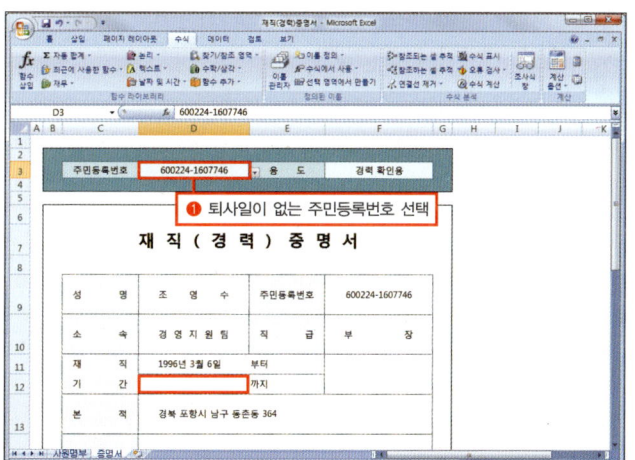

**2.** [D12] 셀의 수식을 『=IF(INDEX(명부, 번호,7)="",TODAY(),INDEX(명부,번호,7))』로 수정합니다.

• IF 함수로 INDEX 함수의 결과가 빈 문자열("")과 같은지 비교해서 조건이 TRUE이면 TODAY 함수로 오늘 날짜를 표시합니다. 조건이 FALSE이면 INDEX 함수로 '명부' 범위에서 '번호' 행, 7열에 있는 퇴사일을 가져와 표시합니다.

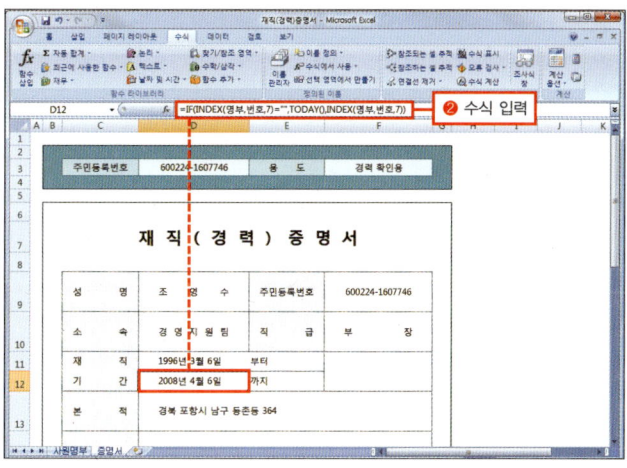

**3.** [F11] 셀에 『="(　"&DATEDIF(D11,D12, "Y")&"년　"&DATEDIF(D11,D12,"YM")& "개월　)"』을 입력해서 근속 기간을 계산합니다.

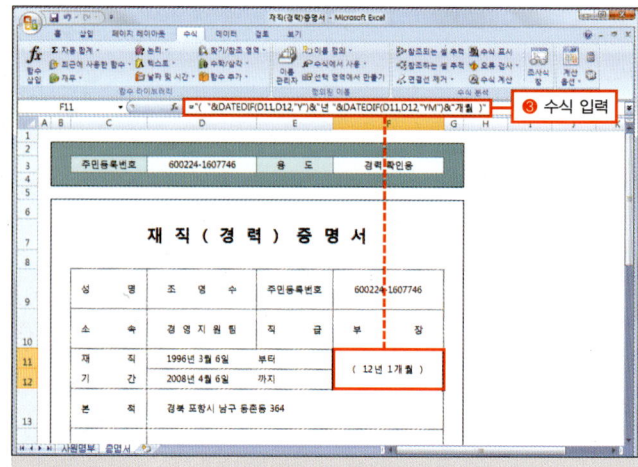

### 수식이 궁금해

DATEDIF(시작일, 종료일, "단위") 함수는 시작일부터 종료일까지 날짜 간격을 지정한 단위로 구하는 함수입니다. DATEDIF 함수로 입사일(D11)부터 퇴사일(D12)까지 날짜 간격을 구하고 & 연산자로 다른 텍스트와 DATEDIF 함수의 결과를 연결하여 근속 기간을 표시합니다.

| 근속 기간 | ="(　"&DATEDIF(D11,D12,"Y")&"년　"&DATEDIF(D11,D12,"YM")&"개월　)" |
|---|---|

- **DATEDIF(D11,D12,"Y")**

  [D11] 셀의 입사일부터 [D12] 셀의 퇴사일(또는 오늘 날짜)까지 간격을 년("Y") 단위로 구합니다. 두 날짜 사이 간격이 5년 6개월 25일이라면 단위 "Y"로 구했을 때 결과는 '5' 입니다.

- **DATEDIF(D11,D12,"YM")**

  [D11] 셀의 입사일부터 [D12] 셀의 퇴사일(또는 오늘 날짜)까지 간격을 년을 제외한 월("YM") 단위로 구합니다. 두 날짜 사이 간격이 5년 6개월 25일이라면 단위 "YM"으로 구했을 때 결과는 '6' 입니다.

## 06 확인 메시지와 용도 및 발급일 표시하기

**1.** [C16] 셀에 『=TEXT(D11,"상기인은 YYYY년 M월 D일 입사하여 ")&TEXT (D12,"YYYY년 M월 D일까지 재직하였음을 증명합니다. ")』를 입력합니다.

- TEXT 함수로 [D11] 셀의 날짜와 [D12] 셀의 날짜에 큰따옴표("") 안의 표시 형식을 적용하여 텍스트로 변환합니다. & 연산자로 두 개의 TEXT 함수가 반환한 텍스트를 연결해서 증명 텍스트를 표시합니다.

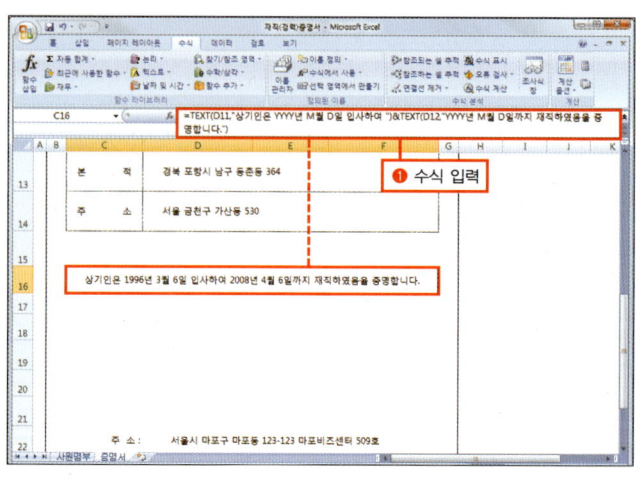

**2.** [C18] 셀에 『="용　도 ：　"&F3』을 입력
해서 [F3] 셀의 용도를 가져와 표시합니다.

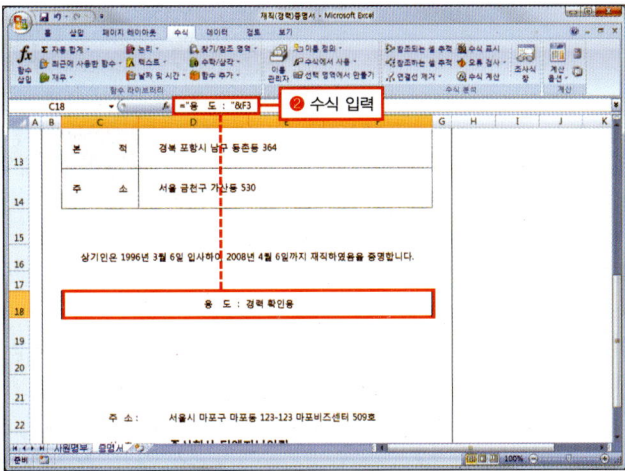

**3.** [C20] 셀에 『=TODAY()』를 입력해서
오늘 날짜를 표시합니다.

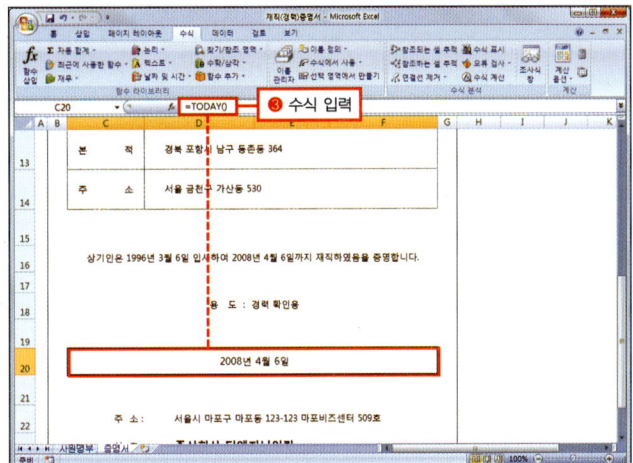

# U p g r a d e

# 재직(경력) 증명서에 도장을 찍자

● **시작 파일** : Theme-1\시간절약\재직(경력)증명서-UP.xlsx    ● **완성 파일** : Theme-1\완성파일\재직(경력)증명서-UP.xlsx

증명서는 사실 확인이 중요한 문서이기 때문에 회사직인을 찍어야 할 것입니다. 매 번 직접 도장을 찍는 것이 번거롭다면 스캐너 등을 이용해서 직인을 컴퓨터에 그림 파일로 저장한 다음 증명서의 원하는 위치에 적당한 크기로 삽입해 놓고 사용합니다. 그림 파일로 저장해 놓은 직인 이미지를 증명서에 삽입하는 과정을 살펴봅니다.

## 01 | 도장 이미지 삽입하기

**1.** '증명서' 워크시트에서 [삽입] 탭 → [일러스트레이션] 그룹 → [그림](🖼)을 클릭합니다.

**2.** [그림 삽입] 대화상자에서 'Theme-1\시간절약' 폴더에 있는 'stamp.jpg' 그림 파일을 선택하고

**3.** [삽입] 단추를 클릭합니다.

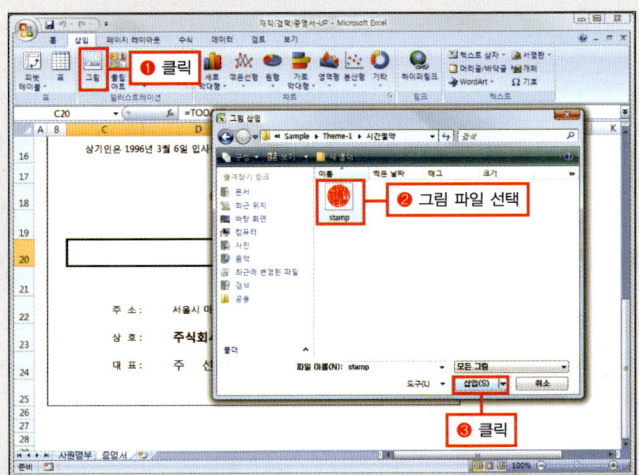

**4.** 삽입된 그림 파일의 테두리에 있는 크기 조절 핸들(작은 흰색 원) 위에서 마우스 왼쪽 단추를 클릭한 채 드래그하여 그림의 크기를 조정합니다.

**5.** 크기 조정이 끝나면 그림 위에서 마우스 왼쪽 단추를 클릭한 채 원하는 곳까지 드래그해서 위치를 조정합니다.

• 그림 모서리에 있는 크기 조절 핸들을 드래그하면 너비와 높이를 같은 비율로 함께 조정할 수 있습니다.

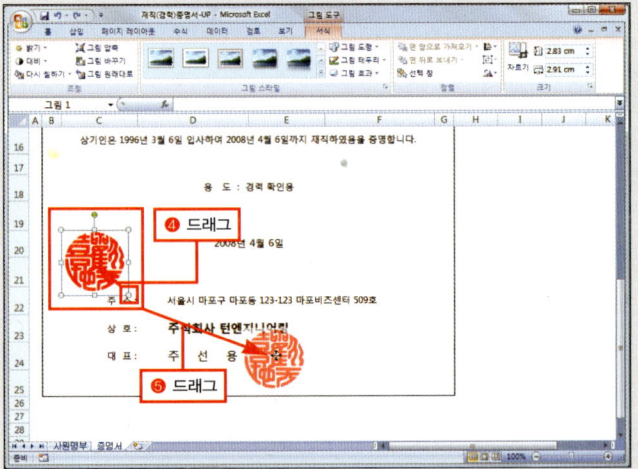

## 02 | 배경을 투명하게 만들기

**1.** 그림이 선택되어 있는 상태에서 [그림 도구] → [서식] 탭 → [조정] 그룹 → [다시 칠하기]( 다시 칠하기 ▾ )를 클릭하고

**2.** [투명한 색 설정]을 선택합니다.

- 현재 도장 이미지의 흰색 배경이 일부 글자를 가리고 있습니다.

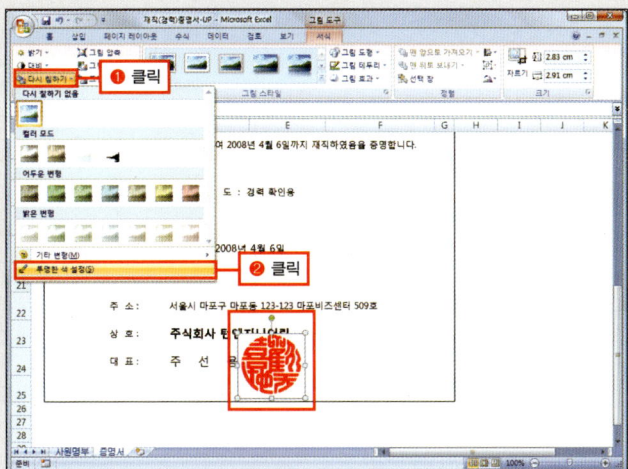

**3.** 마우스 포인터가 [ ✐ ] 모양이 되면 그림의 흰색 배경 부분을 클릭합니다.

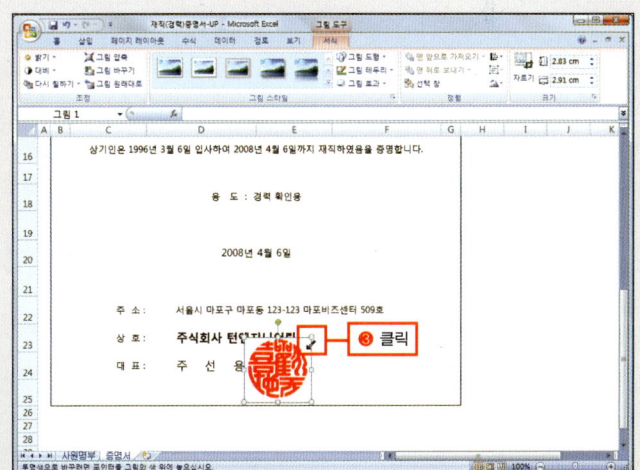

**4.** 임의의 셀을 클릭하거나 [Esc]를 눌러서 그림의 선택을 해제합니다. 그림의 흰색 배경이 투명하게 변하면 사각형 모양의 배경에 의해 가려졌던 부분을 볼 수 있게 됩니다.

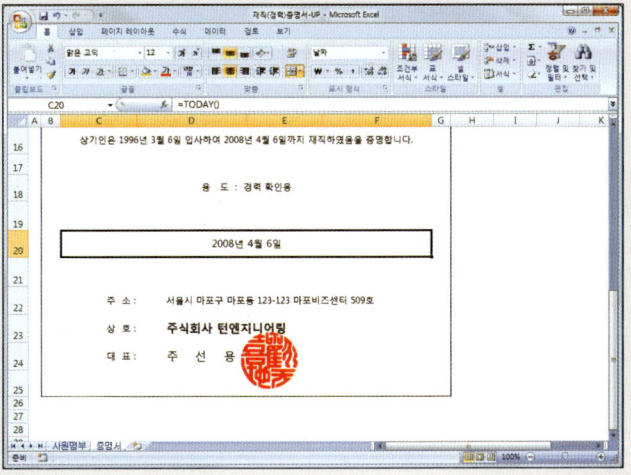

# 엑셀을 더욱 강력하게,
# 함수를 정복하자

## 경리/총무 업무를 위한 계산 문서

THEME

# 02

엑셀을 이용해서 문서를 작성하기로 마음을 먹었다면 그 바탕에는 다른 무엇보다 엑셀의 계산 기능에 대한 신뢰가 깔려 있을 것입니다. 거의 모든 엑셀 문서가 계산을 위한 수식을 포함하고 있기 때문이죠. 엑셀이 계산기보다 더 마음을 끄는 이유는 더하기, 빼기, 곱하기, 나누기 등 아주 기초적인 연산 외에 함수를 이용해서 융통성 있고 조건에 따라 반응하는 계산을 그것도 자동으로 할 수 있다는 점입니다. 함수를 정해진 규칙에 따라 익숙하게 사용할 수 있으려면 반복해서 학습하고 경험하는 것이 가장 좋습니다. 이번에 다루게 될 문서들은 다른 문서들에 비해 많은 함수를 필요로 합니다. 어떤 곳에 어떤 함수를 적용해야 하는지 배우고 수식을 분석하는 동안 여러분의 엑셀 논리력은 탄탄해질 것입니다.

T
H
E
M
E

# 실무를 위한 가벼운 워밍업

# 02

## 1. 수식의 구조

수식은 등호(=)로 시작해서 입력하며 상수, 연산자, 셀 참조, 함수 등으로 구성됩니다. 등호(=)는 앞으로 입력하는 내용이 계산을 목적으로 한다는 것을 엑셀에게 알리는 역할을 합니다. 수식을 입력한 셀에는 수식의 결과가 표시되고 원래 입력한 수식은 수식 입력줄에서 확인할 수 있습니다. 다음은 비교적 간단한 수식 예제로 수식을 구성하는 대부분의 요소를 모두 포함하고 있습니다.

=100+A5*SUM(B5:B10) → 계산 결과

❶ **등호(=)** : 수식의 시작을 알립니다.
❷ **상수(100)** : 숫자 100을 수식에 직접 입력해서 계산에 사용합니다.
❸ **연산자 더하기(+)와 곱하기(\*)** : 양쪽의 값을 지정한 연산자로 계산합니다. 더하기(+)와 곱하기(\*)가 함께 있으면 연산자 우선 순위에 의해 곱하기(\*)가 먼저 계산되고, 나중에 더하기(+)가 계산됩니다.
❹ **셀 참조(A5)** : [A5] 셀에 있는 값을 계산에 사용합니다.
❺ **함수(SUM)** : 괄호 안에 지정한 [B5:B10] 범위의 합계(SUM)를 계산합니다.
❻ **계산 결과** : [A5] 셀의 값과 SUM 함수로 계산한 [B5:B10] 범위의 합계를 곱하고, 그 결과를 100과 더합니다.

## 2. 연산자의 종류

• **산술 연산자** : 더하기, 빼기, 곱하기, 나누기 중 기본적인 수학 연산을 수행합니다.

| 산술 연산자 | 의미 | 예제 | 결과 |
|---|---|---|---|
| + | 더하기 | =7+5 | 12 |
| − | 빼기 | =7−5 | 2 |
| * | 곱하기 | =7*5 | 35 |
| / | 나누기 | =7/5 | 1.4 |
| % | 백분율 | =100*20% | 20 |
| ^ | 거듭제곱 | =7^2 | 49 |

- **비교 연산자** : 두 개의 값을 비교해서 논리값 TRUE 또는 FALSE를 반환합니다.

| 비교 연산자 | 의미 | 예제 | 결과 |
|---|---|---|---|
| = | 같음 | =100=50 | FALSE |
| 〈〉 | 같지 않음 | =100〈〉50 | TRUE |
| 〉 | 보다 큼(초과) | =100〉50 | TRUE |
| 〉= | 보다 크거나 같음(이상) | =100〉=100 | TRUE |
| 〈 | 보다 작음(미만) | =100〈50 | FALSE |
| 〈= | 보다 작거나 같음(이하) | =100〈=200 | TRUE |

- **텍스트 연결 연산자** : 여러 개의 텍스트를 하나로 연결합니다.

| 연결 연산자 | 의미 | 예제 | 결과 |
|---|---|---|---|
| & | 값 연결 | =100&200 | 100200 |
| | | ="바람"&"바람"&"바람" | 바람바람바람 |

- **참조 연산자** : 계산에 필요한 셀 범위를 반환합니다.

| 참조 연산자 | 의미 | 예제 | 반환되는 셀 범위 |
|---|---|---|---|
| : (콜론) | 두 참조를 포함해서 두 참조 사이의 모든 셀을 지정합니다. | C5:K7 | [C5] 셀부터 [K7] 셀까지의 모든 셀 |
| , (쉼표) | 여러 개의 참조를 하나의 참조로 통합합니다. | A3,C3,K5 | [A3], [C3], [K5]의 세 개의 셀 |
| (공백) | 두 참조에 공통으로 들어 있는 셀에 대한 참조를 만듭니다. | A1:C5 B4:K7 | [A1:C5]와 [B4:K7]에서 공통 범위 [B4:C5] |

- **연산자 우선 순위** : 여러 개의 연산자가 있는 수식에서 다음 순서에 따라 연산을 수행합니다. 우선 순위가 같은 연산자는 왼쪽에서 오른쪽으로 계산합니다.

| 참조 연산자 | 산술 연산자 | 텍스트 연결 연산자 | 비교 연산자 |
|---|---|---|---|
| ① 콜론(:)<br>② 공백( )<br>③ 쉼표(,) | ④ 백분율(%)<br>⑤ 거듭제곱(^)<br>⑥ 곱하기(*)와 나누기(/)<br>⑦ 더하기(+)와 빼기(-) | ⑧ & | ⑨ = 〈〉<br>〉 〉=<br>〈 〈= |

# **3.** 수식에서 셀을 참조하는 방법

셀 참조는 워크시트의 셀에 들어 있는 값을 가져와 계산하기 위해 사용합니다. '=C8*D8'은 [C8] 셀의 값과 [D8] 셀의 값을 곱한 결과를 구하고자 셀 참조를 이용하여 작성한 수식입니다. 다음과 같은 방법을 사용하여 수식에서 셀, 셀 범위, 행, 열 등을 참조할 수 있습니다. 다른 시트에 있는 셀을 참조할 때는 셀 참조와 함께 시트 이름을 사용합니다.

- **셀 참조 형식** : 열 문자와 행 번호로 셀 참조를 구성합니다.

| 참조 | 참조 대상 |
|---|---|
| K7 | K열의 7행에 있는 [K7] 셀을 참조합니다. |
| A3:K7 | [A3] 셀부터 [K7] 셀을 포함해서 두 셀 사이의 모든 셀을 참조합니다. |
| K:K | K열에 있는 모든 셀을 참조합니다. |
| A:K | A열부터 K열까지의 모든 셀을 참조합니다. |
| 7:7 | 7행에 있는 모든 셀을 참조합니다. |
| 7:8 | 7행부터 8행까지의 모든 셀을 참조합니다. |

- **다른 워크시트의 셀 참조하기** : 시트 이름과 셀 참조를 느낌표(!)로 구분해서 입력합니다.

| 참조 | 참조 대상 |
|---|---|
| 매출!K5 | [매출] 워크시트의 [K5] 셀을 참조합니다. |
| 매출!A5:K10 | [매출] 워크시트에서 [A5:K10] 범위를 참조합니다. |
| '8월'!K5 | [8월] 워크시트의 [K5] 셀을 참조합니다. 시트 이름에 숫자가 있으면 작은 따옴표로 시트 이름을 묶습니다. |
| '서울매출'!A5:K10 | [서울 매출] 워크시트의 [A5:K10] 범위를 참조합니다. 시트 이름에 공백이 포함되어 있으면 작은 따옴표로 시트 이름을 묶습니다. |

# **4.** 자동으로 변하는 상대 참조

셀 참조는 그 형태와 목적에 따라 상대 참조, 절대 참조, 혼합 참조로 구분할 수 있습니다. 우리가 흔히 사용하는 'A5' 형태의 셀 참조는 상대 참조이고 '$A$5' 형태는 절대 참조, '$A5' 또는 'A$5' 형태는 혼합 참조라고 합니다. 이 모든 참조는 수식이 단 하나의 셀에만 입력되었을 때는 똑같은 결과로 계산되지만 하나의 셀에 입력한 수식을 다른 곳에 복사하면 복사된 위치에 따라 다른 결과로 계산될 수 있습니다.

'A5'와 같은 기본적인 형태의 셀 참조로 수식이 들어 있는 셀의 위치가 바뀌면 상대적인 위치에 따라 자동으로 수식에 있는 셀 참조가 변경됩니다. 다음은 [E3] 셀에 '=C3*D3'을 입력한 다음 채우기 핸들을 [E7] 셀까지 드래그해서 아래로 수식을 복사한 것입니다. 상대 참조의 행 번호가 아래로 가면서 '1'씩 증가한 것을 알 수 있습니다.

| | A | B | C | D | E | F |
|---|---|---|---|---|---|---|
| 1 | | | | | | |
| 2 | | 상품코드 | 단가 | 수량 | 금액 | |
| 3 | | A | 5,000 | 5 | 25,000 | |
| 4 | | B | 3,000 | 10 | 30,000 | |
| 5 | | C | 2,000 | 7 | 14,000 | |
| 6 | | D | 4,000 | 12 | 48,000 | |
| 7 | | E | 7,000 | 5 | 35,000 | |
| 8 | | | | | | |

| 금액 |
|---|
| =C3*D3 |
| =C4*D4 |
| =C5*D5 |
| =C6*D6 |
| =C7*D7 |

# 5. 절대로 변하지 않는 절대 참조

절대 참조는 수식이 들어 있는 셀의 위치와 관계없이 항상 같은 셀을 참조하고 싶을 때 사용합니다. '$A$3'과 같은 형태로 열 문자와 행 번호 앞에 모두 '$' 기호를 붙여 절대 참조를 나타냅니다. 다음은 금액을 계산할 때 항상 [E2] 셀의 할인율을 참조하기 위해 [E2] 셀을 절대 참조로 사용한 수식입니다. [E5] 셀에 수식을 입력하고 아래로 수식을 복사할 때 상대 참조의 행 번호는 '1'씩 증가하지만 절대 참조는 똑같이 복사됩니다.

| | A | B | C | D | E | F |
|---|---|---|---|---|---|---|
| 1 | | | | | | |
| 2 | | | | 할인율 | 10% | |
| 3 | | | | | | |
| 4 | | 상품코드 | 단가 | 수량 | 금액 | |
| 5 | | A | 5,000 | 5 | 22,500 | |
| 6 | | B | 3,000 | 10 | 27,000 | |
| 7 | | C | 2,000 | 7 | 12,600 | |
| 8 | | D | 4,000 | 12 | 43,200 | |
| 9 | | E | 7,000 | 5 | 31,500 | |
| 10 | | | | | | |

| 금액 |
|---|
| =C5*D5*(1-$E$2) |
| =C6*D6*(1-$E$2) |
| =C7*D7*(1-$E$2) |
| =C8*D8*(1-$E$2) |
| =C9*D9*(1-$E$2) |

# 6. 변하거나 또는 변하지 않는 혼합 참조

혼합 참조는 '$A3'과 같이 열 문자 앞에만 '$' 기호를 붙이거나, 'A$3'과 같이 행 번호 앞에만 '$' 기호를 붙인 형태입니다. '$' 기호가 붙은 부분은 변하지 않고, '$' 기호가 없는 부분은 수식이 들어 있는 셀의 위치가 바뀔 때 상대적인 위치에 따라 변합니다. 다음은 [C3] 셀에 '=$B3*10*(1-C$2)'를 입력하고 [G3] 셀까지 채우기 핸들을 끌어 복사한 다음, [C3:G3] 범위의 채우기 핸들을 [G7] 셀까지 끌어 수식을 복사한 것입니다. [C3] 셀의 수식에서 '$B3'은 수식을 오른쪽으로 복사할 때 열 문자가 바뀌지 않도록 사용한 것이고, 'C$2'는 수식을 아래로 복사할 때 행 번호가 바뀌지 않도록 사용한 혼합 참조입니다.

| | A | B | C | D | E | F | G | H |
|---|---|---|---|---|---|---|---|---|
| 1 | | | | | | | | |
| 2 | | 할인율\금액 | 2% | 5% | 7% | 10% | 15% | |
| 3 | | 5,000 | 49,000 | 47,500 | 46,500 | 45,000 | 42,500 | |
| 4 | | 10,000 | 98,000 | 95,000 | 93,000 | 90,000 | 85,000 | |
| 5 | | 15,000 | 147,000 | 142,500 | 139,500 | 135,000 | 127,500 | |
| 6 | | 20,000 | 196,000 | 190,000 | 186,000 | 180,000 | 170,000 | |
| 7 | | 25,000 | 245,000 | 237,500 | 232,500 | 225,000 | 212,500 | |
| 8 | | | | | | | | |

| | | | | |
|---|---|---|---|---|
| =$B3*10*(1-C$2) | =$B3*10*(1-D$2) | =$B3*10*(1-E$2) | =$B3*10*(1-F$2) | =$B3*10*(1-G$2) |
| =$B4*10*(1-C$2) | =$B4*10*(1-D$2) | =$B4*10*(1-E$2) | =$B4*10*(1-F$2) | =$B4*10*(1-G$2) |
| =$B5*10*(1-C$2) | =$B5*10*(1-D$2) | =$B5*10*(1-E$2) | =$B5*10*(1-F$2) | =$B5*10*(1-G$2) |
| =$B6*10*(1-C$2) | =$B6*10*(1-D$2) | =$B6*10*(1-E$2) | =$B6*10*(1-F$2) | =$B6*10*(1-G$2) |
| =$B7*10*(1-C$2) | =$B7*10*(1-D$2) | =$B7*10*(1-E$2) | =$B7*10*(1-F$2) | =$B7*10*(1-G$2) |

Warming Up

# 7. 셀 참조 형식을 바꾸는 F4

수식에서 셀 참조를 입력하고 F4를 한 번 누를 때마다 상대 참조(A1)에서 절대 참조($A$1), 행 번호에 $ 기호가 있는 혼합 참조(A$1), 열 문자에 $ 기호가 있는 혼합 참조($A1) 순서로 변경됩니다. 이미 입력한 셀 참조의 형식을 바꿀 때는 원하는 부분을 마우스로 드래그해서 블록으로 지정한 다음 F4를 눌러 셀 참조를 변경합니다.

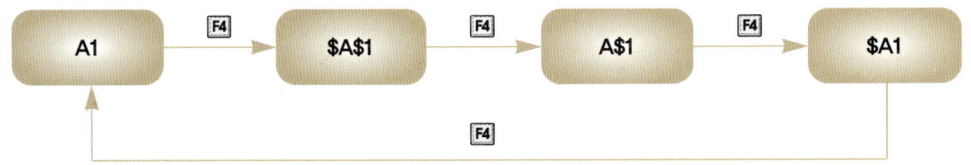

Warming Up

# 8. 함수의 구조

엑셀에서 미리 정의해 놓은 수식을 함수라고 합니다. 함수는 '인수'를 사용해서 내부적으로 정해진 규칙에 의해 자동으로 값을 계산합니다. 함수 이름과 괄호, 괄호 안에 쉼표로 구분한 인수를 지정해서 계산이 수행되는데 함수마다 어떤 순서로 어떤 종류의 인수를 지정해야 하는지 알고 있어야 합니다. 다음은 LEFT 함수를 사용해서 텍스트의 왼쪽에서 5글자를 추출하는 함수식에 대한 설명입니다.

## 01    입출고 내역을 입력할 때 사용할 이름 정의하기

**1.** [품목관리] 워크시트의 [J4] 셀에 『=COUNTA(B:B)-2』를 입력하고

**2.** 이름 상자에 『상품수』로 이름을 입력한 다음 Enter 를 누릅니다.

- COUNTA 함수로 [B] 열 전체(B:B)에서 비어 있지 않은 셀의 개수를 구한 다음 [B2] 셀의 제목과 [B6] 셀의 필드 이름을 개수에서 제외시키기 위해 '2'를 뺍니다.

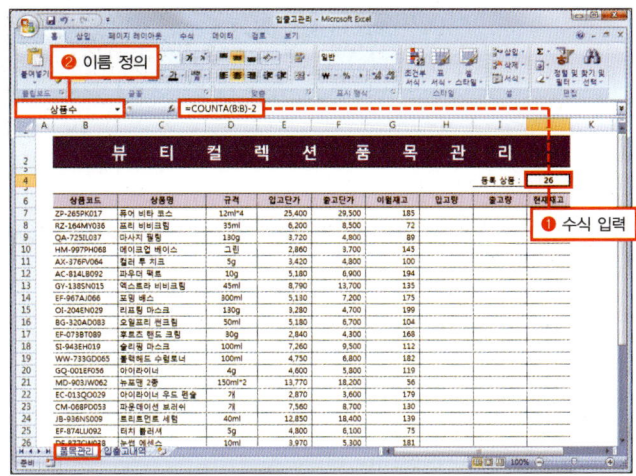

**3.** [수식] 탭 → [정의된 이름] 그룹 → [이름 관리자](📋)를 클릭하고

**4.** [이름 관리자] 대화상자에서 [새로 만들기] 단추를 클릭합니다.

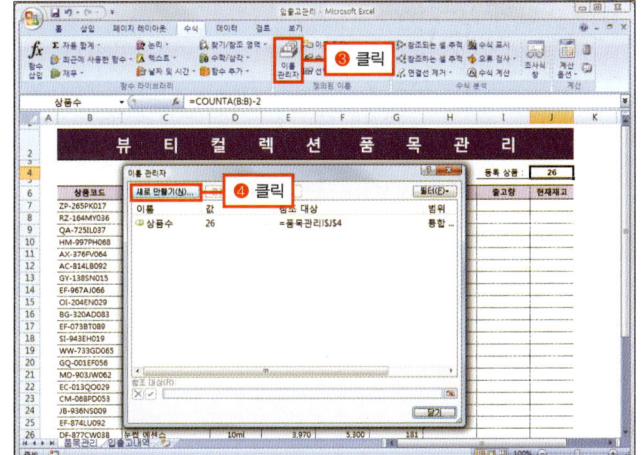

**5.** [새 이름] 대화상자에서 [이름]을 『상품코드』로 입력하고

**6.** [참조 대상]에 『=OFFSET(품목관리!$B$6,1,0,상품수,1)』을 입력한 다음

**7.** [확인] 단추를 클릭합니다.

- 이름 '상품코드'는 OFFSET 함수로 [품목관리] 시트의 [B6] 셀에서 1행 0열 떨어져 있는 [B7] 셀부터 '상품수' 행, 1열 크기의 셀 범위를 참조합니다. '상품수'가 '26'이라면 이름 '상품코드'는 [B7:B32] 범위를 참조합니다.

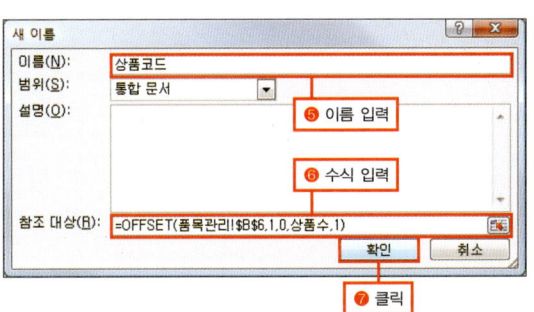

**8.** [이름 관리자] 대화상자에서 [새로 만들기] 단추를 클릭하고

**9.** [새 이름] 대화상자에서 [이름]을 『품목표』, [참조 대상]을 『=OFFSET(품목관리!$B$6,1,0,상품수,9)』로 입력한 다음 [확인] 단추를 클릭해서 이름을 정의합니다.

**10.** [이름 관리자] 대화상자에서 [닫기] 단추를 클릭합니다.

- 이름 '상품수'의 값이 '26'이면 '품목표'는 26행 9열 크기이므로 [B7:J32] 범위를 참조합니다.

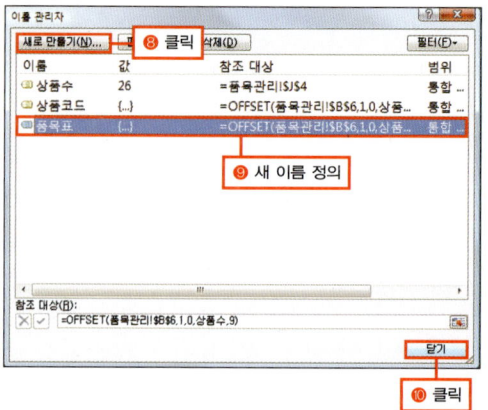

## 02 입력을 편리하게 데이터 유효성 검사 설정하기

**1.** [입출고내역] 워크시트에서 [C7:C38] 범위를 블록으로 지정하고

**2.** [데이터] 탭 → [데이터 도구] 그룹 → [데이터 유효성 검사]( )를 클릭합니다.

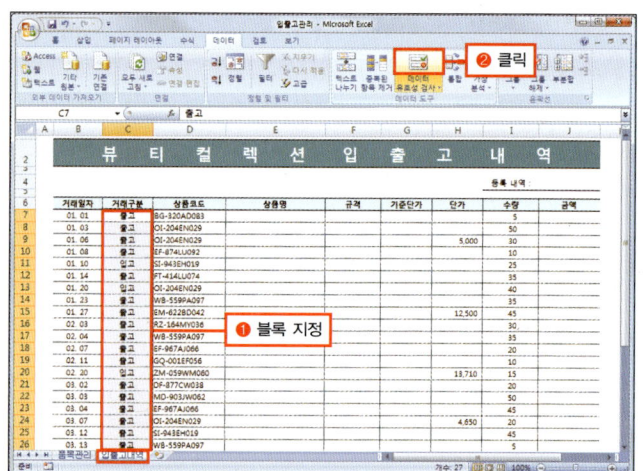

**3.** [데이터 유효성] 대화상자의 [설정] 탭에서 [제한 대상]을 [목록]으로 선택하고

**4.** [원본]에 『입고,출고』를 입력한 다음

**5.** [확인] 단추를 클릭합니다.

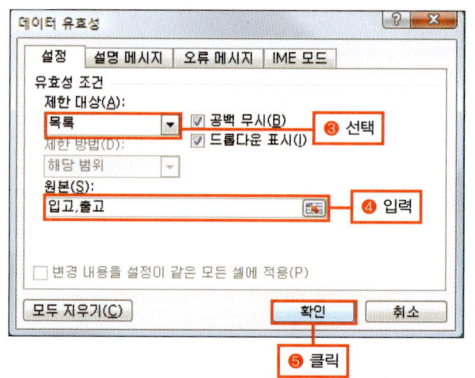

**6.** [D7:D38] 범위를 블록으로 지정하고

**7.** [데이터] 탭 → [데이터 도구] 그룹 → [데이터 유효성 검사]( )를 클릭합니다.

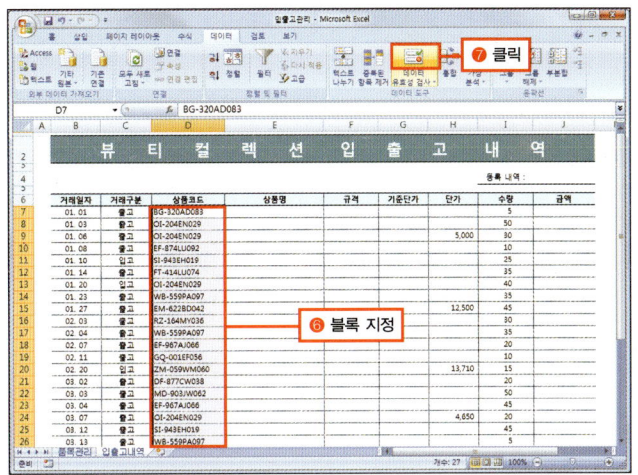

**8.** [데이터 유효성] 대화상자의 [설정] 탭에서 [제한 대상]을 [목록]으로 선택하고

**9.** [원본]에 『=상품코드』를 입력한 다음

**10.** [확인] 단추를 클릭합니다.

- 이름 '상품코드'가 참조하는 범위에 있는 데이터만 입출고 내역의 상품코드에 입력할 수 있게 됩니다.

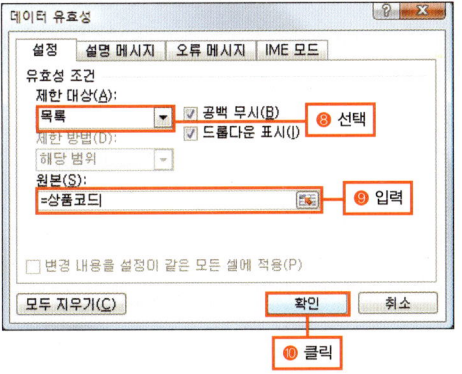

## 03 상품코드에 따라 상품명과 규격, 기준단가, 금액 구하기

**1.** [E7:E38] 범위를 블록으로 지정하고

**2.** 『=IFERROR(VLOOKUP(D7,품목표,2, 0),"")』을 입력한 다음 Ctrl + Enter 를 누릅니다.

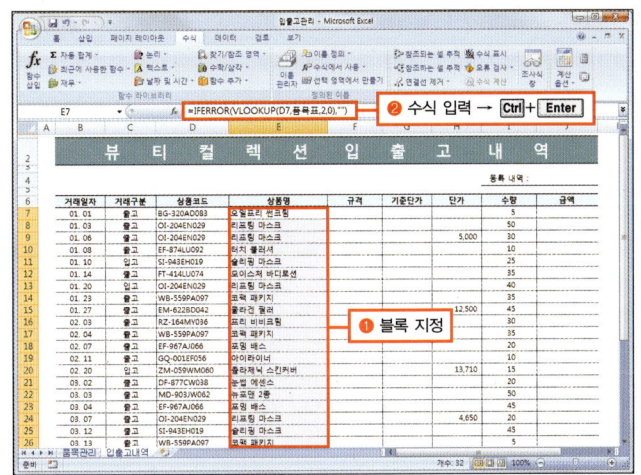

**3.** [F7:F38] 범위를 블록으로 지정하고

**4.** 『=IFERROR(VLOOKUP(D7,품목표,3, 0),"")』을 입력한 다음 [Ctrl]+[Enter]를 누릅니다.

- '품목표'의 첫 번째 열에서 [D7] 셀과 같은 값을 찾아 '3' 열에 있는 규격을 표시합니다.

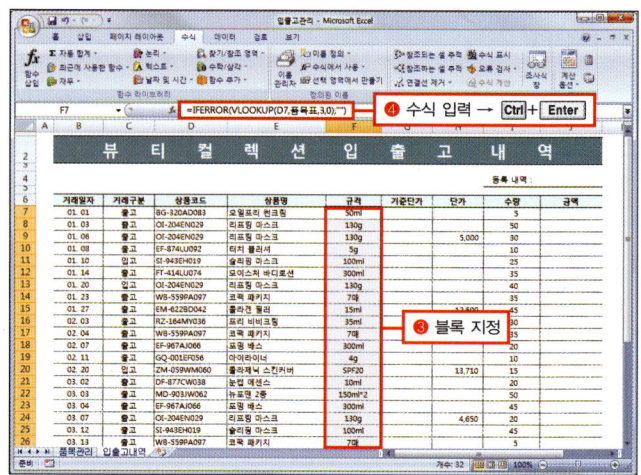

**5.** [G7:G38] 범위를 블록으로 지정하고

**6.** 『=IFERROR(VLOOKUP(D7,품목표,IF (C7="입고",4,5),0),0)』을 입력한 다음 [Ctrl]+[Enter]를 누릅니다.

- 거래구분이 "입고"이면 입고단가, "출고"이면 출고단가가 표시됩니다.

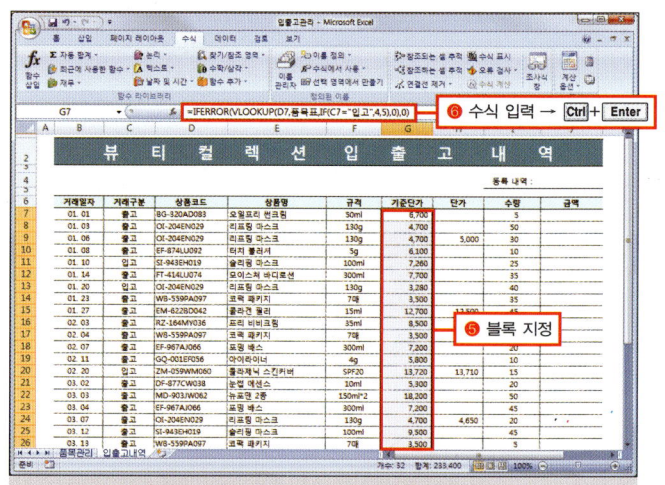

### 수식이 궁금해

'품목표'의 첫 번째 열에 상품 코드가 있으므로 첫 번째 열에서 데이터를 검색하는 VLOOKUP 함수를 이용하여 상품명을 구합니다. VLOOKUP(값, 범위, 열 번호, 옵션) 함수는 범위의 첫 번째 열에서 주어진 값을 찾아 지정한 열에 있는 데이터를 돌려줍니다. 옵션을 0(또는 FALSE)으로 지정하면 정확하게 일치하는 값을 찾습니다.

| 상품코드로 상품명 구하기 | =IFERROR(VLOOKUP(D7,품목표,2,0),"") |
| --- | --- |

- **VLOOKUP(D7,품목표,2,0)**

    '품목표'의 첫 번째 열에서 [D7] 셀과 정확하게 일치하는 값(옵션=0)을 찾아 '2' 열에 있는 상품명을 구합니다.

- **IFERROR(VLOOKUP,"")**

    [D7] 셀에 아직 상품 코드가 입력되어 있지 않으면 VLOOKUP 함수는 '#N/A' 오류 값을 반환합니다. IFERROR 함수로 VLOOKUP 함수의 결과가 오류 값일 때 대신 빈 문자열("")이 나타나게 합니다. IFERROR(수식, 값) 함수는 수식의 결과가 오류 값일 때 지정한 값을 표시하는 함수입니다.

**7.** [H7:H38] 범위의 단가는 '기준단가'와 다른 단가로 거래가 이루어졌을 때만 해당 단가를 입력하는 영역입니다. '기준단가' 대신 사용할 단가를 필요한 경우에만 입력합니다.

**8.** [J7:J38] 영역을 블록으로 지정하고

**9.** 『=IF(H7="",G7,H7)*I7』을 입력한 다음 Ctrl + Enter 를 누릅니다.

• 단가(H7)가 비어 있으면 기준단가(G7), 비어 있지 않으면 입력한 단가(H7)를 IF 함수로 구하고, 구한 값과 수량(I7)을 곱해서 금액을 계산합니다.

**수 식 이    궁 금 해**

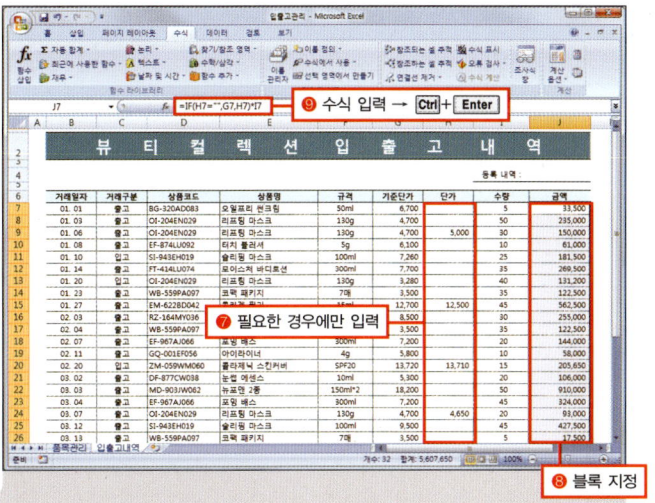

기준단가는 입고단가와 출고단가로 구분해서 표시해야 합니다. 거래구분이 "입고"이면 '품목표'의 '4' 열에 있는 입고단가를 표시하고, 거래구분이 "출고"이면 '품목표'의 '5' 열에 있는 출고단가를 표시하기 위해 VLOOKUP 함수의 열 번호를 IF 함수로 지정합니다.

| 입고단가 또는 출고단가 표시 | =IFERROR(VLOOKUP(D7,품목표,IF(C7="입고",4,5),0),0) |
|---|---|

• **IF(C7="입고",4,5)**

[C7] 셀의 거래구분이 "입고"이면 '4', 그렇지 않으면(출고이면) '5'를 반환합니다. IF 함수의 결과는 VLOOKUP 함수의 열 번호로 사용됩니다.

• **VLOOKUP(D7,품목표,IF,0)**

IF 함수의 결과가 '4'라면 VLOOKUP 함수는 '품목표'의 첫 번째 열에서 [D7] 셀과 같은 값을 찾아 '4' 열에 있는 입고단가를 표시합니다. IF 함수의 결과가 '5'이면 '5' 열에 있는 출고단가를 표시합니다.

• **IFERROR(VLOOKUP,0)**

VLOOKUP 함수의 결과가 오류 값이면 그 오류 값 대신 숫자 '0'을 표시합니다.

## 입고량, 출고량, 현재재고 계산에 필요한 이름 정의하기

**1.** [입출고내역] 워크시트의 [J4] 셀에 『=COUNTA(B:B)-2』를 입력한 다음

**2.** 이름 상자에 『내역수』로 이름을 입력하고 Enter 를 누릅니다.

• [B] 열 전체(B:B)에서 비어 있지 않은 셀의 개수를 COUNTA 함수로 구한 다음 [B2] 셀의 제목과 [B6] 셀의 필드 이름을 개수에서 제외하기 위해 '2'를 뺍니다.

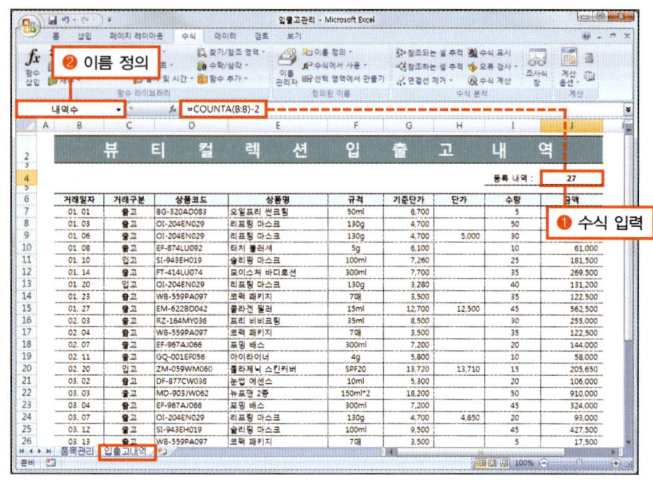

**3.** [수식] 탭 → [정의된 이름] 그룹 → [이름 관리자]( )를 클릭하고

**4.** [이름 관리자] 대화상자에서 [새로 만들기] 단추를 클릭합니다.

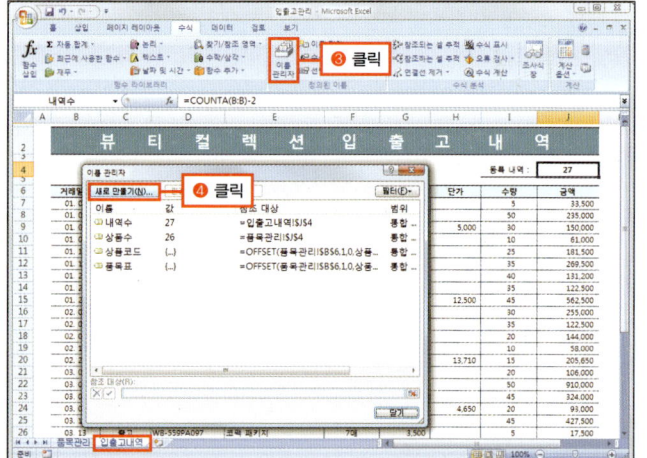

**5.** [새 이름] 대화상자에서 [이름]에 『거래구분』을 입력하고

**6.** [참조 대상]에 『=OFFSET(입출고내역!$C$6,1,0,내역수,1)』을 입력한 다음

**7.** [확인] 단추를 클릭합니다.

• 이름 '거래구분'은 [입출고내역] 시트의 [C6] 셀에서 1행 0열 떨어져 있는 [C7] 셀부터 '내역수' 행, 1열 크기의 셀 범위를 참조합니다. '내역수'의 값이 '27'이면 이름 '거래구분'은 [C7:C33] 범위를 참조합니다.

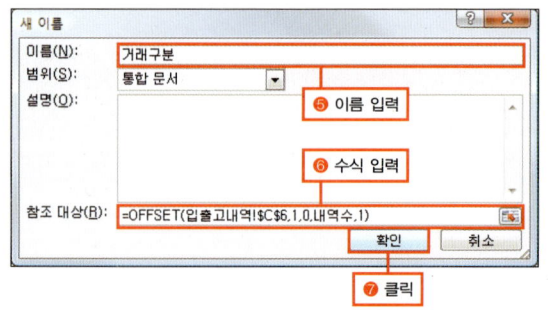

**8.** [이름 관리자] 대화상자에서 다시 [새로 만들기] 단추를 클릭하고

**9.** [이름]에 『코드』, [참조 대상]에 『=OFFSET(입출고내역!$D$6,1,0,내역수,1)』을 입력한 다음 [확인] 단추를 클릭해서 이름을 정의합니다.

• 이름 '코드'는 [입출고내역] 워크시트에서 현재 입력되어 있는 상품코드 범위를 참조합니다.

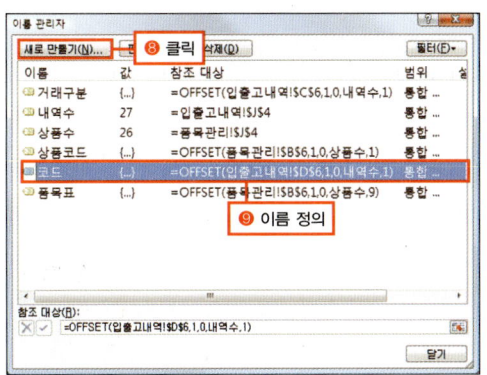

**10.** [이름 관리자] 대화상자에서 다시 [새로 만들기] 단추를 클릭하고

**11.** [이름]에 『수량』, [참조 대상]에 『=OFFSET(입출고내역!$I$6,1,0,내역수,1)』을 입력한 다음 [확인] 단추를 클릭해서 이름을 정의합니다.

**12.** [이름 관리자] 대화상자에서 [닫기] 단추를 클릭해서 대화상자를 닫습니다.

• 이름 '수량'은 [입출고내역] 워크시트에서 현재 입력되어 있는 수량 범위를 참조합니다.

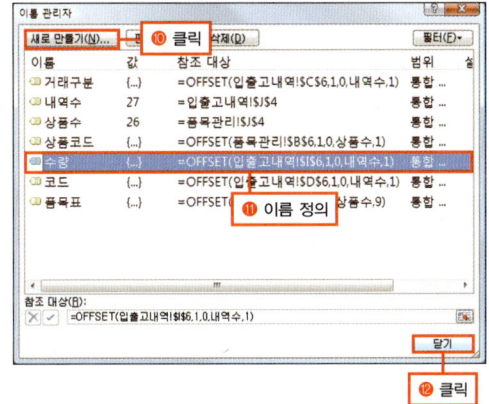

## 05　입고량, 출고량, 현재재고 계산하기

**1.** [품목관리] 워크시트에서 [H7:H37] 범위를 블록으로 지정하고

**2.** 『=SUMPRODUCT((코드=B7)*(거래구분="입고"),수량)』을 입력한 다음 Ctrl + Enter 를 누릅니다.

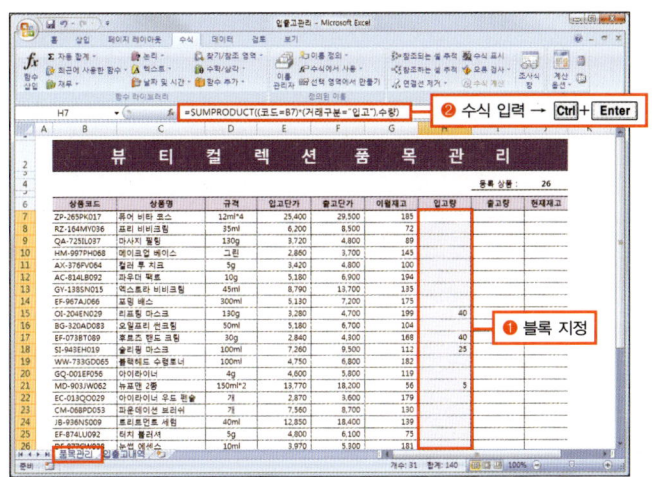

**3.** [I7:I37] 범위를 블록으로 지정하고

**4.** 『=SUMPRODUCT((코드=B7)*(거래구분="출고"),수량)』을 입력한 다음 Ctrl +Enter 를 누릅니다.

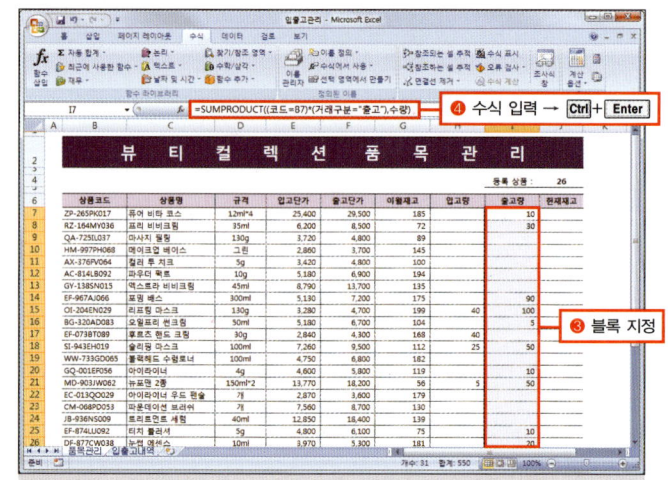

**수 식 이  궁 금 해**

여러 조건에 맞는 개수나 합계를 계산할 때 자주 사용하는 SUMPRODUCT 함수입니다. 여기에서는 코드와 거래구분에 따라 수량의 합계를 계산했는데 '=SUMPRODUCT((조건1)*(조건2),합계범위)'와 같은 형식을 사용합니다. 조건과 조건은 AND 연산자와 같은 역할을 하는 별표(*)로 연결해서 계속 추가할 수 있습니다. 마지막에는 합계를 구하고자 하는 범위를 지정합니다.

| 입고량의 합계 구하기 | =SUMPRODUCT((코드=B7)*(거래구분="입고"),수량) |
|---|---|

- **(코드=B7)**

  '코드' 범위의 각 셀 값이 [B7] 셀의 상품 코드와 같은지 검사합니다. 조건이 참이면 TRUE, 거짓이면 FALSE가 반환되는데 '코드' 범위에 27개의 셀이 포함되어 있다면 TRUE와 FALSE의 총 개수가 27개가 됩니다.

- **(거래구분="입고")**

  '거래구분' 범위의 각 셀 값이 "입고"와 같은지 검사합니다. 앞에서와 마찬가지로 '거래구분' 범위에 27개의 셀이 포함되어 있다면 조건의 참, 거짓에 따라 TRUE, FALSE가 총 27개 반환됩니다.

- **(조건1)*(조건2)**

  두 개의 조건을 별표(*)로 연결하면 TRUE=1, FALSE=0으로 변환되어 계산됩니다. 그 결과 두 조건이 모두 TRUE일 때만 '1'을 반환하고, 나머지 경우는 모두 '0'을 반환합니다. '1'과 '0'의 전체 개수는 조건이 반환한 TRUE 또는 FALSE의 총 개수와 일치합니다.

- **SUMPRODUCT((조건1)*(조건2), 수량)**

  원래 SUMPRODUCT(범위1, 범위2, ...) 함수는 지정한 범위에서 대응하는 셀 끼리 곱한 합계를 구할 때 사용하는 함수입니다. 여기에서는 (조건1)*(조건2)의 결과로 반환된 '1' 또는 '0'과 '수량' 범위의 각 셀을 대응하는 순서대로 곱해서 합계를 구합니다. 조건의 결과가 '1'이면 '1*수량=수량'이 되고, 조건의 결과가 '0'이면 '0*수량=0'이 됩니다. 이렇게 곱한 값들을 모두 더하면 조건이 참일 때 수량의 합계가 구해집니다.

**5.** [J7:J37] 범위를 블록으로 지정하고

**6.** 『=G7+H7−I7』을 입력한 다음 Ctrl + Enter 를 누릅니다.

• 이월재고에 입고량을 더한 값에서 출고량을 뺀 값으로 현재 재고량을 계산합니다.

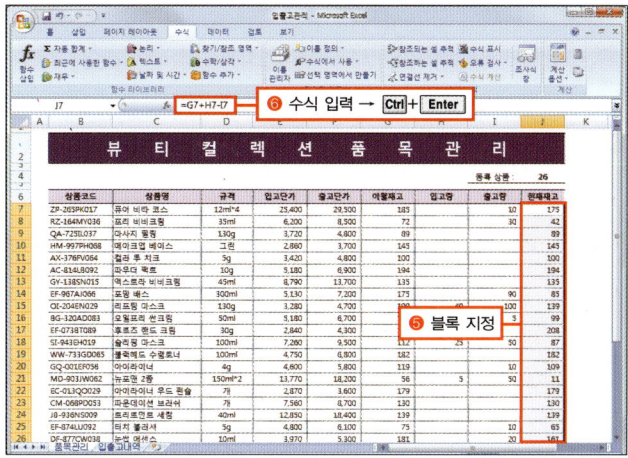

---

## 06  새로운 품목과 입출고내역 입력하기

**1.** [품목관리] 워크시트에서 서식과 수식이 모두 들어 있는 마지막 빈 행인 [37] 행의 행 머리글을 클릭한 다음

**2.** 행 머리글 오른쪽 아래에 있는 채우기 핸들을 아래로 원하는 만큼 드래그합니다.

• 비어 있는 행을 아래로 복사해서 나중에 서식을 다시 지정하거나 수식을 다시 입력할 필요 없이 새로운 입력 행을 미리 만드는 과정입니다.

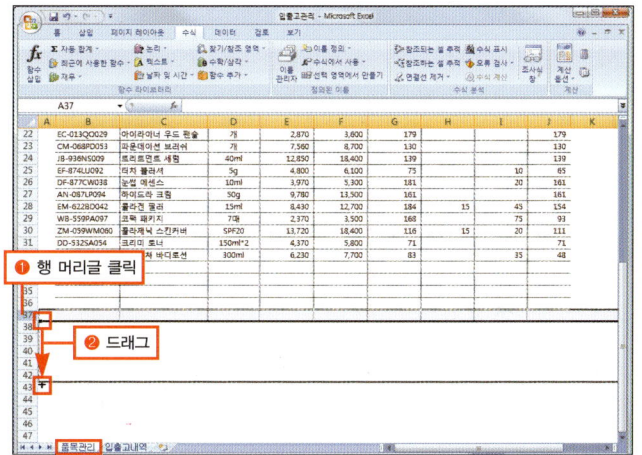

**3.** [33] 행부터 다음과 같이 새로운 상품에 대한 상품코드와 상품명, 규격, 입고단가, 출고단가, 이월재고 등 필요한 항목을 입력합니다. 입고량과 출고량, 현재재고는 자동으로 계산됩니다.

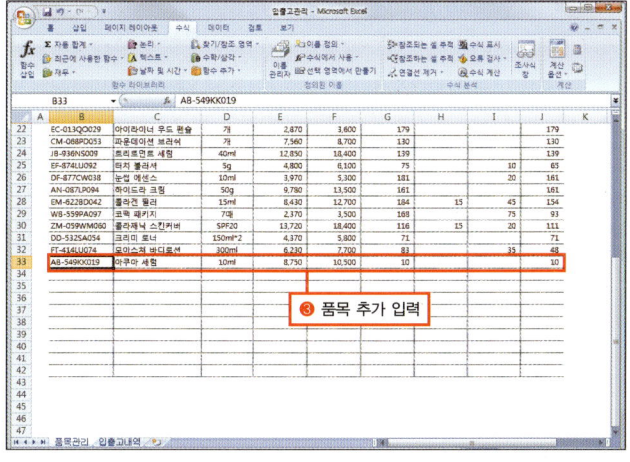

**4.** [입출고내역] 워크시트에서 서식과 수식이 모두 들어 있는 마지막 빈 행인 [38] 행의 행 머리글을 클릭한 다음

**5.** 행 머리글 오른쪽 아래에 있는 채우기 핸들을 아래로 원하는 만큼 드래그합니다.

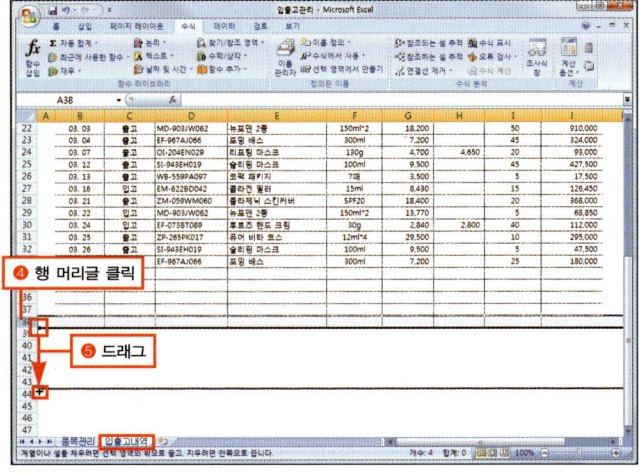

**6.** [34] 행부터 [B34] 셀에 거래일자를 먼저 입력하고

**7.** 거래구분의 목록 단추를 클릭해서 입고 또는 출고를 선택해서 입력합니다.

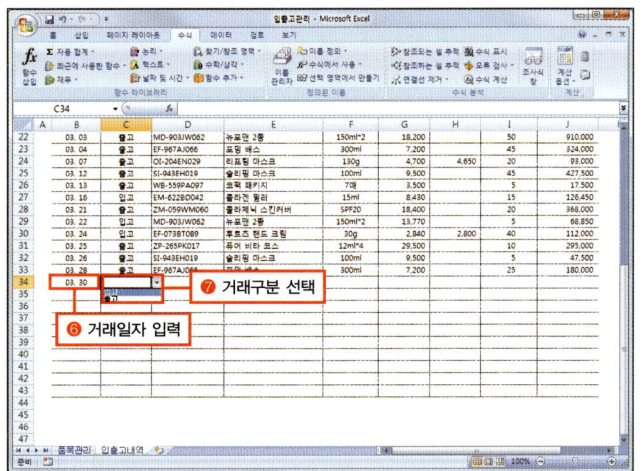

**8.** [D34] 셀의 목록 단추를 클릭해서 상품코드를 선택하면

**9.** 상품명, 규격, 기준단가가 자동으로 표시됩니다.

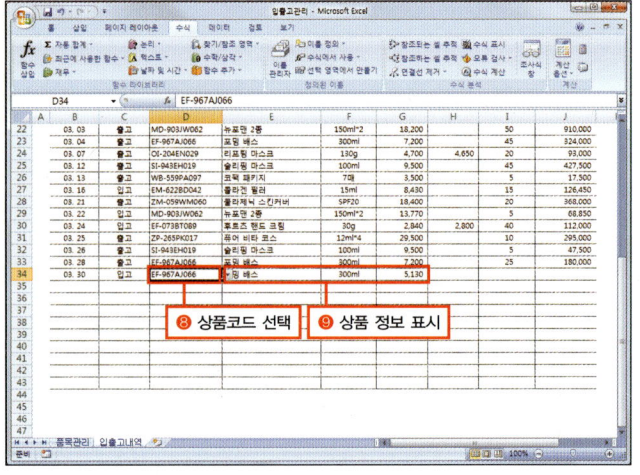

**10.** 필요한 경우 새로운 단가를 [H34] 셀에 입력하고 수량을 입력하면

**11.** 금액이 계산됩니다.

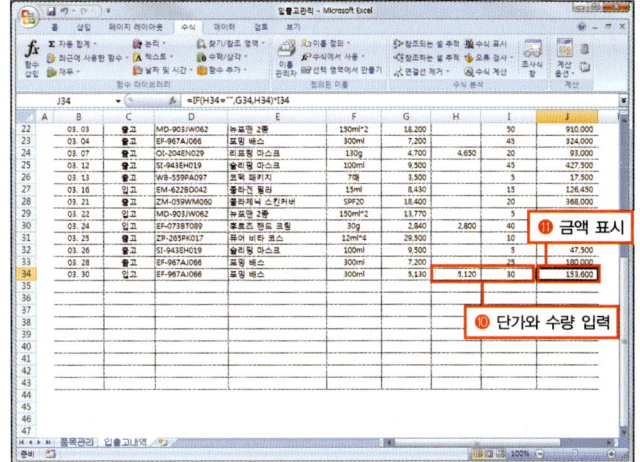

# Upgrade 재고가 부족할 때 바로 알려주는 조건부 서식 설정하기

● **시작 파일** : Theme-2\시간절약\입출고관리-UP.xlsx     ● **완성 파일** : Theme-2\완성파일\입출고관리-UP.xlsx

[품목관리] 워크시트는 입출고 내역에 입력되어 있는 데이터를 이용하여 각 상품별로 입고량과 출고량의 총 합계와 함께 현재 재고량을 계산합니다. 여기에서는 최소 재고 기준을 정해서 현재 재고가 최소 재고보다 작을 경우 관리자가 쉽게 알아볼 수 있도록 강조하는 조건부 서식을 설정합니다. 또한 새로운 품목을 추가할 때 이미 입력되어 있는 상품코드를 중복 입력하는 것을 방지하기 위해 상품코드에 데이터 유효성 검사를 설정하는 방법까지 함께 알아봅니다.

## 01 | 재고 부족을 표시하는 조건부 서식 설정하기

**1.** [수식] 탭 → [정의된 이름] 그룹 → [이름 정의](이름 정의)를 클릭해서 [새 이름] 대화상자를 엽니다.

**2.** [이름]에 『재고기준』을 입력하고

**3.** [참조 대상]에 『=50』을 입력한 다음

**4.** [확인] 단추를 클릭합니다.

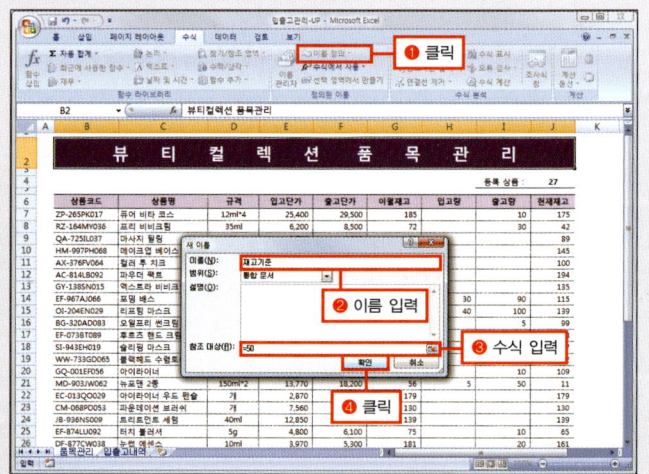

**5.** [B7:J42] 범위를 블록으로 지정하고

**6.** [홈] 탭 → [스타일] 그룹 → [조건부 서식](조건부 서식)을 클릭하고

**7.** [새 규칙]을 선택합니다.

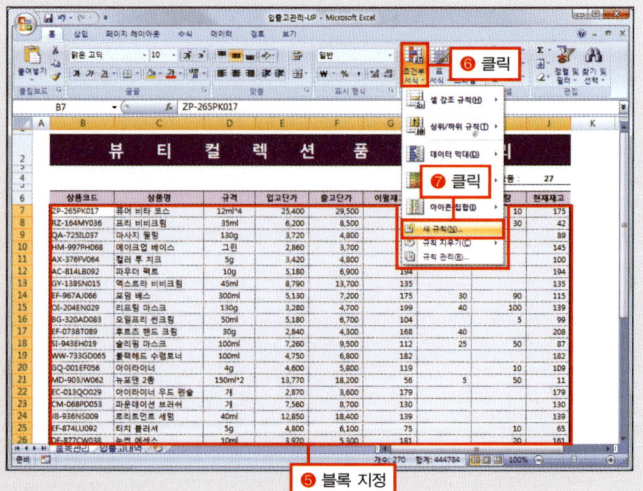

**8.** [새 서식 규칙] 대화상자에서 규칙 유형을 [수식을 사용하여 서식을 지정할 셀 결정]으로 선택하고

**9.** 수식 상자에 『=AND($B7〈〉"",$J7〈재고기준)』을 입력한 다음

**10.** [서식] 단추를 클릭합니다.

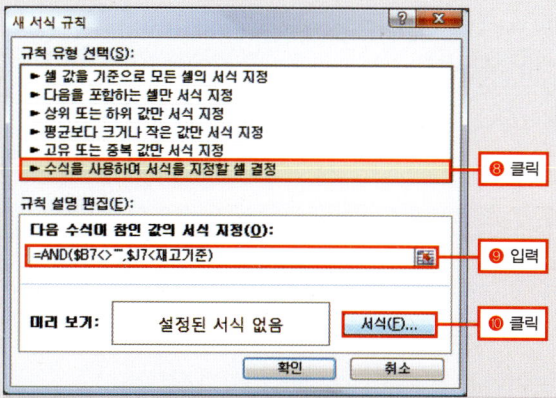

**수식이 궁금해**

AND 함수를 이용하여 두 개의 조건을 검사하고, 두 조건이 모두 참(TRUE)일 때 서식을 지정하는 조건부 서식입니다. AND(조건1, 조건2, …) 함수는 인수로 지정한 모든 조건이 참(TRUE)일 때 그 결과가 참(TRUE)이 됩니다.

| 조건부 서식의 수식 조건 | =AND($B7〈〉"",$J7〈재고기준) |
| --- | --- |

• **$B7〈〉""**

　[B7] 셀이 비어 있지 않을 때 참(TRUE)이 됩니다. 이 조건은 품목표에서 아직 상품이 등록되어 있지 않은 빈 행에 서식이 적용되는 것을 막기 위한 것입니다. 블록으로 지정한 범위에서 기준이 되는 셀이 7행에 있으므로 '$B7'은 각 행에서 항상 [B] 열에 있는 셀 즉, 상품코드를 참조합니다. 상품코드가 입력되어 있을 때 이 조건은 참(TRUE)입니다.

• **$J7〈재고기준**

　각 행에서 [J] 열에 있는 현재재고가 이름 '재고기준'의 값인 '50'보다 작을 때 이 조건은 참(TRUE)이 됩니다.

• **AND(조건1, 조건2)**

　두 개의 조건이 모두 참일 때 참(TRUE)이 됩니다. 여기에서는 상품코드가 비어 있지 않으면서 현재재고가 '재고기준' 미만일 때 참(TRUE)이 됩니다.

**11.** [셀 서식] 대화상자의 [채우기] 탭에서 재고가 부족한 셀에 적용할 채우기 색을 선택하고

**12.** [확인] 단추를 클릭합니다.

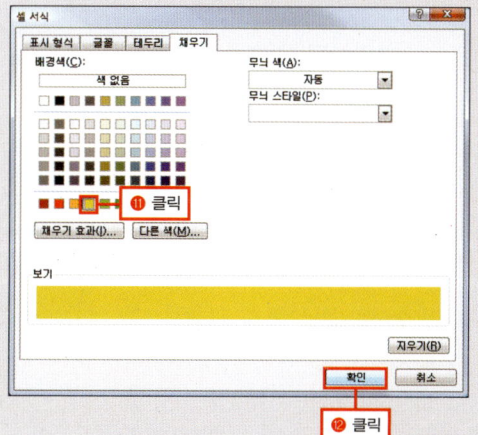

**13.** [새 서식 규칙] 대화상자에서 [확인] 단추를 클릭합니다.

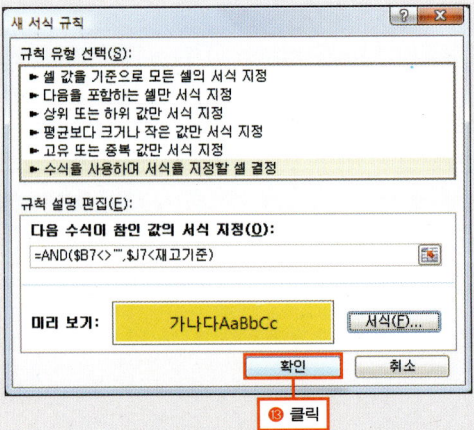

**14.** 조건부 서식이 적용된 결과는 다음과 같습니다. 상품코드가 입력되어 있는 행에서 현재재고가 '재고기준' 으로 지정한 '50' 미만이면 행 전체에 채우기 색이 적용됩니다.

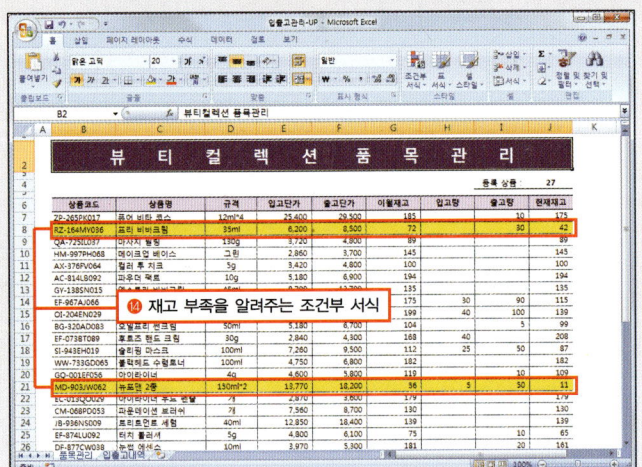

## 02 | 상품코드를 중복 입력하지 못하도록 데이터 유효성 검사 설정하기

**1.** [B7:B42] 범위를 블록으로 지정하고

**2.** [데이터] 탭 → [데이터 도구] 그룹 → [데이터 유효성 검사]( )를 클릭합니다.

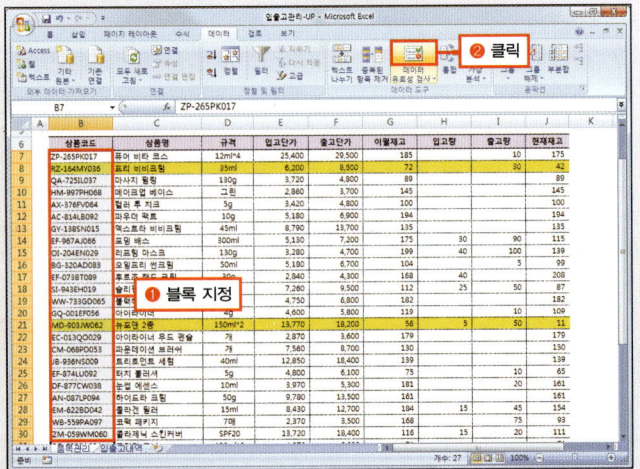

**3.** [데이터 유효성] 대화상자의 [설정] 탭에서 [제한 대상]을 [사용자 지정]으로 선택하고

**4.** [수식] 상자에 『=COUNTIF(상품코드, B7)=1』을 입력한 다음

**5.** [확인] 단추를 클릭합니다.

- COUNTIF(범위, 조건) 함수는 지정한 범위에서 조건을 만족하는 셀의 개수를 구합니다. 여기에서는 '상품코드' 범위에서 [B7] 셀과 같은 값의 개수를 구하는데, 그 결과가 '1'일 때만 입력을 허용합니다.

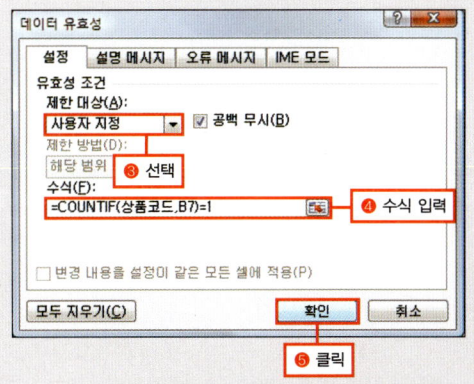

**6.** [B34] 셀에 이미 입력되어 있는 상품코드를 똑같이 다시 입력하면

**7.** 데이터 유효성 검사에 의해 입력할 수 없다는 메시지가 나타납니다.

- 메시지 상자에서 [다시 시도] 단추를 클릭하고 다른 상품코드를 입력하거나, [취소] 단추를 클릭해서 입력을 취소할 수 있습니다.

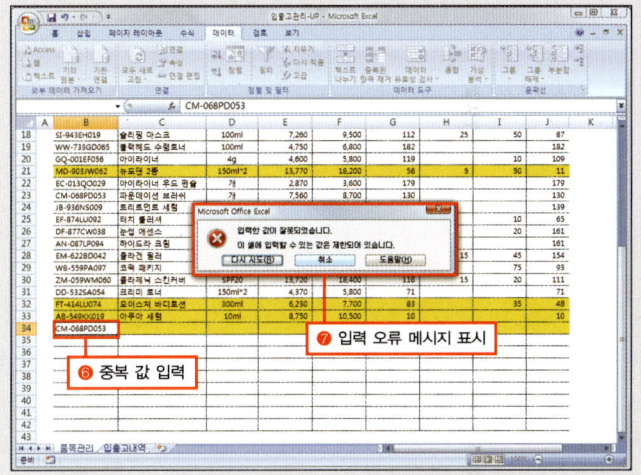

# 현금의 입출 내역을
# 깔끔하게 정리하는 금전출납부

S e c t i o n

# 02

금전출납부는 현금의 입금 및 출금 내역을 기록해 놓는 장부입니다. 엑셀로 만드는 금전출납부의 장점은 수입과 지출에 따라 자동으로 잔액을 계산하고 전체 합계를 실시간으로 확인할 수 있다는 것입니다. 여기에서는 특히 수입 항목과 지출 항목을 미리 등록해 두고, 수입과 지출에 따라 해당되는 항목을 선택할 수 있도록 수식과 데이터 유효성 검사를 함께 활용하는 방법을 중요하게 다룹니다.

P r e v i e w  ● **시작 파일** : Theme-2\시간절약\금전출납부.xlsx  ● **완성 파일** : Theme-2\완성파일\금전출납부.xlsx

## 금 전 출 납 부

| 등록개수 | 수입금액 | 지출금액 | 현재잔액 |
|---|---|---|---|
| 30 | 8,417,000 | 5,033,600 | 3,383,400 |

입력되어 있는 데이터까지 개수와 수입/지출의 합계 계산, 현재 잔액 표시

| 일자 | 분류 | 항목 | 적요 | 금액 | 수입 | 지출 | 잔액 |
|---|---|---|---|---|---|---|---|
| 01. 02 | 수입 | 수입-05 | 적요-00001 | 1,073,000 | 1,073,000 | | 1,073,000 |
| 01. 05 | 수입 | 수입-03 | 적요-00002 | 1,129,000 | 1,129,000 | | 2,202,000 |
| 01. 11 | 지출 | 지출-02 | 적요-00003 | 253,400 | | 253,400 | 1,948,600 |
| 01. 13 | 지출 | 지출-03 | 적요-00004 | 347,400 | | 347,400 | 1,601,200 |
| 01. 14 | 지출 | 지출-08 | 적요-00005 | 84,500 | | 84,500 | 1,516,700 |
| 01. 21 | 수입 | 수입-01 | 적요-00006 | 1,844,000 | 1,844,000 | | 3,360,700 |
| 01. 26 | 지출 | 지출-01 | 적요-00007 | 8,500 | | 8,500 | 3,352,200 |
| 01. 27 | 지출 | 지출-09 | 적요-00008 | 86,300 | | 86,300 | 3,265,900 |
| 02. 04 | 지출 | 지출-09 | 적요-00009 | 234,000 | | 234,000 | 3,031,900 |
| 02. 08 | 지출 | 지출-02 | 적요-00010 | 328,600 | | 328,600 | 2,703,300 |
| 02. 08 | 수입 | 수입-04 | 적요-00011 | 1,715,000 | 1,715,000 | | 4,418,300 |
| 02. 09 | 지출 | 지출-05 | 적요-00012 | 323,000 | | 323,000 | 4,095,300 |
| 02. 10 | 지출 | 지출-02 | 적요-00013 | 356,300 | | 356,300 | 3,739,000 |
| 02. 11 | 수입 | 수입-04 | 적요-00014 | 92,000 | 92,000 | | 3,831,000 |
| 02. 11 | 수입 | 수입-01 | 적요-00015 | 173,000 | 173,000 | | 4,004,000 |
| 02. 14 | 지출 | 지출-01 | 적요-00016 | 319,400 | | 319,400 | 3,684,600 |
| 02. 16 | 지출 | 지출-06 | 적요-00017 | 369,600 | | 369,600 | 3,315,000 |
| 02. 17 | 수입 | 수입-05 | 적요-00018 | 384,000 | 384,000 | | 3,699,000 |
| 02. 17 | 지출 | 지출-03 | 적요-00019 | 441,100 | | 441,100 | 3,257,900 |
| 02. 19 | 수입 | 수입-03 | 적요-00020 | 1,579,000 | 1,579,000 | | 4,836,900 |
| 02. 20 | 지출 | 지출-10 | 적요-00021 | 80,400 | | 80,400 | 4,756,500 |
| 02. 20 | 수입 | 수입-02 | 적요-00022 | 428,000 | 428,000 | | 5,184,500 |
| 02. 25 | 지출 | 지출-05 | 적요-00023 | 480,000 | | 480,000 | 4,704,500 |
| 03. 03 | 지출 | 지출-04 | 적요-00024 | 30,800 | | 30,800 | 4,673,700 |
| 03. 05 | 지출 | 지출-05 | 적요-00025 | 215,200 | | 215,200 | 4,458,500 |
| 03. 08 | 지출 | 지출-06 | 적요-00026 | 234,100 | | 234,100 | 4,224,400 |
| 03. 10 | 지출 | 지출-04 | 적요-00027 | 420,500 | | 420,500 | 3,803,900 |
| 03. 14 | 지출 | 지출-05 | 적요-00028 | 20,500 | | 20,500 | 3,783,400 |
| 03. 16 | 지출 | 지출-10 | 적요-00029 | 322,700 | | 322,700 | 3,460,700 |
| 03. 17 | 지출 | 지출-04 | 적요-00030 | 77,300 | | 77,300 | 3,383,400 |

분류에 따라 수입 또는 지출 금액을 표시하고 잔액 계산

분류(수입 또는 지출)에 따라 달라지는 목록에서 항목 선택

## [01] 수입/지출에 따라 항목을 다르게 입력하기

**1.** [항목관리] 워크시트에서 [B5:B9] 범위를 블록으로 지정하고

**2.** 이름 상자에 『수입항목』으로 이름을 입력한 후 Enter 를 누릅니다.

- 필요에 따라 수입 항목을 급여, 용돈 등의 구체적인 내용으로 바꾸어 사용합니다. 더 많은 수입 항목이 필요하면 아래로 이어서 입력하고 입력한 전체 항목을 블록으로 지정해서 '수입항목'으로 이름을 정의합니다.

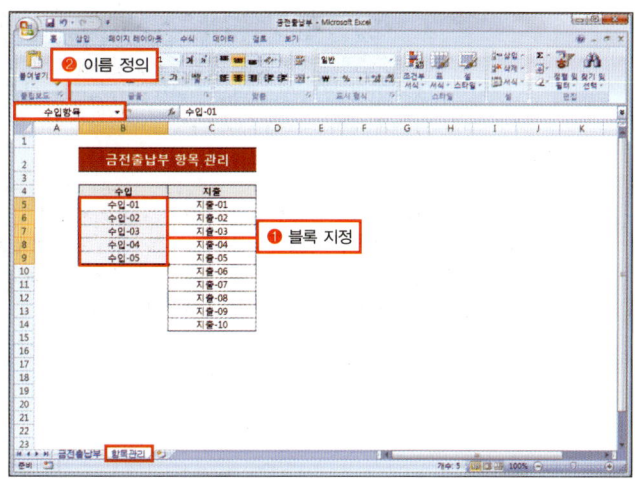

**3.** [C5:C14] 범위를 블록으로 지정하고

**4.** 이름 상자에 『지출항목』으로 이름을 입력한 후 Enter 를 누릅니다.

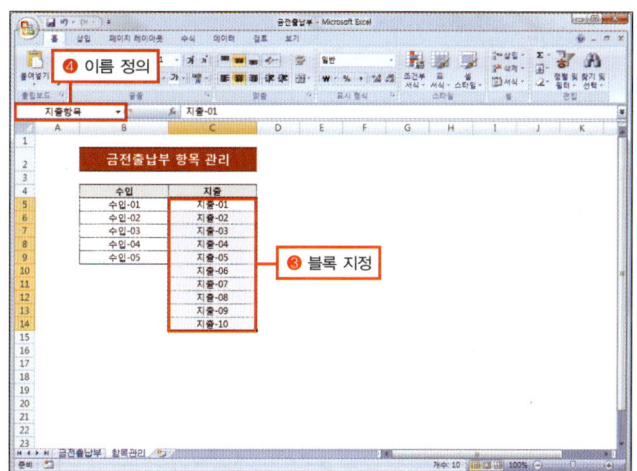

**5.** [금전출납부] 워크시트에서 [C6:C40] 범위를 블록으로 지정하고

**6.** [데이터] 탭 → [데이터 도구] 그룹 → [데이터 유효성 검사](📋)를 클릭합니다.

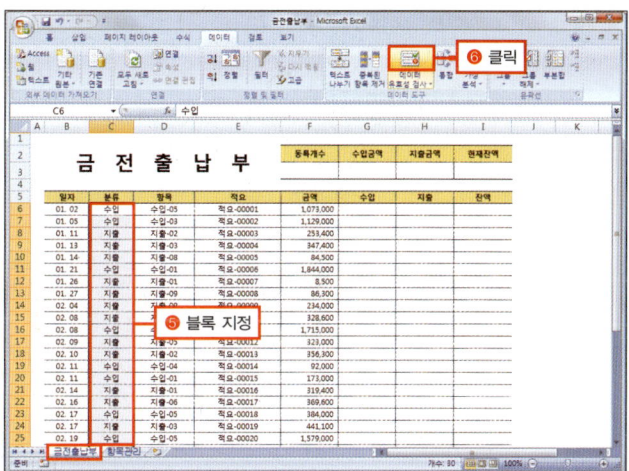

**7.** [데이터 유효성] 대화상자의 [설정] 탭에서 [제한 대상]을 [목록]으로 선택하고

**8.** [원본]에 『수입,지출』을 입력한 다음

**9.** [확인] 단추를 클릭합니다.

- 분류를 입력할 때 목록 단추를 클릭하고 수입과 지출 중 하나를 선택합니다.

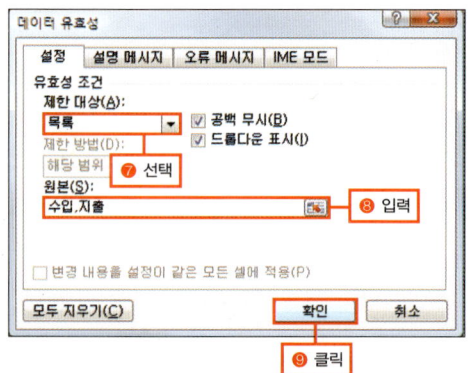

**10.** [D6:D40] 범위를 블록으로 지정하고

**11.** [데이터] 탭 → [데이터 도구] 그룹 → [데이터 유효성 검사](圖)를 클릭합니다.

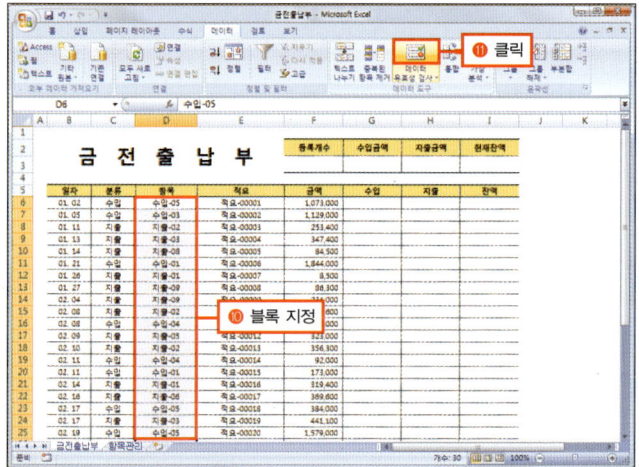

**수식이 궁금해**

항목은 분류가 수입이냐 지출이냐에 따라 달라져야 합니다. [항목관리] 워크시트에서 '수입항목'과 '지출항목'으로 각각 이름을 정의해 놓은 셀 범위를 항목을 입력할 때 목록의 원본으로 사용합니다.

| 분류에 따라 달라지는 항목의 목록 | =INDIRECT(C6&"항목") |
|---|---|

- **INDIRECT("텍스트 참조") 함수**

  텍스트로 지정한 참조를 실제 셀 참조로 바꾸어 반환합니다. 예를 들어 '=INDIRECT("A5:K30")'은 실제로 [A5:K30] 범위를 의미하는 것입니다.

- **=INDIRECT(C6& "항목")**

  [C6] 셀과 "항목"을 연결해서 텍스트 참조로 사용합니다. [C6] 셀의 값이 '수입'이면 '=INDIRECT("수입항목")'과 같아서 이름 '수입항목'이 참조하는 셀 범위를 반환합니다. [C6] 셀의 값이 '지출'이면 '=INDIRECT("지출항목")'과 같아서 이름 '지출항목'이 참조하는 셀 범위를 반환합니다. 즉, [C6] 셀의 분류가 무엇이냐에 따라 목록에 표시되는 데이터 항목이 달라집니다.

**12.** [데이터 유효성] 대화상자의 [설정] 탭에서 [제한 대상]을 [목록]으로 선택하고

**13.** [원본]에 『=INDIRECT(C6&"항목")』을 입력한 다음

**14.** [확인] 단추를 클릭합니다.

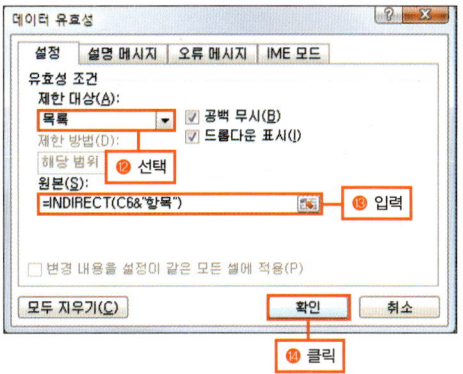

## [02]  수입/지출에 따라 금액 표시하고 잔액 계산하기

**1.** [G6:G40] 범위를 블록으로 지정하고

**2.** 『=IF(C6="수입",F6,0)』을 입력한 다음 **Ctrl**+**Enter**를 누릅니다.

· [C6] 셀이 "수입"일 때 [F6] 셀의 금액을 수입란에 표시합니다.

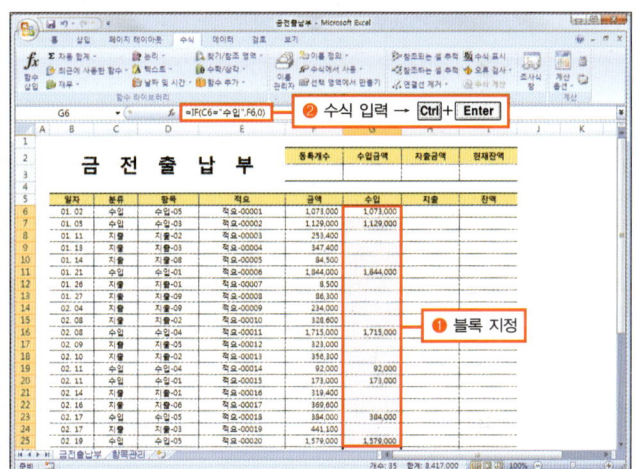

**3.** [H6:H40] 범위를 블록으로 지정하고

**4.** 『=IF(C6="지출",F6,0)』을 입력한 다음 **Ctrl**+**Enter**를 누릅니다.

· [C6] 셀이 "지출"일 때 [F6] 셀의 금액을 지출란에 표시합니다.

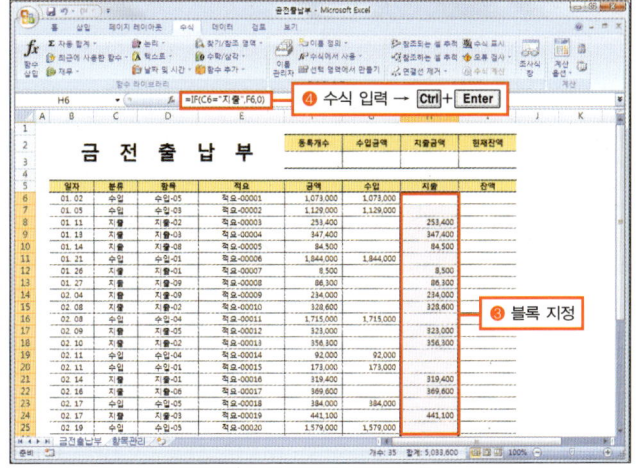

**5.** 잔액을 계산하기 전에 [I5] 셀에 숫자 『0』을 입력하고

**6.** [I5] 셀에서 [홈] 탭 → [표시 형식] 그룹의 대화상자 표시 단추(🔲)를 클릭합니다.

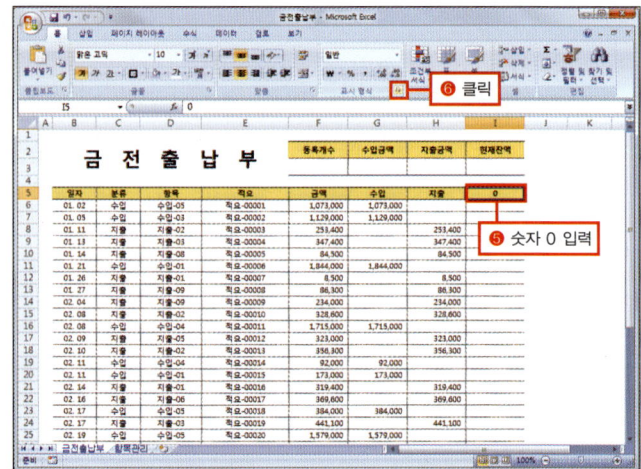

**7.** [셀 서식] 대화상자의 [표시 형식] 탭에서 [사용자 지정] 범주를 선택하고

**8.** [형식]에 『잔액』을 입력한 다음

**9.** [확인] 단추를 클릭합니다.

- 잔액을 계산할 때 [I5] 셀을 참조해야 하는데 [I5] 셀에 텍스트가 입력되어 있으면 계산에서 #VALUE! 오류 값이 발생합니다. 숫자 '0'을 입력하고 표시 형식을 '잔액'으로 지정하면 셀에는 '잔액'이라고 표시되지만 실제 값은 숫자 '0'이기 때문에 오류 값이 나타나지 않게 됩니다.

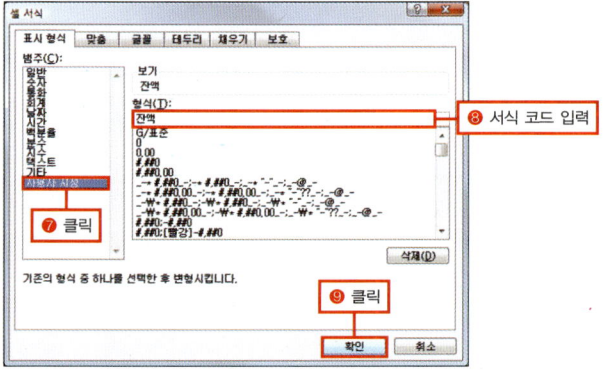

**10.** [I6:I40] 범위를 블록으로 지정하고

**11.** 『=IF(F6="","",I5+G6−H6)』을 입력한 다음 Ctrl + Enter 를 누릅니다.

- [F6] 셀의 금액이 비어 있으면 빈 문자열("")을 표시하고, 금액이 입력되었을 때만 이전 잔액(I5)에 수입(G6)을 더하고 지출(H6)을 뺀 값으로 잔액을 계산합니다.

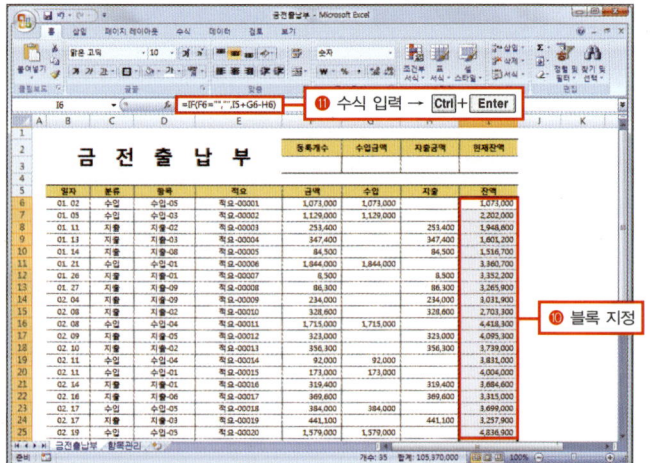

## [03] 수입, 지출, 잔액 범위를 참조하는 이름 정의하기

**1.** [F3] 셀에 『=COUNTA(B:B)-2』를 입력해서 등록 개수를 계산하고

**2.** 이름 상자에 『개수』를 입력한 다음 Enter 를 눌러서 이름을 정의합니다.

- COUNTA 함수로 [B] 열 전체(B:B)에서 비어 있지 않은 셀의 개수를 구하고 [B2] 셀의 제목과 [B5] 셀의 필드 이름을 개수에서 제외시키기 위해 '2'를 뺍니다.

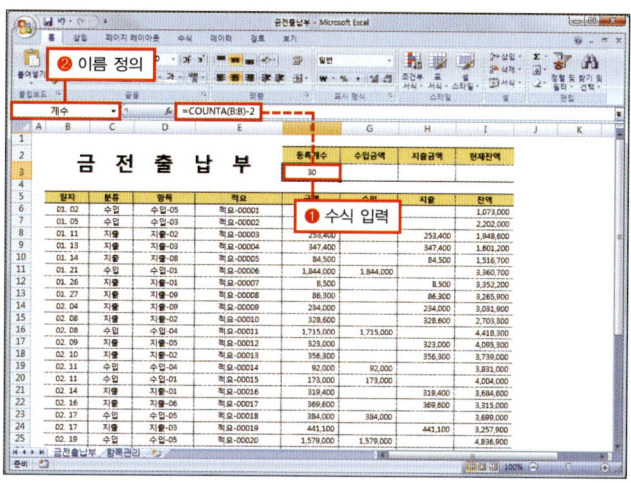

**3.** [수식] 탭 → [정의된 이름] 그룹 → [이름 관리자](📋)를 클릭하고

**4.** [이름 관리자] 대화상자에서 [새로 만들기] 단추를 클릭합니다.

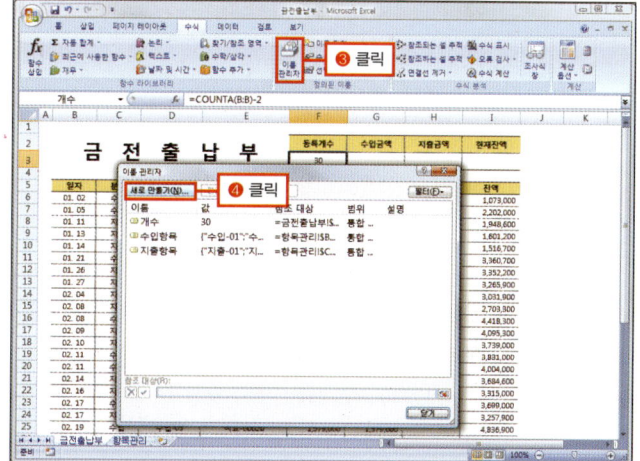

**5.** [새 이름] 대화상자에서 [이름]에 『수입』을 입력하고

**6.** [참조 대상]에 『=OFFSET(금전출납부!$G$5,1,0,개수,1)』을 입력한 다음

**7.** [확인] 단추를 클릭합니다.

- '개수'의 값이 '30'이면 OFFSET 함수는 [금전출납부] 시트의 [G5] 셀에서 1행 0열 떨어져 있는 [G6] 셀부터 30행 1열 크기의 [G6:G35] 범위를 참조합니다.

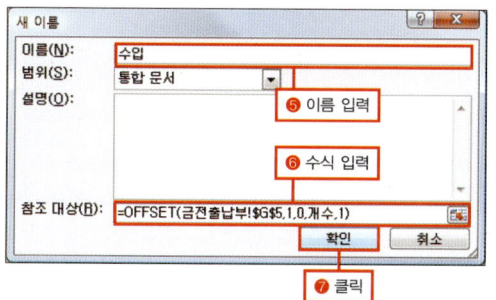

8. [이름 관리자] 대화상자에서 [새로 만들기] 단추를 클릭하고

9. [이름]에 『지출』, [참조 대상]에 『=OFFSET(금전출납부!$H$5,1,0,개수,1)』을 입력한 다음 [확인] 단추를 클릭해서 이름을 정의합니다.

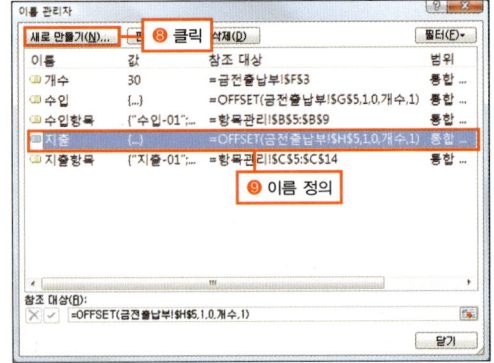

10. [이름 관리자] 대화상자에서 [새로 만들기] 단추를 클릭하고

11. [이름]에 『잔액』, [참조 대상]에 『=OFFSET(금전출납부!$I$5,1,0,개수,1)』을 입력한 다음 [확인] 단추를 클릭해서 이름을 정의합니다.

12. 이름 정의가 모두 끝나면 [닫기] 단추를 클릭합니다.

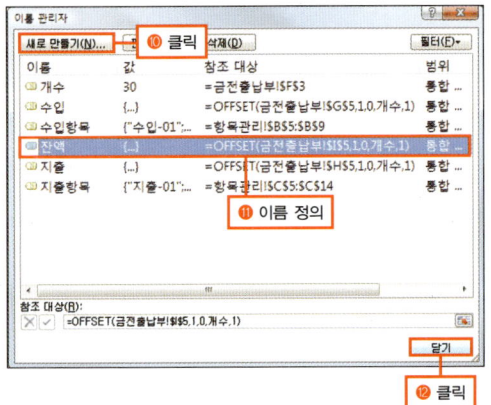

## 04 수입과 지출의 전체 합계와 현재 잔액 계산하기

1. [G3] 셀에 『=SUM(수입)』을 입력해서 '수입' 범위의 합계를 계산합니다.

• 현재 입력되어 있는 데이터 개수에 따라 '수입' 범위가 달라집니다.

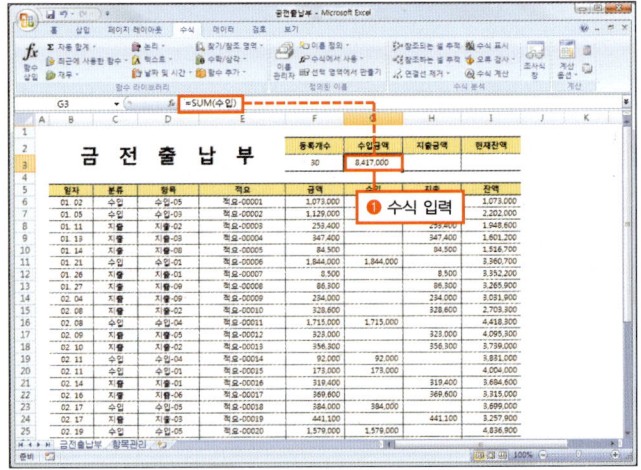

**2.** [H3] 셀에 『=SUM(지출)』을 입력해서 '지출' 범위의 합계를 계산합니다.

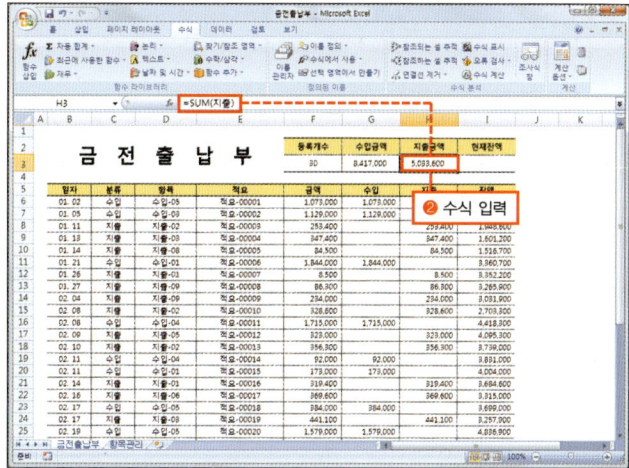

**3.** [I3] 셀에 『=INDEX(잔액,개수)』를 입력해서 마지막 잔액을 구합니다.

- INDEX(범위, 번호) 함수는 지정한 범위에서 지정한 번호에 해당하는 셀의 값을 구합니다. 여기서는 '잔액' 범위가 [I6:I35]이고, '개수'의 값이 '30'이라면 '잔액' 범위에서 '30'번째 셀인 [I35]의 값을 가져옵니다.

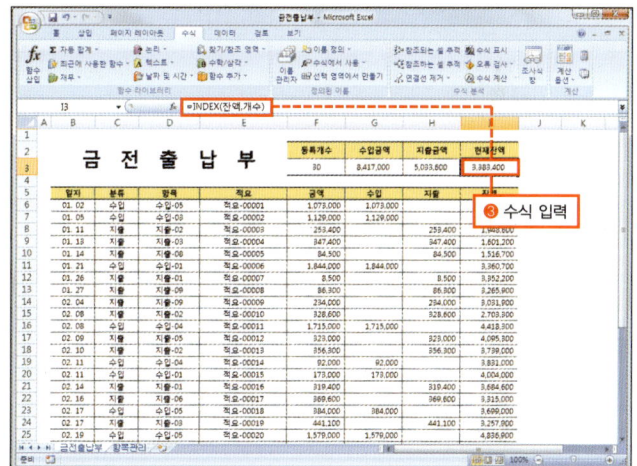

# U p g r a d e     월과 분기에 따라 금전출납부를 요약하자

● **시작 파일** : Theme-2\시간절약\금전출납부-UP.xlsx    ● **완성 파일** : Theme-2\완성파일\금전출납부-UP.xlsx

금전출납부에 입력한 데이터를 이용해서 월별로 수입과 지출의 흐름을 쉽게 파악할 수 있는 통계표를 만듭니다. 월별 통계를 작성한 다음에는 분기별로 총 합계를 계산할 것입니다. 금전출납부 데이터의 '일자'를 이용하여 월별로 데이터를 검색하기 위해 조건에 따라 개수를 구하는 COUNTIF 함수와 조건에 따라 합계를 구하는 SUMIF 함수가 사용됩니다.

## 01 | 일자에 대한 월 구하기

**1.** [금전출납부] 워크시트에서 [C] 열 머리글을 마우스 오른쪽 단추로 클릭하고

**2.** [삽입] 메뉴를 클릭해서 열을 삽입합니다.

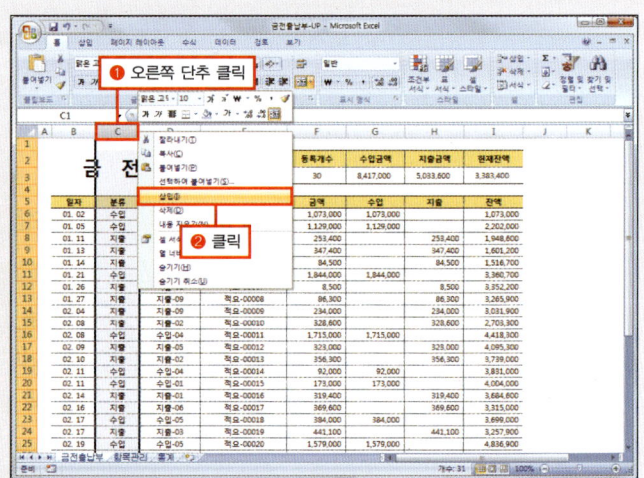

**3.** [C5] 셀에 『월』로 필드 이름을 입력하고

**4.** [C6:C40] 범위를 블록으로 지정한 다음

**5.** 『=IF(B6="","",MONTH(B6))』을 입력하고 Ctrl + Enter 를 누릅니다.

**6.** 수식 결과가 날짜 형태로 표시되므로 [홈] 탭 → [표시 형식] 그룹 → 표시 형식( 일반 ▾ )의 목록 단추를 클릭하고 [일반]을 선택해서 표시 형식을 변경합니다.

· [B6] 셀이 비어 있으면 빈 문자열을 표시하고, 비어 있지 않으면 MONTH 함수로 [B6] 셀의 일자에 대한 월을 계산해서 표시합니다.

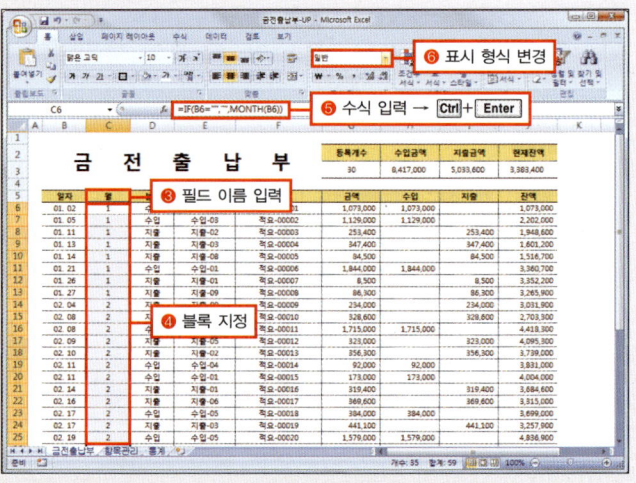

**7.** [수식] 탭 → [정의된 이름] 그룹 → [이름 정의]( 이름 정의 )를 클릭하고

**8.** [새 이름] 대화상자에서 『월』로 이름을 입력합니다.

**9.** [참조 대상]에 『=OFFSET(금전출납부!$C$5,1,0,개수,1)』을 입력하고

**10.** [확인] 단추를 클릭합니다.

• 이름 '월'은 '개수'의 값이 '30'일 때 [C6:C35] 범위를 참조하게 됩니다.

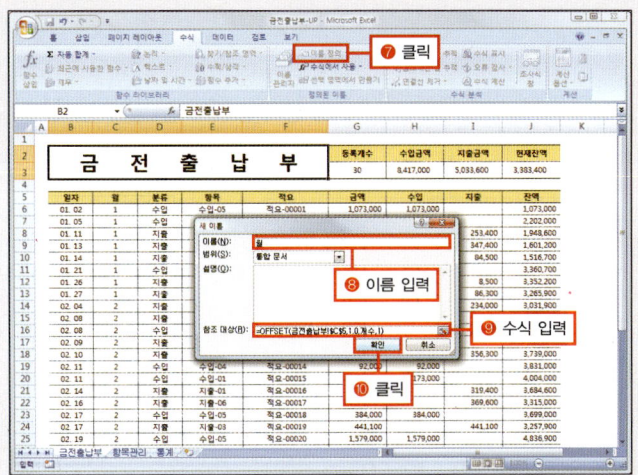

**11.** [C] 열 머리글을 마우스 오른쪽 단추로 클릭하고

**12.** [숨기기] 메뉴를 클릭해서 화면에서 숨겨줍니다.

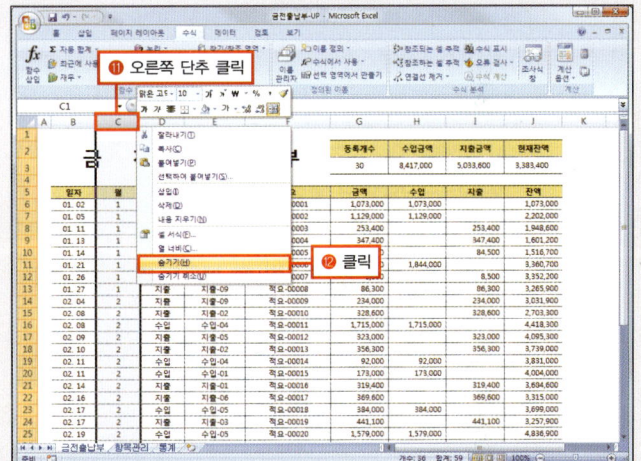

## 02 ㅣ 1분기의 월별 통계 구하기

**1.** [통계] 워크시트에서 [C5:C7] 범위를 블록으로 지정하고

**2.** 『=COUNTIF(월,B5)』를 입력하고 Ctrl +Enter 를 누릅니다.

• COUNTIF(범위, 조건) 함수를 사용한 것으로 '월' 범위에서 [B5] 셀과 같은 셀의 개수를 구합니다.

• [B5] 셀에는 숫자 '1'이 입력되어 있으며 사용자 지정 표시 형식을 사용하여 '1 월' 형식으로 나타낸 것입니다.

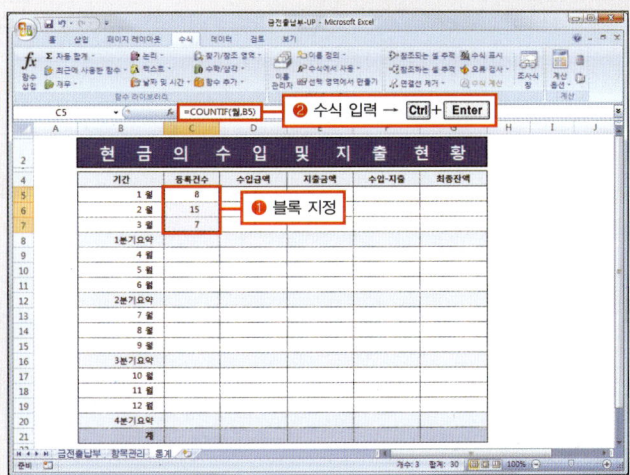

3. [D5:D7] 범위를 블록으로 지정하고

4. 『=SUMIF(월,B5,수입)』을 입력하고
[Ctrl]+[Enter]를 누릅니다.

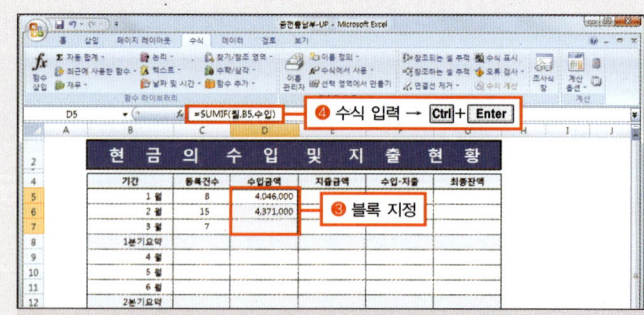

### 수식이 궁금해

| 주어진 월에 대한 수입의 합계 | =SUMIF(월,B5,수입) |
| --- | --- |

- **SUMIF(범위1, 조건, 범위2) 함수**

  '범위1'에서 '조건'을 만족하는 셀을 찾아 '범위2'에 있는 셀의 합계를 계산합니다. 조건을 검사하는 '범위1'과 합계를 계산하는 '범위2'가 같을 경우에는 '범위2'를 생략할 수 있습니다.

- **=SUMIF(월,B5,수입)**

  '월' 범위의 값이 [B5] 셀과 같을 때 '수입' 범위의 합계를 계산합니다.

5. [E5:E7] 범위를 블록으로 지정하고

6. 『=SUMIF(월,B5,지출)』을 입력한 다음
[Ctrl]+[Enter]를 누릅니다.

- '월' 범위의 셀 값이 [B5] 셀과 같을 때 '지출'의 합계를 계산합니다.

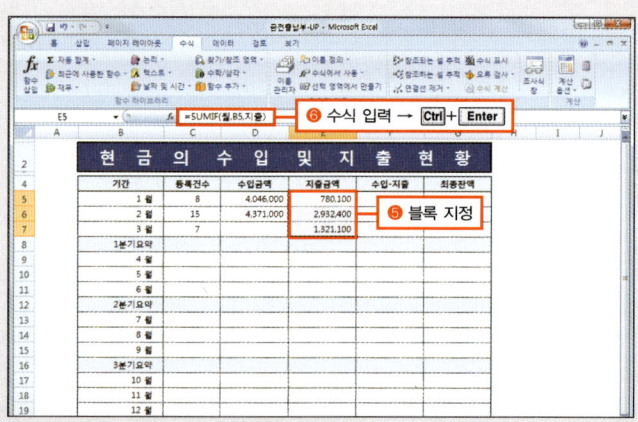

7. [C8:E8] 범위를 블록으로 지정하고

8. [수식] 탭 → [함수 라이브러리] 그룹 →
[자동 합계]( Σ 자동 합계 ▼ )를 클릭합니다.

- 자동으로 '=SUM(C5:C7)' 형태의 SUM 함수가 입력되어 각 항목의 합계가 구해집니다.

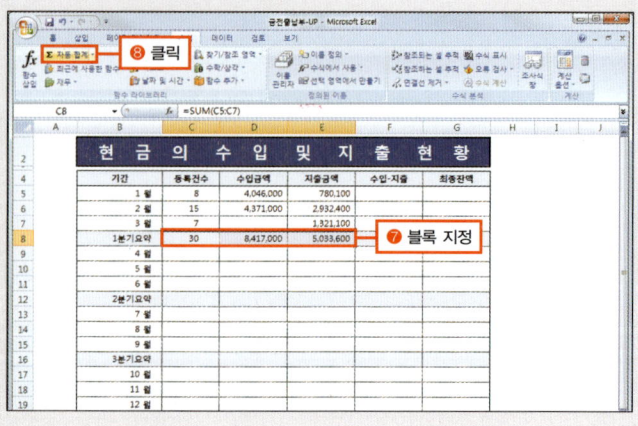

**9.** [F5:F8] 범위를 블록으로 지정하고

**10.** 『=D5-E5』를 입력한 다음 Ctrl + Enter 를 누릅니다.

- 수입금액에서 지출금액을 뺀 차이가 표시됩니다.

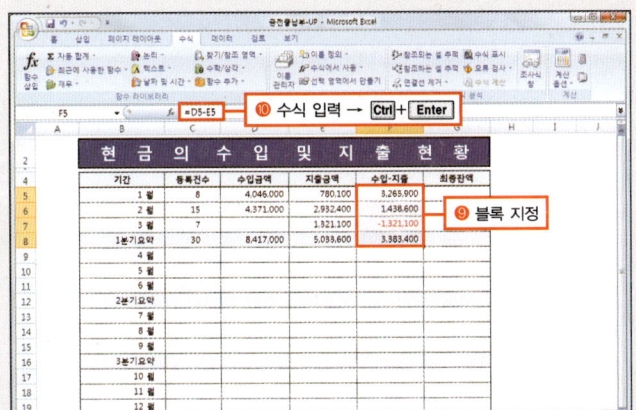

**11.** [G5:G7] 범위를 블록으로 지정하고

**12.** 『=IF(B5>MAX(월),"",G4+F5)』를 입력한 다음 Ctrl + Enter 를 누릅니다.

- [B5] 셀이 MAX 함수로 구한 '월' 범위의 최대 값보다 크면 빈 문자열을 표시하고, 그렇지 않으면 이전 잔액(G4)에 수입-지출(F5)을 더해서 최종 잔액을 계산합니다.
- 금전출납부에 3월까지만 입력되어 있으면 4월부터는 최종 잔액이 나타나지 않습니다.

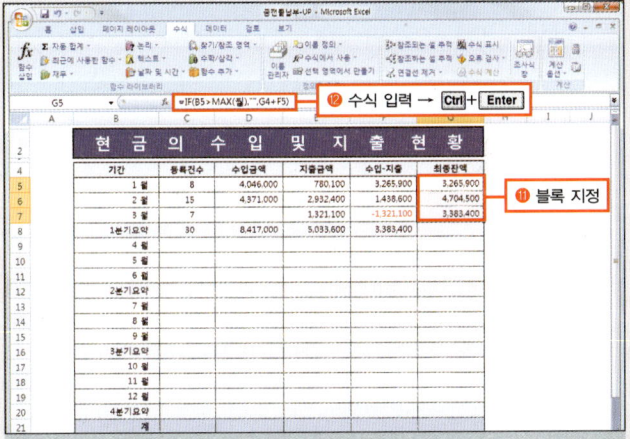

**왜 그런지 궁금해**

IF 함수로 잔액을 계산할 때 'G4+F5'는 이전 잔액(G4)과 해당 월의 수입-지출(F5)을 뺀 값으로 계산합니다. 여기서 이전 잔액으로 [G4] 셀을 참조했는데 [G4] 셀에는 실제로 숫자 '0'이 입력되어 있고 표시 형식을 '최종잔액'으로 설정한 것입니다. 이렇게 하지 않고 [G4] 셀에 텍스트 '최종잔액'을 입력했다면 'G4+F5'는 #VALUE! 오류 값을 발생하게 됩니다.

**13.** [G8] 셀에 『=G7』을 입력해서 분기의 마지막 월인 3월의 최종 잔액을 그대로 가져와 표시합니다.

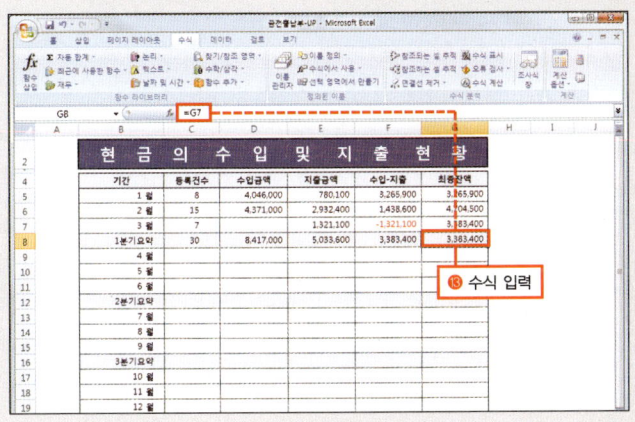

## 03 | 2, 3, 4분기 통계와 전체 통계 구하기

**1.** [C5:G8] 범위를 블록으로 지정하고

**2.** [홈] 탭 → [클립보드] 그룹 → [복사](📋)를 클릭합니다.

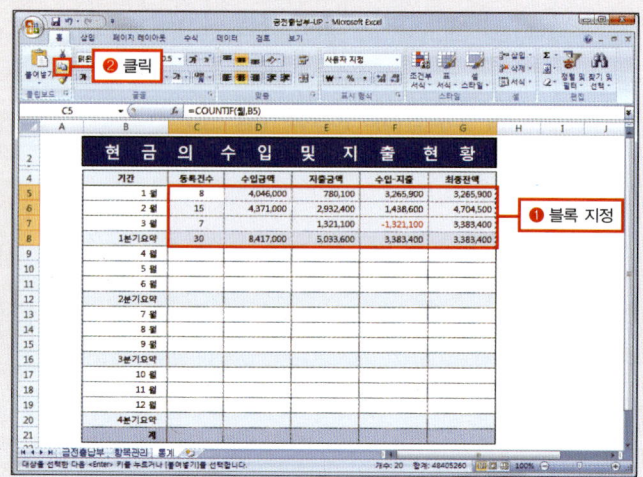

**3.** [C9:G20] 범위를 블록으로 지정하고

**4.** [홈] 탭 → [클립보드] 그룹 → [붙여넣기](📋)를 클릭합니다.

- 현재 금전출납부에 3월까지만 데이터가 입력되어 있기 때문에 수식이 복사되었지만 결과는 나타나지 않습니다.

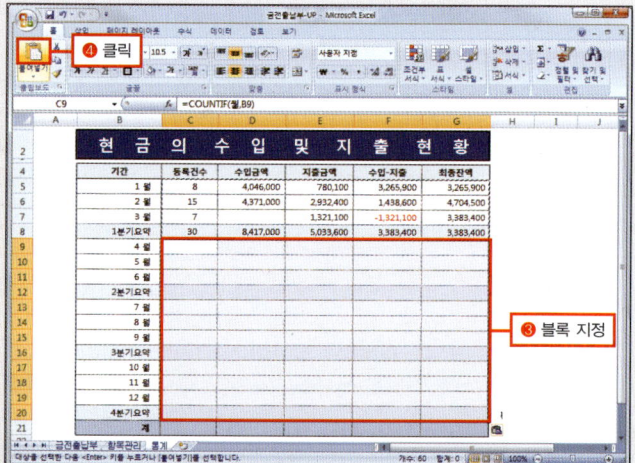

**5.** [C21:F21] 범위를 블록으로 지정하고

**6.** 『=SUM(C8,C12,C16,C20)』을 입력한 다음 Ctrl + Enter 를 누릅니다.

- '=SUM(' 까지 입력하고 [C8] 셀을 클릭한 다음 Ctrl 을 누른 채 [C12], [C16], [C20] 셀을 차례로 클릭하고 닫는 괄호까지 입력한 후 Enter 를 누릅니다.

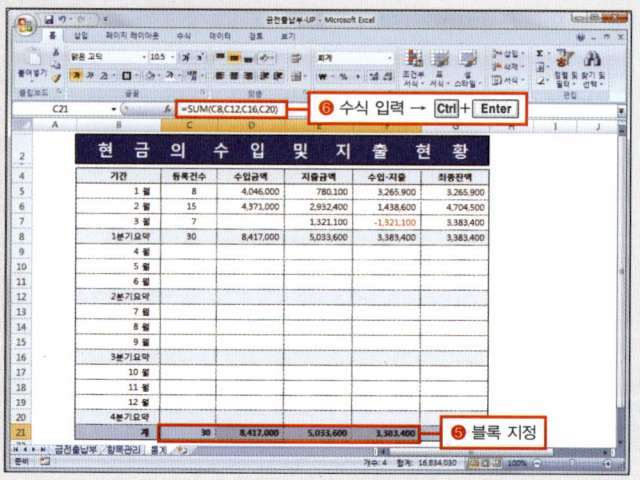

**7.** [G21] 셀에 『=금전출납부!J3』을 입력해서 [금전출납부] 시트의 [J3] 셀에 있는 현재 잔액을 그대로 가져와 표시합니다.

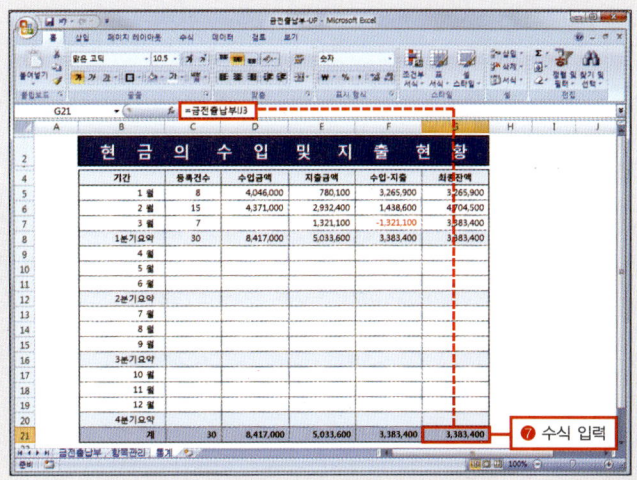

## 04 ᛁ 금전출납부 입력하고 통계 확인하기

**1.** [금전출납부] 워크시트에서 입력 행을 충분하게 복사하기 위해 수식과 서식이 모두 설정되어 있는 마지막 [40] 행의 행 머리글을 클릭합니다.

**2.** 행 머리글 오른쪽 아래에 표시되는 채우기 핸들에서 마우스 왼쪽 단추를 클릭하고 아래로 원하는 만큼 드래그해서 행 전체를 복사합니다.

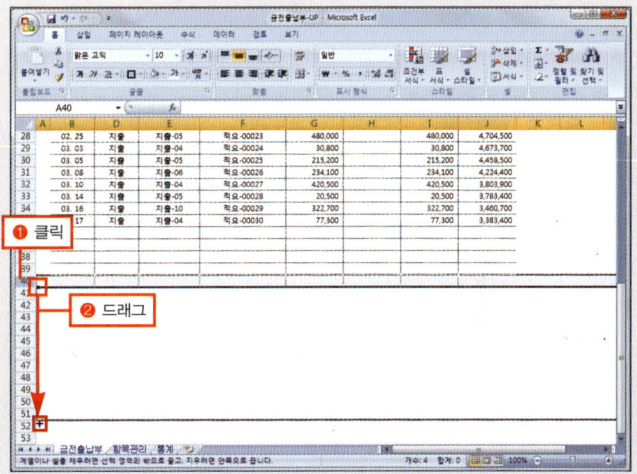

**3.** [B36] 셀에 날짜를 입력하고 [D36] 셀에서 목록 단추를 이용하여 '수입'을 입력합니다.

**4.** [E36] 셀의 목록 단추를 클릭하면 '수입항목'에 해당되는 데이터가 목록에 표시되고, 이 중에서 원하는 항목을 클릭해서 항목을 쉽게 입력할 수 있습니다.

**5.** 항목 선택이 끝나면 적요와 금액을 입력합니다.

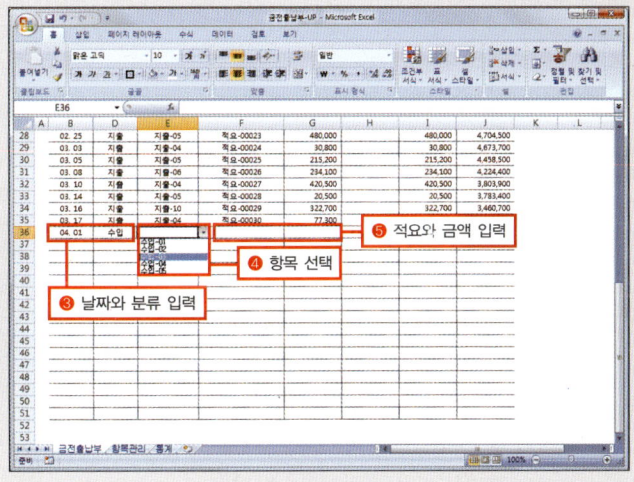

**6.** [B37] 셀에 날짜를 입력하고 [D37] 셀에서 목록 단추를 이용하여 '지출'을 입력합니다.

**7.** [E37] 셀의 목록 단추를 클릭하면 '지출항목'에 해당되는 데이터를 목록에서 선택하여 입력합니다.

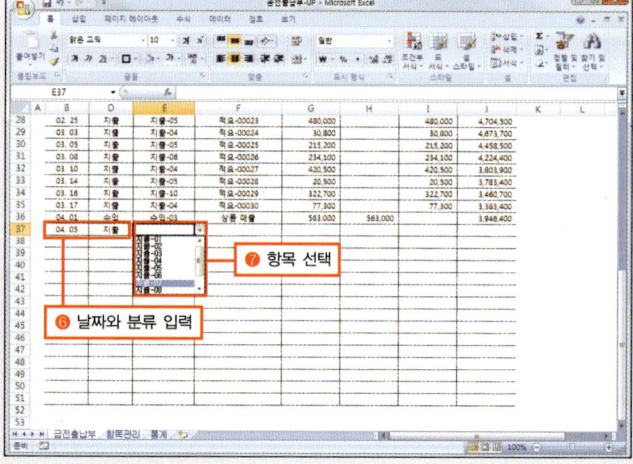

**8.** 적요와 금액을 입력하면 분류가 '지출'이기 때문에 지출 영역에 금액이 표시되고 잔액이 계산됩니다.

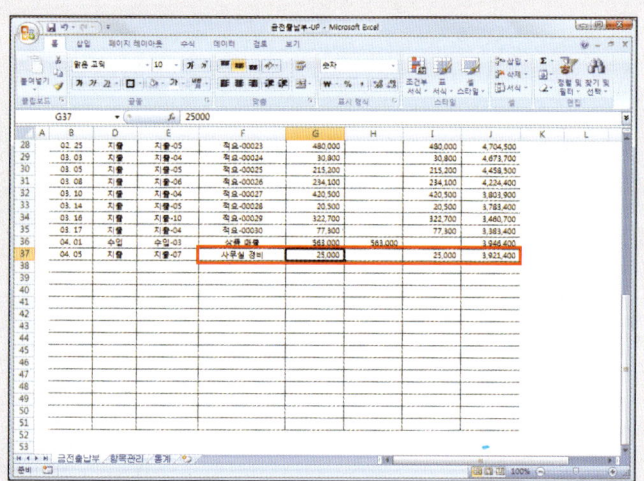

**9.** [통계] 워크시트로 이동해서 새로 입력한 월이 통계표에 반영되었는지 확인합니다.

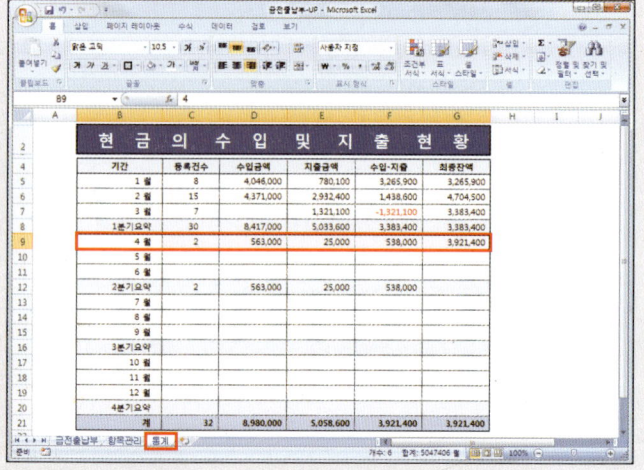

# 기초 정보만 입력하면 각종 공제액을 자동으로 계산해 주는 급여대장

S e c t i o n

# 03

급여대장은 많은 수식을 필요로 하는데 특히 갑근세나 주민세, 건강보험, 국민연금, 고용보험 등 근로기준법에 정해져 있는 공제액을 계산하기 위해 수식이 사용됩니다. 물론 법으로 정해져 있는 공제액 이외에도 회사마다 사규에 의해 정해진 각종 수당이나 기타 공제액을 계산하는 부분도 필요합니다. 완벽한 수식으로 급여대장을 한 번 만들어 놓으면 매월 수당이나 기타 공제액 등 달라지는 부분만 새로 입력해서 빠르게 급여대장을 만들 수 있습니다.

P r e v i e w　　● **시작 파일** : Theme-2\시간절약\급여대장.xlsx　　● **완성 파일** : Theme-2\완성파일\급여대장.xlsx

### 2008년 11월 급여대장

| 사번 | 성명 | 부서 | 직책 | 부양가족 | 20세이하 | 기본급 | 과세수당1 | 과세수당2 | 차량보조금 | 식대 | 비과세수당1 | 비과세수당2 | 급여합계 | 갑근세 | 주민세 | 건강보험 | 국민연금 | 고용보험 | 가불금 | 경조사비 | 기타공제1 | 기타공제2 | 공제합계 | 실지급액 |
|---|---|---|---|---|---|---|---|---|---|---|---|---|---|---|---|---|---|---|---|---|---|---|---|---|
| Org-001 | 최라후 | 경영지원팀 | 상무 | 1 | 0 | 2,640,000 | | 222,400 | | | | 344,600 | 3,207,000 | 111,790 | 11,170 | 72,700 | 128,700 | 14,430 | | 120,000 | | 82,600 | 541,390 | 2,665,610 |
| Org-002 | 윤창율 | 총무부 | 상무 | 7 | 1 | 3,210,000 | | | | | 314,900 | 267,200 | 3,792,100 | 48,140 | 4,810 | 81,530 | 144,400 | 17,060 | 250,000 | 80,000 | | | 625,940 | 3,166,160 |
| Org-003 | 박태숙 | 기획부 | 이사 | 1 | 0 | 2,550,000 | | 410,700 | | 120,000 | | | 3,080,700 | 128,720 | 12,870 | 75,700 | 134,100 | 13,880 | 290,000 | | | | 655,250 | 2,425,450 |
| Org-004 | 정용석 | 업무부 | 과장 | 5 | 3 | 1,831,500 | | | 260,000 | 120,000 | | | 2,211,500 | 1,790 | 170 | 48,550 | 85,900 | 9,950 | | | 50,100 | | 196,460 | 2,015,040 |
| Org-005 | 김청동 | 해외홍보부 | 차장 | 7 | 4 | 2,200,000 | 198,500 | | | 180,000 | 106,000 | | 2,684,500 | 8,020 | 800 | 62,950 | 111,500 | 12,080 | | | | | 195,350 | 2,489,150 |
| Org-006 | 전성기 | 주택사업부 | 이사 | 4 | 1 | 2,970,000 | 461,400 | 164,600 | | 70,000 | | 100,900 | 3,766,900 | 134,310 | 13,430 | 91,330 | 161,800 | 16,950 | | | | 417,820 | 3,349,080 |
| Org-007 | 윤청월 | 자재부 | 부장 | 5 | 3 | 2,609,100 | | | | | | | 2,609,100 | 21,850 | 2,180 | 66,270 | 117,400 | 11,740 | | | 132,900 | | 352,340 | 2,256,760 |
| Org-008 | 정영훈 | 기자부 | 팀장 | 7 | 1 | 2,950,000 | 299,000 | | | 110,000 | | | 2,959,000 | 90,780 | 3,070 | 72,610 | 128,600 | 13,310 | | | | 70,900 | 318,670 | 2,640,330 |
| Org-009 | 이취자 | 개발부 | 이사 | 10 | 4 | 2,970,000 | 508,600 | 248,700 | | | | 231,100 | 3,958,400 | 41,760 | 4,170 | 94,670 | 167,700 | 17,810 | 130,000 | | 129,300 | | 585,410 | 3,372,990 |
| Org-010 | 이청월 | 자재부 | 부장 | 5 | 2 | 2,453,000 | | 386,200 | | | | | 2,839,200 | 36,880 | 3,680 | 72,110 | 127,700 | 12,770 | 190,000 | | 93,000 | 164,500 | 700,640 | 2,138,560 |
| Org-011 | 전은유 | 에너지사업부 | 이사 | 4 | 1 | 2,670,000 | | | | 130,000 | | | 2,800,000 | 38,020 | 3,800 | 68,580 | 121,500 | 12,600 | 290,000 | | 52,600 | | 587,100 | 2,212,900 |
| Org-012 | 최윤하 | 주택사업부 | 상무 | 4 | 1 | 3,060,000 | | | | | | | 3,060,000 | 65,330 | 6,530 | 77,720 | 137,700 | 13,770 | | | 70,000 | 98,600 | 469,650 | 2,590,350 |
| Org-013 | 서외규 | 업무부 | 이사 | 9 | 8 | 3,300,000 | | 450,100 | | | | | 3,750,100 | 32,890 | 3,280 | 95,250 | 168,700 | 16,870 | 220,000 | | 120,000 | 57,400 | 714,390 | 3,035,710 |
| Org-014 | 배영규 | 자장 | 차장 | 3 | 1 | 2,450,000 | | | | | | | 2,450,000 | 31,540 | 3,150 | 62,230 | 110,200 | 11,020 | | | | 74,600 | 292,740 | 2,157,260 |
| Org-015 | 이석원 | 홍보부 | 상무 | 2 | 0 | 1,940,000 | | | | | | 155,100 | 2,095,200 | 23,900 | 2,390 | 49,270 | 87,300 | 9,420 | | | | | 172,280 | 1,922,920 |
| Org-016 | 하영호 | 경영관리부 | 사원 | 5 | 1 | 738,000 | 133,600 | | 110,000 | | | | 981,600 | | | 22,130 | 39,100 | 4,410 | 220,000 | | 165,200 | 144,800 | 595,640 | 385,960 |
| Org-017 | 이상준 | 에너지사업부 | 부장 | 4 | 1 | 1,056,000 | 127,200 | | 220,000 | | | | 1,403,200 | | | 30,560 | 54,100 | 6,310 | | | | | 90,970 | 1,312,230 |
| Org-018 | 임문월 | 해외홍보부 | 차장 | 11 | 5 | 2,275,000 | | | 180,000 | | 128,200 | 202,400 | 2,785,600 | | | 57,780 | 102,300 | 12,530 | | | | | 172,610 | 2,612,990 |
| Org-019 | 채기영 | 해외홍보부 | 팀장 | 3 | 1 | 2,225,000 | 591,500 | 171,500 | | 70,000 | 233,000 | | 3,293,000 | 69,240 | 6,920 | 75,940 | 134,500 | 14,810 | | | 179,000 | | 480,410 | 2,812,590 |
| Org-020 | 황춘일 | 경영관리부 | 부장 | 6 | 1 | 2,185,400 | | | | | | | 2,185,400 | 10,630 | 1,060 | 55,500 | 98,300 | 9,830 | 90,000 | | 167,900 | | 433,220 | 1,752,180 |
| Org-021 | 임현월 | 고육부 | 과장 | 6 | 1 | 1,498,500 | | | 200,000 | | | | 1,698,500 | | | 40,800 | 71,900 | 7,640 | | | | | 120,340 | 1,578,360 |
| Org-022 | 이성춘 | 주택사업부 | 이사 | 3 | 1 | 3,150,000 | | 191,400 | 240,000 | | | | 3,581,400 | 122,840 | 12,280 | 85,880 | 152,100 | 16,110 | | | | 145,300 | 534,380 | 3,047,020 |
| Org-023 | 한춘월 | 총무부 | 팀장 | 1 | 0 | 2,975,000 | | 478,200 | | 200,000 | | | 3,653,200 | 208,440 | 20,840 | 90,250 | 159,800 | 16,430 | 220,000 | 90,000 | | 115,800 | 921,560 | 2,731,640 |
| Org-024 | 원무현 | 고실부 | 부장 | 6 | 1 | 1,831,500 | | | 110,000 | | | | 1,941,500 | 1,120 | 110 | 46,520 | 82,300 | 8,730 | | 140,000 | 142,900 | | 419,680 | 1,521,820 |
| Org-025 | 주창월 | 총무부 | 주임 | 3 | 1 | 1,240,800 | | | | 120,000 | | | 1,360,800 | | | 32,020 | 56,700 | 6,120 | | | 94,700 | | 189,540 | 1,171,260 |
| Org-026 | 전연청 | 고육부 | 이사 | 9 | 5 | 3,030,000 | | 399,100 | 270,000 | | | | 3,699,100 | 33,300 | 3,330 | 88,870 | 157,400 | 16,640 | | | 94,300 | | 393,840 | 3,305,260 |
| Org-027 | 양수정 | 경영관리부 | 상무 | 5 | 2 | 3,150,000 | | | | | | | 3,150,000 | 57,270 | 5,720 | 80,010 | 141,700 | 14,170 | | | | | 298,870 | 2,851,130 |
| Org-028 | 순혜연 | 경영지원팀 | 상무 | 1 | 0 | 3,390,000 | | 454,000 | | | | | 3,844,000 | 253,530 | 25,350 | 97,630 | 172,900 | 17,290 | | | 53,400 | | 620,100 | 3,223,900 |
| Org-029 | 송만리 | 자재부 | 실장 | 7 | 4 | 2,744,000 | 237,700 | | | 120,000 | | | 3,101,700 | 26,100 | 2,610 | 78,240 | 135,000 | 13,950 | 250,000 | | | | 503,900 | 2,597,800 |
| Org-030 | 최해연 | 업무부 | 과장 | 1 | 0 | 2,183,000 | | | 110,000 | | | | 2,293,000 | 39,050 | 3,900 | 55,440 | 98,200 | 10,310 | | | 55,200 | | 262,100 | 2,030,900 |

사원의 기초 정보 입력

근로기준법에 정해진 공식에 의해 공제액 계산

## 01 간이세액표 구성하기

**1.** [간이세액표] 워크시트에서 [C21:C661] 범위를 블록으로 지정하고

**2.** 『=A21*1000』을 입력한 다음 Ctrl + Enter 를 누릅니다.

- 월급여액이 천 원 단위로 입력되어 있으므로 '이 상'에 해당되는 금액에 '1000'을 곱해서 원 단위 의 금액으로 만드는 수식입니다. 이렇게 만든 금 액이 나중에 '갑근세'를 계산할 때 비교 기준으 로 사용됩니다.

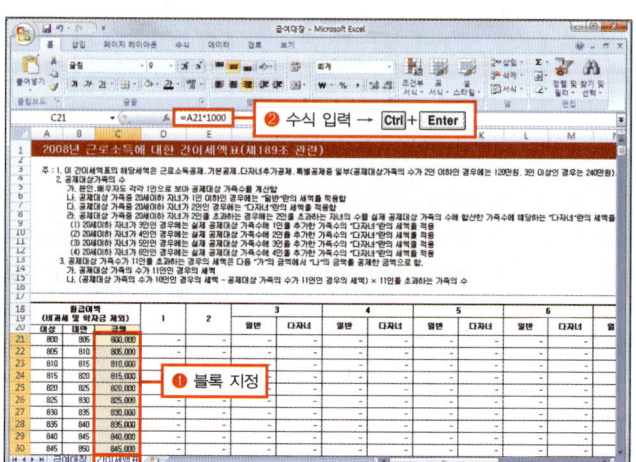

**3.** [C21] 셀에서 Ctrl + Shift + → 를 누르고, Ctrl + Shift + ↓ 를 누르면 [C21:W661] 범 위가 블록으로 지정됩니다.

**4.** 이름 상자를 클릭하고 『간이세액표』로 이름을 입력한 다음 Enter 를 누릅니다.

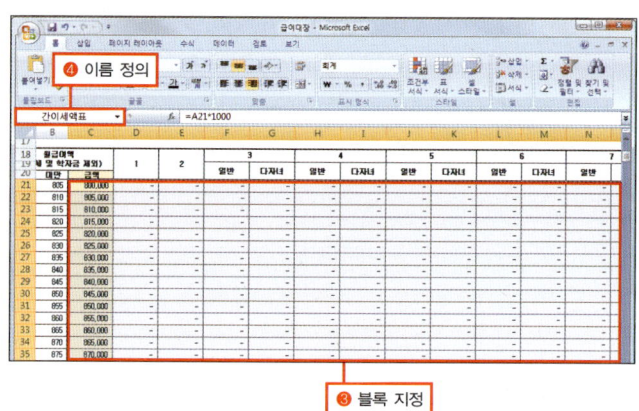

## 02 갑근세와 주민세 계산하기

**1.** [급여대장] 워크시트에서 [N5:N54] 범 위를 블록으로 지정하고

**2.** 『=SUM(G5:M5)』를 입력한 다음 Ctrl + Enter 를 눌러서 기본급과 각종 수당을 모두 더한 합계를 구합니다.

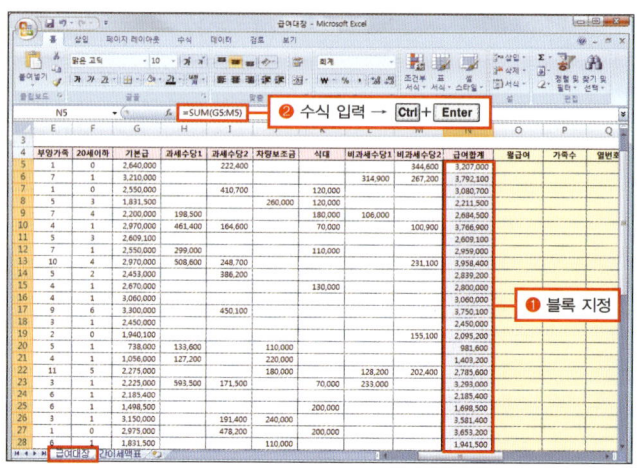

**3.** [O5:O54] 범위를 블록으로 지정한 다음

**4.** 『=N5-MIN(MAX(J5,0),200000)-MIN
(MAX(K5,0),100000)-SUM(L5:M5)』를
입력하고 Ctrl + Enter 를 누릅니다.

- 급여합계에서 비과세 수당을 뺀 값으로 과세 대
상이 되는 월급여를 새로 계산하는 과정입니다.
갑근세, 건강보험, 국민연금 등을 계산할 때 이렇
게 계산한 월급여가 사용됩니다.

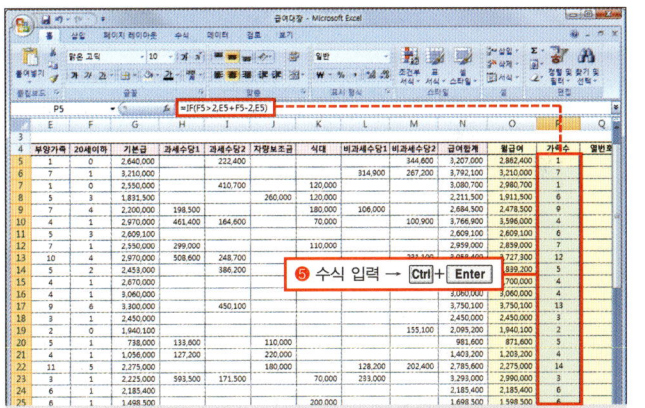

**5.** [P5:P54] 범위에 『=IF(F5>2,E5+F5-
2,E5)』를 입력한 다음 Ctrl + Enter 를 누릅
니다.

- 부양가족 중 20세 이하(F5)인 자녀의 수가 2인을
초과할 경우 부양가족(E5)에 2인을 초과하는 자녀
수(F5-2)를 더해서 공제대상 가족 수를 정합니다.
20세 이하인 자녀의 수가 2인 이하일 경우에는
부양가족이 그대로 공제대상 가족 수가 됩니다.

**수식이 궁금해**

급여합계에서 비과세 급여를 뺀 값으로 월급여를 구하는 수식입니다. 비과세 급여는 차량보조금 중 20만원과 식대
중 10만원, 그리고 기타 다른 비과세 수당을 포함합니다. 이러한 비과세 급여를 급여합계(N5)에서 뺀 값이 급여에
대한 세액을 계산할 때 사용됩니다.

| 과세 대상인 월급여 | =N5-MIN(MAX(J5,0),200000)-MIN(MAX(K5,0),100000)-SUM(L5:M5) |
| --- | --- |

- **MIN(MAX(J5,0),200000)**

  차량 보조금은 지급한 금액 중 20만원까지 비과세입니다. MAX(J5,0)은 지급한 금액(J5)과 0중에서 더 큰 값을
  돌려주는데, 이것은 차량보조금을 입력하지 않았을 때 숫자 0을 MIN 함수의 인수로 사용하기 위한 것입니다.
  MIN 함수는 MAX 함수로 구한 차량 보조금(또는 0)과 200000 중 적은 값을 돌려줍니다. 예를 들어 차량 보조
  금이 '150000'이면 MIN 함수는 '150000'을 반환하고, 차량 보조금이 '300000'이면 MIN 함수는 차량 보조금
  의 비과세 한도인 '200000'을 반환합니다.

- **MIN(MAX(K5,0),100000)**

  식대는 지급한 금액 중 10만원까지 비과세입니다. MAX 함수로 식대(K5)과 0 중에서 큰 값을 계산하고, 이 값과
  식대의 비과세 한도인 100000 중 적은 값을 돌려줍니다.

- **SUM(L5:M5)**

  학자금을 비롯한 기타 비과세 수당은 무조건 급여에서 빼야 합니다. SUM 함수로 비과세 수당의 합계를 구하는
  부분입니다.

**6.** [Q5:Q54] 범위에 『=IF(P5<=2,P5+1, P5*2-IF(F5<=1,2,1))』을 입력하고 Ctrl + Enter 를 누릅니다.

- 공제대상 가족수(P5)에 따라 '간이세액표'에서 값을 가져올 열 번호를 미리 구해 놓기 위한 수식입니다.

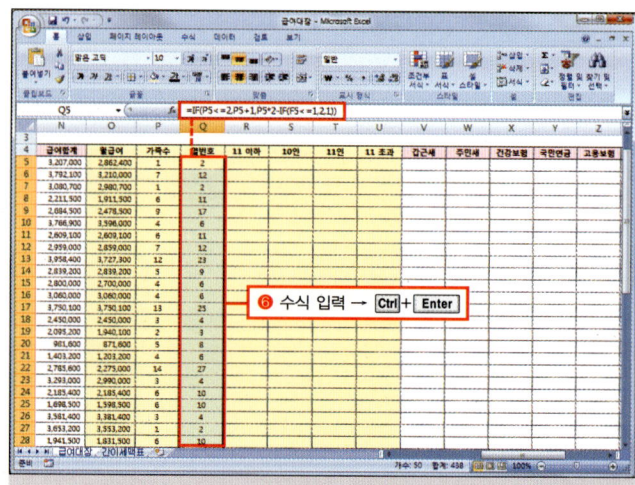

**수식이 궁금해**

갑근세는 '간이세액표' 범위의 첫 번째 열에서 '월급여'를 검색해 '가족수'에 따라 지정한 열에 있는 값을 가져와야 합니다. 이 작업을 위해 몇 번째 열에 있는 값을 가져올 것인지 열 번호를 미리 계산하는 수식입니다.

| 가족수에 따라 간이세액표의 열 번호 계산 | =IF(P5<=2,P5+1,P5*2-IF(F5<=1,2,1)) |
|---|---|

- **IF(P5<=2,P5+1,계산식)**

  가족수(P5)가 2 이하이면 가족수에 1을 더한 열(P5+1) 번호를 구하고, 2를 초과할 경우(3인 이상부터) 다음 계산식에 의해 열 번호를 계산합니다.

- **P5*2-IF(F5<=1,2,1)**

  가족수(P5)가 2인을 초과할 경우에 열 번호를 계산하는 수식입니다. 가족수에 2를 곱한 값에서 2 또는 1을 빼서 열 번호를 계산하는데, 20세 이하 자녀의 수(F5)가 1인 이하이면 2를 빼고, 1인을 초과하면 1을 뺍니다. 예를 들어 가족수가 '5'일 경우 20세 이하 자녀의 수에 따라 '5*2-2=8'이므로 '일반', '5*2-1=9'이므로 '다자녀'란에 해당되는 열 번호를 계산합니다.

- **규칙에 의한 적용 사례**

| 간이세액표 열 번호 | 1 | 2 | 3 | 4 | 5 | 6 | 7 | 8 | 9 | 10 | 11 | 12 | 13 | 14 | 15 | 16 | 17 | 18 | 19 | 20 | 21 |
|---|---|---|---|---|---|---|---|---|---|---|---|---|---|---|---|---|---|---|---|---|---|
| 월급여액<br>(비과세 및 학자금 제외) | | | 3 | | 4 | | 5 | | 6 | | 7 | | 8 | | 9 | | 10 | | 11 | | |
| 이상   미만   금액 | 1 | 2 | 일반 | 다자녀 | 일반 | 다자녀 | 일반 | 다자녀 | 일반 | 다자녀 | 일반 | 다자녀 | 일반 | 다자녀 | 일반 | 다자녀 | 일반 | 다자녀 | 일반 | 다자녀 | |

간이세액표에 나와 있는 설명에서 공제대상 가족 중 20세 이하 자녀가 1인 이하이면 '일반'란의 세액을 적용하고, 20세 이하 자녀가 2인 이상이면 '다자녀'란의 세액을 적용해야 합니다. 다음은 '간이세액표'에서 각 열의 열 번호를 표시한 것입니다. 만약에 20세 이하 자녀의 수가 '3'명이고 수식으로 계산한 '가족수'가 '5'명이라면, '5'명에 대한 '다자녀'란의 세액인 '9'열의 값을 적용합니다. 20세 이하 자녀의 수가 '1'명이라면 '일반'란의 세액인 '8'열의 값을 적용합니다.

**7.** [R5:R54] 범위에 『=IF(O5<800000,0, IF(P5<=11,VLOOKUP(O5,간이세액 표,Q5),0))』을 입력합니다.

- 공제대상 가족수가 11인 이하일 때와 11인을 초과 할 때 갑근세의 계산식이 달라집니다. 지금 이 수 식은 공제대상 가족수가 11인 이하일 때 갑근세 를 구하는 수식입니다.

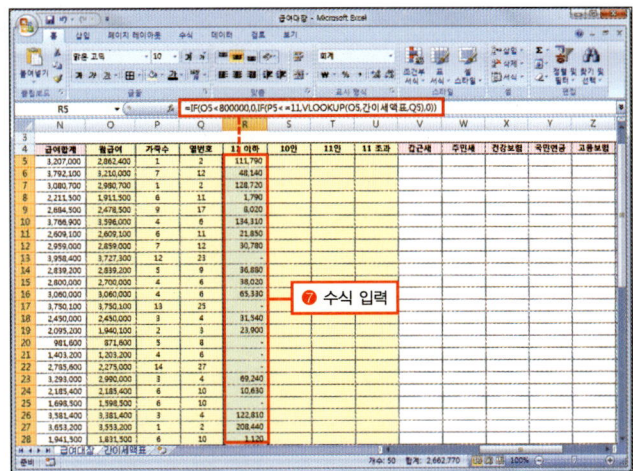

**수식이 궁금해**

| 11인 이하일 때 갑근세 | =IF(O5<800000,0,IF(P5<=11,VLOOKUP(O5,간이세액표,Q5),0)) |
| --- | --- |

- **IF(O5<800000,0,IF)**

  월급여(O5)가 80만원 미만일 때는 갑근세를 '0'으로 계산하고, 80만원 이상일 때 다음 IF 함수로 갑근세를 계산 합니다.

- **IF(P5<=11,VLOOKUP(O5,간이세액표,Q5),0)**

  가족수(P5)가 11 이하일 때 VLOOKUP 함수로 갑근세를 구하고, 11을 초과하면 0으로 갑근세를 계산합니다. VLOOKUP 함수는 '간이세액표'의 첫 번째 열에서 월급여(O5)보다 작거나 같은 값 중 최대값을 찾아 열 번호 (Q5)에 해당되는 열에서 세액을 가져옵니다.

**8.** [S5:S54] 범위에 『=IF(O5<800000,0, VLOOKUP(O5,간이세액표,IF(F5<=1,18, 19)))』를 입력합니다.

- 공제대상 가족수가 11인을 초과할 때 갑근세를 계산하기 위한 준비 과정으로 가족수가 10인일 때 갑근세를 계산합니다.

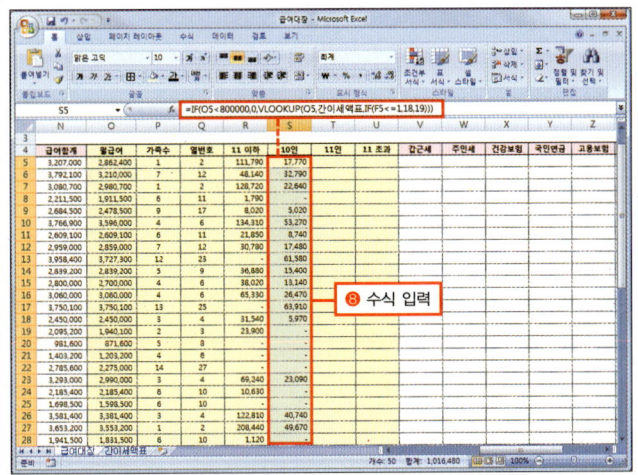

### 수식이 궁금해

| 가족수가 10인일 때 갑근세 | =IF(O5<800000,0,VLOOKUP(O5,간이세액표,IF(F5<=1,18,19))) |
|---|---|

- **IF(O5<800000,0,VLOOKUP)**

  월급여(O5)가 80만원 미만이면 '0'을 반환하고, 그렇지 않으면 VLOOKUP 함수로 갑근세를 계산합니다.

- **VLOOKUP(O5,간이세액표,IF(F5<=1,18,19))**

  '간이세액표'의 첫 번째 열에서 월급여(O5)보다 작거나 같은 값 중 최대값을 찾아 IF 함수가 반환하는 18 또는 19열에 있는 세액을 가져옵니다. IF 함수는 20세 이하 자녀의 수(F5)가 1인 이하일 때 18, 2인 이상일 때 19로 '일반' 또는 '다자녀'란의 열 번호를 계산합니다.

---

**9.** [T5:T54] 범위에 『=IF(O5<800000,0, VLOOKUP(O5,간이세액표,IF(F5<=1,20, 21)))』을 입력합니다.

- 월급여(O5)가 80만원 미만이면 '0'을 반환하고, 아니면 VLOOKUP 함수로 가족수가 11인일 때 갑근세를 계산합니다.

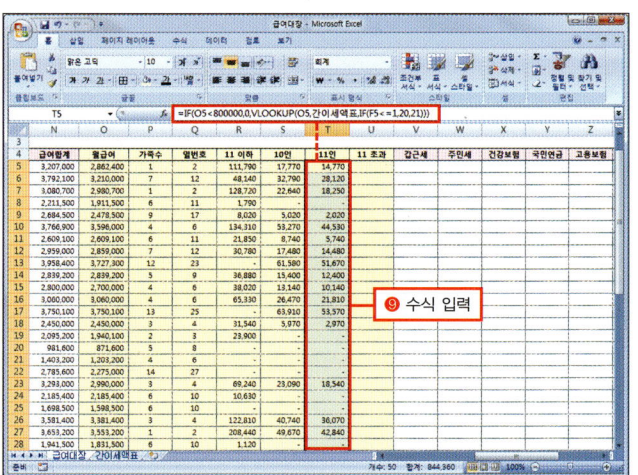

⑨ 수식 입력

**10.** [U5:U54] 범위에 『=IF(P5>11,T5- ((S5-T5)*(P5-11)),0)』을 입력합니다.

- 가족수(P5)가 11을 초과할 때 '11인 갑근세-((10 인 갑근세-11인 갑근세)*(가족수-11))'로 갑근세를 계산합니다.
- 11인을 초과할 때 갑근세 계산 방법은 [간이세액표] 상단에 나타나 있습니다.

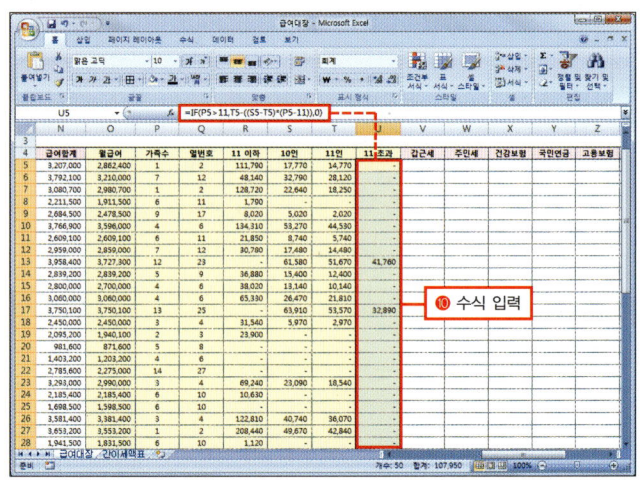

⑩ 수식 입력

**11.** [V5:V54] 범위에 『=R5+U5』를 입력해서 실제 갑근세를 구합니다.

- 11인 이하일 때 갑근세와 11인 초과일 때 갑근세를 더해서 둘 중의 하나를 실제 갑근세로 계산합니다.

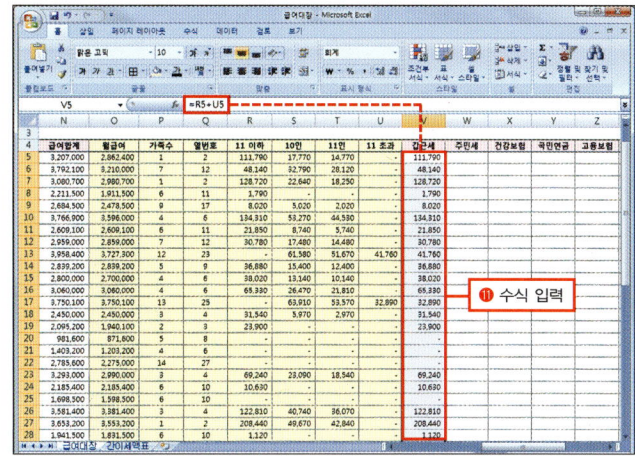

**12.** [W5:W54] 범위에 『=TRUNC(V5*10%,−1)』을 입력해서 갑근세의 10%로 주민세를 계산합니다.

- 'TRUNC(갑근세*10%,−1)'은 '갑근세*10%'로 계산한 주민세에서 10원 미만인 값(자릿수 −1)을 무조건 잘라냅니다.

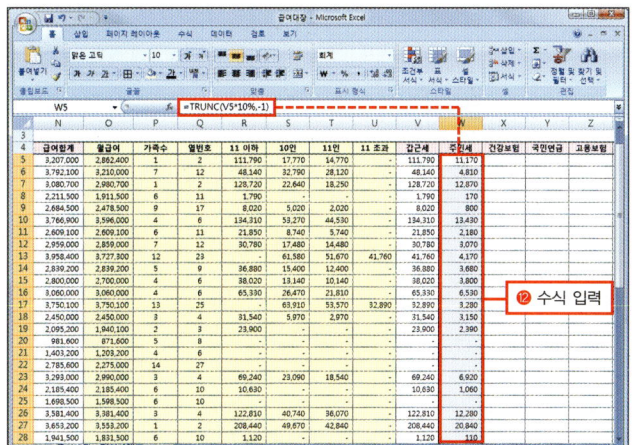

## 03 각종 보험료 계산하기

**1.** [X5:X54] 범위에 『=TRUNC(O5*5.08% /2,−1)』을 입력해서 월급여(O5)의 '5.08%'로 건강보험료를 계산합니다. TRUNC 함수는 계산한 값을 10원 단위로 반환합니다.

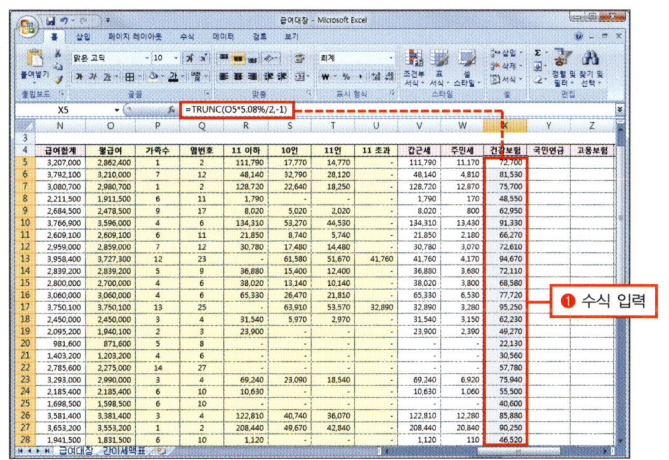

**2.** [Y54:Y55] 범위에 『=TRUNC(TRUNC(O5,-3)*0.045,-2)』를 입력해서 국민연금을 계산합니다.

- TRUNC 함수로 월급여(O5)를 1000원 단위(자릿수 -3)로 변환한 다음 '0.045'를 곱하고, 곱한 결과를 다시 TRUC 함수를 사용해서 100원 단위(자릿수 -2)로 변환해서 국민연금을 계산합니다.

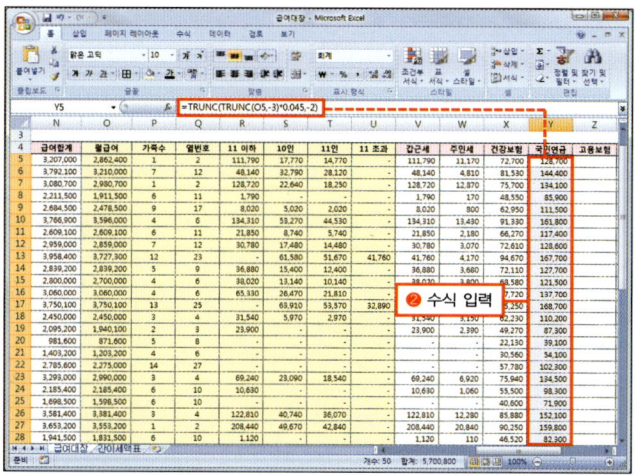

**3.** [Z5:Z54] 범위에 『=TRUNC(N5*0.45%,-1)』을 입력해서 급여합계(N5)의 '0.45%'로 고용보험료를 계산합니다.

- TRUNC 함수로 10원 단위(자릿수 -1)로 고용보험료를 계산합니다.

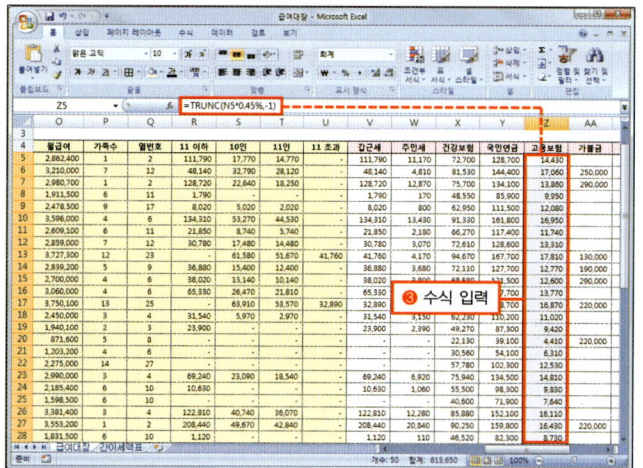

**4.** [AE5:AE54] 범위에 『=SUM(V5:AD5)』를 입력해서 공제하는 금액의 총 합계를 계산합니다.

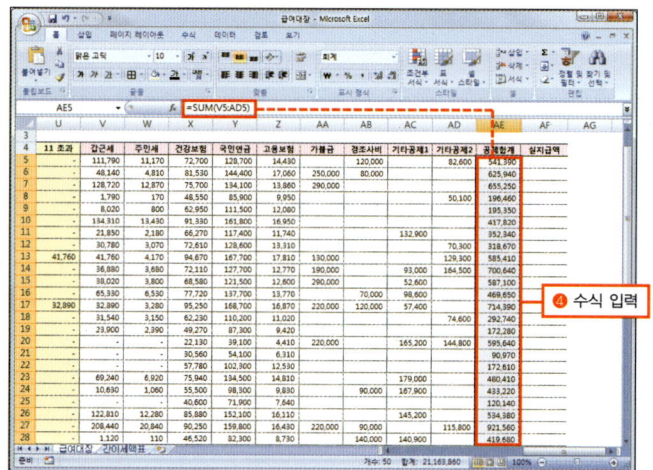

**5.** [AF5:AF54] 범위에 『=N5-AE5』를 입력해서 급여합계(N5)에서 공제합계(AE5)를 뺀 값으로 실지급액을 계산합니다.

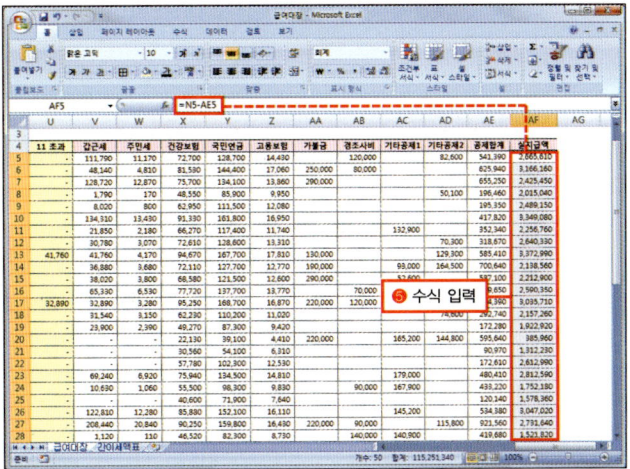

**6.** 갑근세를 계산하기 위해 사용했던 [O:U] 열 범위의 열 머리글을 드래그해서 블록으로 지정하고

**7.** 마우스 오른쪽 단추를 클릭한 다음 [숨기기] 메뉴를 선택합니다.

• 임시로 사용한 열을 화면에서 숨겨줍니다.

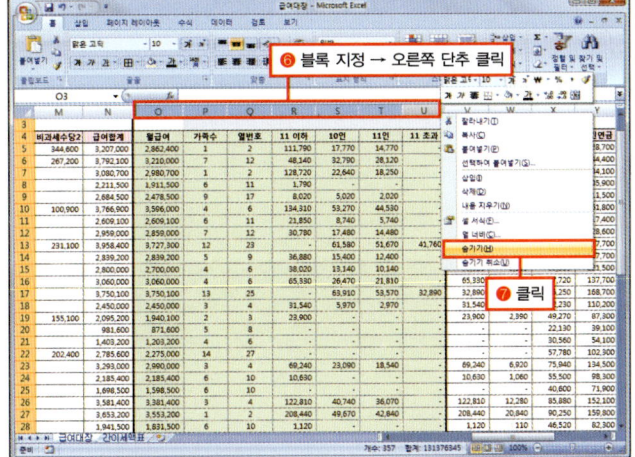

# U p g r a d e
# 사번만 선택하면
# 자동으로 완성되는 급여지급명세서

● **시작 파일** : Theme-2\시간절약\급여대장-UP.xlsx  ● **완성 파일** : Theme-2\완성파일\급여대장-UP.xlsx

급여지급명세서는 급여대장에 있는 급여내역과 공제내역 등을 그대로 가져와 표시하는 방법으로 작성합니다. 이때 어떤 사원의 급여지급명세서를 작성할 것인지 기준을 정해야 하는데 여기에서는 '사번'을 기준으로 급여지급명세서를 작성합니다. 기준을 설정할 때 주의할 점은 해당 필드(열)에 중복되는 값이 있어서는 안 된다는 것입니다.

## 01 | 급여지급명세서의 사번 입력하기

**1.** [급여대장] 워크시트의 [A4] 셀에서 Ctrl + * 를 눌러서 급여대장 전체를 블록으로 지정합니다.

**2.** [수식] 탭 → [정의된 이름] 그룹 → [선택 영역에서 만들기]( 🔲선택 영역에서 만들기 )를 클릭하고

**3.** [선택 영역에서 이름 만들기] 대화상자에서 [첫 행]만 선택한 다음

**4.** [확인] 단추를 클릭합니다.

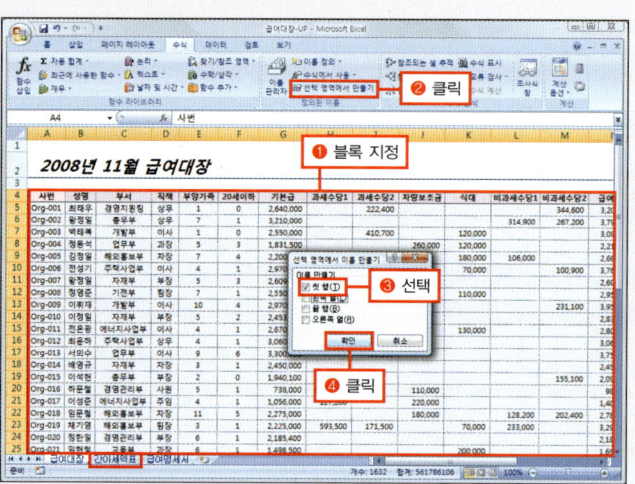

**5.** [급여명세서] 워크시트의 [C4] 셀에서 [데이터] 탭 → [데이터 도구] 그룹 → [데이터 유효성 검사]( 🔳 )를 클릭합니다.

**6.** [데이터 유효성] 대화상자의 [설정] 탭에서 [제한 대상]을 [목록]으로 선택하고

**7.** [원본]에 『=사번』을 입력한 다음

**8.** [확인] 단추를 클릭합니다.

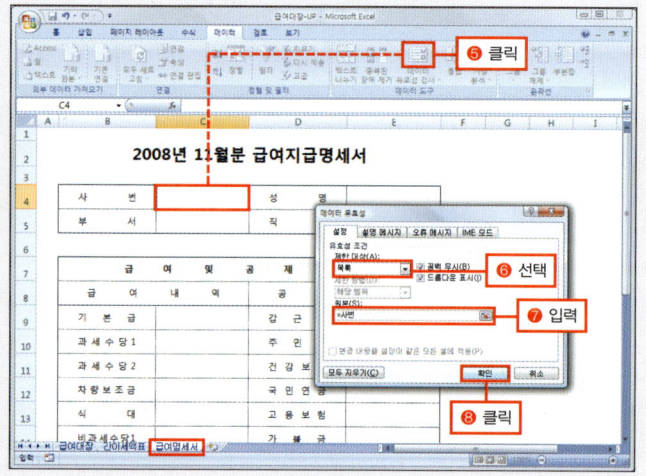

**9.** [C4] 셀에서 목록 단추를 클릭하고

**10.** 급여명세서를 작성할 사원의 사번을 클릭해서 입력합니다.

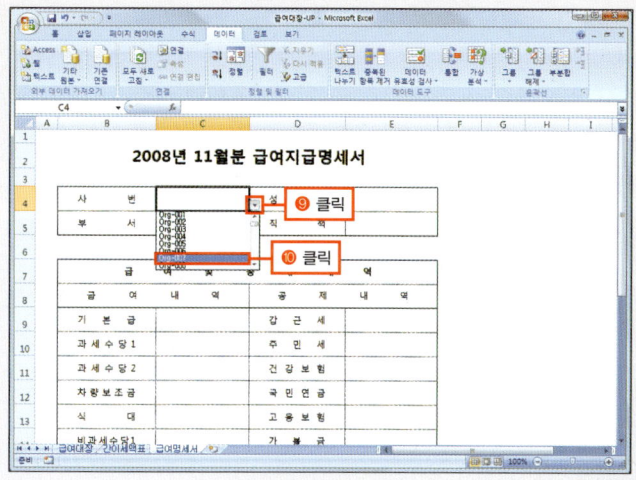

## 02 ˡ 선택한 사번에 대한 성명 가져오기

**1.** [수식] 탭 → [정의된 이름] 그룹 → [이름 정의]( 이름 정의 · )를 클릭하고

**2.** [새 이름] 대화상자에서 [이름]에 『번호』를 입력합니다.

**3.** [참조 대상]에 『=MATCH(급여명세서!$C$4,사번,0)』을 입력한 다음

**4.** [확인] 단추를 클릭합니다.

- 이름 '번호'는 MATCH 함수로 '사번' 범위에서 [C4] 셀과 정확하게 일치하는 값의 위치 번호를 구합니다.

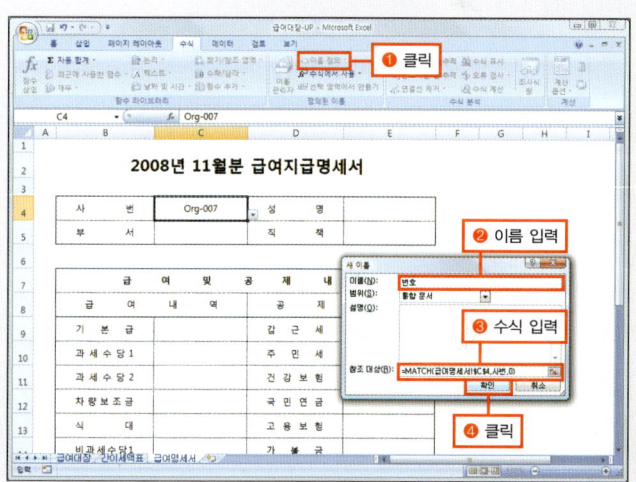

**5.** [E4] 셀에 『=INDEX(INDIRECT(D4), 번호)』를 입력해서 선택한 사번에 대한 이름을 가져옵니다.

- INDIRECT 함수는 'INDIRECT("성명")'과 같으므로 이름 '성명'이 참조하는 범위를 의미합니다.
- INDEX 함수는 'INDEX(성명,번호)'와 같이 번호가 '7'일 때 '성명' 범위에서 '7'번째 셀 값을 가져옵니다.

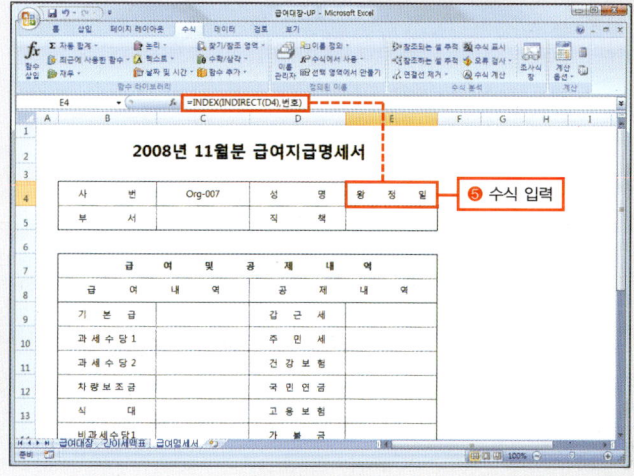

**6.** [C4] 셀에서 Delete 를 눌러 사번을 지우면

**7.** [E4] 셀에서 #N/A 오류 값이 발생합니다.

- 이름 '번호'의 수식에서 사용된 MATCH 함수가 '사번' 범위에서 공백을 찾을 수 없기 때문에 발생하는 오류입니다.

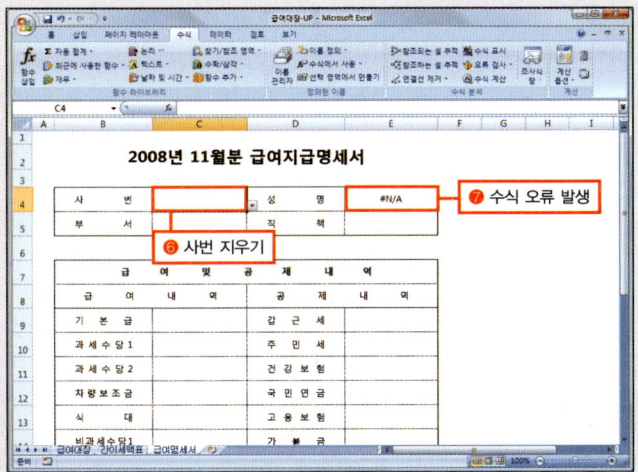

**8.** [E4] 셀의 수식을 『=IFERROR(INDEX (INDIRECT(D4),번호),"")』로 수정합니다.

- IFERROR 함수를 사용해서 INDEX 함수의 결과가 오류 값일 때 오류 값 대신 빈 문자열을 표시합니다.

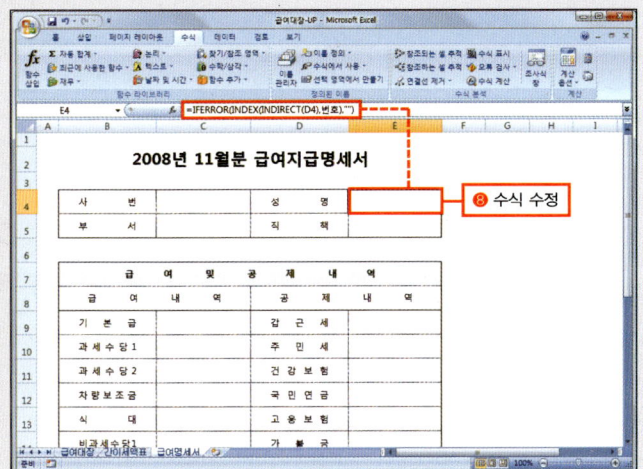

## 03 | 선택한 사번에 대한 급여내역 및 공제내역 가져오기

**1.** [C4] 셀에서 목록 단추를 클릭하고 원하는 사번을 선택해서 입력합니다.

**2.** [C5] 셀을 클릭하고 Ctrl 을 누른 채 [E5], [C9:C15], [E9:E17], [C21], [E21], [E4]를 차례로 클릭하거나 드래그해서 블록을 지정합니다.

- 반드시 마지막에 현재 수식이 입력되어 있는 [E4] 셀을 클릭해야 합니다.

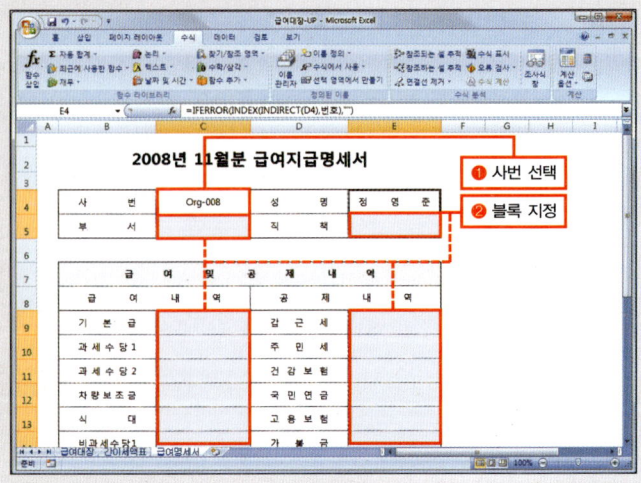

3. 수식 입력줄을 클릭한 다음 Ctrl + Enter 를 누르면 블록으로 지정한 모든 셀에 현재 활성 셀인 [E4] 셀과 동일한 수식이 한 번에 입력됩니다.

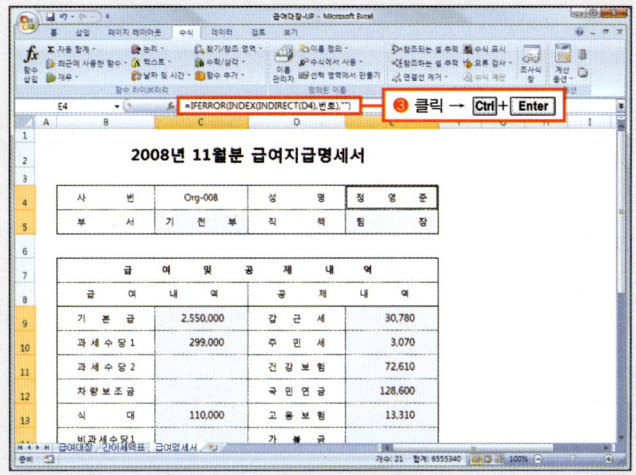

4. 마지막으로 [E22] 셀에 『=IFERROR (C21-E21,"")』을 입력해서 실지급액을 계산합니다.

- 급여합계(C21)에서 공제합계(E21)를 뺀 값으로 실지급액을 계산하는데, 수식이 오류 값일 경우 빈 문자열을 대신 표시합니다.

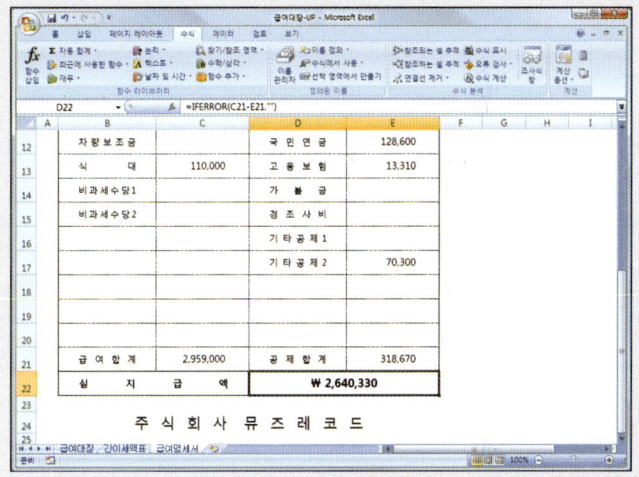

# 거래내역을 입력해서 자동으로 완성하는 세금계산서

S e c t i o n

**04**

세금계산서는 사업자의 거래 내역을 증명하는 매우 중요한 세금영수증입니다. 세금계산서를 매번 손으로 직접 써서 발행하는 것은 특히 거래가 빈번한 사업장에서는 매우 비효율적일 뿐만 아니라 금액을 잘못 계산하는 실수를 범할 위험성까지 있습니다. 이번 과정을 통해 세금계산서를 만들어 두면 작성에 필요한 최소한의 내용만 입력해서 자동으로 세금계산서 양식을 만들어 출력할 수 있게 됩니다.

P r e v i e w    ● **시작 파일** : Theme-2\시간절약\세금계산서.xlsx    ● **완성 파일** : Theme-2\완성파일\세금계산서.xlsx

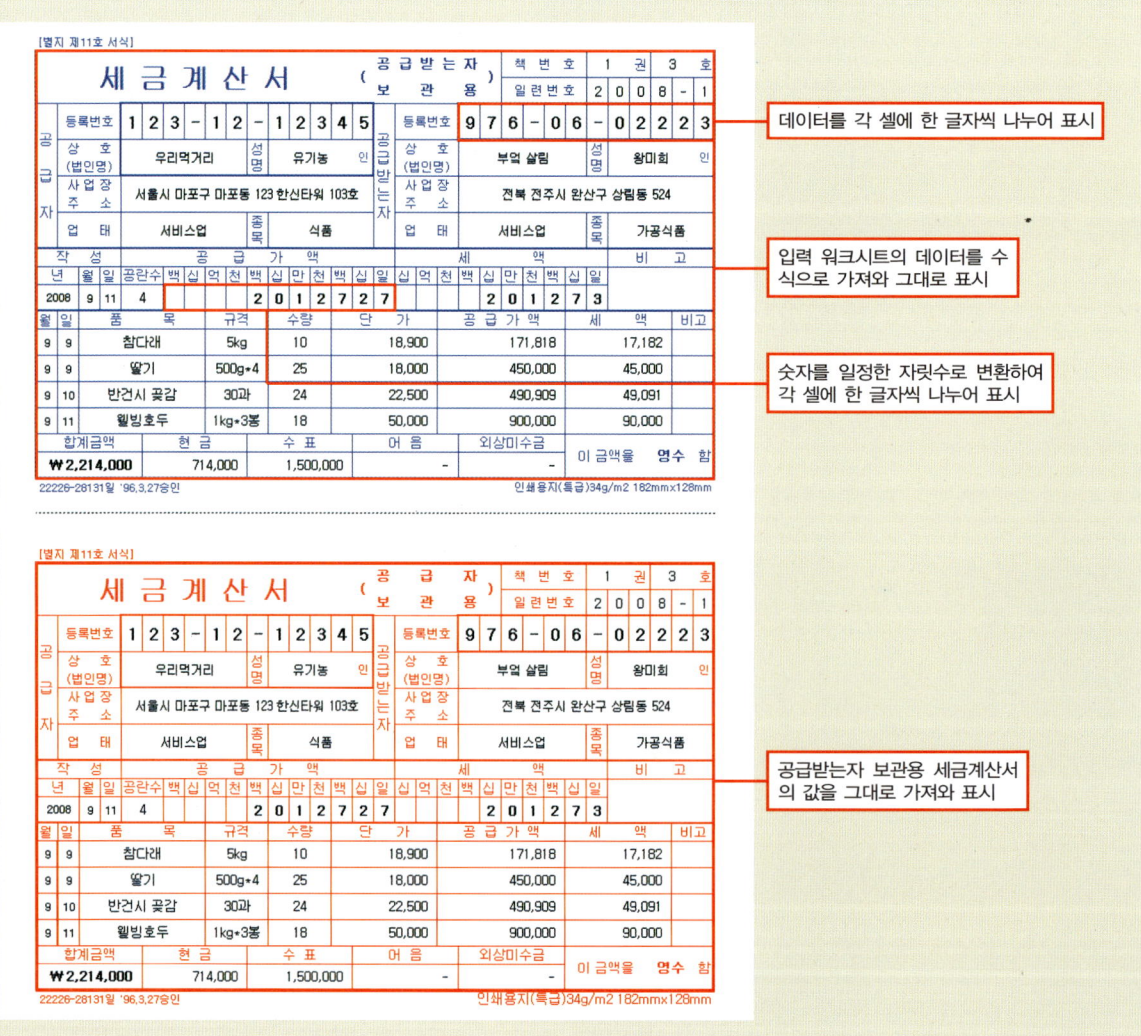

데이터를 각 셀에 한 글자씩 나누어 표시

입력 워크시트의 데이터를 수식으로 가져와 그대로 표시

숫자를 일정한 자릿수로 변환하여 각 셀에 한 글자씩 나누어 표시

공급받는자 보관용 세금계산서의 값을 그대로 가져와 표시

## 01 빠른 입력을 위해 유효성 검사 설정하기

**1.** [입력] 워크시트의 [G8] 셀에서 [데이터]
탭 → [데이터 도구] 그룹 → [데이터 유효
성 검사](📋)를 클릭합니다.

**2.** [데이터 유효성] 대화상자의 [설정] 탭에
서 [제한 대상]을 [목록]으로 선택하고

**3.** [원본]에 『청구,영수』를 입력한 다음

**4.** [확인] 단추를 클릭합니다.

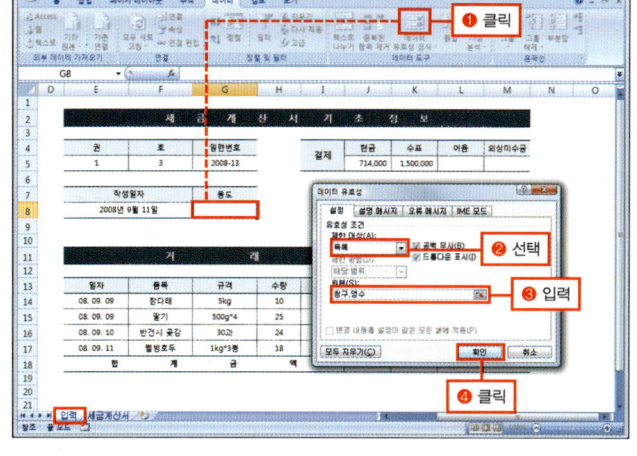

**5.** [M14:M17] 범위를 블록으로 지정하고

**6.** [데이터] 탭 → [데이터 도구] 그룹 →
[데이터 유효성 검사](📋)를 클릭합니다.

**7.** [데이터 유효성] 대화상자의 [설정] 탭에
서 [제한 대상]을 [목록]으로 선택하고

**8.** [원본]에 『포함,별도』를 입력한 다음

**9.** [확인] 단추를 클릭합니다.

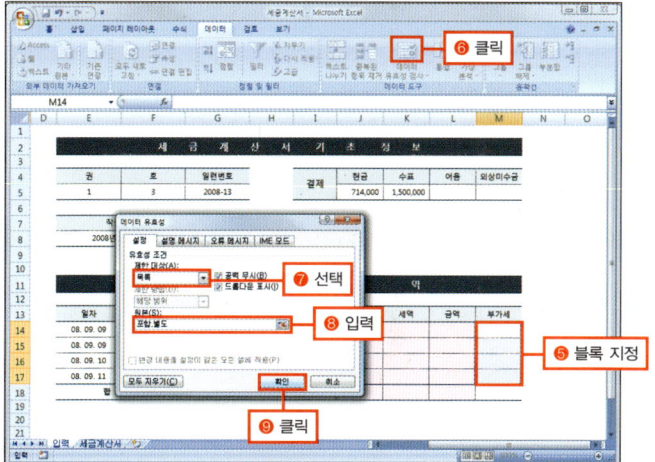

**10.** [G8] 셀에서 목록 단추를 클릭하고
'청구'와 '영수' 중 원하는 용도를 선택해
서 입력합니다.

**11.** [M14:M17] 범위의 각 셀에서 목록 단
추를 클릭하고 '포함'과 '별도' 중 원하는
항목을 선택해서 입력합니다.

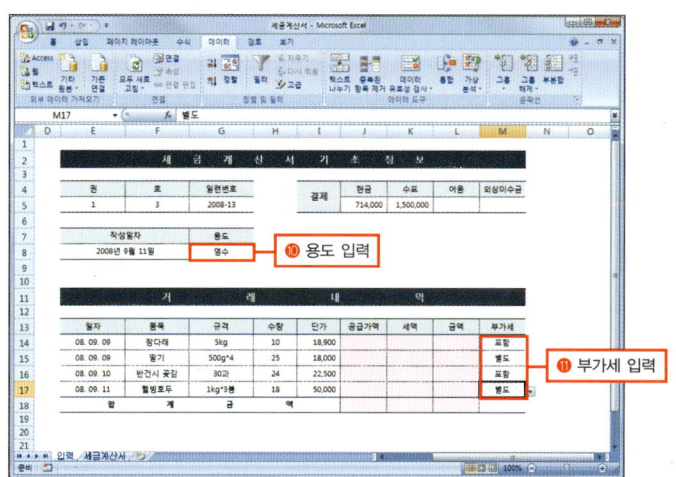

## [02] 부가세 포함 여부에 따라 거래 금액 계산하기

**1.** [J14:J17] 범위를 블록으로 지정하고

**2.** 『=IF(M14="","",IF(M14="포함",(H14* I14)/1.1,H14*I14))』를 입력한 다음 Ctrl + Enter 를 누릅니다.

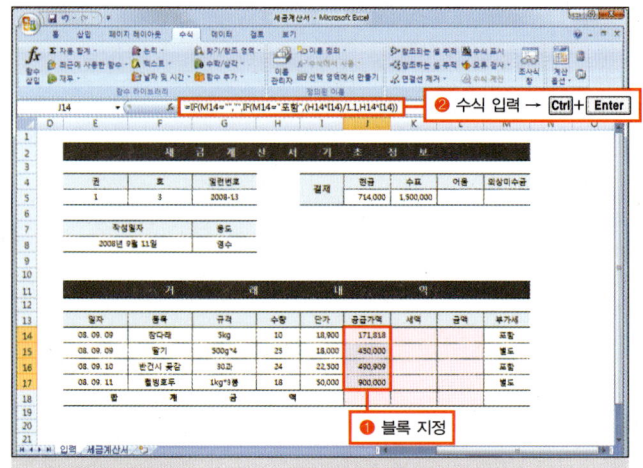

### 수식이 궁금해

공급가액과 세액은 부가세를 포함하고 있는지 아닌지에 따라 다르게 계산됩니다. 부가세가 '별도'인 경우에는 수량 과 단가를 곱해서 공급가액을 계산하고, 세액은 공급가액의 10%로 계산합니다. 부가세가 '포함'인 경우에는 수량과 단가를 곱한 금액을 '1.1'로 나눈 값이 공급가액이 되고, 세액은 수량과 단가를 곱한 금액에서 공급가액을 뺀 금액으 로 계산해야 합니다.

| 부가세에 따라 공급가액 계산 | =IF(M14="","",IF(M14="포함",(H14*I14)/1.1,H14*I14)) |
|---|---|

- **IF(M14="","",IF)**

  [M14] 셀이 비어 있으면 빈 문자열을 표시하고, 비어 있지 않으면 다음 IF 함수로 부가세가 포함일 때와 별도일 때를 구분해서 공급가액을 계산합니다.

- **IF(M14="포함",(H14*I14)/1.1,H14*I14)**

  부가세(M14)가 '포함'이면 수량과 단가를 곱한 값(H14*I14)을 '1.1'로 나누어 공급가액을 계산합니다. 부가세 (M14)가 '포함'이 아니면 즉, '별도'이면 수량과 단가를 곱한 값으로 공급가액을 계산합니다.

**3.** [K14:K17] 범위를 블록으로 지정하고 『=IF(M14="","",IF(M14="포함",H14*I14- J14,J14*10%))』를 입력한 다음 Ctrl + Enter 를 누릅니다.

- [M14] 셀이 비어 있으면 빈 문자열을 표시하고, 그렇지 않으면 다음 IF 문으로 세액을 계산합니다.
- 세액은 [M14] 셀이 '포함'이면 수량(H14)과 단가 (I14)를 곱한 값에서 공급가액(J14)을 뺍니다. '별 도'이면 공급가액(J14)의 10%로 세액을 계산합 니다.

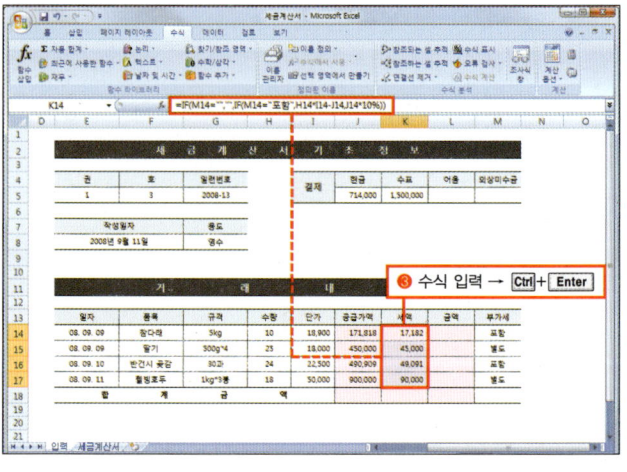

**4.** [L14:L17] 범위를 블록으로 지정하고 『=IF(M14="","",J14+K14)』를 입력한 다음 Ctrl + Enter 를 누릅니다.

- [M14] 셀이 비어 있으면 빈 문자열을 표시하고, 그렇지 않으면 공급가액(J14)과 세액(K14)을 더한 값으로 금액을 계산합니다.

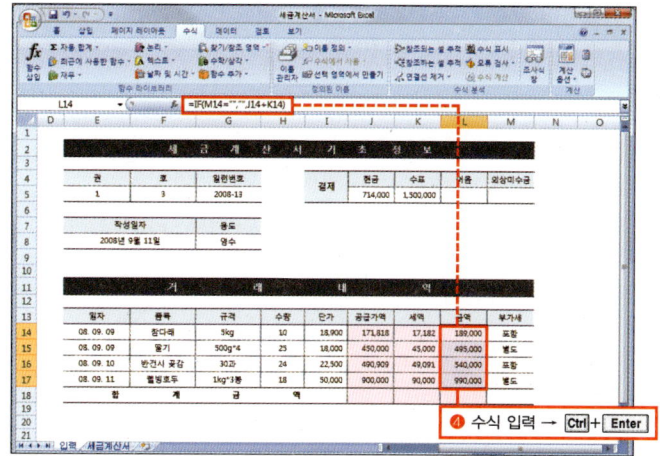

**5.** [J18:L18] 범위를 블록으로 지정하고

**6.** [수식] 탭 → [함수 라이브러리] 그룹 → [자동 합계]( Σ 자동 합계 )를 클릭해서 공급가액, 세액, 금액의 합계를 계산합니다.

- 각 셀에 자동으로 '=SUM(J14:J17)' 형태의 수식이 입력되어 합계가 구해집니다.

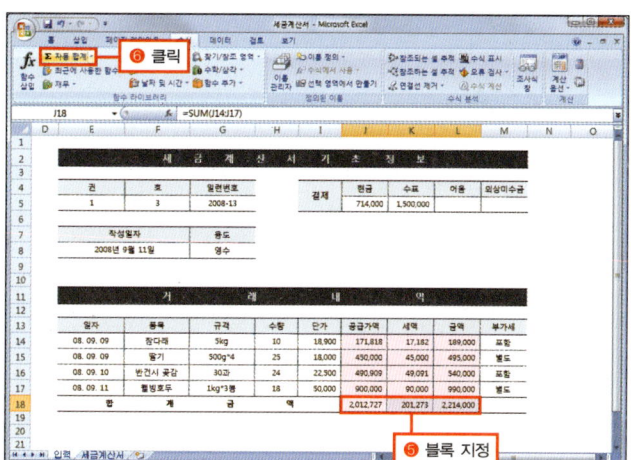

## [03] 세금계산서의 수식에서 사용할 이름 정의하기

**1.** [B4:C9] 범위를 블록으로 지정하고

**2.** [수식] 탭 → [정의된 이름] 그룹 → [선택 영역에서 만들기]( 選 선택 영역에서 만들기 )를 클릭합니다.

**3.** [선택 영역에서 이름 만들기] 대화상자에서 [왼쪽 열]만 선택하고 [확인] 단추를 클릭합니다.

- [C5] 셀의 이름이 왼쪽 열에 있는 '상호'로 정의됩니다. 다른 셀도 같은 방식으로 왼쪽 열의 텍스트가 이름으로 정의됩니다.

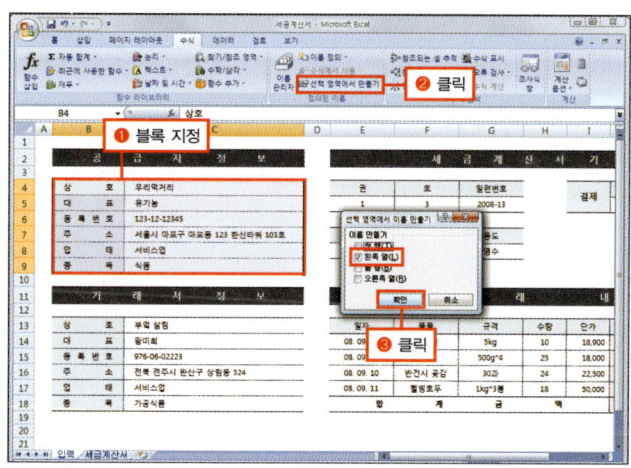

**4.** [C13] 셀에서 이름 상자를 클릭하고 『상호1』을 입력한 다음 Enter 를 눌러서 이름을 정의합니다. 같은 방법으로 [C14], [C15], [C16], [C17], [C18] 셀에 각각 '대표1', '등록번호1', '주소1', '업태1', '종목1'로 이름을 정의합니다.

> • 공급자 정보와 거래처 정보의 왼쪽 열에 있는 텍스트가 동일하기 때문에 [선택 영역에서 이름 만들기]를 사용하여 이름을 만들 수 없습니다.

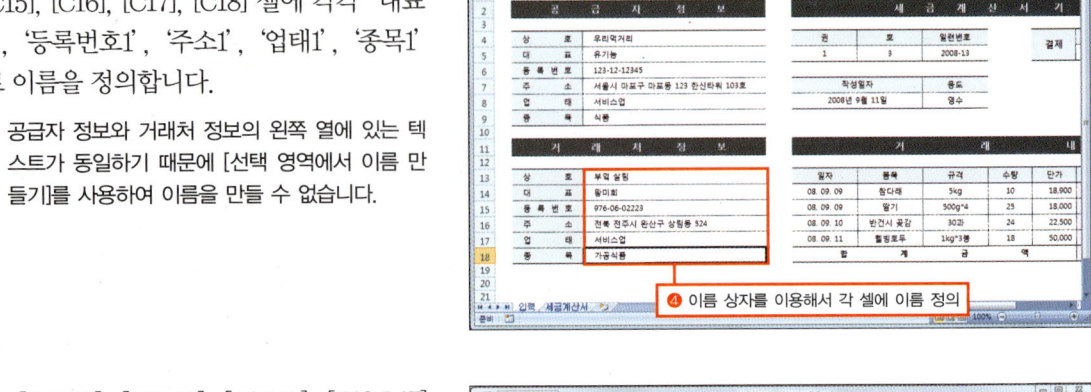

**5.** [E4:G5], [E7:G8], [J4:M5], [E13:L17] 범위를 Ctrl 을 이용해 블록으로 지정하고

**6.** [수식] 탭 → [정의된 이름] 그룹 → [선택 영역에서 만들기](선택 영역에서 만들기)를 클릭합니다.

**7.** [선택 영역에서 이름 만들기] 대화상자에서 [첫 행]만 선택하고

**8.** [확인] 단추를 클릭합니다.

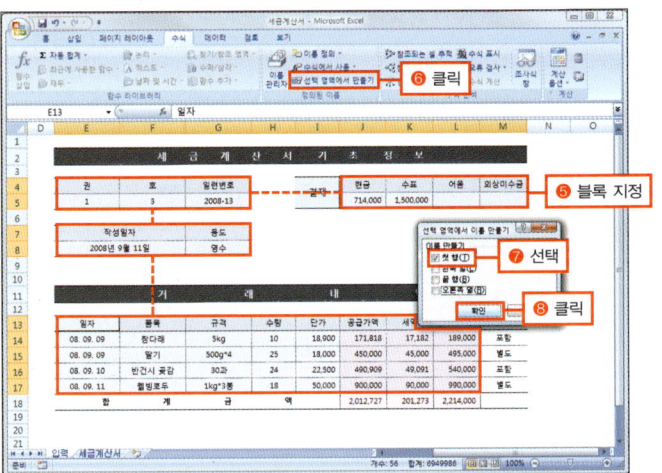

**9.** 이름 상자를 이용해서 [J18] 셀에 '합계1', [K18] 셀에 '합계2', [L18] 셀에 '합계3'으로 각각 이름을 정의합니다.

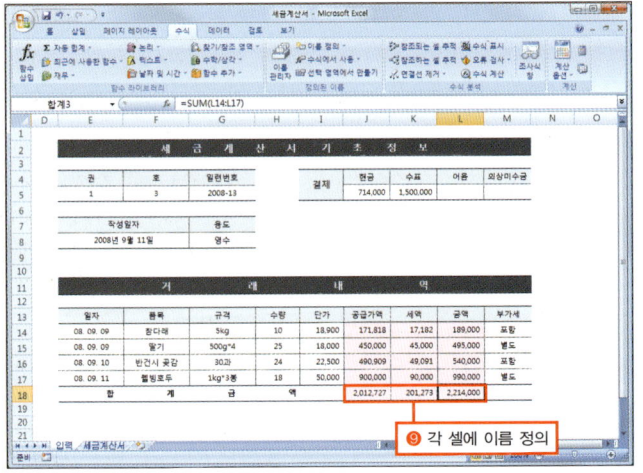

## 04  세금계산서에 공급자와 공급받는자 표시하기

**1.** [세금계산서] 워크시트에서 [AB3] 셀에 『=권』을 입력하고 [AE3] 셀에 『=호』를 입력해서 각각 이름 '권'과 '호'가 참조하는 셀의 값을 그대로 가져와 표시합니다.

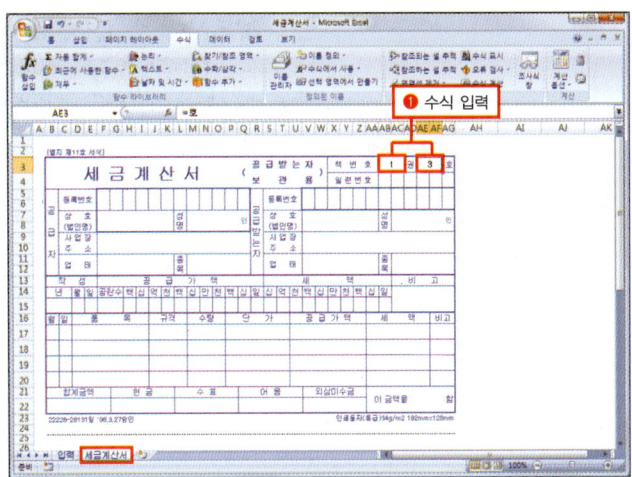

**2.** [AB4:AG4] 범위를 블록으로 지정하고 『=MID(일련번호,COLUMN(A1),1)』을 입력한 다음 Ctrl + Enter 를 누릅니다.

• 각 셀에 '일련번호'의 값이 한 글자씩 표시됩니다.

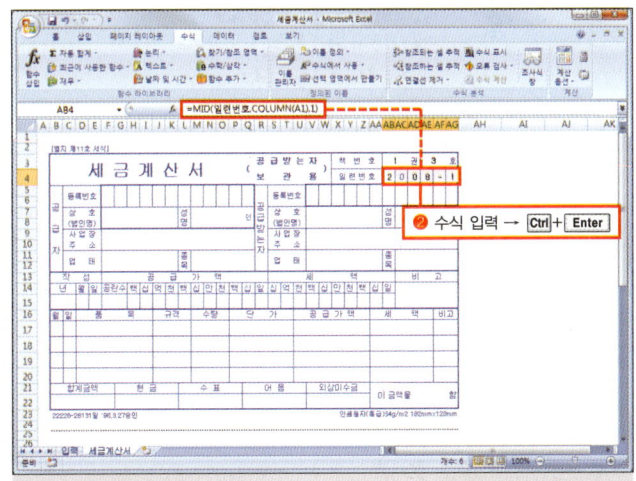

### 수식이 궁금해

이름 '일련번호'가 참조하는 셀에 있는 데이터를 한 글자씩 나누어 표시하기 위해 MID 함수와 COLUMN 함수를 사용합니다.

| 일련번호를 한 글자씩 표시하기 | =MID(일련번호,COLUMN(A1),1) |
| --- | --- |

- **COLUMN(A1)**

  [AB4] 셀에서는 [A1] 셀의 열 번호 '1'을 돌려줍니다. [AC4] 셀에서는 COLUMN(B1)으로 참조가 변하기 때문에 열 번호 '2'를 돌려줍니다.

- **MID(일련번호,COLUMN,1)**

  'MID(텍스트, 숫자1, 숫자2)' 형식의 함수로 텍스트에서 숫자1번째에 있는 글자부터 숫자2 만큼의 글자를 추출합니다. COLUMN 함수의 값이 '1'이면 MID 함수는 '일련번호'의 1번째부터 1글자를 반환하고, COLUMN 함수의 값이 '2'이면 MID 함수는 '일련번호'의 2번째부터 1글자를 반환합니다.

**3.** [F5:Q5] 범위를 블록으로 지정하고 『=MID(등록번호,COLUMN(A1),1)』을 입력한 다음 Ctrl+Enter를 눌러 '등록번호'를 한 글자씩 표시합니다.

**4.** [V5:AG5] 범위를 블록으로 지정하고 『=MID(등록번호1,COLUMN(A1),1)』을 입력한 다음 Ctrl+Enter를 눌러 '등록번호1'을 한 글자씩 표시합니다.

- COLUMN 함수의 값이 1, 2, 3, ... 순서로 변하므로 1번째 글자, 2번째 글자, 3번째 글자 등이 각 셀에 표시됩니다.

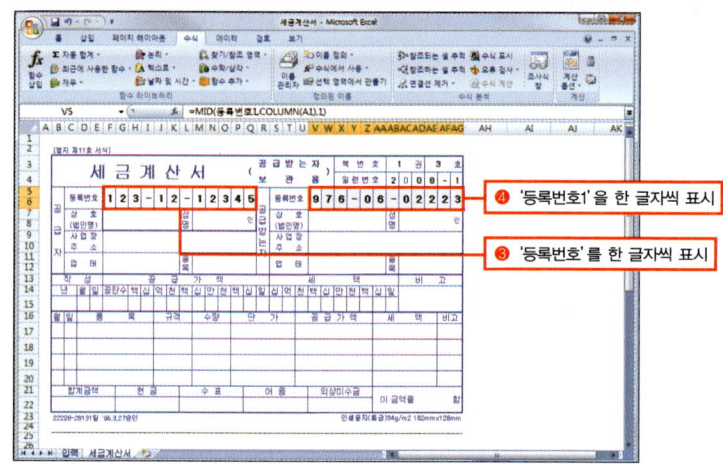

④ '등록번호1'을 한 글자씩 표시

③ '등록번호'를 한 글자씩 표시

**5.** [F7] 셀에 『=상호』를 입력해서 이름 '상호'의 값을 표시합니다. 나머지 셀도 같은 형식의 수식을 사용해서 공급자와 공급받는자(거래처 정보)의 내용을 표시합니다.

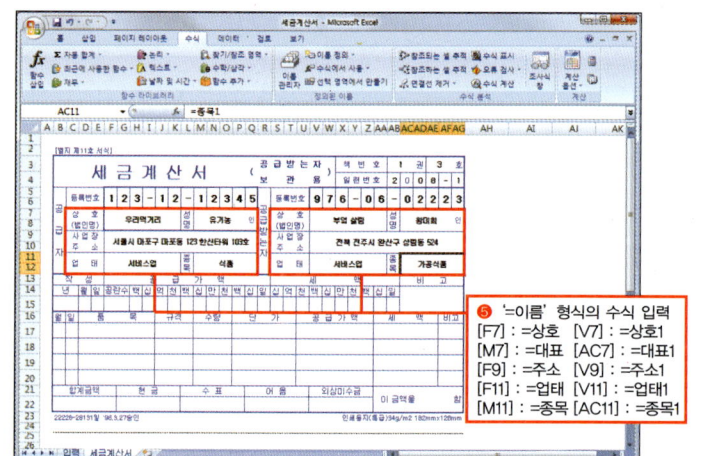

⑤ '=이름' 형식의 수식 입력
[F7] : =상호   [V7] : =상호1
[M7] : =대표   [AC7] : =대표1
[F9] : =주소   [V9] : =주소1
[F11] : =업태   [V11] : =업태1
[M11] : =종목   [AC11] : =종목1

## 05 세금계산서에 거래내역 표시하기

**1.** [B15:E15] 범위를 블록으로 지정하고 『=작성일자』를 입력한 다음 Ctrl+Enter를 눌러 각 셀에 '작성일자'의 날짜를 그대로 가져옵니다.

- [B15] 셀에는 'YYYY', [D15] 셀에는 'M', [E15] 셀에는 'D'로 사용자 지정 표시 형식이 설정되어 있습니다.

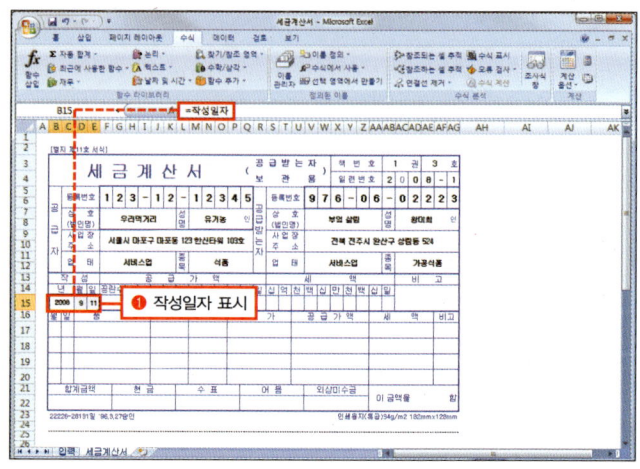

① 작성일자 표시

**2.** [H15:R15] 범위를 블록으로 지정하고 『=MID(TEXT(합계1, "???????????"), COLUMN(A1),1)』을 입력한 다음 Ctrl +Enter를 눌러 공급가액의 합계인 '합계 1'을 숫자 하나씩 표시합니다.

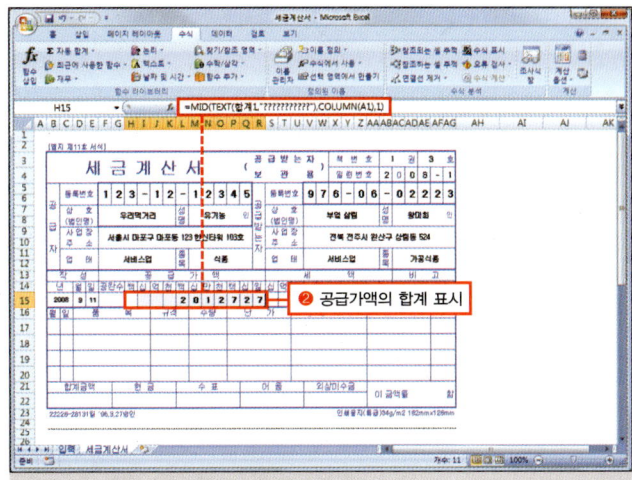

**수식이 궁금해**

'합계1'의 자릿수와 세금계산서에서 공급가액의 합계를 표시할 셀의 개수가 똑같지 않기 때문에 MID 함수로 숫자 하나씩 나누어 표시하기 전에 '합계1'의 자릿수를 '11' 자리로 만드는 과정이 필요합니다.

| **'합계1'을 숫자 하나씩 나누어 표시** | =MID(TEXT(합계1,"???????????"),COLUMN(A1),1) |
|---|---|

- **TEXT(합계1,"???????????")**

  물음표(?) 코드는 해당 자리에 숫자가 없을 때 공백을 대신 표시합니다. 여기에서 TEXT 함수는 '합계1'의 금액을 11자리의 텍스트로 변환하는 역할을 하는데, 예를 들어 '합계1'의 금액이 '2012727'이라면 앞에 4개의 공백이 추가됩니다.

- **MID(TEXT,COLUMN(A1),1)**

  TEXT 함수가 반환한 11자리의 숫자를 앞에서부터 한 글자씩 표시합니다. 앞에 4개의 공백이 추가되었다면 처음 4개의 셀에는 한 칸의 공백 문자("")가 표시되므로 실제로는 아무 것도 나타나지 않습니다.

**3.** [F15] 셀에 『=COUNTIF(H15:R15," ")』 를 입력해서 [H15:R15] 범위에서 한 칸의 공백("")이 있는 셀의 개수를 구합니다.

- COUNTIF(범위, 조건) 함수는 지정한 범위에서 조건을 만족하는 셀의 개수를 구합니다. 여기에서는 조건을 지정할 때 따옴표 안에 반드시 한 칸의 공백을 입력해야 합니다.

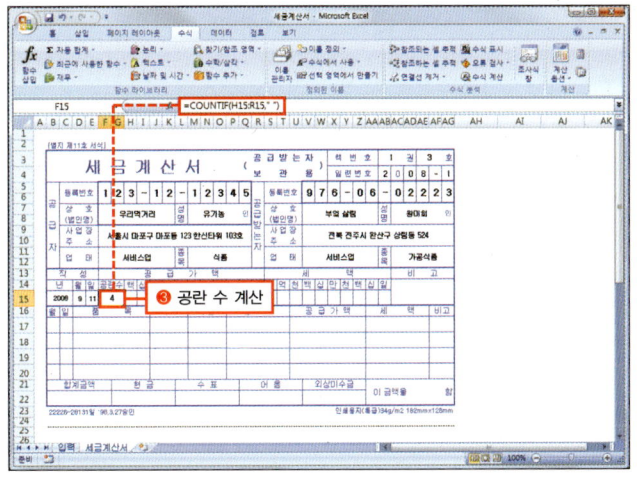

**4.** [S15:AB15] 범위를 블록으로 지정하고
『=MID(TEXT(합계2,"??????????"),
COLUMN(A1),1)』을 입력한 다음 Ctrl
+ Enter 를 눌러 세액의 합계를 숫자 하나
씩 표시합니다.

• 공급가액의 합계(합계1)를 표시할 때와 같은 형식
의 수식입니다. 다른 점은 물음표(?) 코드를 10개
사용해서 '합계2'를 10자리의 텍스트로 변환한다
는 것입니다.

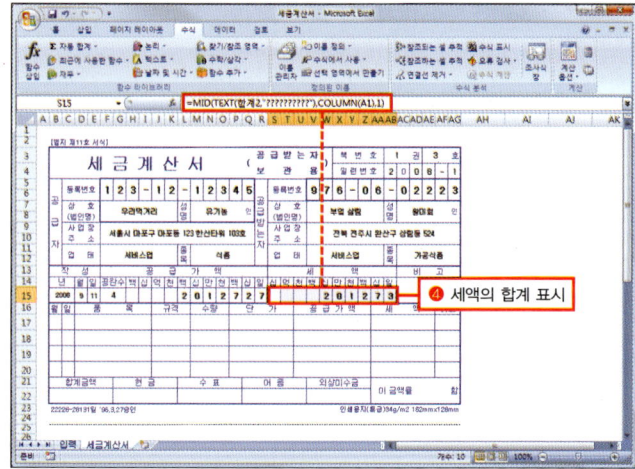

**5.** [B17:C20] 범위를 블록으로 지정하고
『=INDEX(일자,ROW(A1))』을 입력한 다음
Ctrl + Enter 를 눌러 거래내역의 일자를 표
시합니다.

• [B17:B20]에는 'M', [C17:C20]에는 'M'로 사용
자 지정 표시 형식이 설정되어 있어, 일자의 월과
일을 구분해서 표시합니다.

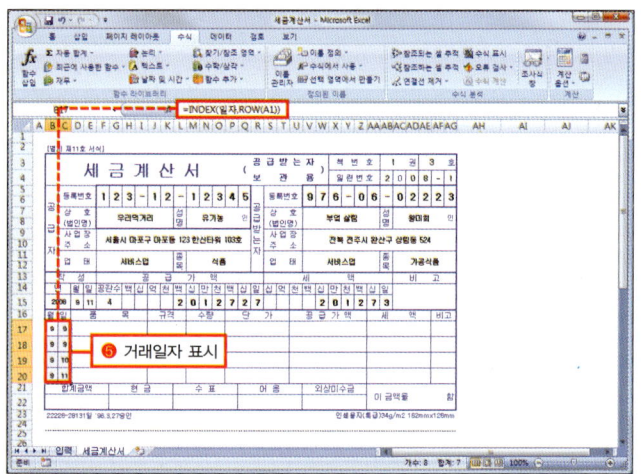

**수식이 궁금해**

| '일자' 범위의 값을 하나씩 가져오기 | =INDEX(일자,ROW(A1)) |
|---|---|

'일자' 범위는 4개의 행으로 구성되어 있습니다. 17행의 수식에서는 'ROW(A1)=1'이므로 '일자' 범위에서 '1'번째에
있는 셀 값을 그대로 가져옵니다. 18행의 수식에서는 'ROW(A2)'로 셀 참조가 바뀌므로 '일자' 범위에서 '2'번째에
있는 셀 값을 가져옵니다. 해당 셀에 가져올 값이 없으면 수식의 결과로 '0'이 표시됩니다.

**6.** INDEX 함수식을 사용해서 품목, 규격, 수량, 단가, 공급가액, 세액을 각각 가져옵니다.

- INDEX(범위,위치) 형식의 함수식에서 범위만 다르게 지정합니다.

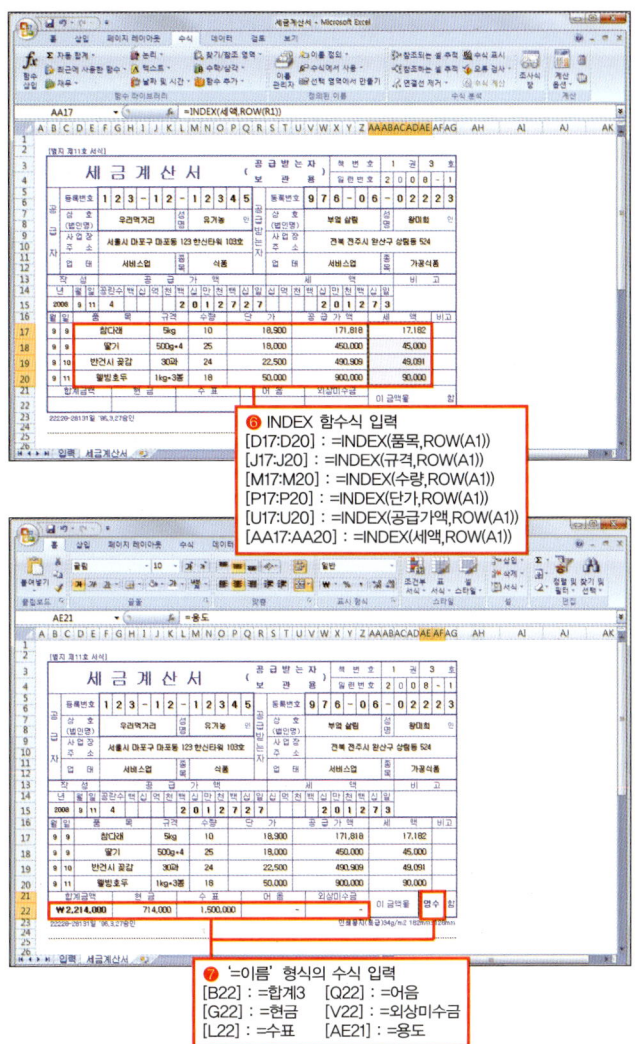

**⑥** INDEX 함수식 입력
[D17:D20] : =INDEX(품목,ROW(A1))
[J17:J20] : =INDEX(규격,ROW(A1))
[M17:M20] : =INDEX(수량,ROW(A1))
[P17:P20] : =INDEX(단가,ROW(A1))
[U17:U20] : =INDEX(공급가액,ROW(A1))
[AA17:AA20] : =INDEX(세액,ROW(A1))

**7.** [B22:V22] 범위의 각 셀에 『=합계3』과 같은 형식으로 수식을 입력해서 합계금액(합계3), 현금, 수표, 어음, 외상미수금을 가져와 표시하고, [AE21] 셀에는 『=용도』를 입력해서 '용도' 셀의 값을 표시합니다.

**⑦** '=이름' 형식의 수식 입력
[B22] : =합계3　　[Q22] : =어음
[G22] : =현금　　[V22] : =외상미수금
[L22] : =수표　　[AE21] : =용도

## 06　공급자 보관용 세금계산서 완성하기

**1.** [X3:AG4] 범위를 블록으로 지정하고

**2.** [홈] 탭 → [클립보드] 그룹 → [복사]()를 클릭합니다.

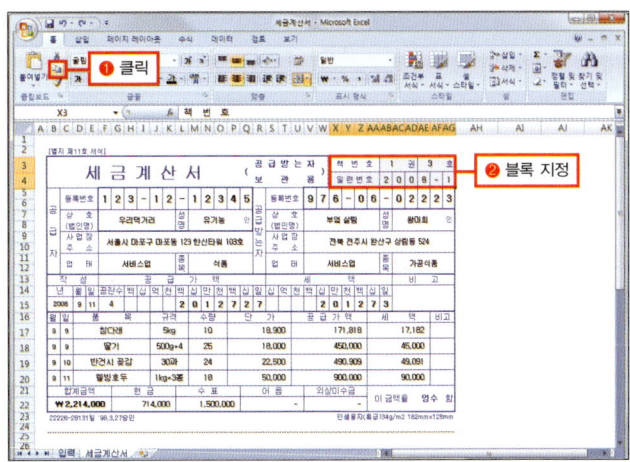

**①** 클릭

**②** 블록 지정

**3.** 공급자 보관용 세금계산서에서 [X28:AG29] 범위를 블록으로 지정하고

**4.** [홈] 탭 → [클립보드] 그룹 → [붙여넣기](📋)의 목록 단추를 클릭하고

**5.** [연결하여 붙여넣기]를 선택합니다.

- 각 셀에 '=X3' 형식의 수식이 입력되어 공급받는자 보관용 세금계산서의 셀 값을 그대로 가져와 표시합니다.

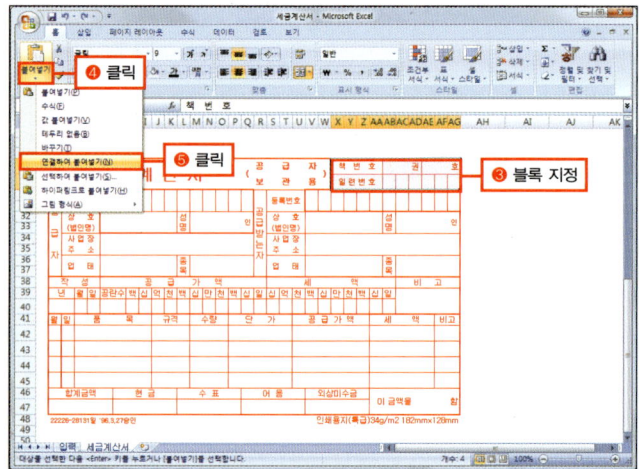

**6.** [B5:AG21] 범위를 블록으로 지정하고

**7.** [홈] 탭 → [클립보드] 그룹 → [복사](📋)를 클릭합니다.

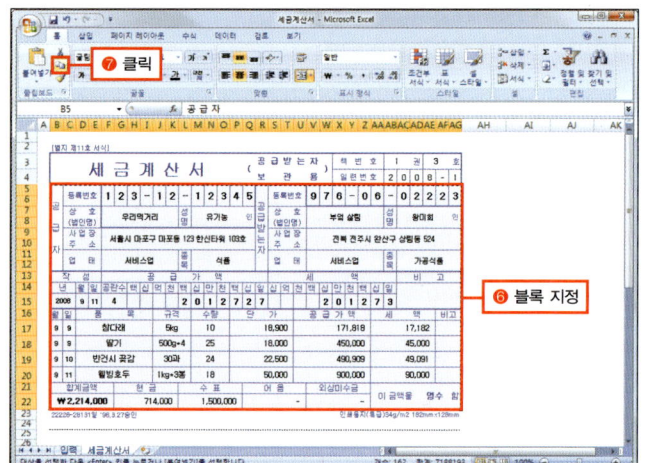

**8.** [B30:AG46] 범위를 블록으로 지정하고

**9.** [홈] 탭 → [클립보드] 그룹 → [붙여넣기](📋)의 목록 단추를 클릭하고

**10.** [연결하여 붙여넣기]를 선택합니다.

- 연결한 셀에 아무 것도 입력되어 있지 않으면 '=셀주소' 형식의 수식은 결과로 '0'을 표시합니다. 이렇게 표시된 '0'을 워크시트에서 숨겨주는 과정이 필요합니다.

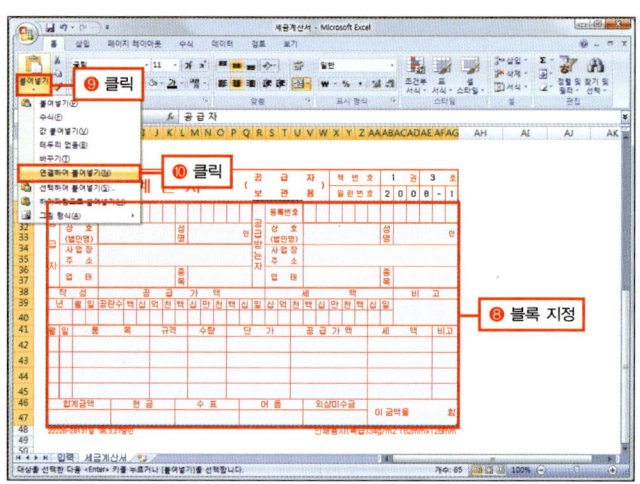

**11.** Office 단추(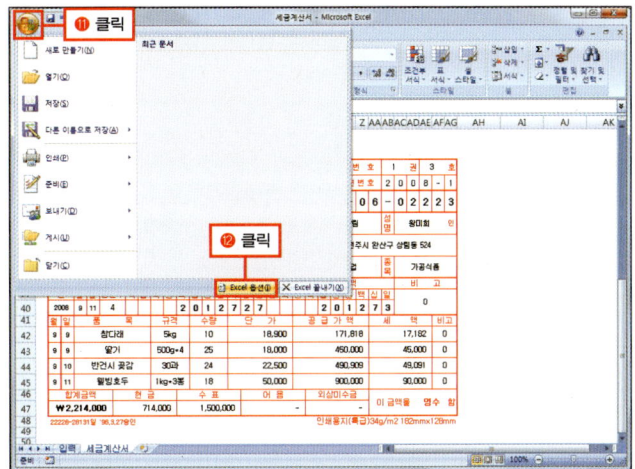)를 클릭하고

**12.** [Excel 옵션] 단추를 클릭합니다.

**13.** [Excel 옵션] 대화상자에서 [고급] 범주를 선택하고

**14.** [이 워크시트의 표시 옵션] 영역에서 [0 값이 있는 셀에 0 표시]를 클릭해서 선택을 해제한 후

**15.** [확인] 단추를 클릭합니다.

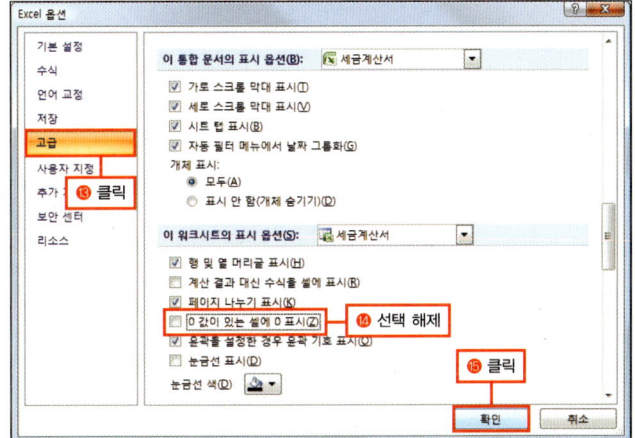

**16.** [연결하여 붙여넣기]를 사용한 셀에서 그 결과가 '0' 일 때 셀에 아무 것도 표시하지 않게 됩니다.

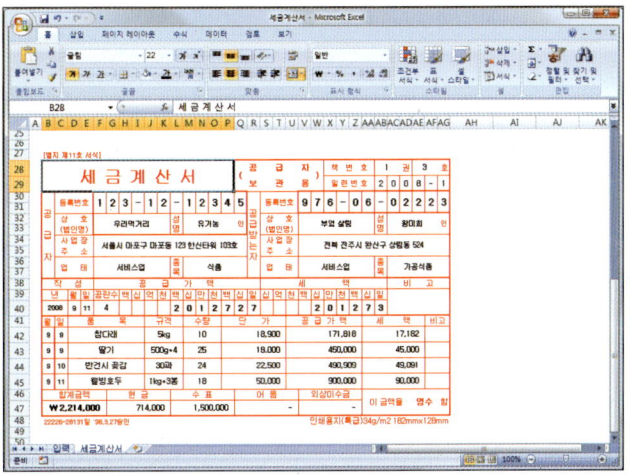

# U p g r a d e
# 목록 상자에서 원하는 거래처를 선택하자

● **시작 파일** : Theme-2\시간절약\세금계산서-UP.xlsx    ● **완성 파일** : Theme-2\완성파일\세금계산서-UP.xlsx

자주 사용하는 거래처가 많을 경우에는 세금계산서의 공급받는자 정보를 채우기 위해 미리 거래처 정보를 정리해 두는 것이 좋습니다. 여기에서는 [거래처정보] 워크시트에 세금계산서 양식에 꼭 필요한 거래처 정보를 미리 입력해 두고, [입력] 워크시트에서 원하는 거래처를 선택해서 자동으로 거래처 정보를 가져오는 방법을 살펴봅니다. 특히 양식 도구 모음에 있는 목록 상자 컨트롤을 사용하는 기술을 강조해서 설명합니다.

## 01 ┃ 거래처 정보에 이름 정의하기

**1.** [거래처정보] 워크시트에서 [수식] 탭 → [정의된 이름] 그룹 → [이름 정의] (이름 정의▼)를 클릭합니다.

**2.** [새 이름] 대화상자에서 [이름]에 『개수』를 입력하고

**3.** [참조 대상]에 『=COUNTA(거래처정보!$B:$B)-2』를 입력한 다음

**4.** [확인] 단추를 클릭합니다.

- COUNTA 함수로 [B] 열 전체(B:B)에서 비어 있지 않은 셀의 개수를 구한 후 [B2] 셀의 제목과 [B4] 셀의 필드 이름을 제외시키기 위해 '2'를 뺍니다. 즉, 이름 '개수'는 현재 입력되어 있는 거래처의 개수가 됩니다.

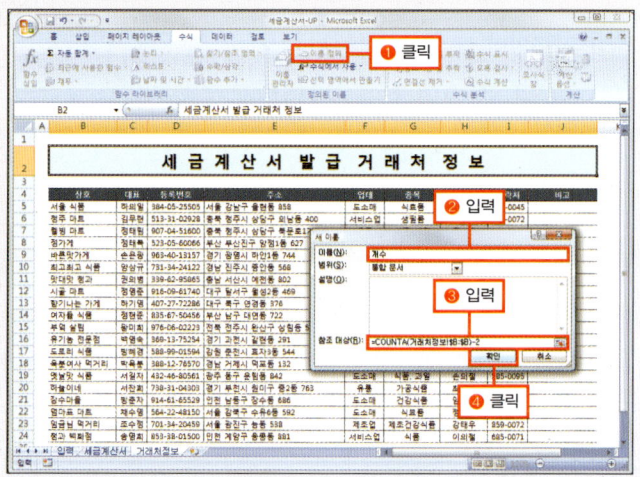

**5.** [수식] 탭 → [정의된 이름] 그룹 → [이름 정의](이름 정의▼)를 클릭하고

**6.** [새 이름] 대화상자에서 [이름]에 『거래처명』을 입력합니다.

**7.** [참조 대상]에 『=OFFSET(거래처정보!$B$4,1,0,개수,1)』을 입력하고

**8.** [확인] 단추를 클릭합니다.

- 이름 '개수'의 값이 '20'이면 OFFSET 함수는 [B4] 셀에서 1행 0열 떨어져 있는 [B5] 셀부터 20행 1열 크기의 셀 범위를 참조합니다. 이 범위는 현재 상호가 입력되어 있는 [B5:B24] 범위입니다.

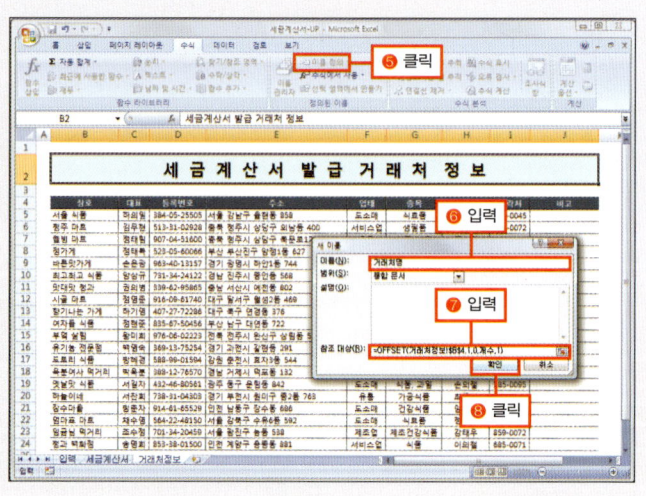

## 02 | 목록 상자에서 거래처 선택하기

**1.** Office 단추(🔘)를 클릭하고 [Excel 옵션] 단추를 클릭해서 [Excel 옵션] 대화상자를 실행합니다.

**2.** [기본 설정] 범주의 [Excel에서 가장 많이 사용하는 옵션] 영역에서 [리본 메뉴에 개발 도구 탭 표시]를 선택한 다음

**3.** [확인] 단추를 클릭합니다.

- 목록 상자 컨트롤을 만들려면 [개발 도구] 탭을 먼저 리본 메뉴에 표시해야 합니다.

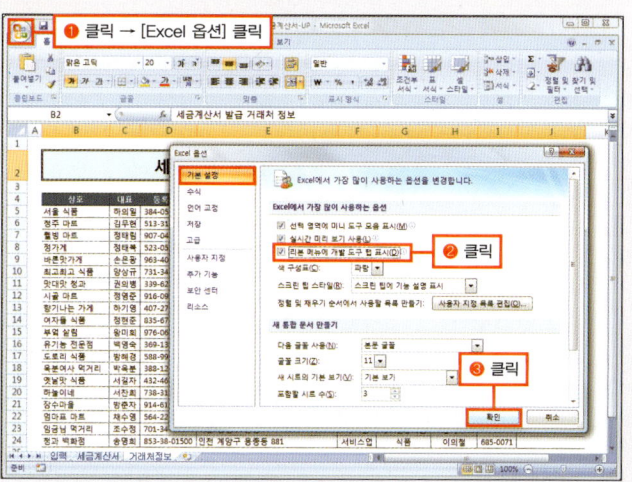

**4.** [입력] 워크시트에서 [개발 도구] 탭 → [컨트롤] 그룹 → [삽입](🔘)을 클릭하고

**5.** [양식 컨트롤] 영역에 있는 목록 상자(🔘)를 클릭합니다.

- ActiveX 컨트롤 영역에도 같은 모양의 컨트롤이 있으므로 선택에 주의해야 합니다.

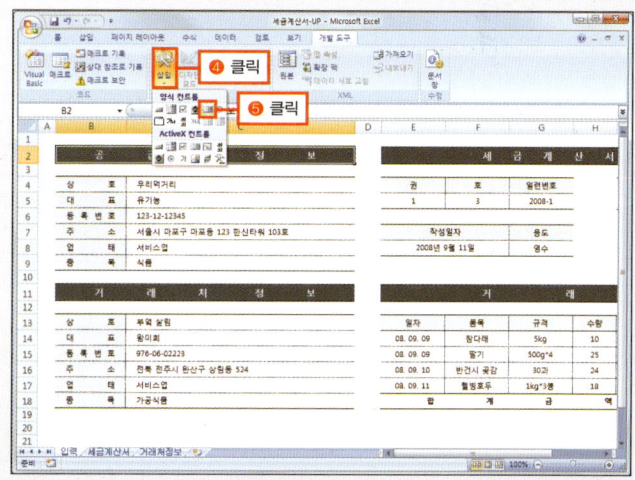

**6.** 거래처 정보가 있는 곳에서 마우스 왼쪽 단추를 클릭한 채 드래그해서 원하는 크기로 목록 상자를 그립니다.

**7.** 목록 상자 컨트롤에서 마우스 오른쪽 단추를 클릭하고

**8.** [컨트롤 서식] 메뉴를 선택합니다.

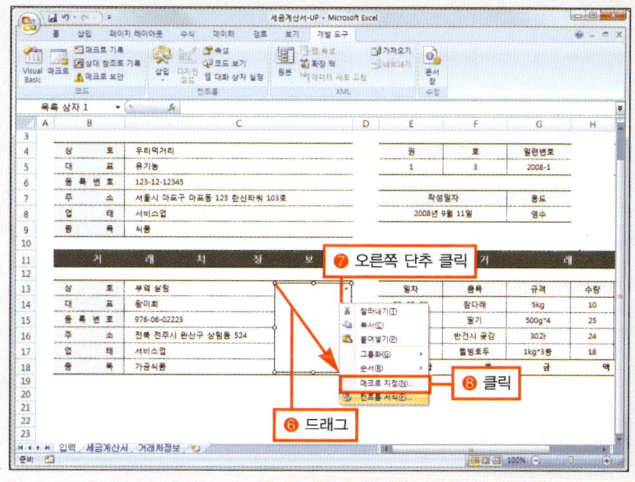

**9.** [컨트롤 서식] 대화상자의 [컨트롤] 탭에서 [입력 범위]에 『거래처명』을 입력하고

**10.** [셀 연결]에서 [B12] 셀을 지정한 다음

**11.** [확인] 단추를 클릭합니다.

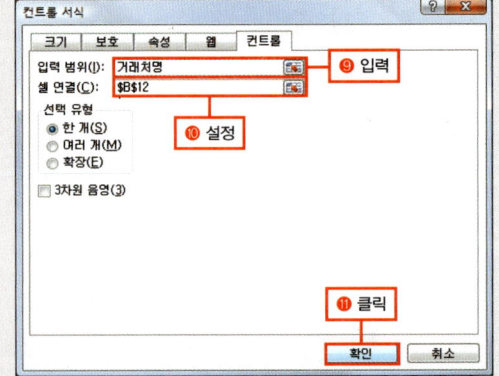

**12.** 임의의 셀을 클릭해서 목록 상자의 선택을 먼저 해제한 다음

**13.** 목록 상자에 표시된 거래처 중에서 원하는 거래처를 클릭합니다.

- 목록 상자에는 입력 범위로 지정한 '거래처명' 범위의 데이터가 표시됩니다.
- 목록 상자에서 선택한 항목의 번호가 셀 연결로 지정한 [B12] 셀에 표시됩니다.

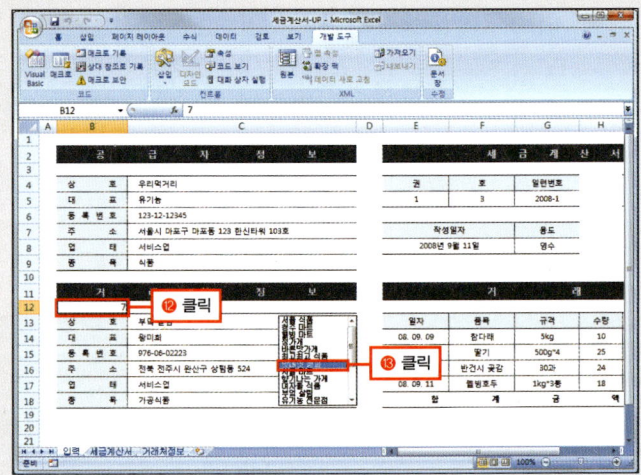

## 03 | 선택한 거래처 정보 가져오기

**1.** [거래처정보] 워크시트에서 [수식] 탭 → [정의된 이름] 그룹 → [이름 정의]( 이름 정의 )를 클릭하고

**2.** [새 이름] 대화상자에서 [이름]에 『거래처정보』를 입력합니다.

**3.** [참조 대상]에 『=OFFSET(거래처정보!$B$4,1,0,개수,9)』를 입력한 다음

**4.** [확인] 단추를 클릭합니다.

- '거래처정보'는 [B4] 셀에서 1행 0열 떨어져 있는 [B5] 셀부터 '개수'행 9열 크기의 셀 범위를 참조합니다.

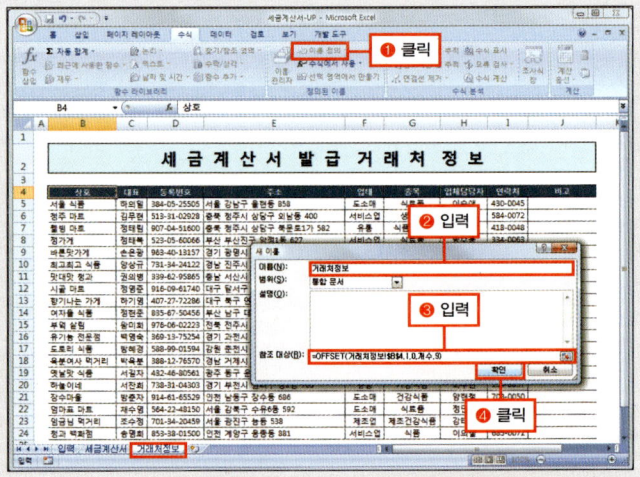

**5.** [입력] 워크시트에서 [C13:C18] 범위를 블록으로 지정하고

**6.** 『=INDEX(거래처정보,$B$12,ROW (A1))』을 입력한 다음 Ctrl+Enter를 누릅니다.

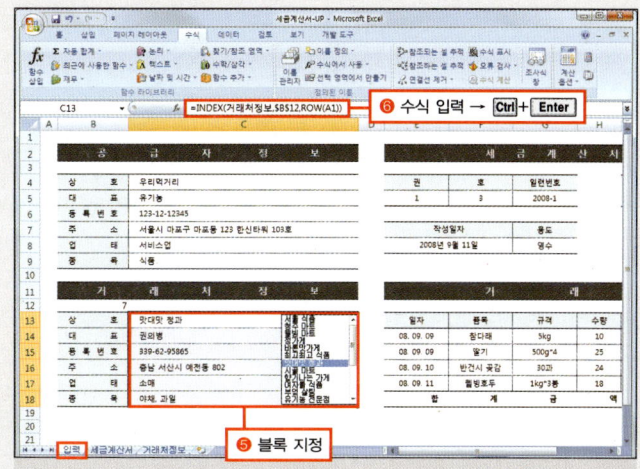

## 수식이 궁금해

목록 상자 컨트롤에서 선택한 거래처가 '거래처명' 범위에서 몇 번째 셀에 있는지 그 위치 번호는 목록 상자의 셀 연결로 지정한 [B12] 셀에 표시됩니다. 여기에 표시된 값을 이용하여 '거래처정보' 범위에서 해당 거래처의 정보를 가져오기 위해 INDEX 함수를 사용합니다.

| '거래처정보' 범위에서 값 가져오기 | =INDEX(거래처정보,$B$12,ROW(A1)) |
|---|---|

- **ROW(A1)**

  블록으로 지정한 첫 번째 셀 [C13] 셀에서는 [A1] 셀의 행 번호 '1'을 반환합니다. [C14] 셀에서는 'ROW(A2)'로 셀 참조가 바뀌므로 행 번호 '2'를 반환합니다.

- **INDEX(거래처정보, $B$12,ROW)**

  [B12] 셀에 '7'이 입력되어 있을 경우 [C13] 셀에서는 이 수식은 'INDEX(거래처정보,7,1)'이 되므로 '거래처정보' 범위에서 7행 1열에 있는 상호를 가져옵니다. [C14] 셀에서는 'INDEX(거래처정보,7,2)'가 되므로 '거래처정보' 범위에서 7행 2열에 있는 대표를 가져옵니다.

**7.** [B12] 셀에서 [홈] 탭 → [글꼴] 그룹 → [글꼴 색](가·)의 목록 단추를 클릭하고 [흰 색]을 선택합니다. 이렇게 하면 목록 상자에서 선택한 거래처의 번호가 흰색으로 표시되어 화면에는 아무 것도 나타나지 않습니다.

**8.** 목록 상자에서 다른 거래처를 클릭해서 선택하고, [C13:C18] 범위에 선택한 거래처의 정보가 바르게 표시되는지 확인합니다.

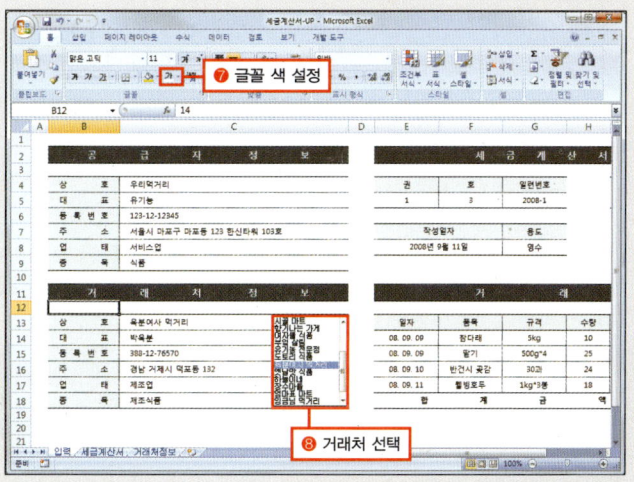

# 출퇴근 시간을 기록해서 근태시간을 바로 계산하는 출근부

S e c t i o n

## 05

매일매일 출근 시간과 퇴근 시간을 기록해서 근무 시간을 계산하고 시급(시간당 급여)에 따라 월급여를 계산하는 일용직 근로자의 근태 관리에 적합한 출근부 양식을 만듭니다. 정해져 있는 출퇴근 시간과 실제 출퇴근 시간을 비교해서 근무 시간과 함께 지각, 조퇴 등을 자동 계산하는 것이 이번 문서의 핵심 작업이라고 할 수 있습니다. 출근부 작성 과정을 살펴보면서 시간을 이용한 계산 작업을 제대로 처리하는 방법을 확실하게 익혀두기 바랍니다.

P r e v i e w   ● **시작 파일** : Theme-2\시간절약\출근부.xlsx   ● **완성 파일** : Theme-2\완성파일\출근부.xlsx

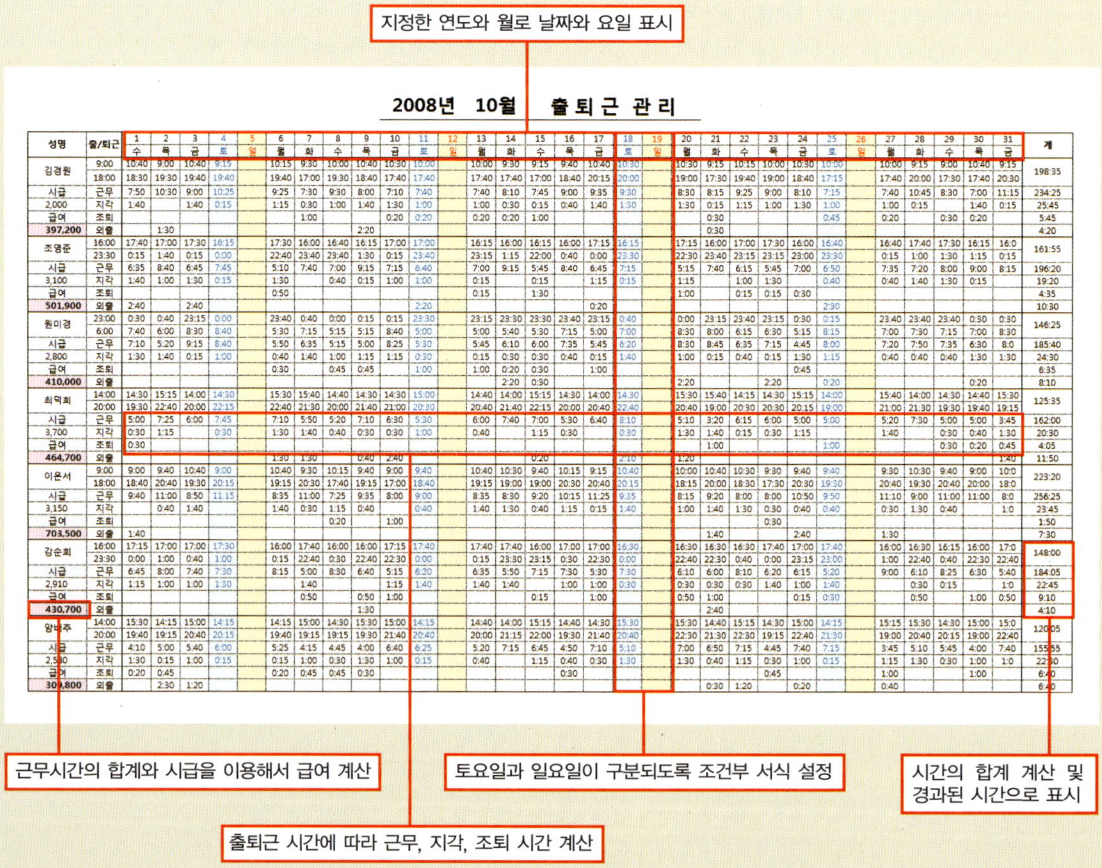

지정한 연도와 월로 날짜와 요일 표시

**2008년 10월 출 퇴 근 관 리**

근무시간의 합계와 시급을 이용해서 급여 계산

출퇴근 시간에 따라 근무, 지각, 조퇴 시간 계산

토요일과 일요일이 구분되도록 조건부 서식 설정

시간의 합계 계산 및 경과된 시간으로 표시

## 01    날짜와 요일 표시하기

**1.** [D4] 셀에 『=DATE(M2,P2,1)』을 입력
하고

**2.** [D4] 셀에서 [홈] 탭 → [표시 형식] 그룹
의 대화상자 표시 단추(🔲)를 클릭합니다.

- 'DATE(년,월,일)' 함수는 인수로 지정한 년, 월,
  일로 날짜를 만듭니다.
- [D4] 셀에는 '2008-10-01'로 날짜가 표시되는
  데 셀 너비가 좁기 때문에 날짜 대신 ### 기호가
  표시됩니다.

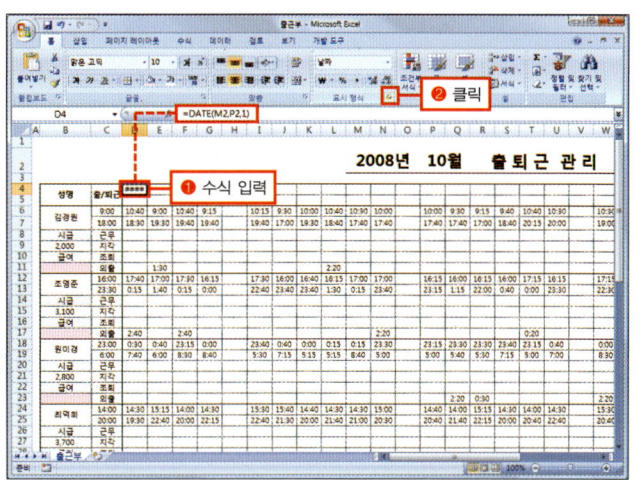

**3.** [셀 서식] 대화상자의 [표시 형식] 탭에
서 [사용자 지정] 범주를 선택하고

**4.** [형식]에 『D』를 입력해서 날짜의 일자만
표시하게 한 다음

**5.** [확인] 단추를 클릭합니다.

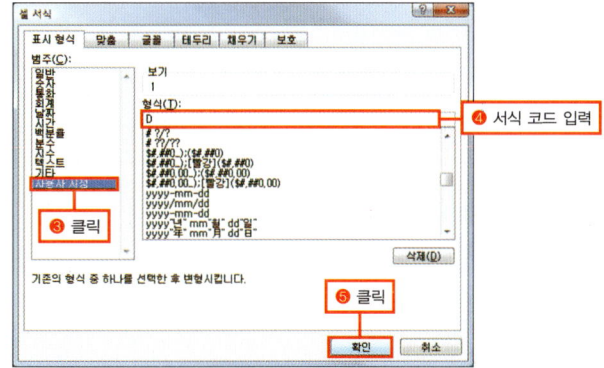

**6.** [E4:AH4] 범위를 블록으로 지정하고

**7.** 『=D4+1』을 입력한 다음 Ctrl + Enter 를
누릅니다.

- 바로 왼쪽 셀의 날짜에 '1'일을 더한 날짜가 표시
  됩니다. 표시 형식은 자동으로 왼쪽 셀에 설정된
  표시 형식을 그대로 따라갑니다.

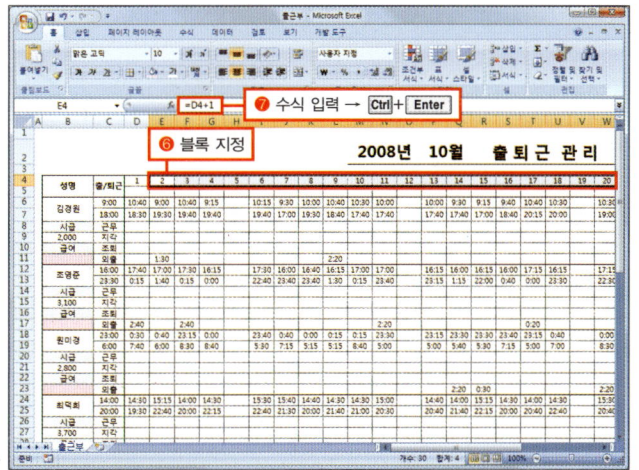

**8.** [D5:AH5] 범위를 블록으로 지정하고

**9.** 『=D4』를 입력한 다음 Ctrl + Enter 를 눌러서 위쪽 셀과 같은 날짜를 표시합니다.

**10.** [D5:AH5] 범위가 블록으로 지정되어 있는 상태에서 [홈] 탭 → [표시 형식] 그룹의 대화상자 표시 단추(⬚)를 클릭합니다.

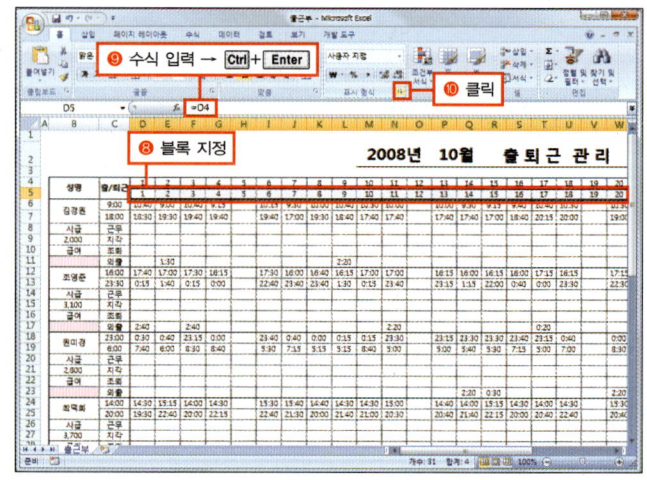

**11.** [셀 서식] 대화상자의 [표시 형식] 탭에서 [사용자 지정] 범주를 선택하고

**12.** [형식]에 『AAA』를 입력한 다음

**13.** [확인] 단추를 클릭합니다.

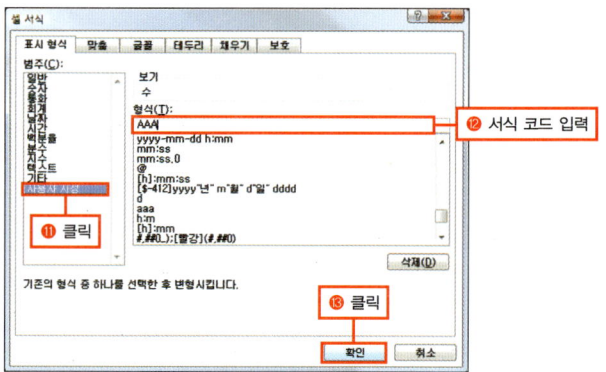

## 02  토요일과 일요일을 구분하는 조건부 서식

**1.** [D4:AH59] 범위를 블록으로 지정하고

**2.** [홈] 탭 → [스타일] 그룹 → [조건부 서식](⬚)을 클릭하고

**3.** [새 규칙]을 선택합니다.

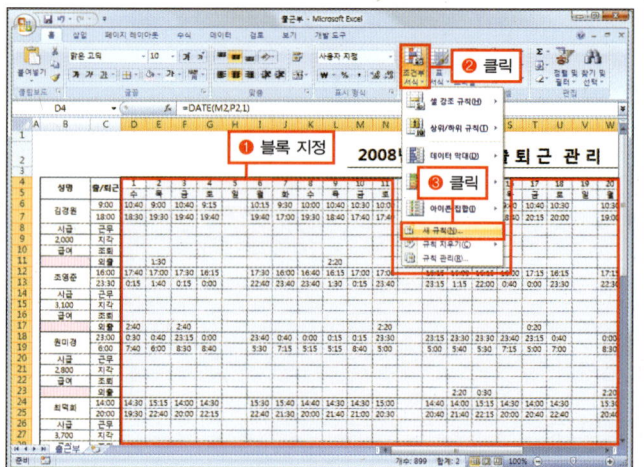

**4.** [새 서식 규칙] 대화상자에서 [수식을 사용하여 서식을 지정할 셀 결정]을 선택하고

**5.** 수식 상자에 『=WEEKDAY(D$4)=1』을 입력한 다음

**6.** [서식] 단추를 클릭하고 글꼴 색(빨강)과 채우기 색(연노랑) 등 서식을 지정하고 [확인] 단추를 클릭합니다.

**7.** [새 서식 규칙] 대화상자에서 [확인] 단추를 클릭합니다.

- 각 열에서 4행의 날짜(D$4)를 참조해서 요일 번호(WEEKDAY)가 1 즉, 일요일이면 서식을 적용합니다.

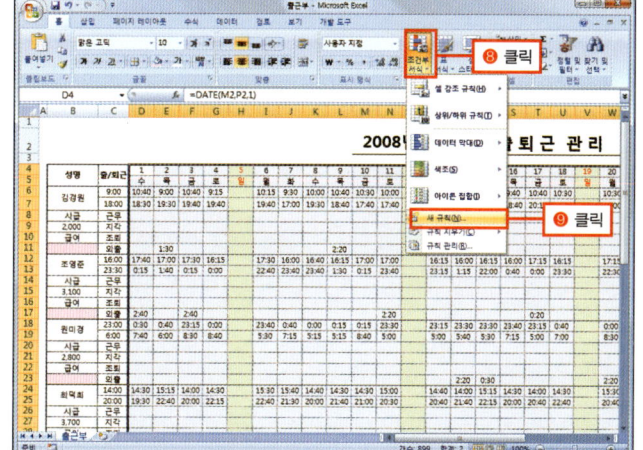

**8.** 일요일인 열에 서식이 적용되는지 확인하고 그대로 블록이 지정된 상태에서 [홈] 탭 → [스타일] 그룹 → [조건부 서식](📋)을 클릭한 다음

**9.** [새 규칙]을 클릭합니다.

**10.** [새 서식 규칙] 대화상자에서 [수식을 사용하여 서식을 지정할 셀 결정]을 선택하고

**11.** 수식 상자에 『=WEEKDAY(D$4)=7』을 입력한 다음

**12.** [서식] 단추를 클릭하고 글꼴 색(파랑)과 채우기 색(흐린 파랑) 등 서식을 지정하고 [확인] 단추를 클릭합니다.

**13.** [새 서식 규칙] 대화상자에서 [확인] 단추를 클릭합니다.

- 각 열에서 4행의 날짜(D$4)를 참조해서 요일 번호(WEEKDAY)가 7 즉, 토요일이면 서식을 적용합니다.

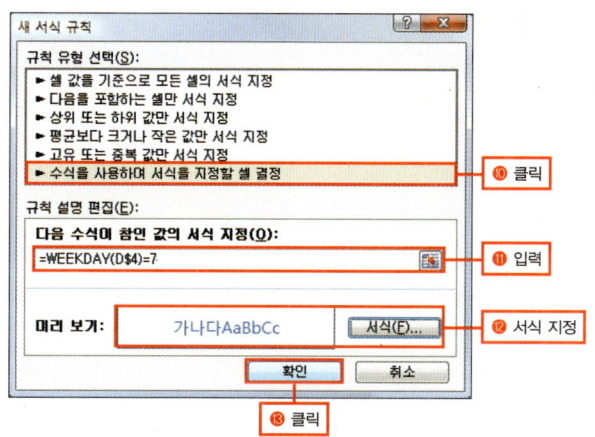

## [03]  출퇴근 시간으로 근무, 지각, 조퇴 계산하기

**1.** [D8:AH8] 범위를 블록으로 지정하고
『=IF(D6="","",MOD(D7-D6,1))』을 입력한
다음 Ctrl + Enter 를 눌러 근무 시간을 계산
합니다.

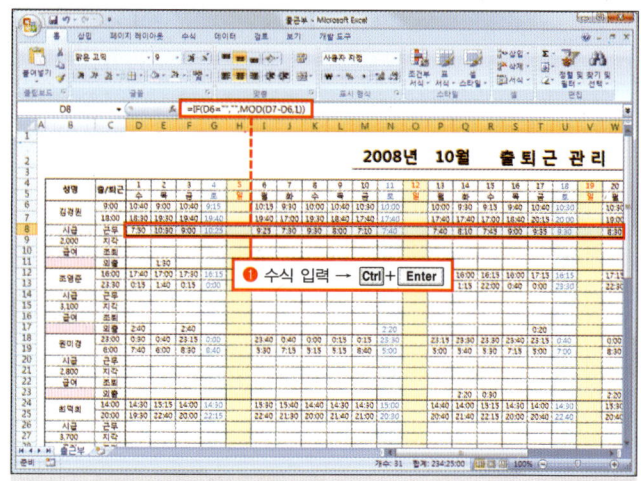

### 수식이 궁금해

항상 출근시간이 퇴근시간보다 빠른 경우에는 단지 퇴근시간에서 출근시간을 빼는 것만으로 근무시간을 계산할 수
있습니다. 하지만 밤 10시에 출근해서 다음 날 6시에 퇴근하는 경우처럼 퇴근시간이 출근시간보다 빠른 시간으로 입
력될 경우 퇴근시간에서 출근시간을 빼면 결과가 음수가 되어 셀에 #### 기호가 표시됩니다. 이 문제를 해결하기
위해 나머지를 구하는 MOD 함수를 활용합니다.

| 퇴근시간에서 출근시간 빼서 근무시간 구하기 | =IF(D6="","",MOD(D7-D6,1)) |
| --- | --- |

- **IF(D6="","",MOD)**

  [D6] 셀에 출근시간이 입력되어 있지 않으면 빈 문자열("")을 표시하고, 출근시간이 입력되어 있으면 MOD 함수
  로 근무시간을 계산합니다.

- **MOD(D7-D6,1)**

  퇴근시간(D7)에서 출근시간(D6)을 뺀 결과를 '1'로 나눈 나머지를 근무시간으로 계산합니다. 'MOD(값1, 값2)' 함
  수는 값1을 값2로 나눈 나머지를 구하는데 결과의 부호는 항상 값2와 같습니다. 퇴근시간에서 출근시간을 뺀 결
  과가 음수일 경우 이것을 '1일'로 나눈 나머지를 구하고, 그 결과의 부호를 양수로 바꾸면 정상적으로 근무시간을
  표시할 수 있습니다.

**2.** [D9:AH9] 범위를 블록으로 지정하고
『=IF(D6="", "", IF(MOD(D6−$C6,1)=0,
"",MOD(D6−$C6,1)))』을 입력한 다음 Ctrl
+ Enter 를 눌러 지각한 시간을 계산합니다.

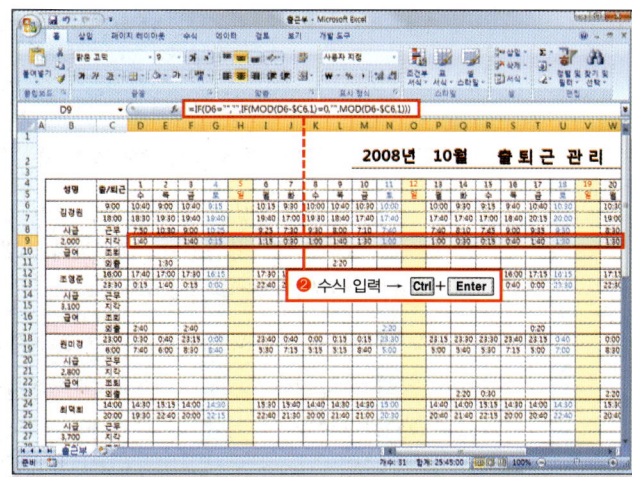

**수식이 궁금해**

지각은 원래 정해진 출근시간과 실제 출근시간을 비교해서 계산합니다. 정해진 출근시간이 밤 10시이고 실제 출근시간이 다음 날 2시인 경우가 있을 수 있으므로 근무시간을 계산할 때와 같이 MOD 함수를 활용합니다.

| 지각한 시간 계산하기 | =IF(D6="","",IF(MOD(D6−$C6,1)=0,"",MOD(D6−$C6,1))) |
| --- | --- |

- **IF(D6="","",IF)**

  [D6] 셀에 출근시간이 입력되어 있지 않으면 빈 문자열("")을 표시하고, 출근시간이 입력되어 있으면 다음 IF 함수로 지각 여부에 따라 지각한 시간을 계산합니다.

- **MOD(D6−$C6,1)=0**

  실제 출근시간(D6)에서 정해진 출근시간($C6)을 뺀 결과를 '1'로 나눈 나머지를 구합니다. 정해진 출근시간은 항상 [C] 열에 있는 셀을 참조해야 하므로 '$C6'과 같이 열 문자 앞에 '$' 기호를 붙여서 참조해야 합니다.

- **IF(MOD=0,"",MOD)**

  MOD 함수의 결과가 '0'과 같으면 정해진 출근시간과 실제 출근시간이 같다는 것을 의미하므로 즉, 지각이 아니므로 빈 문자열("")을 표시합니다. 그렇지 않으면 실제 출근시간에서 정해진 출근시간을 빼서 구한 MOD 함수의 결과를 지각한 시간으로 표시합니다.

**3.** [D10:AH10] 범위를 블록으로 지정하고
『=IF(D7="","",IF(MOD($C7-$C6,1)〉
SUM(D8:D9),MOD($C7-D7,1),""))』을 입
력한 다음 Ctrl+Enter를 눌러 조퇴 시간을
계산합니다.

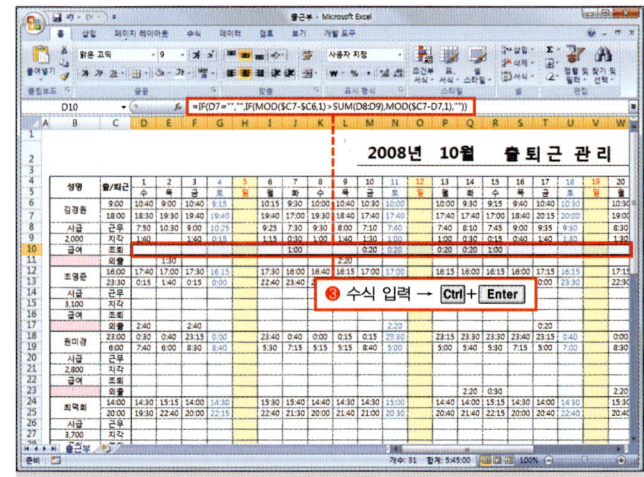

### 수식이 궁금해

조퇴는 정해진 퇴근시간과 실제 퇴근시간을 비교해서 계산합니다.

| 조퇴한 시간 계산하기 | =IF(D7="","",IF(MOD($C7-$C6,1)〉SUM(D8:D9),MOD($C7-D7,1),"")) |
|---|---|

- **IF(D7="","",IF)**

  [D7] 셀에 퇴근시간이 입력되어 있지 않으면 빈 문자열("")을 표시하고, 퇴근시간이 입력되어 있으면 다음 IF 함수
  로 조퇴 시간을 계산합니다.

- **MOD($C7-$C6,1)〉SUM(D8:D9)**

  MOD 함수는 정해진 퇴근시간($C7)에서 정해진 출근시간($C6)을 빼서 정해진 근무시간을 계산합니다. SUM 함
  수는 [D8:D9] 범위의 합계 즉, 실제 근무시간과 지각시간을 더한 값을 구합니다. 정해진 근무시간이 실제 근무시
  간과 지각시간의 합보다 크면 조퇴했다는 것을 의미합니다.

- **IF(조건,MOD($C7-D7,1),""))**

  지정한 조건이 참이면 즉, 조퇴한 경우이면 정해진 퇴근시간($C7)에서 실제 퇴근시간(D7)을 뺀 값을 '1'로 나눈
  나머지를 MOD 함수로 구해서 조퇴시간으로 표시합니다. 조건이 거짓이면 조퇴한 것이 아니므로 빈 문자열("")을
  표시합니다.

**4.** [D8:AH10] 범위를 블록으로 지정하고

**5.** [홈] 탭 → [클립보드] 탭 → [복사](📋)를 클릭합니다.

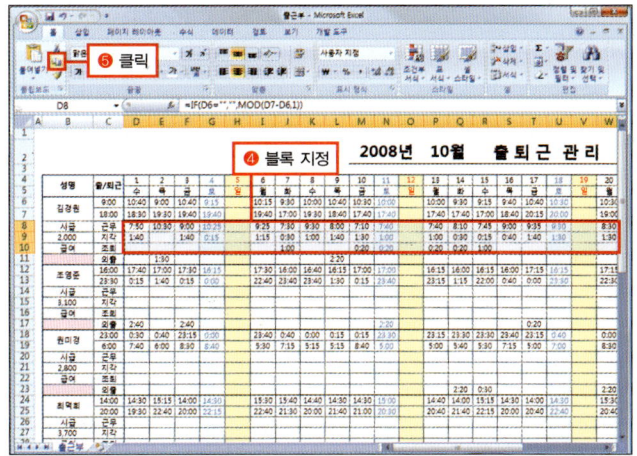

**6.** [D14:AH16], [D20:AH22], [D26:AH28], [D32:AH34], [D38:AH40], [D44:AH46], [D50:AH52], [D56:AH58] 범위를 Ctrl을 이용해서 블록으로 지정하고

**7.** [홈] 탭 → [클립보드] 탭 → [붙여넣기](📋)를 클릭합니다.

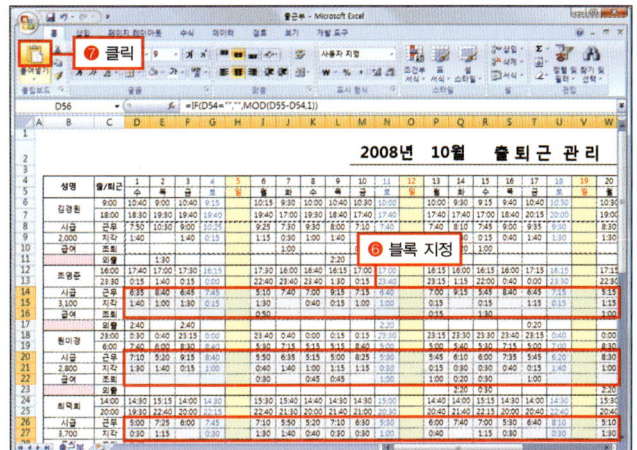

## 04 근무 시간의 합계와 급여 계산하기

**1.** [AI8:AI11] 범위를 블록으로 지정하고 『=SUM(D8:AH8)』을 입력한 다음 Ctrl + Enter를 눌러 근무, 지각, 조퇴, 외출에 대한 합계를 계산합니다.

- 시간의 합계가 24시간을 넘게 되면 1일로 처리되므로 계산 결과가 의도와는 다르게 나타납니다. 이 문제는 뒤에서 표시 형식을 바꾸는 것으로 해결할 것입니다.

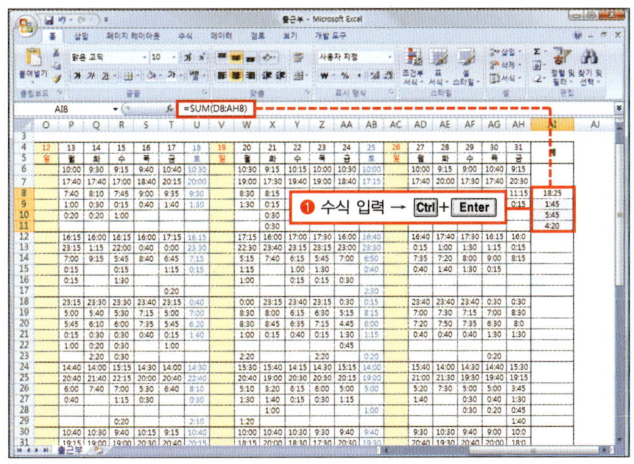

**2.** [AI6] 셀에 『=AI8-SUM(AI9:AI11)』을 입력해서 실제 근무시간의 합계를 계산합니다.

· 근무시간의 합계(AI8)에서 지각, 조퇴, 외출의 합계를 SUM 함수로 구해서 빼면 실제 순수하게 근무한 시간이 계산됩니다.

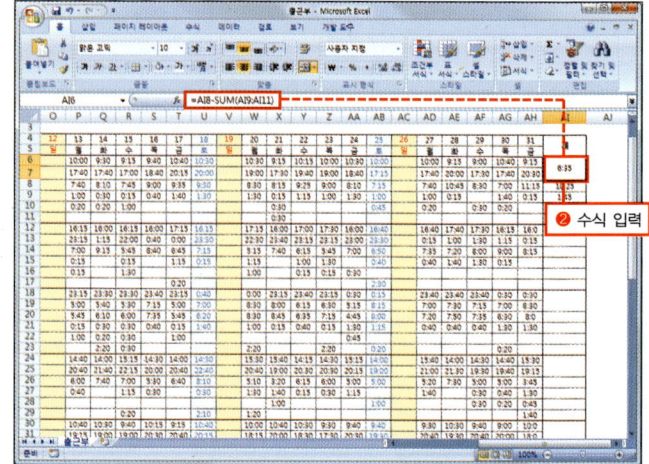

**3.** 시간의 합계가 잘못 표시되는 것을 해결하기 위해 [AI6:AI11] 범위를 블록으로 지정하고

**4.** [홈] 탭 → [표시 형식] 그룹의 대화상자 표시 단추(⬛)를 클릭합니다.

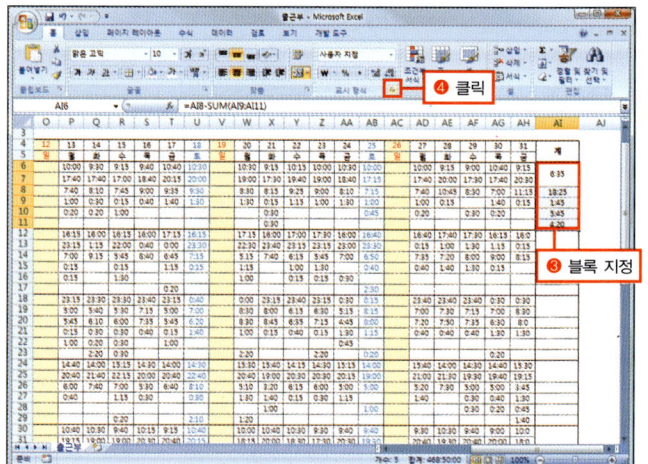

**5.** [셀 서식] 대화상자의 [표시 형식] 탭에서 [사용자 지정] 범주를 선택하고

**6.** [형식]에 『[h]:mm』을 입력한 다음

**7.** [확인] 단추를 클릭합니다.

· [h] 코드는 시간을 경과한 시간으로 표시합니다. 이 코드를 사용하면 24 시간을 초과하는 시간도 제대로 표시할 수 있습니다.

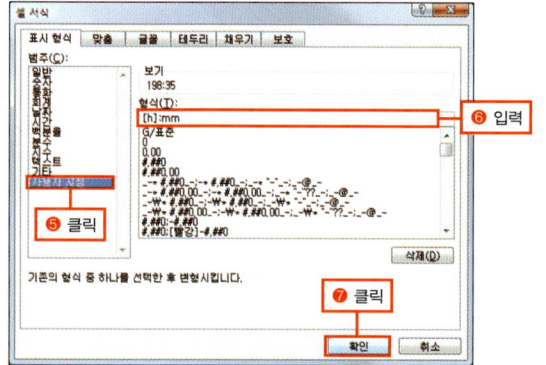

**8.** [AI6:AI11] 범위가 블록으로 지정된 상태에서 [홈] 탭 → [클립보드] 그룹 → [복사](아이콘)를 클릭합니다.

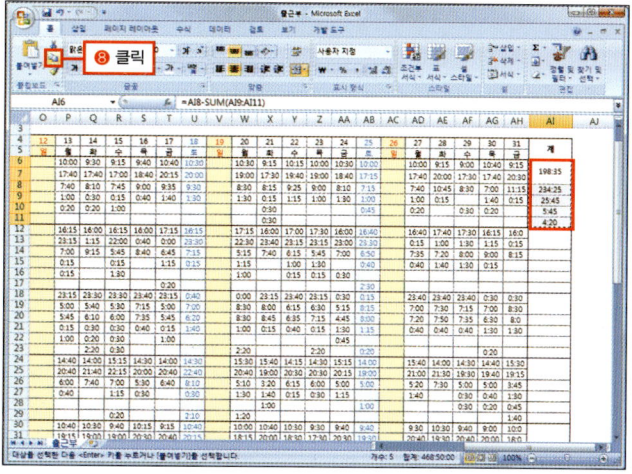

**9.** [AI12:AI59] 범위를 블록으로 지정하고

**10.** [홈] 탭 → [클립보드] 그룹 → [붙여넣기](아이콘)를 클릭합니다.

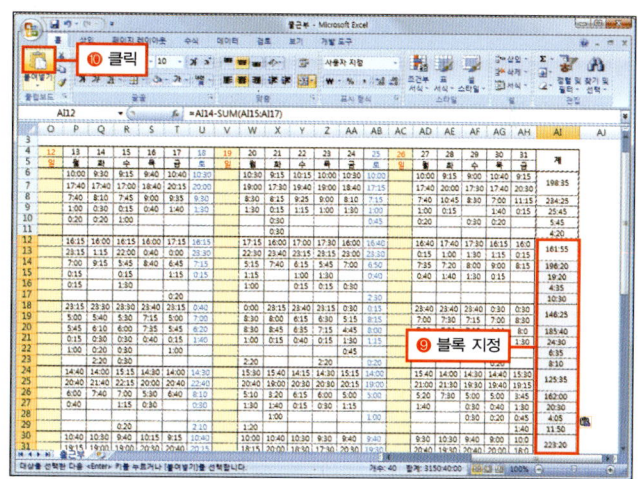

**11.** [B11] 셀에 『=ROUND((B9*24)*INT(AI6)+B9*HOUR(AI6)+(B9/60)*MINUTE(AI6),-2)』를 입력해서 실제 근무시간의 합계(AI6)와 시급(B9)을 이용해서 급여를 계산합니다.

**12.** 수식을 복사하기 위해 [B11] 셀에서 [홈] 탭 → [클립보드] 그룹 → [복사](아이콘)를 클릭합니다.

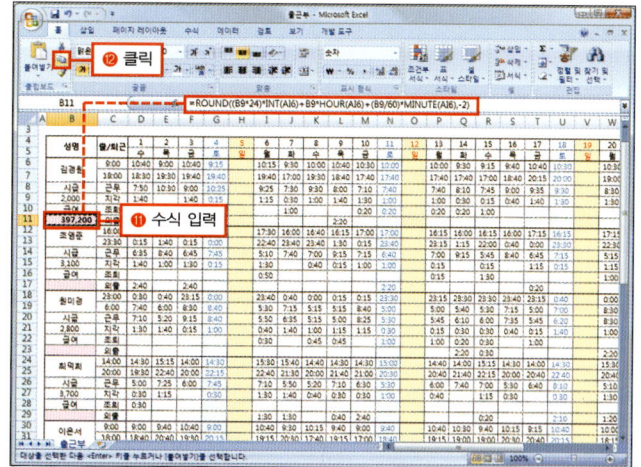

**13.** [B17], [B23], [B29], [B35], [B41], [B47], [B53], [B59] 셀을 Ctrl 을 이용해서 블록으로 지정하고

**14.** [홈] 탭 → [클립보드] 그룹 → [붙여넣기] ( )를 클릭합니다.

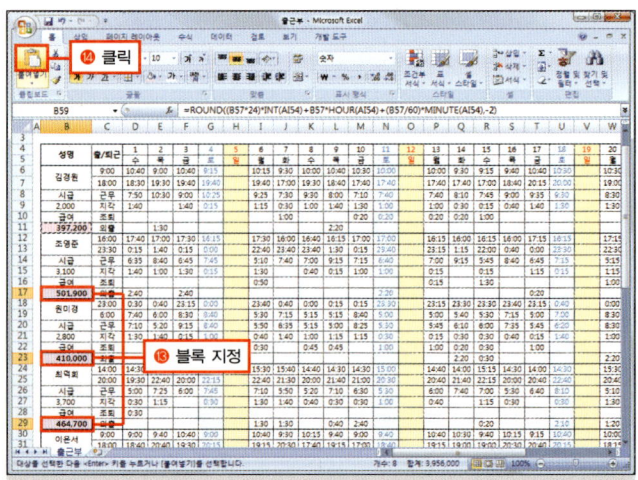

**수식이 궁금해**

급여는 시급과 실제 근무시간의 합계를 이용해서 계산합니다. 근무시간의 합계에서 시간에 해당되는 부분은 시급과 그냥 곱하면 되고, 분에 해당되는 부분은 시급을 60으로 나눈 값과 곱해야 합니다. 계산 결과를 100원 단위로 변환하기 위해 ROUND 함수를 함께 사용했습니다.

| 급여 계산하기 | =ROUND((B9*24)*INT(AI6)+B9*HOUR(AI6)+(B9/60)*MINUTE(AI6),−2) |
|---|---|

- **① (B9*24)*INT(AI6)**

  근무시간의 합계가 '198:35'인 경우 이것은 실제로는 8일 6시간 35분을 의미합니다. 엑셀에서 날짜와 시간은 실제로는 숫자로 저장되므로 8일 6시간 35분에 해당하는 숫자 '8.274305556'과 같습니다. INT 함수로 근무시간에서 소수 이하 자리를 무시하고 정수 부분만 구하면 '8'이 되는데 시급(B9)에 24를 곱한 일당을 곱해서 첫 번째 급여를 계산합니다.

- **② B9*HOUR(AI6)**

  시급(B9)을 [AI6] 셀에서 HOUR 함수로 구한 시간과 곱해서 두 번째 급여를 계산합니다.[AI6] 셀의 값이 8일 6시간 35분에 해당하는 '198:35'이라면 HOUR 함수의 값은 '6'이 됩니다.

- **③ (B9/60)*MINUTE(AI6)**

  시급(B9)을 60으로 나누면 1분에 지급해야할 급여가 됩니다. 이 값과 [AI6] 셀에서 MINUTE 함수로 분에 해당되는 값을 구해서 곱하면 세 번째 급여가 계산됩니다.

- **ROUND(①+②+③, −2)**

  ①, ②, ③을 모두 더한 급여 합계를 반올림해서 100원 단위(자릿수 −2)로 변환합니다. 'ROUND(값, 자릿수)' 함수는 지정한 값을 반올림해서 지정한 자릿수로 계산합니다. 자릿수를 양수로 지정하면 소수 이하 자리를 의미하며, 음수로 지정하면 소수점 왼쪽 자리를 의미합니다.

# U p g r a d e

# 연도와 월에 따라 자동으로 변하는 출근부를 만들자

● **시작 파일 :** Theme-2\시간절약\출근부-UP.xlsx    ● **완성 파일 :** Theme-2\완성파일\출근부-UP.xlsx

이미 연도와 월에 따라 날짜가 표시되도록 지정했기 때문에 연도와 월을 바꾸면 자동으로 출근부의 날짜가 바뀝니다. 하지만 31일로 끝나지 않는 월을 지정했을 때 다음 달의 시작 날짜가 출근부 마지막에 표시되기 때문에 이 부분을 제어할 수 있도록 몇 가지 작업이 추가로 필요합니다. 지정한 월의 마지막 날짜까지만 출근부에 표시되도록 하는 방법과 함께 근무시간의 합계를 계산할 때 지정한 월의 마지막 날짜까지만 계산 범위로 사용하도록 동적 범위를 활용하는 방법을 살펴봅니다.

## 01 | 지정한 월의 마지막 날짜까지만 표시하기

**1.** [M2] 셀에 연도 『2009』를 입력하고, [P2] 셀에 월 『2』를 입력합니다. 이렇게 하면 출근부에 2009년 2월 28일까지 표시되고, 나머지는 2009년 3월 1, 2, 3일이 표시됩니다.

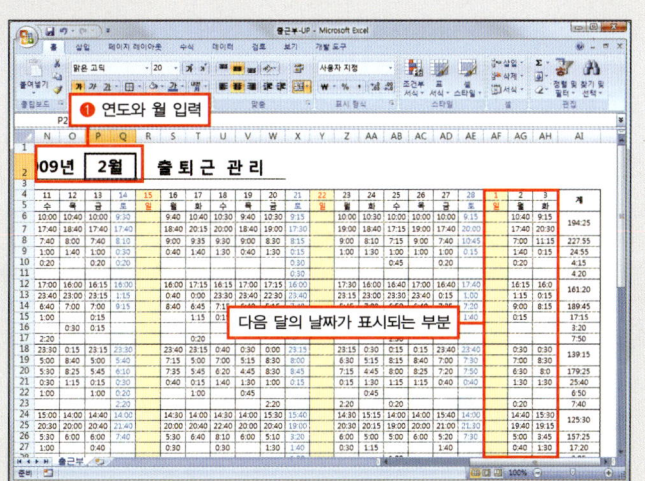

**2.** [D4:AH59] 범위를 블록으로 지정하고

**3.** [홈] 탭 → [스타일] 그룹 → [조건부 서식](📋)을 클릭한 다음

**4.** [새 규칙]을 선택합니다.

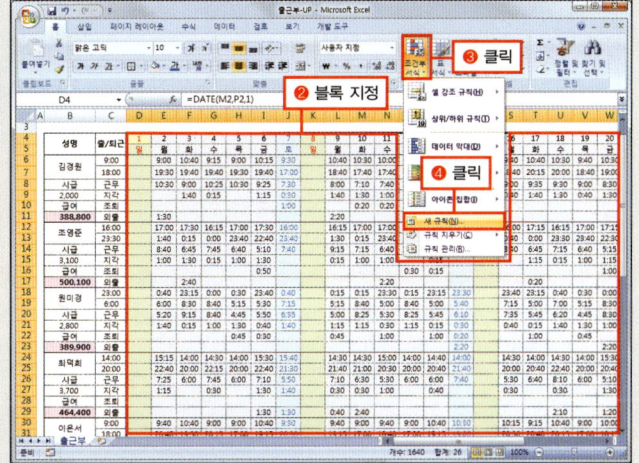

**5.** [새 서식 규칙] 대화상자에서 [수식을 사용하여 서식을 지정할 셀 결정]을 클릭하고

**6.** 수식 상자에 『=D$4>DATE($M$2, $P$2+1,0)』을 입력한 다음

**7.** [서식] 단추를 클릭합니다.

- 4행에 있는 날짜가 DATE 함수로 만든 날짜보다 클 경우 서식을 적용합니다.
- DATE 함수는 [M2] 셀이 '2009'이고 [P2] 셀이 '2'이면 'DATE(2009,2+1,0)'으로 계산되어 2009년 3월 0일 즉, 2009년 2월의 마지막 날짜를 반환합니다.

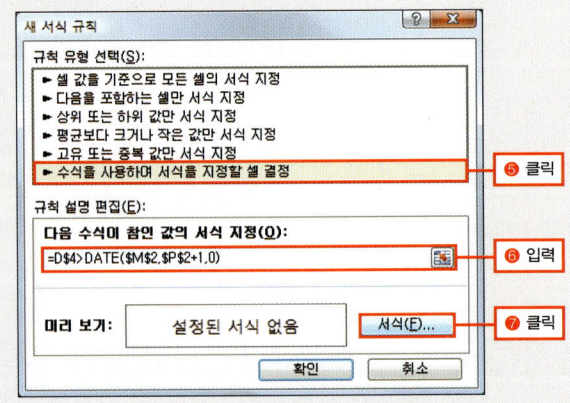

**8.** [셀 서식] 대화상자의 [글꼴] 탭에서 글꼴 색을 회색 계열로 지정합니다.

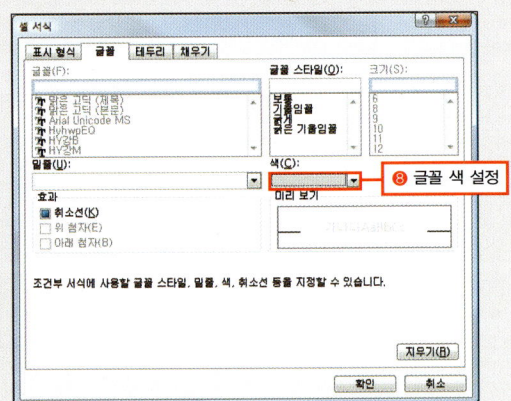

**9.** [채우기] 탭에서 채우기 색을 글꼴 색과 동일한 색으로 지정하고

**10.** [확인] 단추를 클릭합니다.

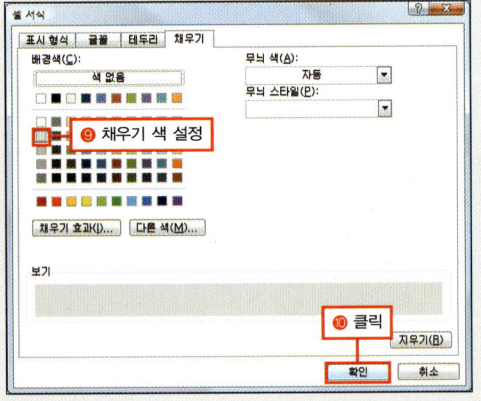

11. [새 서식 규칙] 대화상자에서 [확인] 단추를 클릭하여 조건부 서식을 적용한 결과는 다음과 같습니다. 다음 달의 날짜가 표시된 부분의 글꼴 색과 채우기 색이 모두 회색으로 표시됩니다.

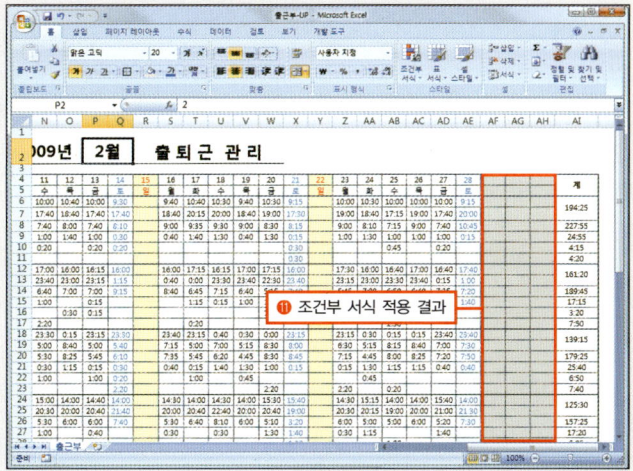

## 02 | 입력할 때 편리하도록 오늘 날짜 강조하기

1. [D4:AH59] 범위를 블록으로 지정하고

2. [홈] 탭 → [스타일] 그룹 → [조건부 서식]([아이콘])을 클릭한 다음

3. [새 규칙]을 선택합니다.

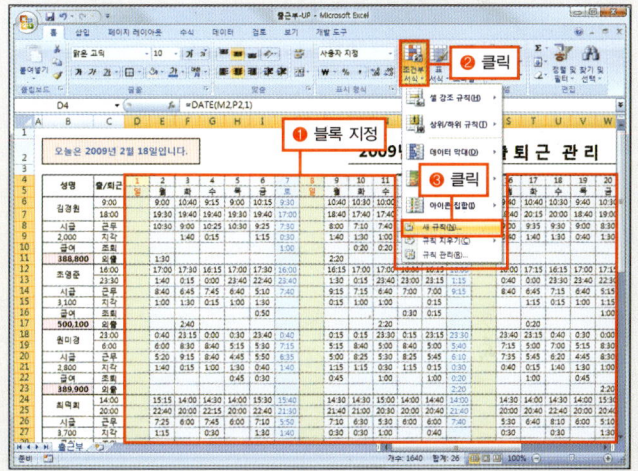

4. [새 서식 규칙] 대화상자에서 [수식을 사용하여 서식을 지정할 셀 결정]을 클릭하고

5. 수식 상자에 『=D$4=$B$2』를 입력합니다.

6. [서식] 단추를 클릭하고 [셀 서식] 대화상자에서 글꼴 색과 글꼴 스타일, 채우기 색, 테두리 등을 원하는 형태로 지정한 다음 [확인] 단추를 클릭합니다.

7. [새 서식 규칙] 대화상자에서 다시 [확인] 단추를 클릭합니다.

• 4행의 날짜가 [B2] 셀의 오늘 날짜와 같을 경우 서식이 적용됩니다.

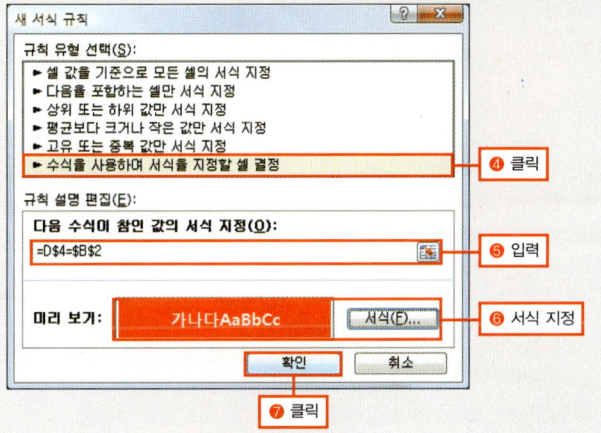

8. 조건부 서식이 적용된 결과는 다음과 같습니다. [B2] 셀에 입력한 날짜와 같은 날짜에 셀을 강조할 수 있는 서식을 지정해서 입력을 편리하게 도와줍니다.

- [B2] 셀에는 현재 '2009-02-18'로 임의의 날짜가 입력되어 있고 사용자 지정 표시 형식을 사용하여 '오늘은 2009년 2월 18일입니다.'로 나타냈습니다.
- 실제로 출근부를 사용할 때는 [B2] 셀에 『=TODAY()』를 입력해서 현재 날짜를 표시하도록 합니다.

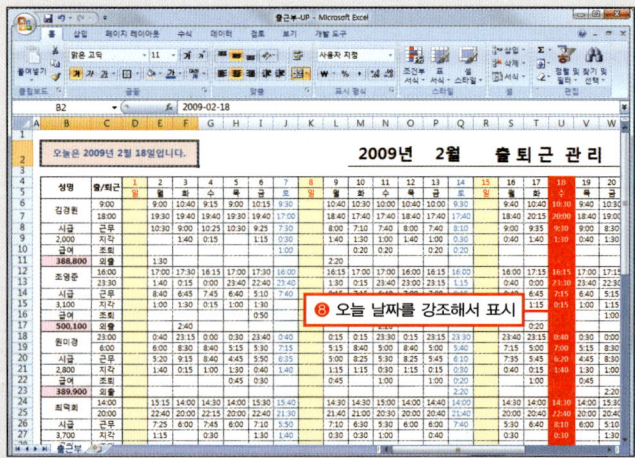

## 03 ᅵ 시간 합계를 구할 때 계산 범위 조정하기

1. [AI8:AI11] 범위를 블록으로 지정하고

2. 『=SUM(OFFSET(D8,0,0,1,DAY(DATE ($M$2,$P$2+1,0))))』을 입력한 다음 Ctrl + Enter 를 누릅니다.

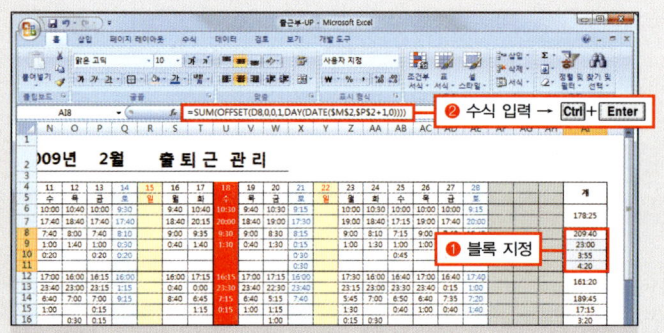

### 수식이 궁금해

마지막 날짜 이후에 출퇴근 시간이 입력되어 있지 않다면 상관없지만, 이전에 사용했던 출퇴근 시간이 그대로 남아 있을 만약의 경우에 대비해서 시간의 합계를 계산할 때 지정한 월의 마지막 날짜까지만 계산하도록 합니다. 마지막 날짜에 따라 SUM 함수의 계산 범위가 변하도록 하기 위해 OFFSET 함수를 사용했습니다.

| 마지막 날짜까지만 계산하기 | =SUM(OFFSET(D8,0,0,1,DAY(DATE($M$2,$P$2+1,0)))) |
| --- | --- |

- **DAY(DATE($M$2,$P$2+1,0))**

    DATE 함수는 연도가 2009이고 월이 2일 때 'DATE(2009,2+1,0)'으로 계산되어 2009년 3월 0일 즉, 2009년 2월의 마지막 날짜를 반환합니다. DATE 함수가 반환한 날짜에서 DAY 함수로 일자만 따로 구해 OFFSET 함수의 너비로 사용합니다.

- **OFFSET(D8,0,0,1,DAY)**

    DAY 함수의 결과가 '28'이라면 [D8] 셀에서 0행 0열 떨어져 있는 [D8] 셀부터 1행, 28열의 크기인 [D8:AE8] 범위를 반환합니다. OFFSET 함수가 반환하는 범위는 1일에 해당되는 셀부터 마지막 날짜에 해당하는 셀까지이며, 이 범위가 합계를 구하는 SUM 함수의 계산 범위가 됩니다.

- **SUM(OFFSET)**

    OFFSET 함수가 반환한 셀 범위의 합계를 계산합니다.

3. [AI6:AI11] 범위를 블록으로 지정하고

4. [홈] 탭 → [클립보드] 그룹 → [복사] (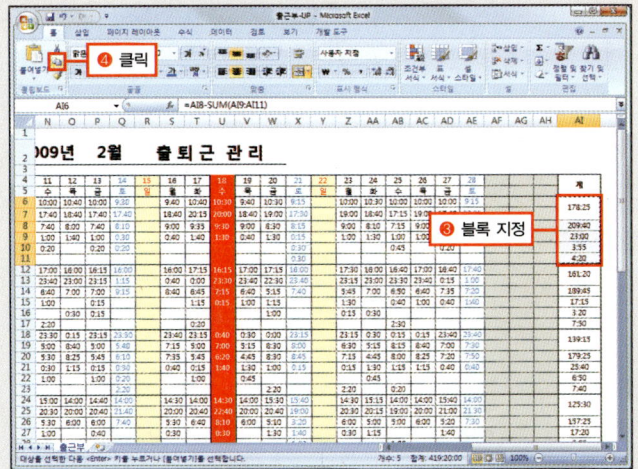)를 클릭합니다.

5. [AI12:AI59] 범위를 블록으로 지정하고

6. [홈] 탭 → [클립보드] 그룹 → [붙여넣기](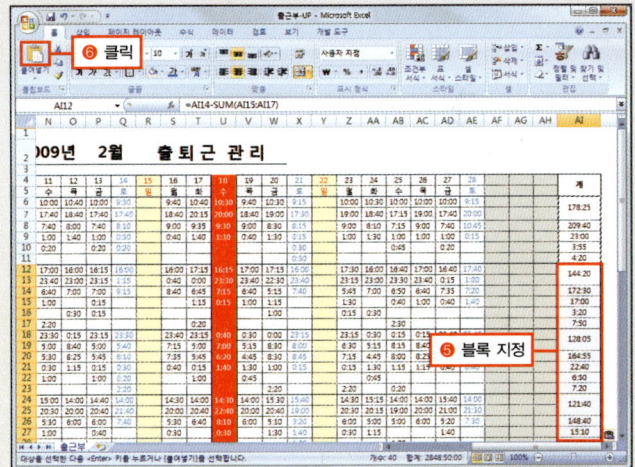)를 클릭해서 완성합니다.

# 시선을 사로잡는 차트로 승부하자

## 기획/관리 업무를 위한 차트 분석

THEME

# 03

엑셀 2007이 자랑하는 특징 중의 하나는 이전 버전보다 한층 더 세련된 전문가 스타일의 그래픽 구현이 가능하다는 것입니다. 이전에는 그럴싸한 그래픽을 엑셀 문서에 포함시키기 위해서 포토샵 등의 그래픽 프로그램을 함께 사용해야 했기 때문에 엑셀을 꽤 한다는 사용자들에게 상처 아닌 상처를 주었습니다. 하지만 엑셀 2007은 몇 번의 마우스 동작으로 포토샵 부럽지 않은 그래픽을 만들 수 있는 기능을 지원합니다. 차트는 워크시트의 데이터를 그래픽으로 비주얼하게 표현하는 것으로 차트를 통해 더욱 명확하고 쉽게 데이터의 흐름을 읽고 데이터를 비교할 수 있습니다. 차트를 이용한 분석 작업을 통해 엑셀 2007의 화려한 그래픽 기능이 차트에 어떤 영향을 미칠 수 있는지 생생하게 느낄 수 있을 것입니다.

T
H
E
M
E

# 실무를 위한 가벼운 워밍업

# 03

## 1. 차트 작성의 기본적인 순서

차트는 데이터 흐름이나 비교를 한 눈에 파악할 수 있도록 워크시트 데이터를 그래픽으로 표시합니다. 엑셀 2007에서는 차트로 표시할 데이터 범위를 블록으로 지정하고 차트 종류를 선택하는 것만으로 아주 쉽게 차트를 만들 수 있습니다. 다음은 차트를 작성하는 가장 일반적인 작업 순서입니다.

1. 차트로 작성할 데이터 범위를 블록으로 지정합니다.

| | A | B | C | D | E | F | G |
|---|---|---|---|---|---|---|---|
| 1 | | | | | | | |
| 2 | | 학습유형 | 1차 | 2차 | 3차 | 최종성적 | |
| 3 | | A-style | 70 | 75 | 84 | 76 | |
| 4 | | B-style | 95 | 80 | 75 | 83 | |
| 5 | | C-style | 80 | 72 | 64 | 72 | |
| 6 | | D-style | 79 | 85 | 92 | 85 | |
| 7 | | E-style | 60 | 78 | 89 | 75 | |
| 8 | | | | | | | |

2. [삽입] 탭 → [차트] 그룹에서 원하는 차트 종류를 클릭한 다음 세부 종류를 선택합니다.

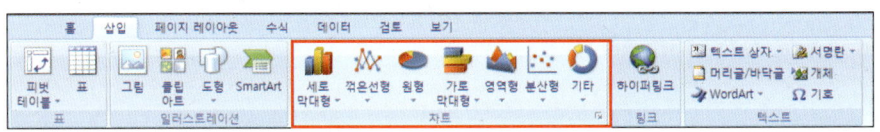

3. 데이터 범위가 있는 워크시트에 차트가 삽입되면 차트 테두리에서 마우스 왼쪽 단추를 클릭한 채 드래그해서 차트를 이동하고, 차트 테두리에 있는 크기 조절 핸들을 드래그해서 차트 크기를 조정합니다. 차트 크기 조절 핸들은 상하 좌우와 모서리마다 모두 8개가 표시됩니다.

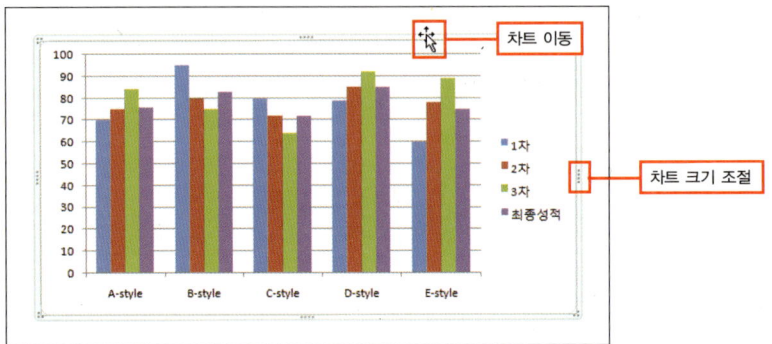

4. 기본적인 스타일로 만들어진 차트에 필요한 레이아웃과 서식을 지정해서 차트를 꾸밉니다.

# 2. 차트 구성 요소

차트는 여러 개의 차트 요소로 구성됩니다. 기본적으로 작성된 차트에 여러분이 원하는 차트 요소를 추가하고 원하는 형태로 편집할 수 있어야 합니다. 차트 요소의 명칭과 함께 각 요소가 차트에서 어떤 목적으로 사용되는지 용도에 대해 알아봅니다.

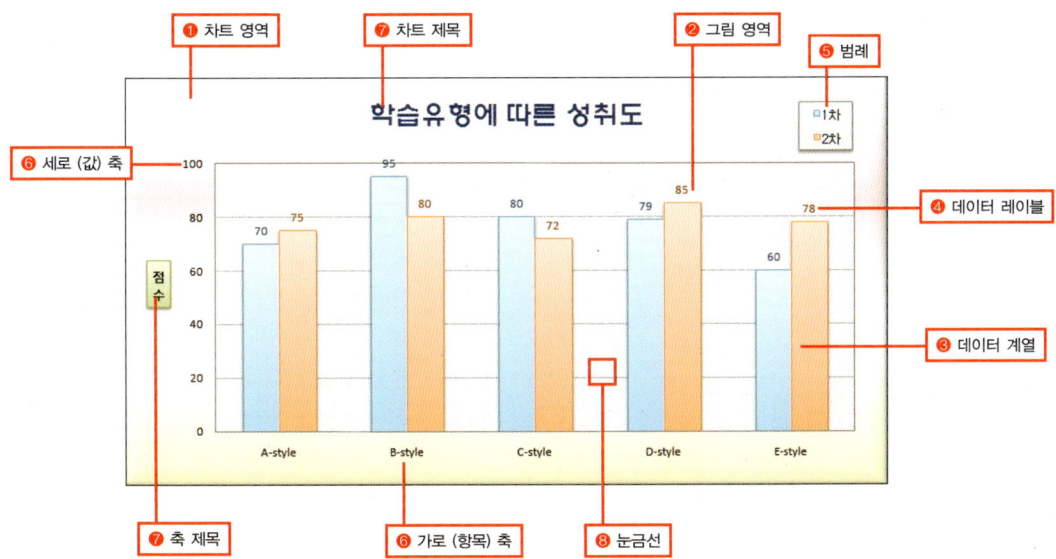

❶ **차트 영역** : 차트의 모든 요소가 포함되어 있는 기본 영역입니다. 차트 영역은 다른 요소들과는 달리 제거할 수 없습니다. 차트 영역을 제거한다는 것은 차트 자체를 제거한다는 의미가 됩니다.

❷ **그림 영역** : 데이터 계열과 축으로 구성되는 영역으로 그림 영역에 실제 차트가 그려진다고 할 수 있습니다. 차트 영역의 크기 안에서 그림 영역의 크기를 조절할 수 있습니다.

❸ **데이터 계열** : 차트에 그려지는 데이터 요소입니다. 그림의 차트는 1차와 2차, 두 개의 데이터 계

열로 이루어져 있습니다. 데이터 계열은 고유의 서식(색이나 무늬 등)을 가지고 범례 안에 표시됩니다.

❹ **데이터 레이블** : 데이터 계열의 각 요소에 대한 추가 정보입니다. 계열 이름이나 항목 이름, 값 등으로 레이블 내용을 지정할 수 있는데, 그림의 차트는 데이터 값을 데이터 레이블로 표시한 것입니다.

❺ **범례** : 데이터 계열에 할당된 색이나 무늬와 함께 데이터 계열 이름을 표시하는 상자입니다. 범례를 보고 데이터 계열을 쉽게 구별할 수 있습니다.

❻ **축** : 2차원 차트의 경우 '가로 (항목) 축'과 '세로 (값) 축'으로 구성됩니다. 3차원 차트를 작성하면 '깊이 (계열) 축'이 추가되어 표시됩니다. 가로 축에 표시되는 레이블을 '항목 레이블'이라고 하고, 세로 축에 표시되는 레이블을 '값 레이블'이라고 합니다.

❼ **차트 제목과 축 제목** : 차트 제목과 축 제목을 추가한 다음 제목 상자 안쪽에서 텍스트를 수정합니다. 차트 제목은 전체 차트에 대한 설명을 나타내고, 축 제목은 가로 축이나 세로 축을 설명합니다.

❽ **눈금선** : 그림 영역에서 가로 축이나 세로 축에서 확장한 가로 및 세로 눈금선입니다. 눈금선은 차트에서 데이터를 더 쉽게 읽을 수 있도록 도와주는 역할을 합니다. 가로 축과 세로 축에 각각 주 눈금선과 보조 눈금선을 표시할 수 있습니다.

**Warming Up**

# 3. 차트 종류 바꾸기

차트 종류를 적절하게 선택하는 것은 데이터를 더 효과적으로 설명하고 전달하기 위해 매우 중요한 과정이라고 할 수 있습니다. 처음에 작성한 차트 종류를 다른 차트 종류로 간단하게 바꿀 수 있습니다. 이때 이전에 설정한 레이아웃이나 서식 등은 그대로 유지되면서 단지 차트 종류만 변경됩니다.

차트를 클릭해서 선택하면 리본 메뉴에 [차트 도구]가 표시되는데 [디자인] 탭 → [종류] 그룹 → [차트 종류 변경](📊)을 클릭합니다. [차트 종류 변경] 대화상자의 왼쪽에서 차트 종류를 선택하고, 오른쪽에서 선택한 차트의 세부 종류를 선택한 다음 [확인] 단추를 클릭합니다.

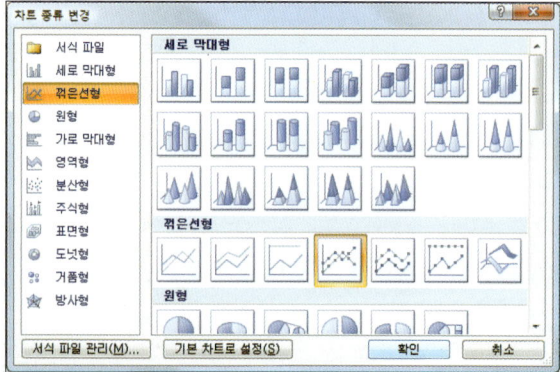

다음은 세로 막대형 차트를 표식이 있는 꺾은선형 차트로 변경한 결과입니다.

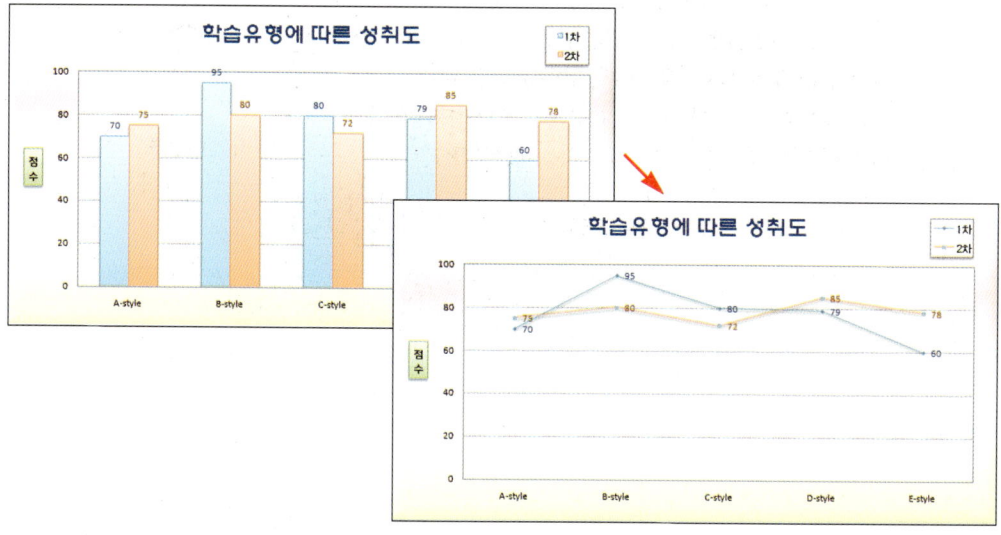

## 4. 차트의 행과 열 바꾸기

차트를 작성한 다음 차트에서 워크시트의 행과 열을 표시하는 방법을 변경할 수 있습니다. [차트 도구] → [디자인] 탭 → [데이터] 그룹에서 [행/열 전환]()을 클릭하면 행과 열이 서로 바뀝니다. 다음은 연도별 제품 판매량을 표시한 원래 차트를 제품별로 연도별 판매량을 표시하도록 행/열 전환을 실행한 결과입니다.

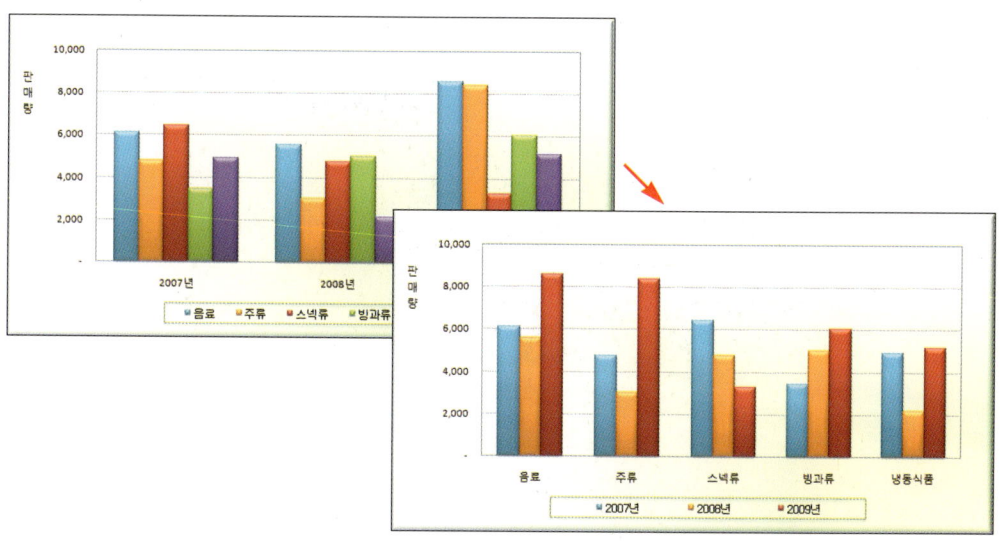

# 5. 빠르게 차트 레이아웃 바꾸기

차트 레이아웃은 차트에 어떤 차트 요소를 포함시킬 것인지, 차트 요소를 어떤 형식으로 나타낼 것인지를 결정합니다. 차트 레이아웃을 가장 빠르게 변경할 수 있는 방법은 [차트 도구] → [디자인] 탭 → [차트 레이아웃] 그룹의 차트 레이아웃 갤러리에서 선택하는 것입니다. 차트 레이아웃 갤러리에는 현재 선택한 차트 종류에 따라 다음과 같이 여러 종류의 차트 레이아웃이 제공됩니다. 원하는 레이아웃을 선택해서 한 번에 차트 레이아웃을 바꿀 수 있습니다.

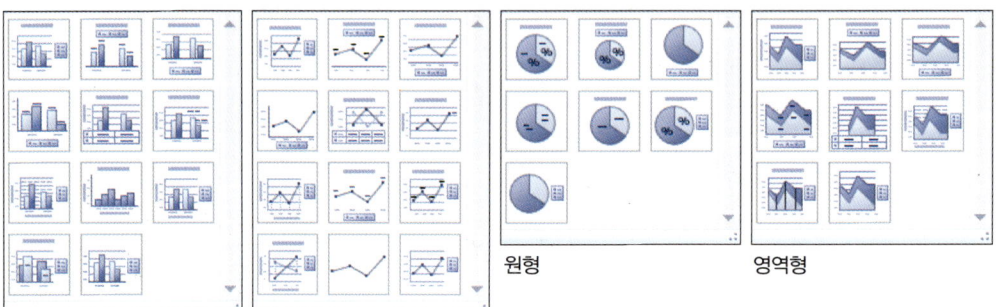

세로 막대형          꺾은선형          원형          영역형

빠른 차트 레이아웃을 통해 차트 레이아웃을 결정한 후 다시 필요한 차트 요소를 더 추가하고, 필요하지 않은 차트 요소는 제거합니다. 차트 요소를 제거하는 방법은 매우 간단합니다. 원하는 차트 요소를 클릭해서 선택한 후 Delete를 누르면 바로 해당 요소가 제거됩니다. 예를 들어 범례가 포함되어 있는 레이아웃을 설정한 다음 범례를 선택하고 Delete를 눌러 범례를 제거할 수 있습니다. 차트 요소를 추가하는 방법은 바로 뒤에서 설명합니다.

# 6. 차트 제목과 축 제목

차트 제목과 축 제목은 모두 사용자가 직접 텍스트를 입력할 수 있는 차트 요소입니다. 차트 제목이나 축 제목을 추가한 다음 제목 상자 안쪽을 클릭하고 기본 설정된 텍스트를 원하는 다른 텍스트로 수정해야 합니다. [차트 도구] → [레이아웃] 탭 → [레이블] 그룹에서 차트 제목이나 축 제목을 추가할 수 있습니다.

- **차트 제목** : [차트 제목](📊)을 클릭하고 [제목을 가운데에 맞춰 표시] 또는 [차트 위]를 선택해서 차트 제목을 표시합니다.
- **축 제목** : 2차원 차트의 경우 가로 축과 세로 축이 있습니다. 세로 축의 제목을 추가하려면 [축 제목](📊)을 클릭하고 [기본 세로 축 제목]에서 원하는 형태의 축 제목을 선택합니다. 가로 축의 제목을 추가하려면 [기본 가로 축 제목]에서 원하는 형태의 축 제목을 선택합니다.

# 7. 범례와 데이터 레이블

범례는 데이터 계열을 구분하기 쉽도록 데이터 계열에 할당된 무늬나 색과 함께 계열 이름을 표시하는 상자입니다. 데이터 레이블은 데이터 요소에 계열 이름이나 항목 이름, 값, 백분율 등으로 추가 정보를 제공하는 레이블입니다.

- **범례** : [범례](📊)를 클릭하고 범례 위치를 선택해서 표시합니다. 범례 상자를 직접 마우스로 드래그해서 위치를 이동할 수 있으며 상자의 크기도 조정할 수 있습니다.
- **데이터 레이블** : [데이터 레이블](📊)을 클릭하고 레이블의 위치를 선택합니다. 또는 [기타 데이터 레이블 옵션]을 선택한 다음 레이블 내용이나 위치, 구분 기호 등을 [데이터 레이블 서식] 대화상자를 통해 설정할 수 있습니다.

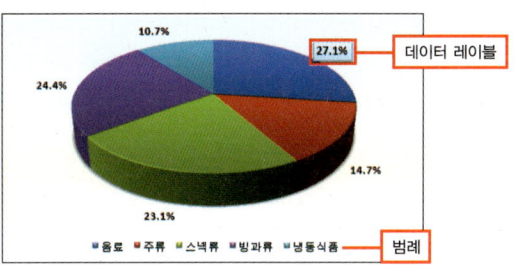

# 8. 축과 눈금선

[차트 도구] → [레이아웃] 탭 → [축] 그룹에서 [축](📊)과 [눈금선](📊)의 표시 여부와 옵션 등을 설정합니다. 축에는 [기본 가로 축]과 [기본 세로 축]이 있습니다. 차트에서 보조 축을 사용한 경우에는 [보조 가로 축]과 [보조 세로 축]도 설정할 수 있습니다. 눈금선에는 [기본 가로 눈금선], [기본 세로 눈금선], [보조 가로 눈금선], [보조 세로 눈금선]이 있습니다.

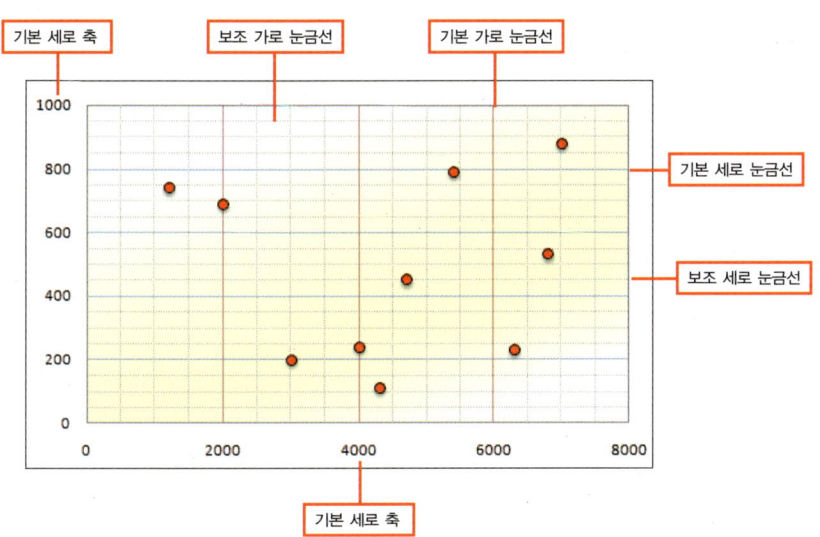

# 9. 차트 스타일로 서식 지정하기

차트 스타일은 차트 전체 또는 차트를 구성하는 개별 요소에 대해 서식을 지정하는 것입니다. 엑셀 2007은 그래픽 분야에 초보자도 당장 사용할 수 있는 전문성을 많이 도입했기 때문에 그래픽으로 구성되는 차트 스타일을 사용해 보면 확실하게 더욱 세련되고 전문적인 차트를 쉽게 작성할 수 있다는 자신감을 얻게 될 것입니다.

[차트 도구] → [디자인] 탭 → [차트 스타일] 그룹의 차트 스타일 갤러리는 문서에서 사용하고 있는 테마에 의해 여러 종류의 미리 만들어진 차트 스타일을 제공합니다. 여기에서 차트 스타일을 클릭하는 것만으로 차트 전체의 스타일을 멋지게 바꿀 수 있습니다. 차트 스타일 갤러리에서 자세히(⬛) 단추를 클릭하면 사용 가능한 차트 스타일을 모두 볼 수 있습니다.

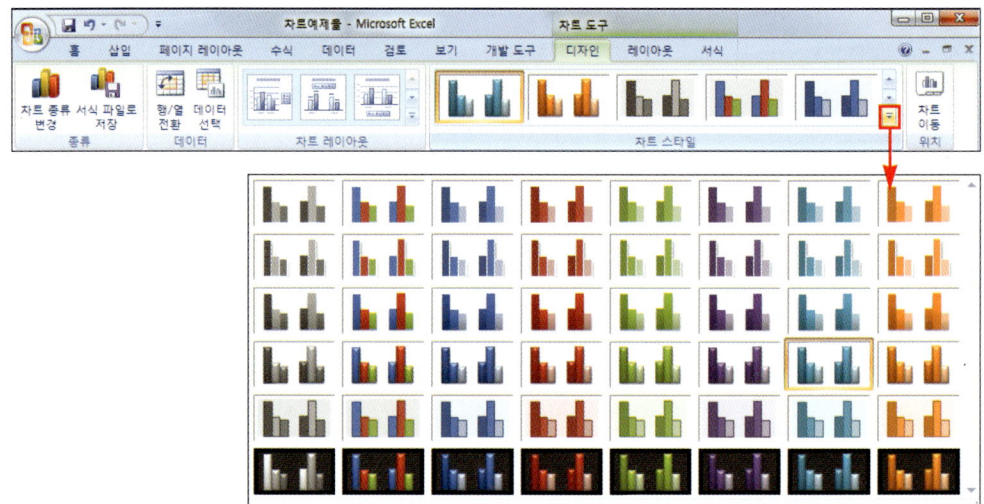

# 10. 리본 메뉴를 이용해서 차트 서식 지정하기

차트를 선택하면 표시되는 리본 메뉴의 [차트 도구] → [서식] 탭에 있는 도구들을 사용해서 차트에서 선택한 차트 요소에 대한 서식을 지정할 수 있습니다. 예를 들어 '차트 제목' 요소를 선택한 다음 [도형 스타일] 그룹에서 제목 상자의 채우기 색이나 윤곽선 등을 지정합니다.

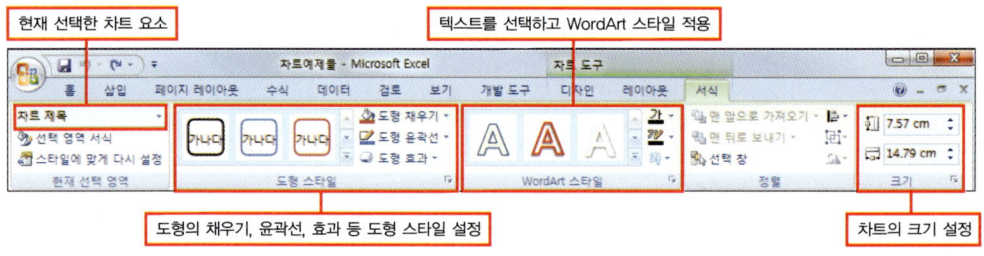

# 11. 서식 대화상자를 이용한 차트 서식 지정

선택한 차트 요소에 대한 모든 적용 가능한 서식
을 보려면 [현재 선택 영역] 그룹 → [선택 영역 서
식](🔧선택 영역 서식)을 클릭해서 서식 대화상자를 표
시합니다. 예를 들어 데이터 계열을 선택하고 [선
택 영역 서식](🔧선택 영역 서식)을 클릭하면 다음과 같
이 [데이터 계열 서식] 대화상자가 나타납니다. 대
화상자 왼쪽에서 범주를 먼저 선택하고 오른쪽에
서 세부적인 스타일 설정 작업을 수행합니다.

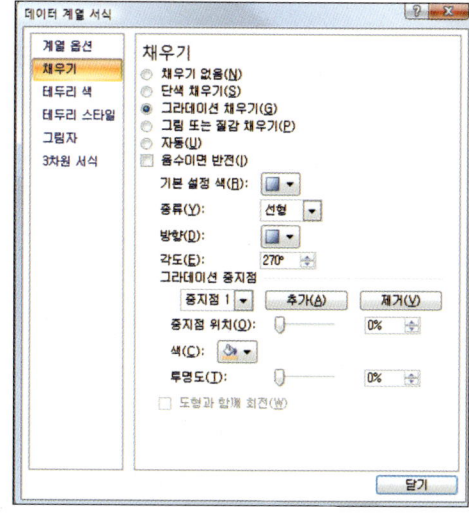

# 12. 엑셀 2007에서 차트 서식을 지정하기 위한 지침

엑셀 2007에서 서식 대화상자를 사용할 때 알아두어야 할 몇 가지가 있습니다. 다음 항목들이 차트
요소의 서식을 지정하기 위해 서식 대화상자를 사용할 때 도움이 될 것입니다.

- **대화상자에서 지정한 서식은 차트에 바로 적용됩니다.**
  [닫기] 단추를 클릭하는 것은 단지 대화상자를 닫는다는 의미만 가집니다. 대화상자에서 서식을 지
  정할 때마다 실시간으로 서식이 차트에 적용됩니다.

- **대화상자에서 작업 중에 실행 취소 명령을 사용할 수 있습니다.**
  대화상자에서 서식을 지정하면 바로 차트에 적용됩니다. 이 서식을 취소하려면 빠른 실행 도구 모
  음에서 [실행 취소](🔙)를 클릭하고 계속 대화상자에서 다른 작업을 수행할 수 있습니다.

- **하나의 요소에 대한 서식 작업이 끝나고 대화상자를 닫을 필요가 없습니다.**
  예를 들면 '차트 제목'에 대한 [차트 제목 서식] 대화상자에서 차트 제목의 서식 지정이 모두 끝났
  을 때, 대화상자가 열려 있는 상태로 차트에서 '데이터 레이블'을 클릭하면 대화상자가 [데이터 레
  이블 서식] 대화상자로 바뀝니다.

**Warming Up**

# 13. 차트의 원본 데이터 숨기기

경우에 따라 차트의 원본 데이터를 숨길 필요가 생길지도 모릅니다. 다음은 [B:F] 열 범위를 블록으로 지정한 다음 마우스 오른쪽 단추를 클릭하고 [숨기기] 메뉴를 선택하여 차트의 원본 데이터를 숨긴 결과입니다. 차트의 원본 데이터를 숨기면 기본적으로 차트에 아무 것도 나타나지 않습니다.

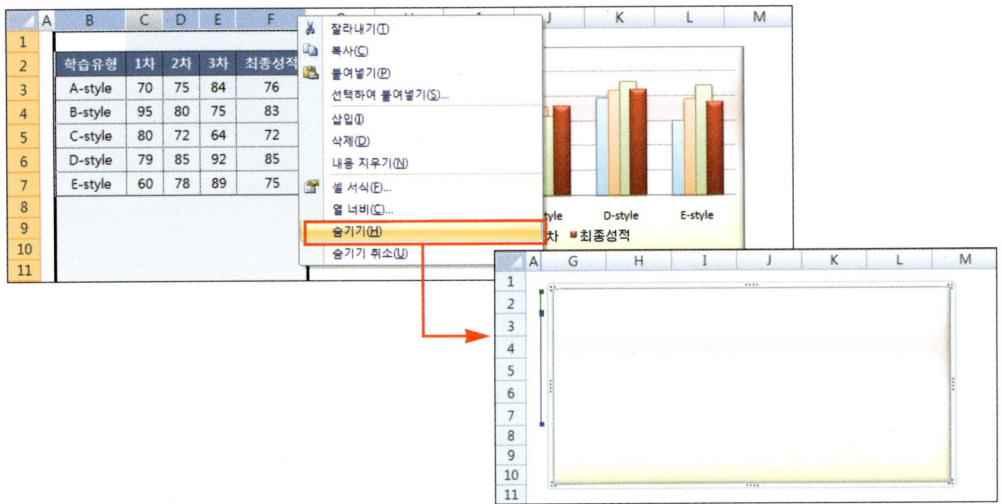

차트의 원본 데이터를 숨겼을 때 차트에 아무 것도 나타나지 않으면 다음과 같은 작업 과정을 통해 원본 데이터를 숨기더라도 차트에 데이터가 표시되도록 설정을 변경합니다.

1. 아무 것도 나타나지 않는 차트를 선택하고 [차트 도구] → [디자인] 탭 → [데이터] 그룹 → [데이터 선택](📊)을 클릭합니다.

2. [데이터 원본 선택] 대화상자가 실행되면 [숨겨진 셀/빈 셀] 단추를 클릭합니다.

3. [숨겨진 셀/빈 셀 설정] 대화상자에서 [숨겨진 행 및 열에 데이터 표시] 확인란을 클릭해서 선택하고 [확인] 단추를 클릭합니다.

4. [데이터 원본 선택] 대화상자로 돌아가면 다시 [확인] 단추를 클릭합니다.

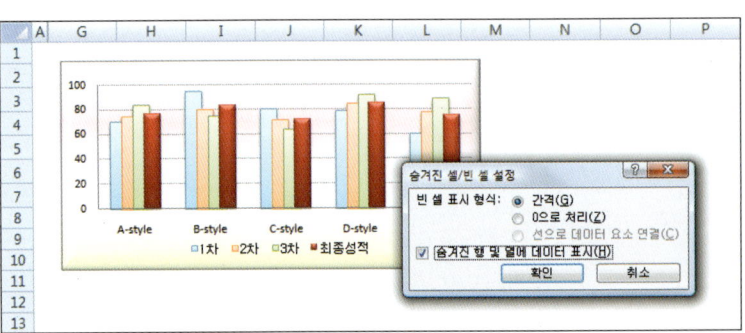

# 14. 원형 차트와 도넛형 차트의 비교

원형 차트와 도넛형 차트는 전체에 대한 각 항목의 구성 비율을 표시할 때 적합한 차트 종류입니다. 두 차트의 차이점은 원형 차트는 언제나 하나의 데이터 계열만 표시할 수 있고, 도넛형 차트는 여러 개의 데이터 계열을 표시할 수 있다는 것입니다.

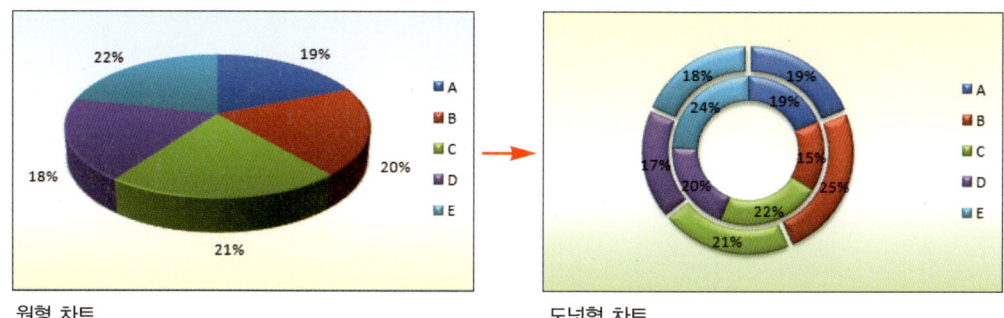

원형 차트                                        도넛형 차트

원형 차트는 차트를 구성하는 특정 조각을 중심으로부터 분리해서 강조하는 방법이 많이 사용됩니다. 원형 차트의 조각을 한 번 클릭하면 모든 조각이 선택 상태가 됩니다. 이 상태에서 특정 조각을 한 번 더 클릭하면 조각 하나만 선택됩니다.

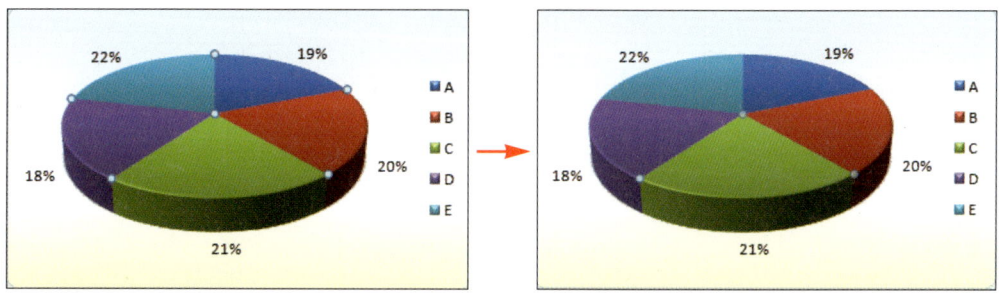

모든 원형 조각이 선택된 상태                    하나의 원형 조각만 선택된 상태

이렇게 특정 조각만 선택한 상태에서 마우스 왼쪽 단추를 클릭한 채 중심의 반대 방향으로 원형 조각을 끌어다 놓으면 해당 조각이 중심에서 분리된 형태가 됩니다. 분리된 조각을 다시 중심 쪽으로 끌어다 놓으면 원래 상태로 만들 수 있습니다. 도넛형 차트에서도 같은 방법으로 도넛 조각을 분리할 수 있는데 여러 개의 데이터 계열 중 가장 바깥쪽에 있는 계열의 도넛 조각만 분리가 가능합니다.

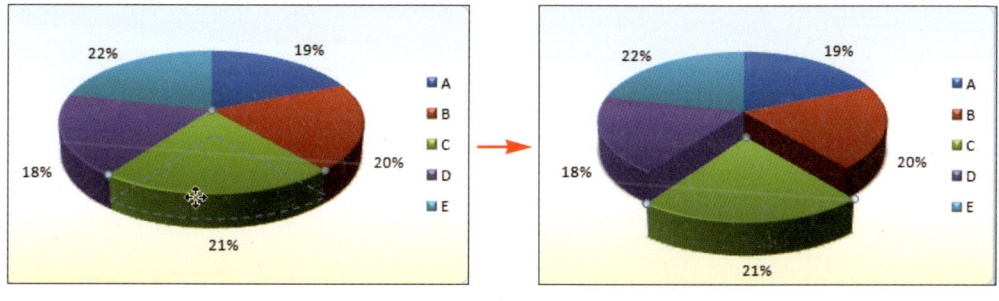

# 작업 일정의 시간적 흐름을 표시하는 간트 차트

Section 01

간트 차트는 고안자인 헨리 간트(Henry Gantt)의 이름을 딴 것으로 프로젝트의 일정 관리를 목적으로 주로 사용되는 차트입니다. 간트 차트는 프로젝트의 시작과 끝을 그래픽 바(Bar)로 표시해서 전체 일정을 파악하기 쉽게 도와줄 뿐만 아니라 프로젝트 사이의 관계를 표시할 수도 있습니다. 엑셀에서 '간트 차트' 라는 차트 종류를 지원하는 것은 아니지만, 누적 가로 막대형 차트를 응용해서 쉽게 간트 차트를 만들 수 있습니다.

Preview    ● **시작 파일** : Theme-3\시간절약\간트차트.xlsx    ● **완성 파일** : Theme-3\완성파일\간트차트.xlsx

## 신제품 마케팅 전략 일정표

| 제목 | 기간 | 개시일 | 종료일 |
|---|---|---|---|
| 1. 시장 분석 | 6 | 9/15 | 9/20 |
| 2. 표적 시장 선정 | 5 | 9/20 | 9/24 |
| 3. 광고 컨셉 개발 | 10 | 9/20 | 9/29 |
| 4. 광고 매체 계획 | 8 | 9/25 | 10/2 |
| 5. 매체 비용 분석 | 5 | 9/30 | 10/4 |
| 6. 매체 타이밍 결정 | 8 | 10/2 | 10/9 |
| 7. 총괄적 전략 보고 | 7 | 10/5 | 10/11 |

프로젝트 제목과 기간, 개시일을 차트의 원본 데이터로 사용

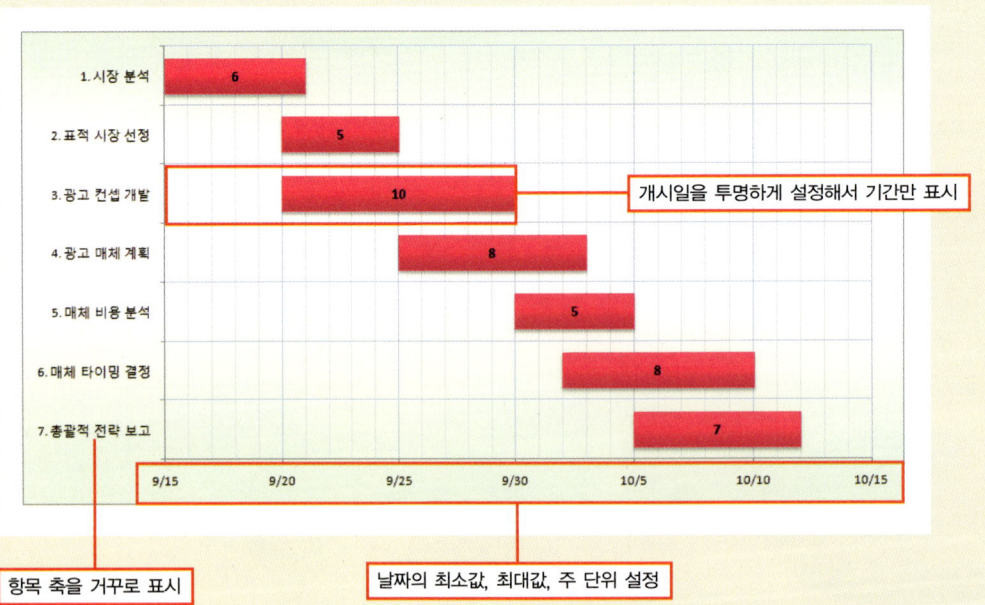

개시일을 투명하게 설정해서 기간만 표시

항목 축을 거꾸로 표시

날짜의 최소값, 최대값, 주 단위 설정

## 01 작업 기간과 개시일을 사용해서 누적 가로 막대형 차트 그리기

**1.** [B3:D10] 범위를 블록으로 지정하고

**2.** [삽입] 탭 → [차트] 그룹 → [가로 막대형](📊)을 클릭한 다음

**3.** [2차원 가로 막대형]에서 [누적 가로 막대형] 차트를 선택합니다.

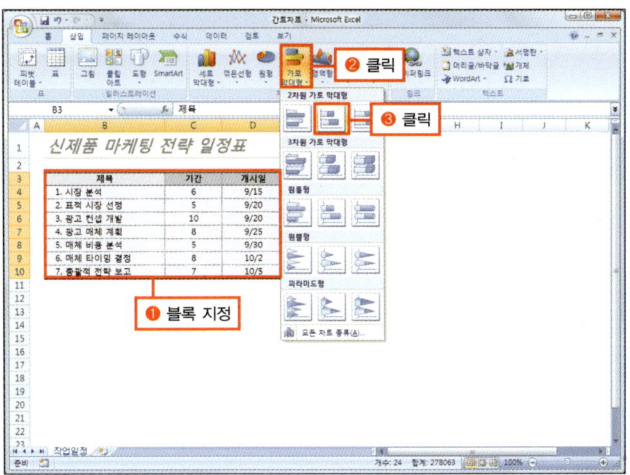

**4.** 워크시트에 차트가 삽입되면 차트의 테두리를 드래그해서 위치를 이동하고

**5.** 차트 테두리에 있는 크기 조절 핸들을 드래그해서 차트 크기를 조정합니다.

• 차트 테두리에는 상하 좌우와 모서리에 모두 8개의 크기 조절 핸들이 표시됩니다. 크기 조절 핸들에서 마우스 포인터가 양방향 화살표 모양으로 변하면 마우스 왼쪽 단추를 클릭한 채 드래그해서 차트 크기를 조절합니다.

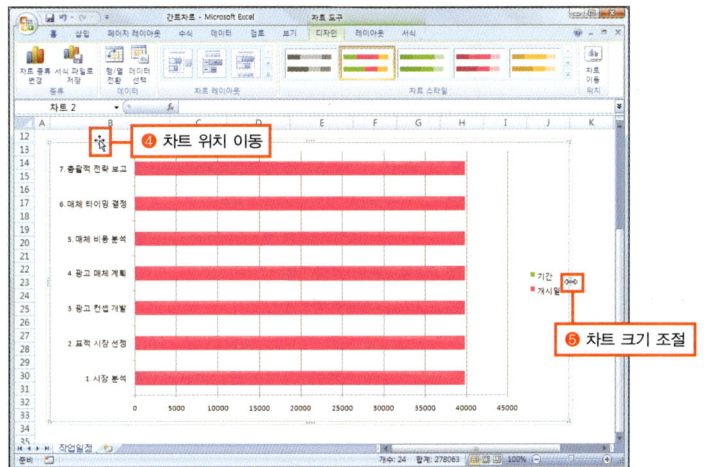

**6.** [차트 도구] → [디자인] 탭 → [데이터] 그룹 → [데이터 선택](📊)을 클릭합니다.

**7.** [데이터 원본 선택] 대화상자의 [범례 항목(계열)]에서 [기간]을 선택한 다음

**8.** [아래로 이동](🔽) 단추를 클릭해서 계열 순서를 변경하고

**9.** [확인] 단추를 클릭합니다.

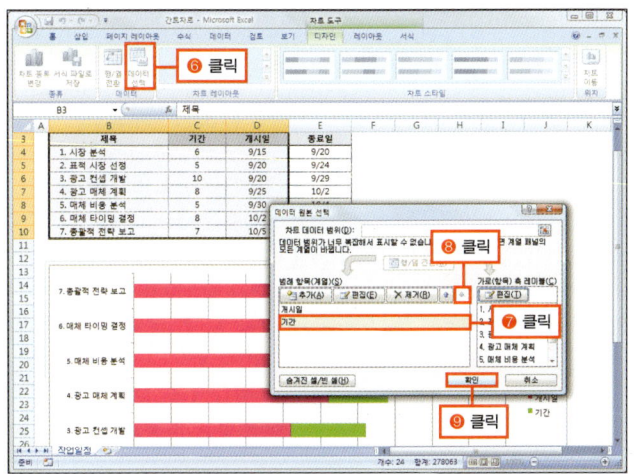

## 02 축 서식 지정하기

**1.** 세로(항목) 축을 클릭하고

**2.** [차트 도구] → [레이아웃] 탭 → [현재 선택 영역] 그룹 → [선택 영역 서식] (선택 영역 서식)을 클릭합니다.

**3.** [축 서식] 대화상자의 [축 옵션]에서 [항목을 거꾸로]를 선택하고

**4.** [가로 축 교차] 옵션을 [최대 항목]으로 선택합니다.

- [항목을 거꾸로]를 선택하면 세로 축 항목이 거꾸로 표시되면서 가로 축이 그림 영역 위쪽에 표시됩니다. [가로 축 교차] 옵션을 [최대 항목]으로 설정하면 가로 축이 다시 그림 영역 아래쪽에 표시됩니다.

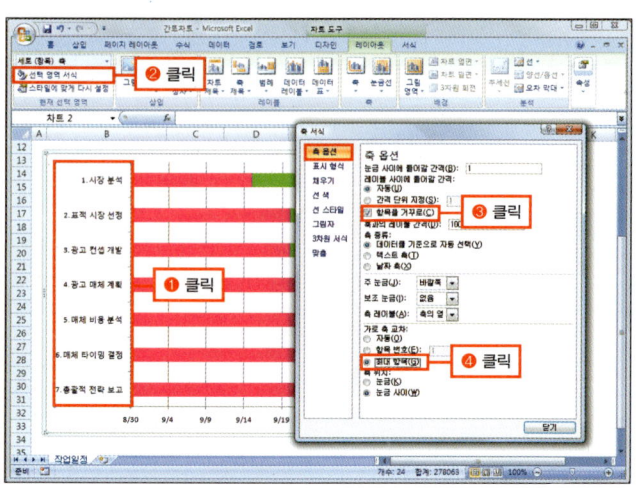

**5.** 대화상자가 열려 있는 상태에서 가로 (값) 축을 클릭하고

**6.** [축 옵션]에서 [최소값]을 [고정]으로 선택한 다음 『39706』을 입력합니다. [최대값]도 [고정], 『39736』으로 설정하고, [주 단위]도 [고정], 『5』로 설정한 다음

**7.** [닫기] 단추를 클릭해서 대화상자를 닫습니다.

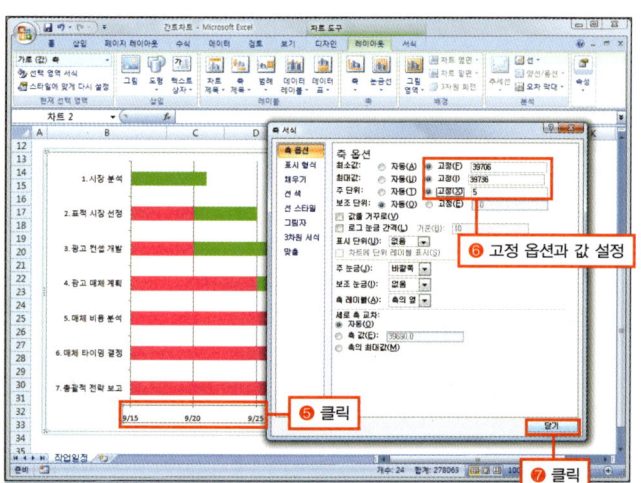

### 왜 그런지 궁금해

가로 (값) 축에 표시되어 있는 날짜의 최소값과 최대값, 주 단위를 설정하는 과정입니다. 날짜는 엑셀에서 날짜 일련 번호(숫자)로 처리하기 때문에 최소값, 최대값, 주 단위에 직접 날짜 형태로 값을 지정할 수 없습니다. 여기에서 날짜 일련 번호 '39706'은 '2008-09-15'에 해당되고, '39736'은 '2008-10-15'에 해당됩니다. 이러한 일련 번호를 알아내려면 워크시트의 셀에 해당 날짜를 입력하고 [홈] 탭 → [표시 형식] 그룹 → 표시 형식(일반)의 목록 단추를 클릭합니다. 그리고 표시 형식 목록에서 '숫자'에 어떤 값이 표시되는지 확인하고 메모해야 합니다. 이렇게 알아낸 날짜 일련 번호 즉, 숫자를 축 옵션의 최소값과 최대값에 입력합니다. 주 단위는 날짜 1일이 숫자 '1'에 해당되므로 '5'를 입력해서 5일 단위로 가로 (값) 축에 날짜가 표시되게 합니다.

## 03 간트 차트 꾸미기

1. '개시일' 데이터 계열을 선택하고

2. [차트 도구] → [서식] 탭 → [도형 스타일] 그룹 →  [도형 채우기]( 도형 채우기 ▾ )를 클릭하고 [채우기 없음]을 선택합니다.

- 계열의 채우기 색을 없음으로 설정해서 '개시일' 부분을 숨기면 차트에는 '기간'만 표시됩니다. 이렇게 '기간'만 표시한 차트가 바로 '간트 차트'입니다.

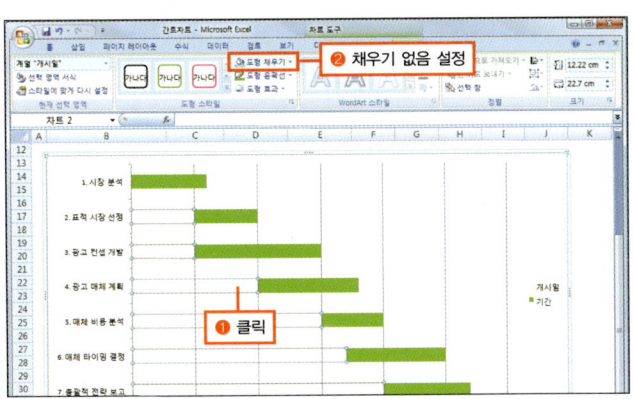

3. '기간' 데이터 계열을 선택하고

4. [차트 도구] → [서식] 탭 → [도형 스타일] 그룹의 도형 스타일 갤러리에서 [보통 효과 – 강조 2]를 선택합니다.

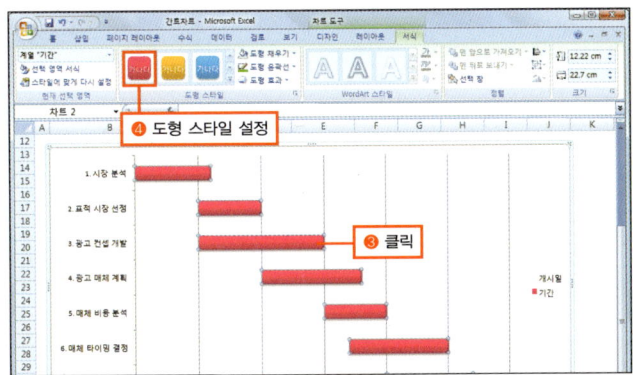

5. '기간' 데이터 계열이 선택되어 있는 상태에서 [차트 도구] → [레이아웃] 탭 → [레이블] 그룹 → [데이터 레이블]( )을 클릭하고 [가운데]를 선택해서 데이터 레이블을 표시합니다.

6. [레이블] 그룹 → [범례]( )를 클릭하고 [없음]을 선택해서 범례 상자를 사용하지 않도록 합니다.

7. [축] 그룹 → [눈금선]( )을 클릭하고 [기본 가로 눈금선]에서 [주 눈금선]을 선택합니다.

8. [축] 그룹 → [눈금선]( )을 클릭하고 [기본 세로 눈금선]에서 [주/보조 눈금선]을 선택합니다.

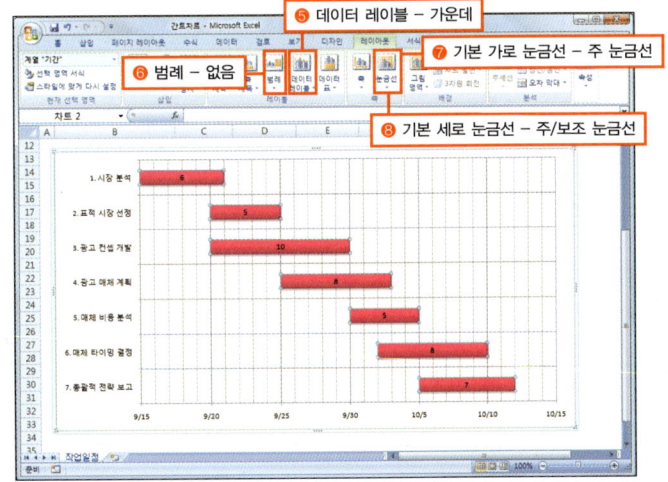

**9.** '기간' 데이터 계열이 선택된 상태에서 [현재 선택 영역] 그룹 → [선택 영역 서식](🖊선택 영역 서식)을 클릭해서 [데이터 계열 서식] 대화상자를 엽니다.

**10.** [계열 옵션]에서 [간격 너비]를 [70%]로 지정해서 막대 사이의 간격을 줄인 다음

**11.** [닫기] 단추를 클릭합니다.

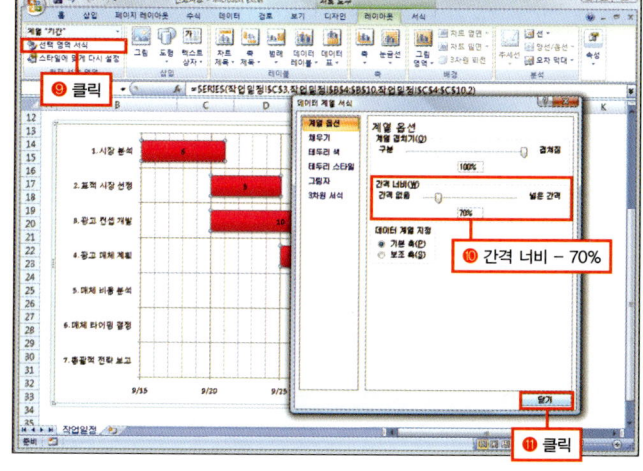

**12.** 차트의 레이아웃 설정이 끝나면 차트 요소를 선택하고 [차트 도구] → [서식] 탭에 있는 도구들을 이용해서 각 요소의 서식을 지정합니다. 다음은 차트 영역과 눈금선 등의 서식을 지정하여 완성한 간트 차트입니다.

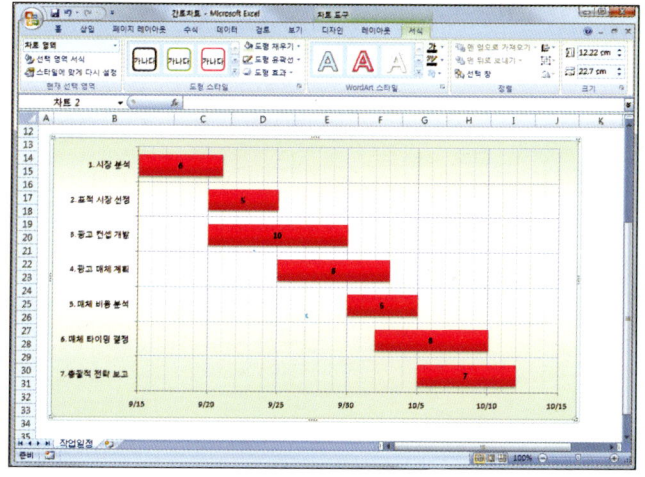

# Upgrade 프로젝트의 진행 상황을 간트 차트에 표시하자

● **시작 파일** : Theme-3\시간절약\간트차트-UP.xlsx　　● **완성 파일** : Theme-3\완성파일\간트차트-UP.xlsx

앞에서 작성한 간트 차트를 다른 형식으로 변형해 보겠습니다. 여기에서는 오늘 날짜를 기준으로 프로젝트가 몇 퍼센트 진행되었는지의 경과율을 차트에 표시합니다. 이 작업을 위해 개시일로부터 오늘 날짜까지 경과일과 오늘 날짜부터 종료일까지 잔여일, 그리고 전체 기간에 대한 경과일로 계산한 경과율이 필요합니다.

## 01 | 경과일, 잔여일, 경과율 계산하기

**1.** [F4:F10] 범위를 블록으로 지정하고

**2.** 『=IF(D4>$H$1,0,IF(E4<$H$1,E4,$H$1)-D4+1)』을 입력한 다음 Ctrl + Enter 를 누릅니다.

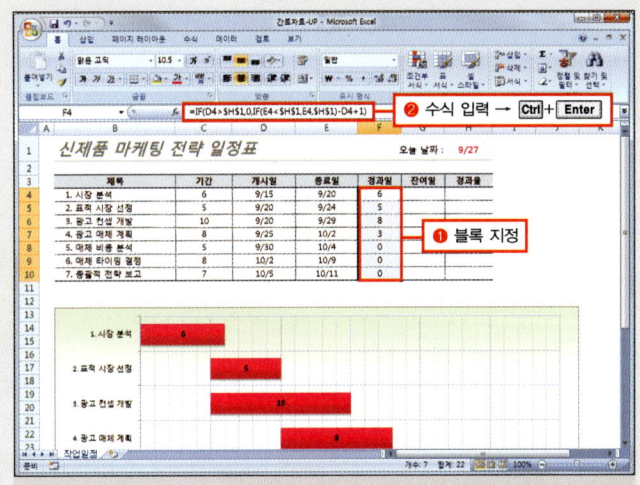

**수식이 궁금해**

경과일은 개시일(D4)이 오늘 날짜(H1) 보다 큰지 작은지에 따라 다르게 계산해야 합니다. 개시일이 오늘 날짜보다 크면 경과일은 무조건 '0' 일입니다. 개시일이 오늘 날짜보다 작거나 같을 때만 오늘 날짜와 종료일을 이용하여 경과일을 계산합니다.

| 개시일로부터 오늘까지의 경과일 | =IF(D4>$H$1,0,IF(E4<$H$1,E4,$H$1)-D4+1) |
| --- | --- |

- **IF(D4>$H$1,0,IF함수)**

  IF 함수로 개시일(D4)이 오늘 날짜(H1)보다 크면 '0'을 반환하고, 그렇지 않을 때만 다음 IF 함수로 경과일을 계산합니다.

- **IF(E4<$H$1,E4,$H$1)-D4+1**

  경과일은 종료일이나 오늘 날짜에서 개시일을 빼고 '1'을 더해서 계산합니다. 만약에 종료일이 오늘 날짜보다 작으면 종료일에서 개시일을 빼야 하고, 종료일이 오늘 날짜보다 크면 오늘 날짜에서 개시일을 빼야 합니다. 여기에서 경과일을 구하는 IF 함수는 종료일(E4)이 오늘 날짜(H1)보다 작으면 종료일, 그렇지 않으면 오늘 날짜를 반환한 다음, 반환된 날짜에서 개시일(D4)을 빼고 '1'을 더해 경과일을 계산합니다.

**3.** [G4:G10] 범위를 블록으로 지정하고

**4.** 『=C4-F4』를 입력한 다음 [Ctrl]+[Enter] 를 누릅니다.

- 잔여일은 기간(C4)에서 경과일(F4)을 빼서 계산합니다.

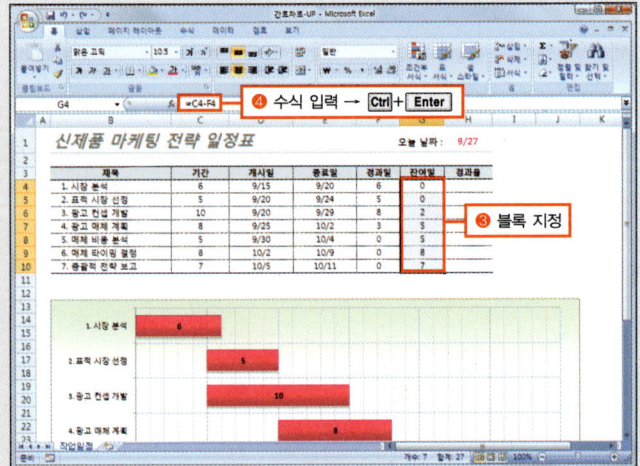

**5.** [H4:H10] 범위를 블록으로 지정하고

**6.** 『=F4/C4』를 입력한 다음 [Ctrl]+[Enter] 를 누릅니다.

- 경과율은 기간(C4)에서 경과일(F4)이 차지하는 비율로 계산합니다.
- [H4:H10] 범위에는 [백분율 스타일]( % )이 설정되어 있습니다.

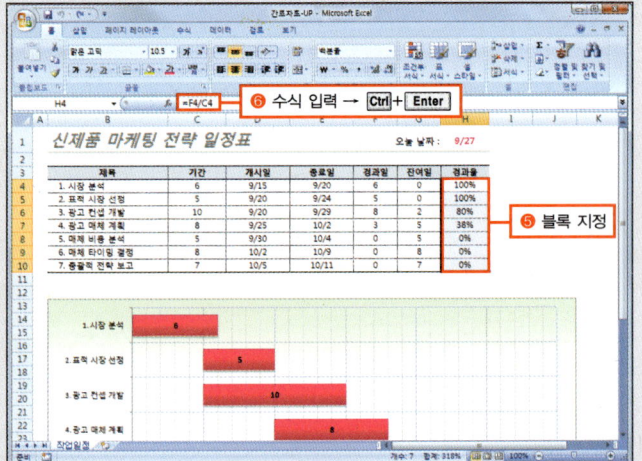

## 02 | 데이터 계열 편집하기

**1.** 차트를 클릭해서 선택한 다음

**2.** [차트 도구] → [디자인] 탭 → [데이터] 그룹 → [데이터 선택]( )을 클릭합니다.

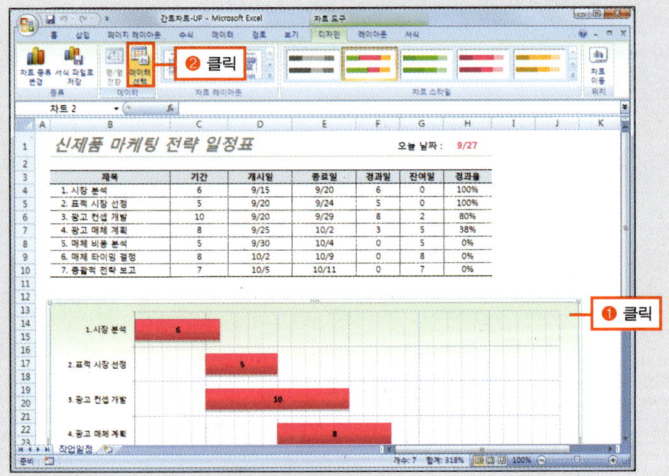

**3.** [데이터 원본 선택] 대화상자의 [범례 항목(계열)]에서 [기간]을 선택하고

**4.** [제거] 단추를 클릭해서 계열을 제거합니다.

**5.** '기간' 계열이 제거되면 새로운 계열을 추가하기 위해 [추가] 단추를 클릭합니다.

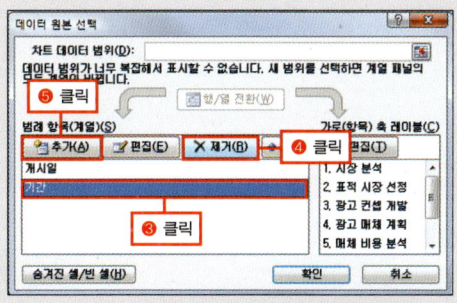

**6.** [계열 편집] 대화상자가 실행되면 [계열 이름]에서 [F3] 셀을 클릭하고

**7.** Tab 을 눌러 [계열 값]으로 이동한 다음 [F4:F10] 범위를 지정하고

**8.** [확인] 단추를 클릭합니다.

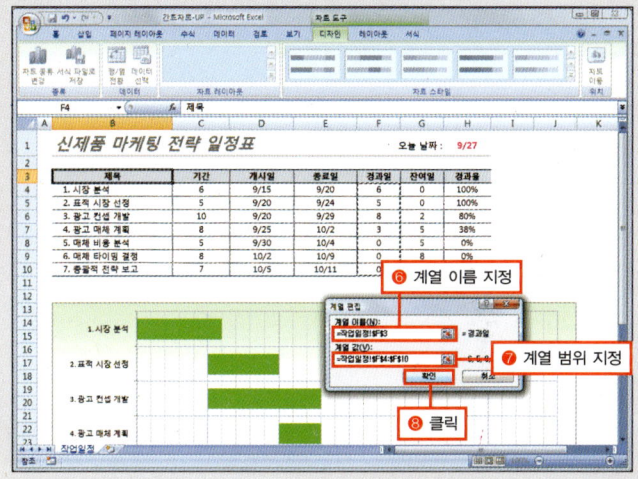

**9.** [데이터 원본 선택] 대화상자에서 다시 [추가] 단추를 클릭하고 [계열 이름]에 [G3] 셀, [계열 값]에 [G4:G10] 범위를 지정한 다음 [확인] 단추를 클릭합니다.

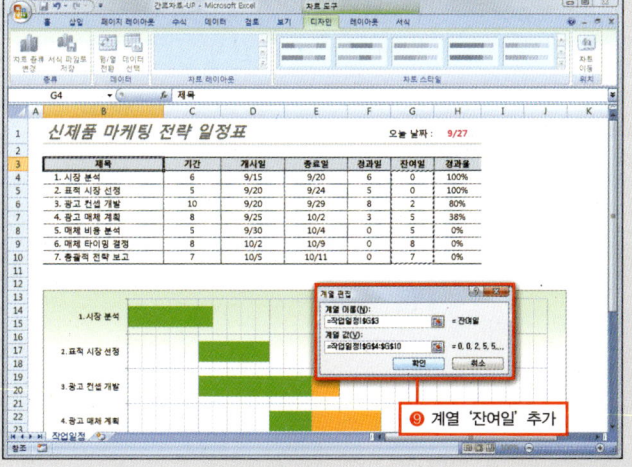

**10.** [데이터 원본 선택] 대화상자에서 다시 [추가] 단추를 클릭하고 [계열 이름]에 [H3] 셀, [계열 값]에 [H4:H10] 범위를 지정한 다음 [확인] 단추를 클릭합니다. [데이터 원본 선택] 대화상자에서 다시 [확인] 단추를 클릭해서 계열 추가를 종료합니다.

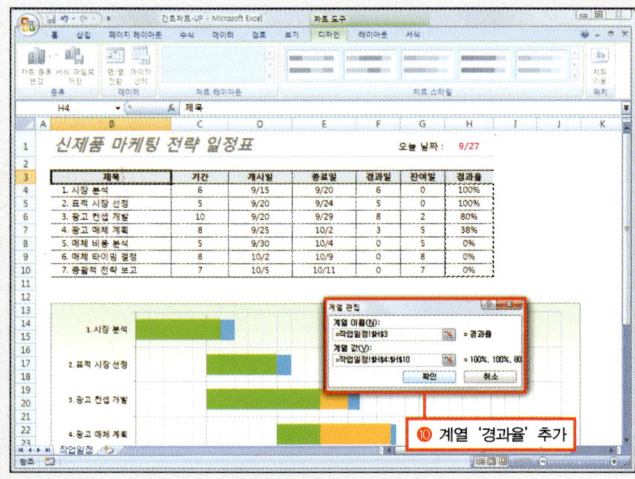

## 03 | 경과율을 데이터 레이블처럼 표시하기

**1.** '경과율' 데이터 계열을 클릭하고

**2.** [차트 도구] → [레이아웃] 탭 → [레이블] 그룹 → [데이터 레이블]()을 클릭한 다음

**3.** [축에 가깝게]를 선택해서 경과율의 데이터 레이블을 표시합니다.

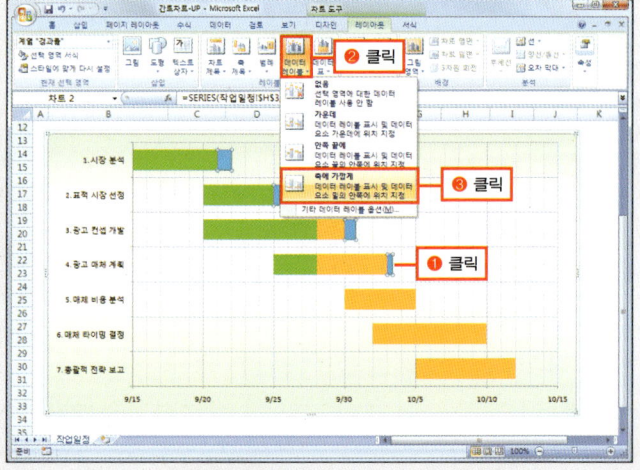

**4.** 데이터 레이블이 표시되면 [차트 도구] → [서식] 탭 → [도형 스타일] 그룹 → [도형 채우기]()를 클릭하고

**5.** [채우기 없음]을 선택합니다. 이렇게 하면 막대 없이 데이터 레이블만 차트에 표시됩니다.

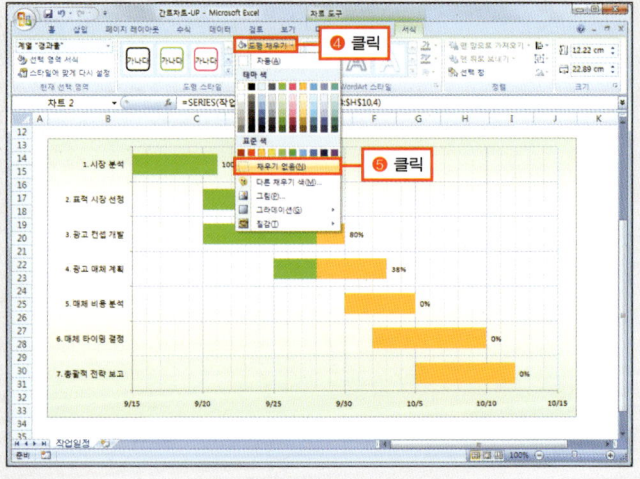

작업 일정의 시간적 흐름을 표시하는 간트 차트 **Section 01** **209**

**6.** 데이터 레이블을 클릭해서 선택하고

**7.** [홈] 탭 → [글꼴] 그룹에 있는 도구를 이용하여 원하는 형태로 글꼴 서식을 지정합니다.

• 여기에서는 글꼴 스타일 '굵게', 글꼴 크기 '12'로 글꼴 서식을 지정했습니다.

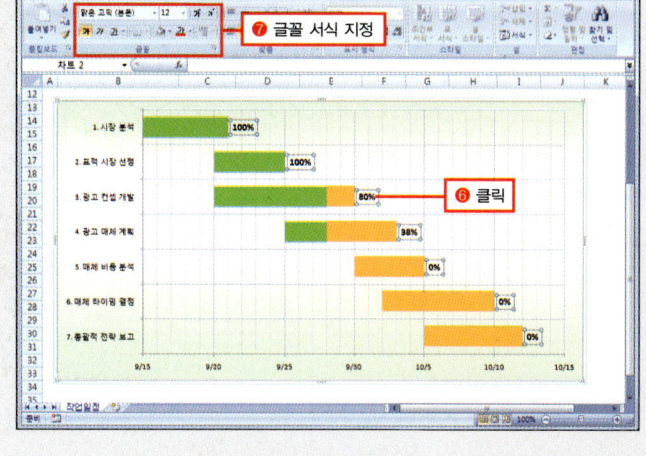

**8.** '경과일'과 '잔여일' 데이터 계열에 각각 도형 스타일을 지정해서 꾸밉니다. 이렇게 해서 작업의 경과일과 잔여일을 막대로 표시하고, 경과율이 데이터 레이블로 나타나는 간트 차트가 완성되었습니다.

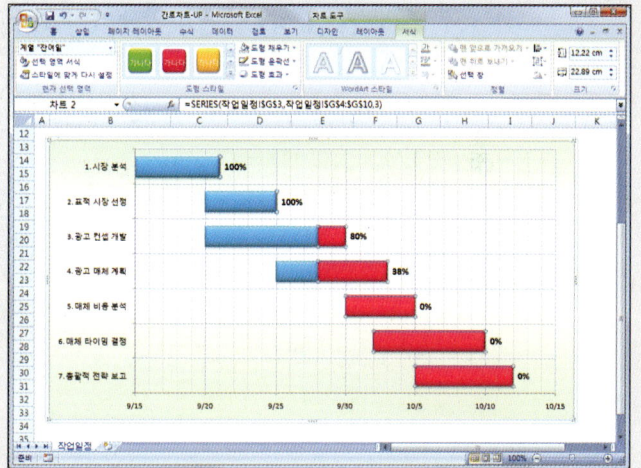

# 목표 금액과 달성 금액의 차이를 명확하게 보여주는 목표 달성 차트

S e c t i o n

## 02

세로 막대형 차트는 항목별로 데이터의 크기를 비교할 때 유용한 차트입니다. 여기에서는 대리점 별로 목표 금액과 현재까지 달성 금액을 비교하기 위한 세로 막대형 차트를 작성합니다. 이 차트 의 특징은 목표와 달성을 표시하는 두 개의 세로 막대를 겹쳐서 표시하는 것입니다. 이를 위해 보 조 축을 사용하게 됩니다.

P r e v i e w    ● **시작 파일** : Theme-3\시간절약\목표달성차트.xlsx    ● **완성 파일** : Theme-3\완성파일\목표달성차트.xlsx

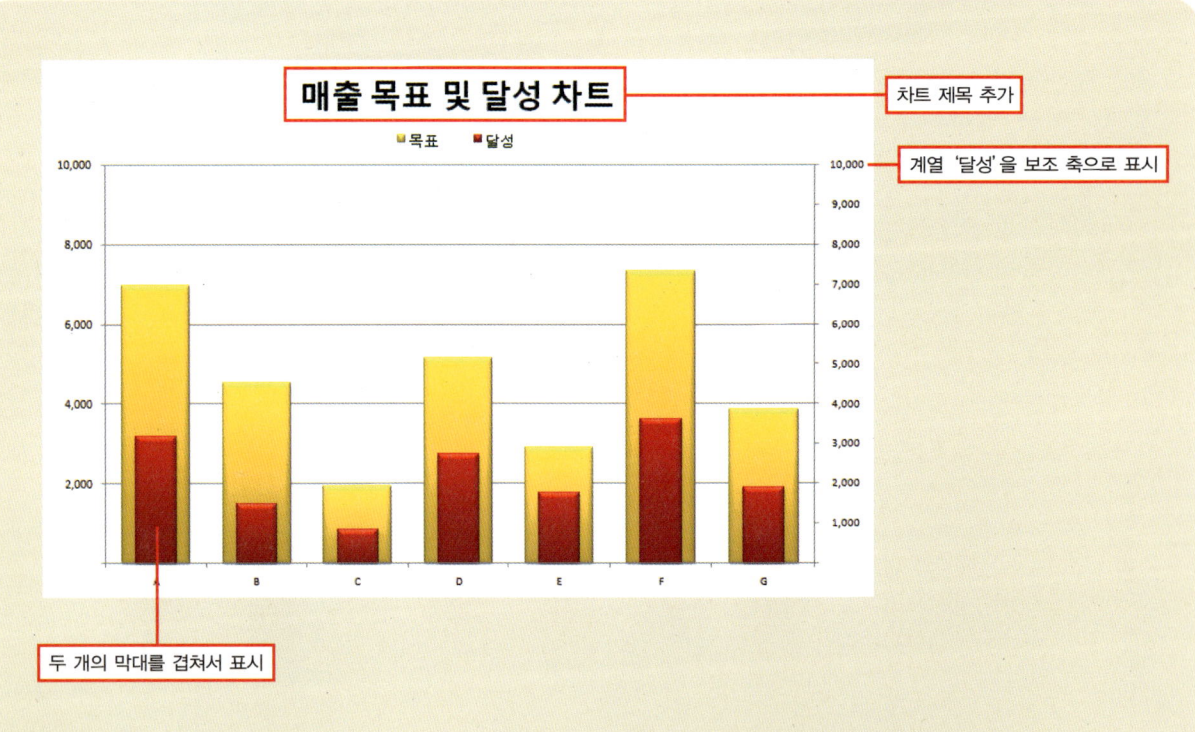

## 01 목표와 달성 금액으로 세로 막대형 차트 그리기

1. [매출계획] 워크시트에서 [B4:B11] 범위를 먼저 블록으로 지정하고 Ctrl 을 누른 채 [D4:D11], [Q4:Q11] 범위를 차례로 블록으로 지정한 다음

2. [삽입] 탭 → [차트] 그룹 → [세로 막대형]( )을 클릭하고

3. [묶은 세로 막대형] 차트를 선택합니다. 이렇게 하면 워크시트에 차트가 삽입됩니다.

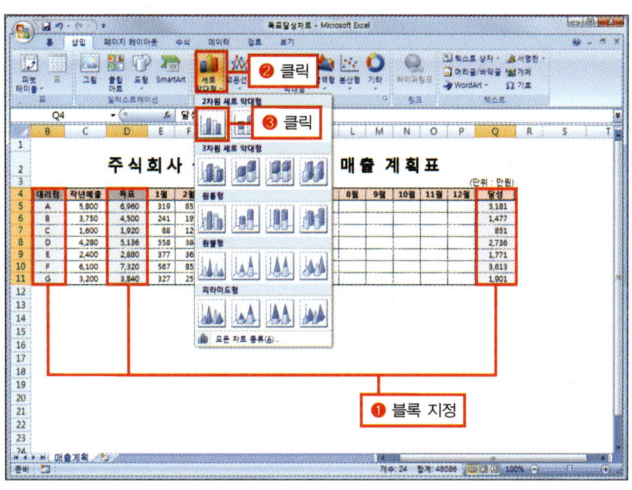

4. [차트 도구] → [디자인] 탭 → [위치] 그룹 → [차트 이동]( )을 클릭하고

5. [차트 이동] 대화상자에서 [새 시트] 옵션을 선택한 다음 시트 이름 상자에 『목표달성차트』를 입력하고

6. [확인] 단추를 클릭합니다.

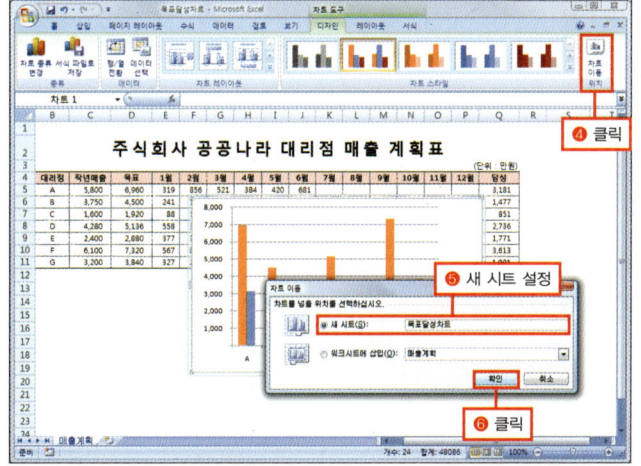

7. 차트가 [목표달성차트] 시트로 이동하면 [차트 도구] → [차트 스타일] 그룹의 차트 스타일 갤러리에서 [스타일 28]을 선택합니다.

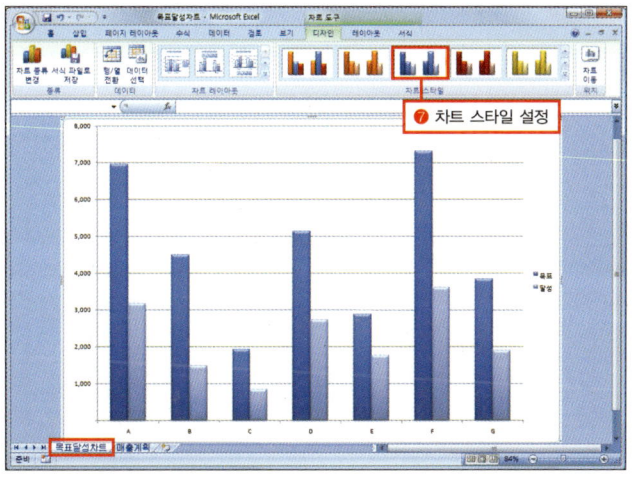

# 02  차트 제목 추가하기

**1.** [차트 도구] → [레이아웃] 탭 → [레이블] 그룹 → [차트 제목]( )을 클릭하고

**2.** [차트 위]를 선택해서 차트에 차트 제목을 추가합니다.

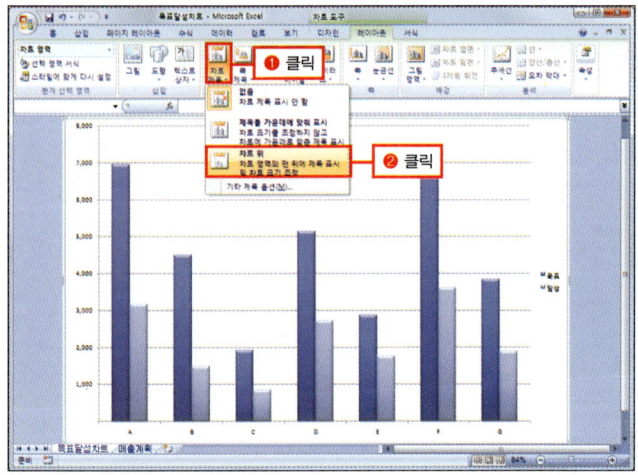

**3.** 차트 제목 상자 안쪽을 클릭한 다음 『매출 목표 및 달성 차트』로 제목 텍스트를 수정하고 Esc 를 눌러 상자 선택 상태로 만듭니다.

• 제목 상자 안쪽에서 텍스트를 편집할 때는 상자 테두리가 점선으로 표시되고, Esc 를 눌러 편집 상태를 종료하면 상자 테두리가 실선으로 변합니다. 상자 테두리가 실선으로 표시될 때가 상자 전체가 선택된 상태입니다.

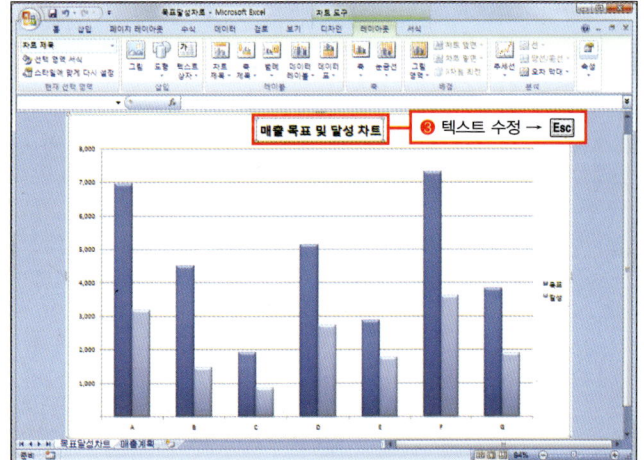

**4.** [홈] 탭 → [글꼴] 그룹 → [글꼴 크기]( 10 )의 목록 단추를 클릭하고

**5.** [28] 포인트를 선택해서 글꼴 크기를 조정합니다.

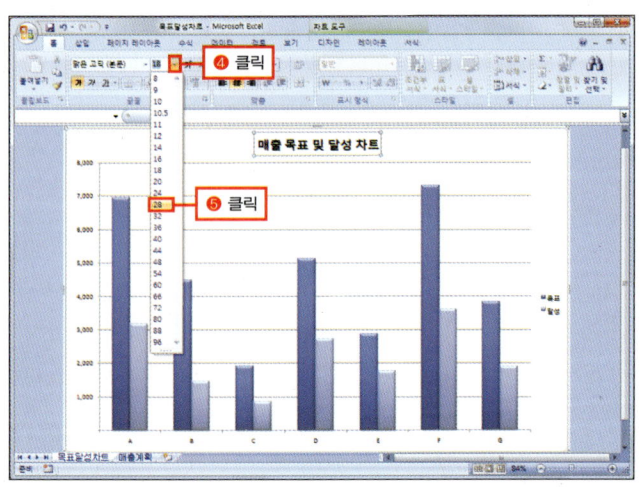

# [03] 데이터 계열 달성을 보조 축으로 표시하기

**1.** '달성' 데이터 계열을 선택한 다음

**2.** [차트 도구] → [서식] 탭 → [현재 선택 영역] 그룹 → [선택 영역 서식](🖌 선택 영역 서식)을 클릭합니다.

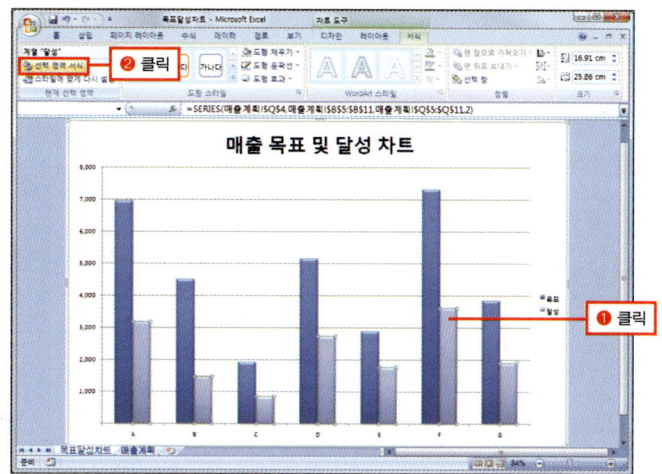

**3.** [데이터 계열 서식] 대화상자의 [계열 옵션] 영역에서 [데이터 계열 지정] 옵션을 [보조 축]으로 선택합니다.

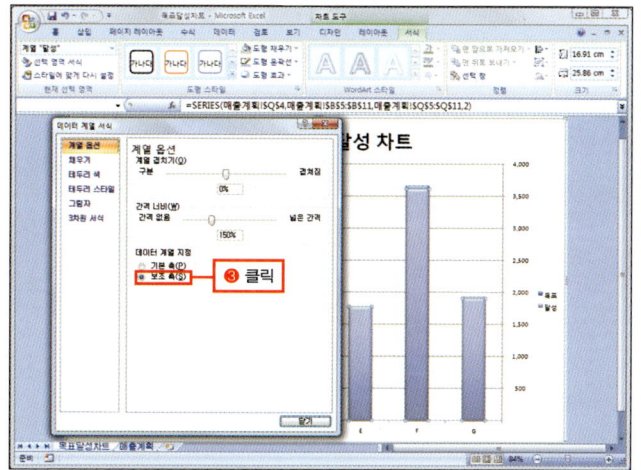

**4.** 대화상자가 열려 있는 상태에서 차트의 세로 (값) 축을 클릭해서 선택하고

**5.** [축 서식] 대화상자가 표시되면 [축 옵션] 영역에서 [최소값]을 [고정] 옵션으로 선택합니다. 이 때 값 상자에 '0.0'이 입력되어 있어야 합니다. [최대값]도 [고정] 옵션으로 선택하고 값 상자에 『10000』을 입력한 다음, [주 단위]도 [고정] 옵션으로 선택하고 값 상자에 『2000』을 입력합니다.

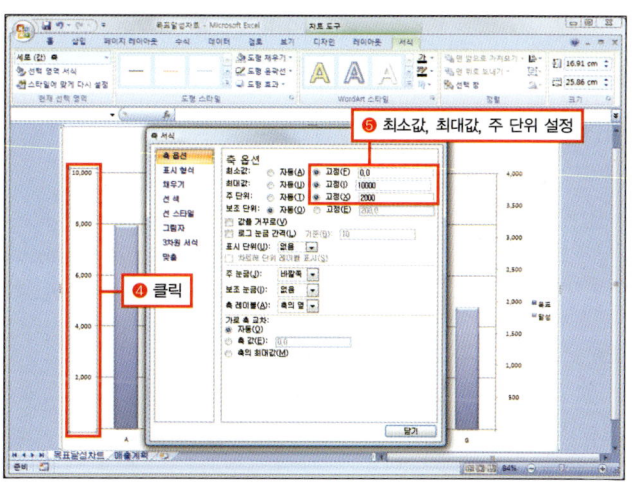

6. 대화상자가 열려 있는 상태에서 보조 세로 (값) 축을 클릭해서 선택하고

7. [축 서식] 대화상자에서 [최소값]을 [고정], 『0』, [최대값]을 [고정], 『10000』으로 변경합니다.

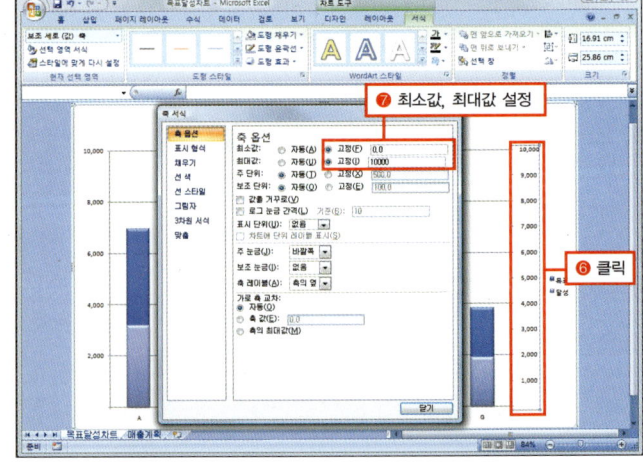

8. 대화상자가 열려 있는 상태에서 '목표' 데이터 계열에 해당되는 막대를 클릭한 다음

9. [데이터 계열 서식] 대화상자의 [계열 옵션] 영역에서 [간격 너비]를 [50%]로 조정하고

10. [닫기] 단추를 클릭합니다.

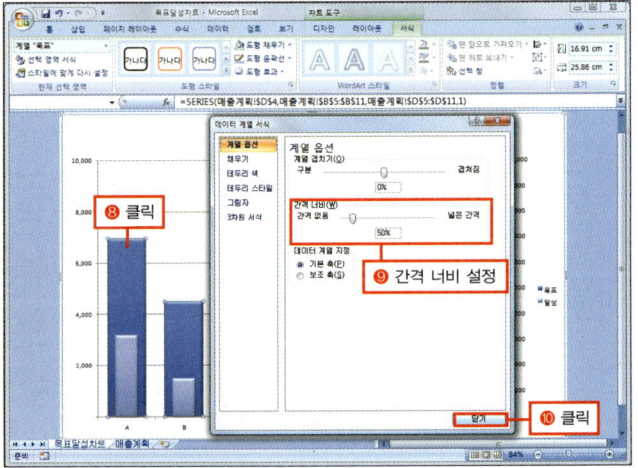

## 04 서식을 지정하여 차트 꾸미기

1. '목표' 데이터 계열을 선택한 다음

2. [차트 도구] → [서식] 탭 → [도형 스타일] 그룹의 도형 스타일 갤러리에서 [강한 효과 – 강조 4]를 선택합니다.

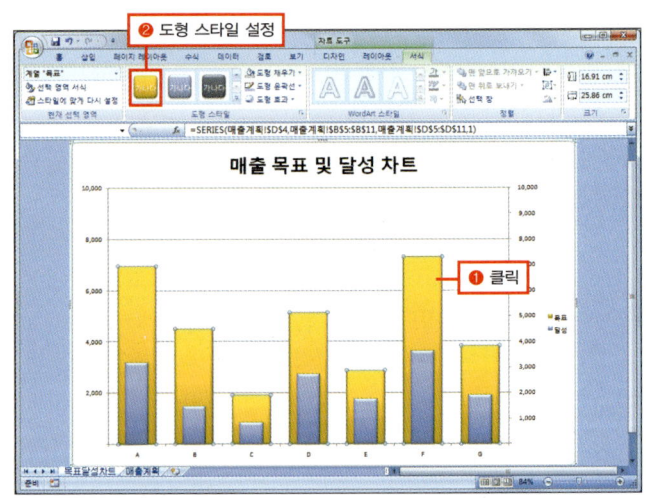

**3.** '달성' 데이터 계열을 선택한 다음

**4.** [차트 도구] → [서식] 탭 → [도형 스타일] 그룹의 도형 스타일 갤러리에서 [강한 효과 – 강조 3]을 선택합니다.

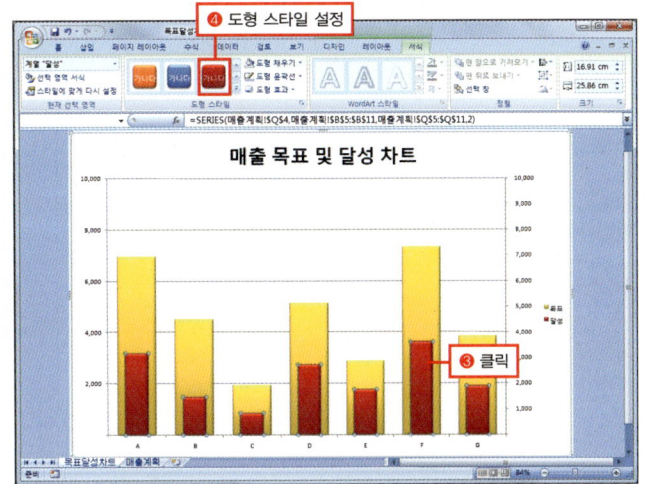

**5.** 범례 상자를 클릭하고

**6.** [차트 도구] → [레이아웃] 탭 → [레이블] 그룹 → [범례](📊)를 클릭한 다음

**7.** [위쪽에 범례 표시]를 선택해서 범례 상자의 위치를 위쪽으로 이동합니다.

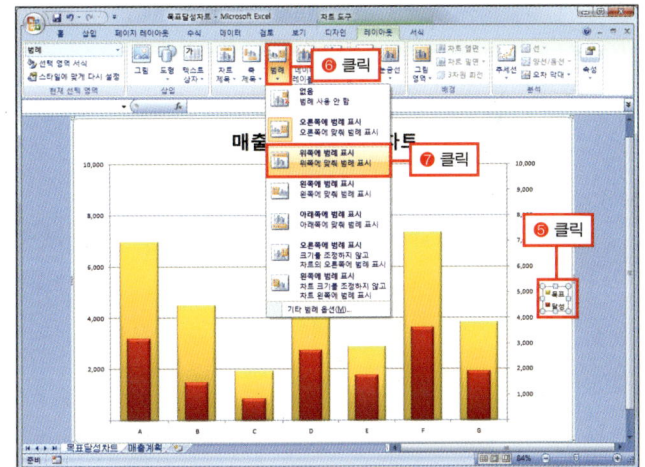

**8.** [홈] 탭 → [글꼴] 그룹에서 [글꼴] (맑은 고딕 (본문))을 [돋움]으로 지정하고, [글꼴 크기](10)를 [14] 포인트로 지정합니다.

**9.** 범례 상자 테두리에 있는 크기 조절 핸들을 드래그해서 상자의 크기를 늘립니다.

- 범례 상자의 너비를 늘리면 범례 항목 사이의 간격이 넓어집니다.
- 차트 작성이 모두 끝나면 [차트 영역]을 클릭한 다음 Esc 를 눌러 차트의 선택 상태를 해제합니다.

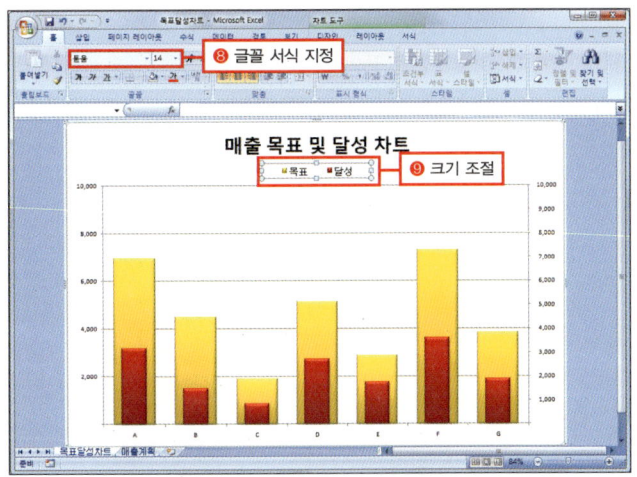

# U p g r a d e    목표와 달성 금액의 차이를 막대 사이에 표시하자

● **시작 파일** : Theme-3\시간절약\목표달성차트-UP.xlsx  ● **완성 파일** : Theme-3\완성파일\목표달성차트-UP.xlsx

목표 금액과 달성 금액의 중간 지점에 두 항목의 차이를 표시합니다. 이 작업을 위해 '목표-달성'으로 차이 값을 계산하고, 중간 지점에 이 값을 표시하기 위해 목표와 달성의 평균을 구해두어야 합니다. 원하는 형태의 차트를 만들기 위해서 차트의 데이터 범위를 가공하는 노하우를 배워봅니다.

## 01 | 목표와 달성 금액의 차이와 평균 계산하기

**1.** [매출계획] 워크시트에서 [R5:R11] 범위를 블록으로 지정하고

**2.** 『=D5-Q5』를 입력한 다음 Ctrl + Enter를 누릅니다.

- 차트에 레이블로 표시할 부분입니다.

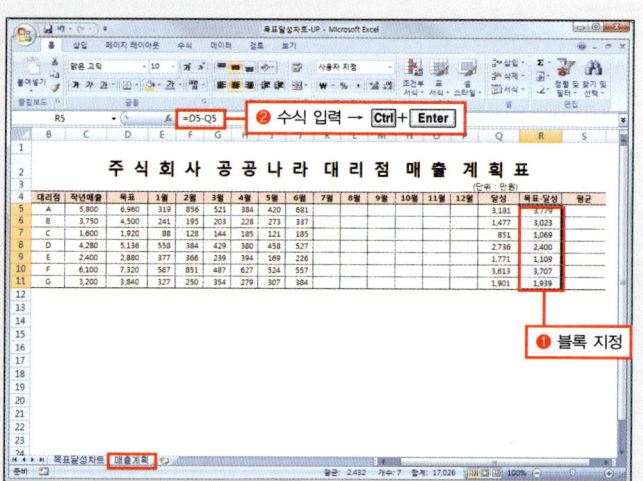

**3.** [S5:S11] 범위를 블록으로 지정하고

**4.** 『=AVERAGE(D5,Q5)』를 입력한 다음 Ctrl + Enter를 누릅니다.

- 차트에 레이블을 표시하기 위해 꺾은선형 차트로 작성할 데이터입니다.

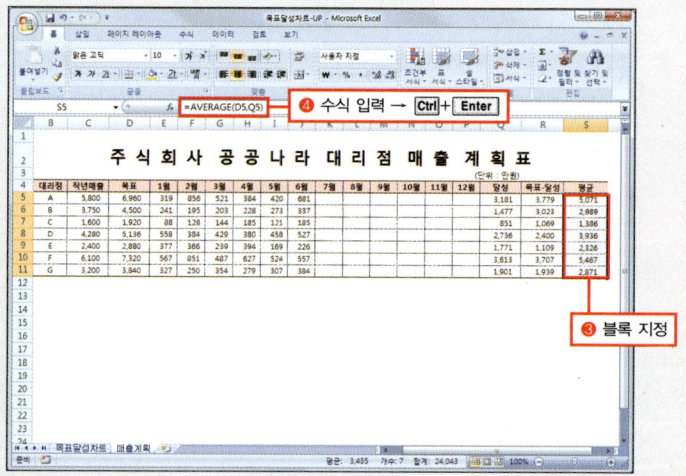

## 02 l 차트에 평균 계열 추가하기

**1.** [매출계획] 워크시트에서 [S4:S11] 범위를 블록으로 지정한 다음

**2.** [홈] 탭 → [클립보드] 그룹 → [복사]()를 클릭합니다.

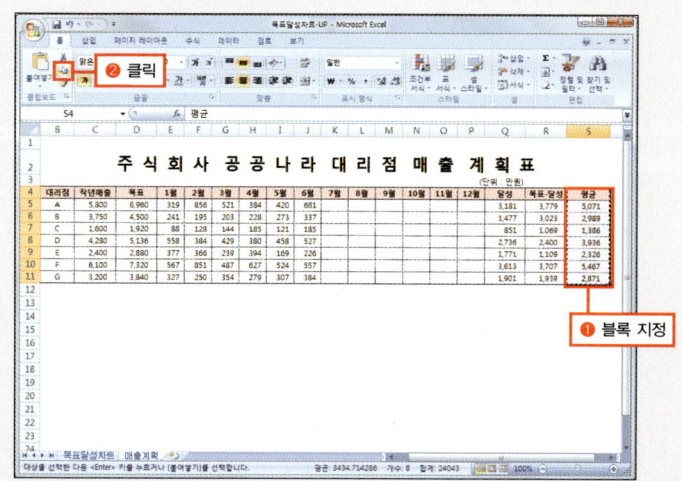

**3.** [목표달성차트] 시트로 이동한 다음 차트 영역을 클릭해서 선택하고

**4.** [홈] 탭 → [클립보드] 그룹 → [붙여넣기]()를 클릭합니다.

• [S4:S11] 범위가 차트의 원본 데이터 범위로 추가됩니다.

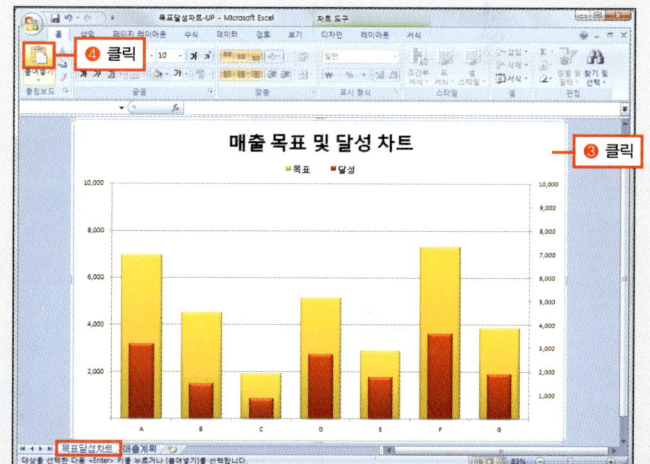

**5.** '평균' 데이터 계열에 대한 막대형 차트를 클릭해서 선택하고

**6.** [차트 도구] → [레이아웃] 탭 → [레이블] 그룹 → [데이터 레이블]()을 클릭한 다음

**7.** [기타 데이터 레이블 옵션]을 선택합니다.

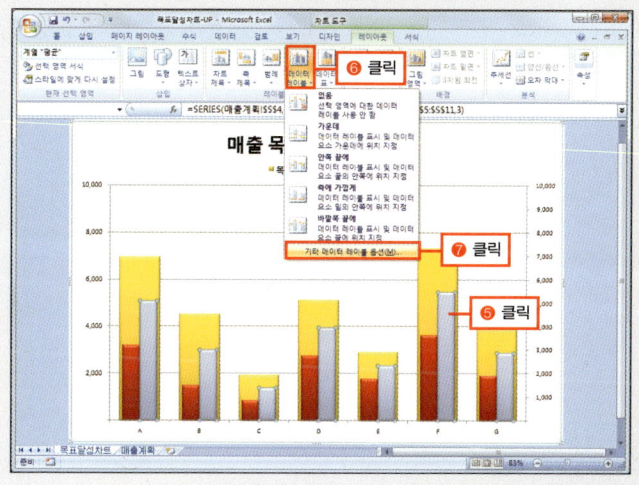

**8.** [데이터 레이블 서식] 대화상자의 [레이블 옵션] 범주에서 [레이블 내용]의 [값]을 클릭해서 선택을 취소한 다음 [항목 이름]을 클릭해서 선택하고

**9.** [레이블 위치]를 [가운데] 옵션으로 지정한 후

**10.** [닫기] 단추를 클릭합니다.

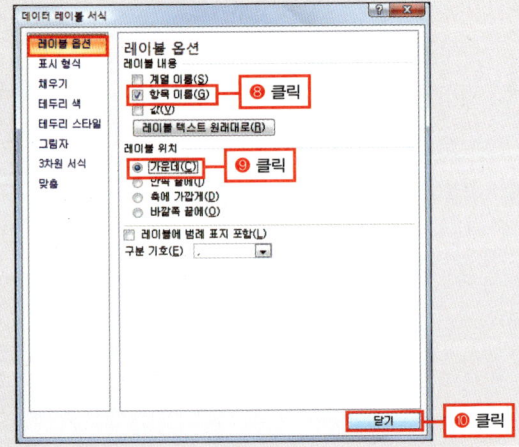

## 03 ┃ 보조 가로 축 사용하기

**1.** [차트 도구] → [레이아웃] 탭 → [축] 그룹 → [축](📊)을 클릭하고

**2.** [보조 가로 축]에서 [레이블 없이 축 표시]를 선택합니다.

- 보조 가로 축의 레이블은 기본 가로 축 레이블과 동일하게 설정됩니다. 여기에서는 보조 가로 축을 사용하되 레이블을 표시하지 않은 것입니다.

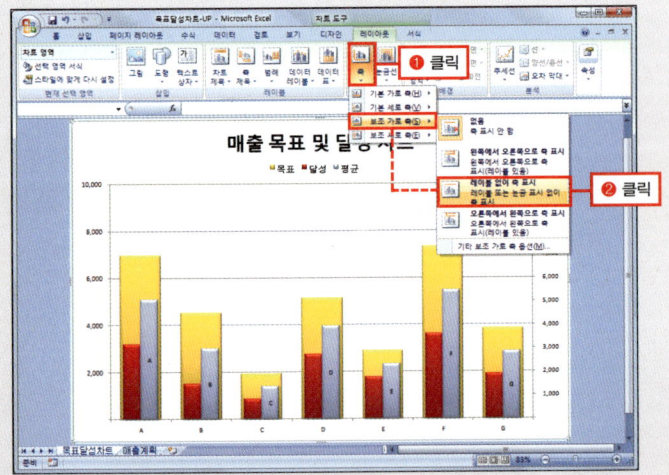

**3.** [차트 도구] → [레이아웃] 탭 → [축] 그룹 → [축](📊)을 클릭하고

**4.** [보조 세로 축]에서 [없음]을 선택합니다.

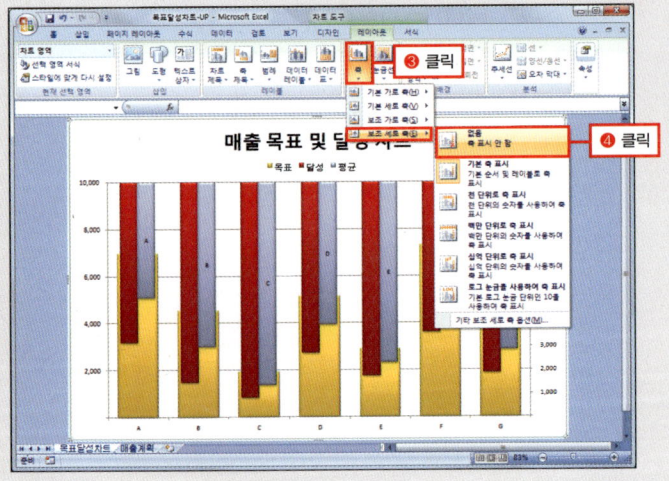

**5.** [차트 도구] → [디자인] 탭 → [데이터] 그룹 → [데이터 선택](🔲)을 클릭하고 [데이터 원본 선택] 대화상자의 [범례 항목(계열)]에서 [평균]을 선택한 다음

**6.** [가로(항목) 축 레이블]에서 [편집] 단추를 클릭합니다.

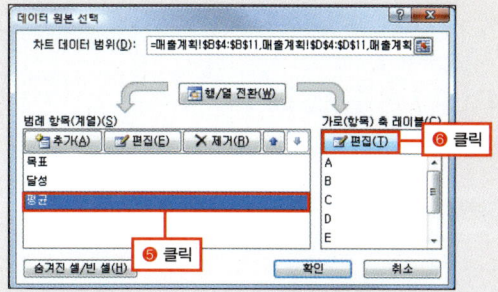

**7.** [축 레이블] 대화상자에서 [축 레이블 범위]를 [매출계획] 시트의 [R5:R11] 범위로 지정한 다음

**8.** [확인] 단추를 클릭합니다. [데이터 원본 선택] 대화상자에서 다시 [확인] 단추를 클릭하면 '평균' 데이터 계열의 데이터 레이블이 [R5:R11] 범위의 '목표-달성' 값으로 표시됩니다.

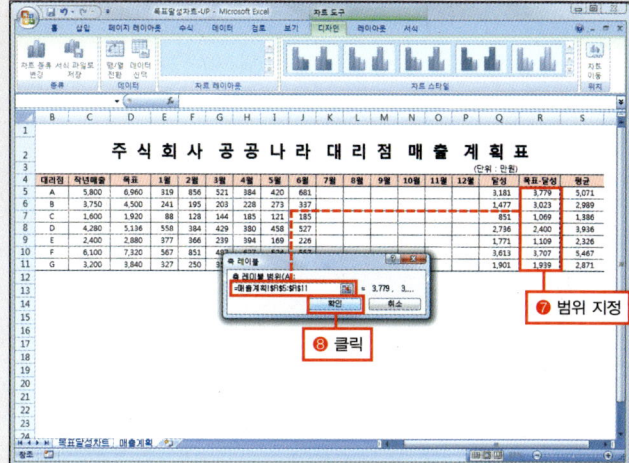

## 04 | 꺾은선형 차트로 변경하기

**1.** '평균' 데이터 계열을 선택하고

**2.** [차트 도구] → [디자인] 탭 → [종류] 그룹 → [차트 종류 변경](📊)을 클릭합니다.

**3.** [차트 종류 변경] 대화상자에서 [꺾은선형] 범주를 선택하고

**4.** 하위 차트에서 [꺾은선형] 차트를 선택한 다음

**5.** [확인] 단추를 클릭합니다.

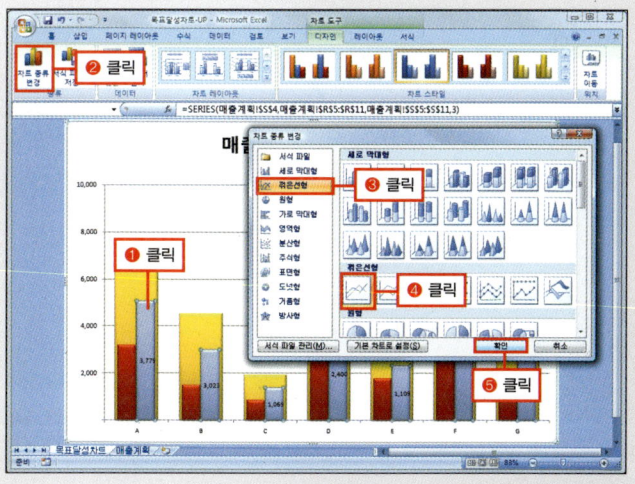

**6.** 꺾은선형 차트가 선택된 상태에서 [차트 도구] → [서식] 탭 → [도형 스타일] 그룹 → [도형 윤곽선]( 도형 윤곽선 )을 클릭하고

**7.** [윤곽선 없음]을 선택합니다.

- 꺾은선형 차트의 윤곽선을 투명하게 만들어 차트에는 데이터 레이블만 표시되게 합니다.

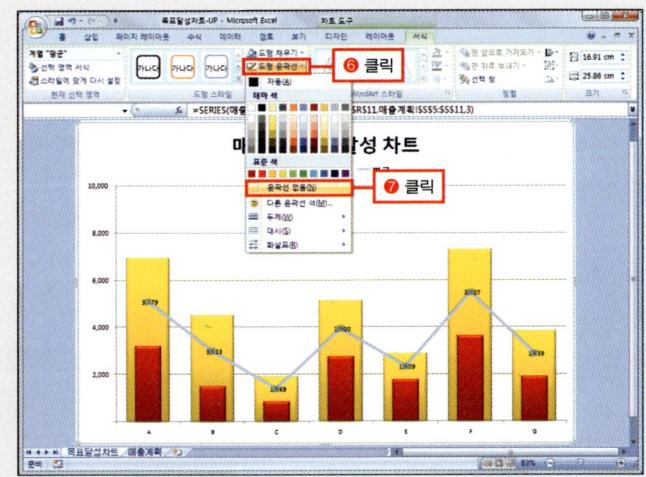

**8.** 꺾은선형 차트의 데이터 레이블을 선택하고

**9.** [홈] 탭 → [글꼴] 그룹에서 글꼴 서식을 지정합니다.

- 여기에서는 글꼴 스타일 [굵게], 글꼴 크기 [12]로 글꼴 서식을 지정했습니다.

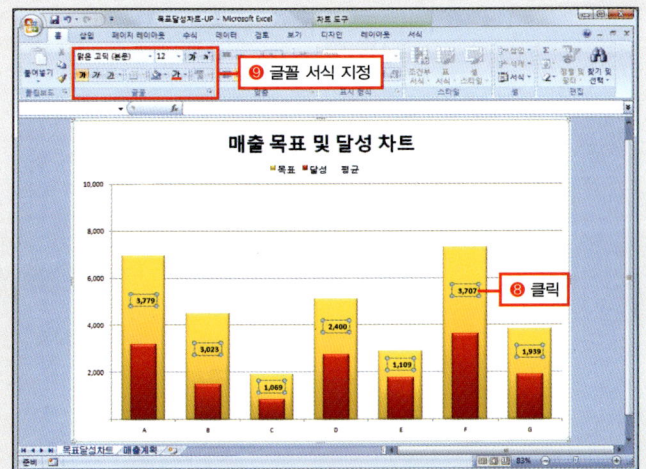

**10.** 그림 영역을 클릭하고

**11.** [차트 도구] → [서식] 탭 → [도형 스타일] 그룹 → [도형 윤곽선]( 도형 윤곽선 )을 클릭한 다음 원하는 색을 선택해서 그림 영역에 테두리를 표시합니다.

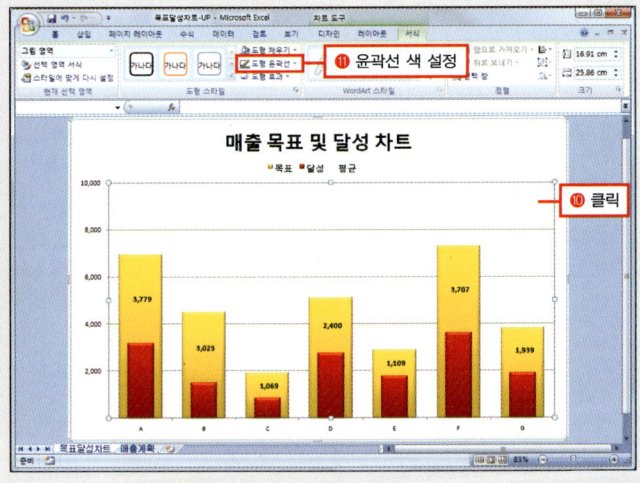

## 05 ㅣ 범례 항목 지우기 및 원본 데이터 숨기기

**1.** 범례 상자에서 '평균' 범례 항목을 선택한 다음 Delete 를 눌러 지웁니다.

• 범례 상자를 한 번 클릭한 다음 '평균' 항목을 다시 클릭해서 선택해야 합니다.

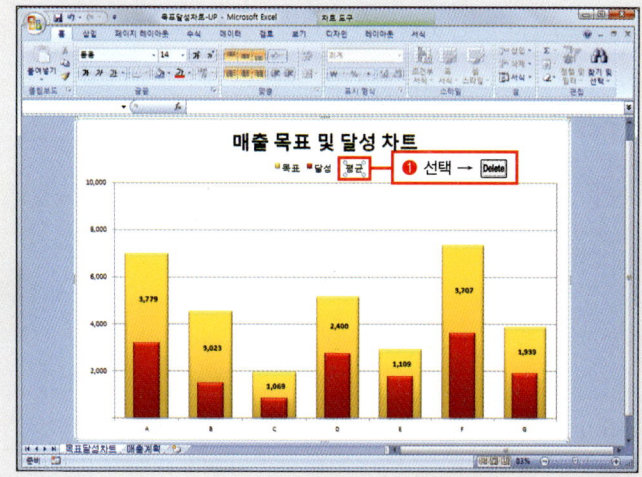

**2.** 범례 상자의 크기를 조정하고 상자가 가운데에 위치하도록 상자 테두리를 마우스로 드래그해서 이동합니다.

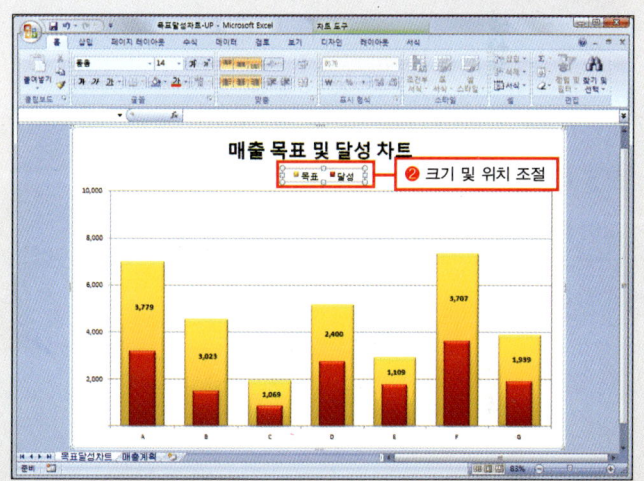

**3.** [매출계획] 워크시트에서 [R:S] 범위를 열 머리글을 드래그해서 선택한 다음

**4.** 마우스 오른쪽 단추를 클릭하고 [숨기기] 메뉴를 선택합니다.

• 차트의 원본 데이터 범위를 숨기면 숨겨진 데이터가 차트에 표시되지 않습니다.

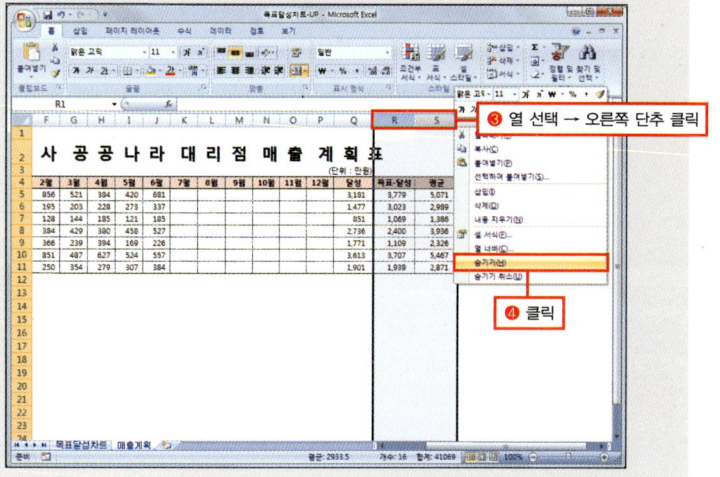

**5.** [목표달성차트] 시트에서 차트를 선택하고 [차트 도구] → [디자인] 탭 → [데이터] 그룹 → [데이터 선택]( )을 클릭합니다.

**6.** [데이터 원본 선택] 대화상자에서 [숨겨진 셀/빈 셀] 단추를 클릭합니다.

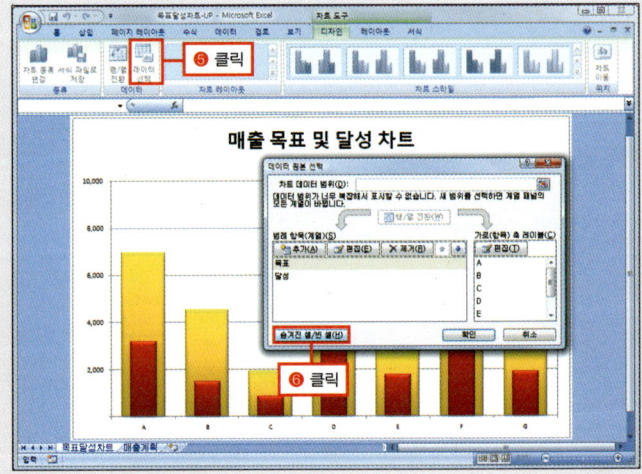

**7.** [숨겨진 셀/빈 셀 설정] 대화상자에서 [숨겨진 행 및 열에 데이터 표시] 확인란을 클릭해서 선택한 다음

**8.** [확인] 단추를 클릭하고, [데이터 원본 선택] 대화상자에서 다시 [확인] 단추를 클릭합니다.

• 숨겨져 있는 열의 데이터가 다시 차트에 표시됩니다.

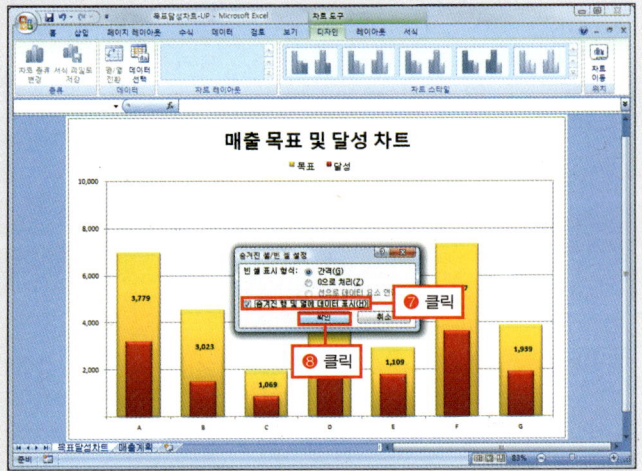

# 선택한 상품의 매출을 표시하는 매출 차트

S e c t i o n

# 03

매출표에서 선택한 특정 상품의 매출을 표시하는 매출 차트를 작성합니다. 이 차트의 특징은 전체 평균 매출을 그림 영역의 배경으로 표시하고, 매출이 평균 이상일 때와 평균 미만일 때 각각 다른 서식으로 데이터 레이블을 표시한다는 것입니다. 목적을 달성하기 위해 매출표에서 선택한 상품의 매출과 평균 매출을 수식을 이용해서 가져오고, 몇 가지 단계를 거쳐 데이터를 가공해서 차트의 원본 데이터를 새로 만들어야 합니다. 더 특별하고 의미 있는 형태의 차트를 만들기 위해 필요한 차트 활용의 기술을 익힐 수 있습니다.

P r e v i e w    ● **시작 파일** : Theme-3\시간절약\매출차트.xlsx    ● **완성 파일** : Theme-3\완성파일\매출차트.xlsx

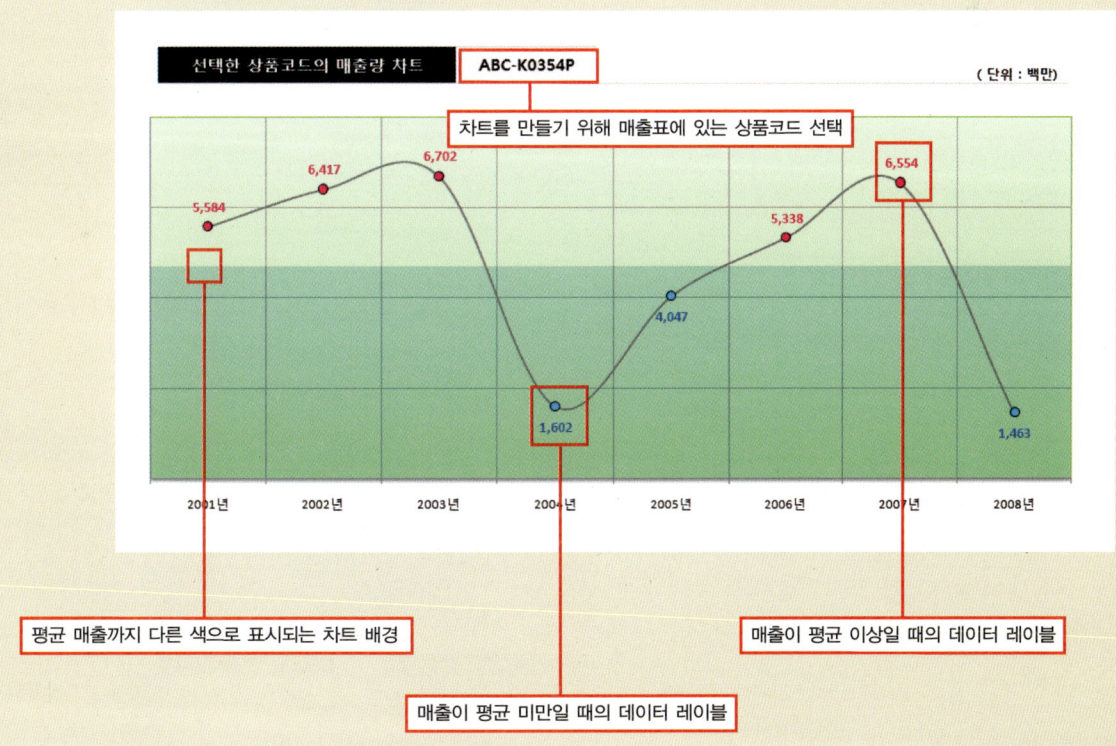

**01    차트로 작성할 상품코드 선택하기**

1. [매출표] 워크시트에서 [B6:B25] 범위를 블록으로 지정하고

2. 이름 상자에 『상품코드』를 입력한 다음 Enter 를 누릅니다.

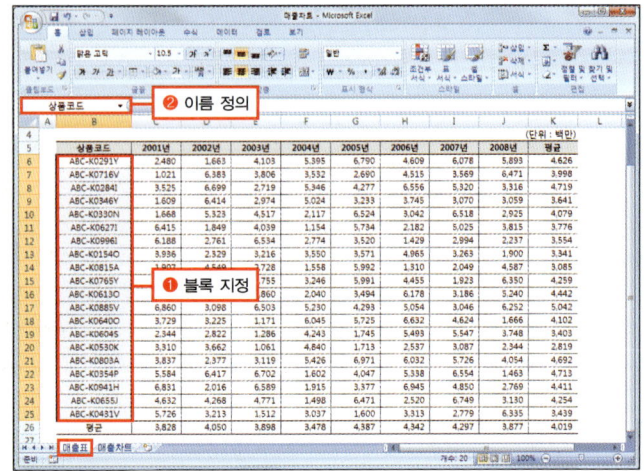

3. [매출차트] 워크시트의 [N2] 셀에서

4. [데이터] 탭 → [데이터 도구] 그룹 → [데이터 유효성 검사](📋)를 클릭하고

5. [데이터 유효성] 대화상자의 [설정] 탭에서 [제한 대상]을 [목록]으로 선택한 다음

6. [원본]에 『=상품코드』를 입력하고

7. [확인] 단추를 클릭합니다.

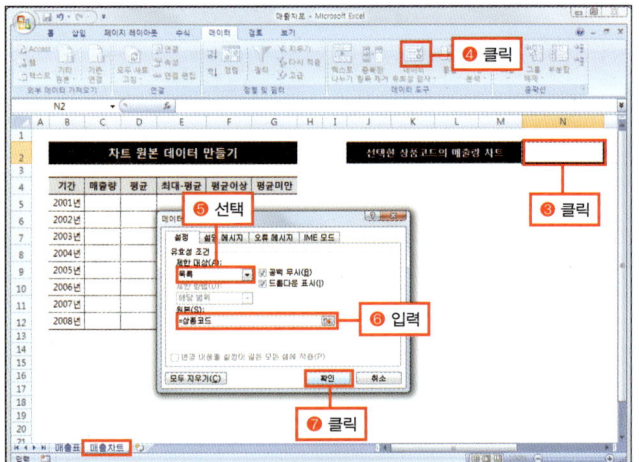

8. [N2] 셀에서 목록 단추를 클릭하고

9. 목록에 상품코드가 표시되면 차트로 작성할 상품코드를 선택해서 입력합니다.

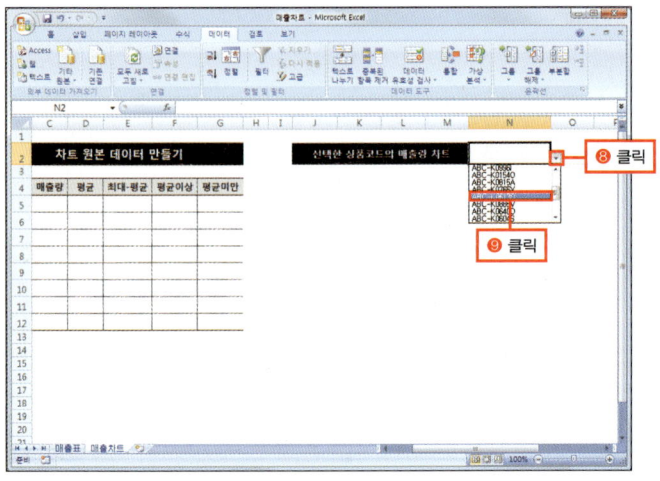

## [02] 차트 원본 데이터 새로 만들기

**1.** [매출표] 워크시트에서 [B6:K26] 범위를 블록으로 지정하고

**2.** 이름 상자에 『매출표』를 입력한 다음 Enter 를 누릅니다.

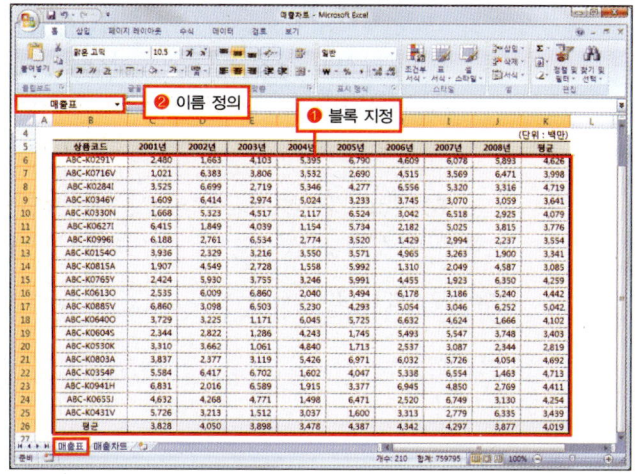

**3.** [매출차트] 워크시트에서 [C5:C12] 범위를 블록으로 지정하고

**4.** 『=VLOOKUP($N$2,매출표,ROW(A2),0)』을 입력한 다음 Ctrl + Enter 를 누릅니다.

- VLOOKUP 함수는 '매출표'의 첫 번째 열에서 [N2] 셀과 일치하는 상품코드를 찾아 'ROW(A2)' 번째 열에 있는 값을 가져옵니다.
- 'ROW(A2)'의 셀 참조가 A2, A3, A4, … 순서로 변하기 때문에 2, 3, 4, … 번째 열에 있는 값을 차례로 가져올 수 있습니다.

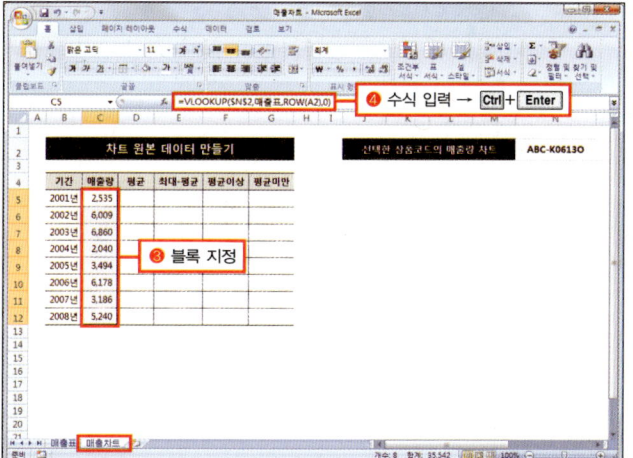

**5.** [D5:D12] 범위를 블록으로 지정하고 『=VLOOKUP($N$2,매출표,10,0)』을 입력한 다음 Ctrl + Enter 를 누릅니다.

- '매출표'의 10번째 열에는 해당 상품의 평균 매출이 계산되어 있습니다.

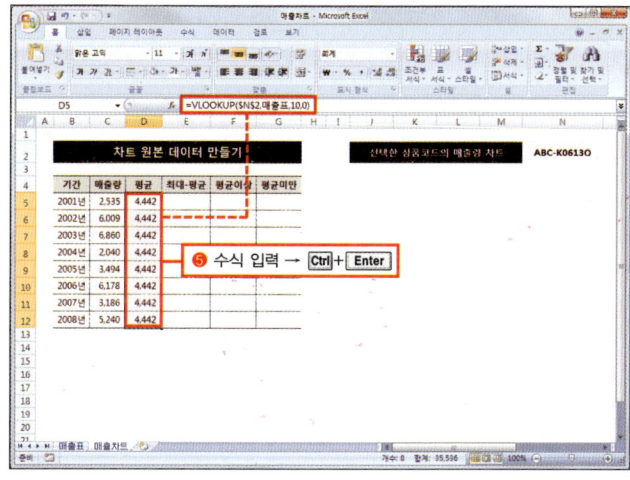

**6.** [E5:E12] 범위를 블록으로 지정하고 『=8000-D5』를 입력한 다음 Ctrl + Enter 를 누릅니다.

- 이 범위의 모든 셀에는 같은 값이 입력됩니다.

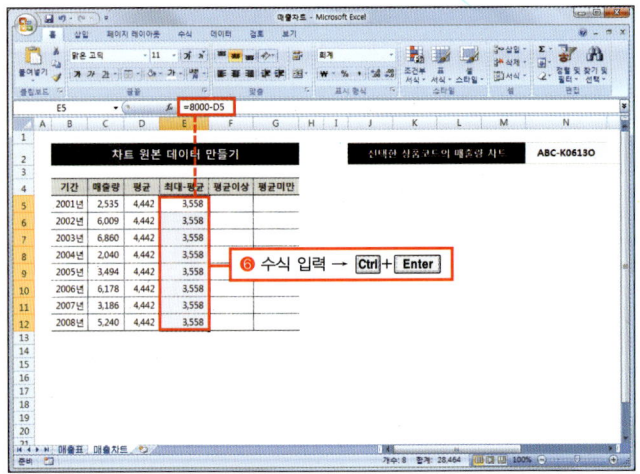

**7.** [F5:F12] 범위를 블록으로 지정하고 『=IF(C5>=D5,C5,NA( ))』를 입력한 다음 Ctrl + Enter 를 누릅니다.

- IF 함수로 매출량(C5)이 평균(D5) 이상(>=)이면 매출량을 표시하고, 그렇지 않으면 NA( ) 함수로 '#N/A' 오류 값을 표시합니다.
- '#N/A' 오류 값은 차트에 나타나지 않는 특성을 이용하기 위해 의도적으로 오류 값을 표시한 것입니다.

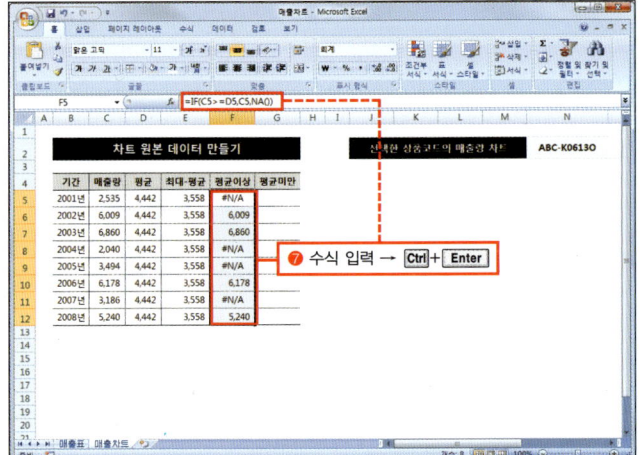

**8.** [G5:G12] 범위를 블록으로 지정하고 『=IF(C5<D5,C5,NA( ))』를 입력한 다음 Ctrl + Enter 를 누릅니다.

- 매출량이 평균 미만일 때 매출량을 표시하고, 그렇지 않으면 '#N/A' 오류 값을 표시하는 수식입니다.

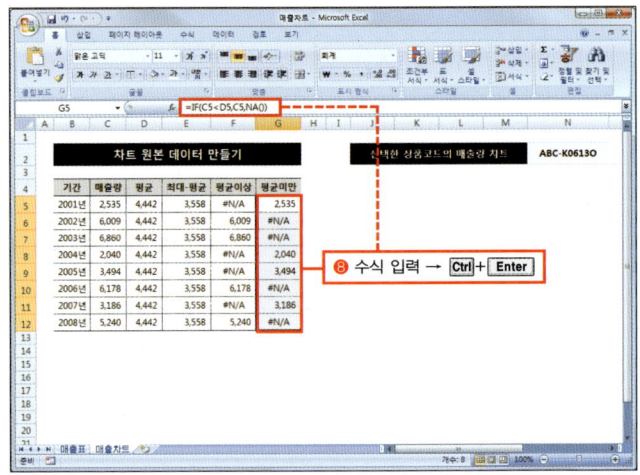

## 03　누적 막대 차트 그리기

**1.** [B4:G12] 범위를 블록으로 지정하고

**2.** [삽입] → [차트] 그룹 → [세로 막대형](📊)을 클릭한 다음

**3.** [2차원 세로 막대형] 영역에서 [누적 세로 막대형] 차트를 선택합니다.

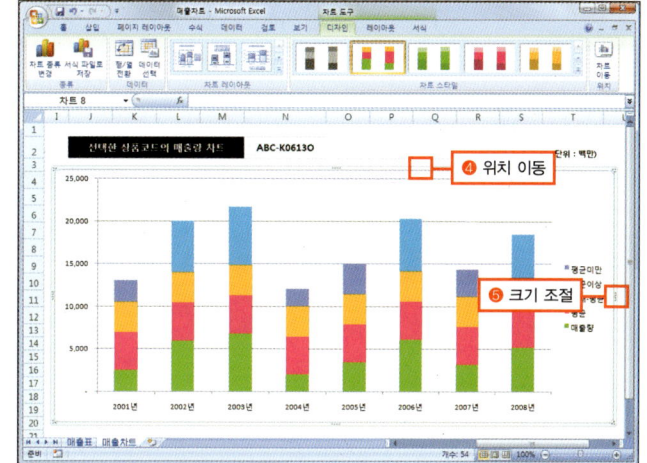

**4.** 차트 테두리를 드래그해서 위치를 이동하고

**5.** 차트 테두리에 있는 크기 조절 핸들을 드래그해서 차트 크기를 조정합니다.

## 04　데이터 계열의 차트 종류를 꺾은선형으로 변경하기

**1.** '매출량' 데이터 계열을 선택한 다음

**2.** [차트 도구] → [디자인] 탭 → [종류] 그룹 → [차트 종류 변경](📊)을 클릭합니다.

**3.** [차트 종류 변경] 대화상자에서 [꺾은선형] 범주를 선택하고

**4.** [꺾은선형] 차트를 선택한 다음

**5.** [확인] 단추를 클릭합니다.

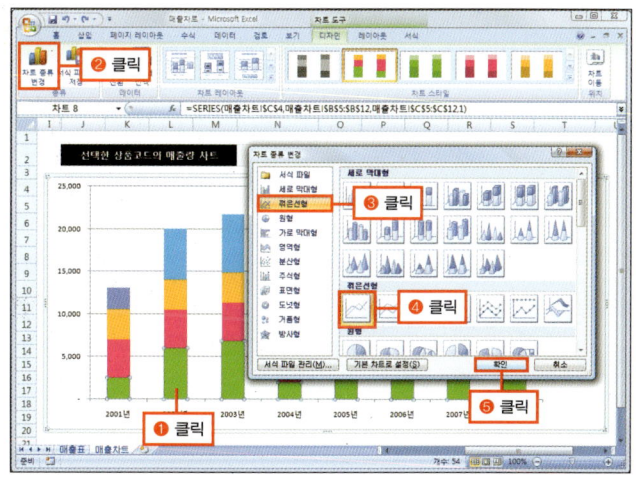

**6.** 이번에는 '평균이상' 데이터 계열을 선택하고 [차트 종류 변경]( )을 클릭합니다.

**7.** [차트 종류 변경] 대화상자에서 [꺾은선형] 범주에 있는 [표식이 있는 꺾은선형] 차트를 선택하고

**8.** [확인] 단추를 클릭합니다.

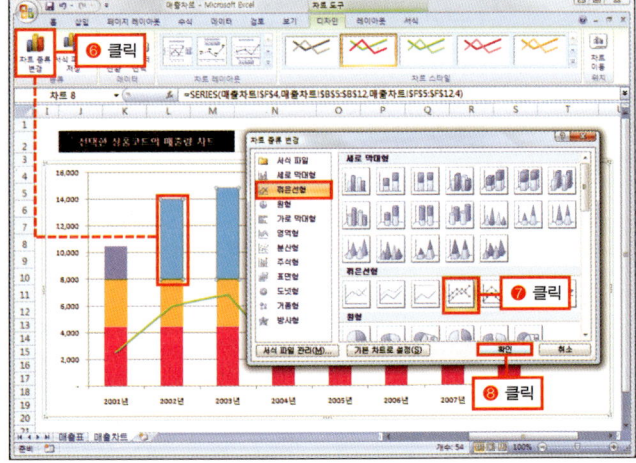

**9.** '평균미만' 데이터 계열을 선택하고 [차트 종류 변경]( )을 클릭합니다.

**10.** [차트 종류 변경] 대화상자에서 [꺾은선형] 범주에 있는 [표식이 있는 꺾은선형] 차트를 선택하고

**11.** [확인] 단추를 클릭합니다.

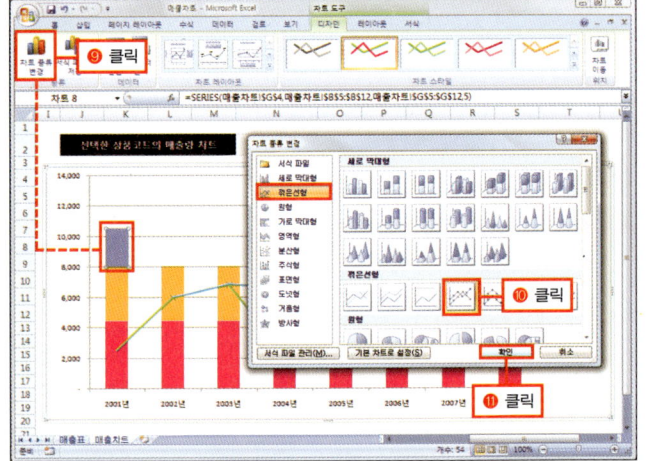

**12.** 세 개의 계열을 모두 꺾은선형 차트로 변경했으면 범례 상자를 클릭하고 Delete 를 눌러 범례 상자를 제거합니다.

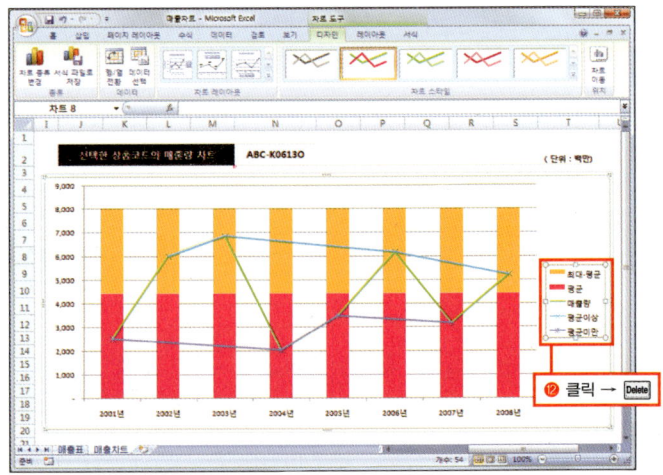

## [05]　그림 영역, 축, 누적 가로 막대의 서식 지정하기

**1.** 그림 영역을 클릭하고

**2.** [차트 도구] → [서식] 탭 → [도형 스타일] 그룹의 갤러리에서 [미세 효과 – 강조1]을 선택해서 그림 영역의 도형 스타일을 설정합니다.

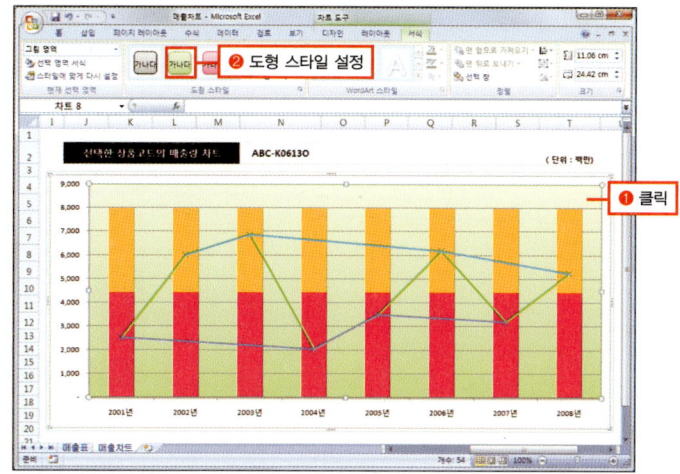

**3.** 세로 (값) 축을 선택하고 [차트 도구] → [서식] 탭 → [현재 선택 영역] 그룹 → [선택 영역 서식]을 클릭합니다.

**4.** [축 서식] 대화상자의 [축 옵션]에서 [최대값]을 [고정], 『8000』, [주 단위]를 [고정], 『2000』으로 지정하고

**5.** [주 눈금]을 [없음], [축 레이블]을 [없음]으로 지정합니다.

**6.** 대화상자가 그대로 열려 있는 상태에서 '최대－평균' 데이터 계열을 선택하고

**7.** [데이터 계열 서식] 대화상자의 [계열 옵션]에서 [간격 너비]를 [0%]로 설정합니다.

• 누적 가로 막대의 막대와 막대 사이 간격이 없어집니다.

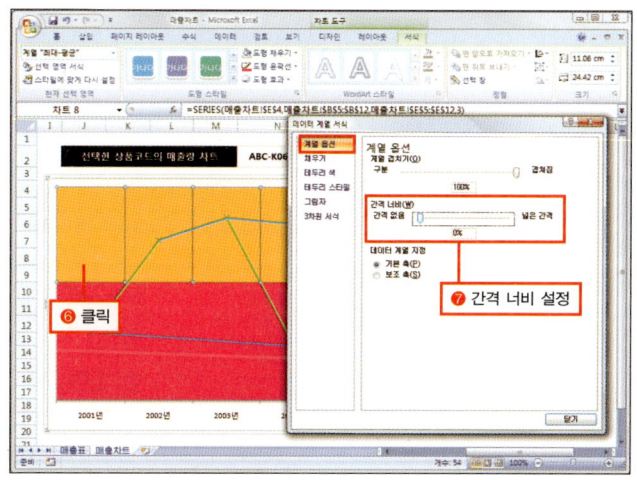

**8.** [채우기]에서 [단색 채우기] 옵션을 선택한 다음 색과 투명도를 지정합니다.

- 투명도는 0%~100% 범위에서 지정합니다. 투명도를 0%로 지정하면 완전 불투명하게 색이 표시됩니다.

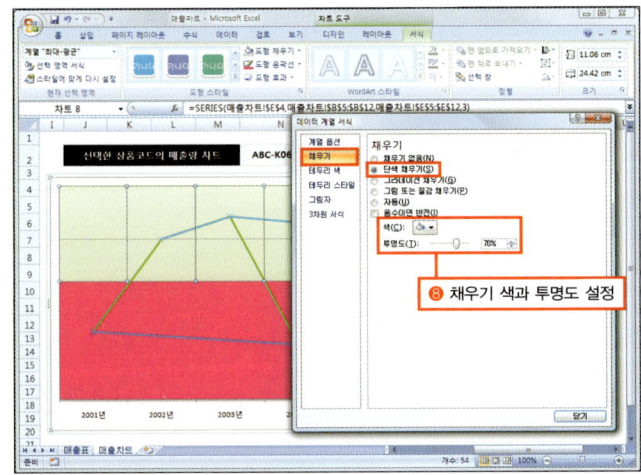

**9.** '평균' 데이터 계열을 선택한 다음

**10.** [데이터 계열 서식] 대화상자의 [채우기]에서 [단색 채우기] 옵션을 선택한 다음 색과 투명도를 지정하고

**11.** [닫기] 단추를 클릭해서 대화상자를 닫습니다.

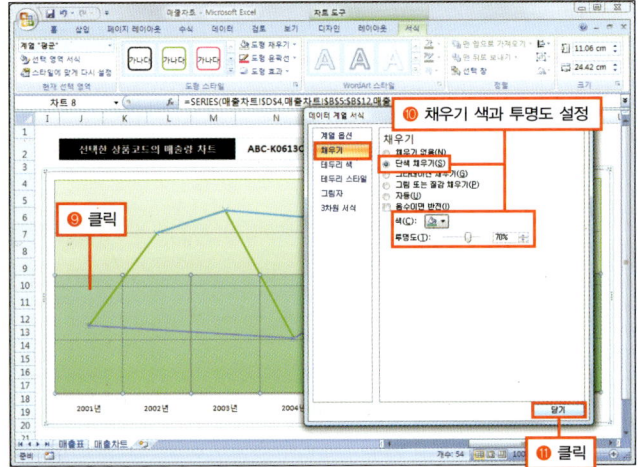

**12.** [차트 도구] → [레이아웃] 탭 → [축] 그룹 → [눈금선]( )을 클릭하고

**13.** [기본 세로 눈금선]에서 [주 눈금선]을 선택하여 세로 주 눈금선을 표시합니다.

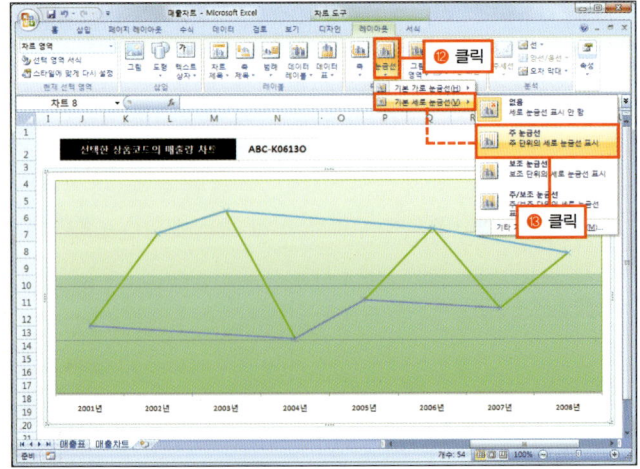

## [06] 꺾은선형 차트의 서식 지정하기

**1.** '매출량' 데이터 계열을 선택하고 [선택 영역 서식]([선택 영역 서식])을 클릭합니다.

**2.** [데이터 계열 서식] 대화상자에 [선 색]과 [선 스타일]에 대한 서식을 지정합니다.

• [선 색]은 [실선]의 [검정, 텍스트1, 50% 더 밝게], [선 스타일]은 [너비]를 [1.5 pt], [완만한 선]으로 지정합니다.

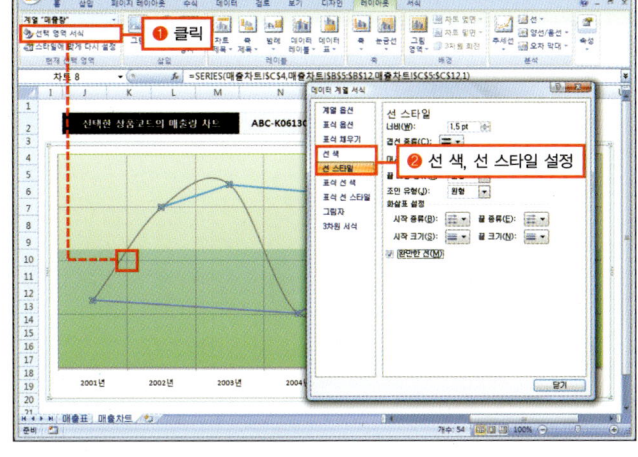

**3.** '평균이상' 데이터 계열을 선택하고 표식 옵션, 표식 채우기, 선 색, 표식 선 색 등의 서식을 지정합니다.

• [표식 옵션]은 [기본 제공](원), [표식 채우기]는 [단색 채우기](분홍, 강조 2, 60% 더 밝게), [선 색]은 [선 없음], [표식 선 색]은 [실선](검정)으로 지정합니다.

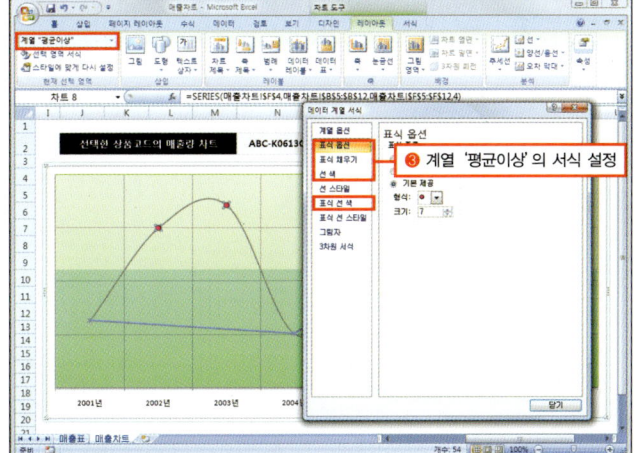

**4.** '평균미만' 데이터 계열을 선택하고 표식 옵션, 표식 채우기, 선 색, 표식 선 색 등의 서식을 지정한 다음

**5.** [닫기] 단추를 클릭해서 대화상자를 닫습니다.

• [표식 옵션]은 [기본 제공](원), [표식 채우기]는 [단색 채우기](연한 파랑), [선 색]은 [선 없음], [표식 선 색]은 [실선](검정)으로 지정합니다.

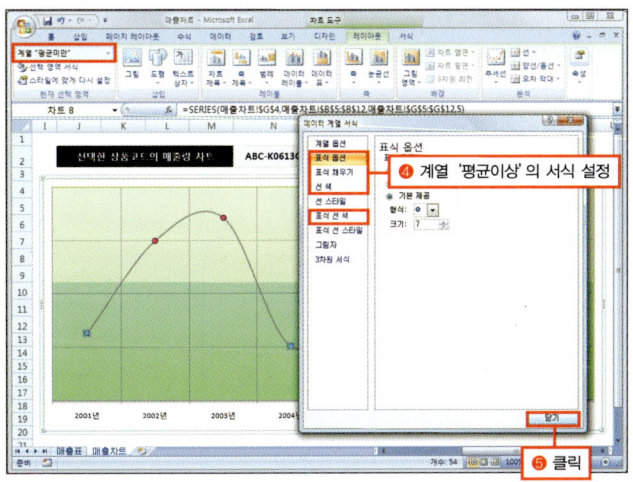

# 07 평균 이상일 때와 미만일 때 각각 다른 서식으로 데이터 레이블 표시하기

**1.** '평균이상' 데이터 계열을 선택하고

**2.** [차트 도구] → [레이아웃] 탭 → [레이블] 그룹 → [데이터 레이블](📊)을 클릭하고

**3.** [위쪽]을 선택해서 데이터 레이블을 표시합니다.

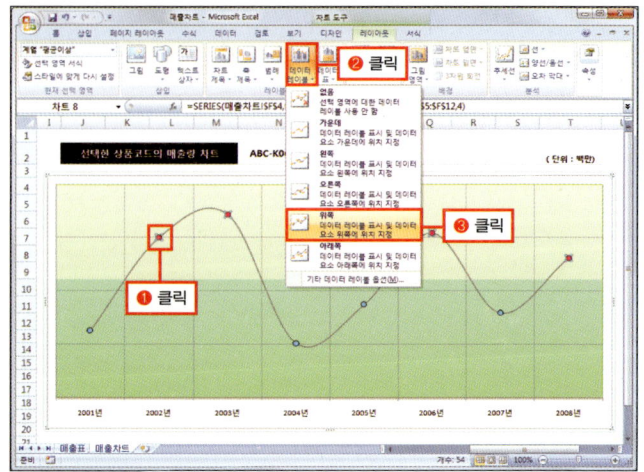

**4.** '평균미만' 데이터 계열을 선택하고

**5.** [차트 도구] → [레이아웃] 탭 → [레이블] 그룹 → [데이터 레이블](📊)을 클릭하고

**6.** [아래쪽]을 선택해서 데이터 레이블을 표시합니다.

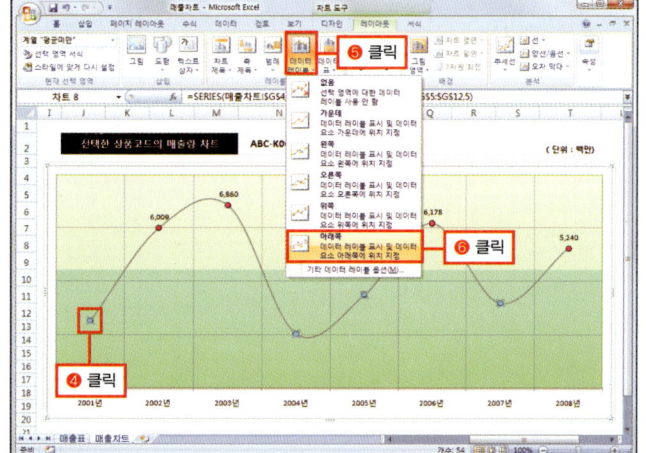

**7.** '평균이상' 데이터 계열의 데이터 레이블을 선택하고 [홈] 탭 → [글꼴] 그룹에서 글꼴 크기와 글꼴 스타일, 색 등을 지정합니다.

**8.** '평균미만' 데이터 계열의 데이터 레이블을 선택하고 같은 방법으로 글꼴 서식을 지정합니다.

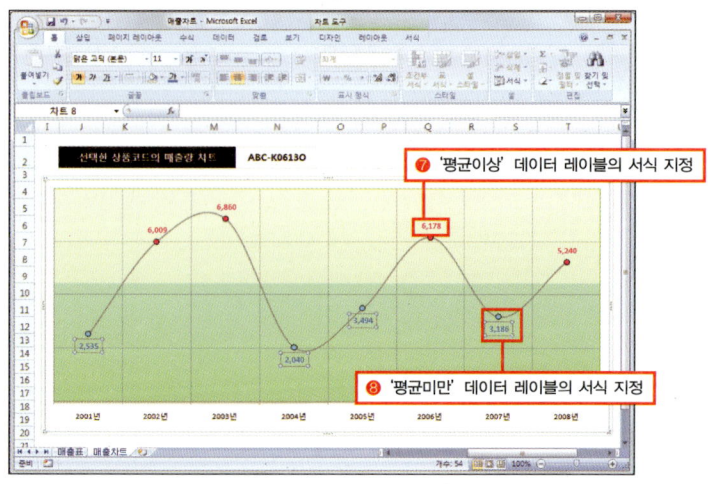

**9.** 차트 영역을 클릭해서 선택하고

**10.** [차트 도구] → [서식] 탭 → [도형 스타일] 그룹 → [도형 윤곽선](도형 윤곽선)을 클릭한 다음

**11.** [윤곽선 없음]을 선택해서 차트 테두리에 윤곽선이 표시되지 않도록 합니다.

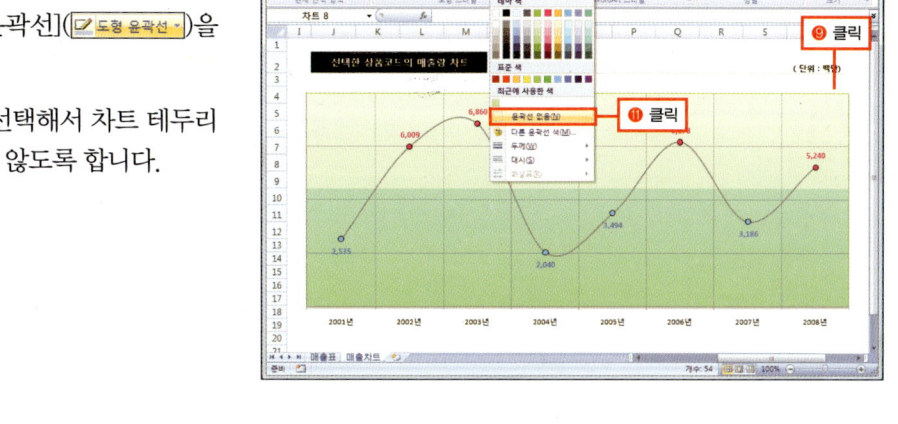

**12.** [N2] 셀에서 목록 단추를 클릭하고 다른 상품코드를 선택합니다. 선택한 상품코드의 매출이 차트에 표시되어야 합니다.

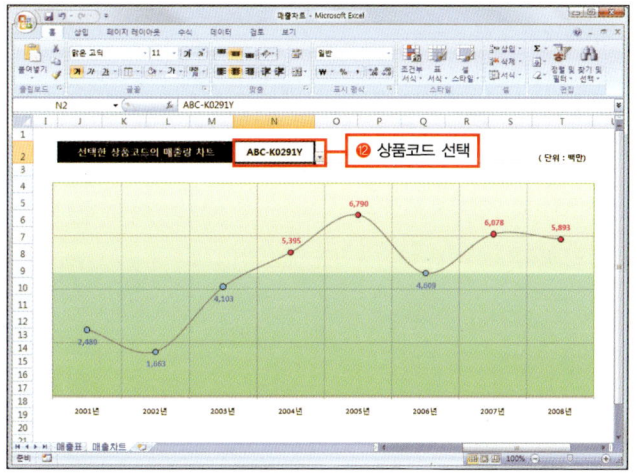

# U p g r a d e 차트에 평균 매출량 표시하고 데이터 표식 변경하기

● **시작 파일** : Theme-3\시간절약\매출차트-UP.xlsx  ● **완성 파일** : Theme-3\완성파일\매출차트-UP.xlsx

여러분이 원하는 텍스트를 차트에 임의로 포함시키기 위해 도형을 사용할 수 있습니다. 여기에서는 도형에 워크시트의 셀을 연결해서 셀의 내용이 그대로 도형에 표시되도록 할 것입니다. 이 방법은 도형에 정해진 텍스트가 아니라 수식에 의해 계산된 값을 표시하고 싶을 때 매우 유용합니다. 이와 함께 꺾은선형 차트의 데이터 표식을 원하는 도형으로 삽입하여 변경하는 방법도 살펴봅니다.

## 01 | 도형으로 차트에 평균 매출량 표시하기

**1.** [매출차트] 워크시트의 [B14] 셀에 『="평균 매출량 : "&TEXT(D5,"#,##0")』을 입력해서 차트에 표시할 텍스트를 만듭니다.

• TEXT 함수는 [D5] 셀의 평균에 사용자 지정 표시 형식을 지정해서 텍스트로 변환합니다.

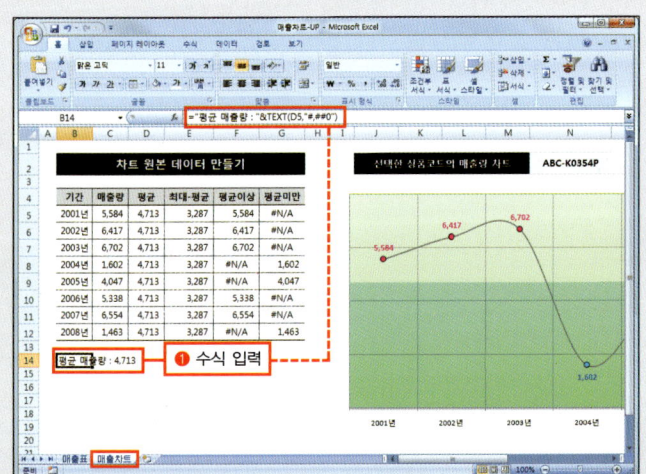

**2.** 차트를 클릭해서 선택하고

**3.** [삽입] 탭 → [일러스트레이션] 그룹 → [도형](📷)을 클릭하고

**4.** [사각형] 영역에서 [직사각형](□) 도형을 선택합니다.

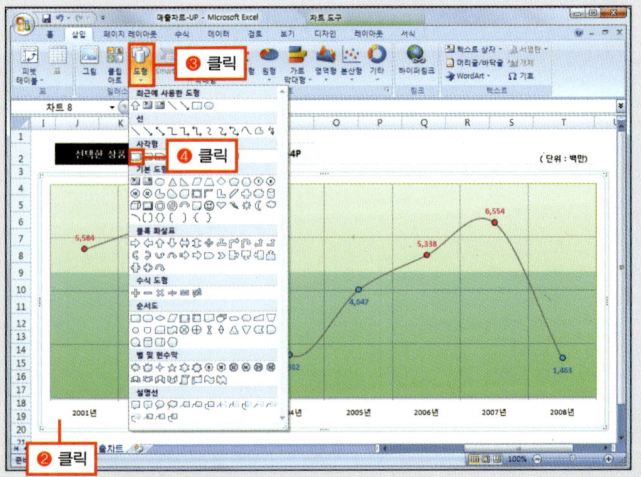

**5.** 마우스 왼쪽 단추를 클릭한 채 드래그 해서 그림 영역의 오른쪽 상단에 직사각형을 그립니다.

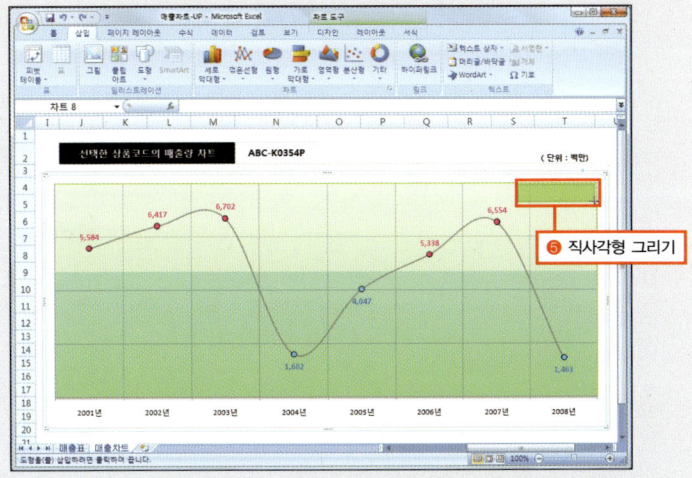

❺ 직사각형 그리기

**6.** 직사각형이 선택된 상태에서 수식 입력줄을 클릭하고 등호(=)를 입력한 다음 [B14] 셀을 클릭하고 Enter 를 누릅니다.

**7.** 직사각형 안에 [B14] 셀의 텍스트가 그대로 표시되면 [그리기 도구] → [서식] 탭 → [도형 스타일] 그룹에 있는 도구들을 이용해서 도형의 서식을 지정합니다. 필요하면 도형을 적당한 위치로 이동하고, 테두리에 표시된 크기 조절 핸들로 크기를 조절합니다.

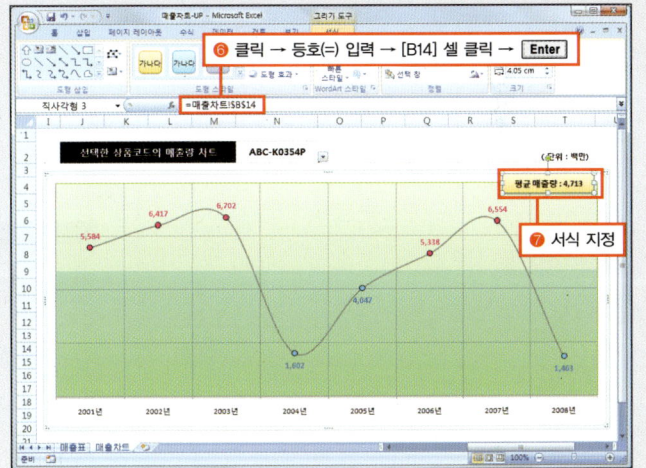

❻ 클릭 → 등호(=) 입력 → [B14] 셀 클릭 → Enter

❼ 서식 지정

- 직사각형이 선택 상태일 때 수식 입력줄에 '=매출차트!$B$14'가 표시됩니다. 이것은 직사각형이 [B14] 셀과 연결되어 있다는 것을 의미합니다.
- 직사각형에 표시된 텍스트의 글꼴 서식을 바꿀 때는 [홈] 탭 → [글꼴] 그룹에 있는 도구를 사용합니다.

## 02 | 데이터 표식을 도형으로 바꾸기

**1.** [삽입] 탭 → [일러스트레이션] 그룹 → [도형](🔲)을 클릭하고

**2.** [블록 화살표] 영역에서 [위쪽 화살표](⬆)를 선택합니다.

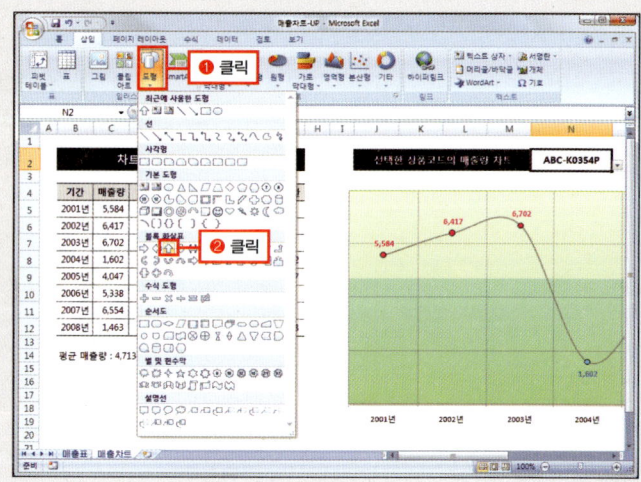

**3.** 마우스 왼쪽 단추를 클릭한 채 드래그 해서 작은 크기로 위쪽 화살표 도형을 그리고 [그리기 도구] → [서식] 탭 → [도형 스타일] 그룹에 있는 도구를 이용해서 서식을 지정합니다.

**4.** 완성된 위쪽 화살표 도형을 Ctrl을 누른 채 오른쪽으로 드래그해서 똑같이 복사합니다.

- 도형을 차트의 표식으로 대신 사용할 것이므로 크기가 아주 작아야 합니다.

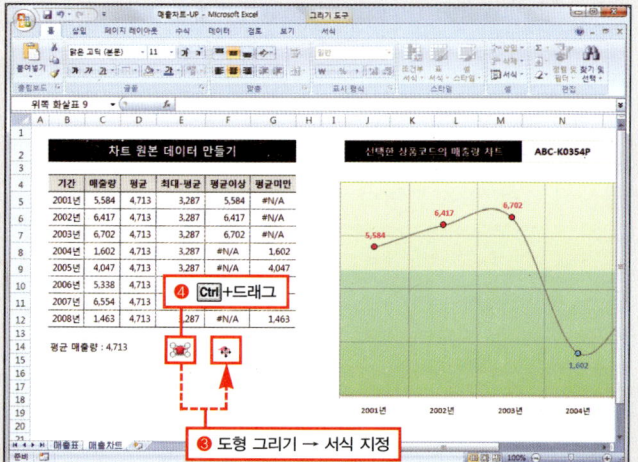

**5.** 복사한 도형에 이전 도형과 다른 서식을 지정합니다.

**6.** 복사한 도형이 선택되어 있는 상태에서 [그리기 도구] → [서식] 탭 → [정렬] 그룹 → [회전](🔄)을 클릭하고

**7.** [상하 대칭]을 선택해서 아래쪽 화살표 도형으로 변형합니다.

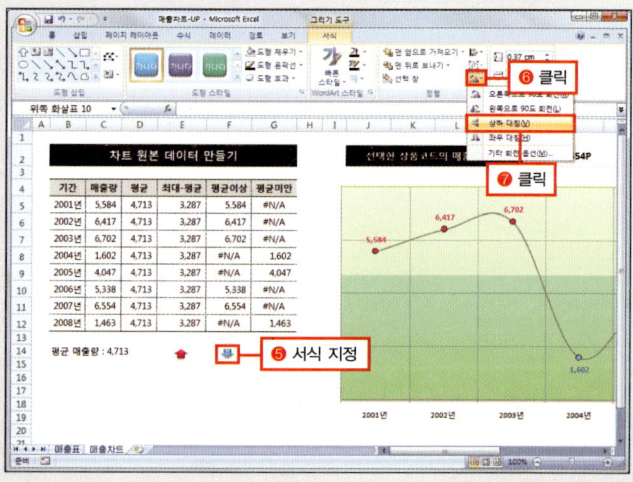

**8.** 위쪽 화살표 도형을 선택하고 Ctrl+C 를 눌러 복사합니다.

**9.** 차트에서 '평균이상' 계열의 데이터 표식을 선택하고 Ctrl+V를 누르면 데이터 표식이 위쪽 화살표 모양으로 바뀝니다.

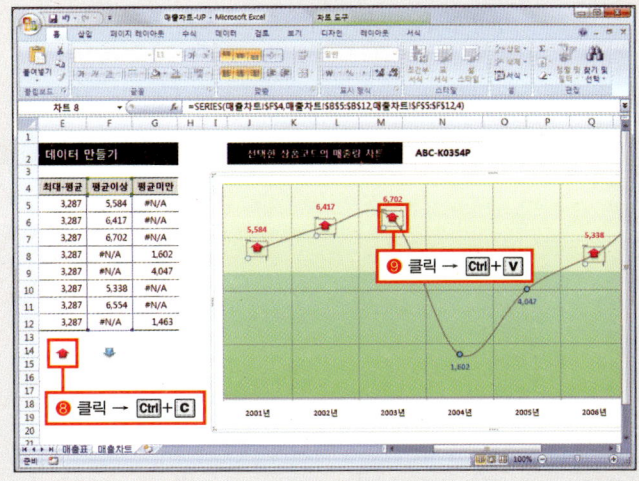

**10.** 아래쪽 화살표 도형을 선택하고 Ctrl+C를 눌러 복사한 다음

**11.** 차트에서 '평균미만' 계열의 데이터 표식을 선택하고 Ctrl+V를 누릅니다.

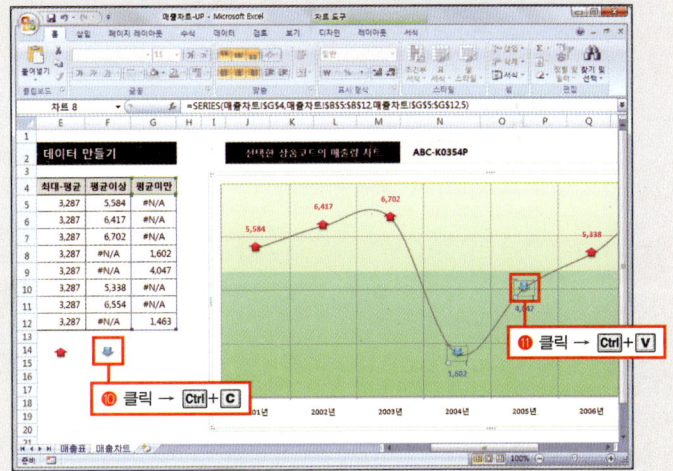

## 03 | 차트 원본 데이터 숨기기

**1.** [A:H] 열 범위의 열 머리글을 드래그해서 블록으로 지정하고 마우스 오른쪽 단추를 클릭한 다음

**2.** [숨기기] 메뉴를 선택합니다.

• 차트의 원본 데이터를 숨기는 것이므로 [숨기기] 메뉴 실행 후 차트에는 아무 것도 나타나지 않습니다.

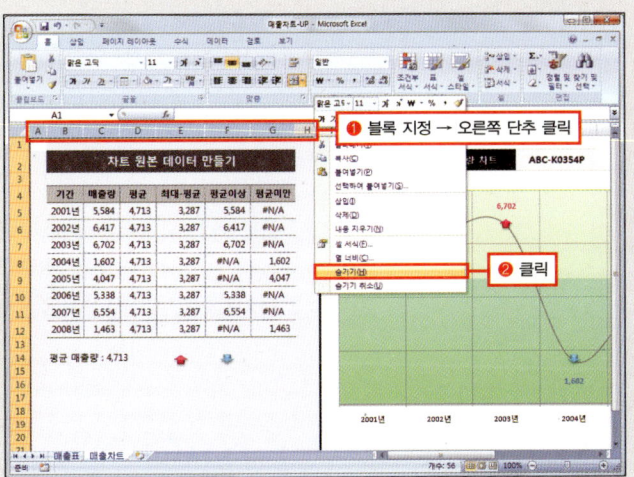

3. 차트를 선택하고

4. [차트 도구] → [디자인] 탭 → [데이터] 그룹 → [데이터 선택](🖼)을 클릭합니다.

5. [데이터 원본 선택] 대화상자가 실행되면 [숨겨진 셀/빈 셀] 단추를 클릭합니다.

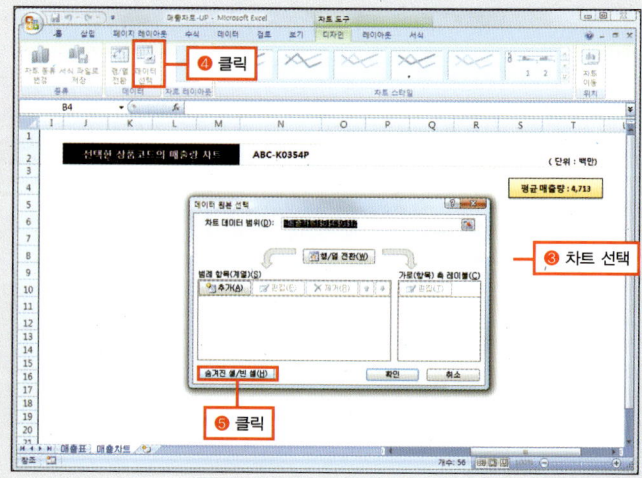

6. [숨겨진 셀/빈 셀 설정] 대화상자에서 [숨겨진 행 및 열에 데이터 표시]를 클릭해서 선택하고

7. [확인] 단추를 클릭한 다음 [데이터 원본 선택] 대화상자에서 다시 [확인] 단추를 클릭합니다.

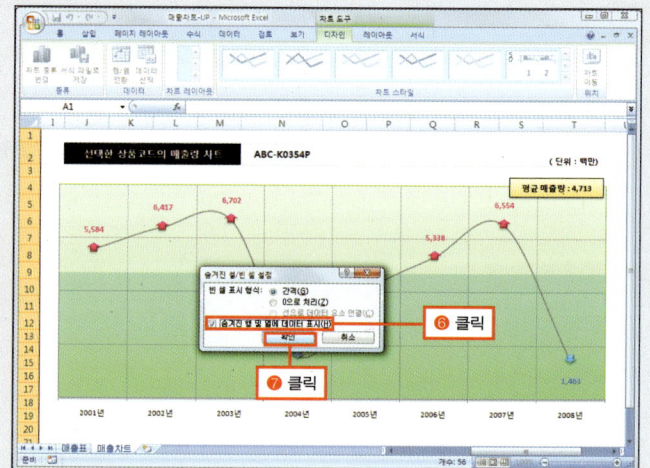

8. [N2] 셀에서 목록 단추를 클릭하고 다른 상품코드를 선택해 봅니다. 선택한 상품코드에 대한 매출이 차트에 바르게 표시되는지 확인합니다.

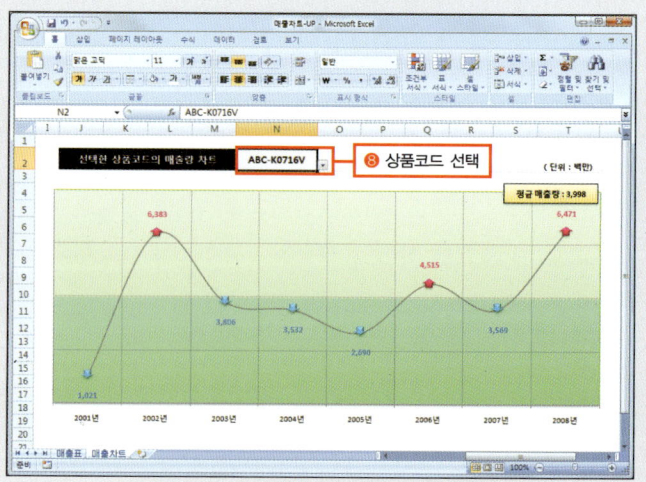

# 원형 대 가로 막대형으로 만드는 매출 분석 차트

S e c t i o n

04

원형 차트는 단 하나의 데이터 계열을 사용해서 각 항목의 크기를 전체에 대한 비율로 표현합니다. 원형 차트를 사용할 때의 주의할 점 중 하나는 항목의 개수가 일곱 개를 넘지 않아야 보기 좋은 원형 차트를 만들 수 있다는 것입니다. 항목의 개수가 많을 경우 원형 차트의 단점을 보완하기 위해 원형 대 원형 차트나 원형 대 가로 막대형 차트를 사용합니다. 이러한 차트는 원형 차트에서 몇 개의 항목을 따로 떼어내 보조 원형 차트나 누적 가로 막대형 차트에 표시합니다. 여기에서는 원형 대 가로 막대형 차트를 이용하여 5개 사업부의 매출을 표시하면서 가장 매출이 높은 사업부의 세부 항목을 누적 가로 막대형 차트에 표시하는 방법을 살펴봅니다.

P r e v i e w    ● **시작 파일** : Theme-3\시간절약\분석차트.xlsx    ● **완성 파일** : Theme-3\완성파일\분석차트.xlsx

## 사업부별 주요 상품 매출 보고

(단위 : 만원)

| 구분 | 상품A | 상품B | 상품C | 매출 |
|---|---|---|---|---|
| 제1사업부 | 3,978 | 3,210 | 4,715 | 11,903 |
| 제2사업부 | 2,027 | 1,104 | 3,634 | 6,765 |
| 제3사업부 | 3,151 | 6,721 | 3,960 | 13,832 |
| 제4사업부 | 2,123 | 1,167 | 3,869 | 7,159 |
| 제5사업부 | 3,380 | 4,282 | 2,829 | 10,491 |

## 사업부별 주요 상품 매출 분석 차트

( 매출 1위를 기록한 제3사업부의 상품별 매출 정보 )

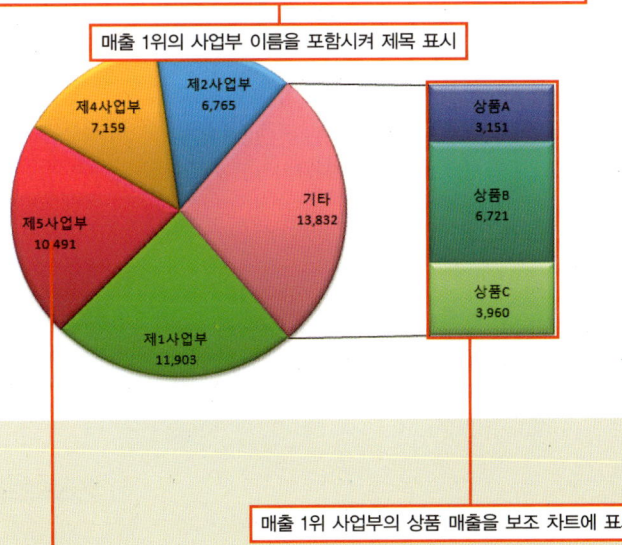

매출 1위의 사업부 이름을 포함시켜 제목 표시

매출 1위 사업부의 상품 매출을 보조 차트에 표시

원본 데이터를 가공하여 매출 2~5위 사업부를 원형 차트에 표시

## [01] 차트 원본 데이터 새로 만들기

**1.** [B4:F9] 범위를 블록으로 지정하고

**2.** [수식] 탭 → [정의된 이름] 그룹 → [선택 영역에서 만들기](선택 영역에서 만들기)를 클릭합니다.

**3.** [선택 영역에서 이름 만들기] 대화상자에서 [첫 행] 항목만 선택하고

**4.** [확인] 단추를 클릭합니다.

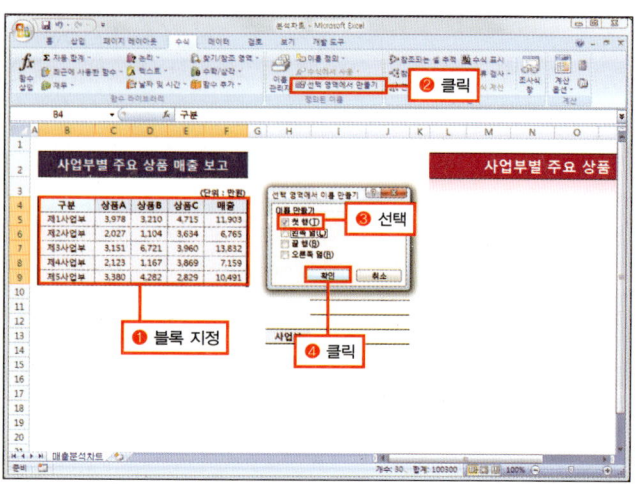

**5.** [H5:H9] 범위를 블록으로 지정하고 『=RANK(F5,매출)』을 입력한 다음 Ctrl+Enter를 눌러 매출의 내림차순 순위를 구합니다.

**6.** [H5:H9] 범위가 블록으로 지정된 상태에서 이름 상자에 『순위』를 입력하고 Enter를 눌러 이름을 정의합니다.

· 'RANK(값, 범위)' 함수는 지정한 범위에서 주어진 값의 내림차순 순위를 구합니다.

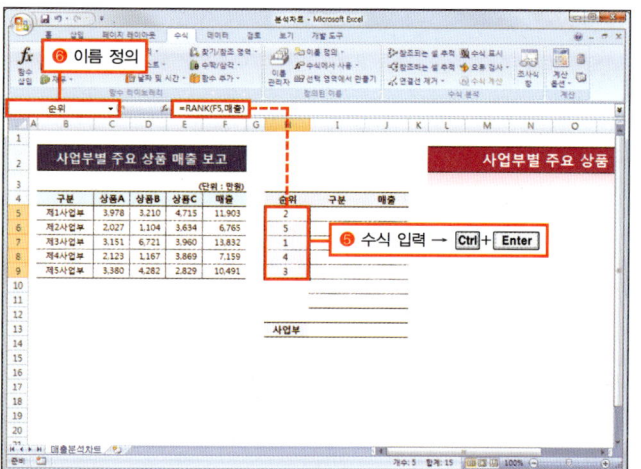

**7.** [I5:I8] 범위를 블록으로 지정하고 『=INDEX(구분,MATCH(ROW(A2),순위,0))』을 입력한 다음 Ctrl+Enter를 누릅니다.

· 순위가 2, 3, 4, 5위에 해당하는 사업부의 이름이 표시됩니다.

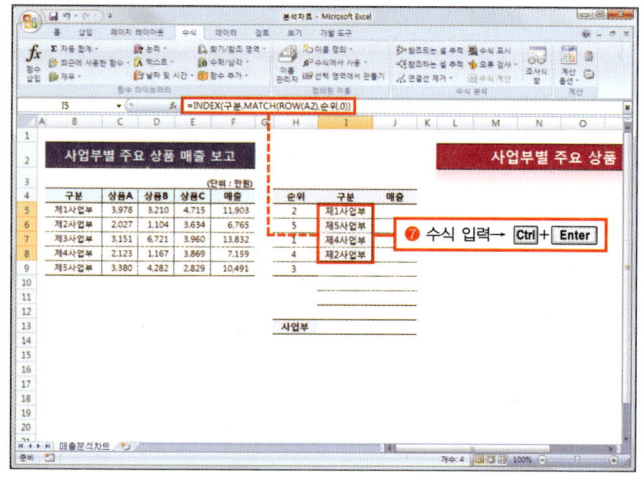

**수 식 이 궁 금 해**

여기서 만들 원형 대 가로 막대형 차트에는 매출이 2, 3, 4, 5위인 사업부를 원형 차트에 표시하고, 매출이 1위인 사업부의 상품A, 상품B, 상품C 매출을 보조 차트에 표시합니다. 먼저 원형 차트에 표시할 2, 3, 4, 5위의 사업부 이름을 가져오기 위해 INDEX 함수와 MATCH 함수를 함께 사용했습니다.

| 2위부터 5위까지 사업부 이름 가져오기 | =INDEX(구분,MATCH(ROW(A2),순위,0)) |
|---|---|

- **ROW(A2)**

  각 셀에서 이 부분은 ROW(A2), ROW(A3), ROW(A4), ROW(A5)와 같이 셀 참조가 변합니다. ROW(참조) 함수가 지정한 참조의 행 번호를 구하는 것이므로 이 부분의 결과는 각 셀에서 2, 3, 4, 5가 됩니다.

- **MATCH(ROW,순위,0)**

  MATCH(값, 범위, 옵션) 함수는 지정한 범위에서 주어진 값을 찾아 위치 번호를 구합니다. 여기에서는 '순위' 범위에서 ROW 함수가 반환한 숫자를 찾아 위치 번호를 구합니다. [I5] 셀에서 ROW 함수는 '2'를 반환하므로 MATCH 함수는 '순위'에서 '2'가 몇 번째 셀에 있는지 위치 번호를 구하게 됩니다.

- **INDEX(구분,MATCH)**

  MATCH 함수의 결과에 따라 '구분' 범위에 있는 셀 값을 가져옵니다. MATCH 함수가 '1'이면 '구분' 범위에서 1번째 셀의 값을 가져오고, MATCH 함수가 '2'이면 '구분' 범위에서 2번째 셀의 값을 가져옵니다.

- **수식의 계산 과정**

| 구분 | 순위 | | 수식의 계산 과정 | | |
|---|---|---|---|---|---|
| | | | ROW | MATCH | INDEX |
| 제1사업부 | 2 | | 2 | 1 | 제1사업부 |
| 제2사업부 | 5 | | 3 | 5 | 제5사업부 |
| 제3사업부 | 1 | | 4 | 4 | 제4사업부 |
| 제4사업부 | 4 | | 5 | 2 | 제2사업부 |
| 제5사업부 | 3 | | | | |

**8.** [J5:J8] 범위를 블록으로 지정하고 『=INDEX(매출,MATCH(ROW(A2),순위,0))』을 입력한 다음 Ctrl + Enter 를 누릅니다.

- 순위가 2, 3, 4, 5위인 사업부의 매출을 가져옵니다. 수식의 구성은 사업부 이름을 가져올 때와 같습니다.

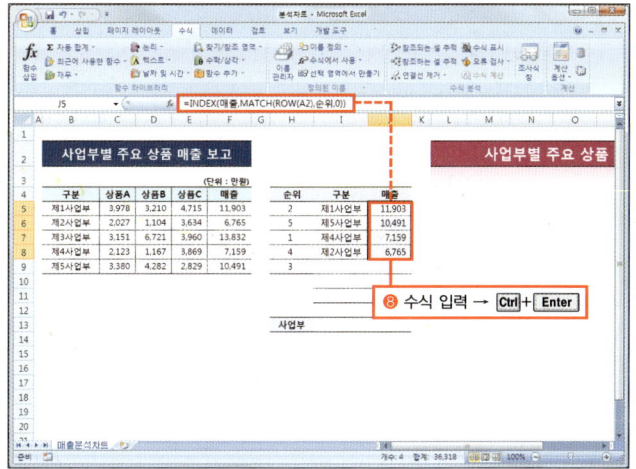

**9.** [I9:I11] 영역의 각 셀에 '상품A', '상품B', '상품C'를 각각 입력한 다음

**10.** [J9:J11] 범위를 블록으로 지정하고 『=INDEX(INDIRECT(I9),MATCH(1,순위,0))』을 입력합니다.

• 순위가 1인인 사업부의 상품A, 상품B, 상품C에 대한 매출이 표시됩니다.

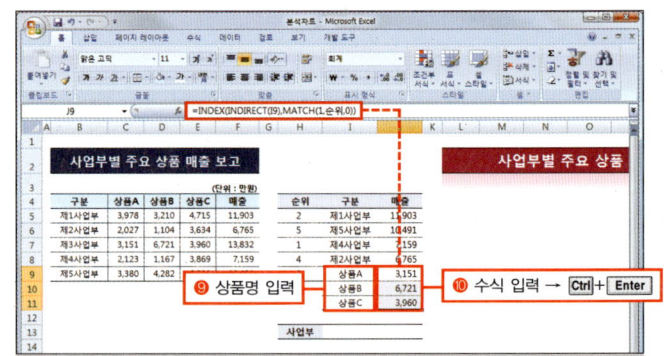

**수식이 궁금해**

원형 대 가로 막대형 차트의 보조 차트에는 매출이 1위인 사업부의 상품A, 상품B, 상품C 매출을 표시해야 합니다. 이를 위해서 상품명을 먼저 입력하고, 해당 상품에 대한 매출을 가져오는 수식입니다.

| 매출 1위의 상품별 매출 가져오기 | =INDEX(INDIRECT(I9),MATCH(1,순위,0)) |
| --- | --- |

• **MATCH(1,순위,0)**

  '순위' 범위에서 '1'의 위치 번호를 구합니다. 현재 워크시트에서 '1'의 위치 번호는 '3'이 됩니다.

• **INDIRECT(I9)**

  [I9] 셀의 값이 '상품A'이므로 'INDIRECT("상품A")'로 계산되어 이름 '상품A'가 참조하는 셀 범위를 반환합니다. [J10] 셀에서는 'INDIRECT(I10)'이 되어 'INDIRECT("상품B")'로 계산되므로 '상품B'가 참조하는 셀 범위를 반환합니다.

• **INDEX(INDIRECT,MATCH)**

  MATCH 함수의 결과가 현재 '3'이므로 INDIRECT 함수가 반환한 셀 범위에서 '3'번째에 있는 셀 값을 구합니다. 이 값은 매출이 1위인 사업부의 각 상품에 대한 매출입니다.

**02 원형 대 가로 막대형 차트 만들기**

**1.** [I5:J11] 범위를 블록으로 지정하고

**2.** [삽입] 탭 → [차트] 그룹 → [원형]을 클릭한 다음

**3.** [2차원 원형] 영역에서 [원형 대 가로 막대형] 차트를 선택합니다.

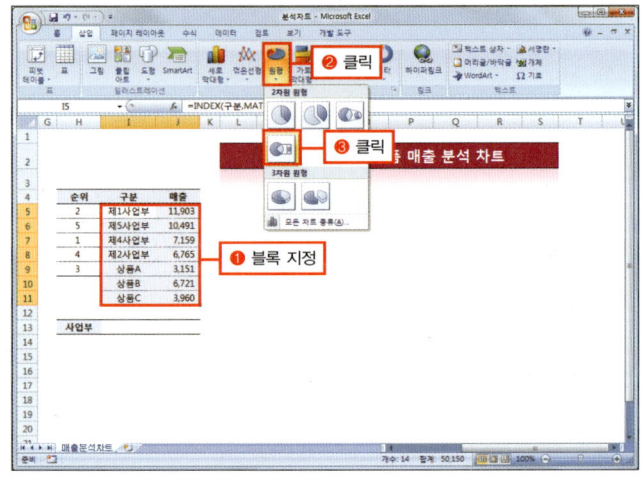

**4.** 차트가 삽입되면 위치와 크기를 먼저 조정한 다음

**5.** [차트 도구] → [차트 스타일] 그룹의 차트 스타일 갤러리에서 [스타일 26]을 선택합니다.

**6.** 범례 상자를 클릭하고 Delete 를 눌러 범례를 제거합니다.

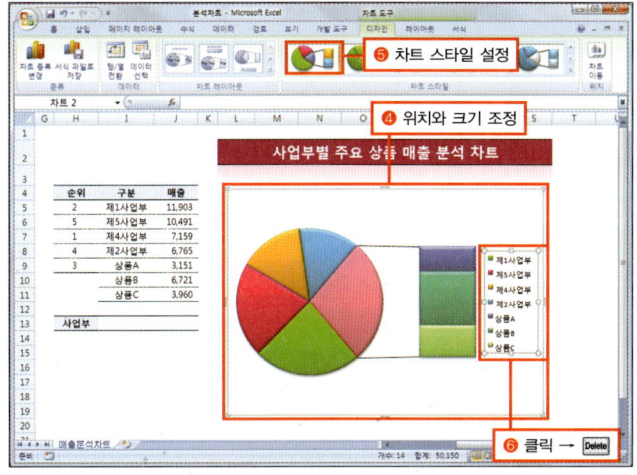

**7.** 차트 영역을 클릭하고

**8.** [차트 도구] → [서식] 탭 → [도형 스타일] 그룹 → [도형 윤곽선](☑ 도형 윤곽선 ▾)을 클릭한 다음

**9.** [윤곽선 없음]을 선택해서 차트 테두리에 윤곽선이 나타나지 않도록 설정합니다.

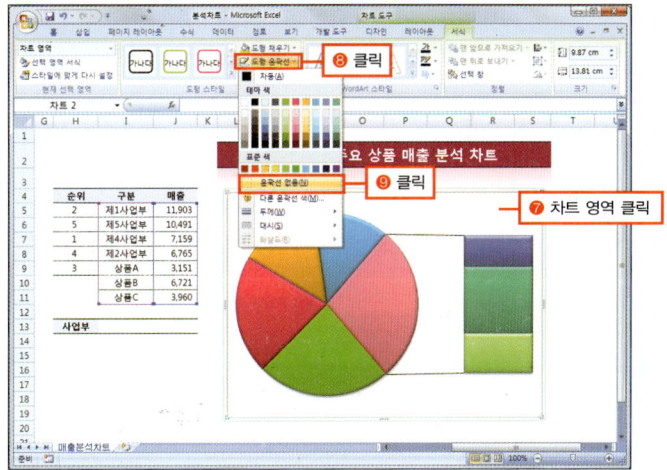

# 03  데이터 레이블 표시하기

**1.** [차트 도구] → [레이아웃] 탭 → [레이블] 그룹 → [데이터 레이블](📊)을 클릭하고

**2.** [기타 데이터 레이블 옵션]을 선택합니다.

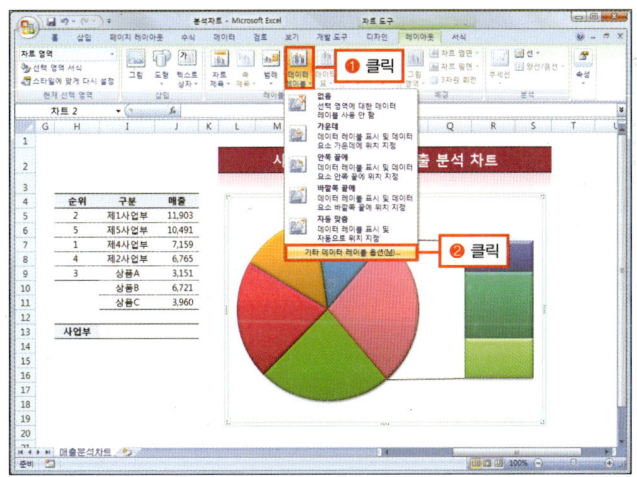

**3.** [데이터 레이블 서식] 대화상자의 [레이블 옵션]에서 [레이블 내용]으로 [항목 이름]과 [값]을 선택하고

**4.** [구분 기호]를 [(줄 바꿈)]으로 지정합니다.

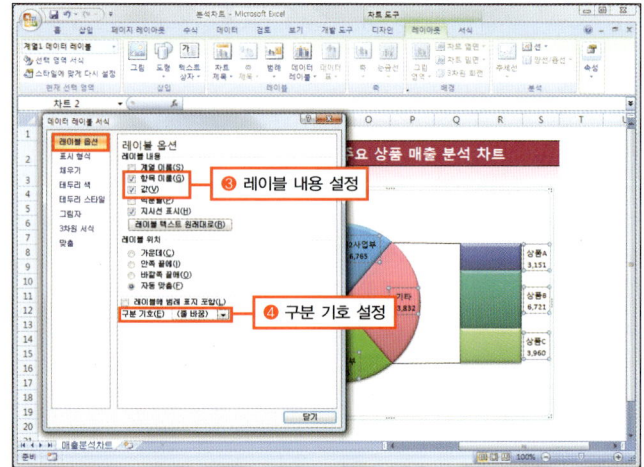

**5.** 대화상자가 열려 있는 상태에서 보조 차트의 '상품A' 항목에 대한 데이터 레이블을 클릭합니다.

**6.** 하나의 데이터 레이블만 선택된 상태에서 레이블 위치를 [가운데]로 지정합니다.

- 데이터 레이블을 한 번 클릭하면 계열의 모든 데이터 레이블이 선택 상태가 됩니다.
- 데이터 레이블 선택 상태에서 특정 항목의 데이터 레이블을 다시 클릭하면 해당 항목의 데이터 레이블 하나만 선택 상태가 됩니다.

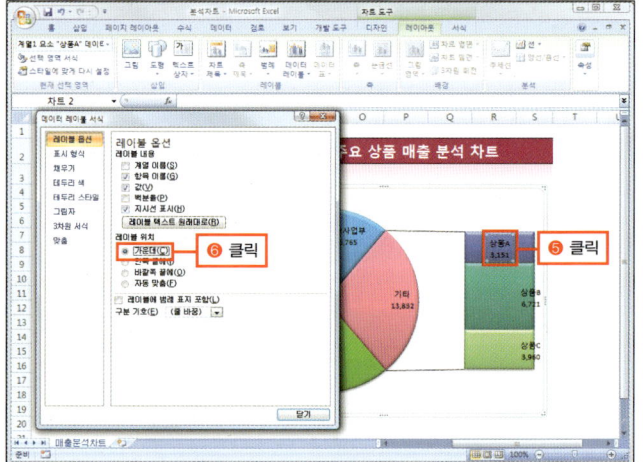

**7.** 같은 방법으로 '상품B'의 데이터 레이블을 선택하고 레이블 위치를 [가운데]로 지정하고

**8.** 다시 '상품C'의 데이터 레이블을 선택하고 레이블 위치를 [가운데]로 지정한 다음

**9.** [닫기] 단추를 클릭합니다.

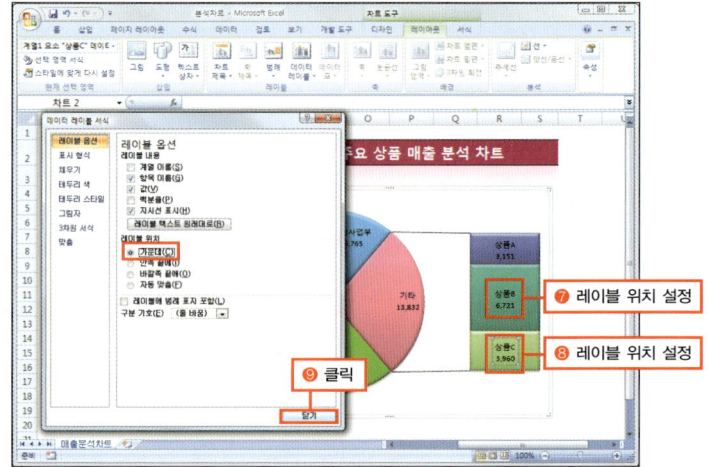

## 04　매출 1위 사업부 표시 및 원본 데이터 숨기기

**1.** [I13] 셀에 『=INDEX(구분,MATCH(1,순위,0))』을 입력해서 매출 1위에 해당하는 사업부 이름을 구합니다.

- MATCH 함수로 '순위'에서 '1'의 위치 번호를 먼저 구한 다음, INDEX 함수로 '구분' 범위에서 MATCH 함수로 구한 위치에 있는 셀 값을 가져옵니다.

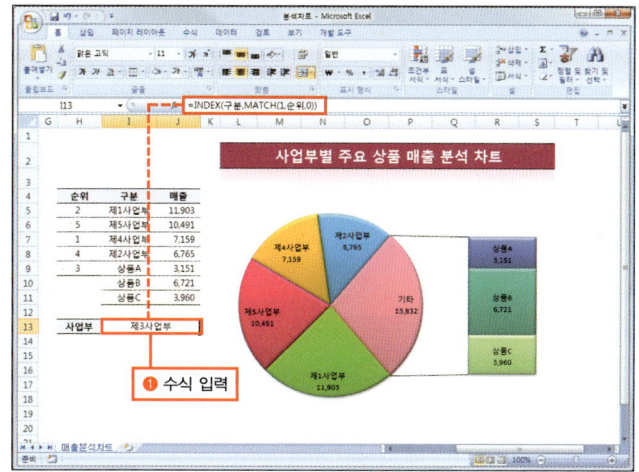

**2.** [L3] 셀에 『="( 매출 1위를 기록한 "&I13&"의 상품별 매출 정보 )"』를 입력해서 [I13] 셀의 사업부 이름을 사용한 텍스트를 만들어 표시합니다.

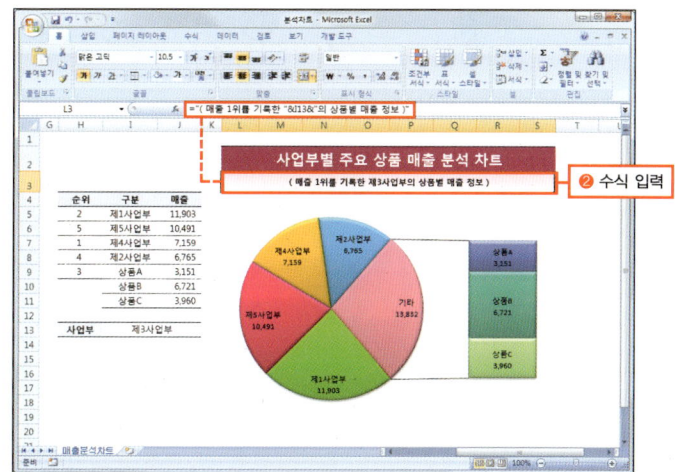

**3.** [G:J] 열 범위의 열 머리글을 드래그해서 블록으로 지정한 다음 마우스 오른쪽 단추를 클릭하고

**4.** [숨기기] 메뉴를 선택합니다.

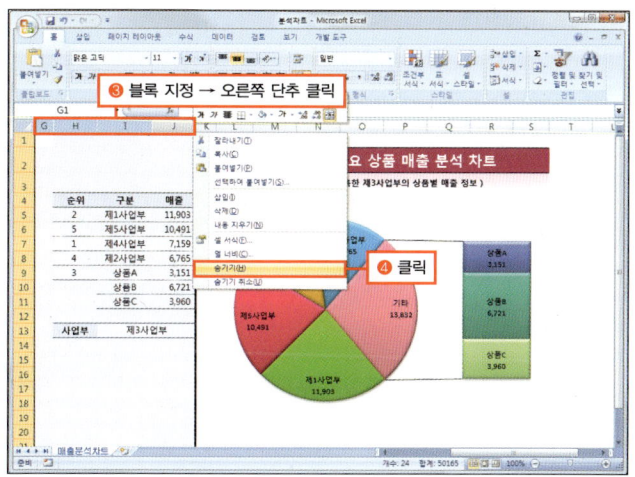

5. 차트의 원본 데이터를 숨기면 차트에 아무 것도 나타나지 않습니다. 차트를 클릭해서 선택하고

6. [차트 도구] → [디자인] 탭 → [데이터] 그룹 → [데이터 선택](📊)을 클릭하고

7. [데이터 원본 선택] 대화상자에서 [숨겨진 셀/빈 셀] 단추를 클릭합니다.

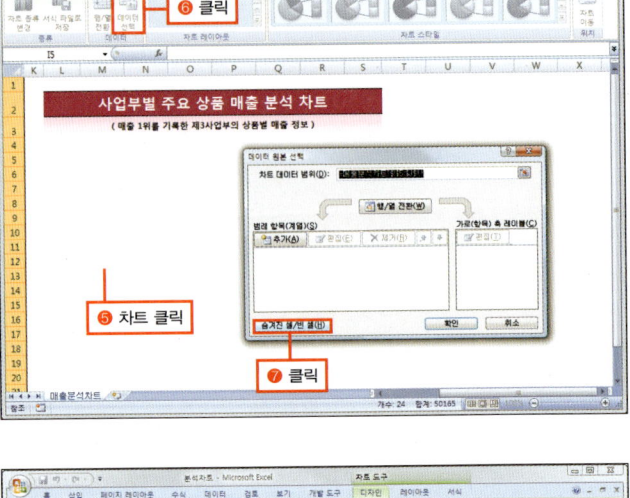

8. [숨겨진 셀/빈 셀 설정] 대화상자에서 [숨겨진 행 및 열에 데이터 표시]를 선택한 다음

9. [확인] 단추를 클릭합니다.

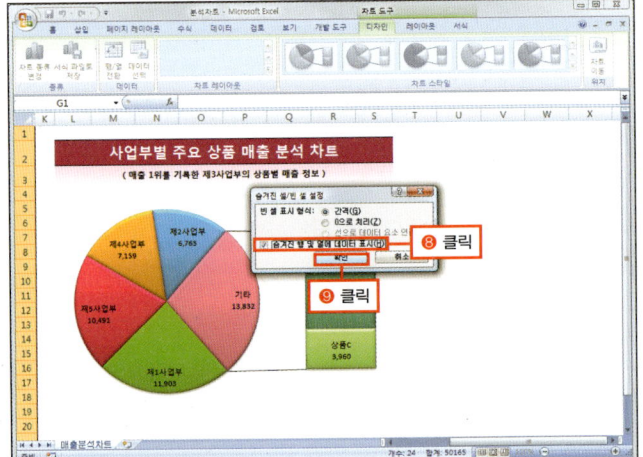

10. [차트 원본 데이터 선택] 대화상자에서 다시 [확인] 단추를 클릭하고 매출 1위 사업부의 상품 매출을 보조 차트(누적 가로 막대형 차트)에 표시한 원형 대 가로 막대형 차트의 결과를 확인합니다.

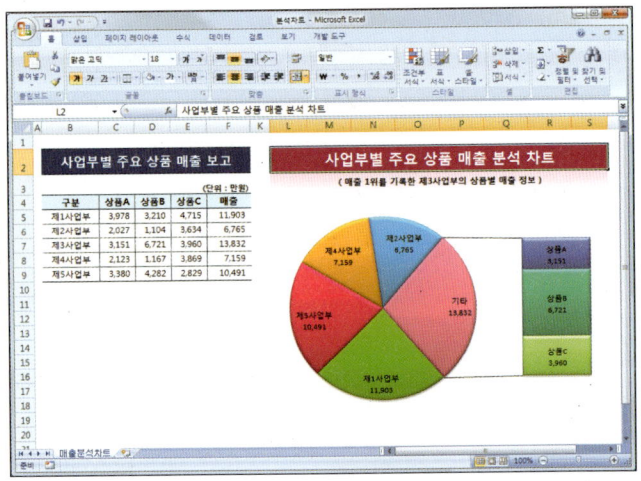

# U p g r a d e

# 원하는 내용으로
# 데이터 레이블을 바꾸자

● **시작 파일** : Theme-3\시간절약\분석차트-UP.xlsx　● **완성 파일** : Theme-3\완성파일\분석차트-UP.xlsx

원형 대 가로 막대형 차트에서 보조 차트에 표시되는 부분을 나타내는 조각의 데이터 레이블은 '기타'로 표시됩니다. 이렇게 표시되는 데이터 레이블을 매출 1위의 사업부 이름으로 바꾸는 방법과 함께 보조 차트에 표시된 매출의 합계를 도형을 이용해서 표현하는 방법을 살펴봅니다.

## 01 | '기타' 레이블을 사업부 이름으로 바꾸기

**1.** 차트에서 데이터 레이블을 한 번 클릭한 다음 '기타'에 해당되는 데이터 레이블을 다시 한 번 클릭해서 선택합니다.

**2.** 수식 입력줄을 클릭하고 등호(=)를 입력한 다음 [I13] 셀을 클릭하고 Enter 를 누릅니다.

• 수식 입력줄에 '=매출분석차트!$I$3'으로 수식이 입력되고 선택한 데이터 레이블에 [I13] 셀의 값이 그대로 표시됩니다.

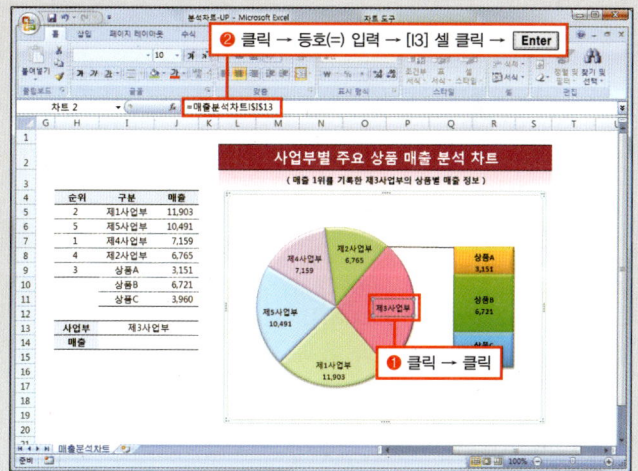

**3.** 매출 1위 사업부 이름으로 표시된 데이터 레이블이 선택된 상태에서 [홈] 탭 → [글꼴] 그룹에 있는 도구들을 이용해서 글꼴 서식을 바꿉니다.

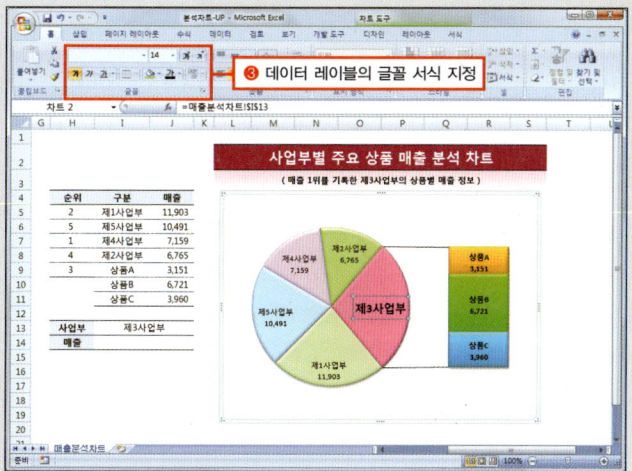

## 02 | 도형으로 매출 1위 사업부의 매출 표시하기

**1.** [I14] 셀에 『=INDEX(매출,MATCH(1, 순위,0))』을 입력해서 '매출' 범위에서 순위가 '1'인 매출의 값을 가져옵니다.

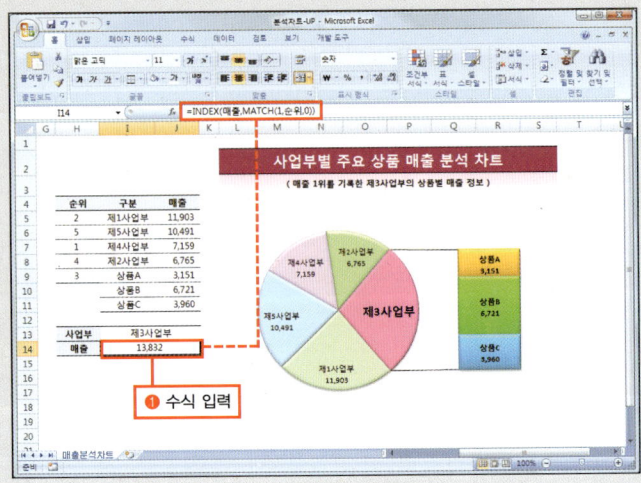

**2.** 차트를 클릭해서 선택하고

**3.** [삽입] 탭 → [일러스트레이션] 그룹 → [도형]( )을 클릭한 다음 [블록 화살표 영역에 있는 [아래쪽 화살표 설명선] 도형을 선택합니다.

**4.** 마우스 왼쪽 단추를 클릭한 채 드래그해서 차트 안에 도형을 그립니다.

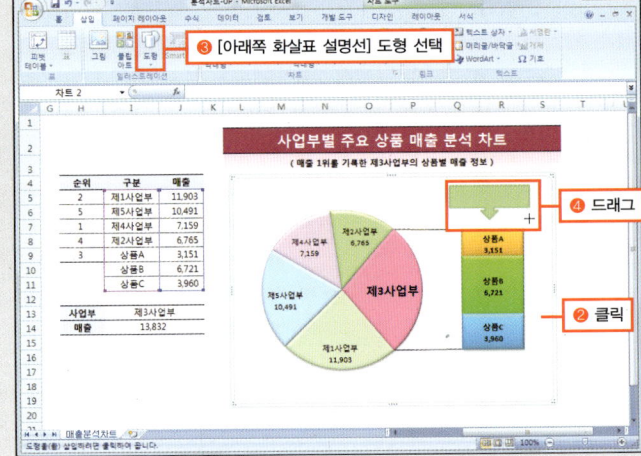

**5.** 도형이 선택된 상태에서 수식 입력줄을 클릭하고 등호(=)를 입력한 다음 [I14] 셀을 클릭하고 **Enter**를 누릅니다.

• 수식 입력줄에 '=매출분석차트!$I$14'로 수식이 입력되고, 도형에는 [I14] 셀과 동일한 내용이 나타납니다.

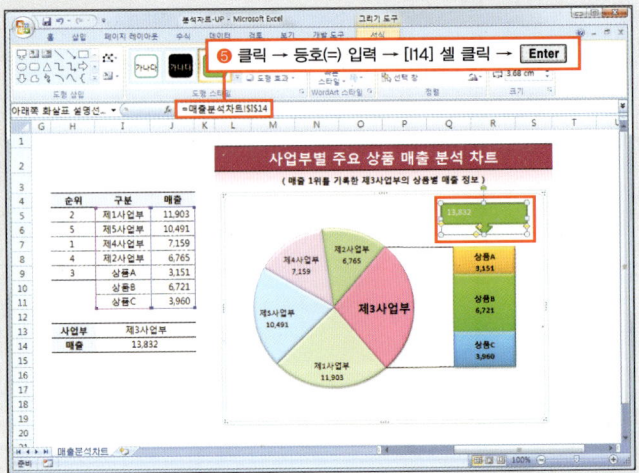

**6.** [그리기 도구] → [서식] 탭 → [도형 스타일] 그룹에 있는 도구들을 사용해서 도형의 서식을 지정하고, [홈] 탭 → [글꼴] 그룹과 [맞춤] 그룹에 있는 도구들을 사용해서 글꼴 서식과 맞춤 서식 등을 지정합니다.

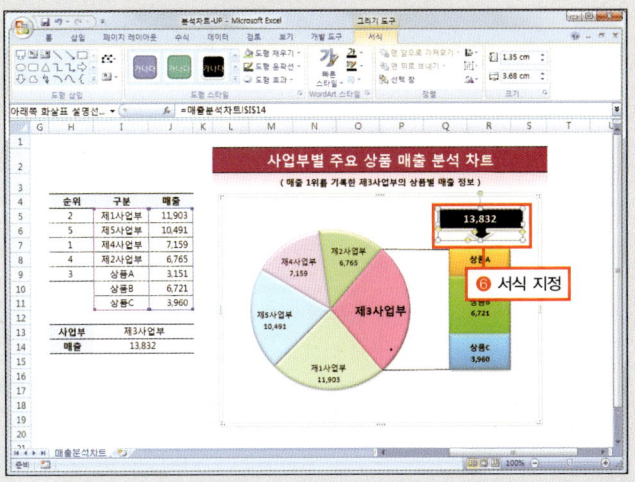

**7.** [G:J] 열 범위를 블록으로 지정한 다음 마우스 오른쪽 단추를 클릭하고

**8.** [숨기기] 메뉴를 선택합니다.

- 차트 원본 데이터를 숨기면 차트에 아무 것도 표시되지 않지만, 현재 원형 대 가로 막대형 차트에는 앞에서 지정한 대로 [숨겨진 행 및 열에 데이터 표시] 옵션이 설정되어 있어 차트가 정상적으로 표시됩니다.

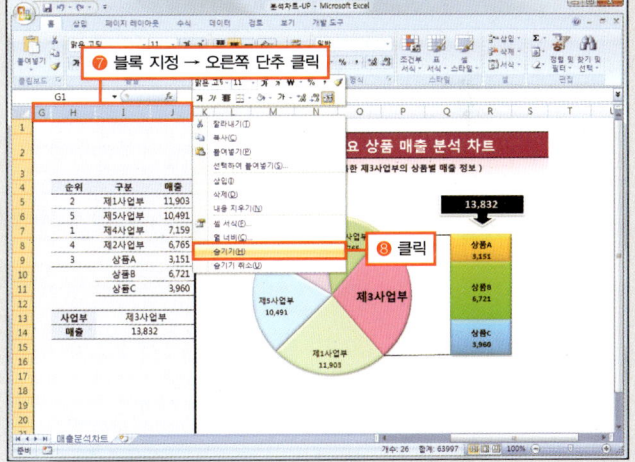

**9.** [C8] 셀에 『6500』을 입력하고, [D8] 셀에 『5000』을 입력해서 '제4사업부'의 매출이 가장 높도록 표를 수정합니다. 이렇게 해서 차트에 제4사업부의 상품 매출이 바르게 표시되는지 확인합니다.

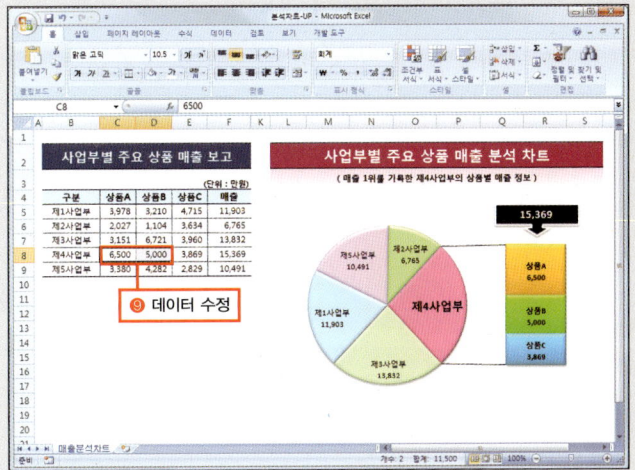

# 확인란으로 경쟁사를 선택해서 표시하는 시장 점유율 비교 차트

S e c t i o n

# 05

꺾은선형 차트는 시간의 흐름이나 순서별 항목에 따른 추세를 표시할 때 사용합니다. 여기에서는 2004년부터 2008년까지 자사와 다섯 개의 경쟁사에 대한 시장 점유율 데이터를 꺾은선형 차트로 표시합니다. 이 차트에서 중요한 점은 확인란 컨트롤을 사용하여 차트에 표시할 경쟁사를 직접 선택할 수 있다는 것입니다. 차트에는 자사의 시장 점유율과 함께 확인란 컨트롤을 통해 선택한 경쟁사의 시장 점유율만 표시합니다. 자사와 A사의 시장 점유율만 표시하거나 자사와 A사, B사의 시장 점유율을 표시하여 비교할 수도 있습니다.

P r e v i e w    ● **시작 파일** : Theme-3\시간절약\점유율차트.xlsx    ● **완성 파일** : Theme-3\완성파일\점유율차트.xlsx

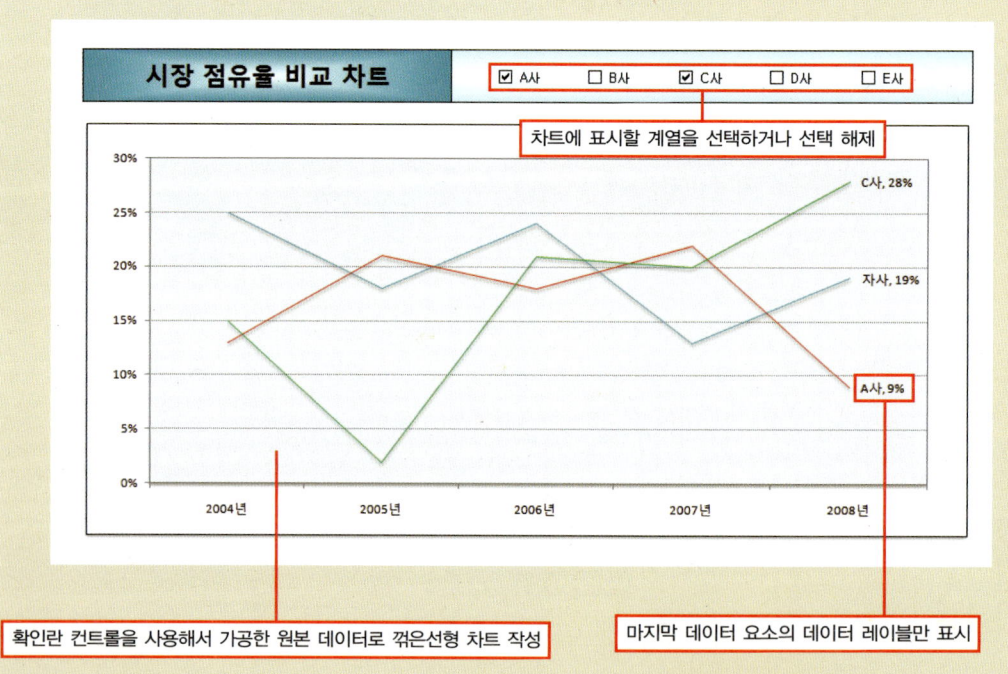

차트에 표시할 계열을 선택하거나 선택 해제

확인란 컨트롤을 사용해서 가공한 원본 데이터로 꺾은선형 차트 작성

마지막 데이터 요소의 데이터 레이블만 표시

## 01  시장 점유율을 표시하는 꺾은선형 차트 만들기

1. [B14:H18] 범위를 블록으로 지정하고

2. 『=B5』를 입력한 다음 [Ctrl]+[Enter]를 누릅니다.

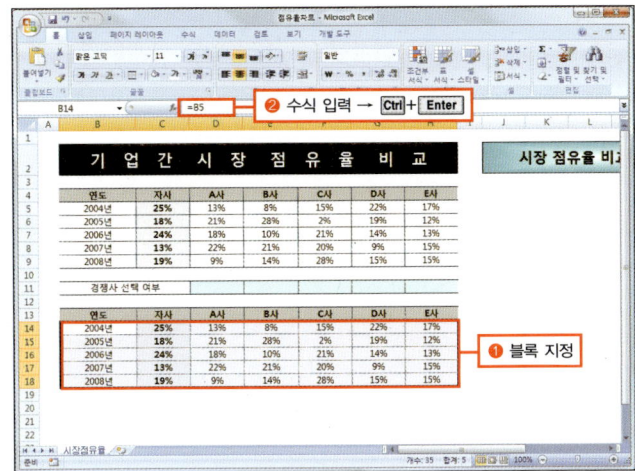

3. [B13:H18] 범위를 블록으로 지정하고

4. [삽입] 탭 → [차트] 그룹 → [꺾은선형](꺾은선형)을 클릭한 다음

5. [2차원 꺾은선형] 영역에서 [꺾은선형] 차트를 선택합니다.

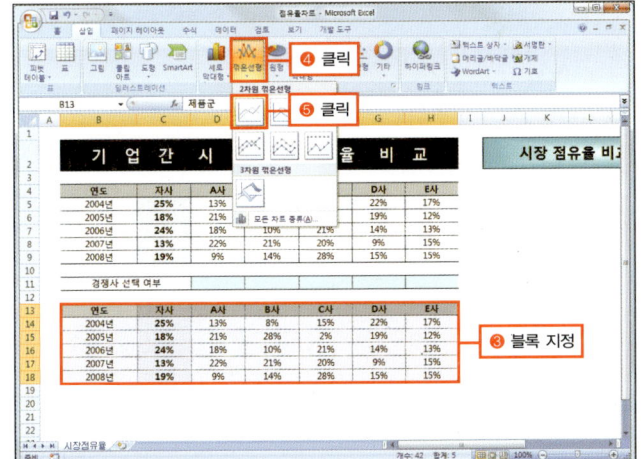

6. 차트가 삽입되면 먼저 위치와 크기를 조정하고

7. [차트 도구] → [디자인] 탭 → [데이터] 그룹 → [행/열 전환](행/열 전환)을 클릭해서 연도를 기준으로 차트가 표시되도록 설정합니다.

8. 범례 상자를 클릭하고 [Delete]를 클릭해서 범례를 제거합니다.

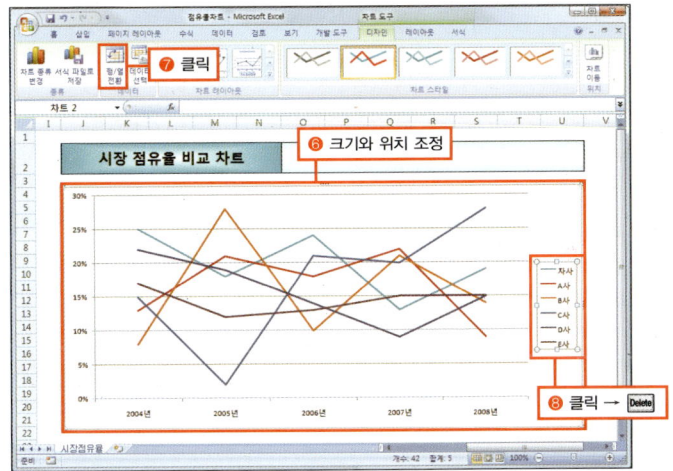

# [02] 서식을 지정하여 차트 꾸미기

**1.** [차트 도구] → [서식] 탭 → [현재 선택 영역] 그룹 → 차트 요소(차트 영역)의 목록 단추를 클릭하고 [계열 "자사"]를 선택합니다.

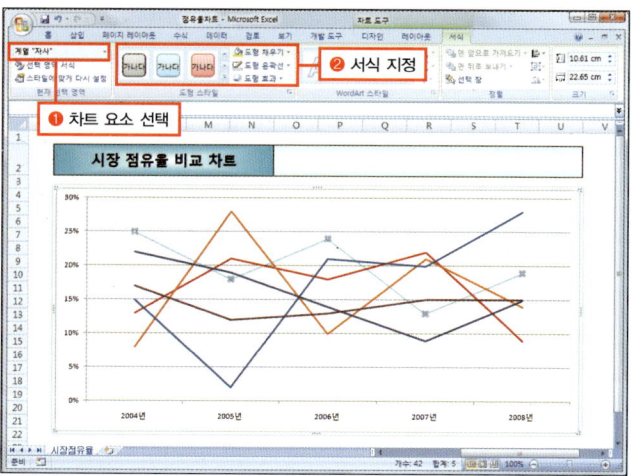

**2.** '자사' 데이터 계열에 대한 꺾은선형이 선택 상태가 되면 [서식] 탭 → [도형 스타일] 그룹에 있는 도구를 이용하여 윤곽선의 서식을 지정합니다.

- 범례가 제거된 상태이므로 차트에서 직접 계열을 선택하기가 쉽지 않으므로 차트 요소(차트 영역)를 사용해서 원하는 계열을 선택하는 것이 편리합니다.

**3.** 같은 방법으로 A사, B사, C사, D사, E사 계열의 서식을 지정합니다.

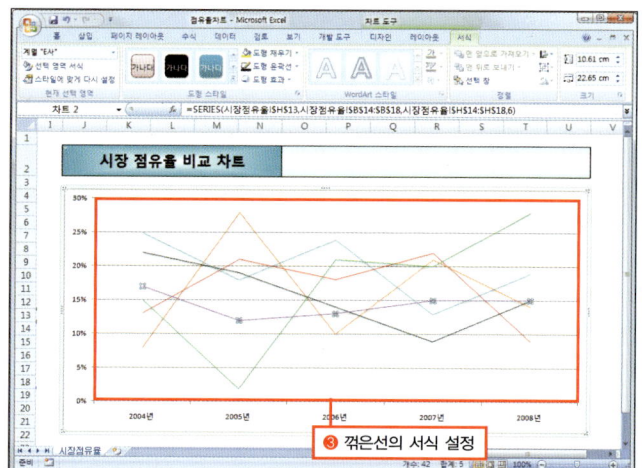

- 계열을 먼저 선택한 다음 도형 스타일 중에서 비슷한 서식이 있으면 먼저 적용하고 [도형 윤곽선](도형 윤곽선)에서 세부 서식을 지정하는 순서로 진행하는 것이 효율적입니다.

**4.** 그림 영역을 클릭해서 선택하고

**5.** [도형 채우기](도형 채우기)와 [도형 윤곽선](도형 윤곽선)을 지정해서 다음과 같이 서식을 지정합니다.

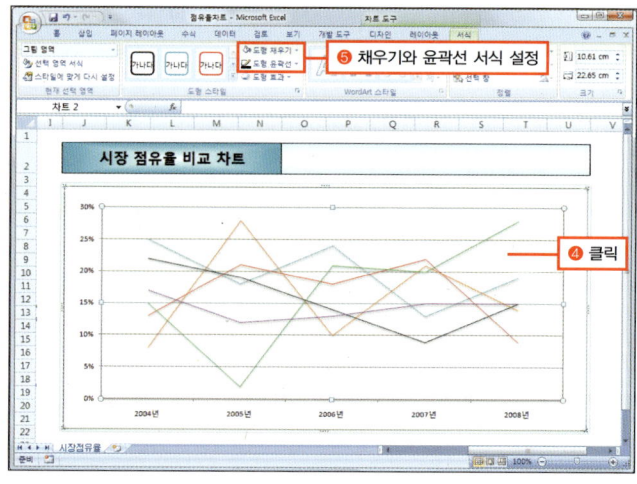

6. [세로 (값) 축 주 눈금선]을 클릭해서 선택한 다음

7. [도형 윤곽선]( 도형 윤곽선 )을 클릭하고

8. [대시]에서 [둥근 점선]을 선택합니다. 이렇게 하면 주 눈금선이 점선으로 표시됩니다.

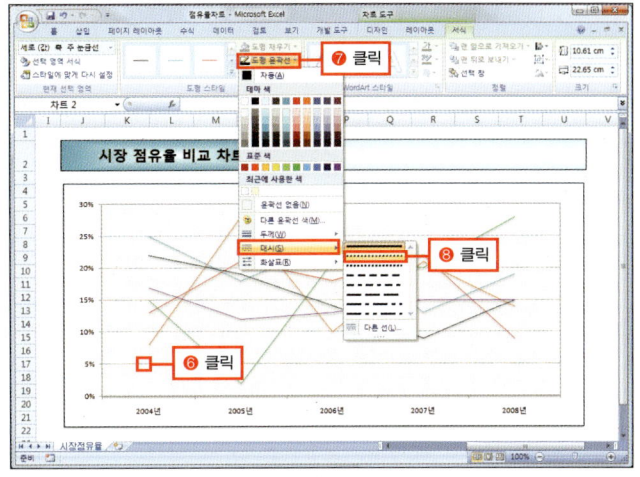

## 03  마지막 데이터에만 데이터 레이블 표시하기

1. '자사' 데이터 계열의 꺾은선을 한 번 클릭한 다음, 가장 오른쪽 부분을 다시 한 번 클릭해서 [계열 "자사" 요소 "2008년"]을 선택합니다.

2. [차트 도구] → [레이아웃] 탭 → [레이블] 그룹 → [데이터 레이블]( )을 클릭하고

3. [기타 데이터 레이블 옵션]을 클릭합니다.

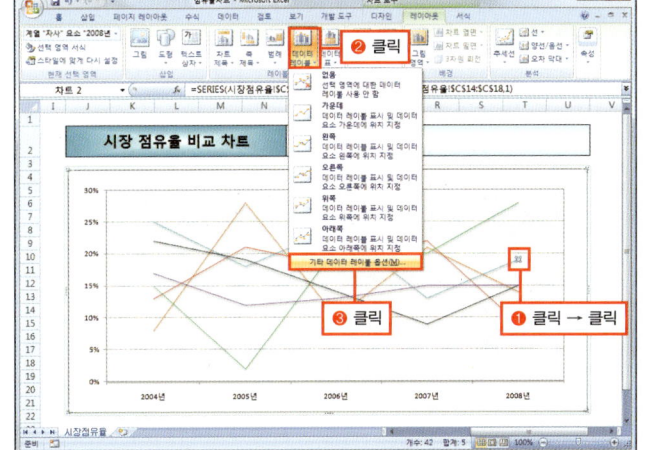

4. [데이터 레이블 서식] 대화상자의 레이블 옵션에서 [레이블 내용]으로 [계열 이름]과 [값]을 선택하고

5. [레이블 위치]를 [오른쪽]으로 선택한 다음

6. [닫기] 단추를 클릭합니다.

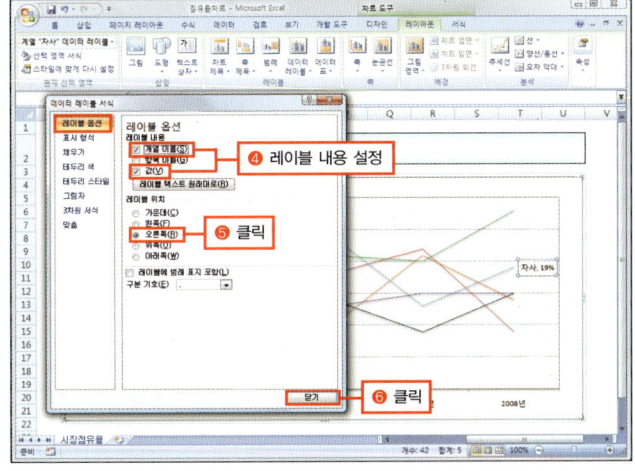

**7.** 나머지 다섯 개 계열의 '2008년' 데이터 요소에 대해서도 같은 방법으로 데이터 레이블을 표시합니다.

• 마지막 데이터 요소의 위치가 비슷해서 데이터 레이블이 겹치면 데이터 레이블을 마우스로 드래그해서 위치를 조정합니다.

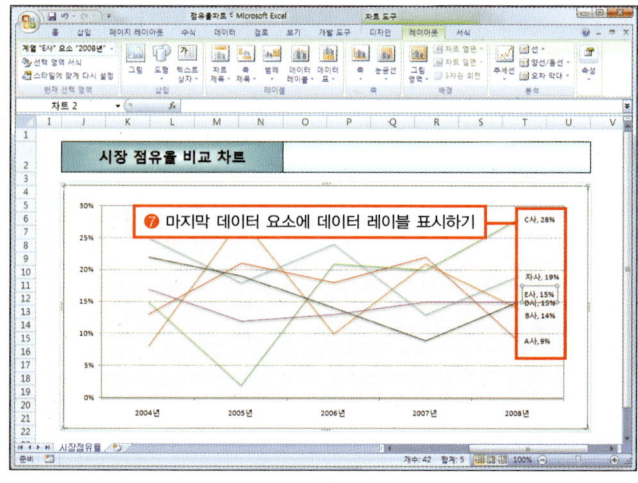

# 04 확인란 컨트롤 삽입하기

**1.** [개발 도구] 탭 → [컨트롤] 그룹 → [삽입]()을 클릭하고 양식 도구 모음 영역에 있는 [확인란]()을 선택합니다.

**2.** 다음과 같이 마우스 왼쪽 단추를 클릭한 채 드래그해서 해서 원하는 크기로 확인란 컨트롤을 그립니다.

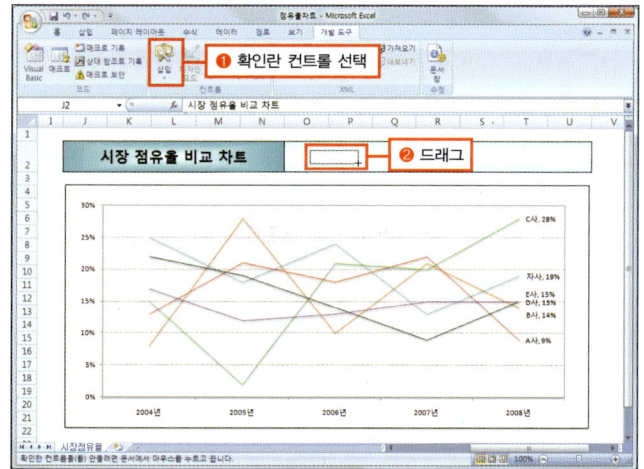

**3.** 확인란 컨트롤이 그려지면 텍스트를 'A사' 로 수정하고

**4.** Ctrl 을 누른 채 확인란 컨트롤을 오른쪽으로 드래그해서 복사합니다.

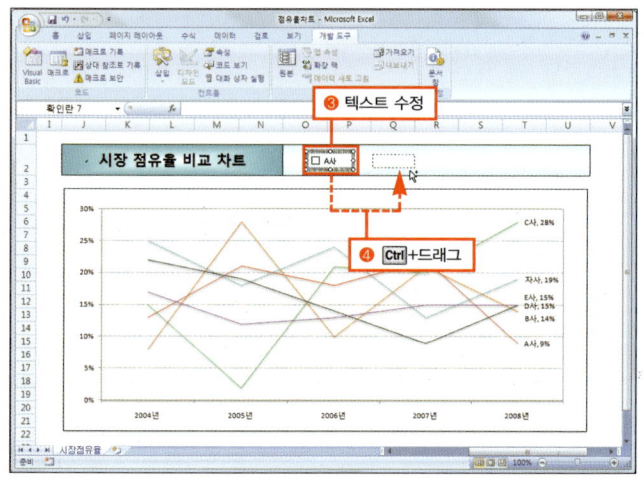

**5.** 복사한 컨트롤의 텍스트를 'B사'로 수 정하고, 같은 방법으로 컨트롤을 복사해서 'C사', 'D사', 'E사' 컨트롤을 다음과 같 이 작성합니다.

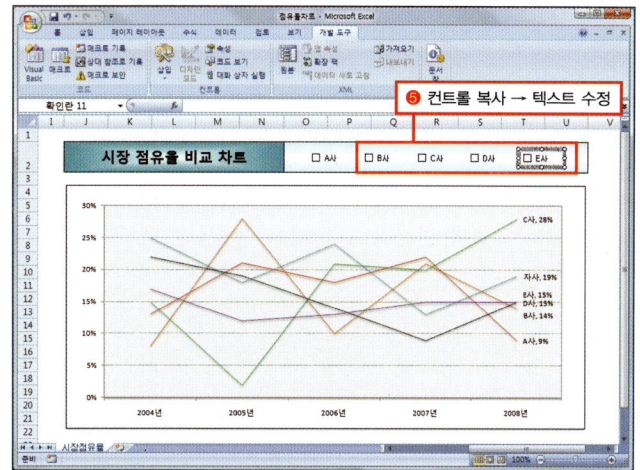

**6.** 'A사' 확인란을 마우스 오른쪽 단추로 클릭하고

**7.** [컨트롤 서식] 메뉴를 선택합니다.

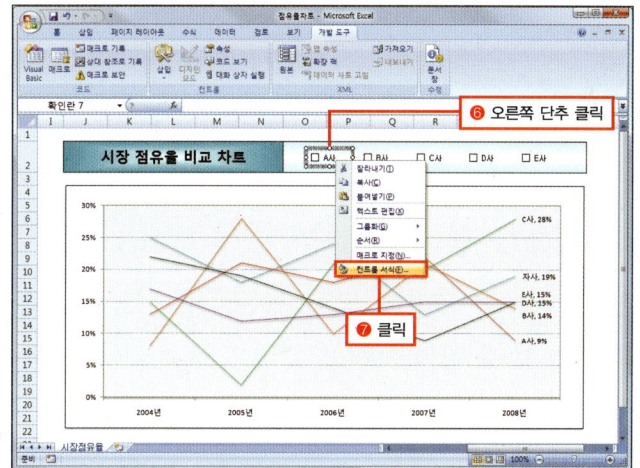

**8.** [컨트롤 서식] 대화상자의 [컨트롤] 탭에 서 [셀 연결]을 [D11] 셀로 지정하고

**9.** [확인] 단추를 클릭합니다.

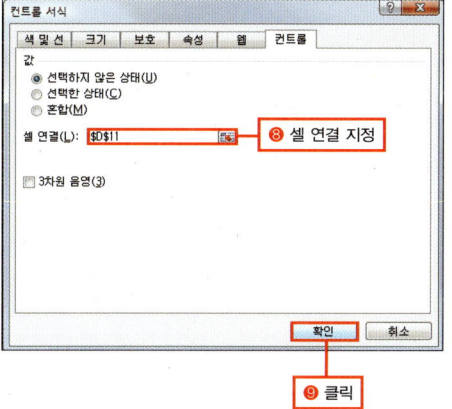

**10.** 같은 방법으로 'B사' 확인란은 [E11], 'C사' 확인란은 [F11], 'D사' 확인란은 [G11], 'E사' 확인란은 [H11] 셀로 셀 연결을 각각 지정해서 완성합니다.

**11.** 임의의 셀을 클릭해서 컨트롤 선택을 해제한 다음 각 확인란을 클릭해서 선택하거나 선택을 해제해 봅니다. 확인란을 선택하면 셀 연결로 지정한 셀에 'TRUE'가 입력되고, 선택 후 다시 선택을 해제하면 'FALSE'가 입력됩니다.

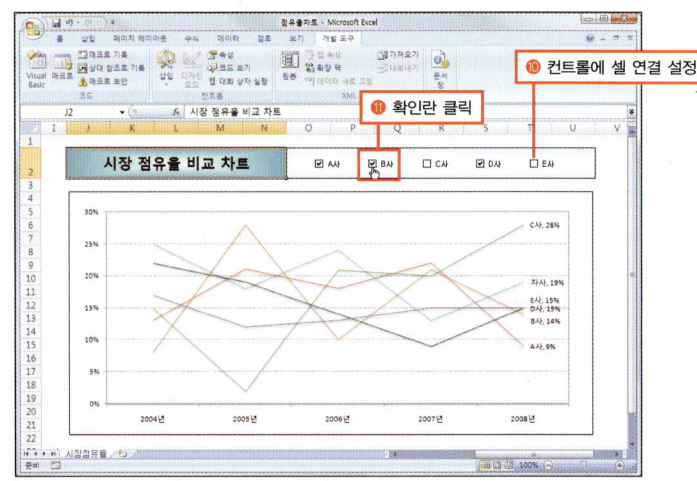

## 05  확인란 선택 여부에 따라 달라지는 원본 데이터 만들기

**1.** [D14:H18] 범위를 블록으로 지정하고

**2.** 『=IF(D$11,D5,NA())』를 입력한 다음 Ctrl + Enter 를 누릅니다.

- [D11] 셀이 TRUE이면 [D5] 셀의 값을 그대로 가져와 표시하고, FALSE이면 NA( ) 함수로 '#N/A' 오류를 표시합니다.

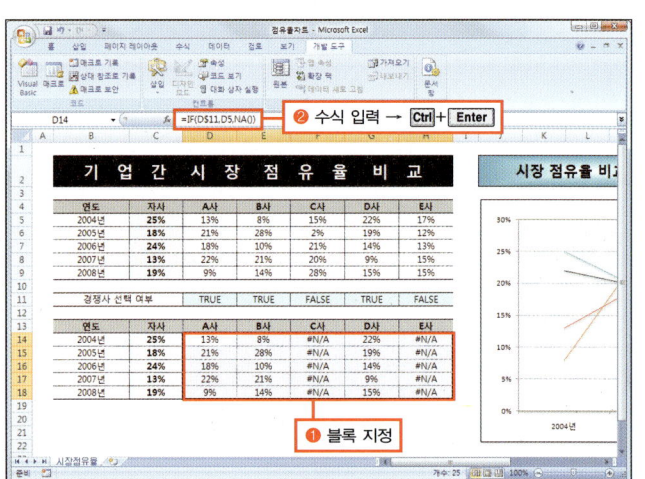

**3.** 차트를 선택하고 [차트 도구] → [디자인] 탭 → [데이터] 그룹 → [데이터 선택](🖼)을 클릭합니다.

**4.** [데이터 원본 선택] 대화상자가 실행되면 [숨겨진 셀/빈 셀 설정] 단추를 클릭합니다.

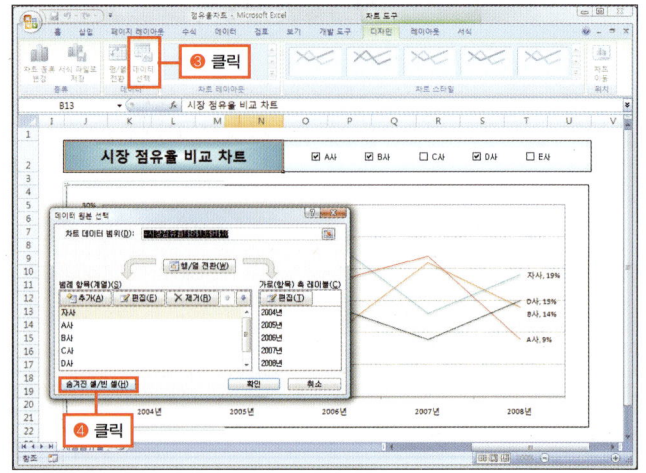

**5.** [숨겨진 셀/빈 셀 설정] 대화상자에서 [숨겨진 행 및 열에 데이터 표시]를 클릭해서 선택하고

**6.** [확인] 단추를 클릭한 다음 [데이터 원본 선택] 대화상자에서 다시 [확인] 단추를 클릭합니다.

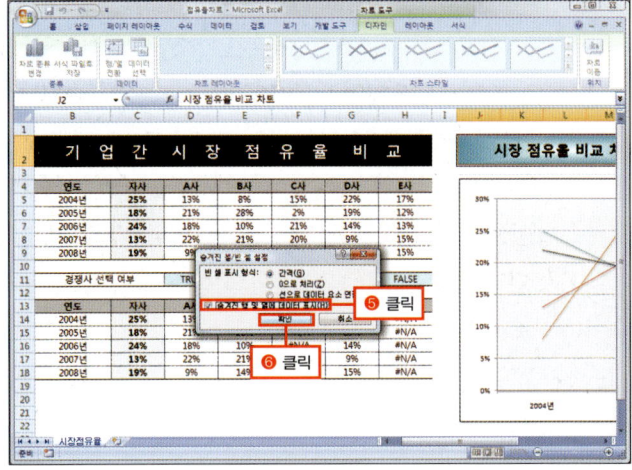

**7.** [차트 도구] → [서식] 탭 → [크기] 그룹의 대화상자 표시 단추(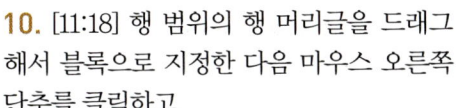)를 클릭하고

**8.** [크기 및 속성] 대화상자의 [속성] 탭에서 [개체 위치 지정]을 [변하지 않음]으로 선택한 다음

**9.** [닫기] 단추를 클릭합니다.

- 이렇게 하면 차트의 크기와 위치가 셀의 삽입과 삭제, 숨기기 등에 영향을 받지 않습니다.

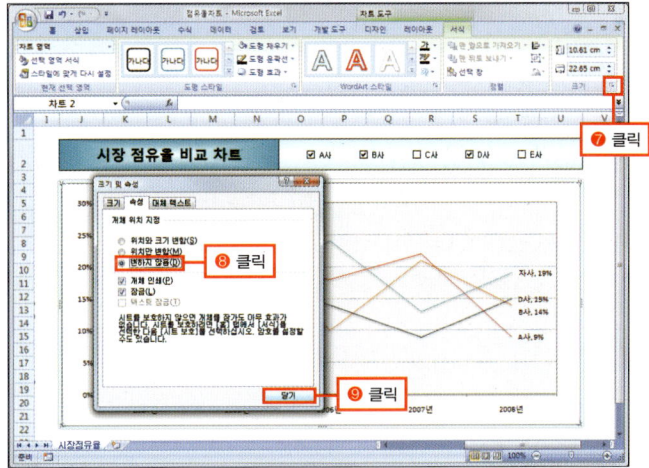

**10.** [11:18] 행 범위의 행 머리글을 드래그해서 블록으로 지정한 다음 마우스 오른쪽 단추를 클릭하고

**11.** [숨기기] 메뉴를 선택합니다.

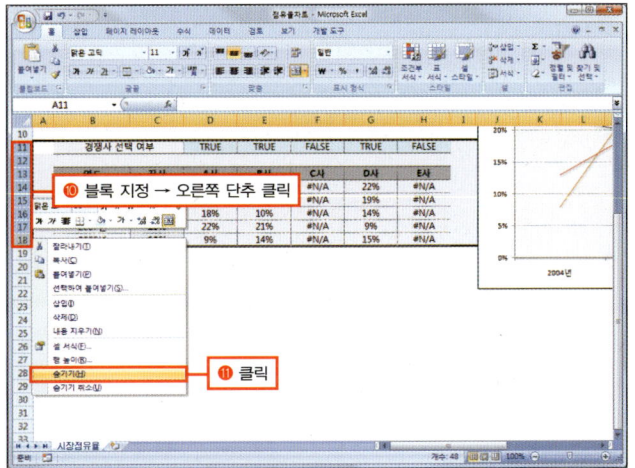

**12.** 확인란 컨트롤을 클릭해서 선택하거나 선택을 해제하면서 차트에 '자사'와 함께 선택한 경쟁사의 꺾은선형 차트가 바르게 나타나는지 확인합니다.

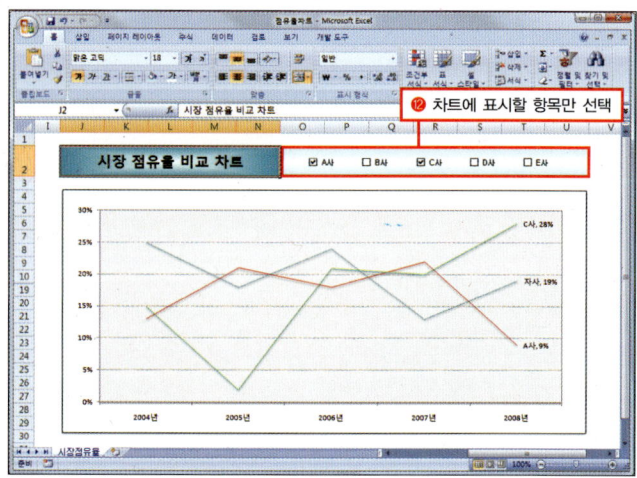

# U p g r a d e

# 확인란을 옵션 단추로 바꾸자

● **시작 파일** : Theme-3\시간절약\점유율차트-UP.xlsx  ● **완성 파일** : Theme-3\완성파일\점유율차트-UP.xlsx

확인란 컨트롤은 각각 독립적인 셀 연결을 지정할 수 있으므로 한 개 이상의 항목을 선택하기 위해 사용됩니다. 이에 비해 옵션 단추는 같은 그룹에 속해 있을 때 모두 같은 셀 연결을 공동으로 사용하기 때문에 단 하나의 옵션 단추만 선택 상태로 만들 수 있다는 특징이 있습니다. 예를 들어 다섯 개의 옵션 단추를 만들었을 때 그 중 하나를 클릭해서 선택하면 나머지 네 개의 옵션 단추는 자동으로 선택이 해제됩니다. 이러한 옵션 단추 컨트롤의 특성을 이용해서 앞에서 차트에 표시할 경쟁사를 선택하기 위해 사용했던 확인란 컨트롤을 옵션 단추 컨트롤로 바꿔 보겠습니다.

## 01 ᅵ 옵션 단추 컨트롤 만들기

**1.** [개발 도구] 탭 → [컨트롤] 그룹 → [삽입](🔧)을 클릭하고 [양식 컨트롤] 영역에 있는 [옵션 단추](◉)를 선택합니다.

**2.** 마우스 왼쪽 단추를 누른 채 드래그해서 옵션 단추 컨트롤을 그리고 텍스트를 'A사'로 수정합니다.

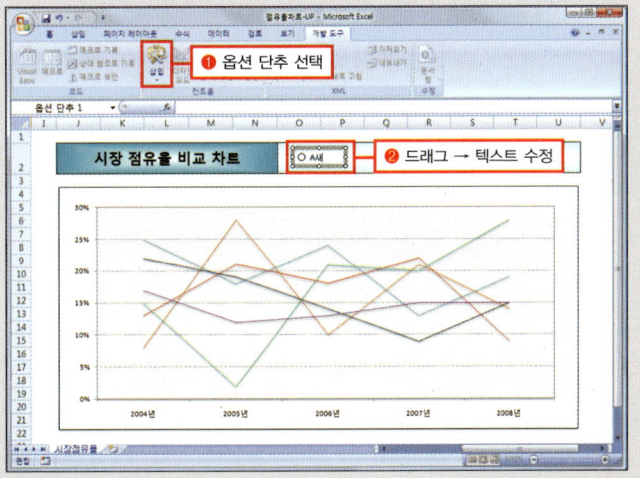

**3.** 첫 번째 옵션 단추를 Ctrl을 누른 채 드래그해서 복사한 다음 텍스트를 수정하는 방법을 사용하여 다음과 같이 B사, C사, D사, E사 옵션 단추를 추가로 작성합니다.

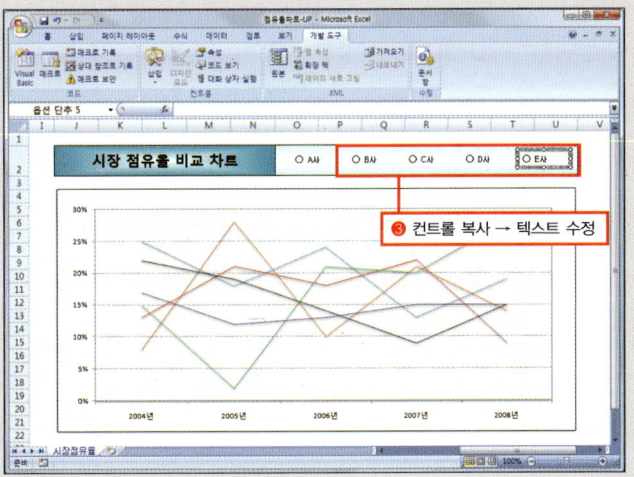

4. 옵션 단추 중 하나를 마우스 오른쪽 단추로 클릭하고

5. [컨트롤 서식] 메뉴를 선택합니다.

• 옵션 단추 컨트롤의 셀 연결을 지정해야 합니다.

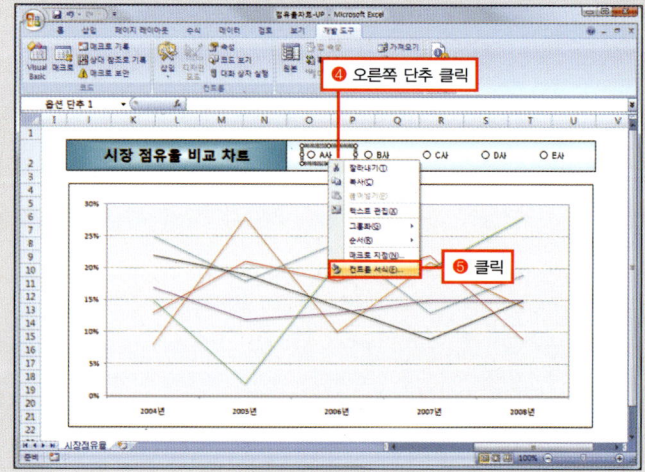

6. [컨트롤 서식] 대화상자의 [컨트롤] 탭에서 [셀 연결]을 [F12] 셀로 지정한 다음

7. [확인] 단추를 클릭합니다.

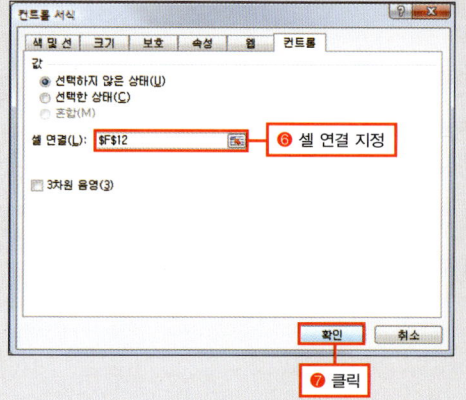

8. Esc 를 눌러서 컨트롤 선택을 먼저 해제한 다음 옵션 단추를 클릭해서 선택합니다. 선택한 옵션 단추가 몇 번째 옵션 단추인지 그 번호가 [셀 연결]로 지정한 [F12] 셀에 입력됩니다.

• 옵션 단추는 모두 같은 셀 연결을 사용하기 때문에 단 하나의 옵션 단추만 선택 상태로 만들 수 있습니다. 다른 옵션 단추를 클릭하면 나머지 옵션 단추의 선택은 자동으로 해제됩니다.

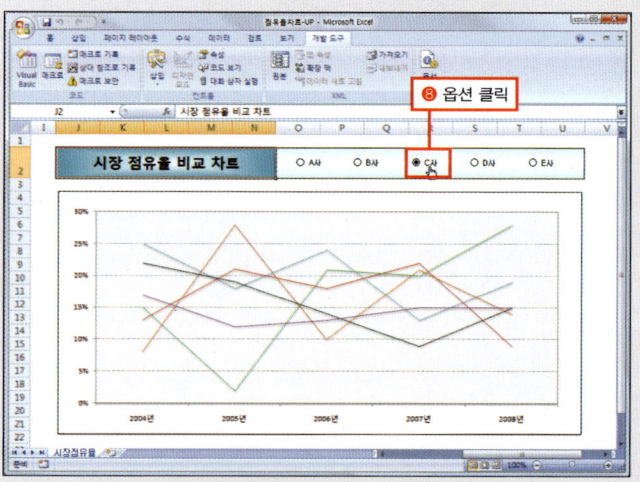

## 02 | 선택한 옵션으로 차트 원본 데이터 만들기

**1.** [D12:D16] 범위를 블록으로 지정하고

**2.** 『=INDEX($D$5:$H$9,ROW(A1),$F$12)』를 입력한 다음 Ctrl + Enter 를 누릅니다.

- [D12] 셀에서 'ROW(A1)'의 값이 '1'이므로 [F12] 셀의 값이 '3'이면 INDEX 함수는 [D5:H9] 범위에서 1행 3열에 있는 값을 가져옵니다.
- [D13] 셀에서는 'ROW(A2)'의 값이 '2'이므로 [D5:H9] 범위에서 2행 3열에 있는 값을 가져옵니다.

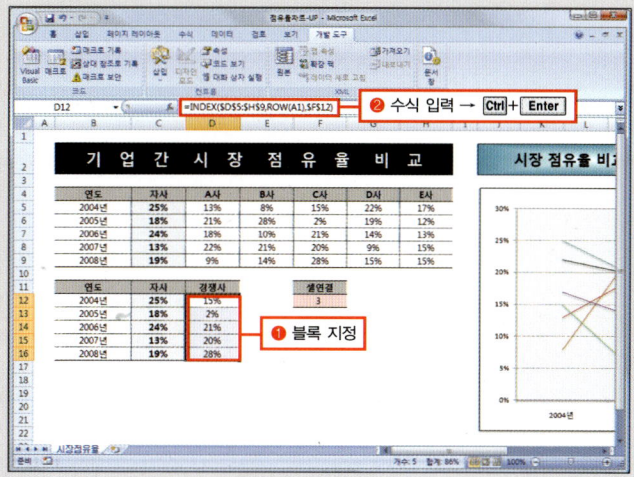

**3.** 차트를 클릭해서 선택한 다음

**4.** [차트 도구] → [디자인] 탭 → [데이터] 그룹 → [데이터 선택](🖾)을 클릭합니다.

- 현재 차트의 원본 데이터 범위는 [B4:H9]로 설정되어 있습니다. 이 원본 데이터 범위를 변경해 주어야 합니다.

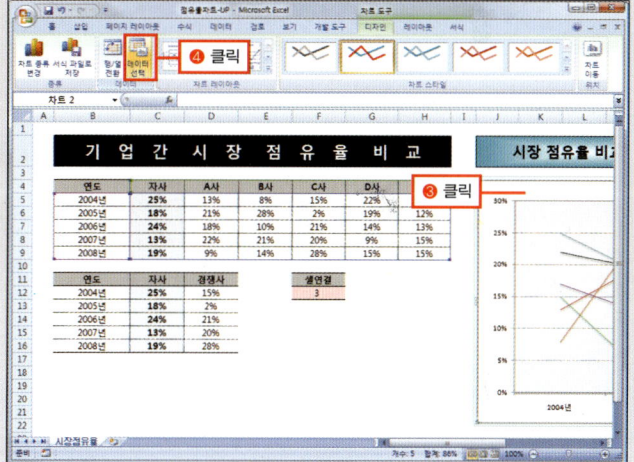

**5.** [데이터 원본 선택] 대화상자가 실행되면 [차트 데이터 범위]를 [B11:D16]으로 지정하고

**6.** [확인] 단추를 클릭합니다.

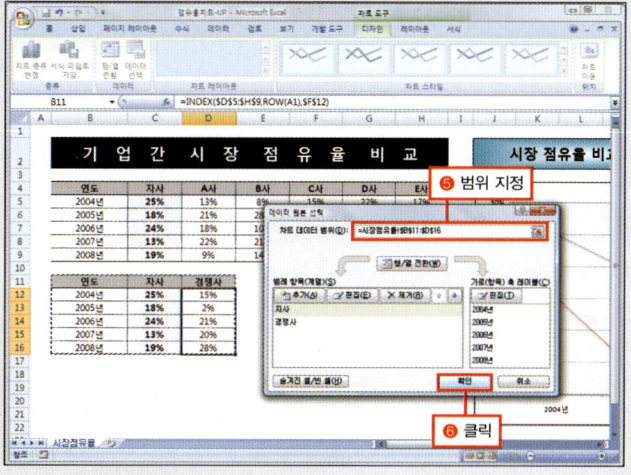

## 03 | 범례와 데이터 레이블 표시하기

**1.** [차트 도구] → [레이아웃] 탭 → [레이블] 그룹 → [범례](📊)를 클릭하고

**2.** [오른쪽에 범례 표시]를 선택합니다.

- '크기를 조절하지 않고 차트의 오른쪽에 범례 표시'를 선택해야 합니다.

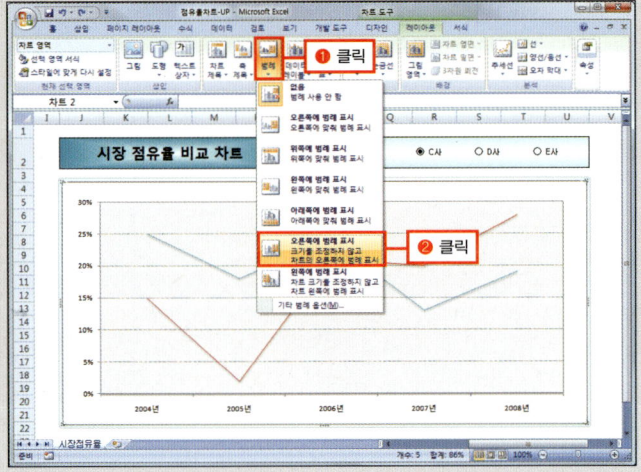

**3.** 차트에 범례가 표시되면 범례 상자를 클릭하고 서식을 지정합니다. 범례 상자를 마우스로 드래그해서 자유롭게 범례 위치를 조정할 수 있습니다.

- [서식] 탭 → [도형 스타일] 그룹의 도구를 이용하여 도형 서식을 지정하고, [홈] 탭 → [글꼴] 그룹의 도구를 이용하여 글꼴 서식을 지정합니다.

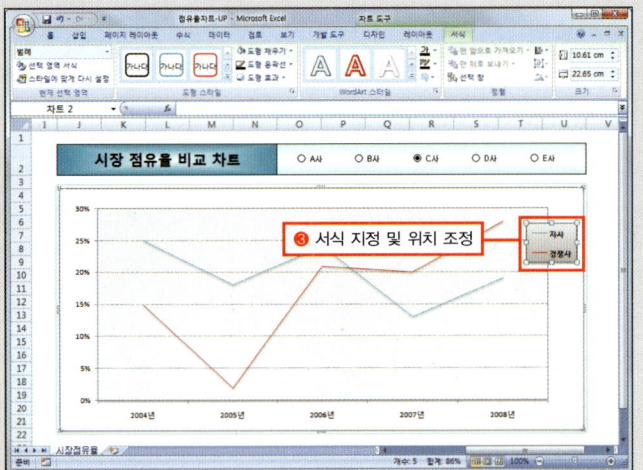

**4.** '자사' 데이터 계열에 해당되는 꺾은선을 클릭한 다음

**5.** [레이아웃] 탭 → [레이블] 그룹 → [데이터 레이블](📊)을 클릭하고

**6.** [왼쪽]을 선택해서 왼쪽에 데이터 레이블을 표시합니다.

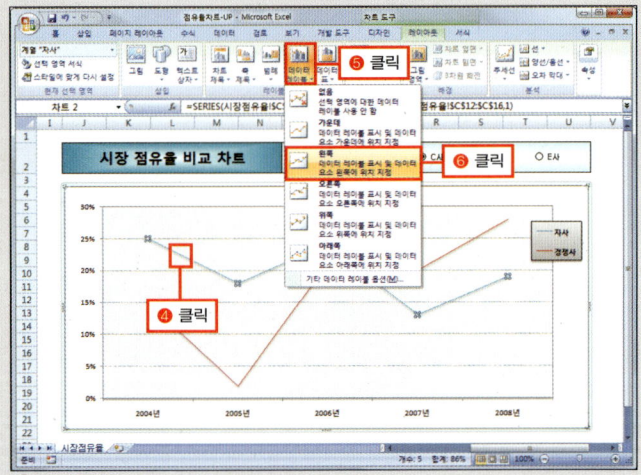

**7.** 이번에는 '경쟁사' 데이터 계열을 클릭해서 선택하고

**8.** [레이아웃] 탭 → [레이블] 그룹 → [데이터 레이블]( )을 클릭한 다음

**9.** [오른쪽]을 선택해서 오른쪽에 데이터 레이블을 표시합니다.

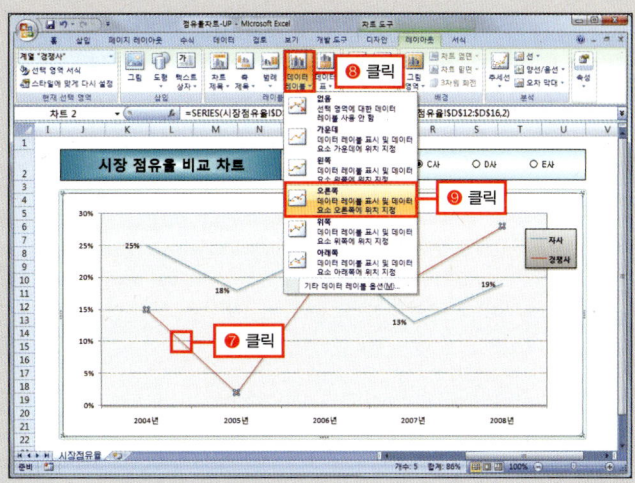

**10.** 임의의 셀을 클릭해서 차트 선택을 해제한 다음 옵션 단추에서 '자사'와 함께 표시할 경쟁사를 클릭해서 선택합니다. 선택한 경쟁사의 시장 점유율이 자사 시장 점유율과 함께 바르게 표시되는지 확인합니다.

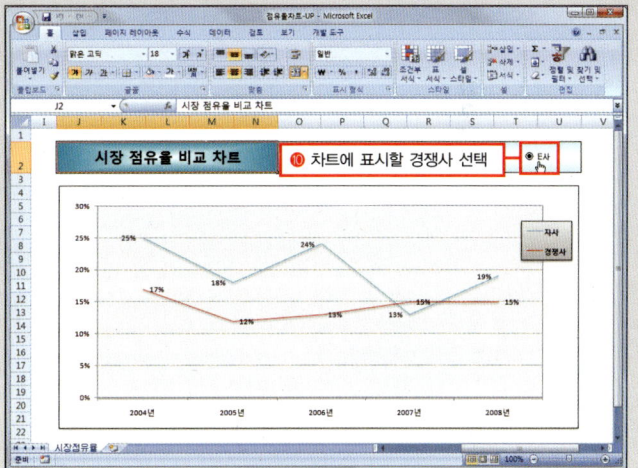

# 데이터 분석으로
# 미래를 관리하자

## 판매/영업 업무를 위한 데이터 활용

THEME

# 04

엑셀 2007은 이전 버전에 비해 워크시트의 크기가 매우 커졌습니다. 이전 버전까지는 65,536개의 행과 256개의 열로 워크시트가 구성되어 있었지만 엑셀 2007은 무려 1,048,576개의 행과 16,384개의 열을 제공합니다. 워크시트가 커졌기 때문에 우리는 더 많은 데이터를 워크시트에 저장할 수 있게 되었으며, 워크시트 데이터를 이용하여 더 많은 작업을 고려할 수 있게 되었습니다. 원시적인 형태의 데이터를 업무에 효과적으로 활용하려면 데이터를 관리하고 분석하기 위한 엑셀 기능을 익혀야 합니다. 이번 Theme에서는 데이터를 목적에 따라 분류하고, 요약하고, 분석하는 기술과 함께 이러한 작업 과정을 자동화하기 위해 수식 및 매크로를 활용합니다. 여기에서 사용하는 매크로는 '매크로 기록' 기능에 많은 부분을 의존한 기초 매크로이기 때문에 매크로 초보자라 하더라도 별 무리 없이 성공적으로 작업을 마칠 수 있습니다. 다섯 번째 Theme에서 매크로는 더 심도 있게 다룰 것입니다.

# 실무를 위한 가벼운 워밍업

# 04

## 1. 데이터베이스에 대한 이해

워크시트에 입력한 데이터는 여러 가지 방법으로 가공하고 요약해서 사용하게 됩니다. 한 번 사용하고 끝나는 데이터가 아니라면 다른 기능을 적용하기 쉽도록 일정한 형식에 맞게 입력하는 것이 무엇보다 중요하다고 할 수 있습니다. 다음 워크시트는 거래 현황을 거래일자 순서로 차곡차곡 입력해 놓은 것으로 '거래현황 데이터베이스'라고 할 수 있습니다. '데이터베이스(Database)'는 여러 개의 레코드(행)로 구성되고, 레코드(행)는 또 여러 개의 필드(열)로 구성됩니다. 그리고 각 필드의 첫 번째 행에는 항상 필드를 설명하는 필드 이름이 입력됩니다.

| 거래일자 | 제품명 | 제품군 | 브랜드 | 규격 | 단가 | 거래량 | 할인율 | 거래금액 |
|---|---|---|---|---|---|---|---|---|
| 01. 01 | 샘물 | 음료 | 미가랑 | 2L*12 | 8,500 | 42 | 3% | 346,290 |
| 01. 02 | 샘물 | 음료 | 미가랑 | 2L*12 | 8,500 | 29 | | 246,500 |
| 01. 03 | 디너롤 | 제빵류 | 미가랑 | 50개 | 5,800 | 56 | 5% | 308,560 |
| 01. 04 | 디너롤 | 제빵류 | 미가랑 | 36개 | 5,800 | 68 | 5% | 374,680 |
| 01. 05 | 신당동떡볶이 | 간식류 | 초록물 | 30봉 | 13,200 | 70 | 10% | 831,600 |
| 01. 07 | 호두과자 | 제빵류 | 도도식품 | Box | 10,000 | 68 | 5% | 646,000 |
| 01. 07 | 커피믹스 | 차류 | 초록물 | 100포 | 12,300 | 57 | 5% | 666,040 |
| 01. 07 | 샘물 | 음료 | 미가랑 | 2L*12 | 8,500 | 40 | 3% | 329,800 |
| 01. 10 | 파인 아로마 | 차류 | | | 13,500 | 24 | | 324,000 |
| 01. 10 | 루론쥬스 | 음료 | 미가랑 | 1.89L 2 | 28,900 | 38 | 3% | 1,065,250 |
| 01. 10 | 쟈스민 | 차류 | 미가랑 | 22g | 12,000 | 52 | 5% | 592,800 |
| 01. 12 | 뉴욕 치즈케익 | 제빵류 | 초록물 | 1.8kg | 20,300 | 69 | 5% | 1,330,660 |
| 01. 14 | 디너롤 | 제빵류 | 미가랑 | 36개 | 5,800 | 30 | 3% | 168,780 |
| 01. 16 | 에스프레소 | 차류 | 미가랑 | 907g | 18,200 | 37 | 3% | 653,190 |
| 01. 18 | 메밀차 | 차류 | 미가랑 | 250g | 1,800 | 38 | 3% | 66,340 |
| 01. 19 | 홍초 | 음료 | 초록물 | 900ml | 4,300 | 78 | 10% | 301,860 |

임 금 님 식 품 거 래 현 황

필드 이름

레코드(행, Record)

필드(열, Field)

- **필드 이름은 텍스트로 입력합니다.**

  필드 이름은 그 필드에 어떤 종류의 데이터가 들어 있는지 짐작할 수 있도록 만드는 것이 좋습니다. 또 하나의 데이터베이스에서 필드 이름은 모두 다르게 결정하는 것이 좋습니다. 데이터 관련 기능에서 필드 이름으로 각 필드를 식별하는 경우가 많기 때문입니다.

- **필드에는 같은 종류의 정보를 입력합니다.**

  예를 들어 '거래일자' 필드에는 날짜 형식의 데이터만 입력하고, '제품명' 필드에는 텍스트 형식의 데이터, '단가' 필드에는 숫자 형식의 데이터만 입력합니다. 하나의 필드에 서로 다른 데이터 종류를 섞어서 입력하면 엑셀이 제공하는 데이터 관리 및 분석 기능을 사용할 때 문제가 생길 수 있습니다.

- **여러 개의 필드가 모여 하나의 레코드를 구성합니다.**

  레코드는 여러 종류의 정보가 결합된 것으로 데이터베이스를 구성하는 단위가 됩니다. 거래현황 데이터베이스에 모두 100개의 거래내역을 입력했다면 레코드 개수가 100개가 되는 것입니다.

# 2. 데이터 정렬하기

'정렬'은 데이터의 크기 순서에 따라 데이터를 재배치하는 기능으로 작은 값에서 큰 값 순서로 정렬하는 '오름차순 정렬'과 역순으로 정렬하는 '내림차순 정렬이' 있습니다. 엑셀 2007에서의 데이터 정렬 기능은 이전 버전에 비해 추가적인 기능을 많이 제공합니다. 예를 들면 셀 색이나 글꼴 색을 기준으로 정렬할 수 있을 뿐만 아니라 이전 버전에서 정렬 기준을 최대 3개까지만 사용할 수 있었는데 비해 엑셀 2007은 64개까지 정렬 기준을 사용할 수 있게 되었습니다.

데이터베이스에서 특정 필드의 값을 기준으로 즉, 한 개의 필드를 기준으로 정렬할 때는 원하는 필드에 있는 임의의 셀에서 [데이터] 탭 → [정렬 및 필터] 그룹에서 [오름차순 정렬](🔼)을 클릭하거나 [내림차순 정렬](🔽)을 클릭합니다. 이렇게 하면 해당 필드를 기준으로 데이터베이스 전체가 정렬됩니다.

| | 거래일자 | 제품명 | 제품군 | 단가 | 거래량 | 거래금액 |
|---|---|---|---|---|---|---|
| 3 | 09. 30 | 가루녹차 | 차류 | 7,000 | 12 | 84,000 |
| 4 | 10. 07 | 가루녹차 | 차류 | 7,000 | 18 | 126,000 |
| 5 | 04. 26 | 감식초 골드 | 음료 | 4,500 | 47 | 205,150 |
| 6 | 05. 19 | 감식초 골드 | 음료 | 4,500 | 79 | 319,950 |
| 7 | 05. 30 | 감식초 골드 | 음료 | 4,500 | 54 | 230,850 |
| 8 | 08. 22 | 감식초 골드 | 음료 | 4,500 | 35 | 152,770 |
| 9 | 12. 16 | 감식초 골드 | 음료 | 4,500 | 62 | 265,050 |
| 10 | 12. 24 | 감식초 골드 | 음료 | | | |
| 11 | 01. 31 | 건빵 | 간식류 | | | |
| 12 | 06. 03 | 건빵 | 간식류 | | | |
| 13 | 06. 11 | 건빵 | 간식류 | | | |
| 14 | 01. 20 | 고구마 케익 | 제빵류 | | | |
| 15 | 02. 01 | 고구마 케익 | 제빵류 | | | |

제품명의 오름차순 정렬

| | 거래일자 | 제품명 | 제품군 | 단가 | 거래량 | 거래금액 |
|---|---|---|---|---|---|---|
| 3 | 03. 03 | 애플에이드 | 음료 | 52,800 | 72 | 3,421,440 |
| 4 | 03. 17 | 애플에이드 | 음료 | 52,800 | 66 | 3,310,560 |
| 5 | 07. 29 | 애플에이드 | 음료 | 52,800 | 54 | 2,708,640 |
| 6 | 08. 02 | 목련차 | 차류 | 35,700 | 79 | 2,538,270 |
| 7 | 04. 27 | 목련차 | 차류 | 35,700 | 75 | 2,409,750 |
| 8 | 05. 23 | 목련차 | 차류 | 35,700 | 69 | 2,340,130 |
| 9 | 09. 13 | 목련차 | 차류 | 35,700 | 68 | 2,306,220 |
| 10 | 06. 05 | 애플에이드 | 음료 | 52,800 | 43 | 2,202,280 |
| 11 | 03. 27 | 산소 | 음료 | 37,000 | 62 | 2,179,300 |
| 12 | 03. 02 | 푸룬쥬스 | 음료 | 28,900 | 76 | 1,976,760 |
| 13 | 03. 26 | 푸룬쥬스 | 음료 | 28,900 | 76 | 1,976,760 |
| 14 | 05. 03 | 목련차 | 차류 | 35,700 | 56 | 1,899,240 |
| 15 | 04. 05 | 푸룬쥬스 | 음료 | 28,900 | 71 | 1,846,710 |

거래금액의 내림차순 정렬

데이터베이스를 여러 개의 필드를 기준으로 정렬하려면 [정렬]([🔳])을 클릭해서 [정렬] 대화상자를 실행한 다음 정렬 기준으로 사용할 열과 정렬 순서 등을 지정해야 합니다. 다음 대화상자는 모두 세 개의 정렬 기준을 사용한 것으로 '제품명'의 오름차순으로 데이터를 정렬하면서 '제품명'이 같으면 '거래일자'의 오름차순으로 정렬합니다. '제품명'과 '거래일자'가 모두 같으면 '단가'의 내림차순으로 정렬합니다.

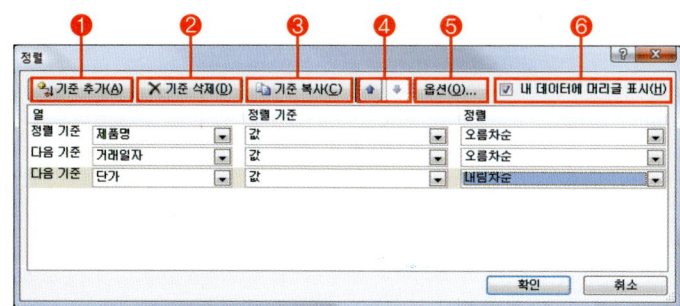

❶ **기준 추가** : 다음 기준을 추가합니다.

❷ **기준 삭제** : 목록에서 선택한 기준을 삭제합니다.

❸ **기준 복사** : 목록에서 선택한 기준을 복사해서 바로 다음 기준으로 추가합니다. 복사한 기준을 수정해서 사용할 수 있습니다.

❹ **위로 이동/아래로 이동** : 목록에서 선택한 기준을 위로 또는 아래로 이동해서 우선 순위를 변경합니다.

❺ **옵션** : 영어 대소문자를 구분해서 정렬할 필요가 있거나, 행을 기준으로 열을 정렬하기 위한 정렬 옵션을 지정할 수 있도록 [정렬 옵션] 대화상자를 실행합니다.

❻ **내 데이터에 머리글 표시** : 데이터 목록에 첫 행에 머리글 즉, 필드 이름이 있을 경우 선택합니다. 이 항목의 선택을 해제하면 데이터 목록의 첫 행도 정렬 대상에 포함됩니다.

**Warming Up**

# 3. 부분합으로 데이터 요약하기

부분합을 사용해서 데이터를 요약하려면 먼저 기준이 되는 필드로 데이터를 정렬해야 합니다. 예를 들어 '제품군'에 따라 거래량과 거래금액의 합계를 계산하는 부분합을 삽입하려면 '제품군' 필드를 오름차순이나 내림차순으로 정렬하고 [데이터] 탭 → [윤곽선] 그룹 → [부분합]([🔳])을 클릭합니다.

❶ **그룹화할 항목** : 데이터베이스를 정렬할 때 사용한 필드로 그룹화할 항목을 지정합니다. '제품군'으로 데이터베이스를 정렬했다면 그룹화할 항목도 '제품군'이 됩니다.

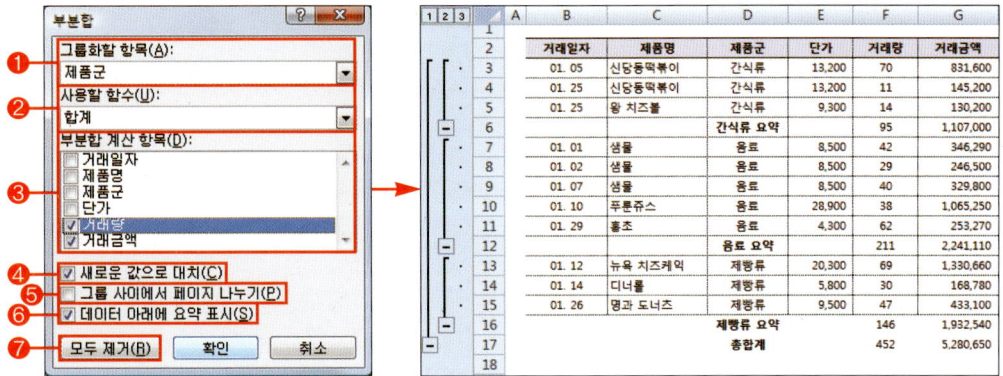

❷ **사용할 함수** : 합계, 개수, 평균, 최대값, 최소값 등 모두 11개의 함수 중에서 데이터를 요약할 때 사용할 함수를 선택합니다.

❸ **부분합 계산 항목** : 사용할 함수에서 선택한 함수를 이용하여 계산할 필드를 한 개 이상 선택합니다. 원하는 필드를 클릭하면 선택되고, 다시 클릭하면 선택이 해제됩니다.

❹ **새로운 값으로 대치** : 현재 데이터베이스에 이미 부분합이 삽입되어 있다면 [새로운 값으로 대치] 를 선택한 경우에는 이전 부분합이 지워지면서 새로운 부분합을 삽입합니다. [새로운 값으로 대치] 의 선택을 해제하고 부분합을 삽입하면 이전 부분합에 중첩된 부분합이 만들어집니다.

❺ **그룹 사이에서 페이지 나누기** : 하나의 그룹에 대한 부분합을 삽입한 후 페이지 나누기를 삽입합니다.

❻ **데이터 아래에 요약 표시** : 데이터베이스의 데이터 아래에 부분합을 삽입합니다. [데이터 아래에 요약 표시]의 선택을 취소하면 부분합이 데이터 위에 표시됩니다.

❼ **모두 제거** : 현재 데이터베이스에 삽입되어 있는 부분합을 제거합니다.

Warming Up

# 4. 자동 필터로 데이터 검색하기

자동 필터는 데이터 목록에서 주어진 조건을 만족하는 행(레코드)만 화면에 표시하고 나머지 행을 일시적으로 숨기는 기능입니다. 사용 방법은 이전 버전과 크게 다르지 않지만 더 쉽고 편리하게 데이터를 검색할 수 있게 되었습니다.

[데이터] 탭 → [정렬 및 필터] 그룹 → [필터]( )를 클릭하면 필드 이름마다 필터 단추가 표시됩니다. 필터 단추를 클릭하고 필터 목록에서 표시할 값만 선택하고 나머지 값은 선택을 해제한 다음 [확인] 단추를 클릭하면 조건을 만족하는 레코드만 화면에 표시됩니다. 두 개 이상의 필드에 필터를 지정하면 해당 조건을 모두 만족하는 레코드만 화면에 표시합니다.

| | A | B | C | D | E | F | G | H |
|---|---|---|---|---|---|---|---|---|
| 2 | | 거래일자 | 제품명 | 제품군 | 단가 | 거래량 | 거래금액 | |
| 19 | | 01. 20 | 마시멜로 스틱 | 간식류 | 3,800 | 50 | 180,500 | |
| 39 | | 02. 06 | 마시멜로 스틱 | 제품명: | | | | |
| 43 | | 02. 12 | 마시멜로 스틱 | = "마시멜로 스틱" 또는 = "애플에이드" | | 51 | 184,110 | |
| 56 | | 03. 03 | 애플에이드 | 음료 | 52,800 | 72 | 3,421,440 | |
| 66 | | 03. 17 | 애플 | 필터 단추를 마우스로 가리키면 필터 조건 표시 | | | 3,310,560 | |
| 135 | | 06. 03 | 마시멜로 스틱 | 간식류 | 3,800 | 62 | 223,820 | |
| 158 | | 07. 06 | 마시멜로 스틱 | 간식류 | 3,800 | 54 | 194,940 | |
| 180 | | 07. 29 | 애플에이드 | 음료 | 52,800 | 54 | 2,708,640 | |
| 257 | | 11. 06 | 마시멜로 스틱 | 간식류 | 3,800 | 54 | 194,940 | |
| 314 | | | | | | | | |

조건이 설정된 필터 단추

필터 단추를 클릭하면 해당 필드에 입력되어 있는 데이터의 종류에 따라 텍스트, 숫자, 날짜 필터 등의 필터 명령이 나타납니다. 필터 명령에서 제공하는 조건을 선택하거나 [사용자 지정 필터]를 선택하고 [사용자 지정 필터] 대화상자에서 직접 조건을 지정할 수 있습니다. 데이터 종류에 따라 표시되는 필터 명령은 다음과 같습니다.

- **텍스트 필터** : 텍스트가 입력되어 있는 필드의 필터 단추를 클릭하고 [텍스트 필터]를 가리키면 다음과 같이 비교 연산자를 사용하는 몇 개의 필터 명령과 [사용자 지정 필터]가 메뉴에 표시됩니다. 모든 명령은 [사용자 지정 필터] 대화상자를 실행하는 것입니다. 다만 비교 연산자를 사용하는 필터 명령을 선택할 경우 비교 연산자가 자동으로 설정된다는 차이만 있을 뿐입니다. 예를 들어 [같지 않음]을 클릭하면 [사용자 지정 필터] 대화상자가 실행되고 비교 연산자가 자동으로 '〈〉'으로 설정됩니다.

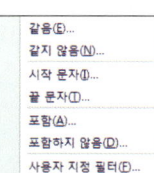

텍스트 필터

- **숫자 필터** : 숫자가 들어 있는 필드의 필터 단추를 클릭하고 [숫자 필터]를 가리키면 다음과 같은 필터 명령이 표시됩니다. 필터 명령의 대부분은 [사용자 지정 필터] 대화상자를 실행하고 자동으로 비교 연산자를 설정하도록 동작합니다. [상위 10]은 [선택적 자동 필터] 대화상자를 실행하도록 되어 있습니다. [평균 초과]와 [평균 미만]은 해당 필드의 전체 평균을 초과하는 값이나 전체 평균에 못 미치는 값을 쉽게 필터링할 수 있도록 도와줍니다.

숫자 필터

- **날짜 필터** : 날짜가 들어 있는 필드의 필터 단추를 클릭하고 [날짜 필터]를 가리키면 여러 가지 조건으로 날짜 데이터를 필터링할 수 있는 메뉴가 나타납니다. 오늘 날짜와 같은 데이터만 필터링하거나 이번 달이나 작년의 데이터만 필터링하는 등 날짜 데이터에 대한 필터링 작업이 매우 간편해졌습니다. [해당 기간의 모든 날짜]를 가리키면 분기와 월을 선택하여 필터링할 수 있습니다. [올해]는 현재 연도에 속해 있는 데이터를 필터링합니다. 반면에 [연간 누계]는 올해 데이터 중에서 오늘 날짜까지의 데이터만 필터링합니다.

날짜 필터

# 5. 고급 필터에 필요한 조건 범위 만들기

고급 필터는 자동 필터보다 더 유연하게 검색 조건을 지정할 수 있다는 장점이 있습니다. 고급 필터를 실행하기 전에 미리 데이터를 검색할 때 사용할 조건 범위를 작성해야 합니다. 다음의 조건 범위 예제를 통해 조건 범위를 작성하는 방법을 쉽게 이해할 수 있을 것입니다. 조건 범위의 첫 행에는 데이터베이스 범위에 있는 필드 이름과 동일한 필드 이름을 입력합니다.

|  | A | B | C | D | E | F | G | H | I | J | K | L | M | N |
|---|---|---|---|---|---|---|---|---|---|---|---|---|---|---|
| 1 |  |  |  |  |  |  |  |  |  |  |  |  |  |  |
| 2 |  | 제품군 |  | 제품군 |  | 제품군 | 거래량 |  | 제품군 | 거래량 |  | 제품군 | 거래량 |  |
| 3 |  | 음료 |  | 음료 |  | 음료 | >=50 |  | 음료 |  |  | 음료 | >=50 |  |
| 4 |  |  |  | 주류 |  |  |  |  |  | >=50 |  | 주류 | >=50 |  |
| 5 |  |  |  |  |  |  |  |  |  |  |  |  |  |  |

- **[B2:B3]** : '제품군' 필드의 값이 '음료'인 데이터를 검색합니다.
- **[D2:D4]** : '제품군' 필드의 값이 '음료'이거나 '주류'인 데이터를 검색합니다. 조건을 서로 다른 행에 입력하면 OR 조건이 되어 지정한 조건 중 하나 이상을 만족하는 데이터를 모두 검색합니다.
- **[F2:G3]** : '제품군' 필드가 '음료'이고 '거래량' 필드가 '50 이상'인 데이터를 검색합니다. 조건을 같은 행에 입력하면 AND 조건이 되어 지정한 조건을 모두 만족하는 데이터만 검색합니다.
- **[I2:J4]** : '제품군' 필드가 '음료'이거나 '거래량' 필드가 '50 이상'인 데이터를 검색합니다. 서로 다른 필드 사이에 OR 조건을 지정한 형태로 조건을 서로 다른 행에 입력합니다.
- **[L2:M4]** : '제품군' 필드가 '음료'이면서 '거래량'이 '50 이상'인 데이터와 '제품군' 필드가 '주류'이면서 '거래량'이 '50 이상'인 데이터를 검색합니다. AND 조건과 OR 조건이 결합된 형태의 복합 조건입니다.

# 6. 고급 필터로 데이터 검색하기

고급 필터로 데이터를 필터링하기 위해 모두 세 개의 범위가 필요합니다. 검색할 데이터가 들어 있는 목록 범위(데이터베이스)와 미리 작성해 놓은 조건 범위, 고급 필터의 결과를 다른 장소에 복사할 위치 등이 필요합니다. 목록 범위로 사용할 데이터베이스에서 [데이터] 탭 → [정렬 및 필터] 그룹 → [고급](고급)을 클릭한 다음 [고급 필터] 대화상자에서 결과 옵션과 세 가지 범위를 지정하고 [확인] 단추를 클릭해서 데이터를 검색합니다.

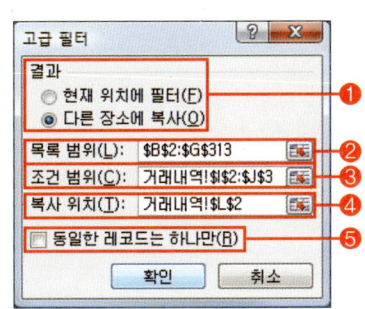

❶ **결과** : [현재 위치에 필터]는 자동 필터처럼 데이터베이스에서 조건을 만족하는 레코드만 화면에 표시하고 나머지 레코드는 화면에서 숨기는 방식으로 필터 결과를 표시합니다. [다른 장소에 복사]는 복사 위치로 지정한 곳에 필터 결과를 복사합니다.

❷ **목록 범위** : 검색할 데이터가 들어 있는 데이터베이스 범위입니다. 셀 포인터를 데이터베이스 범위에 두고 고급 필터를 실행하면 자동으로 목록 범위가 설정됩니다.

❸ **조건 범위** : 미리 작성해 놓은 범위로 데이터를 검색할 때 비교할 조건이 들어 있습니다.

❹ **복사 위치** : 결과를 [다른 장소에 복사] 옵션으로 선택했을 때 고급 필터의 결과를 복사할 위치입니다.

❺ **동일한 레코드는 하나만** : 고급 필터의 검색 결과 중 내용이 모두 같은 레코드가 여러 개일 때 하나만 표시 또는 복사합니다.

## **7.** 피벗 테이블로 데이터 요약하기

엑셀을 이용해서 꽤 많은 양의 데이터를 처리하는 업무를 맡고 있다면 꼭 알아야 할 도구가 바로 피벗 테이블 보고서입니다. 피벗 테이블 보고서는 데이터를 원하는 방법으로 요약해서 보고서 형태로 만드는 가장 빠르고 가장 합리적인 방법이 될 수 있습니다. 피벗 테이블로 분석할 데이터를 결정하고 보고서를 넣을 위치를 지정해서 빈 피벗 테이블 보고서를 만든 다음 피벗 테이블 필드 목록을 사용해서 피벗 테이블 보고서의 레이아웃을 설정합니다.

1. 피벗 테이블로 만들려는 데이터베이스에서 하나의 셀을 선택하고 [삽입] 탭 → [표] 그룹 → [피벗 테이블]( ![icon] )을 클릭합니다.

2. 현재 셀이 포함되어 있는 데이터 범위가 [피벗 테이블 만들기] 대화상자의 [표/범위]에 나타납니다. 피벗 테이블 보고서를 넣을 위치를 [새 워크시트] 또는 [기존 워크시트]로 지정하고 [확인] 단추를 을 클릭하면 지정한 위치에 빈 피벗 테이블 레이아웃이 나타납니다.

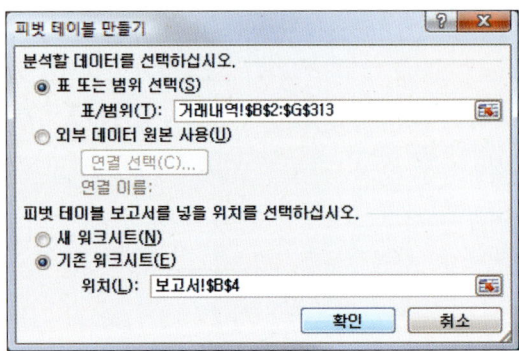

3. 피벗 테이블 필드 목록에서 필드를 보고서 필터, 열 레이블, 행 레이블, Σ 값 영역으로 끌어다 놓으면 피벗 테이블이 자동으로 구성됩니다. 필드는 언제든지 마우스로 드래그해서 다른 영역으로 이동할 수 있습니다.

4. 피벗 테이블에 셀 포인터가 있으면 리본 메뉴에 [피벗 테이블 도구]가 자동으로 표시됩니다. [옵션] 탭과 [디자인] 탭에 있는 도구를 이용하여 피벗 테이블을 다양한 방법으로 표시할 수 있습니다.

5. 날짜나 숫자 필드를 행 레이블이나 열 레이블에 배치한 다음 일정한 단위의 그룹으로 만들 수 있습니다. 다음 예제에서는 열 레이블에 '거래일자' 필드를 배치한 다음 '분기' 단위로 그룹화해서 표시한 것입니다.

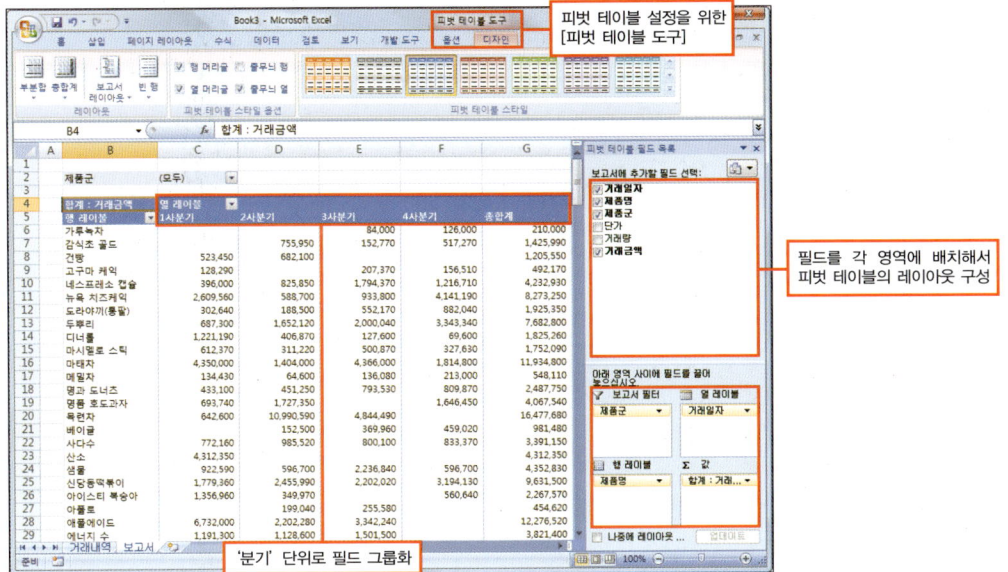

## 8. 매크로 기록하기

매크로는 반복적인 작업을 자동화하기 위해 필요한 일종의 프로그램입니다. 엑셀은 VBA(Visual Basic for Applications) 언어를 사용하여 매크로를 작성합니다. VBA 언어를 처음부터 배워 매크로를 작성하는 것이 어렵기 때문에 VBA 언어를 모르더라도 매크로를 작성할 수 있도록 도와주는 기능이 바로 매크로 기록 기능입니다. 매크로 기록은 사용자가 수행하는 작업 과정을 자동으로 VBA 언어를 이용하여 매크로로 만들어 줍니다.

1. 상태 표시줄에서 새 매크로 기록(圖)을 클릭하면 [매크로 기록] 대화상자가 실행됩니다. 여기에서 매크로 이름과 바로 가기 키, 저장 위치 등을 지정하고 [확인] 단추를 클릭합니다.

2. 매크로 기록이 시작되면 매크로로 만들 작업을 순서대로 실행합니다.

3. 작업을 모두 수행했으면 상태 표시줄에서 기록 중지(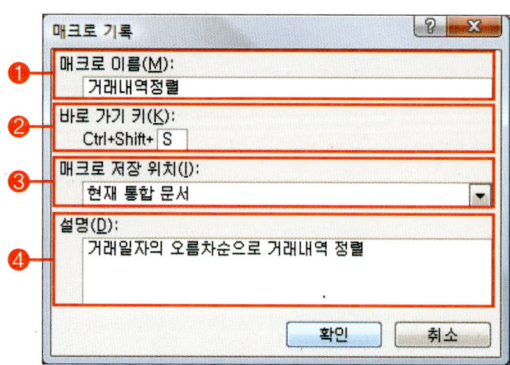)를 클릭해서 매크로 기록을 종료합니다.

❶ **매크로 이름** : 매크로 이름의 첫 글자는 반드시 문자로 입력해야 합니다. 두 번째 글자부터 문자, 숫자, 밑줄(_)을 사용할 수 있으며 공백은 포함시킬 수 없습니다.

❷ **바로 가기 키** : 매크로를 실행할 때 사용하는 바로 가기 키를 영문 한 글자로 입력합니다. 소문자를 입력하면 Ctrl 을 누른 상태에서 문자키를 눌러 매크로를 실행합니다. 대문자를 입력하면 Ctrl + Shift 를 누른 상태에서 문자키를 눌러 매크로를 실행합니다. 선택 사항이므로 입력하지 않아도 됩니다.

❸ **매크로 저장 위치** : 매크로를 저장할 통합 문서를 현재 통합 문서, 새 통합 문서, 개인용 매크로 통합 문서 중에서 선택합니다. 기본 값은 현재 통합 문서입니다.

❹ **설명** : 매크로에 대한 간단한 설명을 입력합니다. 선택 사항이므로 입력하지 않아도 됩니다.

# **9.** 매크로 실행하기

매크로는 여러 가지 방법으로 실행할 수 있습니다. [매크로] 대화상자를 이용하거나 개체(컨트롤, 그림, 클립 아트, 도형 등)에 매크로를 지정한 다음 개체를 클릭해서 매크로를 실행할 수도 있습니다. 또 매크로를 기록할 때 바로 가기 키를 지정했다면 바로 가기 키를 사용해서 매크로를 실행할 수 있습니다.

• **바로 가기 키로 실행**

매크로를 기록할 때 소문자로 바로 가기 키를 지정했으면 Ctrl 을 누른 상태에서 문자키를 눌러 매크로를 실행합니다. 대문자로 바로 가기 키를 지정했으면 Ctrl + Shift 를 누른 상태에서 문자키를 눌러 매크로를 실행합니다. 매크로의 바로 가기 키와 엑셀 명령에 할당되어 있는 바로 가기 키가 겹칠 경우 엑셀 명령의 바로 가기 키는 무시됩니다.

- **[매크로] 대화상자에서 실행**

    [개발 도구] 탭 → [코드] 그룹 → [매크로]( )
    를 클릭하면 [매크로] 대화상자가 실행되고 매
    크로 목록이 나타납니다. 여기에서 실행할 매
    크로를 선택하고 [실행] 단추를 클릭해서 매크
    로를 적용합니다.

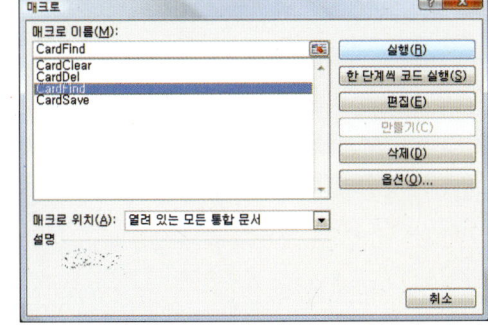

    [매크로] 대화상자에서 매크로를 선택하고 [옵
    션] 단추를 클릭하면 [매크로 옵션] 대화상자
    가 표시됩니다. 이 대화상자에서 매크로를 기
    록할 때 지정한 바로 가기 키와 설명을 편집
    할 수 있습니다.

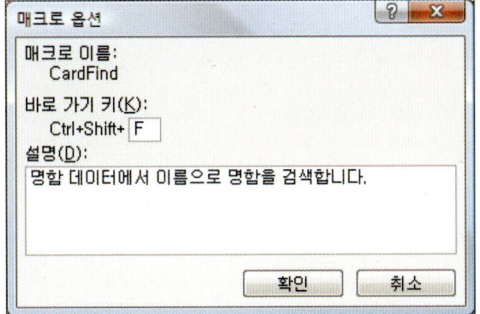

- **개체에 매크로를 지정해서 실행하기**

    각종 컨트롤이나 그림, 클립 아트, 도형 등의
    개체에 매크로를 지정해서 실행할 수 있습니
    다. 개체를 마우스 오른쪽 단추로 클릭하고
    [매크로 지정] 메뉴를 선택하면 [매크로 지정]
    대화상자가 실행되는데 여기에서 개체를 통해
    실행할 매크로를 선택하고 [확인] 단추를 클릭
    합니다. 이렇게 매크로를 지정한 다음 해당 개
    체를 클릭하면 지정된 매크로가 실행됩니다.

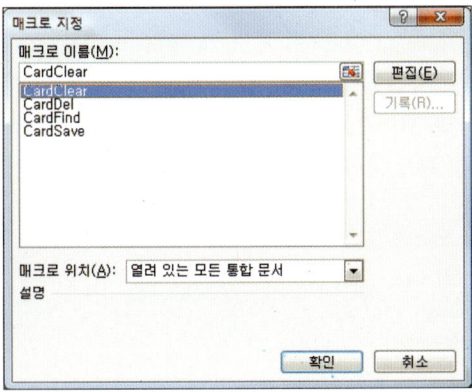

**Warming Up**

# 10. 매크로 사용 통합 문서의 저장과 열기

엑셀 2007은 매크로를 사용하지 않은 통합 문서와 매크로를 사용한 통합 문서를 저장하는 방식이 다릅니다. 엑셀 통합 문서의 파일 형식은 '.xlsx'이지만 엑셀 매크로 사용 통합 문서의 파일 형식은 '.xlsm'입니다. '.xlsx' 파일 형식에는 매크로를 함께 저장할 수 없으므로 매크로를 사용한 통합 문서를 저장할 때는 [다른 이름으로 저장] 대화상자에서 [파일 형식]을 [Excel 매크로 사용 통합 문서]로 변경한 다음 저장해야 합니다.

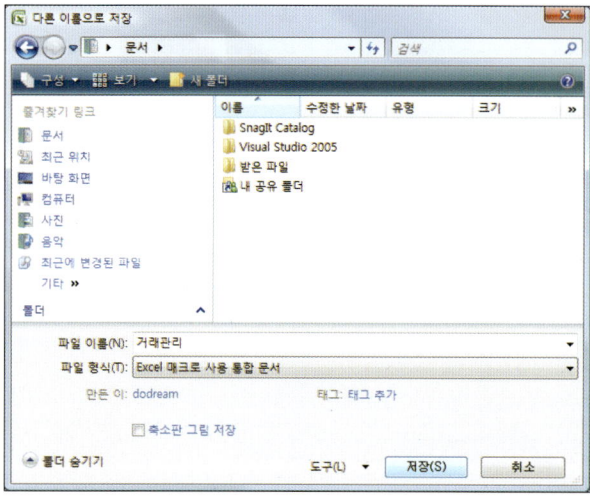

파일 형식이 '.xlsm'인 엑셀 매크로 사용 통합 문서를 열면 메시지 표시줄에 보안 경고 메시지가 나타납니다. 여기에서 [옵션]을 클릭하면 [Microsoft Office 보안 옵션] 대화상자가 나타나는데 매크로를 사용할 수 있도록 설정하기 위해 [이 콘텐츠 사용] 옵션을 선택하고 [확인] 단추를 클릭해야 합니다. 이렇게 해야 통합 문서에 있는 매크로를 사용할 수 있는 상태가 됩니다.

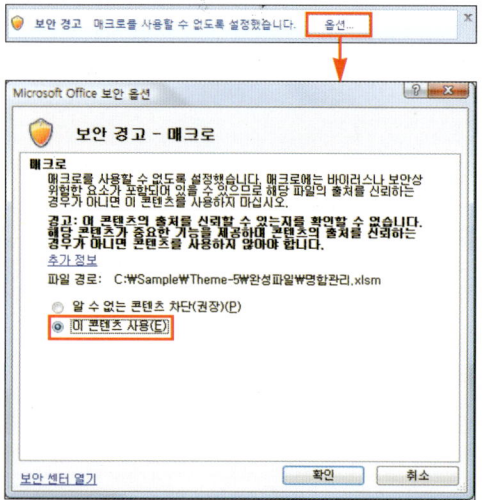

# 자동 필터로 필요한 데이터만 검색할 수 있는 회원 관리 문서

S e c t i o n

01

자동 필터는 무엇보다 간단한 조건으로 빠르고 쉽게 원하는 데이터만 보여준다는 점에서 가장 많이 사용할 만한 데이터 검색 기능입니다. 자동 필터는 텍스트, 숫자, 날짜/시간 등 데이터 종류에 따라 각각 다른 데이터 검색 기능을 제공하는데, 엑셀 2007은 날짜 데이터의 필터링 방법에서 매우 많은 기본 조건을 제공합니다. 자동 필터를 이용해서 데이터를 필터링하고 그 결과를 다른 워크시트에 복사해서 빠르게 보고서를 구성하는 방법을 살펴봅니다.

P r e v i e w　　● **시작 파일** : Theme-4\시간절약\구매관리.xlsx　　● **완성 파일** : Theme-4\완성파일\구매관리.xlsx

4사분기에 해당되는 행만 필터링

구매금액이 있는 행만 필터링 후 내림차순 정렬

필터링 결과로 보고서 만들기

## 01 주민등록번호로 성별과 나이 계산하기

**1.** [구매현황] 워크시트의 [F6] 셀에 『=CHOOSE(MID(E6,8,1),"남","여","남", "여")』를 입력해서 주민등록번호에 의한 성별을 표시합니다.

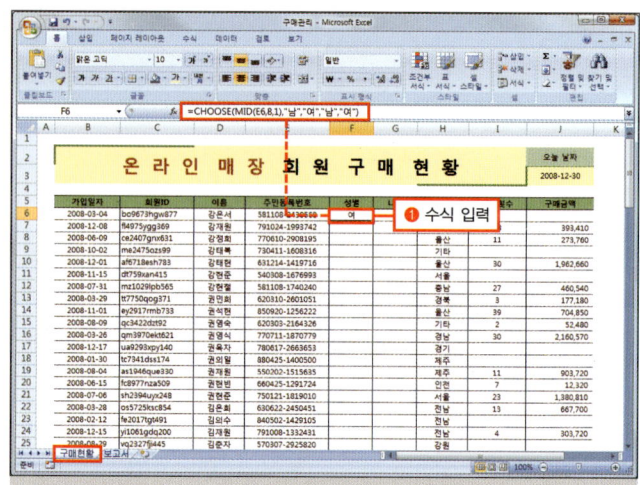

❶ 수식 입력

**수 식 이 궁 금 해**

주민등록번호의 8번째 글자가 1 또는 3이면 남자를 의미하고, 2 또는 4이면 여자를 의미합니다. 이러한 특성을 사용해서 성별을 표시하는 수식입니다.

| 주민등록번호의 8번째 글자로 성별 판단 | =CHOOSE(MID(E6,8,1),"남","여","남","여") |
|---|---|

- **MID(E6,8,1)**

  'MID(텍스트, 수1, 수2)' 함수는 텍스트의 수1번째 글자부터 수2 만큼의 글자를 추출합니다. 여기에서는 MID 함수로 주민등록번호(E6)의 8번째부터 1글자를 구합니다.

- **CHOOSE(MID,"남","여","남","여")**

  'CHOOSE(인덱스, 값1, 값2, 값3, …)' 함수는 인덱스가 1이면 값1, 2이면 값2, 3이면 값3 순서로 해당되는 값을 반환합니다. 값의 개수는 인덱스의 범위에 따라 달라져야 합니다. 여기에서는 MID 함수의 결과를 인덱스로 사용해서 1이면 남, 2이면 여, 3이면 남, 4이면 여를 반환합니다.

**2.** [G6] 셀에 『=DATEDIF(DATE(LEFT
(E6,2),MID(E6,3,2),MID(E6,5,2)),$J$3,
"Y")』를 입력해서 주민등록번호를 이용한
나이를 계산해서 표시합니다.

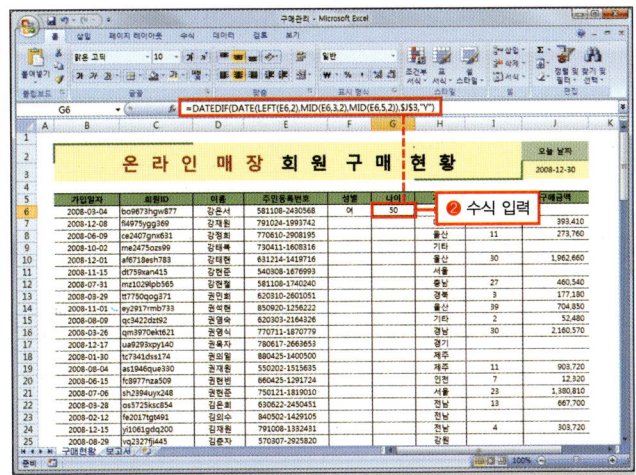

**수식이 궁금해**

주민등록번호의 앞 부분 6글자는 생년월일을 의미합니다. 이 부분을 DATE 함수의 년, 월, 인수로 사용해서 실제 생
년월일을 구한 다음 DATEDIF 함수로 오늘 날짜까지 간격을 구해 나이를 계산합니다.

| 주민등록번호로 나이 계산 | =DATEDIF(DATE(LEFT(E6,2),MID(E6,3,2),MID(E6,5,2)),$J$3,"Y") |
| --- | --- |

- **DATE(LEFT(E6,2),MID(E6,3,2),MID(E6,5,2)**

    LEFT 함수는 주민등록번호(E6)의 왼쪽 2글자를 구합니다. MID 함수는 주민등록번호(E6)의 3번째부터 2글자와
    5번째부터 2글자를 각각 구합니다. 이렇게 구한 년, 월, 일에 해당하는 2글자를 DATEDIF 함수의 년, 월, 일 함수
    로 사용해서 생년월일을 구합니다. 'DATE(년, 월, 일)' 함수는 인수로 지정한 년, 월, 일로 날짜 데이터를 만드는
    함수입니다.

- **DATEDIF(DATE,$J$3,"Y")**

    'DATEDIF(시작일, 종료일,"단위")' 함수는 시작일부터 종료일까지 날짜 간격을 지정한 "단위"로 구하는 함수입니
    다. 여기에서는 DATE 함수로 구한 생년월일부터 [J3] 셀의 오늘 날짜까지 간격을 단위 "Y"를 사용해서 '년' 단위
    로 구합니다. 이렇게 구한 값은 만 나이가 됩니다.

**3.** [F6:G6] 범위를 블록으로 지정하고 채
우기 핸들을 더블클릭해서 수식을 아래로
복사합니다.

**4.** 자동 채우기가 실행된 다음 자동 채우기
옵션 단추(圈)를 클릭하고 [서식 없이 채우
기]를 클릭해서 서식은 제외하고 수식만 복
사되도록 합니다.

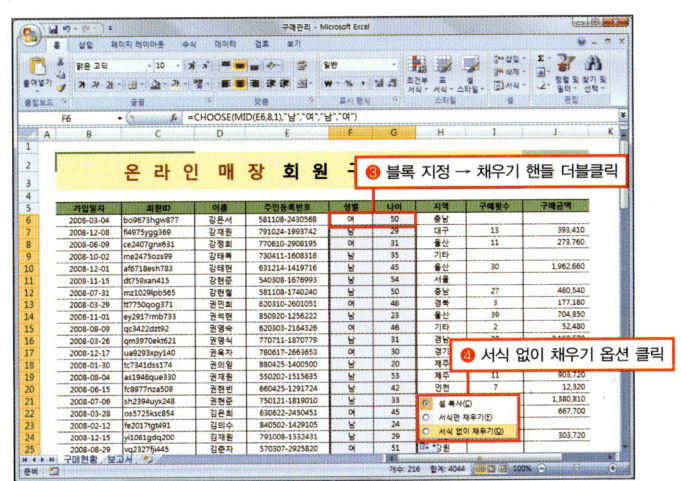

# 02  조건부 서식으로 구매금액에 따라 등급 표시하기

**1.** [J6:J113] 범위를 블록으로 지정하고

**2.** [홈] 탭 → [스타일] 그룹 → [조건부 서식](▦)을 클릭한 다음

**3.** [아이콘 집합]에서 [기타 규칙]을 선택합니다.

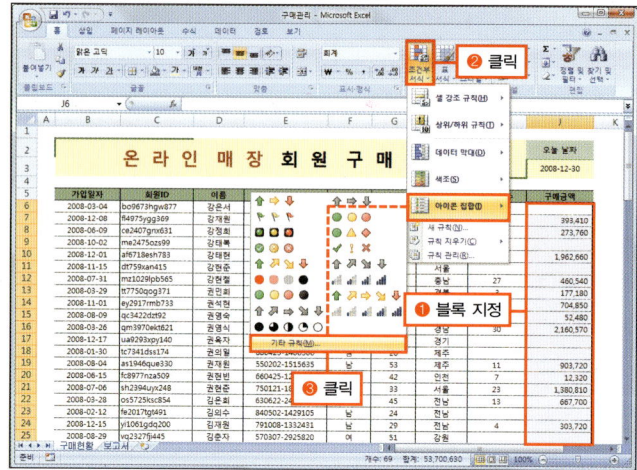

**4.** [새 서식 규칙] 대화상자에서 [아이콘 스타일]을 [4색 신호등]으로 선택하고

**5.** [확인] 단추를 클릭합니다.

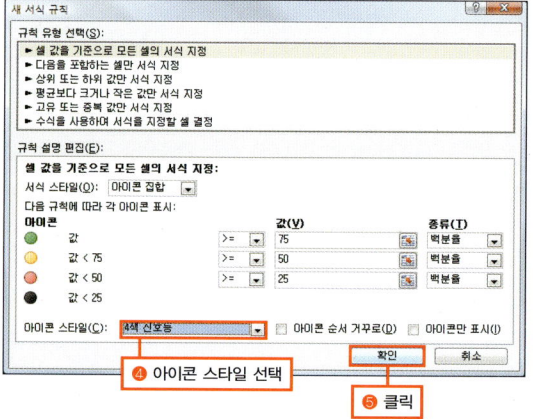

**6.** 셀 값이 75% 이상, 75% 미만 50% 이상, 50% 미만 25% 이상, 25% 미만일 때 각각 다른 색의 아이콘이 셀에 표시됩니다.

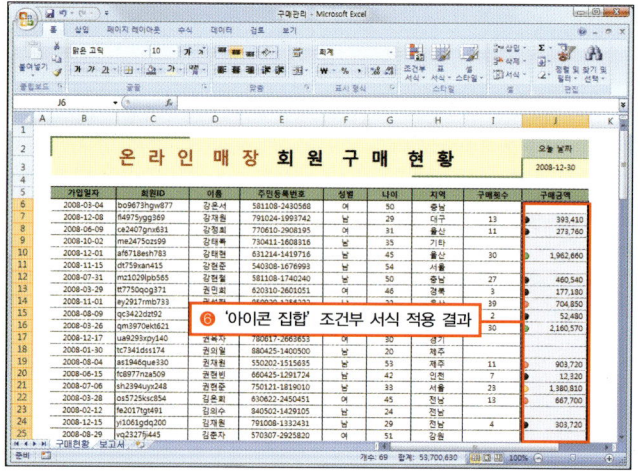

## [03]　자동 필터로 데이터 필터링하기

**1.** [B5] 셀에서 [데이터] 탭 → [정렬 및 필터] 그룹 → [필터](🔽)를 클릭합니다.

- 필드 이름 옆에 필터 단추가 생성됩니다.
- [필터](🔽)를 다시 클릭하면 데이터 목록에 적용된 자동 필터가 해제됩니다.

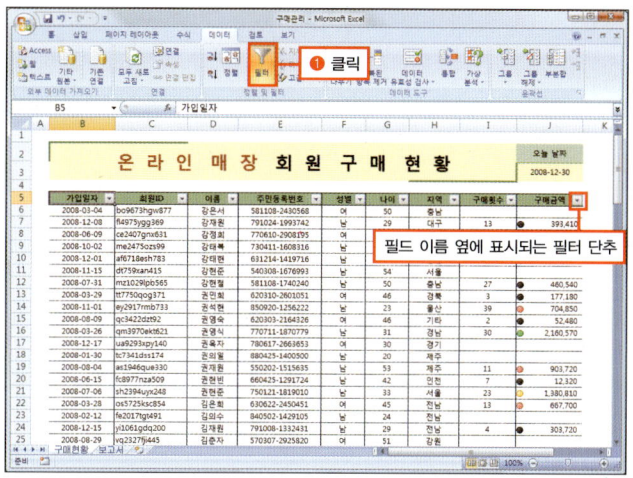

**2.** '가입일자'의 필터 단추를 클릭하고

**3.** [날짜 필터]-[해당 기간의 모든 날짜]-[4분기]를 선택합니다.

- 필터링이 실행되면 가입일자가 10월, 11월, 12월인 행(레코드)만 화면에 표시되고 나머지 행은 일시적으로 화면에서 숨겨집니다.

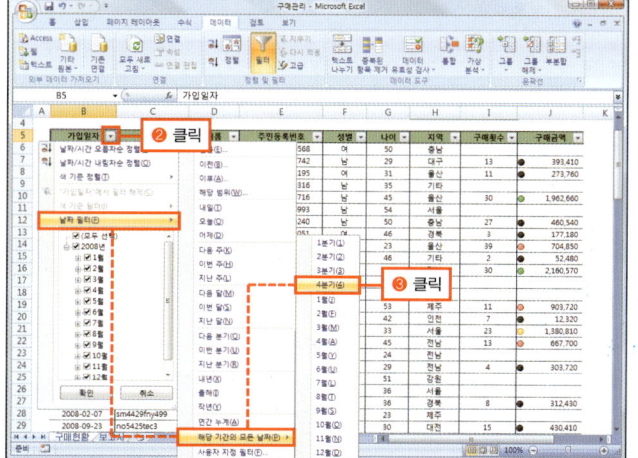

**4.** 이번에는 '구매금액'의 필터 단추를 클릭하고

**5.** 목록에서 [(필드 값 없음)]을 클릭해서 선택을 해제한 다음

**6.** [확인] 단추를 클릭합니다.

- '가입일자'의 필터링 결과에서 다시 '구매금액' 중 필드 값이 없는 행만 화면에서 숨겨집니다.

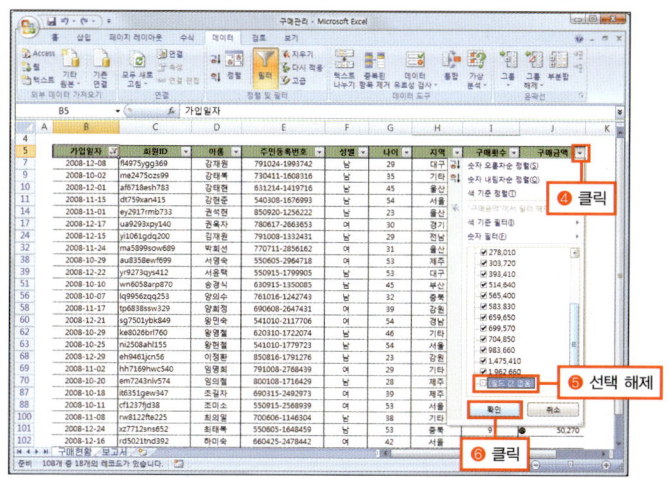

**7.** 다시 '구매금액'의 필터 단추를 클릭하고

**8.** [숫자 내림차순 정렬]을 선택해서 구매금액의 내림차순으로 필터링 결과를 정렬합니다.

- 여기에서 실행한 정렬은 현재 필터링 결과에만 영향을 줍니다. 나중에 필터를 해제하면 데이터의 순서는 원래대로 돌아갑니다.

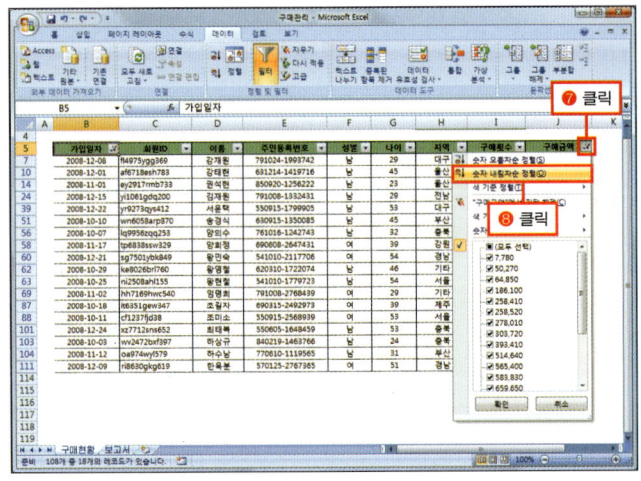

# 04 필터링 결과로 보고서 만들기

**1.** [B5] 셀에서 Ctrl 을 누른 채 숫자 키패드에서 * 를 눌러 현재 데이터 범위 전체를 블록으로 지정합니다.

**2.** [홈] 탭 → [편집] 그룹 → [찾기 및 선택] (🔍)을 클릭하고

**3.** [이동 옵션]을 선택합니다.

- Ctrl 을 누른 채 숫자 키패드의 * 를 누르면 현재 셀 포인터를 기준으로 데이터가 들어 있는 인접한 셀 범위를 한번에 선택할 수 있습니다.

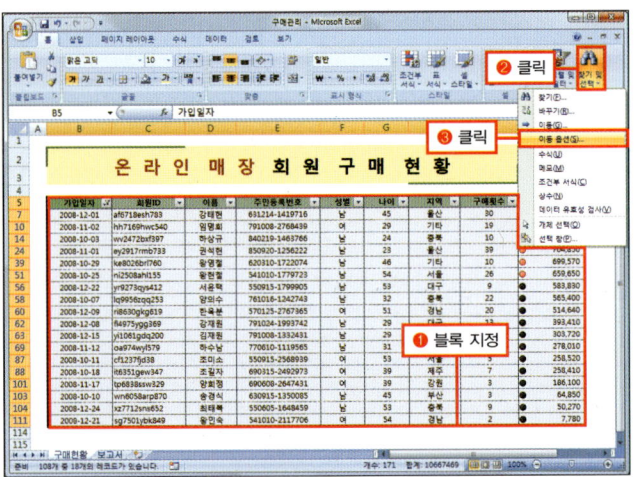

**4.** [이동 옵션] 대화상자에서 [화면에 보이는 셀만] 옵션을 선택한 다음

**5.** [확인] 단추를 클릭합니다.

- 이동 옵션을 이용하면 현재 선택한 범위에서 이동 옵션에 맞는 셀만 선택하고 나머지 셀은 선택을 해제할 수 있습니다.

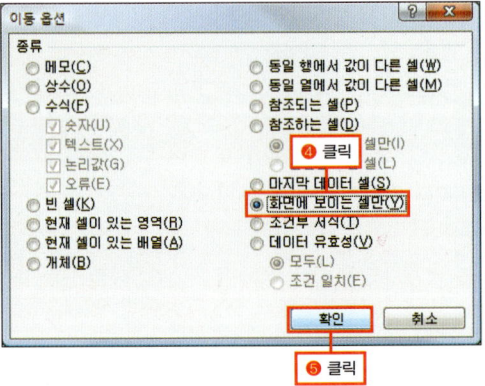

**6.** 데이터 범위 전체에서 숨겨진 행을 제외하고 현재 화면에 보이는 행만 선택 상태가 되면 [홈] 탭 → [클립보드] 그룹 → [복사(🗐)]를 클릭합니다.

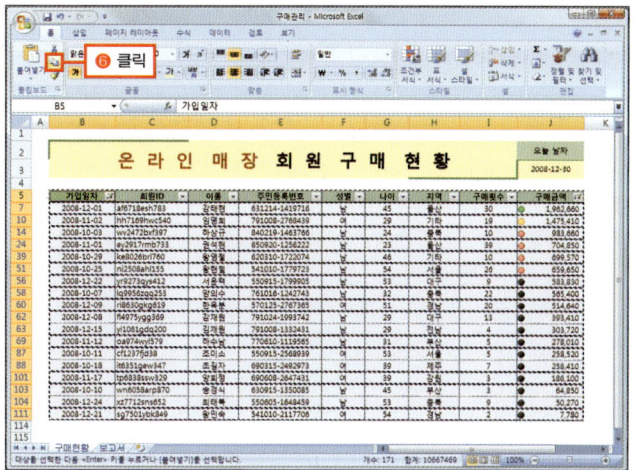

**7.** [보고서] 워크시트에서 [B5] 셀을 클릭한 다음

**8.** [홈] 탭 → [클립보드] 그룹 → [붙여넣기](🗐)를 클릭합니다.

• 자동 필터의 결과만 [B5] 셀부터 삽입됩니다.

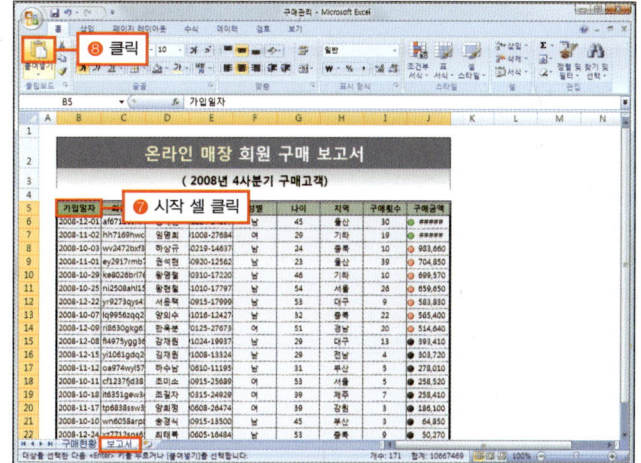

**9.** 이제 [보고서] 워크시트에 복사된 셀 범위에 적절한 서식을 지정해서 보고서를 완성합니다. 자동 필터의 결과를 복사하면 수식(성별과 나이)은 모두 상수로 바뀝니다.

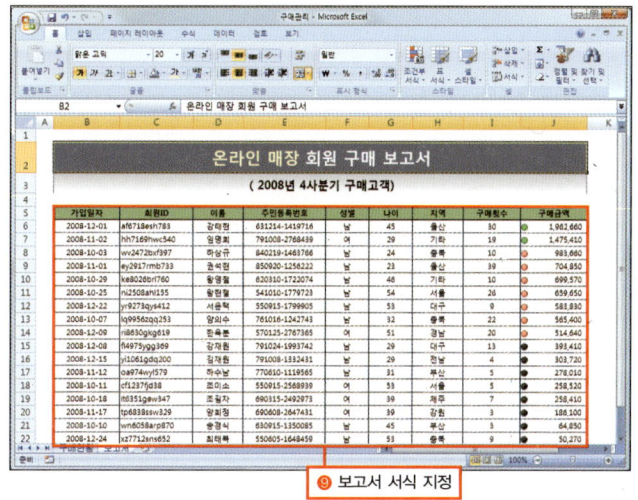

# U p g r a d e

# 필터링 결과로
# 보고서를 자동으로 작성하자

● **시작 파일** : Theme-4\시간절약\구매관리-UP.xlsx  ● **완성 파일** : Theme-4\완성파일\구매관리-UP.xlsm

자동 필터를 이용해서 데이터를 검색한 다음 그 결과를 복사해서 다른 워크시트에 붙여넣기를 실행하는 과정으로 보고서를 작성하는 작업이 빈번하게 발생된다면, 이 과정을 매크로로 만들어 자동화하는 것이 좋습니다. 매크로 기록 기능을 이용하여 [구매현황] 워크시트의 필터링 결과를 복사한 후 [보고서] 워크시트에서 붙여넣기를 실행하는 작업 과정을 자동화하는 방법에 대해 살펴보겠습니다.

## 01 ǀ 필터링 결과를 복사하는 매크로 기록하기

**1.** [구매현황] 워크시트에서 상태 표시줄에 있는 새 매크로 기록 단추(🔳)를 클릭합니다.

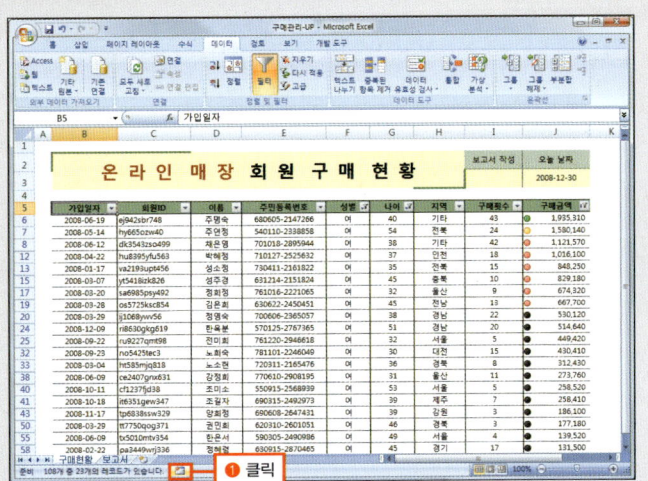

**2.** [매크로 기록] 대화상자에서 [매크로 이름]에 『보고서작성』을 입력하고

**3.** [확인] 단추를 클릭합니다.

- [바로 가기 키]와 [설명]은 선택 사항이므로 지정하지 않아도 됩니다. [매크로 저장 위치]는 기본값으로 설정되는 [현재 통합 문서]를 그대로 적용합니다.

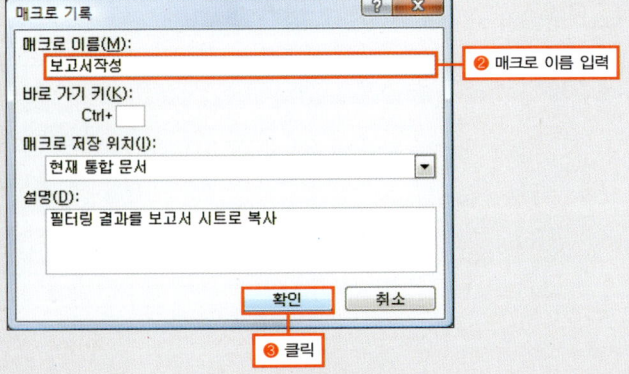

4. [보고서] 워크시트로 이동한 다음

5. [B5] 셀을 클릭하고 Ctrl을 누른 채 숫자 키패드의 *를 눌러 데이터 범위 전체를 블록으로 지정합니다.

6. [홈] 탭 → [편집] 그룹 → [지우기](⌫▾)를 클릭하고

7. [모두 지우기]를 선택해서 블록으로 지정한 범위의 서식과 내용을 모두 지웁니다.

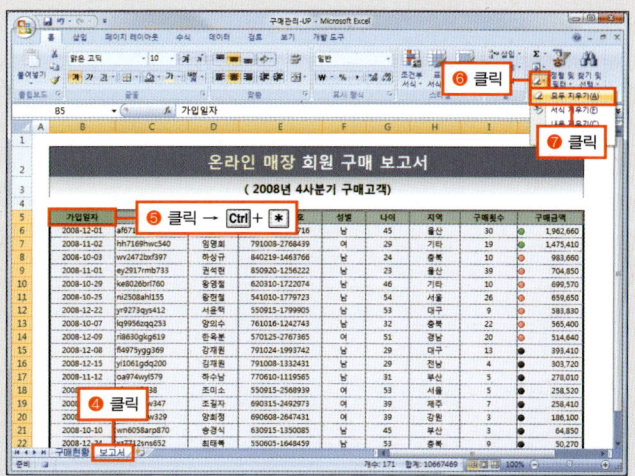

8. [구매현황] 워크시트로 이동한 다음

9. [B5] 셀부터 시작되는 데이터 범위에서 Ctrl을 누른 채 숫자 키패드의 *를 눌러 데이터 범위 전체를 블록으로 지정합니다.

10. [홈] 탭 → [편집] 그룹 → [찾기 및 선택](🔍)을 클릭하고

11. [이동 옵션]을 선택합니다.

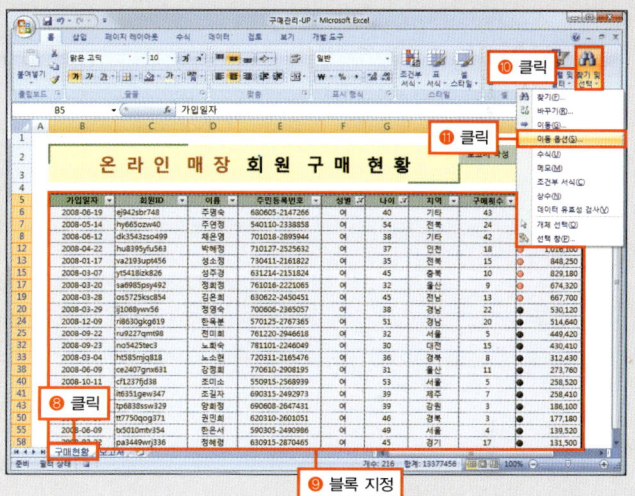

12. [이동 옵션] 대화상자에서 [화면에 보이는 셀만] 옵션을 선택하고

13. [확인] 단추를 클릭합니다.

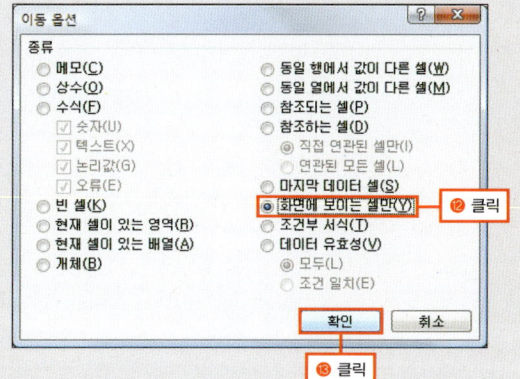

**14.** [홈] 탭 → [클립보드] 그룹 → [복사] (📋)를 클릭해서 선택된 셀 범위를 복사합니다.

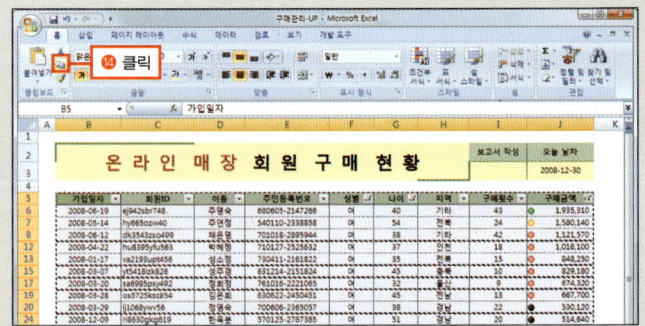

**15.** [보고서] 워크시트의 [B5] 셀에서

**16.** [홈] 탭 → [클립보드] 그룹 → [붙여넣기](📋)를 클릭합니다.

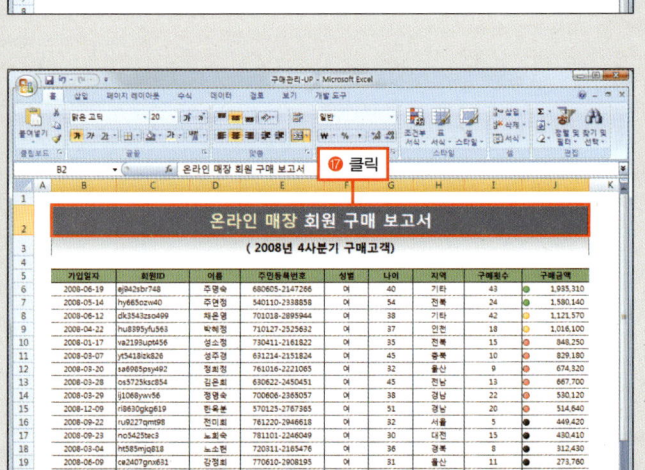

**17.** 복사한 셀 범위가 삽입되면 [B2] 셀을 클릭해서 마지막 셀 포인터의 위치를 정해주고

**18.** 상태 표시줄에서 기록 중지 단추(⬜)를 클릭해서 매크로 기록을 종료합니다.

## 02 | 보고서 작성 매크로를 실행할 단추 만들기

**1.** [구매현황] 워크시트에서 [개발 도구] 탭 → [컨트롤] 그룹 → [삽입](🔧)을 클릭하고 [양식 컨트롤] 영역에 있는 [단추](🔳)를 클릭합니다.

**2.** 마우스 왼쪽 단추를 클릭한 채 드래그해서 적당한 크기로 단추 컨트롤을 그립니다.

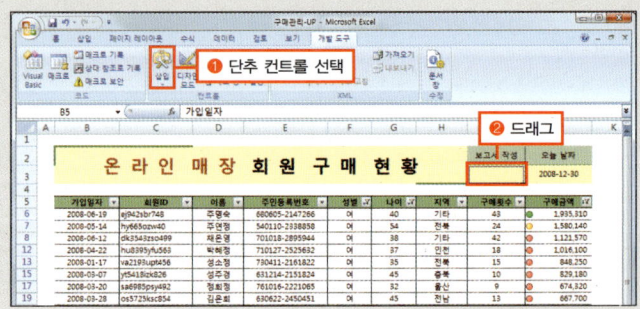

**3.** 단추 컨트롤을 그리고 마우스 단추에서 손을 떼면 바로 [매크로 지정] 대화상자가 실행됩니다. 여기에서 [보고서작성] 매크로를 선택하고

**4.** [확인] 단추를 클릭합니다. 이렇게 하면 단추 컨트롤에 '보고서작성' 매크로가 지정됩니다.

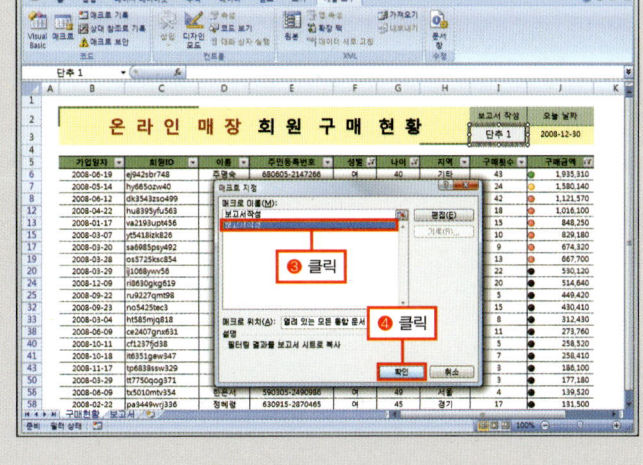

**5.** 단추 컨트롤의 기본 텍스트를 지우고 『Click』을 입력합니다.

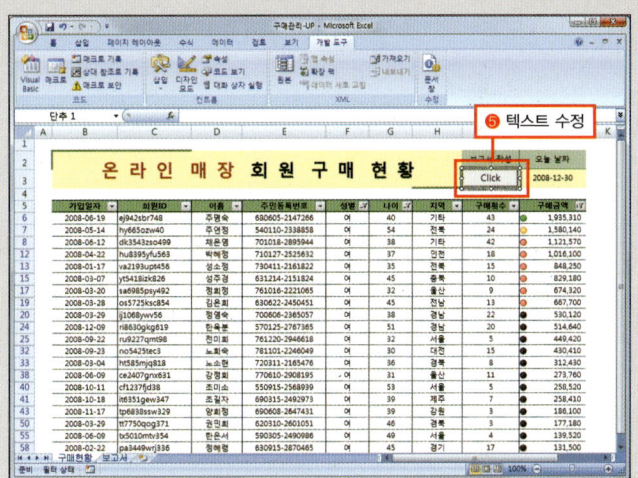

**6.** [구매현황] 워크시트에서 '성별'의 필터 단추를 클릭하고

**7.** 목록에서 '남'을 선택하고 '여'의 선택을 해제한 다음

**8.** [확인] 단추를 클릭합니다.

• 매크로 실행 여부를 테스트하기 위해 필터링 결과를 바꾸는 과정입니다.

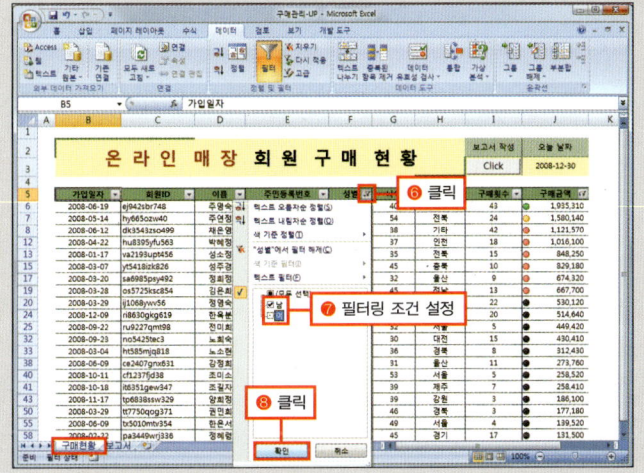

9. '보고서작성' 매크로를 지정해 놓은 단추 컨트롤을 클릭합니다.

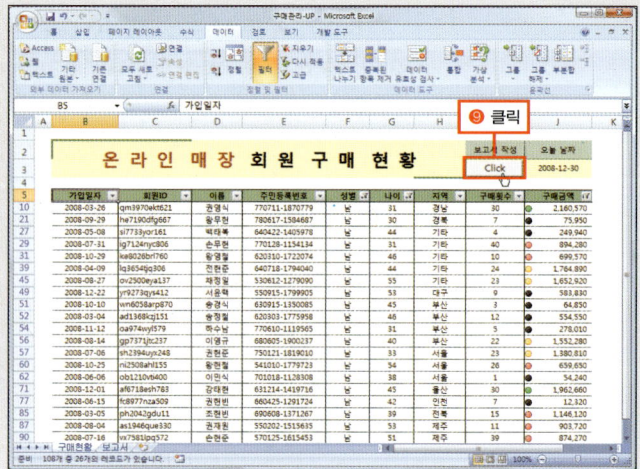

10. 매크로가 실행되면 현재 필터링 결과가 [보고서] 워크시트로 복사되어야 합니다.

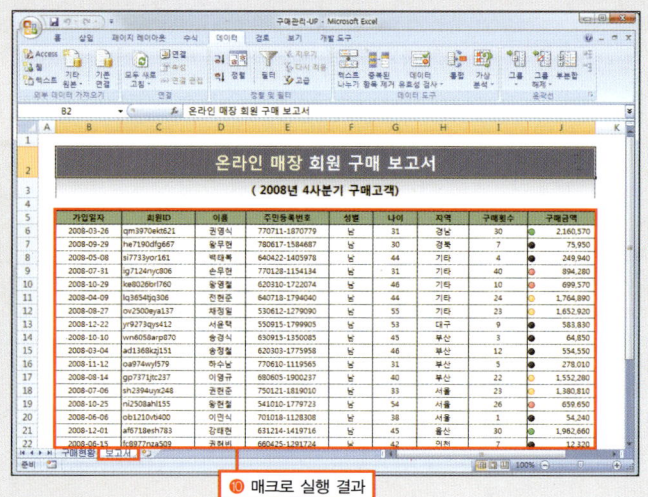

⑩ 매크로 실행 결과

## 03 | 매크로 사용 통합 문서로 다시 저장하기

1. 매크로를 기록한 다음에는 매크로 사용 통합 문서로 문서를 다시 저장해야 합니다. Office 단추(🔵)를 클릭하고

2. [다른 이름으로 저장]에서 [Excel 매크로 사용 통합 문서]를 선택합니다.

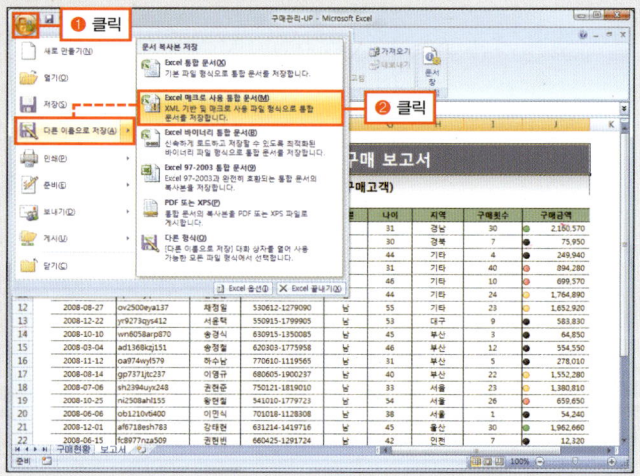

**3.** [다른 이름으로 저장] 대화상자에서 저장 위치와 파일 이름 등을 지정하고 [저장] 단추를 클릭합니다.

• [파일 형식]이 [Excel 매크로 사용 통합 문서]로 지정되어 있어야 합니다.

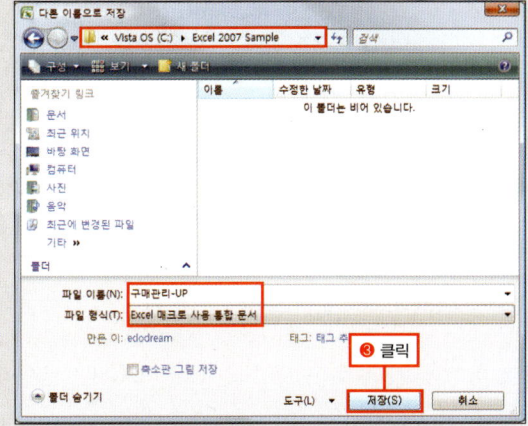

**4.** 'Excel 매크로 사용 통합 문서'를 열었을 경우에는 메시지 표시줄에 보안 경고 메시지가 나타납니다. 매크로를 사용할 수 있는 상태로 만들기 위해 [옵션] 단추를 클릭합니다.

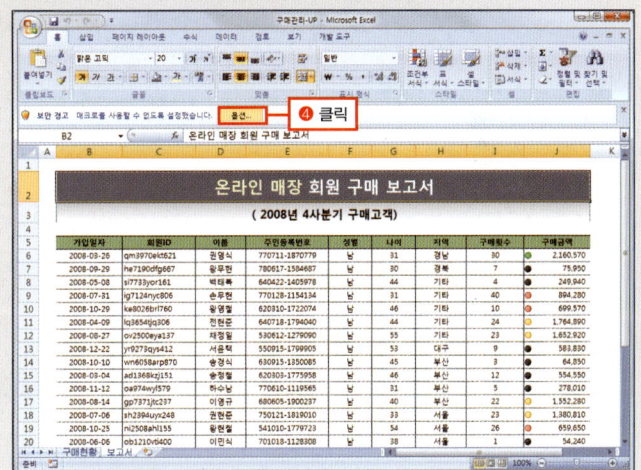

**5.** [Microsoft Office 보안 옵션] 대화상자에서 [이 콘텐츠 사용] 옵션을 선택하고

**6.** [확인] 단추를 클릭합니다. 이렇게 해야 통합 문서에 있는 매크로를 사용할 수 있는 상태가 됩니다.

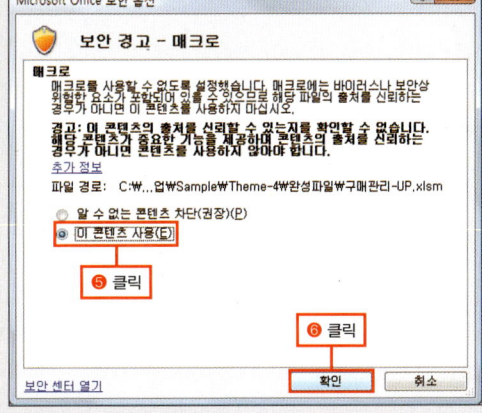

# 고급 필터로 입출고 내역을 검색해서 결과를 복사하는 입출고 관리 문서

S e c t i o n

# 02

고급 필터가 자동 필터보다 더 좋은 점은 조건을 지정할 때 유연성을 제공한다는 것입니다. 자동 필터는 단순한 조건으로 데이터를 검색할 때 매우 유용한 도구임에 틀림이 없지만 복잡한 조건을 지정할 때는 한계가 있습니다. 여기에서는 기간과 거래처, 거래구분, 상품명을 조건으로 사용해서 고급 필터로 데이터를 검색한 다음 고급 필터 고유 옵션을 사용해서 그 결과를 원하는 위치에 복사합니다. 고급 필터의 사용 방법과 함께 수식을 이용해서 조건을 만드는 기술을 배울 수 있습니다.

P r e v i e w　　● **시작 파일** : Theme-4\시간절약\입출고관리.xlsx　　● **완성 파일** : Theme-4\완성파일\입출고관리.xlsx

---

## 뷰 티 컬 렉 션 입 출 고 조 회

**[ 검색 조건 ]**

| 기간 | 거래처 | 거래구분 | 상품명 |
|---|---|---|---|
| 3사분기 | 미인박스 | | |

→ 목록에서 조건으로 사용할 값 선택

**[ 필터 결과 ]**

| 거래일자 | 거래처 | 거래구분 | 상품코드 | 상품명 | 규격 | 단가 | 수량 | 할인율 | 금액 |
|---|---|---|---|---|---|---|---|---|---|
| 07.05 | 미인박스 | 출고 | SI-943EH019 | 슬리핑 마스크 | 100ml | 9,100 | 23 | 4% | 200,928 |
| 07.12 | 미인박스 | 출고 | OI-204EN029 | 리프팅 마스크 | 130g | 4,000 | 43 | 7% | 159,960 |
| 07.19 | 미인박스 | 입고 | ZP-265PK017 | 퓨어 비타 코스 | 12ml*4 | 23,370 | 28 | 4% | 628,186 |
| 07.20 | 미인박스 | 출고 | DF-877CW038 | 눈썹 에센스 | 10ml | 4,800 | 13 | 6% | 58,656 |
| 07.28 | 미인박스 | 출고 | AX-376FV064 | 컬러 투 치크 | 5g | 5,800 | 7 | 2% | 39,788 |
| 07.31 | 미인박스 | 입고 | HM-997PH068 | 메이크업 베이스 | 그린 | 3,270 | 36 | 2% | 115,366 |
| 08.05 | 미인박스 | 입고 | AX-376FV064 | 컬러 투 치크 | 5g | 4,040 | 49 | 2% | 194,001 |
| 08.07 | 미인박스 | 출고 | AC-814LB092 | 파우더 팩트 | 10g | 6,900 | 44 | 5% | 288,420 |
| 08.21 | 미인박스 | 출고 | EF-073BT089 | 후르츠 핸드 크림 | 30g | 5,000 | 41 | 10% | 184,500 |
| 09.02 | 미인박스 | 입고 | AC-814LB092 | 파우더 팩트 | 10g | 5,440 | 30 | 0% | 163,200 |
| 09.04 | 미인박스 | 출고 | GQ-001EF056 | 아이라이너 | 4g | 6,000 | 21 | 2% | 123,480 |
| 09.25 | 미인박스 | 입고 | FT-414LU074 | 모이스처 바디로션 | 300ml | 6,170 | 31 | 4% | 183,619 |
| 09.25 | 미인박스 | 입고 | EF-967AJ066 | 포밍 배스 | 300ml | 4,310 | 25 | 5% | 102,363 |

↑ 지정한 위치에 고급 필터의 검색 결과 복사

## 01 조건 선택을 위한 유효성 검사 설정

**1.** [품목관리] 워크시트에서 [C5:C31] 범위를 블록으로 지정하고

**2.** 이름 상자에 『상품명』을 입력한 다음 Enter 를 눌러서 이름을 정의합니다.

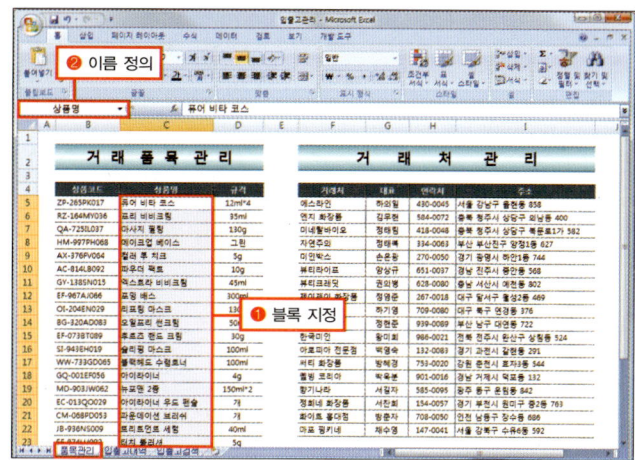

**3.** [F5:F22] 범위를 블록으로 지정하고

**4.** 이름 상자에 『거래처』를 입력한 다음 Enter 를 눌러서 이름을 정의합니다.

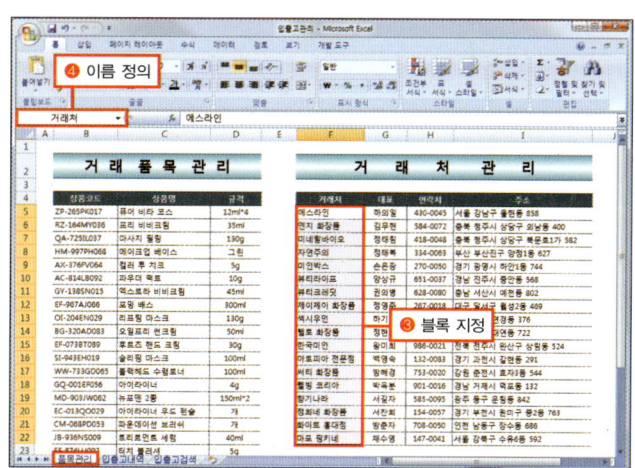

### 왜 그런지 궁금해

[품목관리] 워크시트에 입력되어 있는 상품명과 거래처에 대한 이름을 정의할 때 계속해서 데이터가 추가되거나 삭제될 것까지 고려하고 싶다면 수식을 이용해서 이름을 정의해야 합니다. 다음 두 개의 수식은 이름 '상품명'과 '거래처'가 현재 입력되어 있는 마지막 데이터까지의 셀 범위를 참조합니다.

| 이름 | 참조 대상 수식 |
| --- | --- |
| 상품명 | =OFFSET(품목관리!$C$4,1,0,COUNTA(품목관리!$C:$C)-1,1)<br>- COUNTA 함수는 [C] 열 전체(C:C)에서 비어 있지 않은 셀의 개수를 구하고, [C4] 셀의 필드 이름을 개수에서 제외하기 위해 '1'을 뺍니다. 'COUNTA-1'은 현재 입력되어 있는 상품명의 개수가 됩니다.<br>- 'COUNTA-1'의 값이 '27'이라면 OFFSET 함수는 [품목관리] 워크시트의 [C4] 셀에서 1행, 0열 떨어져 있는 [C5] 셀부터 27행, 1열 크기의 [C5:C31] 범위를 반환합니다. |
| 거래처 | =OFFSET(품목관리!$F$4,1,0,COUNTA(품목관리!$F:$F)-2,1)<br>- 'COUNTA-2'는 [F] 열 전체에서 비어 있지 않은 셀의 개수를 구하고 [F2] 셀의 제목과 [F4] 셀의 필드 이름을 제외하기 위해 '2'를 빼서 개수를 구합니다.<br>- 'COUNTA-2'의 값이 '18'이면 OFFSET 함수는 18행 1열 크기의 [F5:F22] 범위를 반환합니다. |

**5.** [K5:K8] 범위를 블록으로 지정하고

**6.** 이름 상자에 『기간』을 입력한 다음 Enter 를 눌러서 이름을 정의합니다.

- [K5:K8] 범위에는 숫자 1, 2, 3, 4가 입력되어 있습니다. 표시 형식을 '0사분기'로 지정해서 실제 셀에는 1사분기, 2사분기, 3사분기, 4사분기가 표시됩니다.

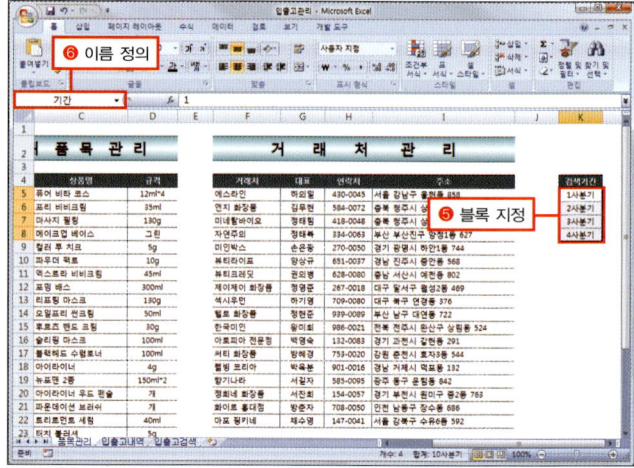

**7.** [입출고검색] 워크시트의 [B6] 셀에서

**8.** [데이터] 탭 → [데이터 도구] 그룹 → [데이터 유효성 검사]( )를 클릭합니다.

**9.** [데이터 유효성] 대화상자의 [설정] 탭에서 [제한 대상]을 [목록]으로 선택하고

**10.** [원본]에 『=기간』을 입력한 다음

**11.** [확인] 단추를 클릭합니다.

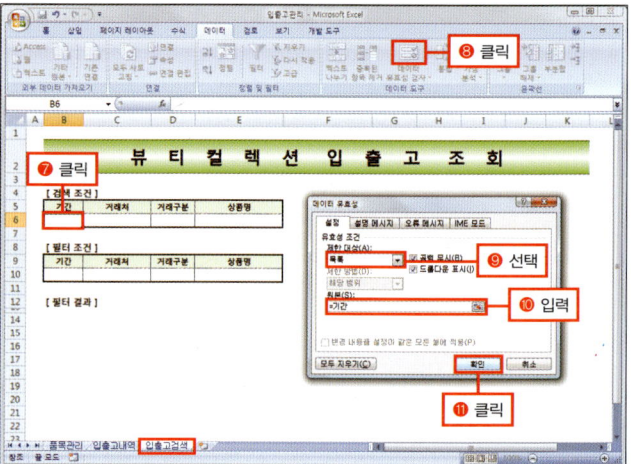

**12.** 같은 방법으로 [C6] 셀에는 [목록], 『=거래처』, [D6] 셀에는 [목록], 『입고,출고』, [E6] 셀에는 [목록], 『=상품명』으로 각각 데이터 유효성 검사를 설정합니다. 각 셀에서 목록 단추를 클릭하고 검색 조건으로 사용할 값을 선택하여 입력합니다.

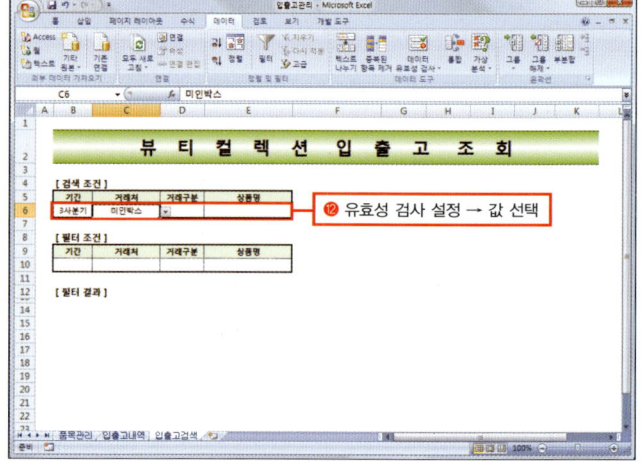

## [02] 고급 필터의 조건 범위 만들기

**1.** [B10] 셀에 『=IF($B$6="",TRUE,$B$6
=QUOTIENT(MONTH(입출고내역!B5)+
2,3))』을 입력합니다.

• [입출고내역] 워크시트의 거래일자가 [B6] 셀에서
  선택한 분기에 해당되는지 검사하는 수식입니다.

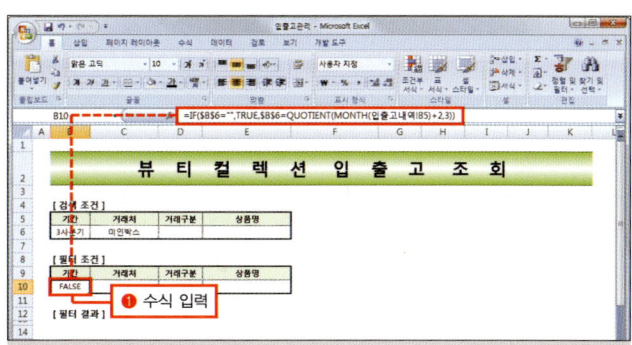

수 식 이  궁 금 해

고급 필터의 조건으로 수식을 사용하기 위해서는 다음과 같은 몇 가지 규칙을 지켜야 합니다.

① **조건 범위의 첫 행에 입력하는 필드 이름이 고급 필터의 목록 범위에 있는 필드 이름과 달라야 합니다.**

→ [입출고내역] 워크시트의 데이터를 고급 필터의 목록 범위로 사용하는데, '거래일자'를 조건으로 사용하기 위
  해 실제 조건 범위에는 '기간'으로 필드 이름을 사용했습니다.

② **목록 범위에 있는 특정 필드(열)의 값을 참조하려면 해당 필드의 첫 번째 값이 들어 있는 셀 주소를 상대 참조로
  사용합니다.**

→ 첫 번째 '거래일자'가 [B5] 셀에 있기 때문에 '입출고내역!B5'와 같은 형태로 '거래일자' 필드를 참조합니다.

③ **목록 범위 바깥에 있는 셀을 참조할 때는 절대 참조를 사용합니다.**

→ [입출고검색] 워크시트의 [B6] 셀을 참조하기 위해 '$B$6' 형태의 절대 참조를 사용합니다.

④ **수식 조건의 결과는 항상 TRUE 또는 FALSE로 나타나야 합니다.**

→ IF 함수의 조건이 참이면 TRUE, 거짓이면 '$B$6=QUOTIENT' 비교식의 결과(TRUE 또는 FALSE)를 반환합니다.

| 거래일자 비교 | =IF($B$6="",TRUE,$B$6=QUOTIENT(MONTH(입출고내역!B5)+2,3)) |
|---|---|

• **IF($B$6="",TRUE,비교식)**

[B6] 셀이 비어 있으면 무조건 논리값 TRUE를 반환하고, 비어 있지 않으면 다음 비교식에 의해 조건을 검사해서
TRUE 또는 FALSE를 반환합니다.

• **QUOTIENT(MONTH(입출고내역!B5)+2,3))**

'QUOTIENT(수1, 수2)' 함수는 수1을 수2로 나눈 몫을 구하는 함수입니다. 여기서는 MONTH 함수로 구한 월에
2를 더한 값을 3으로 나눈 몫을 구합니다. MONTH 함수는 [입출고내역] 워크시트의 [B5] 셀에 있는 거래일자에
서 '월'을 구하기 위한 것입니다. 구한 월에 따라 다음과 같이 QUOTIENT 함수의 결과가 달라집니다.

| 월 | QUOTIENT | 월 | QUOTIENT | 월 | QUOTIENT | 월 | QUOTIENT |
|---|---|---|---|---|---|---|---|
| 1 | (1+2)/3=1 | 4 | (4+2)/3=2 | 7 | (7+2)/3=3 | 10 | (10+2)/3=4 |
| 2 | (2+2)/3=1 | 5 | (5+2)/3=2 | 8 | (8+2)/3=3 | 11 | (11+2)/3=4 |
| 3 | (3+2)/3=1 | 6 | (6+2)/3=2 | 9 | (9+2)/3=3 | 12 | (12+2)/3=4 |

• **$B$6=QUOTIENT**

QUOTIENT 함수는 결국 거래일자를 분기로 계산하기 위한 것입니다. [B6] 셀에서 선택한 분기와 QUOTIENT 함
수로 계산한 거래일자의 분기가 서로 같으면 TRUE, 같지 않으면 FALSE가 반환됩니다.

**2.** [C10:E10] 범위를 블록으로 지정하고 『=IF(C6="","",C6)』을 입력한 다음 Ctrl + Enter 를 누릅니다.

- [C6] 셀이 비어 있으면 빈 문자열을 표시하고, 비어 있지 않으면 [C6] 셀의 값을 그대로 가져옵니다.

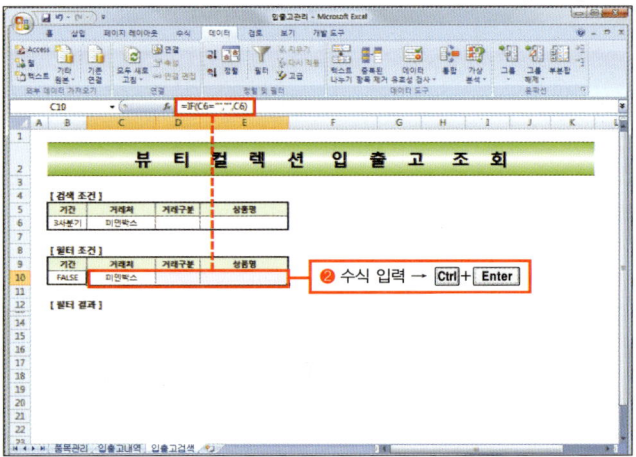

**3.** [B9:E10] 범위를 블록으로 지정하고

**4.** 이름 상자에 『필터조건』을 입력한 다음 Enter 를 눌러서 이름을 정의합니다.

- 이름 '필터조건'은 고급 필터를 실행할 때 조건 범위로 사용됩니다.
- 조건 범위의 첫 번째 행에는 필드 이름이 입력되어 있어야 합니다.

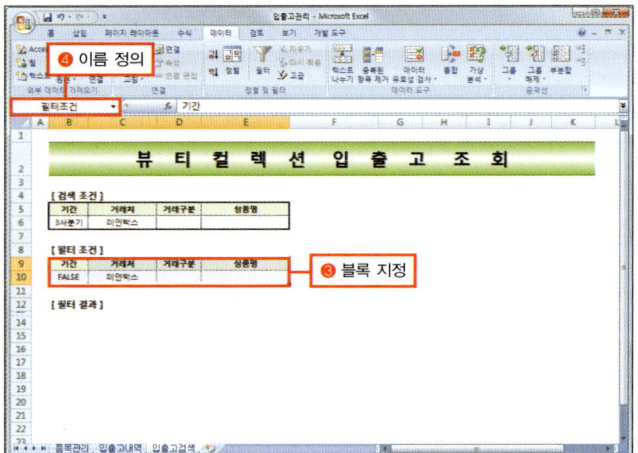

## []3 고급 필터로 데이터를 검색하고 복사하기

**1.** [입출고내역] 워크시트의 [B4] 셀에서 Ctrl 을 누른 채 숫자 키패드의 ✳ 를 눌러서 데이터 범위 전체를 블록으로 지정한 다음

**2.** 이름 상자에 『필터목록』을 입력하고 Enter 를 눌러서 이름을 정의합니다.

- 이름 '필터목록'은 고급 필터 실행에서 목록 범위로 사용됩니다.

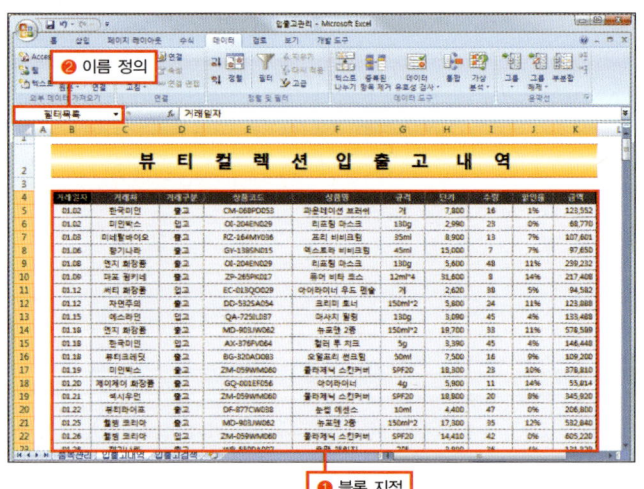

**3.** [입출고검색] 워크시트의 [B14] 셀에서

**4.** 이름 상자를 클릭하고 『필터결과』로 이름을 입력한 다음 Enter 를 누릅니다.

· 이름 '필터결과'는 고급 필터를 실행할 때 복사 위치로 사용됩니다.

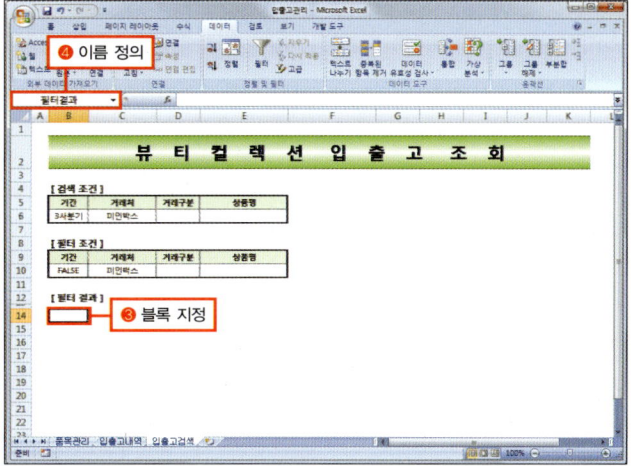

**5.** [B14] 셀에서 [데이터] 탭 → [정렬 및 필터] 그룹 → [고급](고급)을 클릭해서 [고급 필터]를 실행합니다.

**6.** [결과] 옵션을 [다른 장소에 복사]로 선택하고 [목록 범위]에 '필터목록', [조건 범위]에 '필터조건', [복사 위치]에 '필터결과'를 각각 입력한 다음

**7.** [확인] 단추를 클릭합니다.

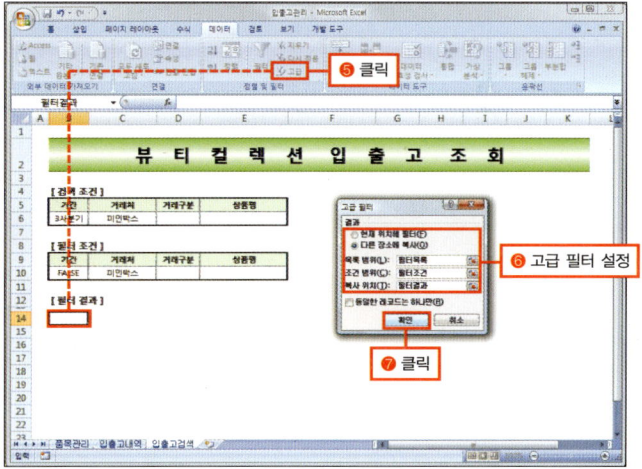

**8.** 필터 조건으로 사용한 범위는 숨겨 놓아도 됩니다. [8:11] 행 범위의 행 머리글을 드래그해서 블록으로 지정한 다음 마우스 오른쪽 단추를 클릭하고

**9.** [숨기기] 메뉴를 선택합니다.

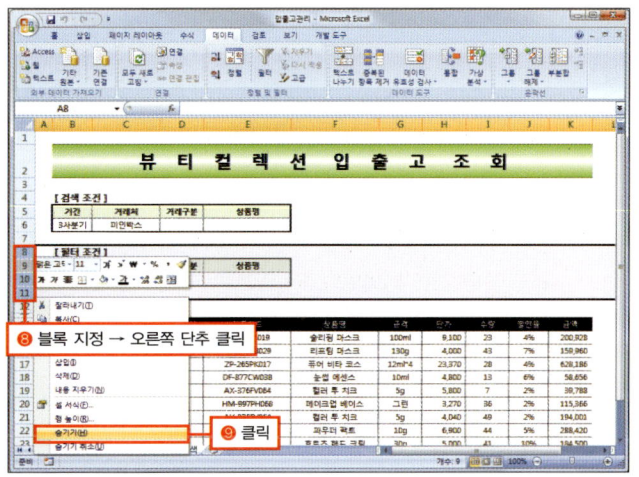

**10.** 이제 검색 조건을 지정하는 범위와 필터의 결과가 복사된 범위만 남았습니다. 이렇게 고급 필터를 이용해서 기간, 거래처, 거래구분, 상품명을 조건으로 데이터를 빠르게 검색할 수 있습니다.

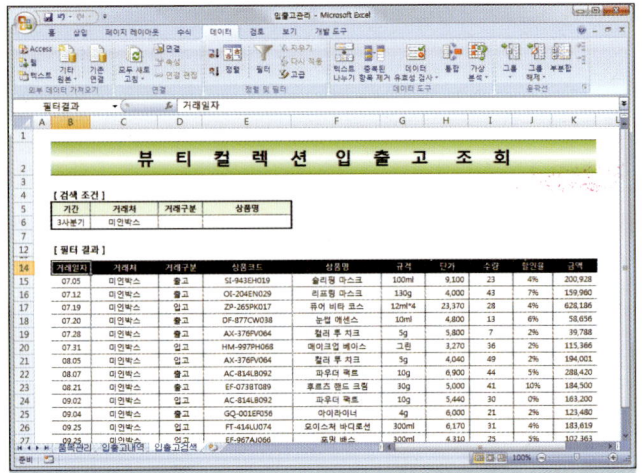

## 왜 그런지 궁금해

고급 필터의 검색 조건을 다르게 설정해서 다시 고급 필터를 실행하려면 먼저 이전 필터링 결과를 지워야 합니다. 이때 주의할 점은 [B14] 셀에 '필터결과'로 이름이 정의되어 있기 때문에 결과 범위를 삭제하면 안 된다는 것입니다. [B14] 셀에서 Ctrl을 누른 채 *를 눌러서 결과 범위 전체를 블록으로 지정한 다음 [홈] 탭 → [편집] 그룹 → [지우기]( )를 클릭하고 [모두 지우기]를 선택하면 셀을 삭제하지 않고 블록으로 지정한 범위의 서식과 내용을 모두 지울 수 있습니다.

U  p  g  r  a  d  e

# 단추만 클릭해서
# 자동으로 고급 필터를 실행하자

● **시작 파일** : Theme-4\시간절약\입출고관리-UP.xlsx   ● **완성 파일** : Theme-4\완성파일\입출고관리-UP.xlsm

고급 필터로 데이터를 검색할 때 매번 고급 필터의 결과 옵션과 목록 범위, 조건 범위, 복사 위치 등을 지정하는 과정이 번거롭다면 매크로를 이용해서 검색 과정 전체를 자동화할 수 있습니다. 여기에서는 매크로 기록 기능을 사용해서 고급 필터의 결과 범위를 먼저 지우고 새로운 검색 조건으로 고급 필터를 실행하는 과정을 자동화합니다. 매크로 기록이 끝나면 단추 컨트롤에 기록한 매크로를 지정해서 이후에는 검색 조건을 변경한 다음 단추를 클릭하는 것만으로 빠르게 원하는 결과를 얻을 수 있도록 만들어 봅니다.

## 01 ǀ 고급 필터 과정을 매크로로 기록하기

**1.** [입출고검색] 워크시트의 [B6:E6] 범위의 각 셀에서 목록 단추를 클릭하고 고급 필터의 검색 조건을 설정한 다음

**2.** 상태 표시줄에서 새 매크로 기록(![icon])을 클릭합니다.

• 해당 필드의 모든 값을 포함시키려면 셀에서 Delete 를 눌러 내용을 지웁니다.

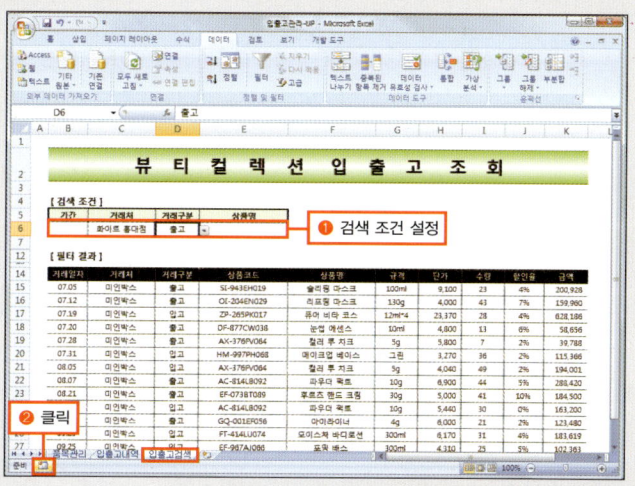

**3.** [매크로 기록] 대화상자에서 [매크로 이름]에 『입출고조회』를 입력하고

**4.** [확인] 단추를 클릭합니다.

• [바로 가기 키]와 [설명]은 선택 사항으로 지정하지 않아도 되며, [매크로 저장 위치]는 기본 설정값인 [현재 통합 문서]를 그대로 사용합니다.

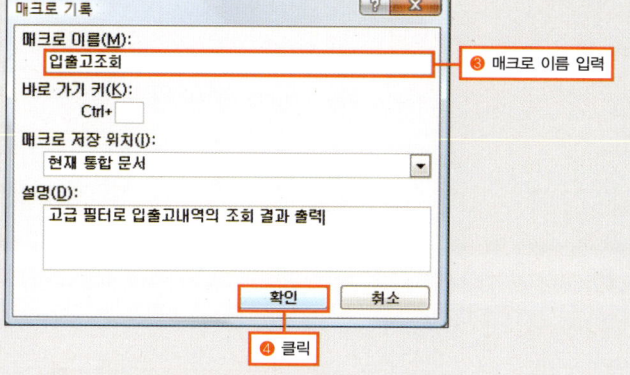

**5.** 매크로 기록이 시작되면 [B14] 셀을 클릭하고 Ctrl을 누른 채 숫자 키패드의 ＊를 눌러 현재 결과 범위 전체를 블록으로 지정합니다.

**6.** [홈] 탭 → [편집] 그룹 → [지우기](�'②▾)를 클릭하고

**7.** [모두 지우기]를 선택해서 결과 범위의 내용과 서식을 모두 지웁니다.

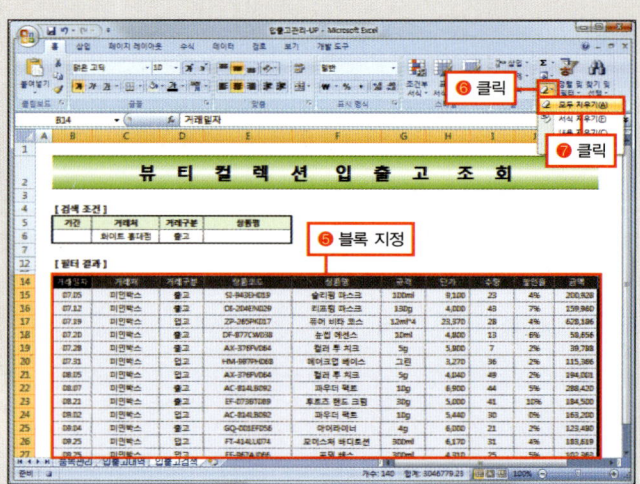

**8.** [B14] 셀에서 [데이터] 탭 → [정렬 및 필터] 그룹 → [고급](🔑고급)을 클릭합니다.

**9.** [고급 필터] 대화상자에서 [결과]를 [다른 장소에 복사] 옵션으로 선택하고, [목록 범위]에 '필터목록', [조건 범위]에 '필터조건', [복사 위치]에 '필터결과'를 입력한 다음

**10.** [확인] 단추를 클릭합니다.

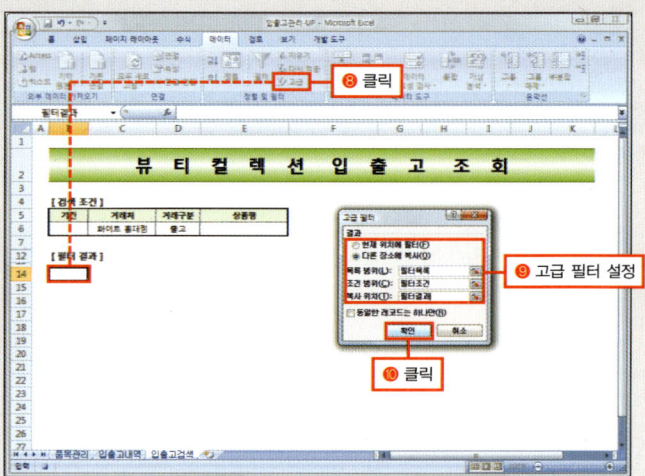

**11.** 고급 필터의 결과가 복사되면 상태 표시줄에서 기록 중지(🔲)를 클릭해서 매크로 기록을 종료합니다.

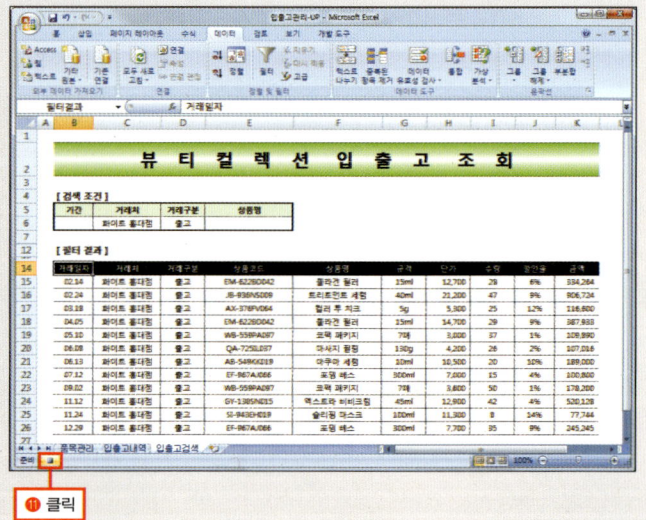

## 02 ㅣ 매크로를 실행한 단추 컨트롤 만들기

**1.** [개발 도구] 탭 → [컨트롤] 그룹 → [삽입]()을 클릭하고 [양식 컨트롤] 영역에 있는 [단추]()를 클릭합니다.

**2.** 마우스 왼쪽 단추를 클릭한 채 드래그해서 원하는 크기로 단추 컨트롤을 그립니다.

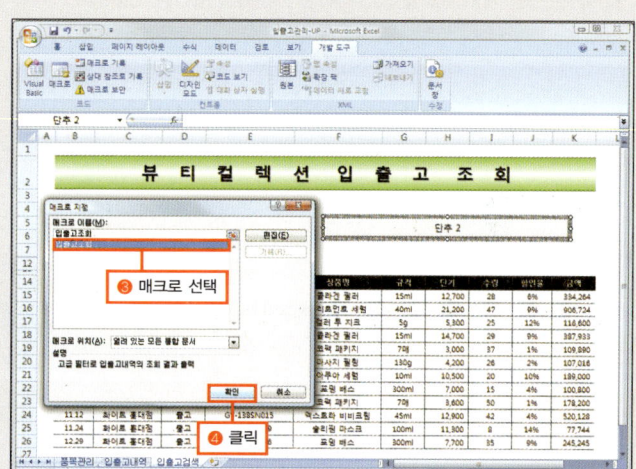

**3.** 마우스 단추에서 손을 떼면 바로 [매크로 지정] 대화상자가 나타나는데 [입출고조회] 매크로를 선택하고

**4.** [확인] 단추를 클릭합니다.

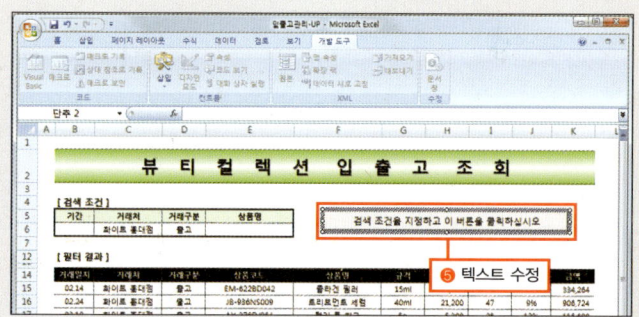

**5.** 매크로 지정이 끝나면 단추 컨트롤의 기본 텍스트를 『검색 조건을 지정하고 이 버튼을 클릭하십시오』로 수정합니다.

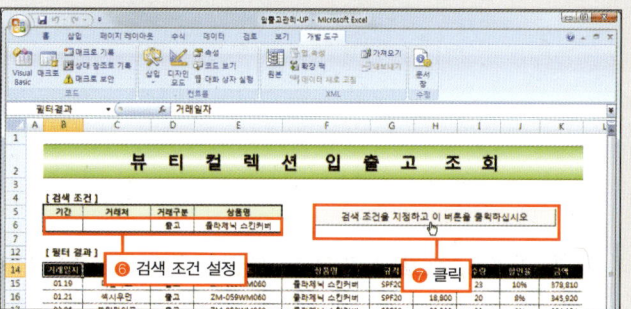

**6.** [B6:E6] 범위의 각 셀에서 검색 조건을 변경한 다음

**7.** 단추 컨트롤을 클릭해서 '입출고조회' 매크로가 바르게 동작하는지 확인합니다.

• 매크로를 기록했으므로 [다른 이름으로 저장] 명령을 사용하여 [Excel 매크로 사용 통합 문서]로 파일 형식을 바꿔 다시 저장해야 합니다.

# 기간과 거래유형으로
# 자동 요약되는 비용 처리 대장

S e c t i o n

# 03

자동 부분합 기능을 삽입하면 데이터를 빠르고 쉽게 특정 필드(열)를 기준으로 요약할 수 있습니다. 예를 들어 월별로 금액의 합계나 평균을 표시하거나, 구분항목과 거래유형에 따라 데이터의 개수를 표시할 수 있습니다. 부분합은 데이터 범위에 삽입되는데 나중에 부분합을 제거하면 데이터 범위는 원래대로 돌아갑니다. 이러한 부분합의 특성을 이용하여 단추를 클릭하면 부분합을 삽입하고, 다른 단추를 클릭하면 부분합이 제거되도록 만들어 봅니다.

P r e v i e w    ● **시작 파일** : Theme-4\시간절약\비용처리대장.xlsm    ● **완성 파일** : Theme-4\완성파일\비용처리대장.xlsm

## 비 용 처 리 대 장

부분합 만들기    부분합 제거하기 ← 도형을 클릭해서 매크로로 실행

| 일자 | 기간 | 구분항목 | 지출 내용 | 거래유형 | 금액 | 비고 |
|---|---|---|---|---|---|---|
| 01-11 | 1월 | 부식비 | 부식비에 대한 지출 내용 | 카드 | 29,000 | |
| 01-14 | 1월 | 복리후생비 | 복리후생비에 대한 지출 내용 | 카드 | 24,230 | |
| 01-15 | 1월 | 부식비 | 부식비에 대한 지출 내용 | 카드 | 52,240 | |
| 01-16 | 1월 | 복리후생비 | 복리후생비에 대한 지출 내용 | 카드 | 53,180 | |
| 01-25 | 1월 | 임대료 | 임대료에 대한 지출 내용 | 카드 | 6,560 | |
| 01-26 | 1월 | 소모품비 | 소모품비에 대한 지출 내용 | 카드 | 11,380 | |
| | | | | **카드 요약** | **176,590** | | ← 거래 유형에 대한 부분합
| 01-02 | 1월 | 사무용품 | 사무용품에 대한 지출 내용 | 현금 | 50,380 | |
| 01-04 | 1월 | 접대 | 접대에 대한 지출 내용 | 현금 | 51,320 | |
| 01-06 | 1월 | 공과금 | 공과금에 대한 지출 내용 | 현금 | 29,250 | |
| 01-08 | 1월 | 차량유지 | 차량유지에 대한 지출 내용 | 현금 | 28,880 | |
| 01-13 | 1월 | 관리,보수 | 관리,보수에 대한 지출 내용 | 현금 | 4,200 | |
| 01-13 | 1월 | 소모품비 | 소모품비에 대한 지출 내용 | 현금 | 21,290 | |
| 01-16 | 1월 | 부식비 | 부식비에 대한 지출 내용 | 현금 | 61,030 | |
| 01-18 | 1월 | 소모품비 | 소모품비에 대한 지출 내용 | 현금 | 44,170 | |
| 01-23 | 1월 | 교통비 | 교통비에 대한 지출 내용 | 현금 | 33,650 | |
| 01-27 | 1월 | 관리,보수 | 관리,보수에 대한 지출 내용 | 현금 | 47,090 | |
| 01-30 | 1월 | 간식 | 간식에 대한 지출 내용 | 현금 | 21,870 | |
| | | | | **현금 요약** | **393,130** | |
| | **1월 요약** | | | | **569,720** | | ← 기간에 대한 부분합
| 12-06 | 12월 | 잡비 | 잡비에 대한 지출 내용 | 카드 | 22,750 | |
| 12-06 | 12월 | 접대 | 접대에 대한 지출 내용 | 카드 | 73,730 | |
| 12-12 | 12월 | 사무용품 | 사무용품에 대한 지출 내용 | 카드 | 14,360 | |
| 12-14 | 12월 | 공과금 | 공과금에 대한 지출 내용 | 카드 | 7,340 | |
| 12-14 | 12월 | 관리,보수 | 관리,보수에 대한 지출 내용 | 카드 | 61,490 | |
| 12-15 | 12월 | 부식비 | 부식비에 대한 지출 내용 | 카드 | 31,760 | |
| 12-15 | 12월 | 차량유지 | 차량유지에 대한 지출 내용 | 카드 | 75,640 | |
| 12-16 | 12월 | 차량유지 | 차량유지에 대한 지출 내용 | 카드 | 14,440 | |
| 12-20 | 12월 | 차량유지 | 차량유지에 대한 지출 내용 | 카드 | 55,540 | |
| 12-22 | 12월 | 부식비 | 부식비에 대한 지출 내용 | 카드 | 30,560 | |
| 12-24 | 12월 | 부식비 | 부식비에 대한 지출 내용 | 카드 | 68,900 | |
| 12-28 | 12월 | 복리후생비 | 복리후생비에 대한 지출 내용 | 카드 | 41,450 | |
| | | | | **카드 요약** | **497,960** | |
| 12-03 | 12월 | 사무용품 | 사무용품에 대한 지출 내용 | 현금 | 40,380 | |
| 12-07 | 12월 | 교통비 | 교통비에 대한 지출 내용 | 현금 | 79,190 | |
| | | | | **현금 요약** | **119,570** | | ← 부분합 행과 총합계 행에 자동으로 서식 지정
| | **12월 요약** | | | | **617,530** | |
| | **총합계** | | | | **6,565,840** | |

## [01] 거래일자를 이용하여 월 필드 추가하기

**1.** [C] 열 머리글을 마우스 오른쪽 단추로 클릭한 다음

**2.** [삽입] 메뉴를 선택해서 열을 삽입합니다.

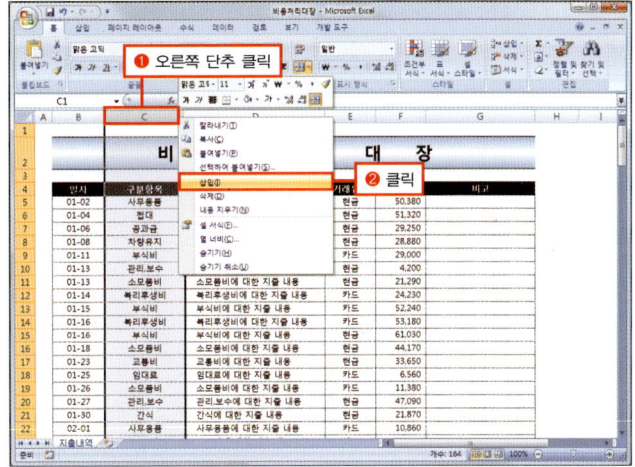

**3.** [C4] 셀에 『기간』으로 필드 이름을 입력하고

**4.** [C5] 셀에 『=MONTH(B5)』를 입력해서 일자에서 월(MONTH)만 추출합니다.

**5.** [C5] 셀의 채우기 핸들을 더블클릭해서 수식을 복사한 다음

**6.** [홈] 탭 → [표시 형식] 그룹의 대화상자 표시 단추(▣)를 클릭합니다.

- 수식의 결과가 왼쪽 열과 같은 날짜 표시 형식으로 나타나기 때문에 표시 형식을 변경해야 합니다.

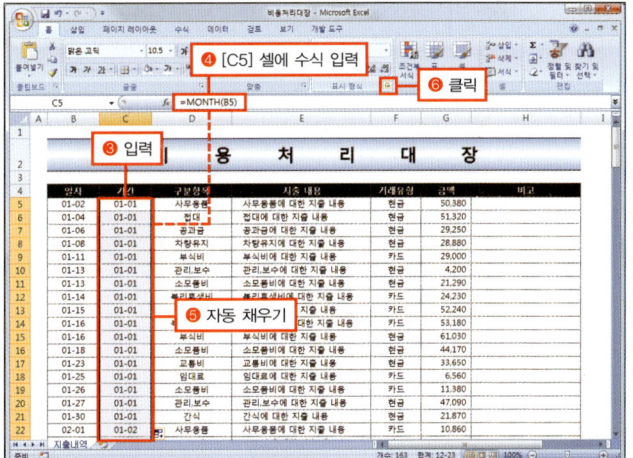

**7.** [셀 서식] 대화상자의 [표시 형식] 탭에서 [사용자 지정] 범주를 선택하고

**8.** [형식]에 『0월』로 서식 코드를 입력한 다음

**9.** [확인] 단추를 클릭합니다.

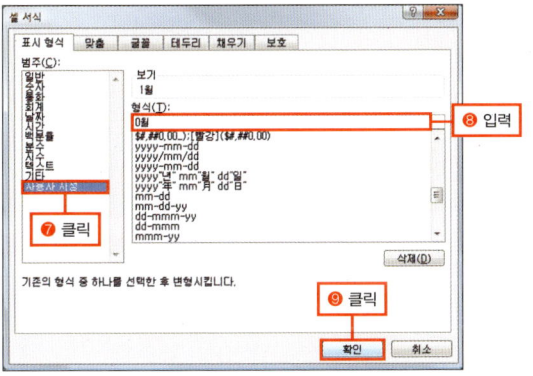

## [02] 부분합을 삽입하는 매크로 기록하기

**1.** 상태 표시줄에서 새 매크로 기록( )을 클릭합니다.

**2.** [매크로 기록] 대화상자에서 [매크로 이름]에 『부분합1』을 입력하고

**3.** [확인] 단추를 클릭합니다.

- [바로 가기 키]와 [설명]은 선택 사항으로 설정하지 않아도 되며, [매크로 저장 위치]는 [현재 통합 문서]를 그대로 사용합니다.

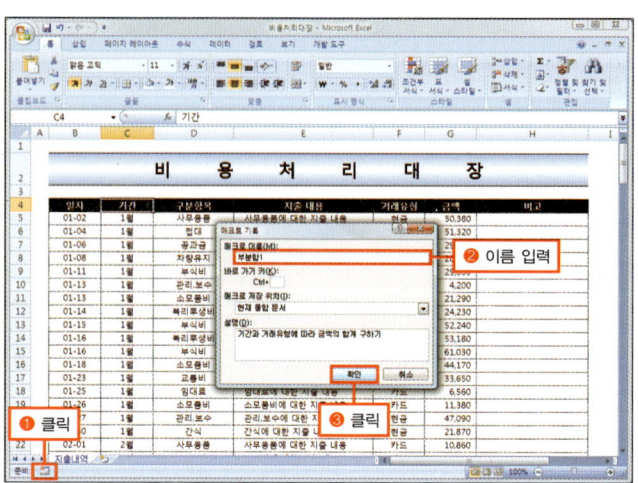

**4.** 매크로 기록이 시작되면 [B4] 셀을 클릭해서 선택하고

**5.** [데이터] 탭 → [정렬 및 필터] 그룹 → [정렬]( )을 클릭합니다.

- 만약에 셀 포인터가 [C4] 셀에 있다면 [B4] 셀을 클릭해서 선택합니다.

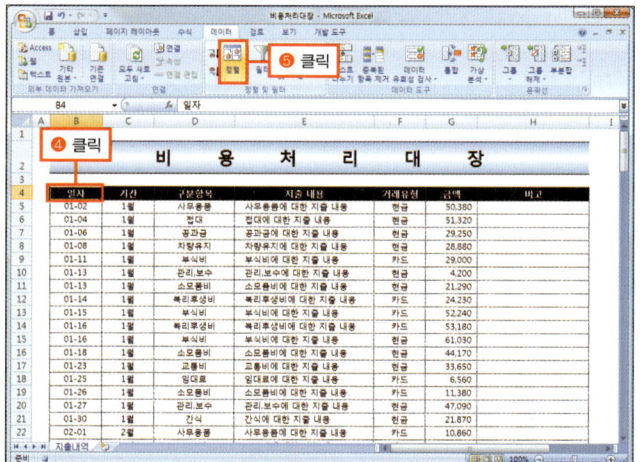

**6.** [정렬] 대화상자에서 첫 번째 정렬 기준을 [기간], [값], [오름차순]으로 지정하고

**7.** [기준 추가] 단추를 클릭합니다.

**8.** 다음 기준을 [거래유형], [값], [오름차순]으로 지정하고

**9.** [확인] 단추를 클릭합니다.

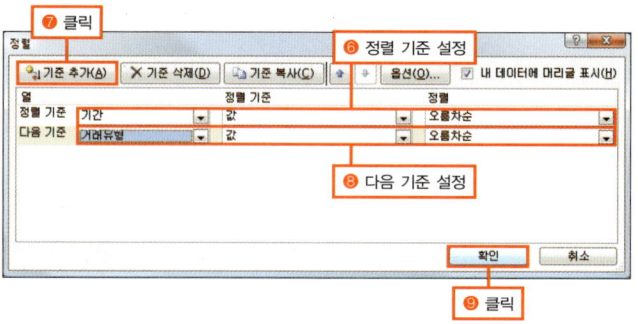

**10.** 데이터가 정렬되면 [데이터] 탭 → [윤곽선] 그룹 → [부분합]( )을 클릭합니다.

**11.** [부분합] 대화상자에서 [그룹화할 항목]을 [기간], [사용할 함수]를 [합계], [부분합 계산 항목]을 [금액], [새로운 값으로 대치]를 선택한 다음

**12.** [확인] 단추를 클릭합니다.

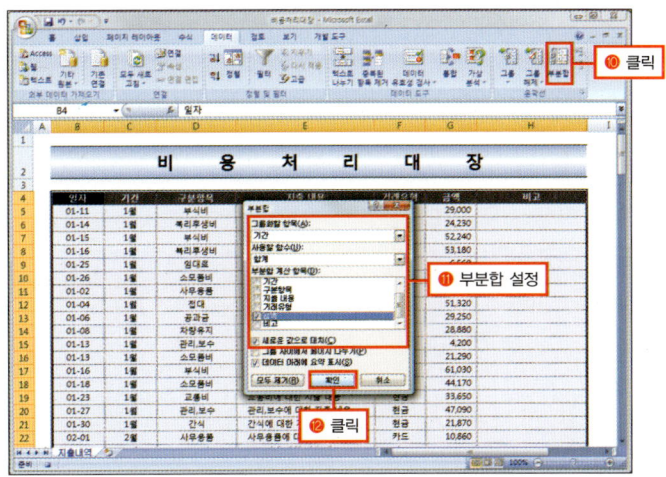

**13.** 기간별로 금액의 합계를 구하는 부분합이 삽입되면 다시 [데이터] 탭 → [윤곽선] 그룹 → [부분합]( )을 클릭합니다.

**14.** [부분합] 대화상자에서 [그룹화할 항목]을 [거래유형]으로 변경하고 [새로운 값으로 대치]를 클릭해서 선택을 해제한 다음

**15.** [확인] 단추를 클릭합니다.

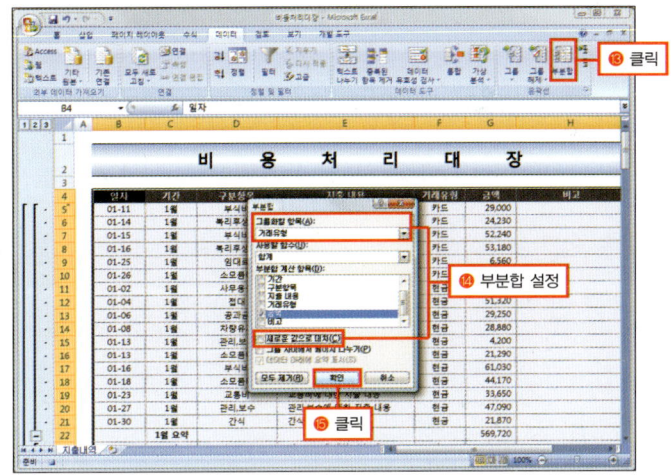

**16.** 거래유형에 따라 금액의 합계를 구하는 부분합이 이전 부분합 안에 중첩되어 표시되면 [B2] 셀을 클릭하고

**17.** 상태 표시줄에서 기록 중지( )를 클릭해서 매크로 기록을 종료합니다.

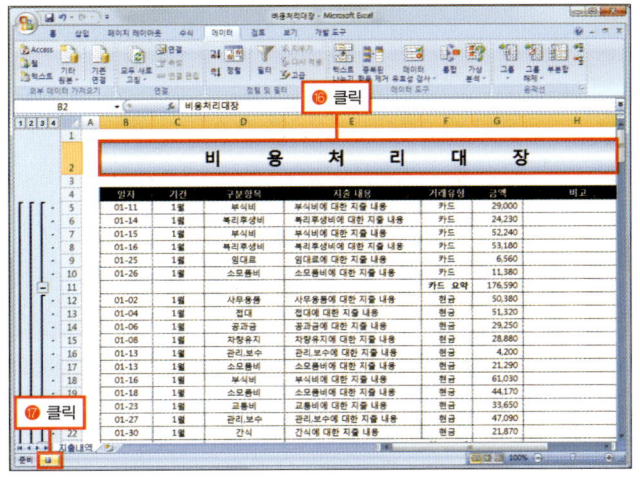

## [03] 부분합을 제거하는 매크로 기록하기

1. 상태 표시줄에서 새 매크로 기록( )을 클릭합니다.

2. [매크로 기록] 대화상자에서 [매크로 이름]에 『부분합제거』를 입력하고

3. [확인] 단추를 클릭합니다.

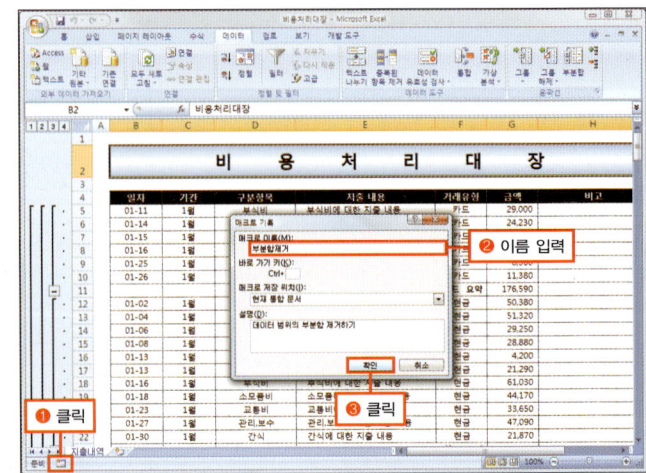

4. [B4] 셀을 클릭한 다음

5. [데이터] 탭 → [윤곽선] 그룹 → [부분합]( )을 클릭하고

6. [부분합] 대화상자에서 [모두 제거] 단추를 클릭합니다.

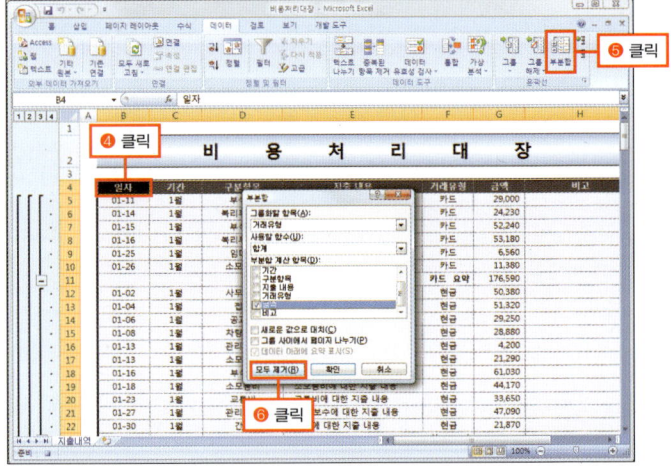

7. 데이터 목록에서 부분합이 제거되면 상태 표시줄에서 기록 중지( )를 클릭하여 매크로 기록을 종료합니다.

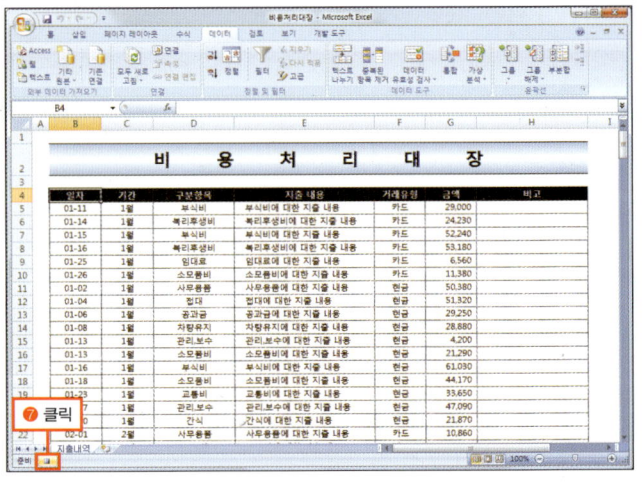

## 04 요약 행에 서식을 지정하는 조건부 서식 설정하기

**1.** [B4] 셀에서 Ctrl을 누른 채 숫자 키패드의 *를 눌러서 데이터 범위 전체를 블록으로 지정합니다.

**2.** [홈] 탭 → [스타일] 그룹 → [조건부 서식](📋)을 클릭하고

**3.** [새 규칙]을 선택합니다.

• 부분합이 삽입된 행에 테두리와 채우기를 설정하기 위한 조건부 서식을 지정합니다.

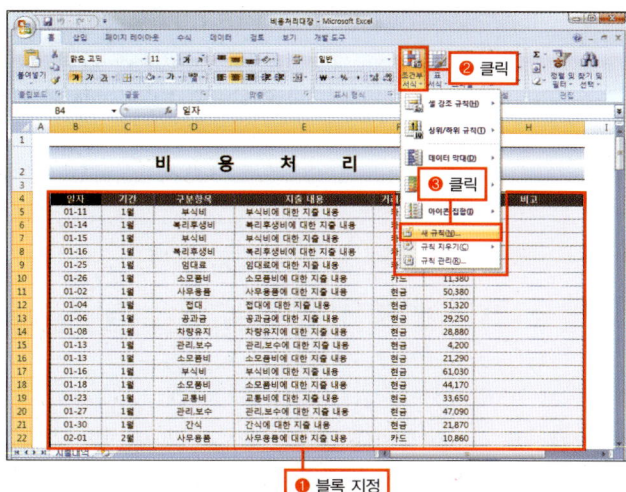

❶ 블록 지정

**4.** [새 서식 규칙] 대화상자에서 규칙 유형을 [수식을 사용하여 서식을 지정할 셀 결정]으로 선택하고

**5.** 수식 상자에 『=OR(RIGHT($C4,2)="요약",RIGHT($F4,2)="요약")』을 입력한 다음

**6.** [서식] 단추를 클릭합니다.

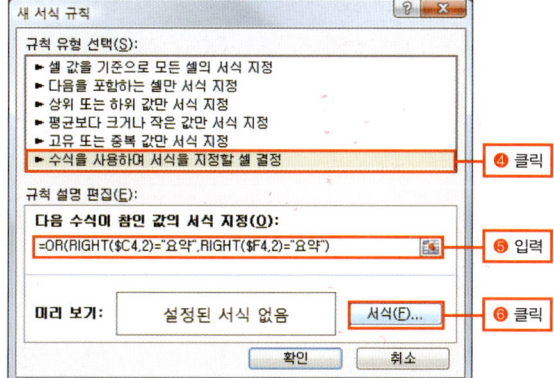

### 수식이 궁금해

'기간'으로 부분합을 삽입하면 부분합 행의 [C] 열에 '1월 요약'과 같이 제목이 표시되고, '거래유형'으로 부분합을 삽입하면 부분합 행의 [F] 열에 '카드 요약'과 같이 제목이 표시됩니다. 이렇게 오른쪽 2글자가 '요약'으로 끝나는 행이 있으면 서식을 지정해서 강조하기 위해 조건부 서식에서 다음과 같은 수식 조건을 사용합니다.

| 수식 조건 | =OR(RIGHT($C4,2)="요약",RIGHT($F4,2)="요약") |
| --- | --- |

• **RIGHT($C4,2)="요약"**

각 셀에서 [C] 열에 있는 셀의 오른쪽 2글자를 RIGHT 함수로 추출한 다음 '요약'과 같은지 비교합니다. 조건이 참이면 TRUE, 거짓이면 FALSE가 반환됩니다.

• **RIGHT($F4,2)="요약"**

각 셀에서 [F] 열에 있는 셀의 오른쪽 2글자를 RIGHT 함수로 추출하여 '요약'과 같은지 비교합니다. 조건이 참이면 TRUE, 거짓이면 FALSE가 반환됩니다.

• **OR(조건1, 조건2)**

두 개의 조건 중 하나라도 참(TRUE)이면 지정한 서식을 적용합니다. 여기에서는 [C] 열의 오른쪽 2글자가 '요약'이거나 [F] 열의 오른쪽 2글자가 '요약'일 때 서식을 적용합니다.

**7.** [셀 서식] 대화상자의 [테두리] 탭에서
선 스타일을 [점선]으로 선택한 다음

**8.** [윤곽선] 단추를 클릭합니다.

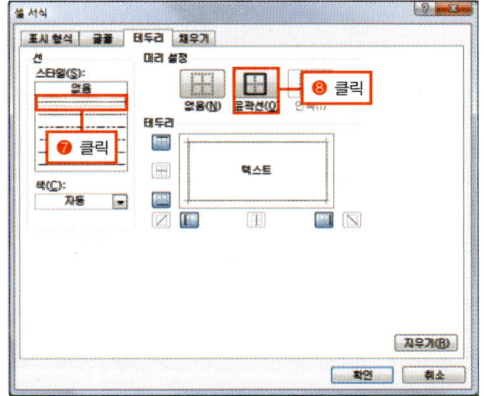

**9.** [채우기] 탭에서 조건이 참인 셀에 적용
할 배경색을 선택한 다음

**10.** [확인] 단추를 클릭합니다.

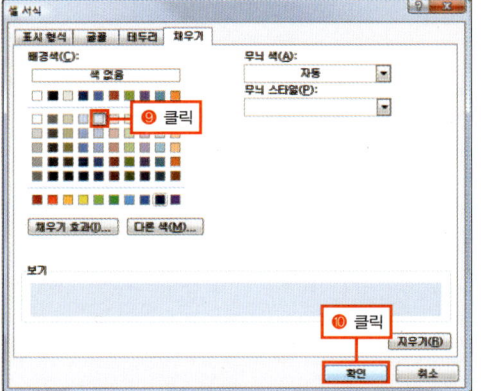

**11.** [새 서식 규칙] 대화상자로 돌아오면
[확인] 단추를 클릭합니다.

• 현재 부분합이 제거된 상태이므로 조건부 서식의
  적용 결과를 바로 확인할 수는 없습니다.

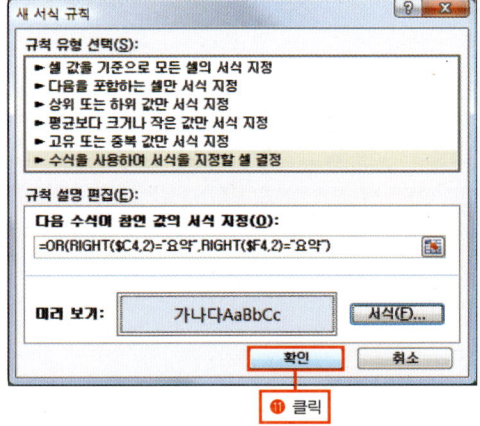

**12.** 같은 셀 범위가 블록으로 지정되어 있는 상태에서 [조건부 서식](📊)을 클릭하고

**13.** [새 규칙]을 선택합니다.

• 부분합을 삽입했을 때 마지막 '총합계' 행에 서식을 지정하기 위해 조건부 서식을 지정합니다.

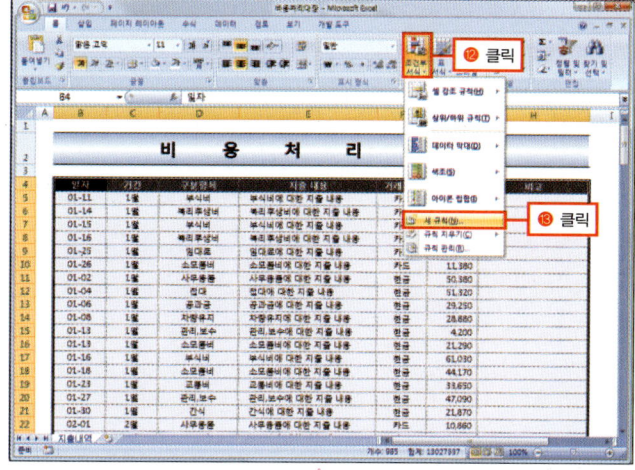

**14.** [새 서식 규칙] 대화상자에서 [수식을 사용하여 서식을 지정할 셀 결정]으로 규칙 유형을 선택하고

**15.** 수식 상자에 『=$C4="총합계"』를 입력합니다.

**16.** [서식] 단추를 클릭해서 글꼴 색과 스타일, 테두리, 채우기 등의 서식을 지정하고 [확인] 단추를 클릭합니다.

**17.** 다음과 같이 조건부 서식이 만들어지면 [확인] 단추를 클릭합니다.

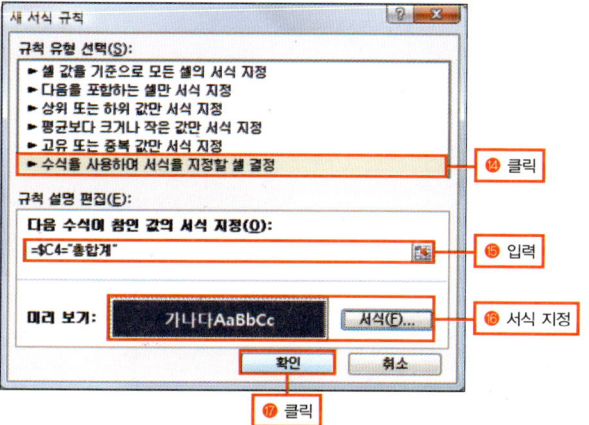

**18.** [보기] 탭 → [매크로] 그룹 → [매크로](📊)를 클릭하고

**19.** [매크로] 대화상자에서 [부분합1] 매크로를 선택한 다음

**20.** [실행] 단추를 클릭합니다.

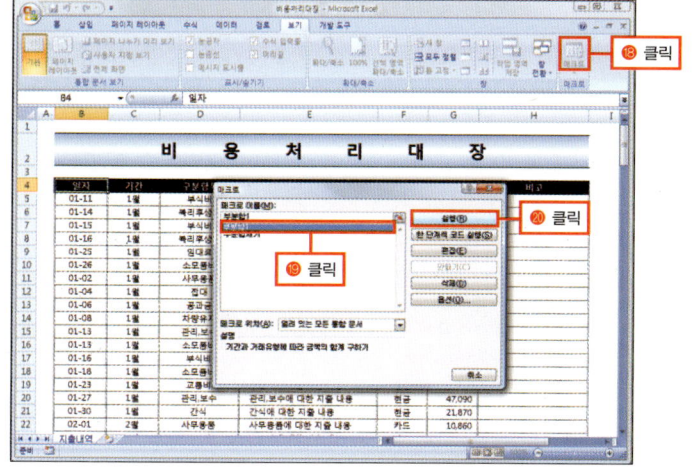

**21.** 매크로가 실행되고 부분합이 삽입되면 부분합 행과 총합계 행에 조건부 서식이 바르게 적용되는지 확인합니다.

- 부분합을 제거하려면 [매크로](■)를 클릭하고 [매크로] 대화상자에서 [부분합제거] 매크로를 선택한 다음 [확인] 단추를 클릭합니다.

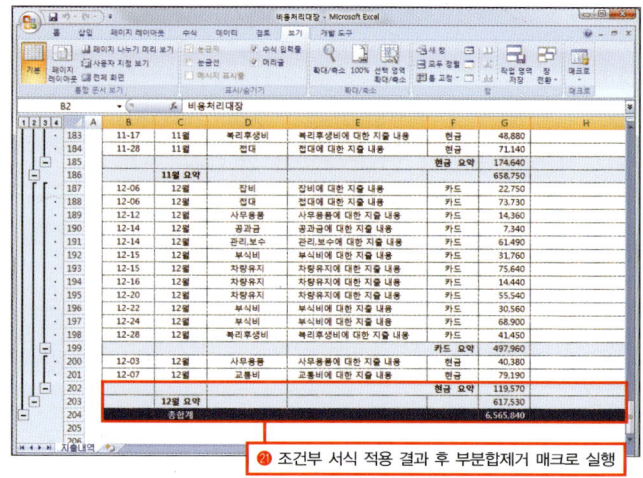

㉑ 조건부 서식 적용 결과 후 부분합제거 매크로 실행

## [05] 도형에 매크로 지정하여 실행하기

**1.** [3] 행 머리글의 아래쪽 경계선에서 마우스 왼쪽 단추를 클릭한 채 아래로 드래그하여 행 높이를 늘립니다.

**2.** [삽입] 탭 → [일러스트레이션] 그룹 → [도형](■)을 클릭하고 매크로를 지정해서 실행할 도형 종류를 선택한 다음

**3.** 마우스 왼쪽 단추를 클릭한 채 드래그해서 원하는 크기로 도형을 그립니다.

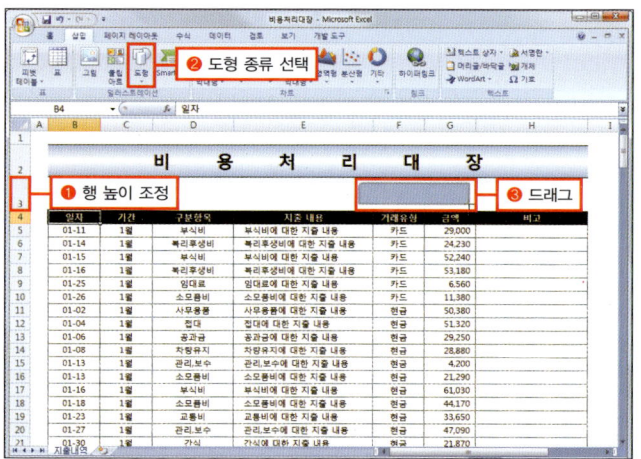

**4.** [그리기 도구] → [서식] 탭 → [도형 스타일] 그룹에서 도형에 적절한 스타일을 설정한 다음

**5.** 도형이 선택된 상태에서 『부분합 만들기』를 입력하고 마우스 오른쪽 단추를 클릭한 다음

**6.** [매크로 지정] 메뉴를 선택합니다.

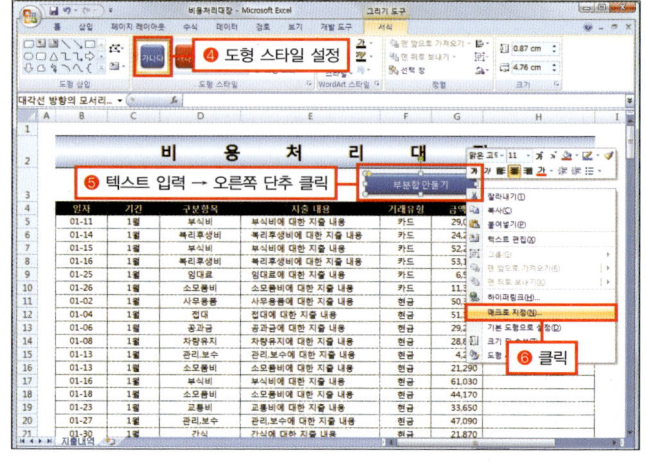

**7.** [매크로 지정] 대화상자가 실행되면 [부분합1] 매크로를 선택하고

**8.** [확인] 단추를 클릭합니다.

- 양식 컨트롤 중 [단추](□)를 클릭한 후 드래그하여 그리면 자동으로 [매크로 지정] 대화상자가 나타나지만 다른 개체는 [매크로 지정] 메뉴를 선택한 다음 매크로를 지정해야 합니다.

**9.** 같은 방법으로 도형을 하나 더 그리고 도형 스타일을 지정한 후 『부분합 제거하기』로 텍스트를 입력합니다.

**10.** 도형에서 마우스 오른쪽 단추를 클릭하고 [매크로 지정] 메뉴를 선택한 다음 [매크로] 대화상자에서 [부분합제거] 매크로를 선택하고

**11.** [확인] 단추를 클릭합니다.

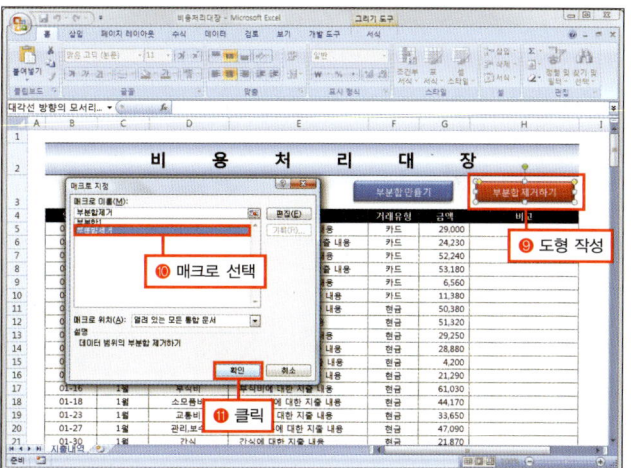

**12.** Office 단추(⊛)를 클릭하고 [Excel 옵션] 단추를 클릭합니다.

**13.** [Excel 옵션] 대화상자에서 [고급] 범주를 선택하고, [이 워크시트의 표시 옵션] 영역에서 [윤곽을 설정한 경우 윤곽 기호 표시]의 선택을 해제한 다음

**14.** [확인] 단추를 클릭합니다.

- 부분합을 삽입했을 때 워크시트 왼쪽에 윤곽 기호가 나타나지 않도록 하려는 것입니다.

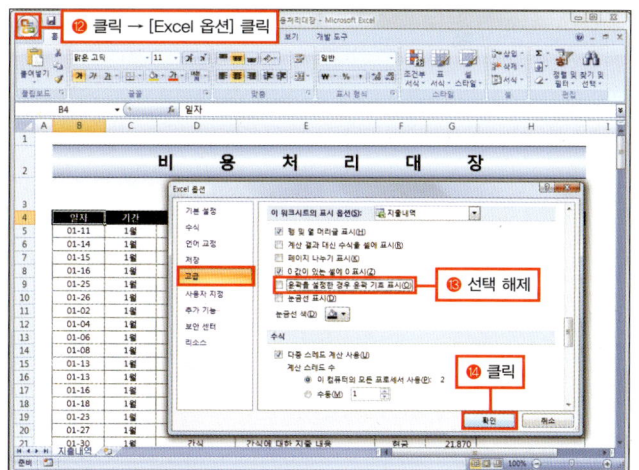

**15.** '부분합 만들기' 단추를 클릭하면 '부분합1' 매크로가 실행되어 기간과 거래유형에 따른 금액의 합계가 표시됩니다.

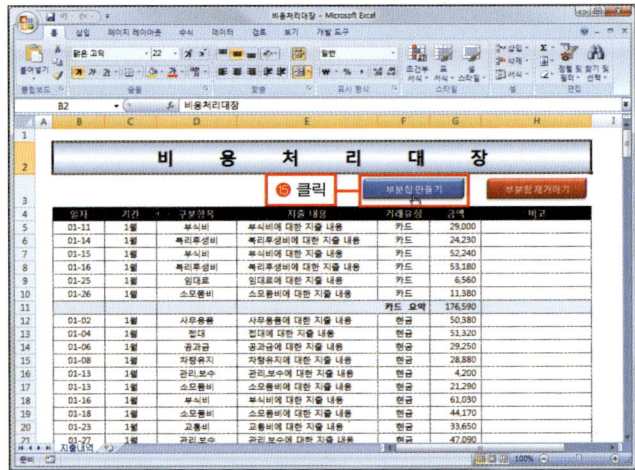

**16.** '부분합 제거하기' 단추를 클릭하면 데이터 목록에 삽입된 부분합이 제거됩니다.

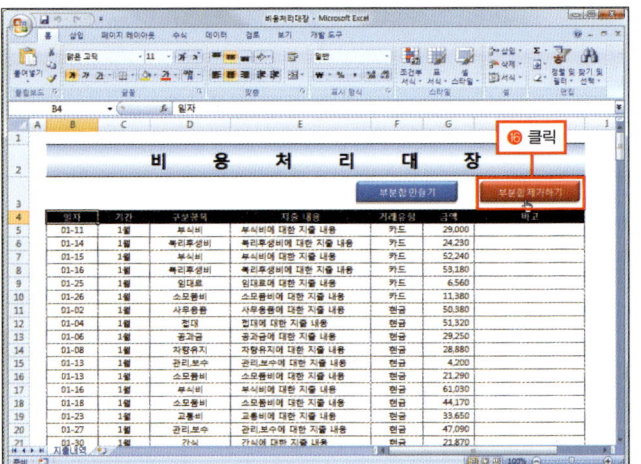

# U p g r a d e

# 옵션 단추로
# 요약 유형을 선택하자

● **시작 파일** : Theme-4\시간절약\비용처리대장-UP.xlsm　　● **완성 파일** : Theme-4\완성파일\비용처리대장-UP.xlsm

옵션 단추는 여러 항목 중 하나의 항목만 선택하기 위해 많이 사용하는 컨트롤입니다. 여기에서는 앞에서 작성했던 '기간과 거래유형'에 따른 부분합 삽입 매크로와 부분합을 제거하는 매크로, 그리고 새로 작성할 '구분항목과 거래유형'에 따른 부분합 삽입 매크로를 옵션 단추를 이용해서 실행할 것입니다. 주의를 기울여야 할 부분은 '구분항목과 거래유형'에 따른 매크로를 새로 기록하는 것이 아니라 '기간과 거래유형' 매크로 코드를 수정해서 작성하는 방법입니다. 비슷한 유형의 매크로를 여러 개 만들어야 할 때 처음부터 다시 매크로를 만드는 것이 아니라 매크로 코드 일부만 수정해서 빠르게 매크로를 만들 수 있습니다.

## 01 ┃ 매크로 코드를 수정해서 새 매크로 만들기

**1.** [개발 도구] 탭 → [코드] 그룹 → [매크로](📋)를 클릭한 다음

**2.** [매크로] 대화상자에서 [부분합1] 매크로를 선택하고

**3.** [편집] 단추를 클릭합니다.

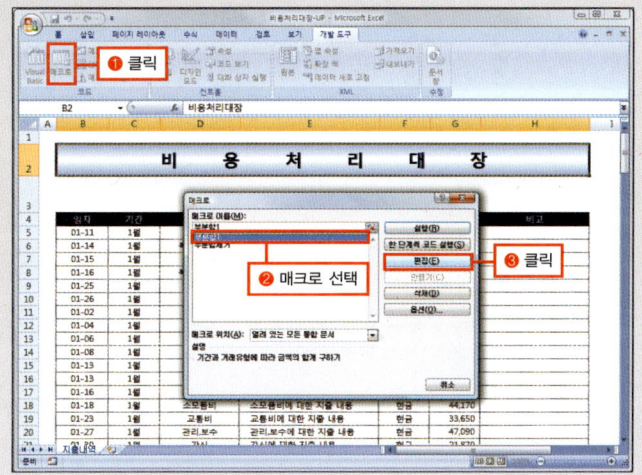

**4.** [Microsoft Visual Basic] 창이 열리면 오른쪽 코드 창에서 'Sub 부분합()' 부터 'End Sub'까지 마우스로 드래그해서 블록을 지정하고

**5.** 표준 도구 모음에서 [복사](📋)를 클릭합니다.

• 바로 가기 키인 Ctrl + C 를 눌러서 복사 명령을 실행해도 됩니다.

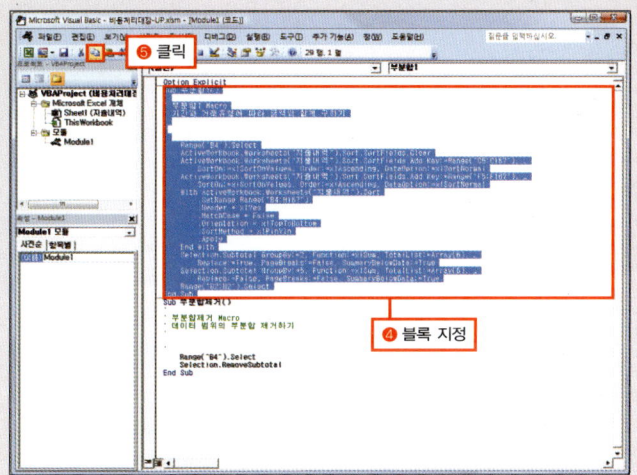

**6.** 'Sub 부분합1()'의 'End Sub' 바로 아래로 커서를 이동한 다음 [붙여넣기](🗐)를 클릭하면 복사한 매크로 코드가 커서 위치에 삽입됩니다.

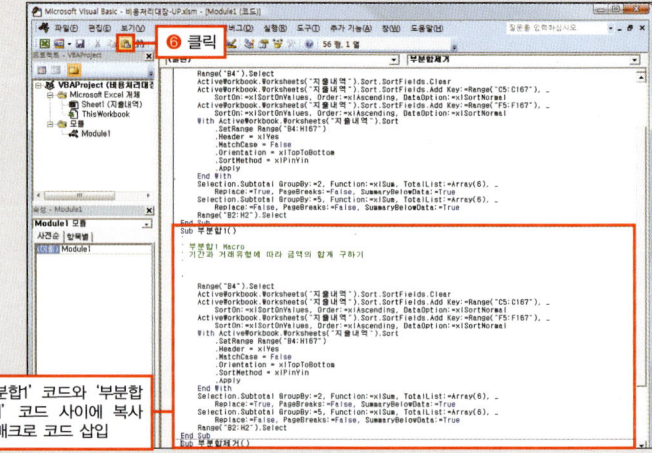

- 매크로는 'Sub~End Sub'가 한 단위입니다. 다른 매크로 중간에 복사한 코드를 붙여넣기하면 안되므로 커서 위치에 주의해야 합니다.
- '부분합' 매크로의 'End Sub' 문 바로 아래 즉, '부분합제거' 매크로의 'Sub' 문 바로 앞으로 커서를 이동한 후 붙여넣기를 실행합니다.

'부분합1' 코드와 '부분합제거' 코드 사이에 복사한 매크로 코드 삽입

**7.** 다음과 같이 복사한 매크로 코드의 일부를 '구분항목과 거래유형'에 따른 부분합을 삽입하기 위해 수정합니다.

Sub 부분합2()

Sub 다음에 매크로의 이름이 와야합니다. 따라서 '부분합1'을 '부분합2'로 수정합니다.

' 부분합2 Macro
' 구분항목과 거래유형에 따라 금액의 합계 구하기

줄 앞에 어포스트로피(')가 있으면 이 문장은 매크로 실행에 영향을 주지 않습니다. 이 부분은 임의로 수정하거나 지워도 상관이 없습니다.

    Range("B4").Select
    ActiveWorkbook.Worksheets("지출내역").Sort.SortFields.Clear

    ActiveWorkbook.Worksheets("지출내역").Sort.SortFields.Add Key:=Range("D5:D167"), _
        SortOn:=xlSortOnValues, Order:=xlAscending, DataOption:=xlSortNormal

데이터 범위를 정렬하는 부분입니다. '기간'으로 데이터를 정렬하는 'B5:B167' 부분을 '구분항목'으로 정렬하도록 바꾸기 위해 'D5:D167'로 수정합니다.

    ActiveWorkbook.Worksheets("지출내역").Sort.SortFields.Add Key:=Range("F5:F167"), _
        SortOn:=xlSortOnValues, Order:=xlAscending, DataOption:=xlSortNormal
    With ActiveWorkbook.Worksheets("지출내역").Sort
        .SetRange Range("B4:H167")
        .Header = xlYes
        .MatchCase = False
        .Orientation = xlTopToBottom
        .SortMethod = xlPinYin
        .Apply
    End With

    Selection.Subtotal GroupBy:=3, Function:=xlSum, TotalList:=Array(6), _
        Replace:=True, PageBreaks:=False, SummaryBelowData:=True

첫 번째 부분합을 작성하는 부분입니다. 그룹화할 항목이 '기간'일 때 'GroupBy:=2'로 나타나는 부분을 '구분항목'을 그룹화할 항목으로 사용하기 위해 'GroupBy:=3'으로 수정합니다.

    Selection.Subtotal GroupBy:=5, Function:=xlSum, TotalList:=Array(6), _
        Replace:=False, PageBreaks:=False, SummaryBelowData:=True
    Range("B2:H2").Select
End Sub

**8.** 매크로 코드 수정이 끝나면 창 오른쪽 상단의 닫기(🔲)를 클릭해서 창을 닫습니다.

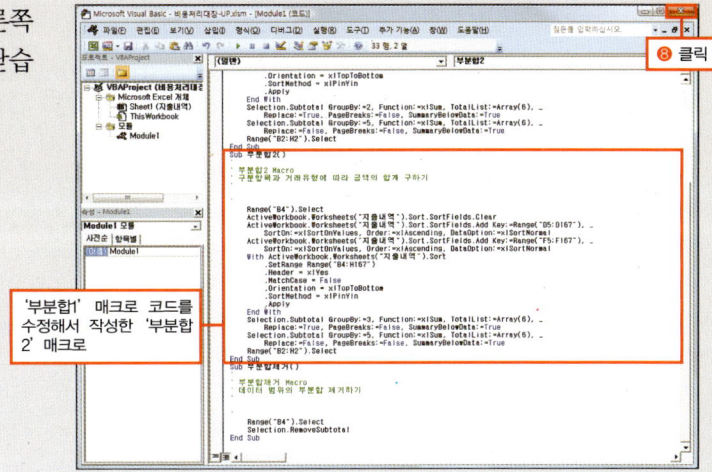

'부분합1' 매크로 코드를 수정해서 작성한 '부분합2' 매크로

## 02 ┃ 조건부 서식 수정하기

**1.** [B4] 셀을 선택한 상태에서 [홈] 탭 → [스타일] 그룹 → [조건부 서식](🔳)을 클릭하고

**2.** [규칙 관리]를 선택합니다.

- '구분항목'으로 부분합을 작성했을 때 부분합 행과 총합계 행에 서식이 적용될 수 있도록 조건부 서식을 수정해야 합니다.

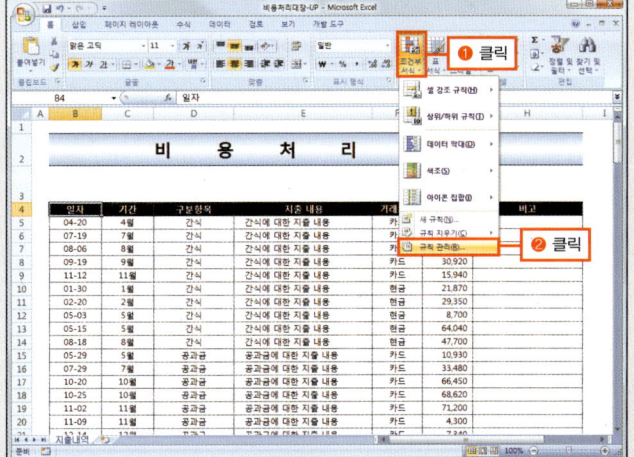

**3.** [조건부 서식 규칙 관리자] 대화상자에서 두 번째 조건부 서식을 선택하고

**4.** [규칙 편집] 단추를 클릭합니다.

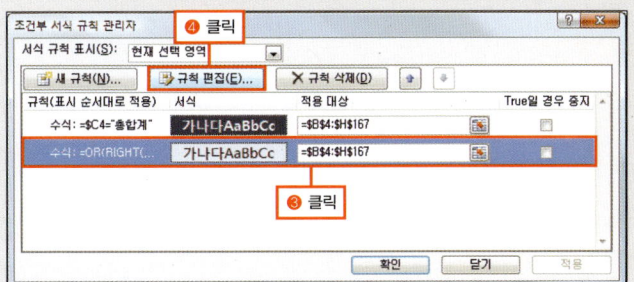

5. [서식 규칙 편집] 대화상자에서 수식을
『=OR(RIGHT($C4,2)="요약",RIGHT
($D4,2)="요약",RIGHT($F4,2)="요약")』
으로 수정하고

6. [확인] 단추를 클릭합니다.

- 'RIGHT($D4,2)="요약"'을 OR 함수의 조건에 추
  가로 지정해서 [D] 열의 오른쪽 2글자가 '요약'
  일 때도 서식이 적용되도록 합니다.
- '구분항목'으로 부분합을 삽입하면 [D] 열에 '간
  식 요약'과 같이 제목이 표시됩니다.

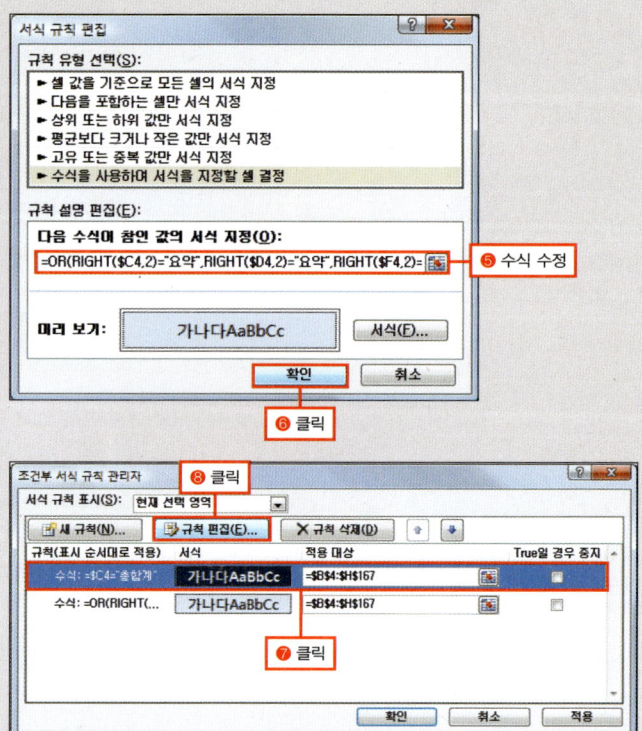

7. [조건부 서식 규칙 관리자] 대화상자에
서 다시 첫 번째 조건부 서식을 선택하고

8. [규칙 편집] 단추를 클릭합니다.

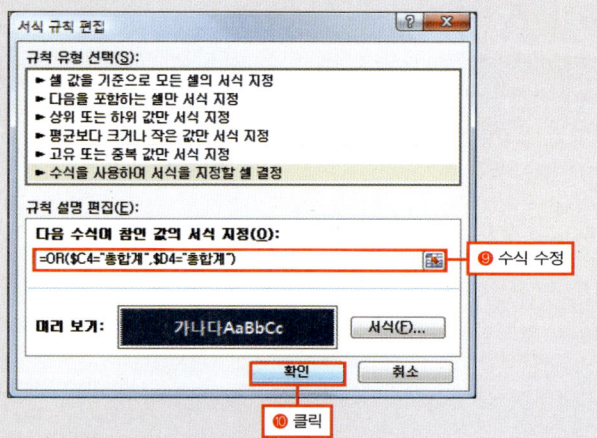

9. [서식 규칙 편집] 대화상자에서 수식을
『=OR($C4="총합계",$D4="총합계")』로
수정한 다음

10. [확인] 단추를 클릭하고 [조건부 서식
규칙 관리자] 대화상자에서 다시 [확인]
단추를 클릭합니다.

- '구분항목'으로 부분합을 삽입하면 [D] 열 마지
  막에 '총합계'가 표시됩니다.

11. 설정한 조건부 서식을 테스트할 차례
입니다. [개발 도구] 탭 → [코드] 그룹 →
[매크로]( )를 클릭하고

12. [매크로] 대화상자에서 [부분합2] 매
크로를 선택한 다음

13. [실행] 단추를 클릭합니다.

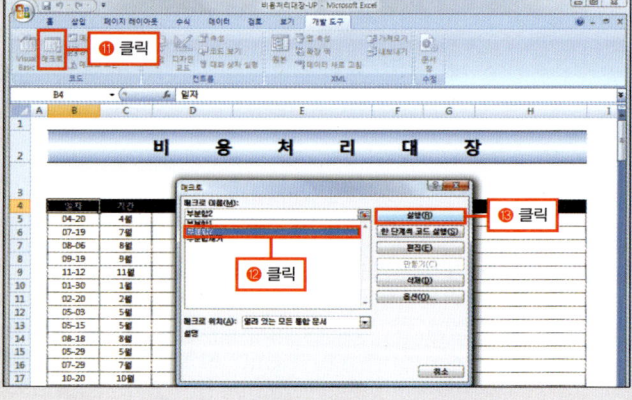

**14.** '구분항목'과 '거래유형'에 따른 금액의 합계를 구하는 부분합이 삽입되고 요약 행과 총합계 행에 지정한 서식이 적용되어야 합니다.

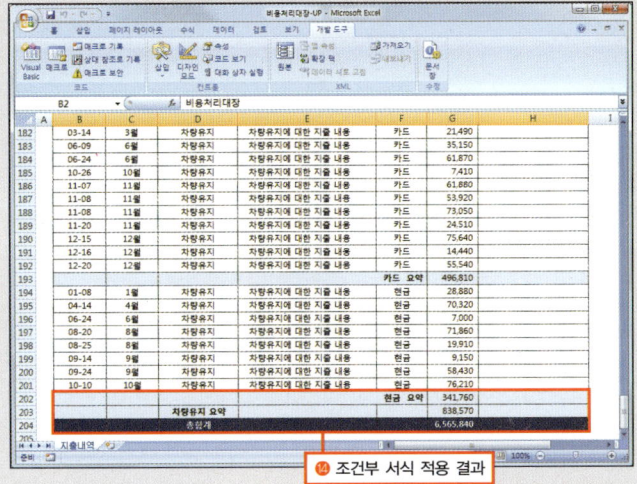

⑭ 조건부 서식 적용 결과

## 03 ┃ 옵션 단추 컨트롤로 매크로 실행하기

**1.** [개발 도구] 탭 → [컨트롤] 그룹 → [삽입](🔧)을 클릭하고 [양식 컨트롤] 영역에 있는 [옵션 단추](◉)를 선택합니다.

**2.** 마우스 왼쪽 단추를 클릭한 채 드래그해서 옵션 단추를 그리고 텍스트를 『기간과 거래유형에 대한 금액 합계』로 수정합니다.

**3.** 옵션 단추를 마우스 오른쪽 단추로 클릭한 다음 [매크로 지정] 메뉴를 선택합니다.

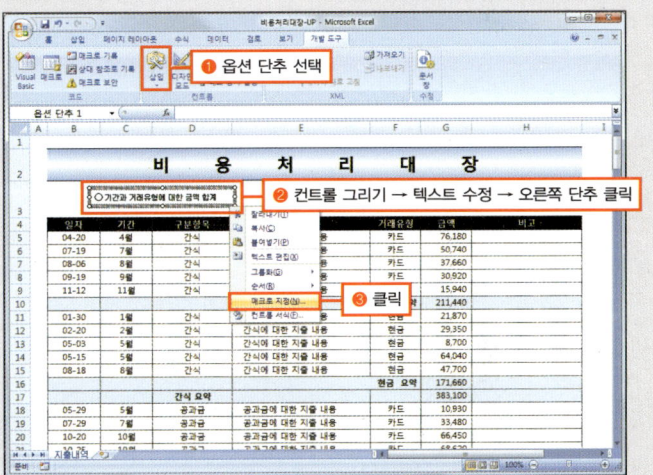

**4.** [매크로 지정] 대화상자가 실행되면 [부분합1] 매크로를 선택하고

**5.** [확인] 단추를 클릭합니다.

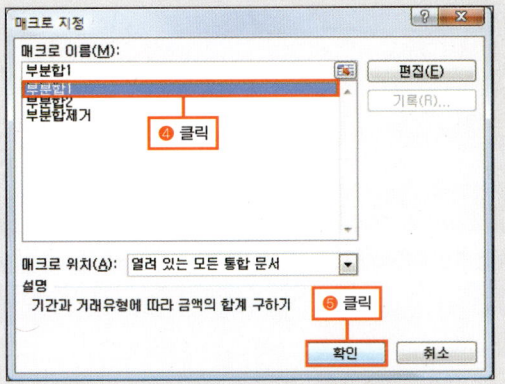

6. 같은 방법으로 두 번째 옵션 단추를 그리고 『구분항목과 거래유형에 대한 금액합계』로 텍스트를 수정합니다.

7. 옵션 단추를 마우스 오른쪽 단추로 클릭한 다음 [매크로 지정] 메뉴를 선택합니다.

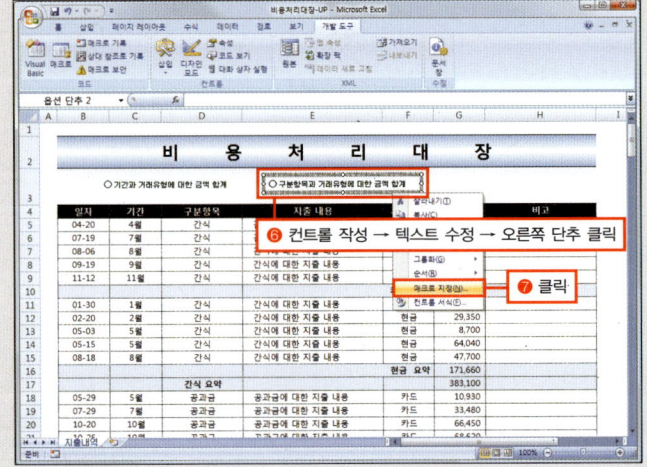

8. [매크로 지정] 대화상자가 실행되면 [부분합2] 매크로를 선택하고

9. [확인] 단추를 클릭합니다.

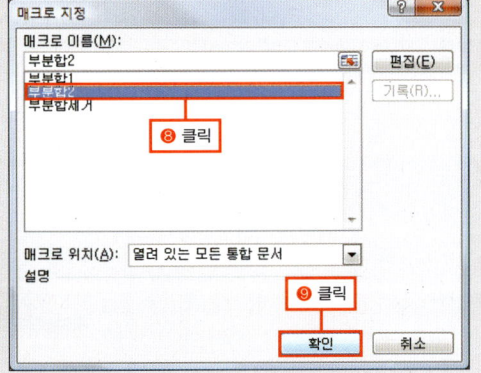

10. 세 번째 옵션 단추도 같은 방법으로 그리고 『부분합 제거하기』로 텍스트를 수정한 다음 [부분합제거] 매크로를 지정해서 완성합니다.

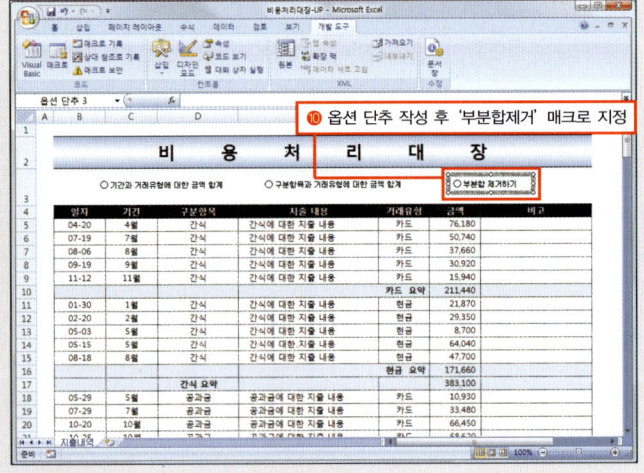

**11.** 임의의 셀을 클릭해서 컨트롤 선택을 먼저 해제한 다음

**12.** '부분합 제거하기' 옵션 단추를 클릭합니다. 이렇게 하면 데이터 범위에 삽입되어 있던 부분합이 사라집니다.

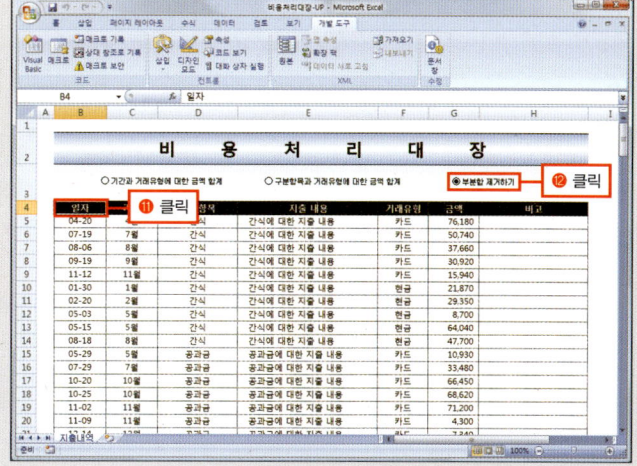

**13.** 부분합이 제거된 상태에서 '기간과 거래유형에 대한 금액 합계' 옵션 단추를 클릭하면 기간과 거래유형에 따라 금액의 합계를 계산하는 부분합이 삽입됩니다.

• 항상 부분합을 삽입하기 이전에 부분합을 제거해야 합니다.

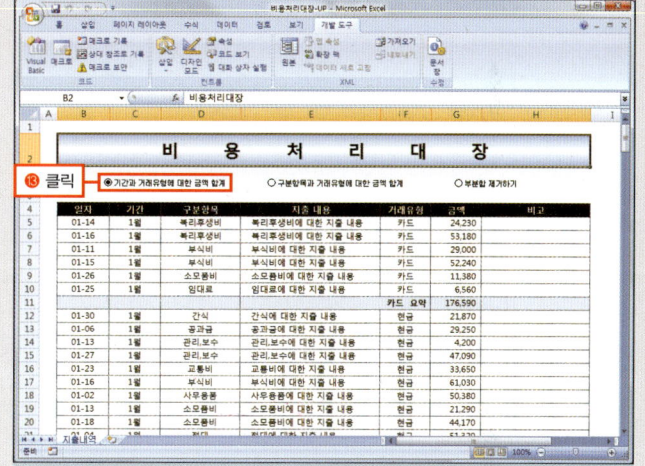

### 왜 그런지 궁금해

'부분합1' 매크로 또는 '부분합2' 매크로를 실행하여 현재 데이터 범위에 부분합이 삽입되어 있을 때 다시 '부분합1' 매크로 또는 '부분합2' 매크로를 실행하면 다음과 같은 경고 메시지가 나타납니다. 이러한 메시지가 나타나지 않도록 하기 위해서는 먼저 부분합을 제거한 다음 부분합을 삽입하는 매크로를 실행해야 합니다.

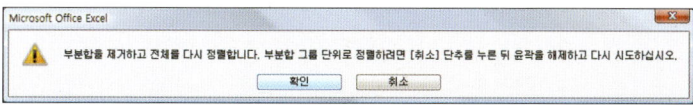

오류를 막기 위해 '부분합1' 매크로와 '부분합2' 매크로의 처음에 다음과 같이 '부부합제거' 매크로를 호출해서 실행하는 코드를 추가하는 것이 좋습니다. 매크로의 첫 번째 실행문 'Range("B4").Select' 이전에 다음 코드를 추가하면 부분합을 삽입하기 전에 먼저 '부분합제거' 매크로를 한 번 실행해서 현재 삽입된 부분합이 있으면 제거합니다. Call 문은 다른 매크로를 호출해서 실행하는 VBA 명령문입니다.

| Call 부분합제거 | '부분합제거' 매크로를 호출(Call)해서 실행 |
| --- | --- |

# 피벗 테이블로 쉽고 빠르게 구현하는 거래 분석 문서

S e c t i o n

04

피벗 테이블은 대량의 데이터를 가장 쉽고 빠르게, 효과적으로 요약하고 분석할 수 있도록 도와주는 매우 훌륭한 도구입니다. 여기에서는 일 년 동안의 거래현황 데이터를 브랜드와 제품군에 따라 기간별(월과 분기)로 요약해서 거래량의 합계를 파악할 수 있는 피벗 테이블 보고서를 작성합니다. 이 과정을 통해 엑셀 2007에서 달라진 피벗 테이블 보고서의 작성 방법을 익힐 수 있습니다.

P r e v i e w    ● 시작 파일 : Theme-4\시간절약\거래분석.xlsx    ● 완성 파일 : Theme-4\완성파일\거래분석.xlsx

## 임금님 식품 거래분석 보고서

브랜드        (모두) ▾          브랜드와 제품군으로 보고서 필터링          거래일자를 월과 분기로 그룹화하여 표시
제품군        음료 ☑

| 제품명 | 1사분기 | | | 2사분기 | | | 3사분기 | | | 4사분기 | | | 총합계 |
|---|---|---|---|---|---|---|---|---|---|---|---|---|---|
| | 1월 | 2월 | 3월 | 4월 | 5월 | 6월 | 7월 | 8월 | 9월 | 10월 | 11월 | 12월 | |
| 감식초골드 | | | | 47 | 133 | | | 35 | | | | 121 | 336 |
| 두뿌리 | | | 29 | 55 | 16 | | | 47 | 40 | | 17 | 129 | 333 |
| 사다수 | | 64 | | 40 | 40 | | | 70 | | 21 | | 46 | 281 |
| 산소 | | | 121 | | | | | | | | | | 121 |
| 샘물 | 111 | | | 78 | | | 139 | 140 | | | 78 | | 546 |
| 애플에이드 | | | 138 | | | 43 | 54 | 12 | | | | | 247 |
| 에너지수 | | 57 | | 54 | | | | 71 | | | | | 182 |
| 칵테일주스 | | | | 68 | | | 171 | | | | | | 239 |
| 푸룬쥬스 | 38 | | 152 | 71 | | | | | | 30 | 34 | 11 | 336 |
| 홍초 | 140 | | 41 | | 14 | 17 | 63 | | 70 | | | 55 | 400 |
| 총합계 | 289 | 121 | 481 | 413 | 203 | 60 | 427 | 375 | 110 | 51 | 129 | 362 | 3,021 |

도형을 이용해서 필드 꾸미기          거래현황을 제품명과 거래일자를 기준으로 요약

# 01 피벗 테이블 만들기

**1.** [거래현황] 워크시트의 [B4] 셀에서

**2.** [삽입] 탭 → [표] 그룹 → [피벗 테이블]
(圖)을 클릭합니다.

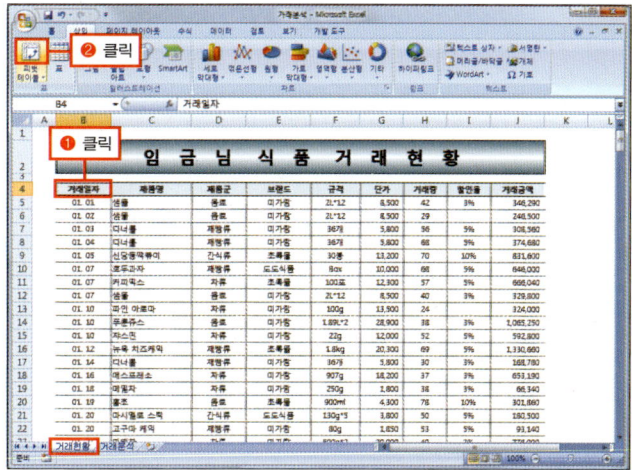

**3.** [피벗 테이블 만들기] 대화상자가 실행
되면 [표/범위]는 자동 설정된 [B4:J35] 범
위를 그대로 사용합니다.

**4.** 보고서를 넣을 위치에서 [기존 워크시
트] 옵션을 선택하고 위치 상자를 클릭한
다음 [거래분석] 워크시트의 [B7] 셀을 시
작 위치로 지정하고

**5.** [확인] 단추를 클릭합니다.

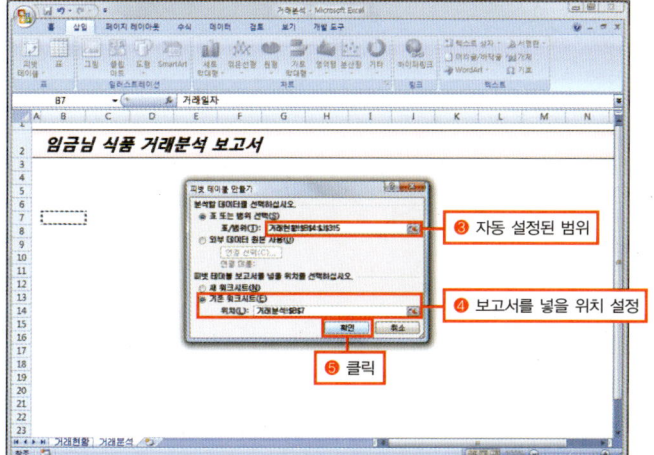

**6.** 비어 있는 피벗 테이블 보고서가 나타나
고, 오른쪽에 [피벗 테이블 필드 목록]이 표
시됩니다.

• [피벗 테이블 도구] → [옵션] 탭 → [표시/숨기기]
그룹 → [필드 목록](圖)을 클릭해서 피벗 테이블
필드 목록을 표시하거나 숨길 수 있습니다.

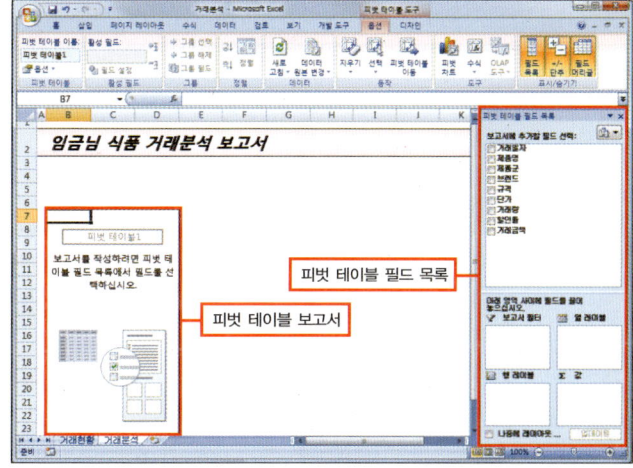

**7.** 피벗 테이블 필드 목록에서 [거래일자], [제품명], [제품군], [브랜드], [거래량]을 차례로 클릭합니다.

- 선택한 필드는 보고서 필터, 열 레이블, 행 레이블, Σ 값 영역에 각각 자동으로 배치됩니다.

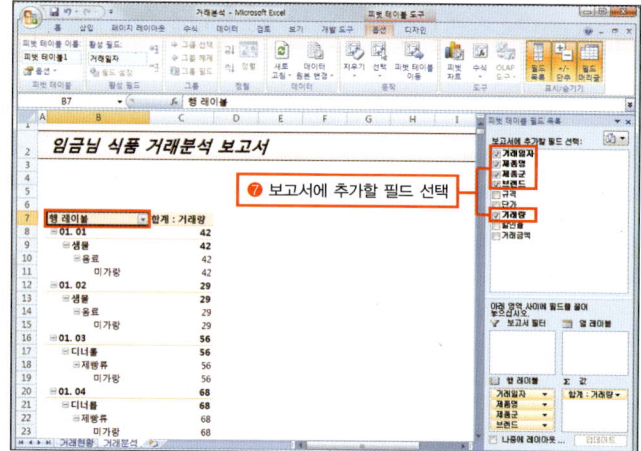

**8.** 피벗 테이블 필드 목록의 각 영역에 추가된 필드 단추 위에서 마우스 왼쪽 단추를 클릭한 채 드래그하여 보고서 필터에 '브랜드'와 '제품군' 필드를 배치하고, 열 레이블에 '거래일자', 행 레이블에 '제품명', Σ 값에 '거래량'을 배치합니다.

**9.** 필드 배치가 끝나면 피벗 테이블 필드 목록의 닫기(☒) 단추를 클릭해서 필드 목록을 닫습니다.

- 필드 단추를 마우스로 드래그해서 원하는 영역으로 이동하거나, 필드 단추를 클릭하고 [보고서 필터로 이동] 등의 메뉴를 선택해서 해당 영역으로 필드를 이동할 수 있습니다.

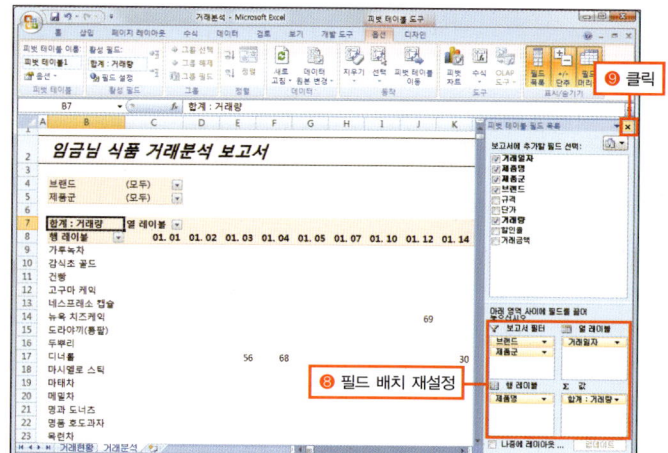

## ⓜ 거래일자를 분기와 월로 그룹화하기

**1.** 열 레이블에 배치한 거래일자가 있는 [C8] 셀에서

**2.** [피벗 테이블 도구] → [옵션] 탭 → [그룹] 그룹 → [그룹 필드](🔟 그룹 필드)를 클릭합니다.

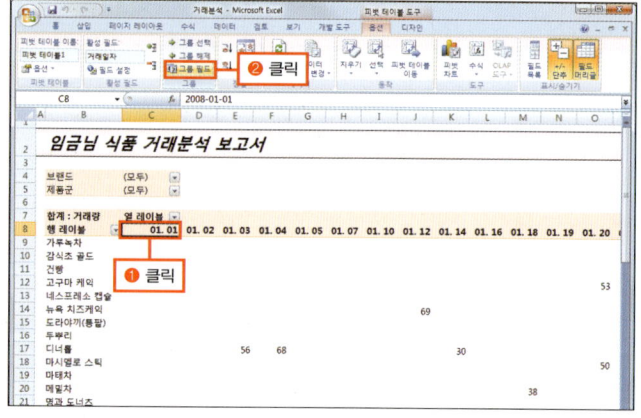

**3.** [그룹화] 대화상자가 실행되면 [단위]를 [월]과 [분기]로 선택하고

**4.** [확인] 단추를 클릭합니다.

- 단위를 한 번 클릭하면 선택되고, 선택되어 있는 단위를 다시 클릭하면 선택이 해제됩니다.

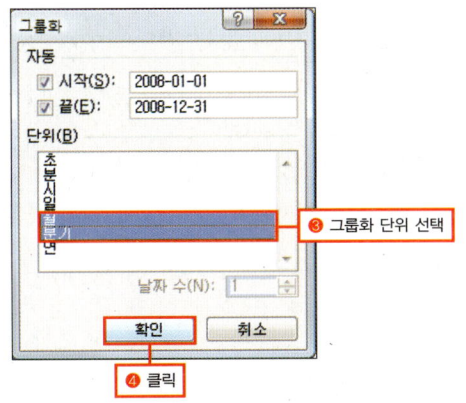

**5.** 다음과 같이 피벗 테이블의 열 레이블이 월과 분기를 단위로 그룹화되면

**6.** [피벗 테이블 도구] → [옵션] 탭 → [표시/숨기기] 그룹 → [+/- 단추]( )와 [필드 머리글]( )을 클릭해서 +/- 단추와 필드 머리글을 숨기도록 설정합니다.

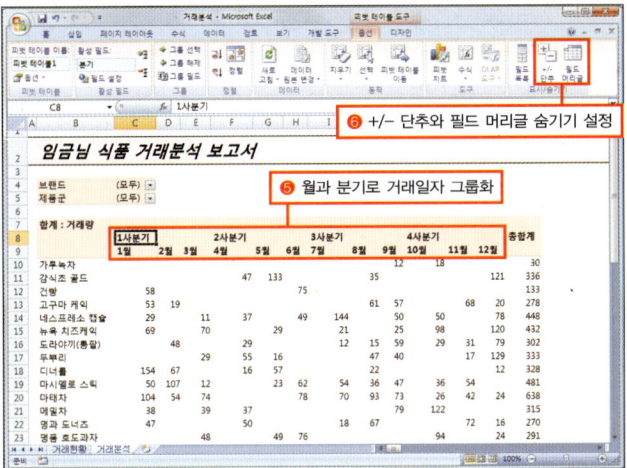

## [03] 피벗 테이블 서식 지정하기

**1.** [피벗 테이블 도구] → [옵션] 탭 → [피벗 테이블] 그룹 → [피벗 테이블 옵션]( 옵션 )을 클릭하고

**2.** [피벗 테이블 옵션] 대화상자의 [레이아웃 및 서식] 탭에서 [레이블이 있는 셀 병합 및 가운데 맞춤]을 선택하고

**3.** [업데이트 시 열 자동 맞춤]의 선택을 취소한 다음

**4.** [확인] 단추를 클릭합니다.

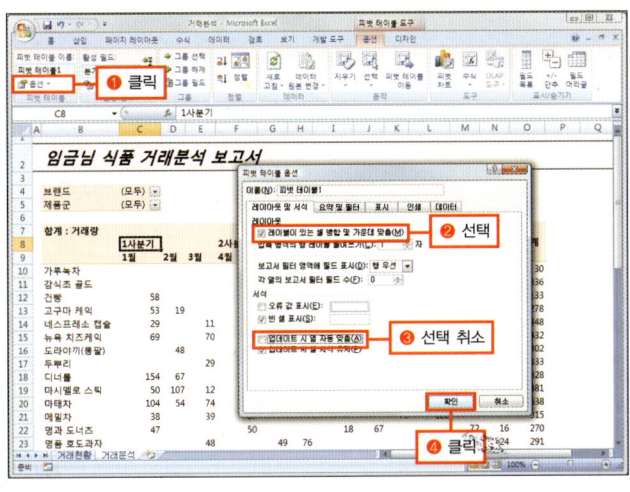

**5.** 피벗 테이블에 다음과 같이 원하는 모양으로 서식을 지정하고 열 너비 등을 조정합니다.

- 피벗 테이블에서 원하는 셀 범위를 블록으로 지정한 다음 [홈] 탭의 [글꼴], [맞춤], [표시 형식] 등의 그룹에 있는 도구를 사용하여 서식을 지정합니다.
- [피벗 테이블 도구] → [디자인] 탭 → [피벗 테이블 스타일] 그룹에서 미리 제공되는 피벗 테이블 스타일 중 하나를 선택해서 빠르게 디자인을 변경할 수도 있습니다.

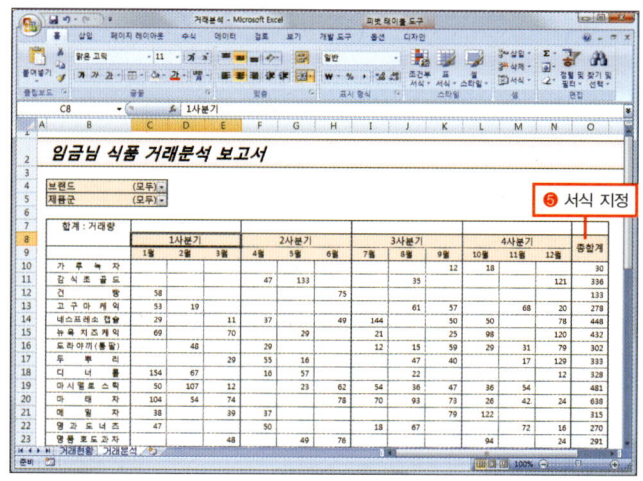

**6.** [7] 행 머리글을 마우스 오른쪽 단추로 클릭한 다음

**7.** [숨기기] 메뉴를 선택해서 행을 숨깁니다.

- [7] 행에 표시되는 특별한 정보가 없으므로 행을 숨겨서 표를 읽기 쉽도록 재구성하려는 것입니다.

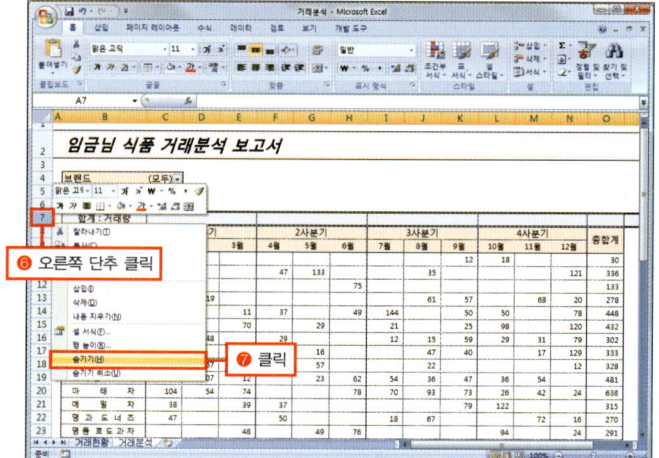

**8.** [삽입] 탭 → [일러스트레이션] 그룹 → [도형](🖼)을 클릭하고 [직사각형](□)을 선택한 다음 [B8:B9] 영역에 맞게 직사각형을 그리고 '제품명'을 입력합니다.

**9.** '제품명'의 필드 이름처럼 보이도록 직사각형의 채우기와 윤곽선 서식을 지정합니다.

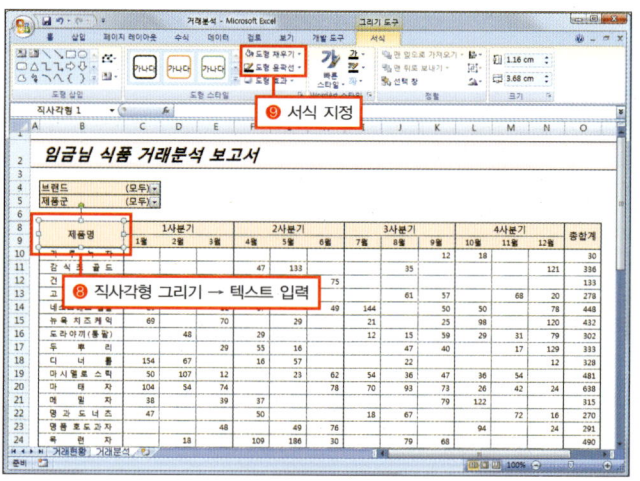

**3.** Ctrl 을 누른 상태에서 브랜드 옵션 단추 와 제품군 옵션 단추를 모두 차례로 클릭 하여 선택합니다.

**4.** 9개의 옵션 단추를 모두 선택했으면 마 우스 오른쪽 단추를 클릭하고 [매크로 지 정] 메뉴를 선택합니다.

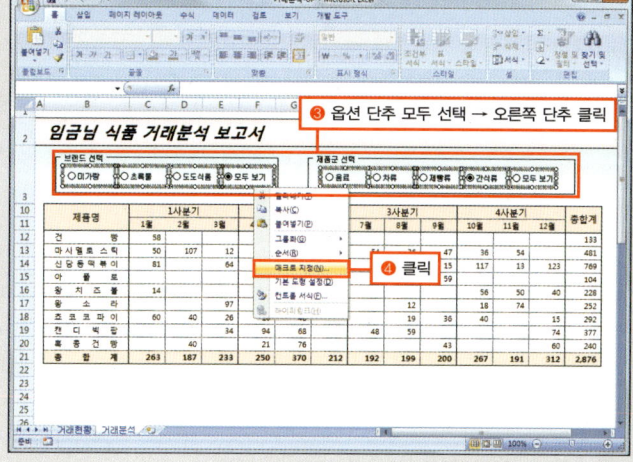

**5.** [매크로 지정] 대화상자에서 [ACTION] 매크로를 선택하고

**6.** [확인] 단추를 클릭합니다.

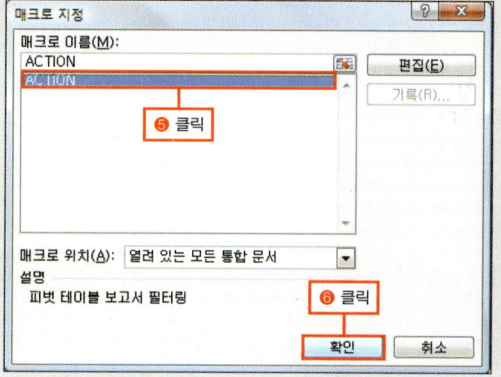

**7.** 브랜드 선택 옵션 단추나 제품군 옵션 단추를 클릭하면 바로 지정한 'ACTION' 매크로가 실행되어 피벗 테이블에 표시되 는 내용이 달라집니다.

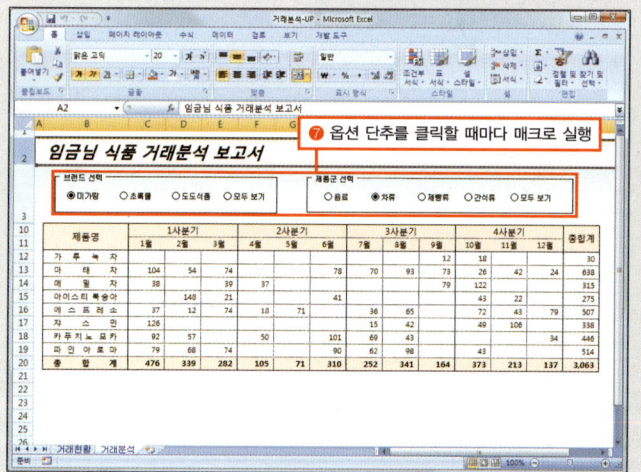

# 수식으로 데이터를 요약 및 분석하는 거래 요약 문서

S e c t i o n

# 05

피벗 테이블은 대량의 데이터를 빠르고 효과적으로 요약할 수 있어 매우 편리하지만 정해진 레이아웃을 사용하므로 사용자가 원하는 형태의 문서를 얻기가 쉽지 않습니다. 자신이 원하는 형태로 데이터를 요약하기 위해서는 수식을 사용하는 방법이 가장 유연하다고 할 수 있습니다. 여기에서는 다른 함수와는 사용 방법이 조금 다른 데이터베이스 함수를 최대한 활용하여 데이터를 요약 및 집계하는 과정을 살펴봅니다.

P r e v i e w　　● **시작 파일** : Theme-4\시간절약\거래요약.xlsx　　● **완성 파일** : Theme-4\완성파일\거래요약.xlsx

## 임금님 식품 거래 요약

분기 및 전체로 분석기간 선택

● 분석기간과 제품군을 선택하면 브랜드별 거래 요약 결과를 확인할 수 있습니다 ●

| 분석기간 | 구　분 | 미 가 량 | 초 록 물 | 도 도 식 품 | 계 |
|---|---|---|---|---|---|
| **4사분기** | 거 래 횟 수 | 33 | 33 | 17 | 83 |
| **제품군** | 거 　 래 　 량 | 1,237 | 1,450 | 738 | 3,425 |
| **전체** | 거 래 금 액 | 14,733,450 | 18,594,900 | 5,245,950 | 38,574,300 |
| | 최 초 거 래 일 | 10월 5일 | 10월 3일 | 10월 6일 | |
| | 최 종 거 래 일 | 12월 28일 | 12월 30일 | 12월 29일 | |

제품군과 전체로 제품군 선택

데이터베이스 함수를 이용하여 분석기간과 제품군에 따라 데이터 요약

## [01] 데이터베이스 범위에 이름 정의하기

**1.** [수식] 탭 → [정의된 이름] 그룹 → [이름 정의]( 🗋이름 정의 ▾ )를 클릭합니다.

**2.** [새 이름] 대화상자에서 [이름]에 『개수』를 입력하고

**3.** [참조 대상]에 『=COUNTA(거래현황!$B:$B)-2』를 입력한 다음

**4.** [확인] 단추를 클릭합니다.

- [거래현황] 워크시트의 [B] 열 전체(B:B)에서 비어 있지 않은 셀의 개수를 COUNTA 함수로 구하고, 제목과 필드 이름을 제외시키기 위해 '2'를 빼서 개수를 구합니다.

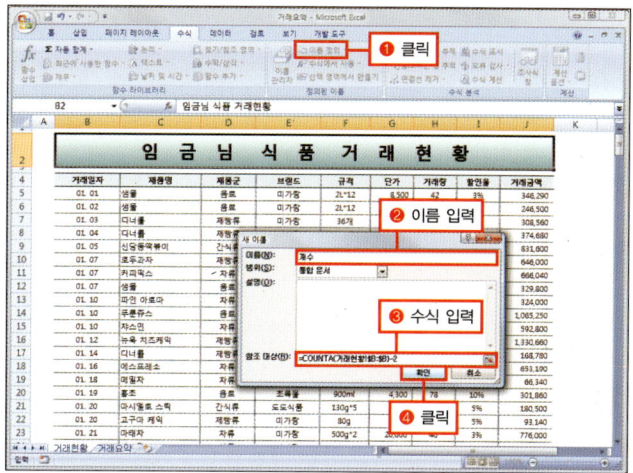

**5.** 다시 [이름 정의]( 🗋이름 정의 ▾ )를 클릭하고

**6.** [새 이름] 대화상자에서 [이름]에 『거래현황』을 입력합니다.

**7.** [참조 대상]에 『=OFFSET(거래현황!$B$4,0,0,개수+1,9)』를 입력하고

**8.** [확인] 단추를 클릭합니다.

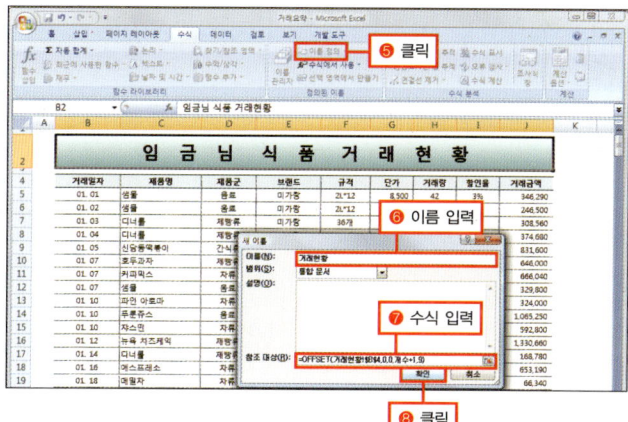

## [02] 분석기간과 제품군 선택하기

**1.** [거래요약] 워크시트에서 [I7:I11] 범위에 '기간선택'으로 이름을 정의합니다.

**2.** [J7:J11] 셀에 '제품군선택'으로 이름을 정의합니다.

- 범위를 블록으로 지정하고 이름 상자에 원하는 이름을 입력한 다음 Enter 를 누르면 이름이 정의됩니다.

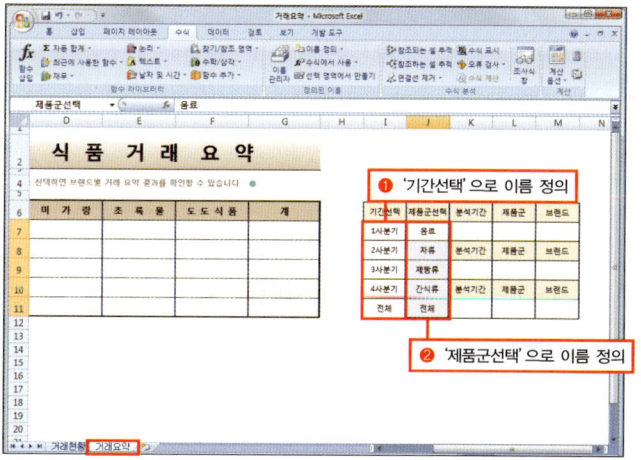

**3.** [B7] 셀에서 [데이터] 탭 → [데이터 도구] 그룹 → [데이터 유효성 검사](📋)를 클릭합니다.

**4.** [데이터 유효성] 대화상자의 [설정] 탭에서 [제한 대상]을 [목록]으로 선택하고

**5.** [원본]에 『=기간선택』을 입력한 다음

**6.** [확인] 단추를 클릭합니다.

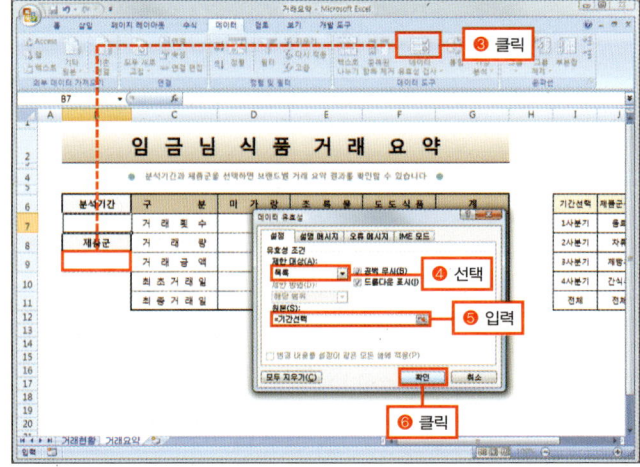

**7.** [B9] 셀에서 [데이터 유효성 검사](📋)를 클릭하고

**8.** [제한 대상]을 [목록], [원본]을 『=제품군선택』으로 지정한 다음

**9.** [확인] 단추를 클릭합니다.

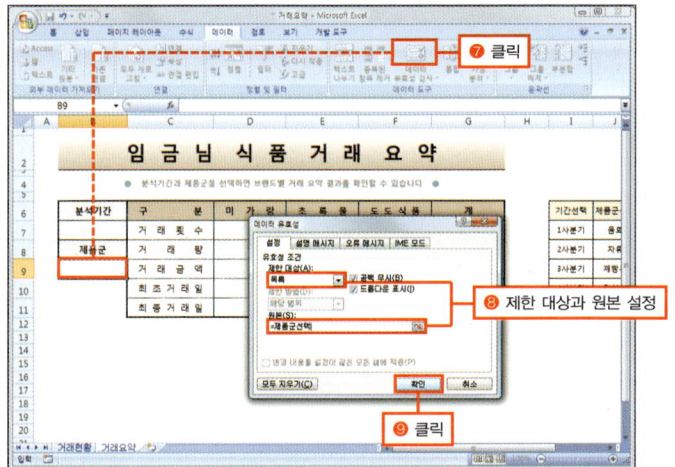

**10.** [B7] 셀에서 목록 단추를 클릭하고 분석할 기간을 선택합니다.

**11.** [B9] 셀에서 목록 단추를 클릭하고 분석할 제품군을 선택합니다.

- '기간선택' 범위에는 숫자 1, 2, 3, 4가 입력되어 있고 '0사분기'로 사용자 지정 표시 형식이 설정되어 있습니다.
- [B7] 셀에도 '0사분기'로 사용자 지정 표시 형식이 설정되어 있습니다.

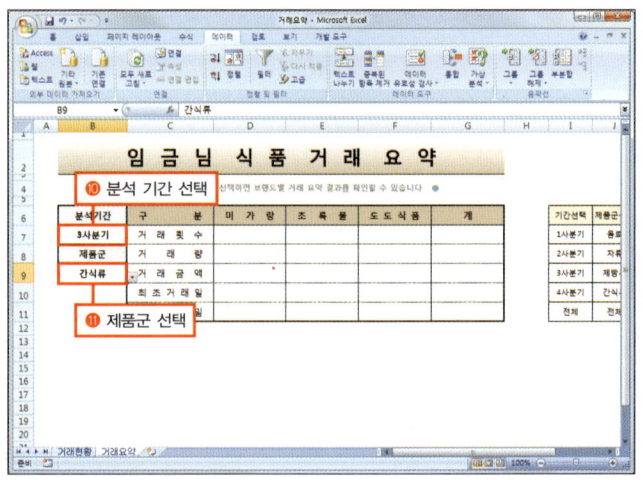

## [03] 데이터베이스 함수의 조건 범위 만들기

**1.** [K7] 셀에 『=IF(OR($B$7="전체",$B$7 ="")),TRUE,QUOTIENT(MONTH(거래현황!B5)+2,3)=$B$7)』을 입력해서 거래일자 가 선택한 분석기간에 포함되는지 여부를 비교합니다.

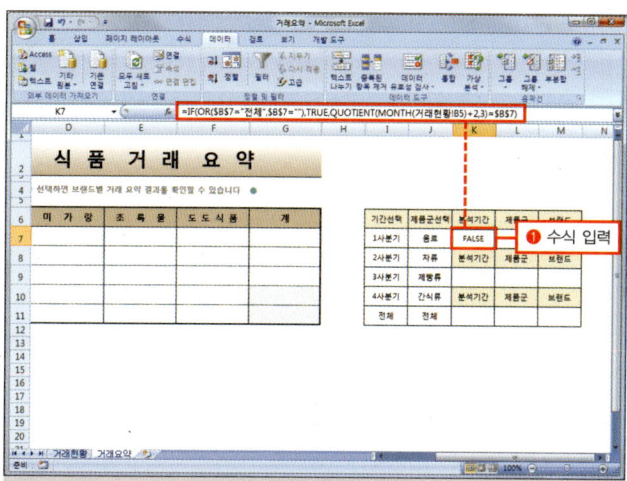

**수식이 궁금해**

데이터베이스 함수를 사용하려면 먼저 조건 범위를 작성해야 하는데 조건 범위의 첫 행에는 데이터베이스 범위에 있 는 필드 이름을 입력하고, 두 번째 행부터 해당 필드에 대한 조건 값을 입력합니다. 여기에서는 수식 조건을 사용하 기 위해 첫 번째 행(K6)에 데이터베이스 범위와 다른 필드 이름을 입력하고, 두 번째 행(K7)에 등호(=)로 시작되는 수식 조건을 입력합니다. 수식 조건의 결과는 항상 TRUE 또는 FALSE로 나타나야 합니다.

| 기간 비교 | =IF(OR($B$7="전체",$B$7=""),TRUE,QUOTIENT(MONTH(거래현황!B5)+2,3)=$B$7) |
|---|---|

• **IF(조건,TRUE,비교식)**

조건이 참이면 무조건 TRUE를 반환하고, 조건이 거짓이면 비교식에 의해 TRUE 또는 FALSE를 반환합니다.

• **OR($B$7="전체",$B$7="")**

'OR(조건1, 조건2)' 함수로 두 개의 조건 중 하나 이상이 참이면 TRUE를 반환합니다. 조건1은 [B7] 셀의 값이 '전체'일 때, 조건2는 [B7] 셀의 값이 비어 있을 때입니다. [B7] 셀에서 선택한 분석기간이 '전체'이거나 비어 있 으면 거래일자를 무조건 포함시키기 위해 TRUE를 표시해야 합니다.

• **QUOTIENT(MONTH(거래현황!B5)+2,3)=$B$7**

MONTH 함수로 [거래현황] 워크시트의 [B5] 셀 즉, 첫 번째 거래일자의 월을 구한 다음 2를 더하고, QUOTIENT 함수로 3으로 나눈 몫을 구합니다. 이렇게 구한 값은 거래일자의 '분기'가 됩니다. 이 분기 값이 [B7] 셀에서 선 택한 분기와 같으면 TRUE, 같지 않으면 FALSE를 반환합니다. 데이터베이스의 특정 필드를 비교하기 위해 해당 필드의 첫 번째 셀 주소(거래현황!B5)를 수식에서 사용했습니다.

**2.** [K7] 셀에서 Ctrl+C를 눌러 복사 명령을 실행합니다.

**3.** [K9] 셀을 클릭하고 Ctrl을 누른 채 [K11] 셀을 클릭해서 선택한 다음 Ctrl+V를 누릅니다.

**4.** [K9] 셀의 수식과 [K11] 셀의 수식에서 상대 참조로 인해 '거래현황!B7' 과 '거래현황!B9' 로 달라진 부분을 모두 '거래현황!B5' 로 수정합니다.

• [홈] 탭 → [클립보드] 그룹 → [복사](🗐)를 클릭하는 대신 바로 가기 키인 Ctrl+C를 누르고, [붙여넣기](📋)를 클릭하는 대신 바로 가기 키인 Ctrl+V를 사용했습니다.

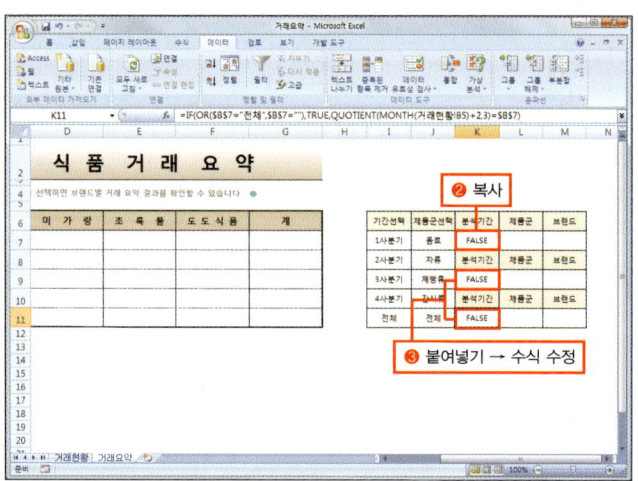

**왜 그런지 궁금해**

[K7] 셀의 수식을 [K9] 셀과 [K11] 셀로 복사하면 다음과 같이 상대 주소로 참조한 부분의 행 번호가 자동으로 조정됩니다. [거래현황] 워크시트의 거래일자에서 MONTH 함수로 월을 구할 때 항상 해당 필드의 첫 번째 셀인 [B5] 셀을 상대 주소로 참조해야 하므로 [K9] 셀과 [K11] 셀의 수식을 다음과 같이 수정해야 합니다.

| 셀 | | 수식 |
|---|---|---|
| [K9] | 전 | =IF(OR($B$7="전체",$B$7=""),TRUE,QUOTIENT(MONTH(**거래현황!B7**)+2,3)=$B$7) |
| | 후 | =IF(OR($B$7="전체",$B$7=""),TRUE,QUOTIENT(MONTH(**거래현황!B5**)+2,3)=$B$7) |
| [K11] | 전 | =IF(OR($B$7="전체",$B$7=""),TRUE,QUOTIENT(MONTH(**거래현황!B7**)+2,3)=$B$7) |
| | 후 | =IF(OR($B$7="전체",$B$7=""),TRUE,QUOTIENT(MONTH(**거래현황!B5**)+2,3)=$B$7) |

**5.** [L7], [L9], [L11] 셀을 Ctrl을 이용해서 블록으로 지정한 다음

**6.** 『=IF(OR($B$9="전체",$B$9=""),"",$B$9)』를 입력하고 Ctrl+Enter를 누릅니다.

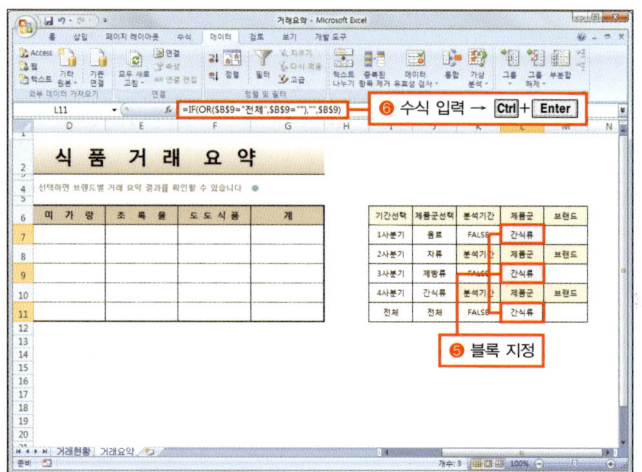

**7.** [M7] 셀에 『미가랑』, [M9] 셀에 『초록물』, [M11] 셀에 『도도식품』을 각각 입력합니다.

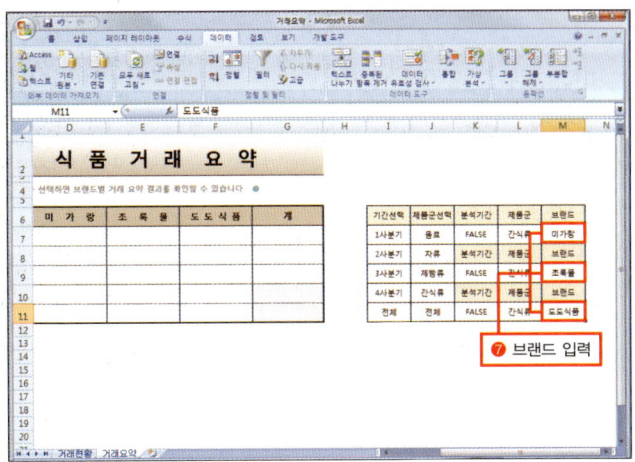

**8.** [K6:M7] 범위에 '미가랑', [K8:M9] 범위에 '초록물', [K10:M11] 범위에 '도도식품'으로 각각 이름을 정의합니다. 이 세 개의 범위는 모두 데이터베이스 함수식에서 조건 범위로 사용됩니다.

- 데이터베이스 함수의 조건 범위로 브랜드 명이 각각 다른 세 개의 범위를 작성해야 합니다.

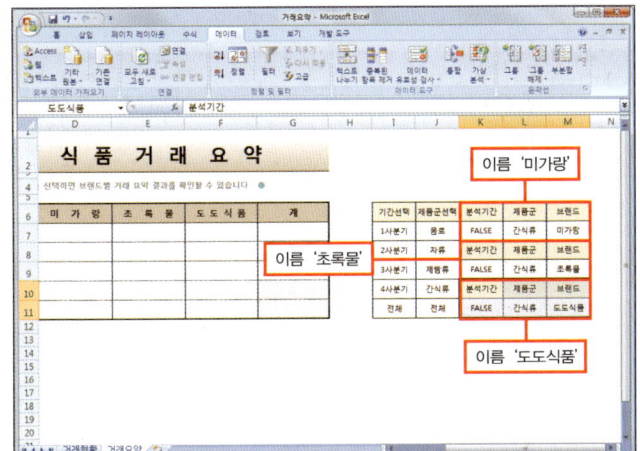

## 04  데이터베이스 함수 입력하기

**1.** [D7:F7] 범위를 블록으로 지정하고

**2.** 『=DCOUNT(거래현황,1,INDIRECT(D6))』을 입력한 다음 Ctrl + Enter 를 누릅니다.

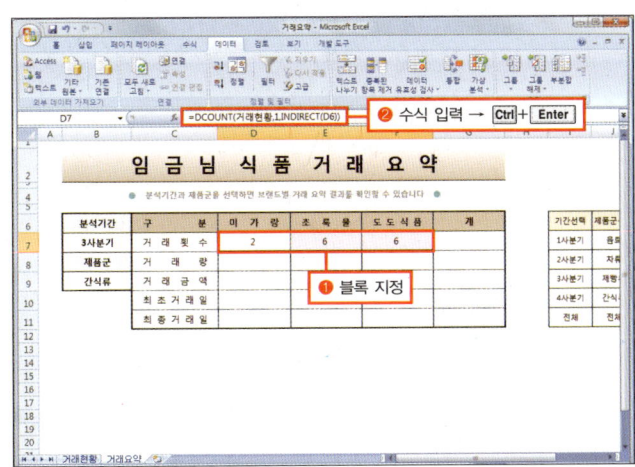

**수식이 궁금해**

데이터베이스 함수는 모두 '=함수명(데이터베이스,필드,조건범위)'와 같은 형식으로 사용합니다. '데이터베이스'는 계산할 데이터가 들어 있는 전체 셀 범위로 여기에서는 '거래현황'으로 이름을 정의한 셀 범위를 사용합니다. 필드는 데이터베이스 중에서 실제 계산할 필드의 번호나 필드 이름으로 지정하는데 여기서는 필드 번호 '1'로 지정합니다. 조건 범위는 데이터베이스에서 조건을 만족하는 레코드(행)만 계산에 포함시키기 위한 것으로 미리 이름을 정의해 둔 '미가랑', '초록물', '도도식품' 범위를 사용합니다.

| 데이터베이스에서 조건에 맞는 셀의 개수 | =DCOUNT(거래현황,1,INDIRECT(D6)) |
|---|---|

- **DCOUNT(거래현황,1,INDIRECT)**

  '거래현황' 범위에서 INDIRECT 함수로 지정한 조건 범위의 조건을 만족하는 레코드(행)에서 '1'번 필드 즉, '거래일자'의 숫자 개수를 계산합니다. DCOUNT 함수는 숫자의 개수를 계산하므로 반드시 계산 필드로 숫자가 들어 있는 필드를 지정해야 합니다. DCOUNTA 함수는 비어 있지 않은 셀의 개수를 계산하기 때문에 텍스트가 들어 있는 필드를 계산 필드로 지정할 수 있습니다.

- **INDIRECT(D6)**

  DCOUNT 함수의 조건 범위를 [D6] 셀의 값을 이용해서 지정합니다. [D7] 셀에서는 'INDIRECT("미가랑")'으로 계산되므로 '미가랑' 범위를 조건 범위로 사용합니다. [E7] 셀에서는 'INDIRECT("초록물")'이므로 '초록물' 범위를 조건 범위로 사용하고, [F7] 셀에서는 'INDIRECT("도도식품")'이므로 '도도식품' 범위를 조건 범위로 사용합니다.

**3.** [D8:F8] 범위를 블록으로 지정하고 『=DSUM(거래현황,"거래량",INDIRECT (D6))』을 입력합니다.

- DSUM 함수를 사용하므로 '거래현황' 범위에서 INDIRECT 함수로 구한 조건 범위를 만족하는 데이터를 대상으로 '거래량' 필드의 합계를 계산합니다.
- 필드 번호 대신 필드 이름을 직접 계산 필드로 지정할 때는 큰 따옴표("")로 필드 이름을 묶어야 합니다.

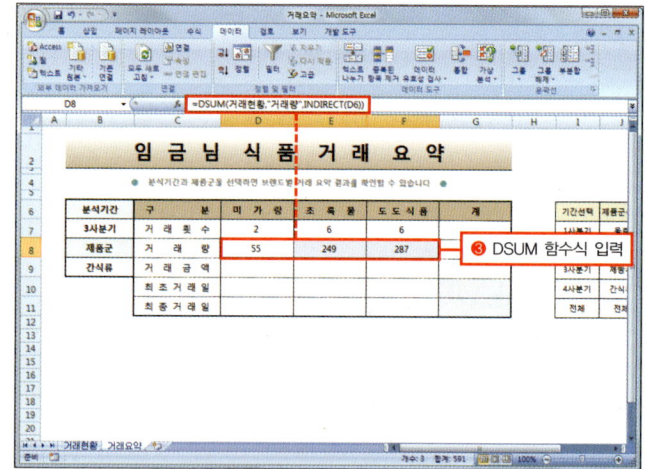

**4.** [D9:F9] 범위를 블록으로 지정하고
『=DSUM(거래현황,"거래금액",INDIRECT
(D6))』을 입력합니다.

- 계산 필드를 '거래금액'으로 지정해서 조건을 만
  족하는 데이터의 거래금액 합계를 계산합니다.

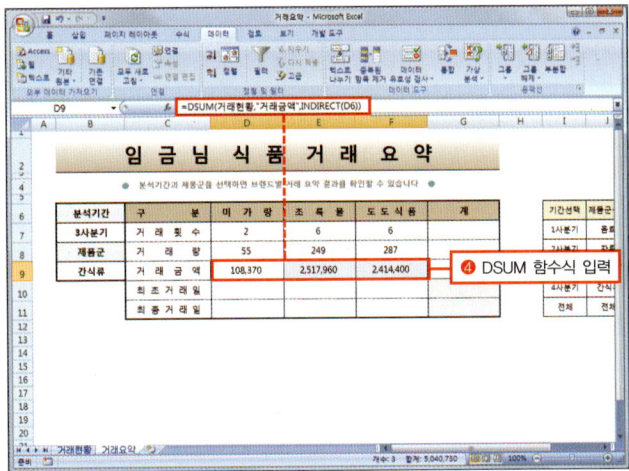

**5.** [D10:F10] 범위를 블록으로 지정하고
『=DMIN(거래현황,"거래일자",INDIRECT
(D6))』을 입력합니다.

- 지정한 조건을 만족하는 데이터의 '거래일자' 중
  에서 DMIN 함수로 최소값을 구합니다.

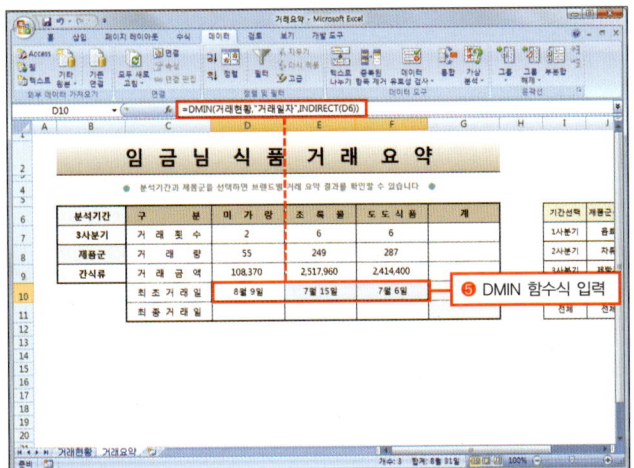

**6.** [D11:F11] 범위를 블록으로 지정하고
『=DMAX(거래현황,"거래일자",INDIRECT
(D6))』을 입력합니다.

- 지정한 조건을 만족하는 '거래일자' 중에서
  DMAX 함수로 최대값을 구합니다.

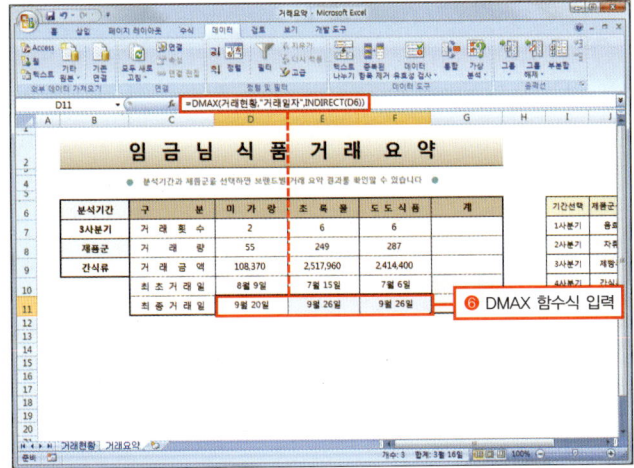

**7.** [G7:G9] 범위를 블록으로 지정하고

**8.** [수식] 탭 → [함수 라이브러리] 그룹 → [자동 합계](Σ 자동 합계▼)를 클릭해서 거래횟수, 거래량, 거래금액의 합계를 구하는 SUM 함수를 자동으로 입력합니다.

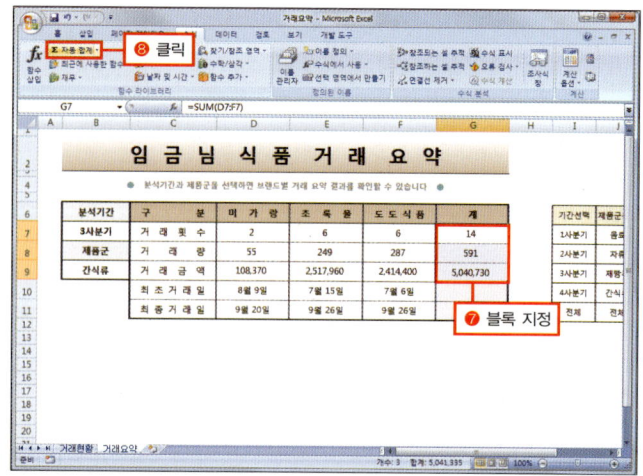

**9.** [I:M] 열 범위의 열 머리글을 드래그해서 블록으로 지정하고 마우스 오른쪽 단추를 클릭한 다음

**10.** [숨기기] 메뉴를 선택해서 화면에서 숨깁니다.

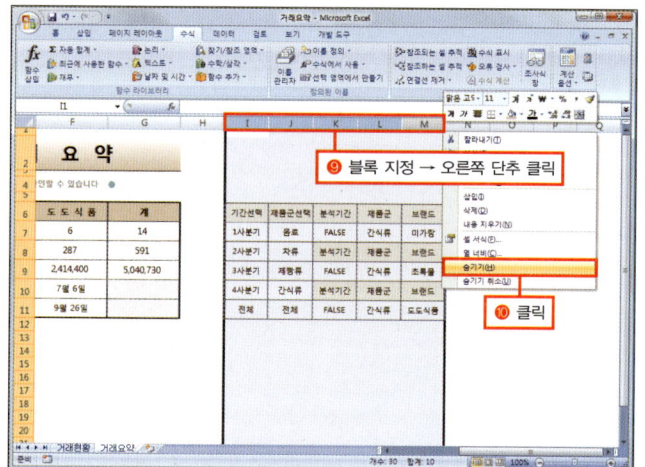

**11.** [B7] 셀에서 분석기간을 다시 선택하고, [B9] 셀에서 제품군을 다시 선택하면 선택한 기간의 선택한 제품군에 대한 요약 결과를 볼 수 있습니다.

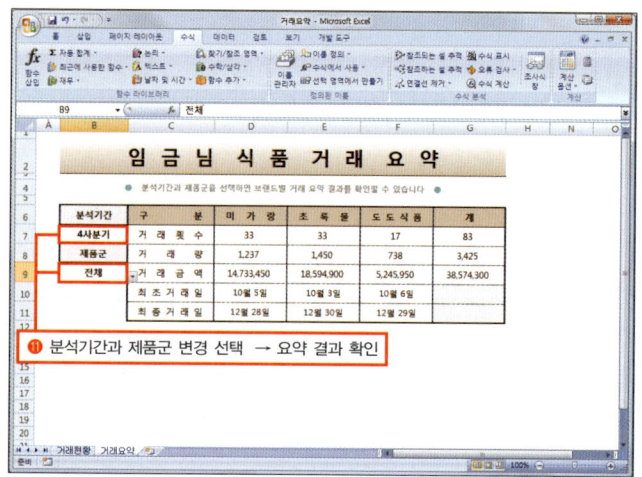

# U p g r a d e   조건 범위를 작성하지 않고 배열 수식으로 데이터를 요약하자

● **시작 파일** : Theme-4\시간절약\거래요약-UP.xlsm    ● **완성 파일** : Theme-4\완성파일\거래요약-UP.xlsm

대량의 데이터를 요약하기 위해 데이터베이스 함수는 매우 효과적이지만 조건 범위를 먼저 작성해야 한다는 절차가 필요합니다. 이 과정이 번거롭게 여겨진다면 수식의 꽃이라고 할 수 있는 배열 수식의 사용을 고려해봐야 합니다. 배열 수식은 복잡한 계산을 한 방에 처리한다는 점에서 고급 사용자들을 매료시키고 있는 특별한 수식입니다. 여기에서는 사용자가 선택한 분기의 월별 거래현황을 요약하기 위해 배열 수식을 사용합니다. 더불어 선택한 분기의 월별 거래현황을 표시하거나 숨기기 위한 매크로 단추를 만듭니다.

## 01 ┃ 계산에 필요한 이름 정의하기

**1.** [수식] 탭 → [정의된 이름] 그룹 → [이름 정의](이름 정의)를 클릭하고

**2.** [새 이름] 대화상자에서 [이름]에 『거래일자』를 입력하고

**3.** [참조 대상]에 『=OFFSET(거래현황!$B$4,1,0,개수,1)』을 입력한 다음

**4.** [확인] 단추를 클릭합니다.

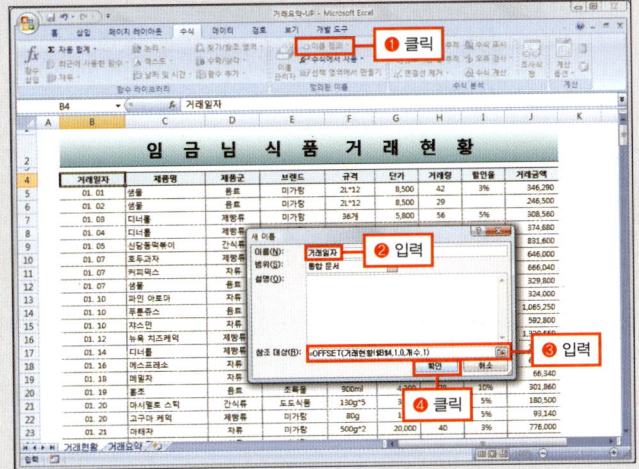

**5.** 같은 방법으로 다음과 같이 '제품군', '브랜드', '거래량', '거래금액'에 대한 이름을 정의합니다. 사용한 수식은 모두 같은 형식이지만 OFFSET 함수의 첫 번째 인수인 참조 범위만 각 필드 이름이 있는 셀로 달라집니다.

| 이름 | 참조 대상 |
|------|----------|
| 제품군 | =OFFSET(거래현황!$D$4,1,0,개수,1) |
| 브랜드 | =OFFSET(거래현황!$E$4,1,0,개수,1) |
| 거래량 | =OFFSET(거래현황!$H$4,1,0,개수,1) |
| 거래금액 | =OFFSET(거래현황!$J$4,1,0,개수,1) |

## 02 | 배열 수식으로 선택한 분기의 월별 요약 계산하기

**1.** [거래요약] 워크시트에서 [B14] 셀에 『=B7』을 입력해서 [B7] 셀의 값을 그대로 가져옵니다.

**2.** [B15] 셀에 『=B7*3-2』를 입력하고, [B20] 셀에 『=B7*3-1』, [B25] 셀에 『=B7*3』을 입력해서 선택한 분기에 대한 월을 각각 표시합니다.

- [B14] 셀에는 '0사분기'로 표시 형식이 설정되어 있고 [B15], [B20], [B25] 셀에는 모두 '0월'로 표시 형식이 설정되어 있습니다.

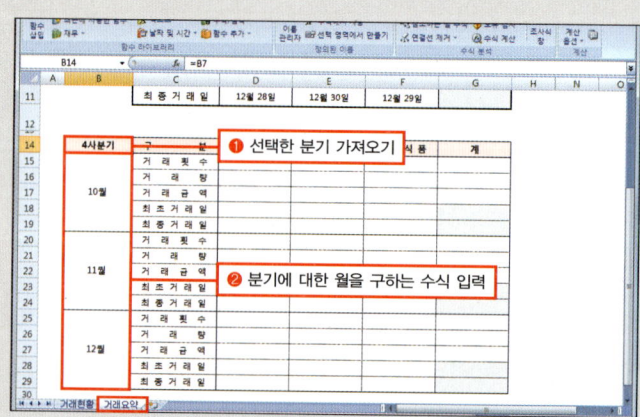

**3.** [D15] 셀에 『=SUM((MONTH(거래일자)=$B$15)*IF($B$9="전체",TRUE,(제품군=$B$9))*(브랜드=D$14))』를 입력한 다음 Ctrl + Shift + Enter 를 누릅니다.

- Ctrl + Shift + Enter 를 눌러서 배열 수식으로 입력하면 수식의 앞과 뒤에 중괄호({ })가 자동으로 삽입됩니다.

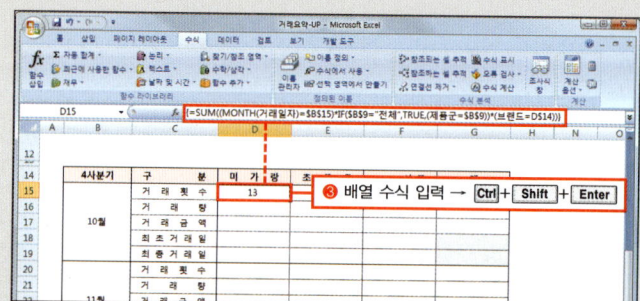

수 식 이 궁 금 해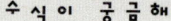

거래일자의 월, 제품군, 브랜드의 세 가지 조건을 만족할 때 개수를 구하는 배열 수식입니다. 이 배열 수식의 SUM 함수를 이용하는데 '=SUM((조건1)*(조건2)*(조건3))'의 형태로 구성됩니다. 각 조건은 TRUE 또는 FALSE 값을 반환하고, SUM 함수는 모든 조건이 참(TRUE)일 때 개수를 계산하게 됩니다.

> {=SUM((MONTH(거래일자)=$B$15)*IF($B$9="전체",TRUE,(제품군=$B$9))*(브랜드=D$14))}

- **조건1 : (MONTH(거래일자)=$B$15)**

  MONTH 함수로 '거래일자'의 월을 구해서 [B15] 셀과 같을 때 TRUE, 같지 않으면 FALSE를 반환합니다.

- **조건2 : IF($B$9="전체",TRUE,(제품군=$B$9))**

  [B9] 셀의 값이 '전체'이면 무조건 TRUE를 반환하고, 그렇지 않으면 '제품군'이 [B9] 셀과 같을 때 TRUE, 같지 않으면 FALSE를 반환합니다.

- **조건3 : (브랜드=D$14)**

  '브랜드'가 [D14] 셀과 같을 때 TRUE, 같지 않으면 FALSE를 반환합니다. 수식을 복사했을 때 항상 [14] 행의 값을 참조하기 위해 'D$14'와 같이 행 번호에 '$' 문자를 사용했습니다.

- **SUM((조건1)*(조건2)*(조건3))**

  배열 수식에서 TRUE=1, FALSE=0으로 변환되어 계산됩니다. 여기에서는 세 개의 조건이 모두 참이면 'TRUE*TRUE*TRUE=1*1*1=1'이 되고, 세 개의 조건 중 하나라도 거짓이면 'TRUE*TRUE*FALSE=1*1*0=0'이 됩니다. 결국 반환된 1 또는 0의 합계를 SUM 함수로 계산하는 것이므로 이 배열 수식은 세 개의 조건이 모두 참일 때 개수를 의미합니다.

**4.** 거래량의 합계와 거래금액의 합계, 최초거래일과 최종거래일을 구하기 위해 [D16:D19] 셀에 각각 다음과 같은 수식을 Ctrl + Shift + Enter 를 눌러서 배열 수식으로 입력합니다. 조건을 지정하는 부분은 크게 차이가 없습니다.

| 셀 | 배열 수식 |
|---|---|
| [D16] | =SUM((MONTH(거래일자)=$B$15)*IF($B$9="전체",TRUE,(제품군=$B$9))*(브랜드=D$14)*거래량) |
| | '=SUM((조건1)*(조건2)*(조건3)*거래량)' 형식으로 세 개의 조건이 모두 참일 때 거래량의 합계를 구합니다. |
| [D17] | =SUM((MONTH(거래일자)=$B$15)*IF($B$9="전체",TRUE,(제품군=$B$9))*(브랜드=D$14)*거래금액) |
| | '=SUM((조건1)*(조건2)*(조건3)*거래금액)' 형식으로 세 개의 조건이 모두 참일 때 거래금액의 합계를 구합니다. |
| [D18] | =MIN(IF((MONTH(거래일자)=$B$15)*IF($B$9="전체",TRUE,(제품군=$B$9))*(브랜드=D$14),거래일자)) |
| | '=MIN(IF((조건1)*(조건2)*(조건3),거래일자))' 형식의 배열 수식입니다.<br>IF 함수로 세 개의 조건이 모두 참일 때 '거래일자'를 반환하고, 조건이 거짓이면 반환할 값을 생략했으므로 FALSE를 반환합니다. IF 함수가 반환한 거래일자와 FALSE 값 중 MIN 함수로 최소값을 구하면 거래일자 중 최소값을 구할 수 있습니다. MIN 함수는 FALSE 값을 계산에서 무조건 제외시킵니다. |
| [D19] | =MAX(IF((MONTH(거래일자)=$B$15)*IF($B$9="전체",TRUE,(제품군=$B$9))*(브랜드=D$14),거래일자)) |
| | '=MAX(IF((조건1)*(조건2)*(조건3),거래일자))' 형식의 배열 수식입니다.<br>IF 함수로 세 개의 조건이 모두 참일 때 '거래일자'를 반환하고, 조건이 거짓이면 FALSE를 반환합니다. IF 함수가 반환한 거래일자와 FALSE 값 중 MAX 함수로 최대값을 구하면 거래일자 중 최대값을 구할 수 있습니다. |

**5.** [D15:D19] 범위를 블록으로 지정한 다음 채우기 핸들을 [F19] 셀까지 드래그해서 수식을 복사합니다. 수식을 복사한 후 자동 채우기 옵션(📋) 단추를 클릭하고 [서식 없이 채우기]를 선택해야 원래 지정되어 있던 서식을 그대로 유지할 수 있습니다.

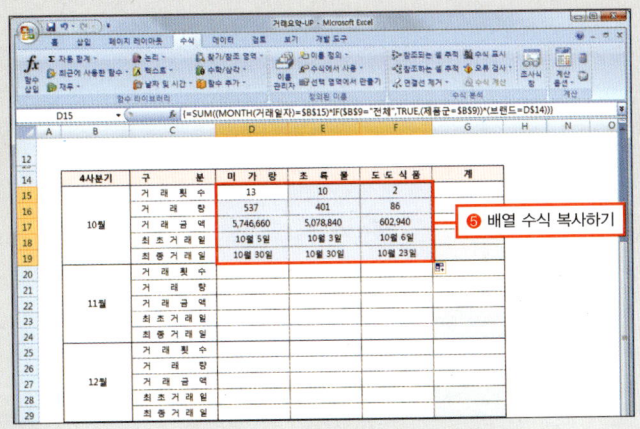

**6.** [G15:G17] 범위를 블록으로 지정하고

**7.** [수식] 탭 → [함수 라이브러리] 그룹 → [자동 합계](Σ 자동 합계 ▾)를 클릭해서 합계를 계산합니다.

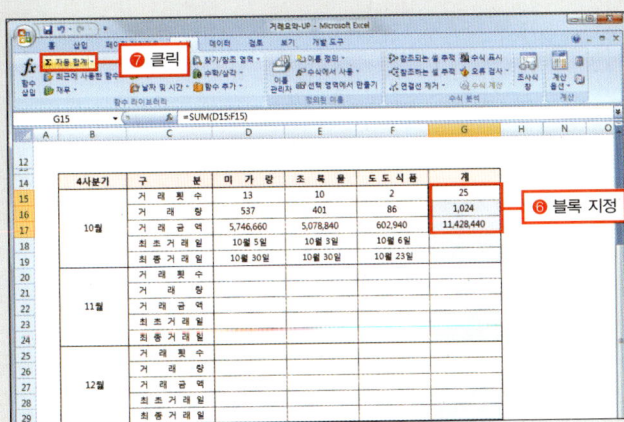

## 03 | 배열 수식 복사하고 셀 참조 수정하기

**1.** [D15:G19] 범위를 블록으로 지정하고 Ctrl + C 를 눌러 복사한 다음

**2.** [D20:G29] 범위를 블록으로 지정하고 Ctrl + V 를 눌러서 붙여넣기를 실행합니다.

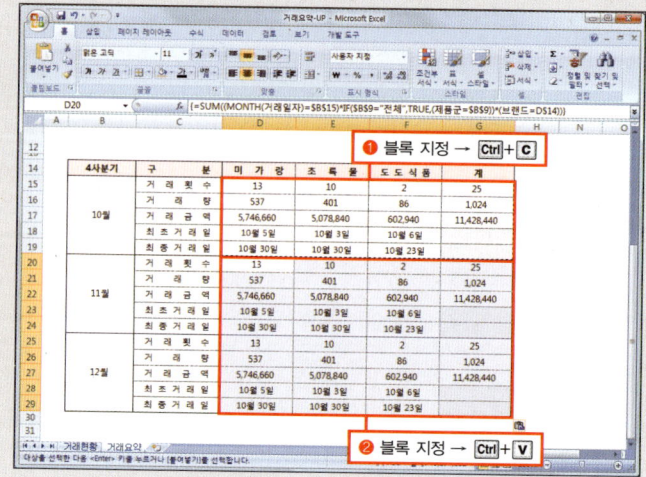

**3.** [D20:G24] 범위를 블록으로 지정하고

**4.** [홈] 탭 → [편집] 그룹 → [찾기 및 선택] (🔍)을 클릭한 다음

**5.** [바꾸기]를 선택합니다.

- 배열 수식에서 [B15] 셀의 월을 참조하는 셀 주소를 [B20] 셀을 참조하는 셀 주소로 모두 바꿔 줘야 합니다.

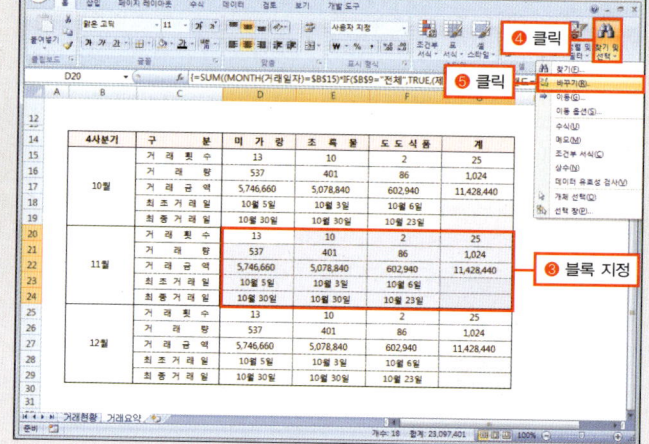

**6.** [찾기 및 바꾸기] 대화상자가 실행되면 [찾을 내용]에 『$B$15』를 입력하고, [바꿀 내용]에 『$B$20』을 입력한 다음

**7.** [모두 바꾸기] 단추를 클릭합니다.

**8.** 찾기 및 바꾸기가 끝나고 15개의 항목이 바뀌었다는 메시지가 나오면 [확인] 단추를 클릭합니다.

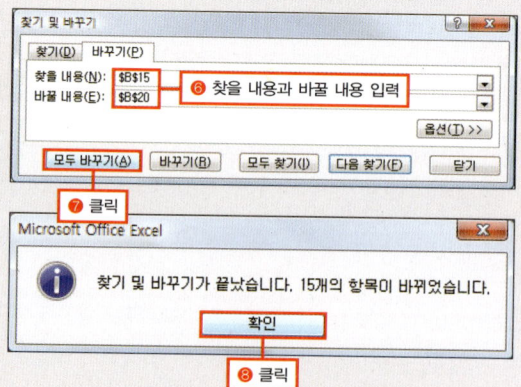

**9.** [찾기 및 바꾸기] 대화상자가 열려 있는 상태에서 [D25:G29] 범위를 블록으로 지정하고

**10.** [바꿀 내용]을 『$B$25』로 변경합니다.

**11.** [모두 바꾸기] 단추를 클릭한 다음 메시지가 나오면 [확인] 단추를 클릭하고 [찾기 및 바꾸기] 대화상자를 닫습니다.

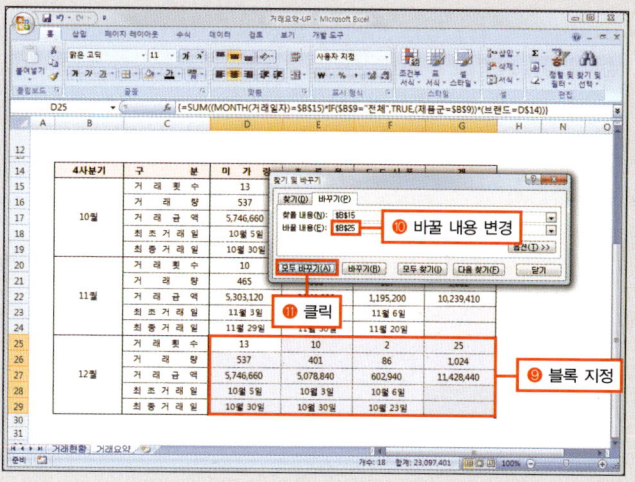

## 04 | 상세 내역을 표시 및 숨기는 매크로 단추 만들기

**1.** [개발 도구] 탭 → [컨트롤] 그룹 → [삽입](🔧)을 클릭하고 [양식 컨트롤] 영역에 있는 [단추](▭)를 선택한 다음

**2.** 마우스 왼쪽 단추를 클릭한 채 드래그해서 단추 컨트롤을 그립니다.

**3.** 마우스 단추에서 손을 떼면 자동으로 [매크로 지정] 대화상자가 실행되는데 [매크로 이름]에 『Detail』을 입력하고

**4.** [기록] 단추를 클릭합니다.

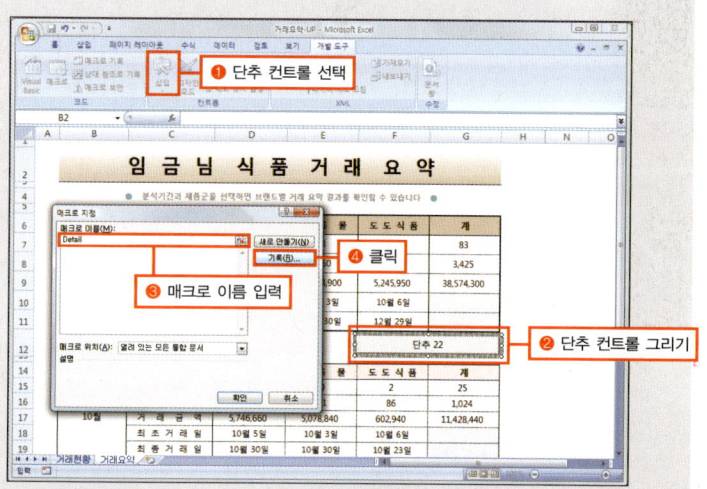

**5.** [매크로 기록] 대화상자가 실행되면 자동 설정된 매크로 이름을 확인하고 그대로 [확인] 단추를 클릭합니다.

**6.** 매크로 기록이 시작되면 [14:29] 행 범위의 행 머리글을 드래그해서 블록으로 지정한 다음

**7.** 마우스 오른쪽 단추를 클릭하고 [숨기기] 메뉴를 선택합니다.

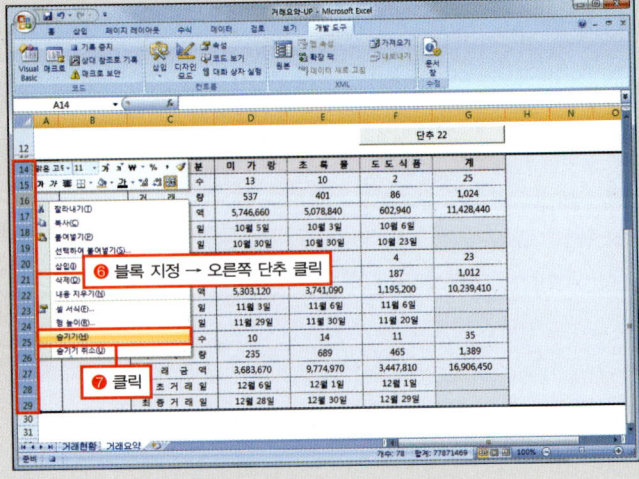

**8.** 선택한 행을 숨긴 다음 [B2] 셀을 클릭해서 셀 포인터의 마지막 위치를 정하고

**9.** 상태 표시줄에서 기록 중지(◻)를 클릭하여 매크로 기록을 종료합니다.

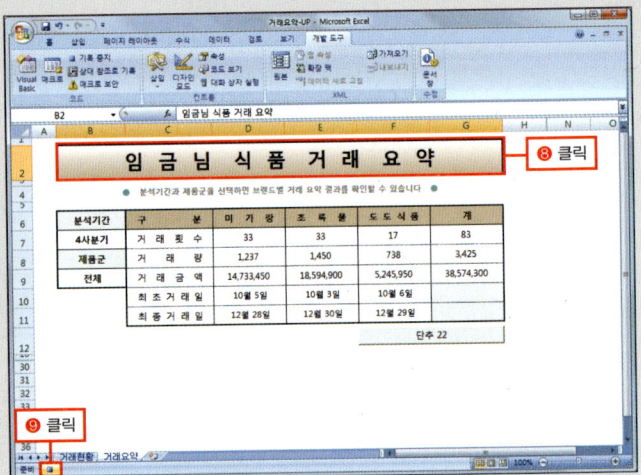

**10.** 단추 컨트롤의 텍스트를 『상세 내역 표시/숨기기』로 수정합니다.

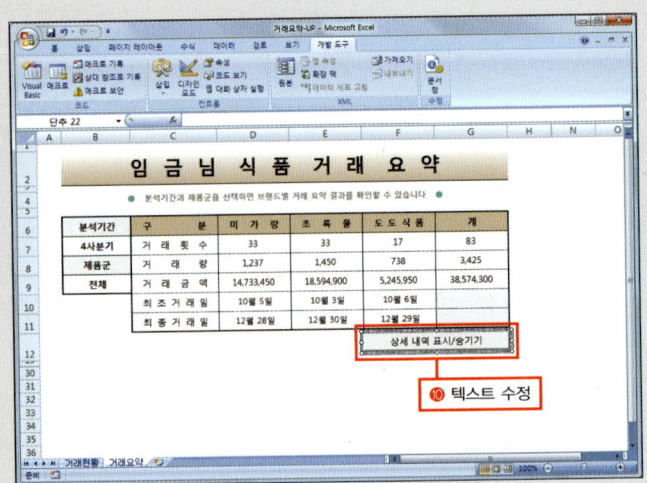

## 05 ┃ 매크로 코드 수정하기

**1.** [개발 도구] 탭 → [코드] 그룹 → [Visual Basic](圖)를 클릭하거나 Alt + F11 을 눌러서 [Microsoft Visual Basic] 창을 연 다음, 프로젝트 탐색기에서 [모듈]을 더블클릭하고 [Module1]을 더블클릭합니다. 이렇게 하면 'Module1' 모듈 시트에 기록된 'Detail' 매크로의 코드가 나타납니다.

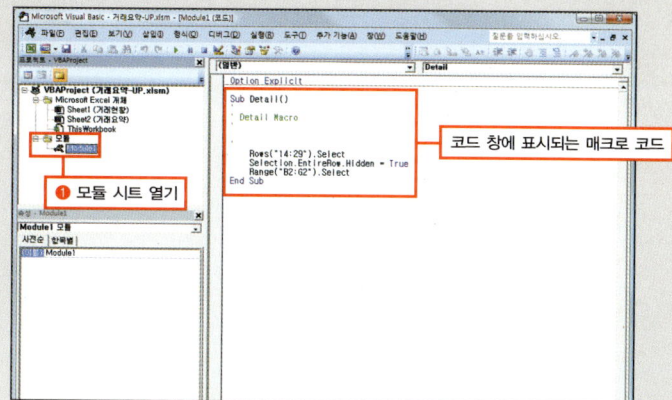

- 프로젝트 탐색기가 보이지 않으면 [보기] → [프로젝트 탐색기] 메뉴를 선택합니다.

**2.** 'Detail' 매크로 코드 중에서 선택 영역의 행을 숨기는 명령문을 다음과 같이 수정합니다.

- 코드 수정이 모두 끝나면 Microsoft Visual Basic 창은 닫아도 됩니다.

| 수정 전 | Selection.EntireRow.Hidden = **True** |
| --- | --- |
| | 선택 영역(Selection)에 포함되어 있는 행(EntireRow)의 숨김(Hidden) 속성을 'True'로 설정해서 행을 숨깁니다. |
| 수정 후 | Selection.EntireRow.Hidden = **Not Selection.EntireRow.Hidden** |
| | 선택 영역(Selection)에 포함되어 있는 행(EntireRow)의 숨김(Hidden) 속성을 현재 숨김 속성()의 반대(Not)로 설정합니다. 숨김 속성이 'True'이면 숨겨져 있는 것이므로 'Not True' 즉, 'False'로 설정해서 숨기기를 취소하고, 숨김 속성이 'False'이면 반대로 'True'로 만들어 숨겨줍니다. |

**3.** [거래요약] 워크시트에서 '상세 내역 표시/숨기기' 매크로 단추를 클릭하면 숨겨져 있던 행이 다시 나타납니다.

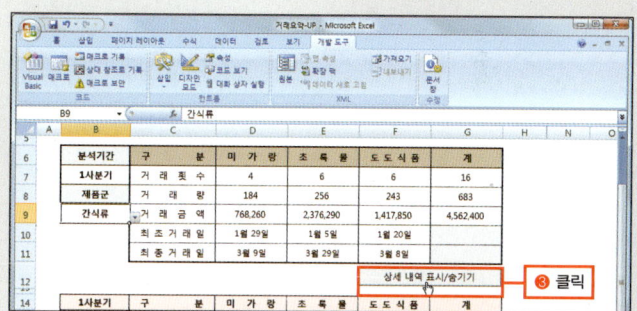

**4.** [14:29] 행 범위가 표시되어 있을 때 '상세 내역 표시/숨기기' 단추를 클릭하면 다시 행이 숨겨집니다.

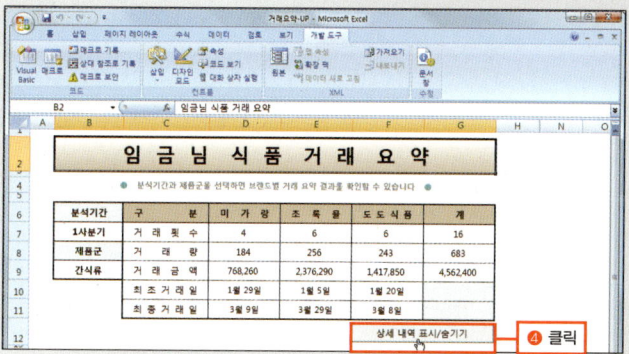

# 효과적인 업무 처리를 위해 매크로에 도전하자

## 2배 효과와 시간 절약을 위한 자동화 문서

매크로를 사용하면 확실하게 업무 자동화를 실현할 수 있으며, 그로 인해 여러분의 업무 효율이 두 배로 높아집니다. 매크로가 일반적인 엑셀 기능을 익히는 것보다 다소 어렵다는 이유로 덮어 두기에는 너무 아까운 장점이 많습니다. 여기에서는 초보자의 눈높이로 되도록 쉽고 간단하게 매크로를 이용한 문서 자동화에 도전합니다. 정식으로 VBA 문법을 하나씩 익히는 것도 물론 중요한 학습 방법이지만 일단 실무에서 사용하는 매크로를 도입해 보고 매크로 코드를 하나씩 해석하는 과정을 통하면 더 빨리 매크로에 대해 이해하고 엑셀의 마력에 빠져들게 될 것입니다.

T
H
E
M
E

# 실무를 위한 가벼운 워밍업

# 05

## 1. 매크로 편집을 위한 Visual Basic Editor

Visual Basic Editor는 매크로를 작성하고 편집하기 위한 별도의 창입니다. [개발 도구] 탭 → [코드]
그룹 → [Visual Basic](🔲)을 클릭하면 [Microsoft Visual Basic] 창이 열립니다. VBE 창의 구성은
사용자가 임의로 바꿀 수 있는데 여기에서 주로 사용하게 될 구성 요소는 프로젝트 탐색기와 코드 창
입니다. 이러한 구성 요소의 표시와 숨기기는 [보기] 메뉴를 이용해서 제어합니다.

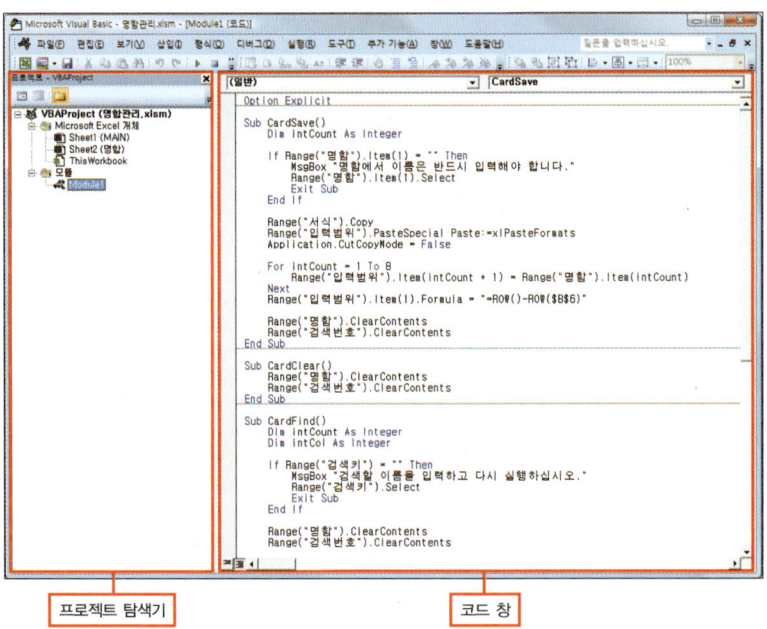

프로젝트 탐색기            코드 창

• **프로젝트 탐색기**

현재 엑셀에서 작업 중인 통합 문서를 프로젝트라고 합니다. 프로젝트 탐색기에는 이러한 프로젝
트와 함께 프로젝트를 구성하는 워크시트나 모듈 시트 등의 개체가 표시됩니다.

- **코드 창**

  매크로 코드를 작성하고 편집하는 영역입니다. 일반적으로 매크로 코드는 모듈 시트에 기록합니다. 프로젝트 탐색기에서 [Module1]과 같은 모듈 시트 이름을 더블클릭하면 그 모듈 시트의 코드 창이 나타납니다. 모듈 시트뿐만 아니라 통합 문서의 워크시트에도 코드 창이 있습니다. 시트의 코드 창은 워크시트 이벤트 프로시저를 작성할 때만 사용합니다.

Warming Up

## 2. 모듈 시트에 매크로 코드 입력하기

VBE 창에서 모듈 시트가 없으면 [삽입] 메뉴 → [모듈]을 클릭해서 새로운 모듈 시트를 추가로 삽입할 수 있습니다. 이렇게 삽입한 모듈 시트에 매크로 코드를 입력합니다. 매크로는 'Sub 프로시저'라고도 부르는데 이것은 매크로가 Sub 문으로 시작해서 End Sub 문으로 끝나기 때문입니다. 다음은 한 줄짜리 매크로 명령문을 포함하고 있는 가장 기본적인 형태의 매크로 구조를 보여줍니다.

| | |
|---|---|
| **Sub 매크로이름()**<br>　　실행할 매크로 명령문<br>**End Sub** | ■ 매크로(Sub 프로시저)는 Sub 문으로 시작해서 End Sub 문으로 끝납니다.<br>■ Sub~End Sub 사이에 실행할 매크로 명령문을 입력합니다. |
| **Sub PrintOne()**<br>　　Worksheets("개인명세서").PrintOut<br>**End Sub** | ■ 'PrintOne'이라는 이름의 매크로입니다.<br>■ '개인명세서'라는 이름을 가진 워크시트(Worksheets)를 PrintOut 메서드를 이용하여 프린터로 출력합니다. |

모듈 시트에 매크로 코드를 입력할 때 알아두어야 할 사항은 다음과 같습니다.

- 'Sub 매크로이름'까지 입력하고 Enter 를 눌러 'Sub 매크로이름() ~ End Sub' 형태의 매크로 구조를 만듭니다.

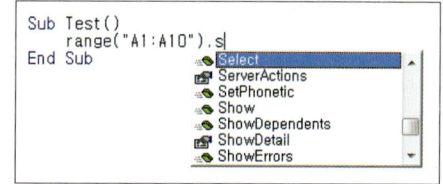

- Sub~End Sub 사이에 필요한 명령문 코드를 직접 입력합니다.
- 개체를 입력하고 마침표(.)를 입력하면 해당 개체에 대한 속성과 메서드 목록이 나타납니다. 여기에서 원하는 속성이나 메서드로 키보드의 방향키를 이용하여 이동한 다음 Tab 을 눌러서 속성이나 메서드를 자동으로 입력할 수 있습니다.
- 명령문을 입력하고 Enter 를 눌렀을 때 입력한 명령문이 잘못 되었을 경우에는 다음과 같이 컴파일 오류 메시지가 나타납니다. [확인] 단추를 클릭한 다음 명령문을 문법에 맞게 수정해야 합니다.

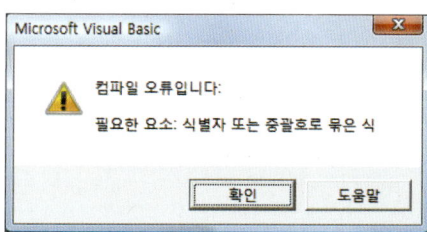

# 3. 개체, 컬렉션, 속성, 메서드에 대한 간단한 이해

매크로는 VBA(Visual Basic for Applications) 언어로 작성합니다. 매크로를 구성하는 VBA 명령문 코드는 개체를 먼저 지정하고, 그 개체에 대한 속성을 변경하거나 메서드를 실행합니다. 엑셀 VBA에서 다루어야 하는 많은 개체와 각 개체가 갖고 있는 속성 및 메서드에 대해 일일이 설명하는 것은 이 책의 범위를 벗어납니다. 여기에서는 VBA 언어에 대한 체계적인 지식 없이도 매크로를 당장 실무 문서에 적용하는 것을 목적으로 하기 때문에 매크로 코드를 이해할 수 있는 정도로만 진행될 것입니다. 따라서 개체, 개체의 집합인 컬렉션, 속성, 메서드에 대하여 간단하고 단순하게 설명합니다.

- **개체(Object)**

    통합 문서, 워크시트, 범위, 셀, 차트, 컨트롤 등 엑셀의 구성 요소를 나타냅니다. 개체와 메서드, 개체와 속성은 마침표(.)로 연결됩니다.

    **Range("A1:C5").Select**

    범위 [A1:C5]를 가리키는 Range 개체에 대해 Select 메서드를 실행합니다.

    **Cells(2,3).Value = 100**

    2행 3열의 셀(C2) 개체에 대해 Value 속성을 100으로 설정합니다.

- **컬렉션(Collection)**

    같은 종류의 개체 집합을 컬렉션이라고 합니다. 컬렉션에서 특정 개체를 지정하려면 개체 이름이나 인덱스 번호를 사용합니다.

    **Worksheets("개인명세서").PrintOut**

    Worksheets 컬렉션에서 [개인명세서] 워크시트 개체를 PrintOut 메서드로 출력합니다.

    **Worksheets(3).Name = "과일상자"**

    Worksheets 컬렉션에서 3번째 워크시트 개체의 이름(Name) 속성을 "과일상자"로 설정합니다.

- **속성(Property)**

    크기, 색, 위치, 값 등 개체의 특성이나 상태를 의미합니다. 일반적으로 VBA 코드에서 '개체.속성 = 값' 형식으로 개체의 속성을 변경할 수 있습니다.

    **Worksheets(1).Name = "Test"**

    1번 워크시트 개체의 이름(Name) 속성을 "Test"로 변경합니다.

    **Range("A1").Value = "대한민국"**

    [A1] Range 개체의 값(Value) 속성을 "대한민국"으로 설정합니다.

- **메서드(Method)**

    개체에 대해 실행되는 동작을 메서드라고 합니다. VBA 코드에서 '개체.메서드' 형식으로 개체가 특정 동작을 수행하도록 지정합니다.

**ActiveSheet.PrintOut**

현재 시트(ActiveSheet) 개체를 PrintOut 메서드를 사용하여 프린터로 출력합니다.

**Workbooks.Add**

통합 문서(Workbooks) 개체를 Add 메서드를 사용하여 새로 추가합니다.

# 4. 매크로에서 사용할 변수 선언하기

변수는 프로시저를 실행하면서 임시로 값을 저장하기 위한 공간입니다. 변수를 선언할 때는 다음과 같은 형식의 명령문을 사용합니다. Dim 문은 일반적으로 프로시저의 시작 부분에 입력합니다.

**Dim 변수이름 As 데이터 형식**

- Dim 키워드 다음에 변수이름을 입력합니다.
- As 다음에 변수에 저장할 데이터 형식을 지정합니다. As 이후를 생략할 수도 있습니다.
- 데이터 형식에는 Integer(정수), Single(단정도 실수), Double(배정도 실수), String(문자), Boolean(논리값) 등 여러 가지가 있습니다.

다음 예제는 문자형 변수 strName에 사용자가 입력한 이름을 저장한 다음 메시지 상자로 출력합니다. InputBox 함수는 입력 상자를 표시하고, MsgBox 함수는 메시지 상자를 표시합니다.

```
Sub Test()
    Dim strName As String
    strName = InputBox("사용자 이름을 입력하세요.")
    MsgBox strName & "님. 반갑습니다."
End Sub
```

- 문자형(String) 변수 ‘strName’ 을 선언합니다.
- InputBox 함수로 입력 상자를 표시하고 이름을 입력하게 합니다. 입력한 이름은 strName 변수에 저장됩니다.
- MsgBox 함수로 strName 변수의 값과 "님. 반갑습니다." 를 연결해서 메시지 상자로 표시합니다.

‘Test’ 매크로를 실행하면 입력 상자가 표시됩니다. 여기에 이름을 입력하고 [확인] 단추를 클릭하면 입력한 이름이 메시지 상자에 표시됩니다.

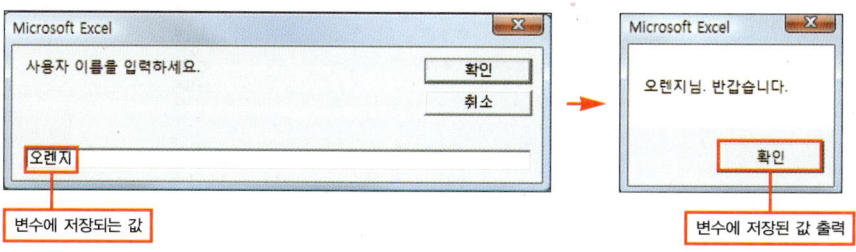

앞으로 많이 사용하게 될 변수로 '개체 변수'가 있습니다. 개체 변수는 워크북(Workbook), 워크시트 (Worksheet), 범위(Range) 등을 저장하는 특별한 형태의 변수입니다. 일반적인 변수에 값을 저장할 때는 '변수 = 값' 형태의 대입문을 사용하지만 개체 변수에 개체를 저장하기 위해서는 'Set 개체변수 = 개체' 형태로 코드를 작성합니다. 다음 예제는 myRange 개체 변수에 셀 범위 [A1:F7]을 담고, 특정 값을 입력합니다. 이 매크로를 실행하면 현재 워크시트의 [A1:F7] 범위에 'Excel 2007'이 입력됩니다.

```
Sub Test()
    Dim myRange As Range
    Set myRange = Range("A1:F7")
    myRange = "Excel 2007"
End Sub
```

- myRange 개체 변수를 선언합니다. 이 변수에 담을 수 있는 개체의 종류가 범위(Range)입니다.
- Set 키워드를 사용해서 myRange 변수에 [A1:F7] 범위를 저장합니다.
- myRange 변수에 저장된 범위에 "Excel 2007"을 입력합니다.

# 5. 변수 선언을 요구하는 Option Explicit 선언문

- 모듈 시트를 삽입했을 때 모듈 시트 선언부(위쪽)에 Option Explicit 문이 자동으로 표시될 수도 있습니다. 이 명령문은 Visual Basic Editor에서 [도구]–[옵션] 메뉴를 선택한 다음 [옵션] 대화상 자의 [편집기] 탭에서 [변수 선언 요구]가 선택되어 있을 때 자동으로 나타납니다.
- Option Explicit 문이 있으면 Sub 프로시저(매크로)에서 변수를 사용하기 전에 변수 이름과 데이 터 형식을 미리 선언해야 합니다. 선언하지 않고 사용하는 변수가 있으면 오류가 발생합니다.

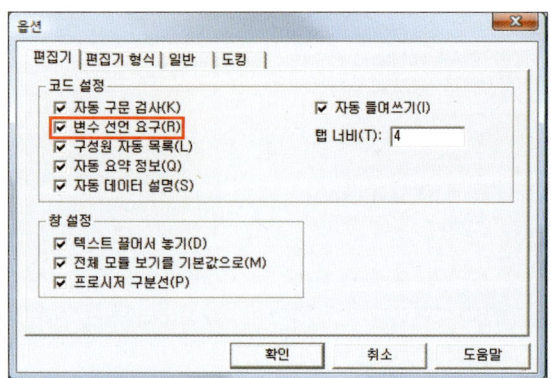

# 6. 메시지를 출력하는 MsgBox 함수

MsgBox 함수는 사용자에게 작업의 진행 상황이나 결과를 알려주기 위해 메시지 상자를 표시합니다. 단순하게 메시지만 출력할 수도 있지만 사용자에게 대답을 듣기 위해 [예], [아니요], [확인], [취소] 등의 단추를 함께 표시할 수도 있습니다.

---

**MsgBox 메시지, 단추종류, 제목**

- 메시지 : 대화상자에 표시할 메시지를 나타내는 문자열을 지정합니다.
- 단추 종류 : 선택 사항으로 대화상자에 표시할 단추의 형식을 지정합니다. 단추 종류를 생략하면 [확인] 단추만 대화상자에 표시됩니다.
- 제목 : 대화상자의 제목 표시줄에 표시할 문자열을 지정합니다. 생략하면 응용 프로그램의 이름이 제목 표시줄에 표시됩니다.

---

단추 종류를 지정한 경우 사용자가 누른 단추가 어떤 단추인지 알아내려면 "변수=MsgBox(...)" 형식으로 MsgBox 함수를 사용합니다. 그러면 사용자가 누른 단추의 값이 지정한 변수에 저장되는데, 이 때 사용하는 변수는 정수형(Integer)이어야 합니다. 다음 예제는 단추 종류를 'vbYesNo'로 지정해서 [예]와 [아니요] 단추가 있는 메시지 상자를 표시합니다.

```
Sub Test()
    Dim Answer As Integer
    Answer = MsgBox("좋은 아침입니까?", vbYesNo)
    If Answer = vbYes Then
        MsgBox "축하합니다."
    Else
        MsgBox "저런..."
    End If
End Sub
```

- Answer 변수를 정수형(Integer)으로 선언합니다.
- MsgBox 함수로 메시지를 표시하고, 사용자가 누른 단추의 값을 Answer 변수에 저장합니다.
- 'If 조건 Then ... Else ... End If' 명령문을 사용해서 Answer 변수의 값이 vbYes이면 '축하합니다.'를 표시하고, Answer 변수의 값이 vbNo이면 '저런...'을 표시합니다.
- 사용자가 [예] 단추를 클릭하면 vbYes, [아니요] 단추를 클릭하면 vbNo가 Answer 변수에 저장됩니다.

---

이 매크로를 실행한 결과는 다음과 같습니다. 첫 번째 메시지 상자에서 [예] 단추를 클릭했을 때와 [아니요] 단추를 클릭했을 때 각각 다른 메시지 상자가 표시됩니다.

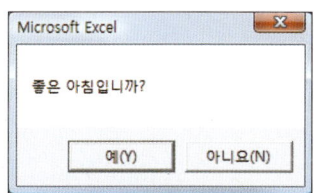

단추 값을 변수에 저장

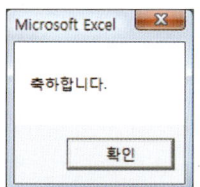

[예]를 클릭했을 때

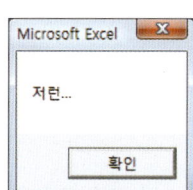

[아니요]를 클릭했을 때

# 7. 사용자로부터 값을 입력받기 위한 InputBox 함수

InputBox 함수는 대화상자에서 프롬프트를 보여주고 사용자가 입력한 값을 반환합니다. 실제로는 여러 종류의 인수를 지정할 수 있지만 가장 기본적인 형식은 다음과 같습니다.

### InputBox 프롬프트, 제목, 기본값

- 프롬프트 : 대화상자에 표시할 안내 메시지를 입력합니다.
- 제목 : 대화상자의 제목 표시줄에 표시할 문자열을 지정합니다. 생략하면 응용 프로그램의 이름이 제목 표시줄에 표시됩니다.
- 기본값 : 대화상자의 입력란에 표시할 초기 값을 지정합니다.

다음 예제는 대화상자를 표시해서 사용자가 입력한 값을 strName 변수에 저장한 다음 If 문으로 strName 변수의 값을 검사합니다.

```
Sub Test()
    Dim strName As String
    strName = InputBox("이름을 입력하세요", "사용자 확인", "오렌지")
    If strName = "오렌지" Then
        MsgBox "당신 이름을 입력해요!!!"
    End If
End Sub
```

- 문자형(String)으로 strName 변수를 선언합니다. InputBox 함수가 반환하는 값은 텍스트 형식이므로 문자형 변수가 필요합니다.
- InputBox 함수로 입력 대화상자를 표시하고 사용자가 입력한 값을 strName 변수에 저장합니다.
- If 문으로 strName 변수의 값이 '오렌지'와 같으면 MsgBox 함수로 메시지를 출력합니다.

이 매크로를 실행하면 입력란에 기본값 '오렌지'가 표시되는 입력 대화상자가 나타납니다. 입력란에 이름을 입력하고 [확인] 단추를 클릭하면 이름이 strName 변수에 저장되고, strName 변수의 값이 '오렌지'와 같을 때만 메시지 상자를 표시합니다.

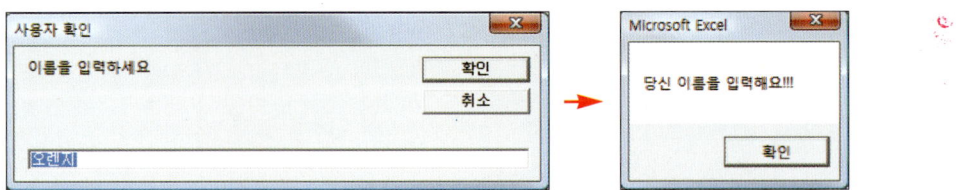

# 8. 매크로 코드를 단순화할 때 필요한 With ~ End With 문

With 문은 '개체.메서드' 또는 '개체.속성 = 값' 형식으로 명령문을 만들 때 반복되는 개체를 한 번만 지정하고 여러 메서드나 속성을 설정하기 위한 것으로 'With 개체 ~ End With' 구조로 이루어집니다. With 문을 사용하면 코드를 알아보기 쉽고 프로그램 수행 속도도 더 빨라집니다. 다음 예제에서는 With 다음의 'Range("A1")' 개체에 대해 두 개의 명령문을 실행합니다.

| With 문을 사용할 때 | With 문을 사용하지 않을 때 |
|---|---|
| **With** Range("A1")<br>　.Value = 100<br>　.Font.Size = 12<br>**End With** | Range("A1").Value = 100<br>Range("A1").Font.Size =12 |

# 9. 조건에 따라 다른 명령을 실행하는 If ~ End If 문

If 문은 조건을 검사해서 조건이 참일 때와 거짓일 때 각각 다른 명령문 그룹을 실행하는 제어문입니다. If 다음의 조건식은 그 결과가 참(True)이나 거짓(False)으로 판단되어야 하므로 일반적으로 비교 연산자를 사용하게 됩니다.

```
If 조건식 Then
    조건이 참일 때 실행할 명령문
Else
    조건이 거짓일 때 실행할 명령문
End If
```

- If 다음에 지정한 조건식이 참이면 Then 다음의 명령문 그룹을 실행하고, 조건식이 거짓이면 Else 다음의 명령문 그룹을 실행합니다.
- 조건식은 반드시 참(True) 또는 거짓(False)으로 결과를 반환해야 합니다.
- 조건이 참일 때만 명령문 그룹을 실행하고 거짓일 때 특별히 실행할 명령문이 없으면 Else 키워드와 다음 명령문 그룹을 생략하여 'If...Then...End If' 형식으로 사용할 수 있습니다.

다음 예제는 myCell 변수의 값이 0보다 클 때 Then 다음의 명령문을 실행하고, 0보다 작거나 같을 때 Else 다음의 명령문을 실행합니다.

```
Sub Test()
    Dim myCell As Range
    Set myCell = Range("A1")
    If myCell > 0 Then
        myCell.Interior.ColorIndex = 5
    Else
        myCell.Interior.ColorIndex = 3
    End If
End Sub
```

- myCell 개체 변수를 선언하고 Set 키워드를 사용해서 [A1] 셀을 myCell 개체 변수에 담습니다.
- myCell의 값이 0보다 크면 채우기 색(Interior.ColorIndex)을 5번(파랑)으로 설정합니다.
- myCell의 값이 0보다 작거나 같으면 채우기 색(Interior.ColorIndex)을 3번(빨강)으로 설정합니다.

Warming Up

# 10. 주어진 횟수만큼 명령 그룹을 반복 실행하는 For ~ Next 문

어떤 명령문을 주어진 횟수만큼 반복하고 싶을 때 For~Next 반복문을 사용합니다. 정수형(Integer)의 카운터 변수를 사용하여 명령문 그룹을 몇 번 반복할 것인지 결정해야 합니다. 주어진 횟수만큼 For~Next 사이의 명령문 그룹을 반복 실행한 다음에는 Next 다음 명령문을 실행하게 됩니다.

```
For 변수=초기값 To 종료값 Step 증감값
    반복 수행할 명령문
Next
```

- For 문이 있으면 Next 문이 반드시 쌍으로 존재해야 합니다. For~Next 사이의 명령문이 지정한 횟수만큼 반복해서 실행됩니다.
- 변수 : 반복 수행할 횟수를 카운트하기 위해 사용할 숫자 변수를 지정합니다.
- 초기값 : 변수의 시작값을 지정합니다.
- 종료값 : 변수의 최종값을 지정합니다.
- 증감값 : 한 번 명령문이 반복 수행될 때마다 증가 또는 감소하는 양을 지정합니다. Step 키워드를 생략할 경우 증감값은 1로 처리됩니다. 증감값이 양수이면 초기값보다 종료값이 커야하고, 증감값이 음수이면 초기값보다 종료값이 더 작아야 합니다.

다음 예제는 1부터 10까지의 합계를 계산하기 위해 For~Next 문을 사용합니다. 카운트 변수 intCount는 1부터 10까지 1씩 증가하고, intSum 변수에 intCount 변수의 값을 더합니다.

```
Sub Test()
    Dim intCount As Integer
    Dim intSum As Integer
    For intCount = 1 To 10
        intSum = intSum + intCount
    Next
    MsgBox "1부터 10까지의 합계 : " & intSum
End Sub
```

- 정수형(Integer) 변수를 두 개 선언합니다.
- intCount 변수가 1부터 10까지 1씩 증가하는 동안 즉, 10번 For~Next 사이에 있는 명령문을 반복해서 실행합니다.
- intSum 변수에 intCount 변수의 값을 더해서 저장합니다.
- For~Next 문의 실행이 끝나면 MsgBox 함수로 '1부터 10까지의 합계 : ' 와 intSum 변수의 값을 연결(&)해서 표시합니다.

intCount 변수와 intSum 변수의 값은 For~Next 문이 10번 실행되는 동안 다음과 같이 변화합니다.

| intCount | 1 | 2 | 3 | 4 | 5 | 6 | 7 | 8 | 9 | 10 |
|---|---|---|---|---|---|---|---|---|---|---|
| intSum | 1 | 3 | 6 | 10 | 15 | 21 | 28 | 36 | 45 | 55 |

## 11. 컬렉션의 개체에 대해 명령문 그룹을 반복 실행하는 For Each ~ Next 문

For Each...Next 문은 컬렉션을 구성하는 각 개체에 대해 명령문 그룹을 반복 실행할 때 사용합니다. 컬렉션의 첫 번째 요소를 변수에 담고 명령문 그룹을 수행한 다음, 두 번째 요소를 변수에 담고 다시 명령문 그룹을 수행합니다. 이런 식으로 컬렉션의 마지막 요소까지 변수에 담아 명령문 그룹의 수행을 반복합니다.

| For Each 변수 In 컬렉션<br>　명령문 그룹<br>Next 변수 | ■ 컬렉션을 구성하는 개체가 차례로 변수에 담기고 명령문 그룹이 수행됩니다.<br>■ 컬렉션에 있는 개체가 5개라면 명령문 그룹은 모두 5번 실행됩니다. |
|---|---|

다음 예제는 myRange 개체 변수에 [A1:B10] 범위를 저장한 다음, For Each~Next 문에서 myCell 변수에 myRange 변수의 있는 셀을 하나씩 담고 명령문을 실행합니다. 맨 처음에 myCell 변수에는 [A1] 셀이 담기고, 다음에는 [B1], [A2], [B2] 순서로 myCell 변수에 담기는 셀이 달라집니다.

```
Sub Test()
    Dim myRange As Range
    Dim myCell As Range
    Set myRange = Range("A1:B10")
    For Each myCell In myRange
        myCell = myCell * 2
    Next
End Sub
```

- Range 개체를 저장할 수 있도록 두 개의 개체 변수 myRange와 myCell 개체 변수를 선언합니다.
- Set 키워드로 myRange 개체 변수에 현재 워크시트의 [A1:B10] 범위를 담습니다.
- myCell 변수에 myRange 변수를 구성하는 셀을 하나씩 담으면서 For Each~Next 사이의 명령문을 실행합니다. myRange 변수에 저장된 셀의 개수가 모두 20개이기 때문에 이 명령문은 20번 반복됩니다.
- myCell 변수에 저장된 셀의 값에 2를 곱해서 다시 myCell 변수에 저장된 셀에 넣습니다. 이 명령문으로 myCell 변수에 저장된 셀의 값이 2배로 변경됩니다.

# 엑셀로 구현하는 메일 머지(Mail Merge) 작업

S e c t i o n

# 01

메일 머지는 똑같은 내용의 편지에서 특정 부분만 바꿔 수십, 수백, 수천 장의 문서를 한 번에 작성하는 기능으로 엑셀에서는 수식과 매크로를 이용해서 워드프로세서보다 더 똑똑한 메일 머지 작업을 구현할 수 있습니다. 여기에서는 사내 교육을 위해 직원들의 교육 신청 데이터를 이용하여 자동으로 납입 통지서를 작성하는 과정을 살펴봅니다. 여기서 만든 매크로를 응용하면 개인별 급여지급 명세서를 출력하거나 고객에게 보내는 안내문 등을 자동으로 작성할 수 있습니다.

P r e v i e w    ● **시작 파일** : Theme-5\시간절약\납입통지서.xlsm    ● **완성 파일** : Theme-5\완성파일\납입통지서.xlsm

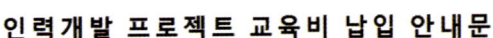

개인 통지서 인쇄 ──────────── 현재 납입 통지서를 인쇄하는 매크로 실행

## 인력개발 프로젝트 교육비 납입 안내문

인력개발 프로젝트는 기업 구성원의 전문화와 실무능력을 배가시켜 기업 경쟁력을 높이기 위한 교육 프로젝트입니다. 10월 교육 과정에 관심을 갖고 신청해 주신 사원 여러분께 만족스러운 교육을 시행하기 위해 우수한 강사진을 초빙하여 최고의 교육 효과를 달성할 수 있도록 최선을 다하겠습니다.

아래의 안내문을 참고하여 지정한 납입 기간 내에 신청한 교육비 및 교재비를 총무과에 납입하여 주시기 바랍니다. 지정한 기간 동안 특별한 사유 없이 교육비 납입이 이루어지지 않을 경우 10월 교육 일정에 참여하실 수 없게 되며, 다음 교육 신청시 대기 인원으로만 신청이 가능한 불이익을 당할 수 있습니다. 대기 인원은 정원 미달인 경우에만 해당 교육에 참여할 수 있습니다.

### 1. 교육 신청자

| 사  번 | 이  름 | 부  서 |
|--------|--------|--------|
| DR-0827 | 체 주 민 | 기 전 부 |

──────────── 납입 통지서를 만들 사번 선택

### 2. 교육비 납입 기간

- 교육 기간 : 2008년 10월 6일 ~ 10월 31일
- 납입 기간 : 2008년 9월 22일 ~ 9월 26일

### 3. 교육 신청 내역

| 과목코드 | 과목명 | 교육비 | 교재비 | 계 |
|---------|--------|--------|--------|-----|
| E01 | Excel입문 | 55,000 | | 55,000 |
| E02 | Excel활용 | | | |
| E03 | Excel함수 | | | |
| P01 | PT기법 | 75,000 | 12,500 | 87,500 |
| D01 | DB일반 | 60,000 | | 60,000 |
| 과목수 | 3 과목 | 총 납 입 금 액 | ₩ | 202,500 |

──────────── 교육을 신청한 과목의 교육비 및 교재비 자동 출력

### 주식회사 대왕미디어

인력개발 프로젝트팀 (Tel : 123-1234)

## 01  납입통지서 작성에 필요한 이름 정의하기

**1.** [수강신청] 워크시트에서 [B7:B55] 범위를 블록으로 지정하고

**2.** 이름 상자에 『사번』을 입력한 다음 Enter 를 눌러 이름을 정의합니다.

- 이름 '사번'은 납입 통지서를 작성할 사원을 선택하기 위한 데이터 유효성 검사에서 사용됩니다.

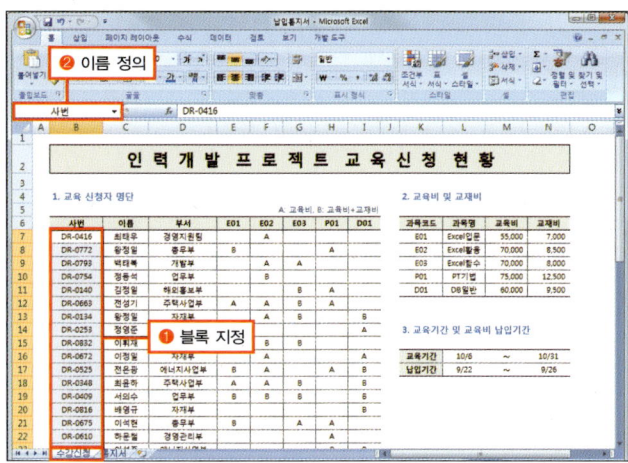

**3.** 같은 방법을 사용하여 [B7:I55] 범위에 '표1', [K7:N11] 범위에 '표2', [L16:N17] 범위에 '표3'으로 각각 이름을 정의합니다.

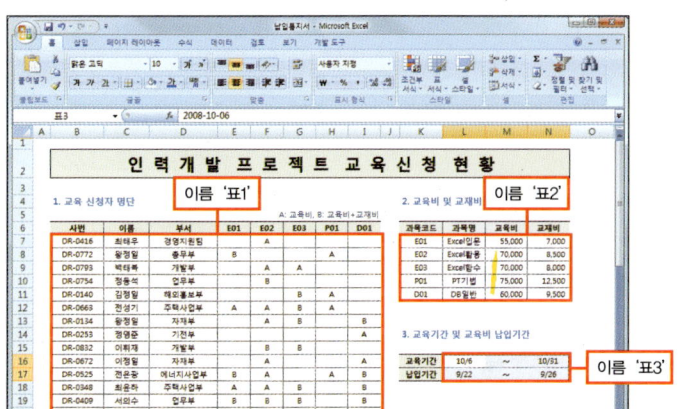

## 02  교육 신청자 정보 표시하기

**1.** [통지서] 워크시트의 [E14] 셀에서 [데이터] 탭 → [데이터 도구] 그룹 → [데이터 유효성 검사]( )를 클릭하고

**2.** [데이터 유효성] 대화상자의 [설정] 탭에서 [제한 대상]을 [목록]으로 선택한 다음

**3.** [원본]에 『=사번』을 입력하고

**4.** [확인] 단추를 클릭합니다.

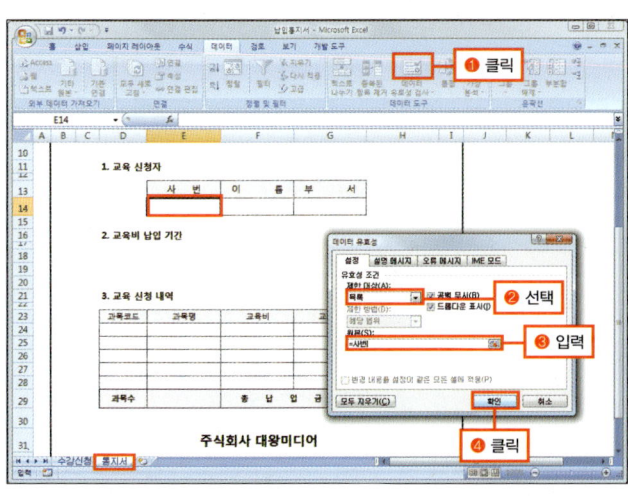

**5.** [E14] 셀에서 목록 단추를 클릭하면 '사번' 범위의 데이터가 표시됩니다. 여기에서 납입 통지서를 작성할 사번을 선택하여 입력하고

**6.** [E14] 셀에 '선택사번'으로 이름을 정의합니다.

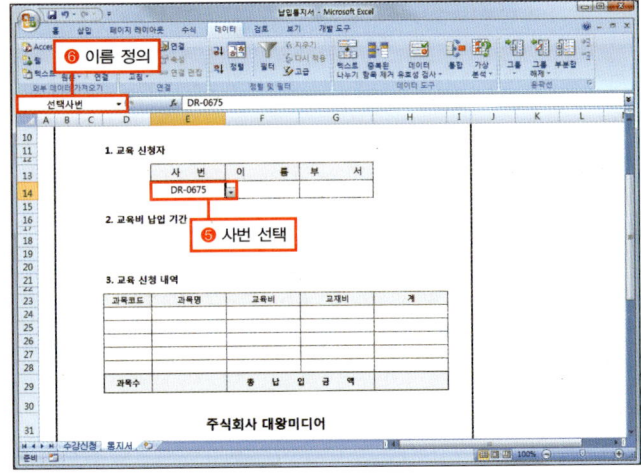

**7.** [수식] 탭 → [정의된 이름] 그룹 → [이름 정의](이름 정의)를 클릭하고

**8.** [새 이름] 대화상자에서 [이름]에 『번호』를 입력합니다.

**9.** [참조 대상]에 『=MATCH(선택사번,사번,0)』을 입력한 다음

**10.** [확인] 단추를 클릭합니다.

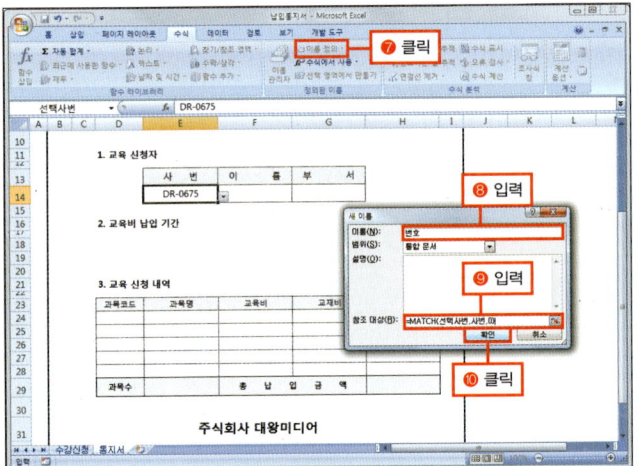

**11.** [F14:G14] 범위를 블록으로 지정하고

**12.** 『=INDEX(표1,번호,COLUMN(B1))』을 입력한 다음 Ctrl + Enter 를 누르면 [F14] 셀에는 선택한 사번의 이름, [G14] 셀에는 선택한 사번의 부서가 표시됩니다.

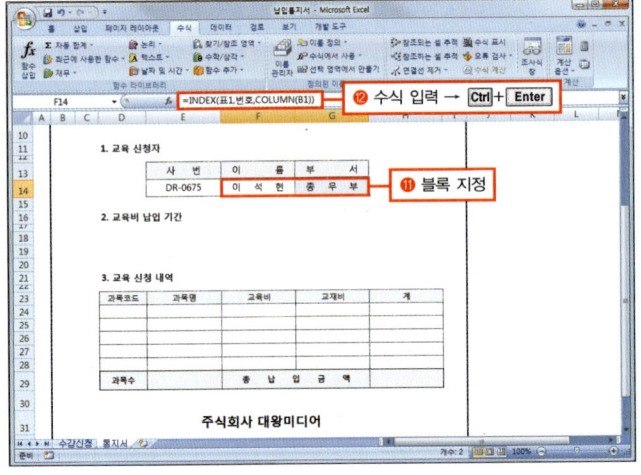

**수식이 궁금해**

이름 '번호'는 '선택사번' 셀의 사번이 '사번' 범위에서 몇 번째에 있는지를 가리키는 위치 번호입니다. 이 번호를 이용하여 '표1' 범위에서 선택한 사번에 대한 이름과 부서를 INDEX 함수로 가져옵니다.

| 번호 | =MATCH(선택사번,사번,0) |
|------|------------------------|
| 이름과 부서 | =INDEX(표1,번호,COLUMN(B1)) |

- **=MATCH(선택사번,사번,0)**

  'MATCH(값,범위,옵션)' 함수는 지정한 범위에서 주어진 값을 찾아 위치 번호를 반환합니다. 옵션을 '0'으로 지정하면 정확하게 일치하는 값을 찾습니다.

- **COLUMN(B1)**

  [B1] 셀의 열 번호를 COLUMN 함수로 구합니다. [F14] 셀에서는 COLUMN의 값이 '2'가 되고 [G14] 셀에서는 'COLUMN(C1)'으로 셀 참조가 조정되어 COLUMN의 값이 '3'이 됩니다.

- **=INDEX(표1,번호,COLUMN)**

  만약에 '사번' 범위에서 5번째에 있는 사번을 선택했다면 '번호'의 값은 '5'가 됩니다. INDEX 함수는 [F14] 셀에서 '표1' 범위의 5행 2열에 있는 '이름'을 가져옵니다. [G14] 셀에서는 열 번호만 달라지므로 '표1' 범위의 5행 3열에 있는 '부서'를 가져옵니다.

## 03 교육 기간과 납입 기간 표시하기

**1.** [E18] 셀에 『=TEXT(INDEX(표3,1,1),"- 교육 기간 : yyyy년 m월 d일 ~ ")&TEXT (INDEX(표3,1,3),"m월 d일")』을 입력해서 교육 기간을 표시합니다.

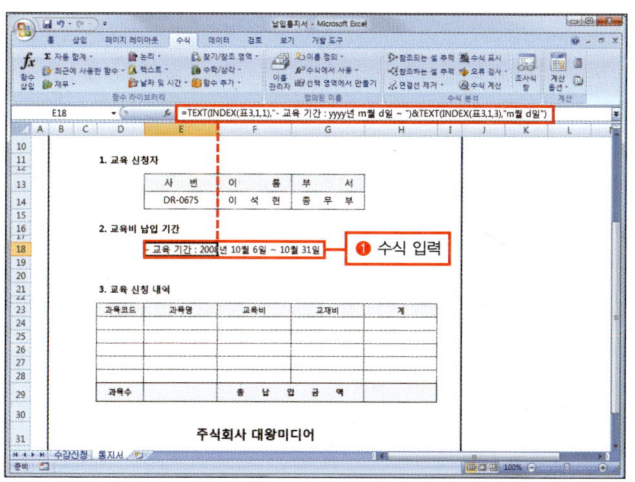

**수 식 이 궁 금 해**

'표3' 셀의 1행 1열에 있는 교육 기간의 시작일과 1행 3열에 있는 종료일을 INDEX 함수로 구하고, TEXT 함수를 이용하여 표시 형식을 적용한 후 텍스트로 변환해서 셀에 표시하는 수식입니다.

| 교육 기간 | =TEXT(INDEX(표3,1,1),"– 교육 기간 : yyyy년 m월 d일 ~ ")<br>&TEXT(INDEX(표3,1,3),"m월 d일") |
| --- | --- |

- **INDEX(표3,1,1)**

  '표3'의 1행 1열에 있는 날짜를 구합니다.

- **TEXT(INDEX,"– 교육 기간 : yyyy년 m월 d일 ~ ")**

  'TEXT(값,"표시 형식")' 함수는 지정한 값에 따옴표 안의 표시 형식을 적용하여 텍스트로 변환하는 함수입니다. 여기에서는 INDEX 함수로 구한 날짜가 '2008–10–06'이라면 '– 교육 기간 : 2008년 10월 6일 ~'로 변환합니다.

- **TEXT(INDEX(표3,1,3),"m월 d일")**

  '표3'의 1행 3열에 있는 날짜를 구해서 '10월 31일'과 같은 형태로 표시합니다. 'TEXT&TEXT'와 같은 구조로 두 개의 TEXT 함수가 반환한 값을 & 연산자로 연결해서 표시합니다.

**2.** [E19] 셀에 『=TEXT(INDEX(표3,2,1),"– 납입 기간 : yyyy년 m월 d일 ~ ")&TEXT(INDEX(표3,2,3),"m월 d일")』을 입력해서 납입 기간을 표시합니다.

- INDEX 함수로 '표3'의 2행 1열에 있는 납입 기간의 시작일과 '표3'의 2행 3열에 있는 종료일을 구해서 TEXT 함수로 표시 형식을 적용한 후 텍스트로 변환합니다.

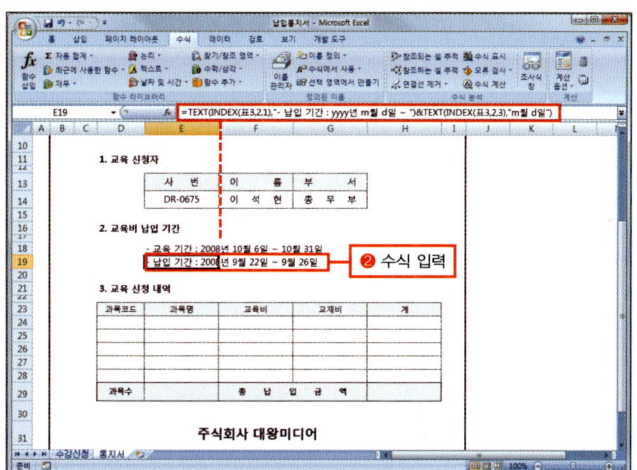

## 교육 신청 내역 만들기

**1.** [D24:E28] 범위를 블록으로 지정하고

**2.** 『=INDEX(표2,ROW(A1),COLUMN(A1))』
을 입력한 다음 Ctrl + Enter 를 누릅니다.

- '표2' 범위의 1열과 2열에 있는 과목코드와 과목
  명을 INDEX 함수로 가져옵니다.
- 'ROW(A1)'은 아래로 내려가면서 1, 2, 3, 4, 5로
  변하고 'COLUMN(A1)'은 오른쪽으로 가면서 1,
  2로 변합니다.

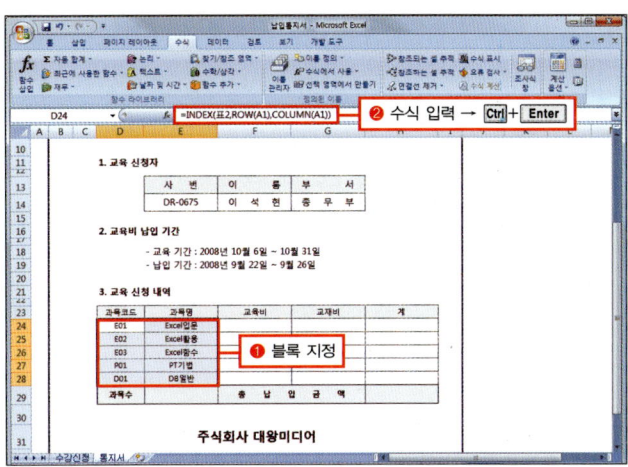

**3.** [F24:F28] 범위에 『=IF(INDEX(표1,번
호,ROW(A4))="","",INDEX(표2,ROW(A1),
3))』을 입력합니다.

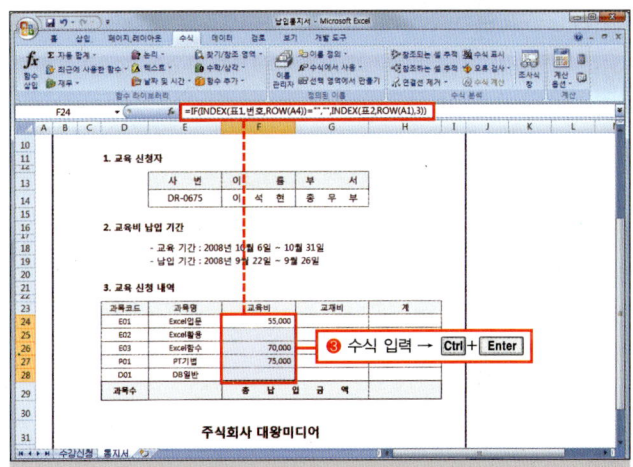

**수 식 이   궁 금 해**

'표1' 범위의 4열부터 8열에 있는 셀 범위가 비어 있는지 검사해서 비어 있지 않을 경우 '표2' 범위에 있는 교육비
를 표시하는 수식입니다.

| 교육비 | =IF(INDEX(표1,번호,ROW(A4))="","",INDEX(표2,ROW(A1),3)) |
| --- | --- |

- **INDEX(표1,번호,ROW(A4))**

  ROW(A4)는 아래로 내려가면서 4, 5, 6, 7, 8로 변합니다. 선택한 사번의 위치 번호를 가리키는 '번호'의 값이
  '5'라면 [F24] 셀에서 INDEX 함수는 '표1' 범위의 5행 4열에 있는 셀을 의미합니다. [F25] 셀에서는 '표1' 범위
  의 5행 5열에 있는 셀을 의미합니다. 결국 INDEX 함수는 선택한 사번에 대한 각 과목 코드 셀이 됩니다.

- **IF(INDEX="","",INDEX(표2,ROW(A1),3))**

  INDEX 함수로 구한 과목 코드 셀이 비어 있으면 신청하지 않은 과목이므로 빈 문자열을 표시합니다. 과목 코드
  셀이 비어 있지 않으면 INDEX 함수로 '표2' 범위에서 3열에 있는 교육비를 가져와 표시합니다. ROW(A1) 함수
  는 아래로 내려가면서 1, 2, 3, 4, 5로 변하므로 INDEX 함수는 각 과목에 대한 교육비를 의미합니다.

**4.** [G24:G28] 범위에 『=IF(INDEX(표1, 번호,ROW(A4))="B",INDEX(표2,ROW(A1), 4),"")』를 입력한 다음 Ctrl + Enter 를 누릅니다.

- 교육비를 구할 때와 같은 형식의 IF 함수식입니다.
- INDEX 함수로 구한 과목 코드 셀이 'B'와 같으면 INDEX 함수로 '표2'의 4열에 있는 교재비를 표시하고, 나머지 경우는 빈 문자열을 표시합니다.

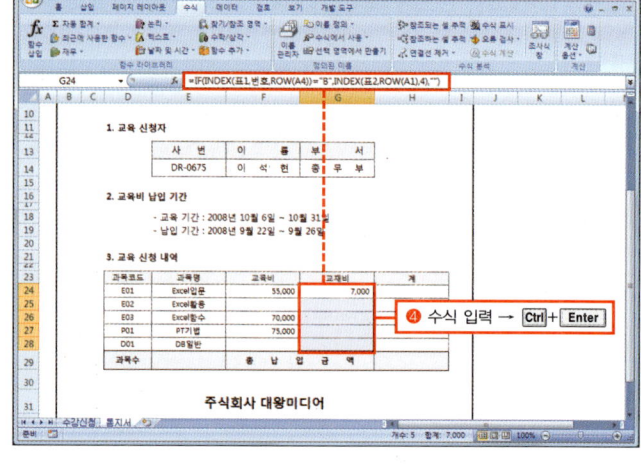

**5.** [H24:H28] 범위에 『=SUM(F24:G24)』를 입력한 다음 Ctrl + Enter 를 눌러 과목별로 교육비와 교재비의 합계를 계산합니다.

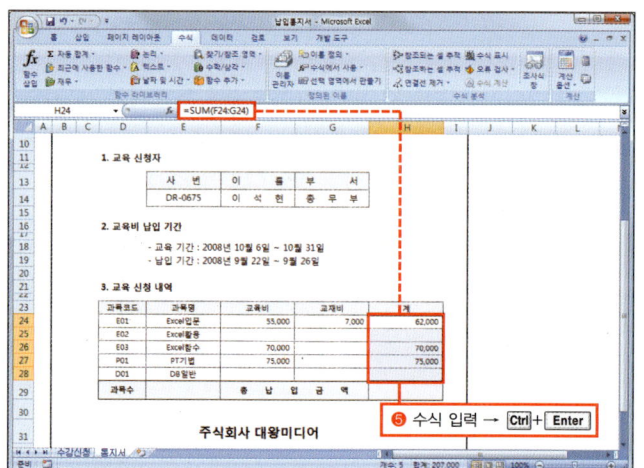

**6.** [H29] 셀에 『=SUM(H24:H28)』을 입력해서 [H24:H28] 범위의 합계로 총 납입 금액을 계산하고

**7.** [E29] 셀에 『=COUNT(F24:F28)&" 과목"』을 입력해서 신청한 과목 수를 표시합니다.

- COUNT 함수로 [F24:F28] 범위에서 숫자의 개수를 구하면 신청한 과목 수가 됩니다.

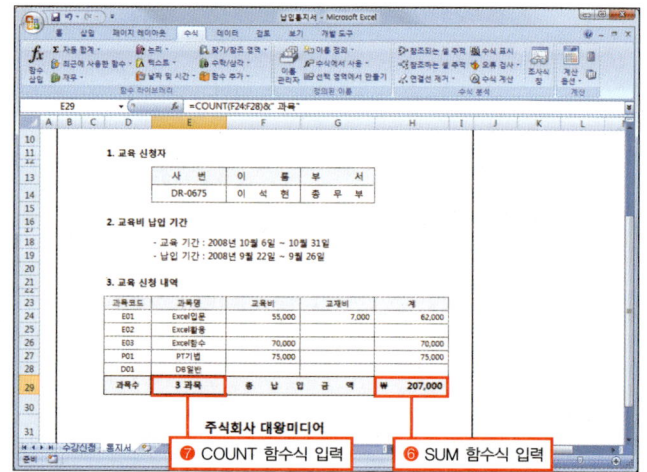

8. [E14] 셀에서 목록 단추를 클릭하고 다른 사번을 선택해서 입력한 다음 납입 통지서의 각 란에 바르게 정보가 표시되는지 확인합니다.

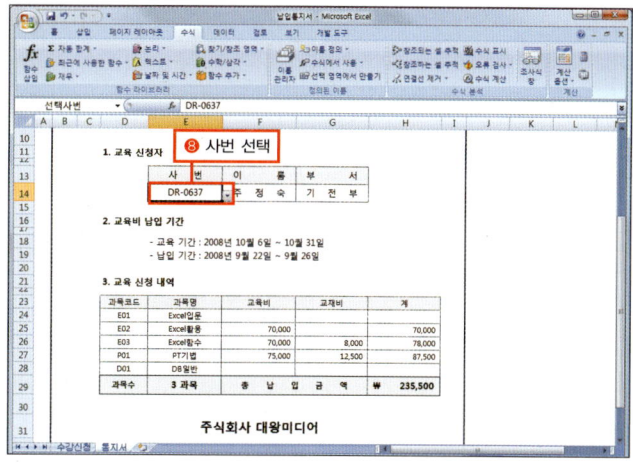

## [05] 납입 통지서를 인쇄하는 매크로 만들기

1. [개발 도구] 탭 → [코드] 그룹 → [Visual Basic]()을 클릭해서 [Microsoft Visual Basic] 창을 연 다음 [삽입] 메뉴 → [모듈]을 선택해서 모듈 시트를 삽입합니다.

2. 모듈 시트에 『Sub PrintOne』을 입력하고 Enter 를 눌러서 'Sub PrintOne() ~ End Sub' 구조를 만듭니다.

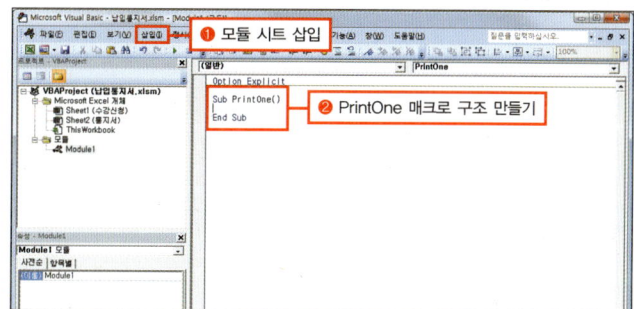

3. 'Sub'와 'End Sub' 사이에 다음과 같이 [통지서] 워크시트를 인쇄하는 매크로 코드를 입력한 후 [Microsoft Visual Basic] 창을 닫습니다.

```
Sub PrintOne()
    If Range("선택사번") = "" Then
        MsgBox "통지서를 인쇄할 사번을 먼저 선택하고 다시 실행하십시오."
```

- '선택사번' 범위(Range)가 비어 있을 때 If ~ Else 사이의 명령문을 실행합니다.
- MsgBox 함수로 사번을 선택하라는 메시지를 표시합니다.

```
    Else
        Worksheets("통지서").PrintPreview
    End If
```

- If 다음의 조건이 거짓일 때 Else ~ End If 사이의 명령문이 실행됩니다.
- '통지서' 워크시트(Worksheets)를 인쇄 미리 보기(PrintPreview)로 실행합니다.
- 매크로 코드가 정상적으로 실행되는지 확인한 다음 PrintPreview 메서드를 PrintOut 메서드로 바꿔서 프린터로 통지서를 출력할 수 있습니다.

```
End Sub
```

**4.** [개발 도구] 탭 → [컨트롤] 그룹 → [삽입](📋)을 클릭하고 [양식 컨트롤] 영역에서 [단추](🔘)를 선택하고

**5.** 마우스로 드래그해서 단추 컨트롤을 그립니다.

**6.** 자동으로 [매크로 지정] 대화상자가 실행되면 [PrintOne] 매크로를 선택하고

**7.** [확인] 단추를 클릭합니다.

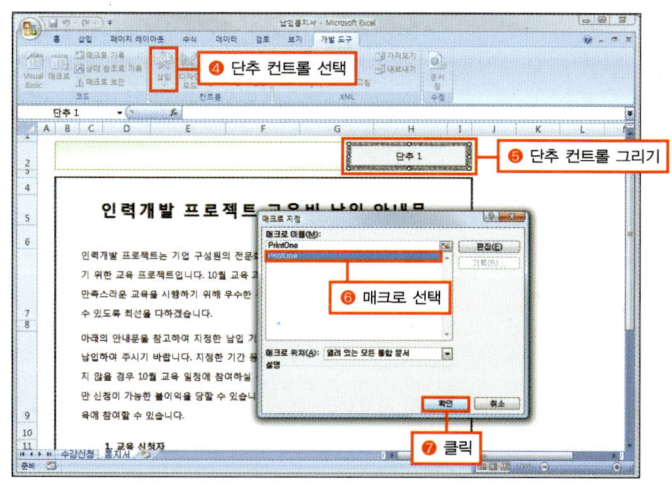

**8.** 단추의 텍스트를 '개인 통지서 인쇄' 로 수정하고 임의의 셀을 클릭해서 컨트롤 선택을 해제한 다음, '개인 통지서 인쇄' 단추를 클릭해서 'PrintOne' 매크로를 실행합니다.

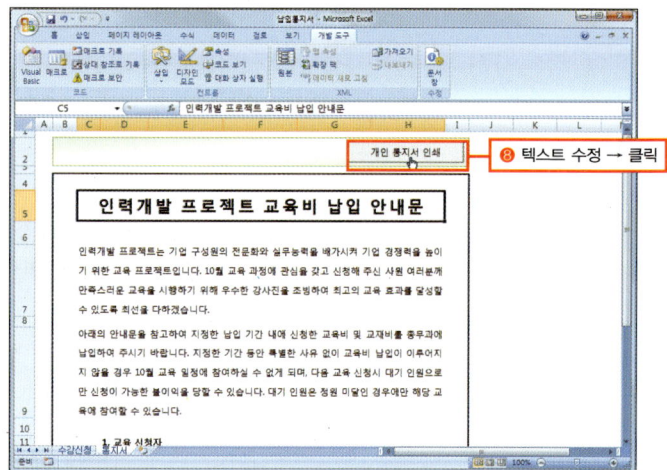

**9.** 인쇄 미리 보기가 실행되면 납입 통지서의 인쇄 모양을 확인하고 인쇄 미리 보기 닫기(❌)를 클릭합니다.

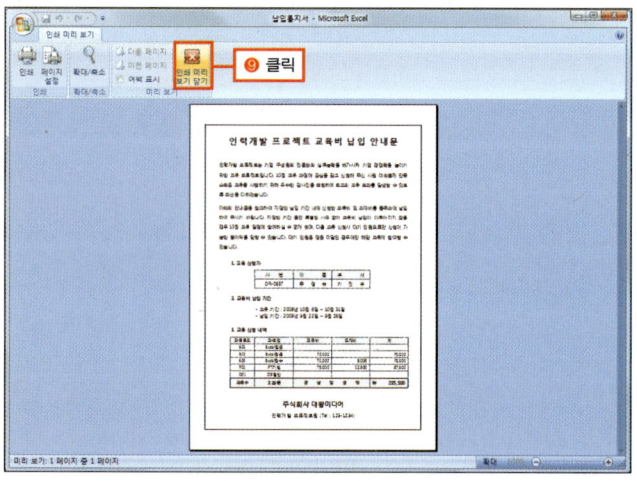

**10.** 만약에 '선택사번' 셀에서 [Delete]를 눌러 사번을 지운 다음 'PrintOne' 매크로를 실행하면 다음과 같이 메시지 상자가 나타납니다. [확인] 단추를 클릭해서 메시지 상자를 닫고 사번을 선택한 다음 매크로를 실행해야 합니다.

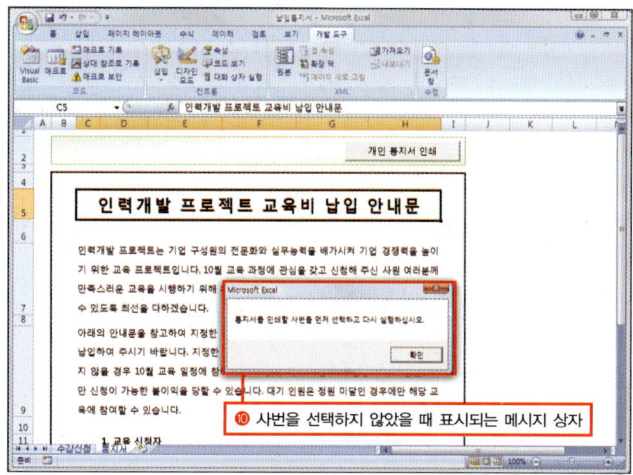

⑩ 사번을 선택하지 않았을 때 표시되는 메시지 상자

# U p g r a d e    전체 신청자의
## 납입 통지서를 한번에 인쇄하자

● **시작 파일** : Theme-5\시간절약\납입통지서-UP.xlsm   ● **완성 파일** : Theme-5\완성파일\납입통지서-UP.xlsm

메일 머지를 실현하기 위해서는 같은 내용의 문서에서 필요한 부분만 바꿔가면서 반복적으로 인쇄가 실행되어야 합니다. 여기
에서는 첫 번째 사원의 사번부터 마지막 사원의 사번까지 차례대로 '선택사번' 셀에 넣어서 통지서를 만들고 인쇄를 실행하는
매크로를 작성합니다. 내용을 바꾸는 부분은 수식이 해결하고 수식이 참조하는 셀 값을 바꾸고 인쇄를 실행하는 부분은 매크로
가 처리하게 됩니다.

## 01 | 조건부 서식으로 수식 오류 처리하기

**1.** [통지서] 워크시트에서 '선택사번'으로
이름이 정의되어 있는 [E14] 셀에서 Delete
를 눌러 사번을 지우면 '선택사번'을 참
조하는 수식의 결과가 모두 #N/A 오류 값
으로 표시됩니다.

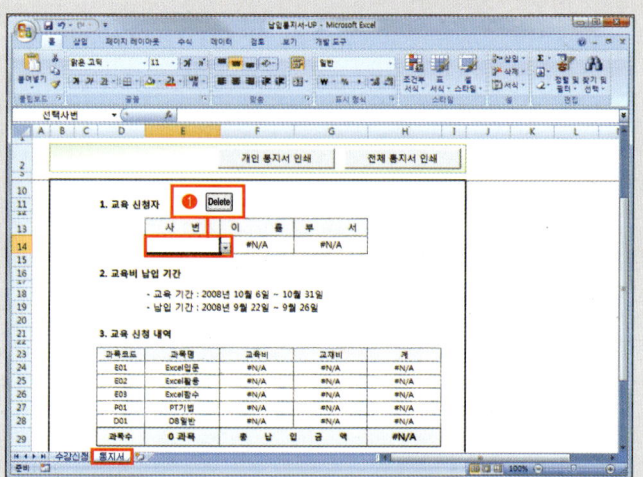

**2.** [F14:G14] 범위를 블록으로 지정하고
Ctrl 을 누른 상태에서 [F24:H28], [E29],
[H29] 범위를 선택해서 블록으로 지정한
다음

**3.** [홈] 탭 → [스타일] 그룹 → [조건부 서
식](🔳)을 클릭하고

**4.** [새 규칙]을 선택합니다.

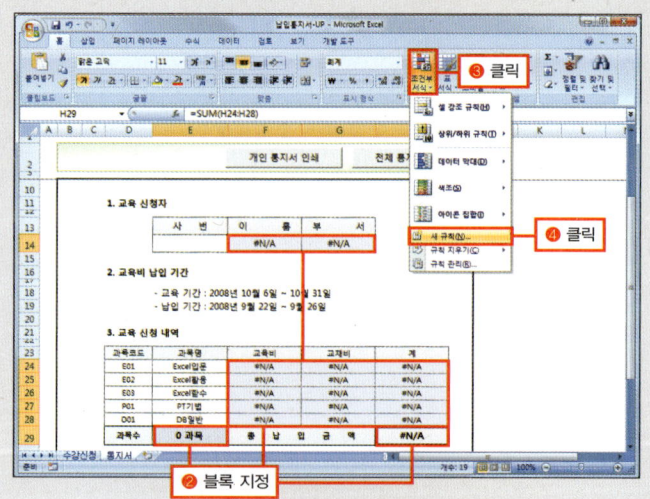

**5.** [새 서식 규칙] 대화상자에서 [수식을 사용하여 서식을 지정할 셀 결정]으로 규칙 유형을 선택하고

**6.** 수식 상자에 『=$E$14=""』를 입력합니다.

**7.** [서식] 단추를 클릭하고 [셀 서식] 대화상자에서 글꼴의 색과 채우기 색을 모두 같은 색으로 지정한 다음 [확인] 단추를 클릭합니다.

**8.** 다음과 같이 수식으로 조건부 서식 규칙이 만들어지면 [확인] 단추를 클릭합니다.

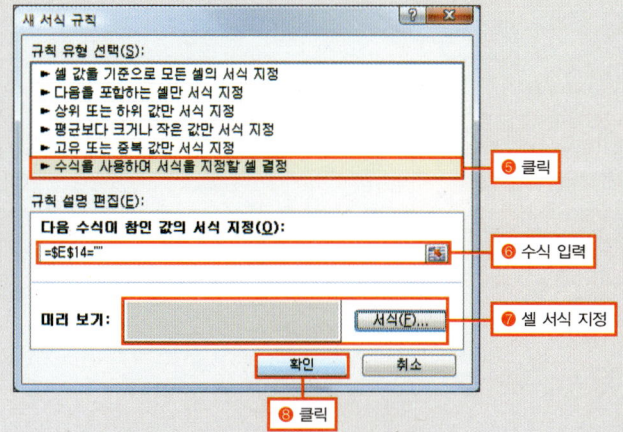

**9.** [E14] 셀이 비어 있으면 조건부 서식을 지정한 셀의 글꼴 색과 채우기 색이 모두 같은 색으로 표시되므로 실제로 아무 것도 없는 것처럼 보입니다.

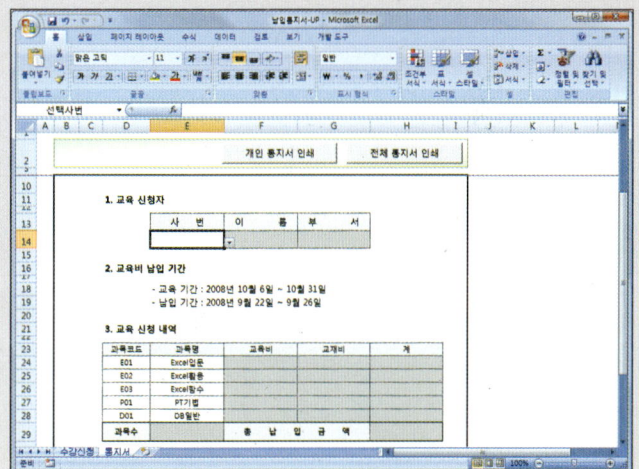

## 02 ❙ 사원 전체의 납입 통지서를 출력하는 매크로 코드

**1.** [Microsoft Visual Basic] 창을 연 다음 모듈 시트에 『Sub PrintAll』을 입력하고 [Enter]를 눌러서 매크로 구조를 만든 다음 'Sub~End Sub' 사이에 매크로 코드를 입력합니다.

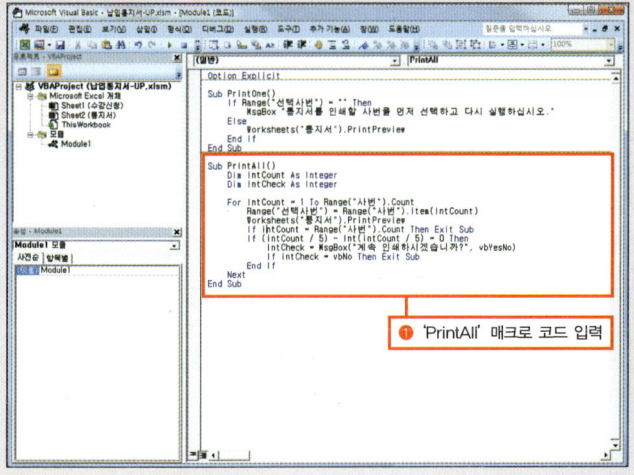

**2.** 'PrintAll' 매크로 코드는 다음과 같습니다.

```
Sub PrintAll()
    Dim intCount As Integer
    Dim intCheck As Integer
```

- 두 개의 정수형(Integer) 변수를 선언합니다.
- intCount 변수는 For~Next 문에서 카운트 변수로 사용됩니다.
- intCheck 변수는 사용자로부터 인쇄 계속 여부를 묻고 답을 저장하기 위해 사용됩니다.

```
    For intCount = 1 To Range("사번").Count
```

- intCount 변수가 1부터 '사번' 범위(Range)의 개수(Count)까지 1씩 증가하는 동안 For~Next 사이의 명령문 그룹을 반복해서 실행합니다.
- '사번' 범위에 모두 '49'개의 사번이 들어 있다면 'Range("사번").Count'의 값이 '49'가 되고 For~Next 명령문 그룹은 모두 49번 반복 실행됩니다.

```
        Range("선택사번") = Range("사번").Item(intCount)
        Worksheets("통지서").PrintPreview
```

- intCount 변수가 1일 때 'Range("사번").Item(intCount)'는 '사번' 범위(Range)에서 1(intCount)번째 항목(Item)을 의미합니다.
- '선택사번' 셀에 '사번' 범위에 있는 사번을 입력하고, PrintPreview 메서드를 사용해서 '통지서' 워크시트를 인쇄 미리 보기로 실행합니다.
- 매크로 코드가 정상적으로 실행되면 나중에 PrintPreview 메서드를 PrintOut 메서드로 바꿔서 프린터로 통지서가 출력되게 해야 합니다.

```
        If intCount = Range("사번").Count Then Exit Sub
```

- intCount 변수와 Count 메서드로 구한 '사번' 범위의 개수가 같으면 매크로를 종료(Exit Sub)합니다.
- 이 부분은 마지막 사원까지 통지서를 출력한 후 다음 If ~ End If 문에 의해 메시지 상자가 표시되지 않도록 하기 위해 필요합니다.

```
        If (intCount / 5) − Int(intCount / 5) = 0 Then
            intCheck = MsgBox("계속 인쇄하시겠습니까?", vbYesNo)
            If intCheck = vbNo Then Exit Sub
        End If
```

- 통지서를 5개씩 인쇄할 때마다 메시지를 보내서 사용자가 계속 인쇄할 것인지를 선택하도록 하는 부분입니다.
- Int 함수는 주어진 값의 정수 부분만 취합니다. (intCount/5)로 계산한 값에서 Int 함수로 정수만 취한 값을 뺀 결과가 0과 같다는 것은 intCount 변수가 5의 배수가 되었다는 것을 의미합니다.
- intCount 변수가 5의 배수이면 MsgBox 함수로 [예]와 [아니요] 단추가 있는 메시지 상자를 표시합니다.
- 사용자가 메시지 상자에서 누른 단추 종류는 intCheck 변수에 저장되는데, 그 값이 'vbNo'와 같으면 [아니요] 단추를 클릭한 것이므로 매크로를 종료(Exit Sub)합니다.
- 사용자가 [예] 단추를 클릭했다면 계속해서 For~Next 명령문이 반복 실행됩니다.

```
    Next
End Sub
```

**3.** [통지서] 워크시트에서 '전체 통지서 인쇄' 단추 컨트롤을 마우스 오른쪽 단추로 클릭하고 [매크로 지정] 메뉴를 선택합니다.

**4.** [매크로 지정] 대화상자에서 [PrintAll] 매크로를 선택하고

**5.** [확인] 단추를 클릭합니다.

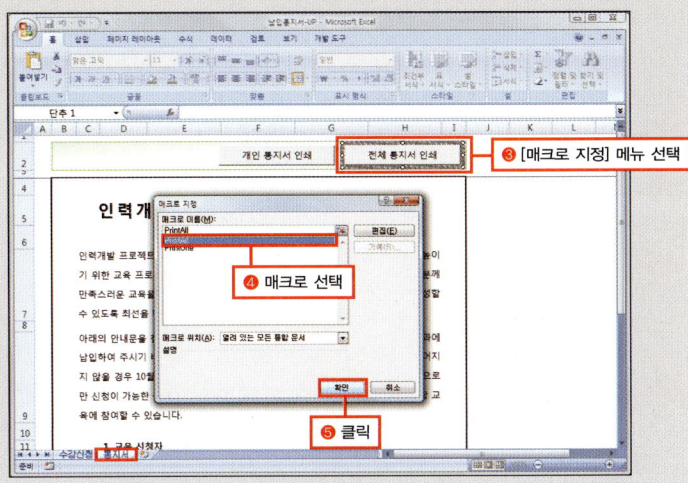

**6.** '전체 통지서 인쇄' 단추 컨트롤을 클릭하면 첫 번째 사원의 통지서가 인쇄 미리 보기로 실행됩니다. 통지서 내용을 확인하고 인쇄 미리 보기 닫기(❌)를 클릭합니다.

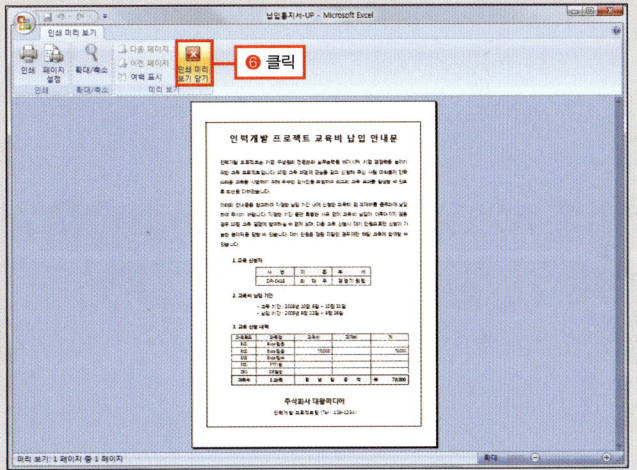

**7.** 계속해서 2, 3, 4, 5번째 사원의 통지서가 인쇄 미리 보기로 실행된 다음 인쇄 계속 여부를 묻는 메시지 상자가 표시됩니다. 여기에서 [예] 단추를 클릭하면 다음 사원의 인쇄 작업이 계속되고, [아니요] 단추를 클릭하면 매크로가 종료됩니다.

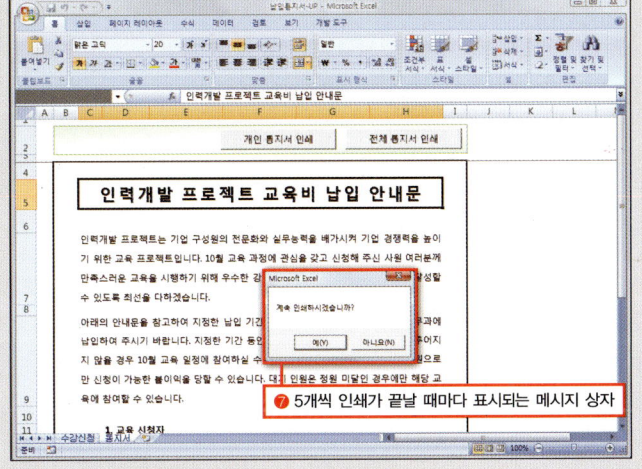

# ActiveX 컨트롤을 이용하여 그림이 표시되는 상품 검색 시트

S e c t i o n

**02**

ActiveX 컨트롤의 형태는 양식 컨트롤과 거의 흡사합니다. 양식 컨트롤은 [컨트롤 서식] 대화상자를 이용해서 입력 범위나 셀 연결 등을 지정하고, [매크로 지정] 대화상자를 이용해서 매크로와 연결하여 사용할 수 있습니다. 이에 비해 ActiveX 컨트롤은 디자인 모드에서 [속성] 창을 이용하여 입력 범위나 셀 연결을 비롯한 각종 속성을 설정할 수 있으며 해당 컨트롤의 이벤트에 반응하는 매크로 즉, 이벤트 프로시저를 통하여 동작합니다. 여기에서는 몇 개의 ActiveX 컨트롤을 워크시트에 삽입하고 속성을 설정한 다음 이벤트 프로시저를 작성하여 작업을 자동화하는 과정을 살펴봅니다.

P r e v i e w     ● **시작 파일** : Theme-5\시간절약\상품검색.xlsm     ● **완성 파일** : Theme-5\완성파일\상품검색.xlsm

선택한 상품에 대한 정보 표시     선택한 상품의 이미지 표시     콤보 상자에서 표시할 상품코드 선택

## 01 이미지 컨트롤 삽입하고 그림 표시하기

**1.** [개발 도구] 탭 → [컨트롤] 그룹 → [삽입]()을 클릭하고

**2.** [ActiveX 컨트롤] 영역에 있는 [이미지]()를 선택합니다.

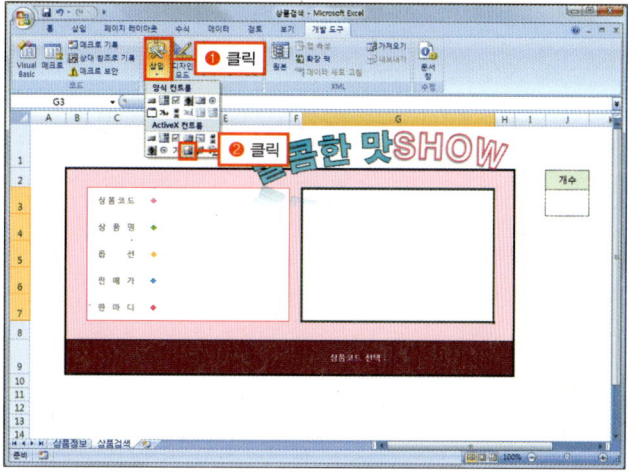

**3.** 마우스 왼쪽 단추를 클릭한 채 드래그해서 이미지 컨트롤을 그리면 자동으로 [개발 도구] 탭 → [컨트롤] 그룹 → [디자인 모드]()가 선택됩니다.

- ActiveX 컨트롤을 편집할 때는 항상 [디자인 모드]()가 선택되어 있어야 합니다.
- [디자인 모드]()의 선택을 해제하면 ActiveX 컨트롤의 실행 모드가 됩니다.

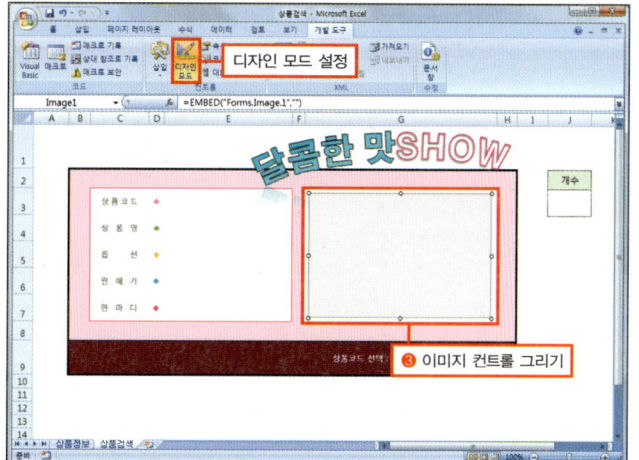

**4.** [개발 도구] 탭 → [컨트롤] 그룹 → [속성]()을 클릭해서 속성 창을 표시한 다음

**5.** '(이름)' 속성을 [ImageFood]로 수정하고 **Enter**를 누릅니다.

**6.** 이미지 컨트롤에 표시할 그림을 지정하기 위해 'Picture' 속성을 클릭하고 선택 단추를 클릭합니다.

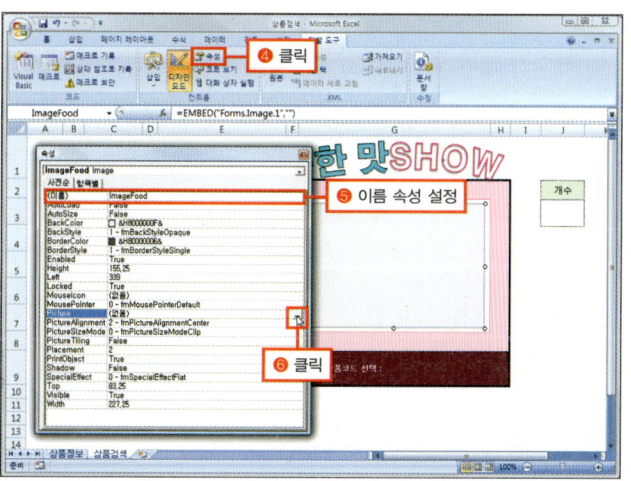

**7.** [그림 로드] 대화상자에서 'Theme-5\
시간절약\Food' 폴더에 있는 그림 파일 중
하나를 선택하고

**8.** [열기] 단추를 클릭합니다.

**9.** 속성 창에서 'PictureSizeMode' 속성
을 [1 – fmPictureSizeModeStretch]로 설
정하고

**10.** 'SpecialEffect' 속성을 [3 – fmSpecial
EffectEtched]로 설정합니다.

- 'fmSpecialEffectEtched'는 이미지 컨트롤의 테
두리를 새겨진 모양으로 표시합니다.

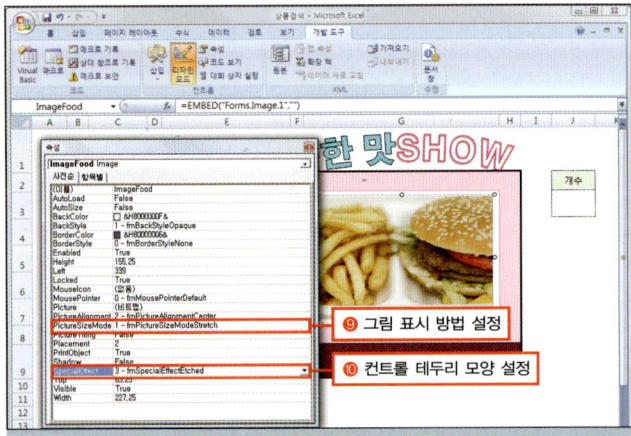

### 왜 그런지 궁금해

'PictureSizeMode 속성'은 그림의 표시 방법을 결정합니다.

- fmPictureSizeModeClip : 컨트롤 크기에 맞게 그림을 잘라냅니다.
- fmPictureSizeModeStretch : 컨트롤 크기에 맞게 그림을 늘려서 표시합니다. 원래 그림의 가로/세로 비율은 무
시됩니다.
- fmPictureSizeModeZoom : 원래 그림의 가로/세로 비율을 유지하면서 컨트롤 크기에 맞게 그림을 확대합니다.

## [02] 콤보 상자 컨트롤을 이용해서 상품코드 선택하기

**1.** [J3] 셀에 『=COUNTA(상품정보!C:C)-
1』을 입력해서 [상품정보] 시트에 입력되어
있는 상품의 개수를 구하고

**2.** 이름 상자를 이용하여 [J3] 셀의 이름을
'개수'로 정의합니다.

**3.** [수식] 탭 → [정의된 이름] 그룹 → [이름 정의]( 이름 정의 )를 클릭하고

**4.** [새 이름] 대화상자에서 『상품코드』로 이름을 입력합니다.

**5.** [참조 대상]에 『=OFFSET(상품정보!$C$4,1,0,개수,1)』을 입력한 다음

**6.** [확인] 단추를 클릭합니다.

- 이름 '상품코드'는 '개수'의 값이 '11'일 때 [상품정보] 워크시트에서 [C5:C15] 범위를 참조합니다.

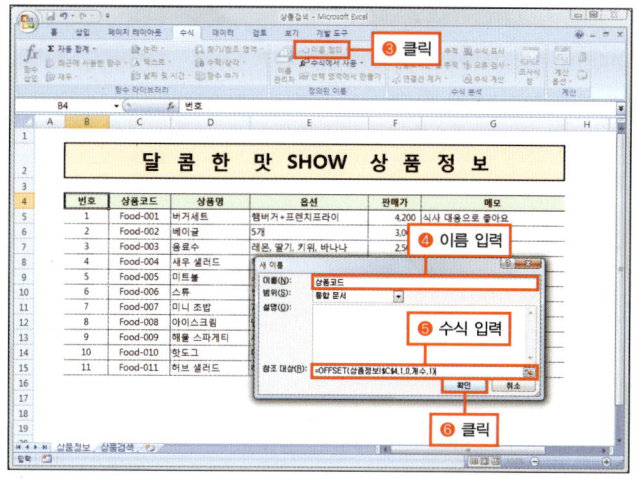

**7.** [상품검색] 워크시트에서 [E3] 셀에 '선택코드'로 이름을 정의합니다.

**8.** [삽입]( )을 클릭하고 ActiveX 컨트롤 영역에 있는 [콤보 상자]( )를 선택한 다음

**9.** 마우스로 드래그해서 콤보 상자 컨트롤을 그립니다.

**10.** [개발 도구] 탭 → [컨트롤] 그룹 → [속성]( 속성 )을 클릭한 다음 속성 창에서 콤보 상자 컨트롤의 '(이름)' 속성을 [CodeSelect], 'LinkedCell' 속성을 [선택코드]로 설정합니다.

- 'LinkedCell' 속성으로 지정한 '선택코드' 셀에 콤보 상자에서 선택한 데이터 항목이 그대로 표시됩니다.

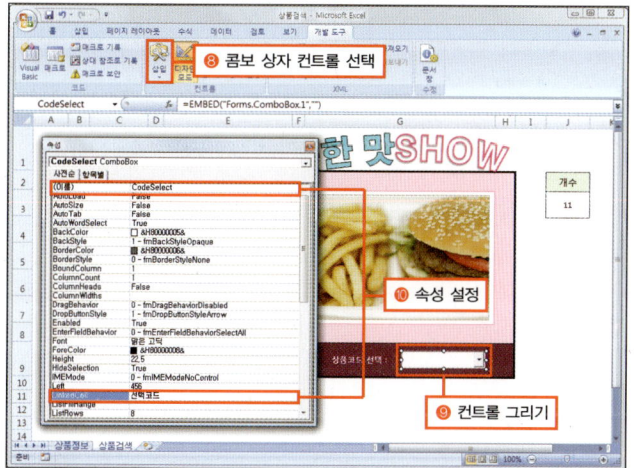

**11.** 디자인 모드에서 콤보 상자 컨트롤을 더블클릭하면 현재 워크시트의 코드 창이 표시되고 콤보 상자 컨트롤의 기본 이벤트인 'Change' 이벤트 프로시저 구조가 나타납니다.

**12.** 코드 창 상단의 '프로시저'에서 목록 단추를 클릭하고 [DropButtonClick] 프로시저를 선택합니다.

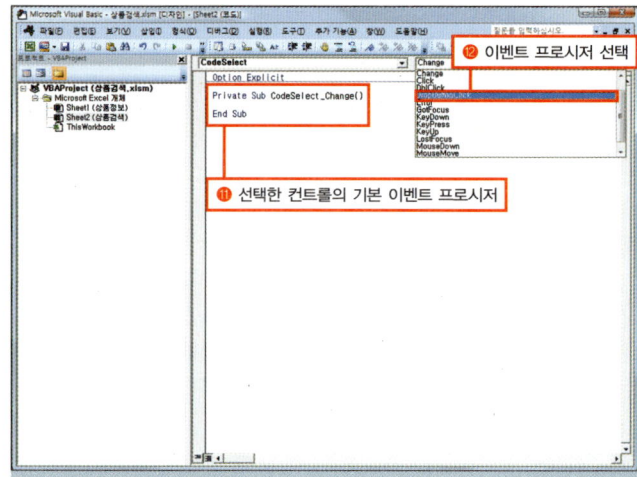

**왜 그런지 궁금해**

ActiveX 컨트롤은 이벤트 프로시저에 의해 동작합니다. 컨트롤의 종류마다 기본 이벤트가 있는데 '프로시저'에서 이벤트 종류를 바꿀 수 있습니다. 이벤트 프로시저의 이름은 '컨트롤이름_이벤트이름'과 같은 형식으로 정해집니다. 이벤트 프로시저의 이름이 'CodeSelect_DropButtonClick'이면 CodeSelect로 이름이 정해진 컨트롤의 드롭다운 단추를 클릭했을 때 실행하는 매크로라는 것을 의미합니다. 여기에서는 콤보 상자의 드롭다운 단추를 클릭했을 때 콤보 상자의 목록에 표시할 데이터 범위를 설정하는 코드를 이벤트 프로시저에 포함시켜야 합니다.

**13.** 'CodeSelect_DropButtonClick' 이벤트 프로시저 구조가 만들어지면 'Sub~End Sub' 사이에 다음과 같이 한 줄의 코드를 입력합니다.

```
Private Sub CodeSelect_DropButtonClick()
    CodeSelect.ListFillRange = "상품코드"
End Sub
```

- ListFillRange 속성은 콤보 상자 컨트롤의 목록에 표시할 데이터 범위입니다.
- ListFillRange 속성에 "상품코드"를 지정해서 이름 '상품코드'가 참조하는 셀 범위의 데이터가 목록에 표시되도록 합니다.

**14.** [상품검색] 워크시트에서 [디자인 모드]( )를 클릭해서 선택을 해제합니다. 이렇게 하면 ActiveX 컨트롤이 동작하는 실행 모드가 됩니다.

**15.** 콤보 상자의 드롭다운 단추를 클릭하면 '상품코드' 범위에 있는 데이터가 목록에 표시됩니다. 이 중에서 하나를 클릭해서 선택합니다.

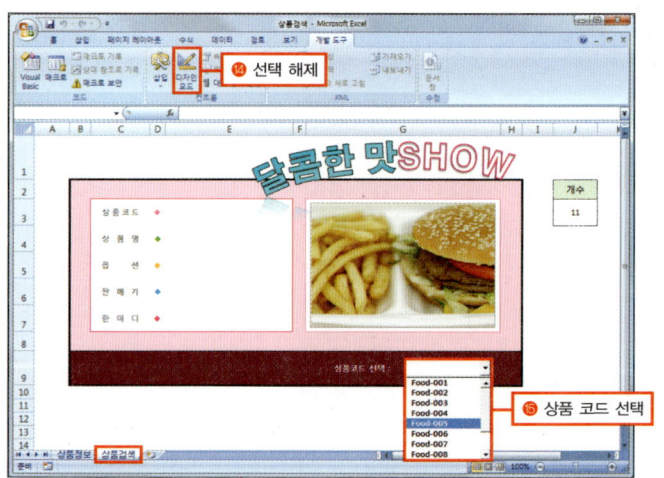

16. 선택한 상품코드는 콤보 상자의 'LinkedCell' 속성에 설정해 놓은 '선택코드' 셀에 그대로 표시됩니다.

## [03]　콤보 상자에서 선택한 상품코드로 상품정보 표시하기

1. 영역 밖의 셀을 클릭한 후 [수식] 탭→[정의된 이름] 그룹→[이름 정의](이름 정의)를 클릭하고

2. [새 이름] 대화상자에서 [이름]을 『상품정보』, [참조 대상]을 『=OFFSET(상품정보!$ C$4,1,0,개수,5)』로 입력한 다음

3. [확인] 단추를 클릭합니다.

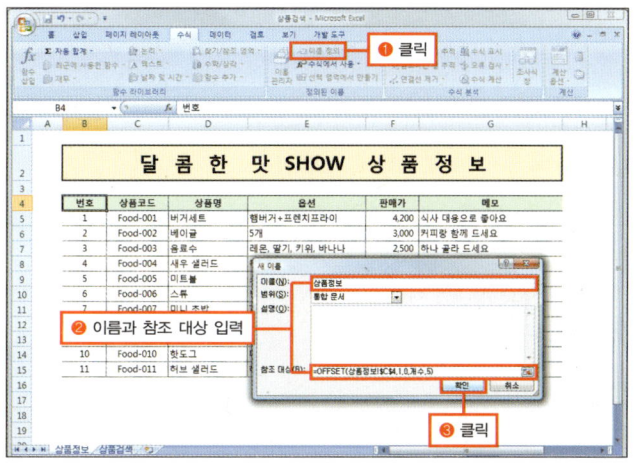

4. [E4:E7] 범위를 블록으로 지정하고

5. 『=IFERROR(VLOOKUP(선택코드,상품정보,ROW(A2)),"")』를 입력한 다음 Ctrl + Enter 를 누릅니다.

· 'ROW(A2)'의 값은 아래로 가면서 2, 3, 4, 5로 변합니다. VLOOKUP 함수로 '상품정보' 범위의 첫 번째 열에서 '선택코드'와 같은 값을 찾아 2, 3, 4, 5열에 있는 정보를 각 셀에 표시합니다.

· IFERROR 함수는 VLOOKUP 함수의 결과가 오류 값일 때 빈 문자열을 대신 표시하고자 사용합니다.

## 04 선택한 상품의 이미지 표시하기

**1.** 디자인 모드에서 콤보 상자를 더블클릭한 다음 'CodeSelect_Change' 이벤트 프로시저에 다음과 같은 매크로 코드를 입력합니다.

---

```
Private Sub CodeSelect_Change()
    Dim strFile As String
    strFile = ThisWorkbook.Path & "\Food\" & Range("선택코드") & ".jpg"
```

- 문자형(String)으로 strFile 변수를 선언합니다.
- strFile 변수에 이미지 컨트롤에 표시할 그림 파일의 경로와 파일 이름을 저장하는 부분입니다.
- 현재 통합 문서(ThisWorkbook)의 경로(Path)에 '\Food\'를 & 연산자로 연결하고 '선택코드' 셀의 상품코드와 '.jpg'를 연결한 파일 이름을 지정합니다.
- 만약 현재 통합 문서가 'C:\Sample' 폴더이고 선택한 상품코드가 'Food-005'라면 'C:\Sample\Food\Food-005.jpg'가 strFile 변수에 저장됩니다.

```
    ImageFood.Picture = LoadPicture(strFile)
```

- ImageFood 컨트롤의 'Picture' 속성에 LoadPicture 함수를 사용하여 지정한 그림 파일을 설정합니다.
- LoadPicture 함수의 인수로 strFile 변수를 사용했기 때문에 ImageFood 이미지 컨트롤에 표시되는 그림은 콤보 상자에서 선택한 상품코드에 따라 달라집니다.

```
End Sub
```

---

**2.** [상품검색] 워크시트에서 [디자인 모드] (🔲)를 클릭해서 선택을 해제합니다.

**3.** 콤보 상자의 드롭다운 단추를 클릭하고 다른 상품코드를 선택하면 이미지 컨트롤에 선택한 상품코드에 대한 그림 파일이 표시됩니다.

**4.** 이번에는 콤보 상자에서 상품코드 [Food-011]을 선택합니다.

- 이 상품코드에 대한 그림 파일 이름은 'Food-011.jpg'이지만 이 파일은 현재 'Food' 폴더에 존재하지 않습니다.

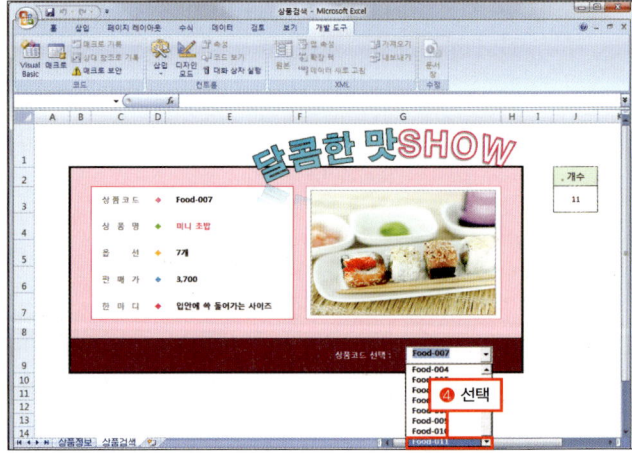

**5.** 해당하는 그림 파일을 찾을 수 없으면 다음과 같이 오류가 발생합니다. 여기서 [종료] 단추를 클릭하고 이 문제를 해결하는 코드를 다음 단계에서 추가로 작성해야 합니다.

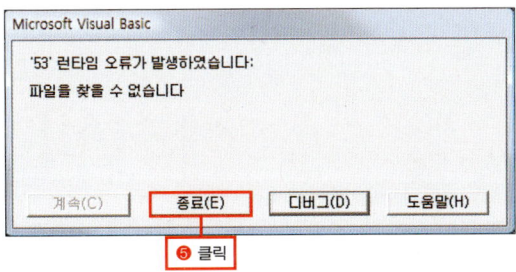

❺ 클릭

## 05 그림 파일이 없을 때 오류 처리하기

**1.** 모듈 시트에서 'CodeSelect_Change' 이벤트 프로시저를 다음과 같이 수정합니다.

```
Private Sub CodeSelect_Change()
    On Error GoTo Err
```

■ 코드 실행 중 오류(Error)가 발생하면 'Err' 레이블로 무조건 가게(GoTo) 합니다.

```
    Dim strFile As String
    strFile = ThisWorkbook.Path & "\Food\" & Range("선택코드") & ".jpg"
    ImageFood.Picture = LoadPicture(strFile)
    Exit Sub
```

■ 정상적으로 그림 파일이 존재하는 경우 이미지 컨트롤에 그림을 표시한 다음 매크로를 종료(Exit Sub)합니다.

```
Err:
    strFile = ThisWorkbook.Path & "\Food\Not.jpg"
    ImageFood.Picture = LoadPicture(strFile)
```

■ 오류가 발생했을 때 'Err:' 레이블이 실행에 옮겨집니다.
■ strFile 변수의 'Food' 폴더에 있는 'Not.jpg' 파일의 경로와 파일 이름을 저장합니다. 'Not.jpg' 파일은 선택한 상품의 그림 파일이 없을 경우 표시하기 위해 미리 준비해둔 그림입니다.
■ LoadPicture 함수로 그림 파일을 이미지 컨트롤의 'Picture' 속성으로 설정해서 표시합니다.

```
End Sub
```

**2.** [디자인 모드](🖾)가 해제된 상태인지 확인한 다음

**3.** 콤보 상자에서 [Food-011]을 선택하면

**4.** 'Not.jpg' 그림 파일이 이미지 컨트롤에 표시됩니다.

- 콤보 상자에 [Food-011]이 선택 상태라면 일단 다른 상품코드를 선택하고 다시 [Food-011]을 선택합니다. 이렇게 해야 Change 이벤트가 발생합니다.

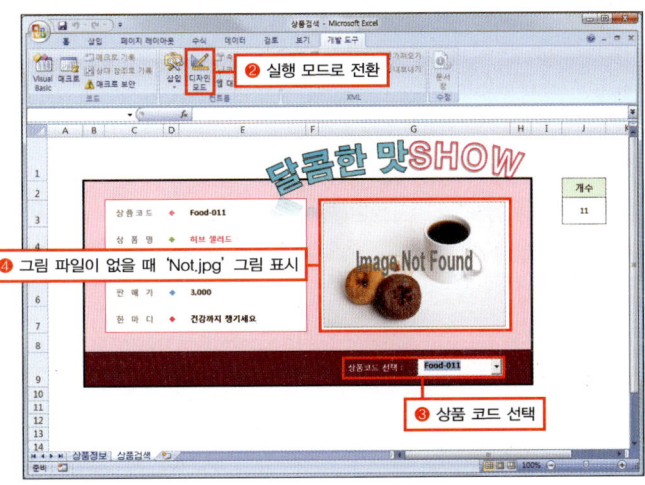

❷ 실행 모드로 전환

❹ 그림 파일이 없을 때 'Not.jpg' 그림 표시

❸ 상품 코드 선택

# U p g r a d e 스핀 단추 컨트롤로 이전/다음 상품을 검색하자

● **시작 파일** : Theme-5\시간절약\상품검색-UP.xlsm     ● **완성 파일** : Theme-5\완성파일\상품검색-UP.xlsm

ActiveX 컨트롤에 대한 이해를 돕기 위해 스핀 단추 컨트롤을 이용해서 콤보 상자 컨트롤을 간접적으로 제어하는 과정을 살펴봅니다. 스핀 단추 컨트롤은 대화상자에서 숫자를 1씩 증가하거나 감소하기 위해 사용하는 화살표 단추입니다. 이 스핀 단추 컨트롤로 현재 선택한 상품의 이전 상품이나 다음 상품을 표시해 보겠습니다.

## 01 | 상품 번호를 조정하는 스핀 단추 컨트롤 만들기

**1.** [상품검색] 워크시트의 [J5] 셀에 '상품 번호'로 이름을 정의합니다.

• 이름 '상품번호'는 스핀 단추 컨트롤의 값을 표시하기 위해 사용됩니다.

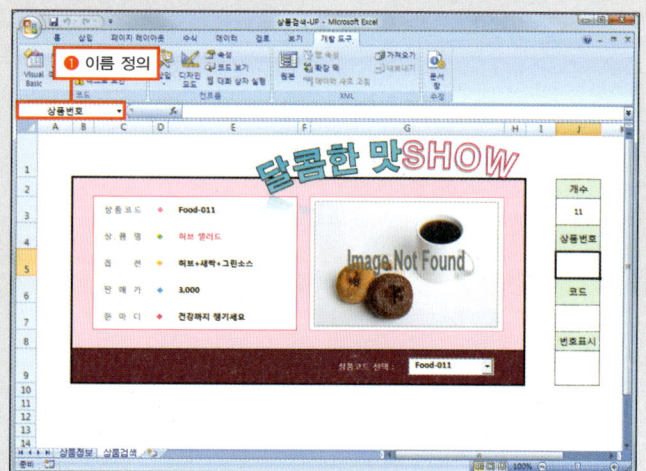

**2.** [개발 도구] 탭 → [컨트롤] 그룹 → [삽입](📋)을 클릭하고 [ActiveX 컨트롤] 영역에 있는 [스핀 단추](🔼)를 선택합니다.

**3.** 마우스로 드래그해서 스핀 단추 컨트롤을 그립니다.

• 스핀 단추를 세로 방향으로 길게 그리면 위쪽, 아래쪽 화살표가 나타나고 가로 방향으로 길게 그리면 왼쪽, 오른쪽 화살표가 나타납니다.

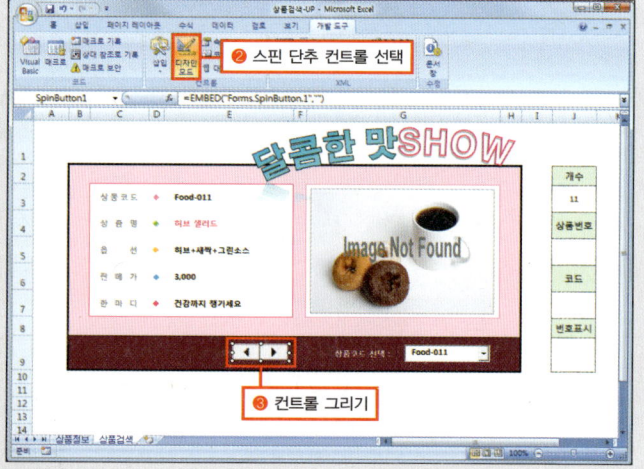

**4.** [속성]( 속성)을 클릭해서 속성 창을 표시한 다음

**5.** '(이름)' 속성을 [ImageSkip]으로 변경하고, 'LinkedCell' 속성에 [상품번호]를 입력합니다.

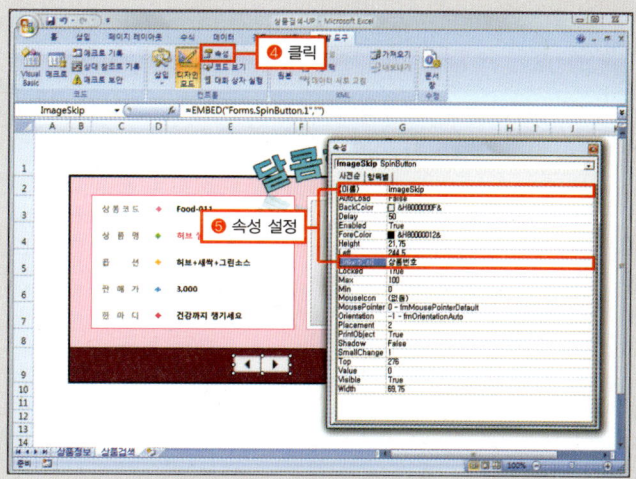

**6.** 모듈 시트에서 ImageSkip 컨트롤의 'SpinDown' 및 'SpinUp' 이벤트 프로시저를 다음과 같이 작성합니다.

```
Private Sub ImageSkip_SpinDown()
    If ImageSkip.Value 〈 1 Then ImageSkip.Value = 1
End Sub
```

- If ~ End If 문을 사용해서 ImageSkip의 값이 1보다 작으면 1로 설정합니다.
- 스핀 단추로 조정할 수 있는 가장 작은 값은 '1'이어야 합니다.

```
Private Sub ImageSkip_SpinUp()
    If ImageSkip.Value 〉 Range("개수") Then ImageSkip.Value = Range("개수")
End Sub
```

- If ~ End If 문을 사용해서 ImageSkip의 값이 '개수' 셀에 있는 값보다 크면 '개수' 셀의 값으로 설정합니다.
- 스핀 단추로 조정할 수 있는 가장 큰 값은 '개수' 셀에 있는 현재 등록한 상품의 개수와 같아야 합니다.

**7.** [상품검색] 워크시트에서 [디자인 모드]( )의 선택을 해제한 다음

**8.** 스핀 단추 컨트롤을 클릭해서 '상품번호' 셀에 표시되는 숫자 값을 확인합니다. 이 숫자는 항상 0보다 크고 '개수' 셀의 값보다는 작거나 같습니다.

- 현재 상태에서는 스핀 단추 컨트롤이 '상품번호' 셀의 값을 바꾸는 역할만 합니다.
- 다음 과정에서 스핀 단추 컨트롤의 값(상품번호)을 콤보 상자 컨트롤과 일치시키는 작업이 진행됩니다.

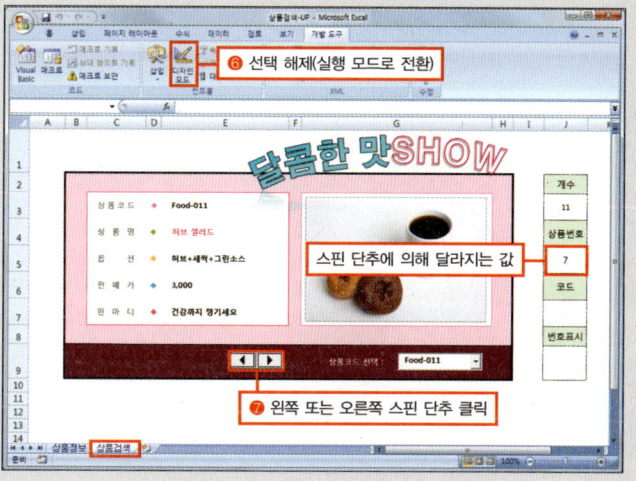

## 02 | 스핀 단추 컨트롤의 값을 콤보 상자에 적용하기

**1.** [J7] 셀에 『=INDEX(상품코드,상품번호)』을 입력하고

**2.** 이름 상자를 이용해서 '코드'로 이름을 정의합니다.

• '상품번호'의 값이 '7'이면 INDEX 함수는 '상품코드' 범위에서 7번째에 있는 상품코드를 표시합니다.

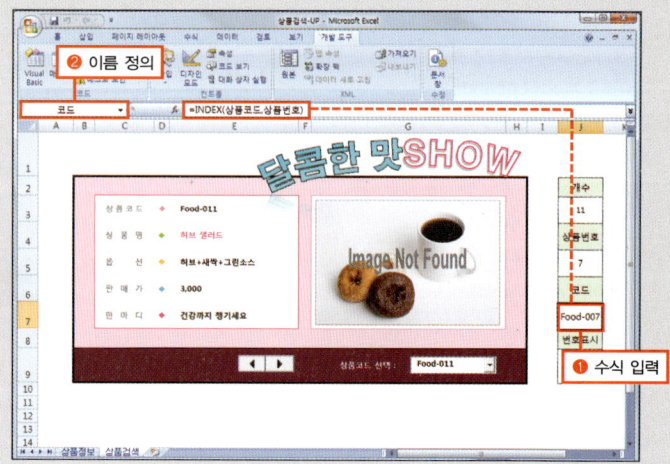

**3.** 모듈 시트에서 ImageSkip 컨트롤의 'SpinDown' 이벤트 프로시저와 'SkipUp' 이벤트 프로시저에 다음과 같이 동일한 매크로 코드를 한 줄 추가로 입력합니다.

```
Private Sub ImageSkip_SpinDown()
    If ImageSkip.Value < 1 Then ImageSkip.Value = 1
    CodeSelect.Value = Range("코드")
End Sub
```

```
Private Sub ImageSkip_SpinUp()
    If ImageSkip.Value > Range("개수") Then ImageSkip.Value = Range("개수")
    CodeSelect.Value = Range("코드")
End Sub
```

■ 스핀 단추로 값을 조정했으면 콤보 상자에도 같은 번호에 해당하는 상품코드가 선택되어야 합니다.
■ CodeSelect 컨트롤의 값으로 '코드' 셀에 미리 구해 놓은 상품코드를 설정합니다. 이렇게 하면 CodeSelect 컨트롤의 Change 이벤트가 발생하기 때문에 'CodeSelect_Change' 이벤트 프로시저가 실행되어 이미지 컨트롤의 그림이 달라집니다.

**4.** 실행 모드에서 스핀 단추 컨트롤을 클릭하면 '상품번호' 셀에 스핀 단추 컨트롤의 값이 표시되고, '코드' 셀에는 '상품번호'에 해당되는 코드가 표시됩니다. 또 스핀 단추 컨트롤의 이벤트 프로시저에 의해 콤보 상자(CodeSelect)의 값이 '코드' 셀에 있는 값으로 바뀌게 됩니다.

## 03 ┃ 상품 번호 표시하기

**1.** [삽입] 탭 → [일러스트레이션] 그룹 → [도형](🗏)을 클릭하고 도형 종류를 하나 선택한 다음 『이전/다음 상품 검색』으로 텍스트를 입력하고 서식을 지정합니다.

- 이 도형은 단순한 설명을 위한 것이므로 어떤 모양으로 만들어도 상관이 없습니다.

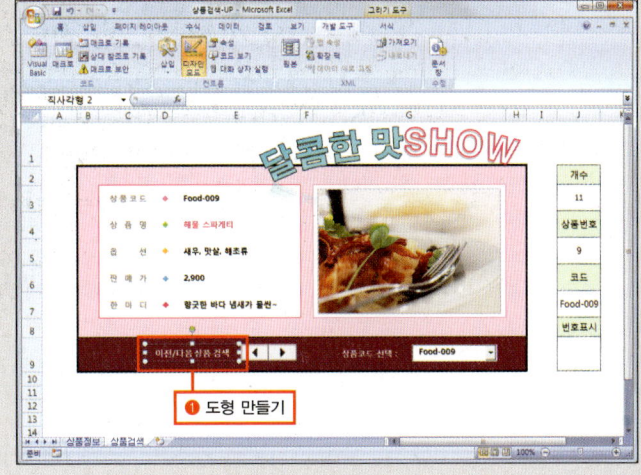

❶ 도형 만들기

**2.** [J9] 셀에 『=상품번호&" / "&개수』를 입력해서 현재 선택한 상품번호와 상품의 전체 개수를 함께 표시합니다.

❷ 수식 입력

**3.** 직사각형 도형을 하나 그리고 서식을 지정한 다음 도형이 선택되어 있는 상태에서

**4.** 수식 입력줄을 클릭하고 등호(=)를 입력한 다음 [J9] 셀을 클릭하고 Enter 를 누릅니다.

- [J9] 셀이 도형에 연결되어 셀의 수식 결과가 도형에 그대로 표시됩니다.

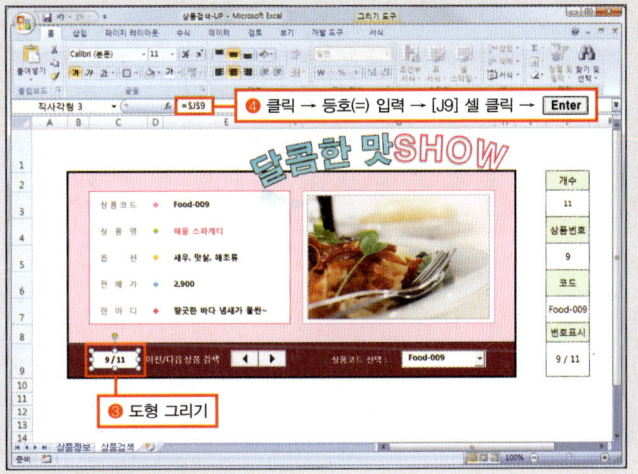

❹ 클릭 → 등호(=) 입력 → [J9] 셀 클릭 → Enter

❸ 도형 그리기

**5.** [J] 열 머리글을 마우스 오른쪽 단추로 클릭하고

**6.** [숨기기] 메뉴를 선택해서 [J] 열을 화면에서 숨깁니다. 이렇게 해서 ActiveX 컨트롤을 사용한 상품 검색 문서가 모두 완성되었습니다.

# 고객 주소록으로
# 만드는 주소 레이블

S e c t i o n

# 03

일정한 기간마다 상품 카탈로그나 안내문 등을 발송하는 작업을 할 경우 주소록에 고객의 이름과 주소 등이 입력되어 있다면 이 데이터를 이용하여 일정한 양식에 맞게 주소 레이블을 출력할 수 있습니다. 여기서 작성하는 매크로를 실행하면 A4 용지 한 장에 12개의 주소 레이블을 출력할 수 있도록 미리 만들어 둔 양식으로 고객의 주소를 가져와 인쇄할 수 있습니다. 이 매크로를 응용하여 원하는 개수의 레이블을 인쇄할 수 있으며, 편지 봉투에도 주소를 인쇄할 수 있습니다.

P r e v i e w　● **시작 파일 :** Theme-5\시간절약\주소레이블.xlsm　● **완성 파일 :** Theme-5\완성파일\주소레이블.xlsm

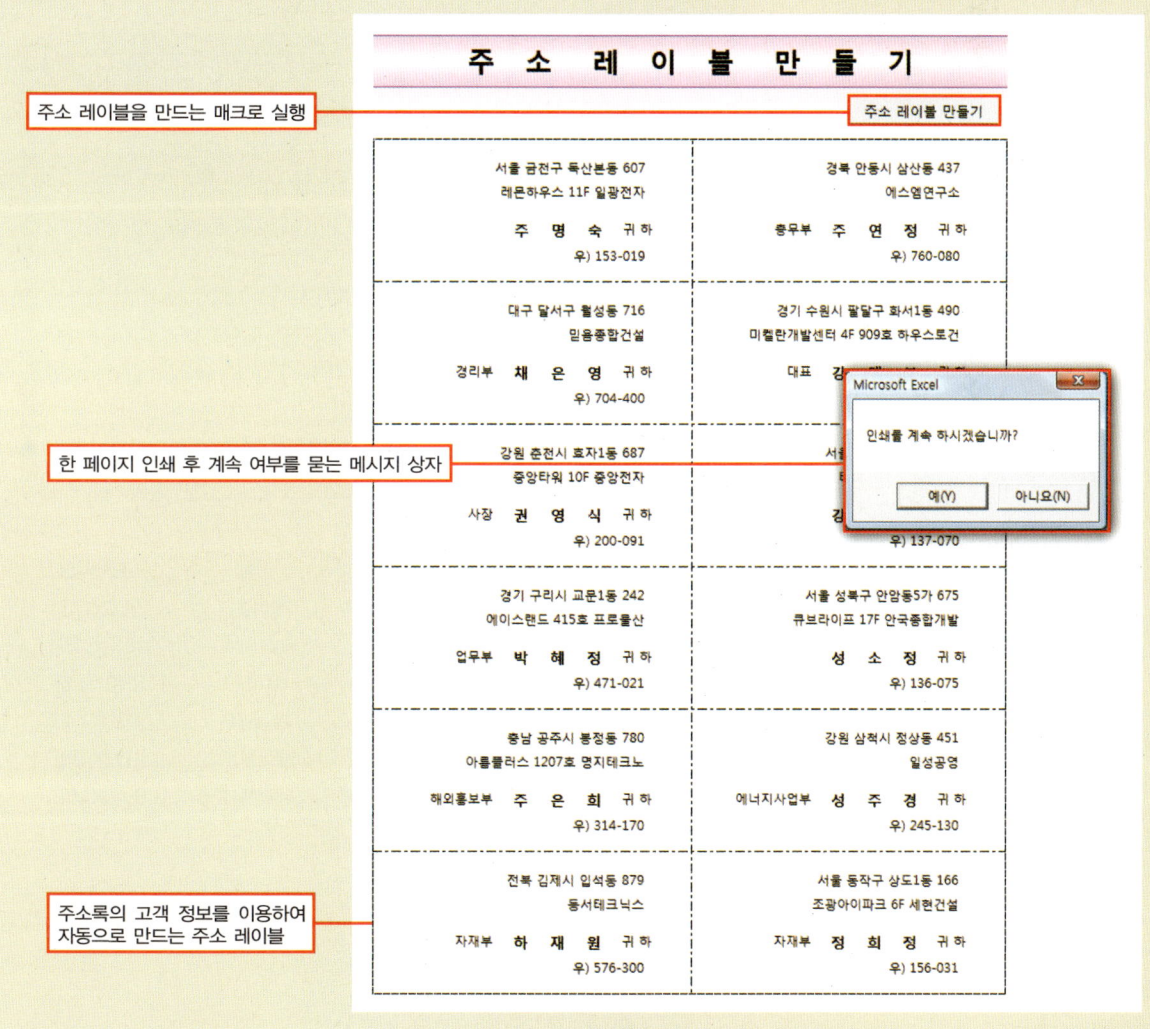

주소 레이블을 만드는 매크로 실행

한 페이지 인쇄 후 계속 여부를 묻는 메시지 상자

주소록의 고객 정보를 이용하여
자동으로 만드는 주소 레이블

# 01  레이블 작성에 필요한 이름 정의하기

**1.** [고객정보] 워크시트의 [B5] 셀에서 `Ctrl` + `Shift` + `→`를 누르고, 이어서 `Ctrl` + `Shift` + `↓`를 눌러 주소록 범위를 블록으로 지정한 다음

**2.** 이름 상자에『주소록』으로 이름을 입력하고 `Enter`를 누릅니다.

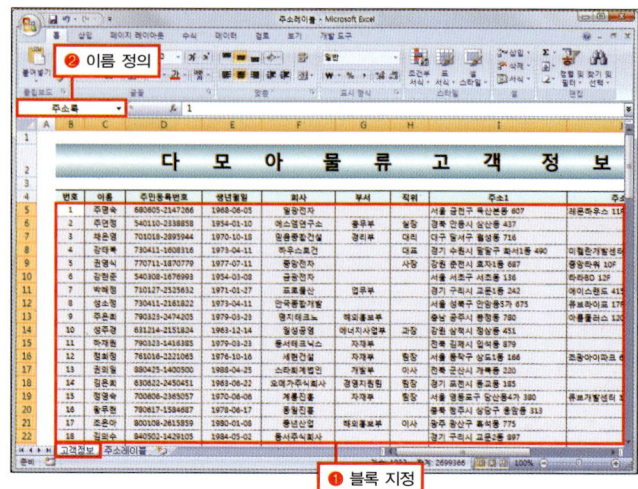

**3.** [주소레이블] 워크시트에서 [B5:D11] 범위를 블록으로 지정하고『레이블1』로 이름을 정의합니다.

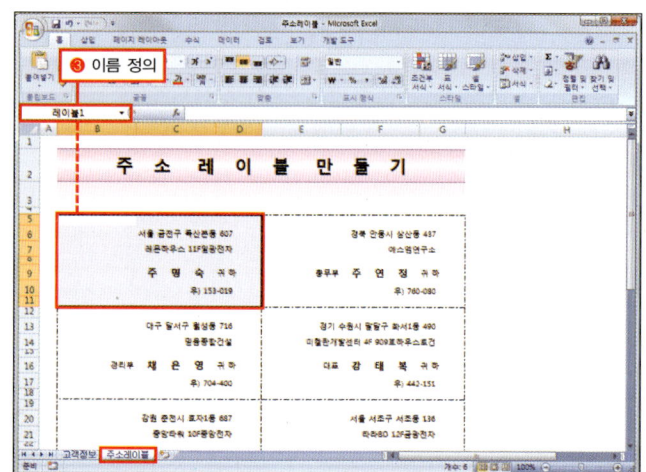

**4.** 같은 방법으로 '레이블2' 부터 '레이블12' 까지 레이블 하나마다 각각 이름을 정의합니다.

| 이름 | 참조 대상 | 이름 | 참조 대상 |
|---|---|---|---|
| 레이블1 | [B5:D11] | 레이블2 | [E5:G11] |
| 레이블3 | [B12:D18] | 레이블4 | [E12:G18] |
| 레이블5 | [B19:D25] | 레이블6 | [E19:G25] |
| 레이블7 | [B26:D32] | 레이블8 | [E26:G32] |
| 레이블9 | [B33:D39] | 레이블10 | [E33:G39] |
| 레이블11 | [B40:D46] | 레이블12 | [E40:G46] |

**5.** [B5:G46] 범위를 블록으로 지정하고
『레이블』로 이름을 정의합니다.

- [B5:G46] 범위는 [주소레이블] 워크시트의 인쇄
  영역으로 설정되어 있기 때문에 이름 상자를 클
  릭하고 『레이블』을 입력한 다음 Enter 를 눌러도
  'Print_Area'로 표시됩니다.

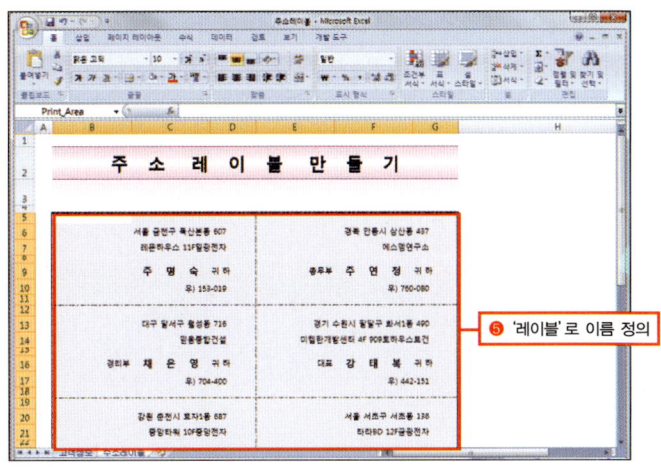

⑤ '레이블'로 이름 정의

## 02 12개의 주소 레이블을 작성하는 매크로 코드

**1.** [개발 도구] 탭 → [컨트롤] 그룹 → [삽
입]()을 클릭하고 [양식 컨트롤] 영역에
서 [단추]()를 선택합니다.

**2.** 마우스 왼쪽 단추를 클릭한 채 적당한
크기로 단추 컨트롤을 그린 다음

**3.** [매크로 지정] 대화상자가 실행되면 [매
크로 이름]에 『만들기』를 입력하고

**4.** [새로 만들기] 단추를 클릭합니다.

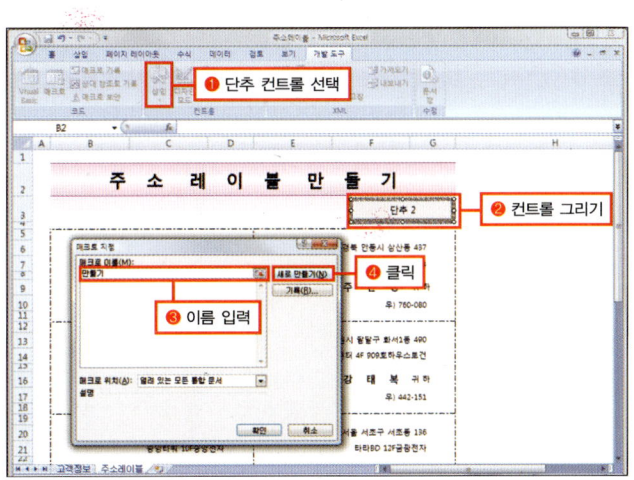

❶ 단추 컨트롤 선택

❷ 컨트롤 그리기

❹ 클릭

❸ 이름 입력

**5.** [Microsoft Visual Basic] 창이 열리고
모듈 시트에 'Sub 만들기() ~ End Sub'
구조가 만들어지면 다음과 같이 매크로 코
드를 입력합니다.

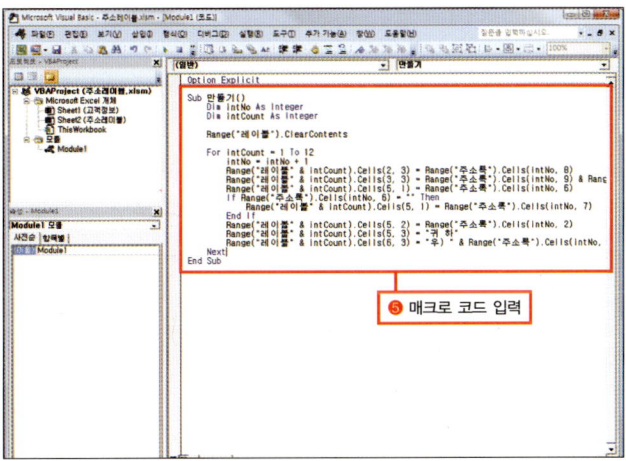

❺ 매크로 코드 입력

**6.** '만들기' 매크로는 '레이블1' 부터 '레이블12' 까지 각 범위에 '주소록' 의 고객 정보를 채워 넣습니다. 현재 매크로에서는 1번부터 12번까지 고객의 정보를 '레이블1' 부터 '레이블12' 까지 범위에 차례로 넣게 됩니다.

```
Sub 만들기()
    Dim intNo As Integer
    Dim intCount As Integer
```

- 'Dim 변수명 As 데이터형식' 과 같은 형태로 변수를 선언합니다.
- intNO 변수는 인쇄할 고객의 번호를 세기 위해서 사용됩니다.
- intCount 변수는 For~Next 문에서 카운트 변수로 사용됩니다.

```
    Range("레이블").ClearContents
```

- '레이블' 로 이름을 정의한 셀 범위의 내용을 ClearContents 메서드를 사용해서 지웁니다.

```
    For intCount = 1 To 12
```

- For~Next 문은 포함되어 있는 여러 개의 명령을 반복해서 실행합니다.
- 여기에서는 intCount 변수가 1부터 시작해서 12까지 변하는 동안 반복하므로 모두 12번을 실행하게 됩니다.
- 한 번 실행할 때마다 하나의 레이블에 내용이 채워집니다.

```
        intNo = intNo + 1
```

- intNo 변수의 값을 intNo 변수의 원래 값에 1을 더한 값으로 지정합니다.
- intNo 변수는 For~Next 문이 한 번 실행될 때마다 1씩 증가해서 1, 2, 3, ...12까지 변합니다.
- intNo 변수가 레이블에 표시될 고객의 번호가 됩니다.

```
        Range("레이블" & intCount).Cells(2, 3) = Range("주소록").Cells(intNo, 8)
        Range("레이블" & intCount).Cells(3, 3) = Range("주소록").Cells(intNo, 9) & "" & _
                        Range("주소록").Cells(intNo, 5)
```

- intCount의 값이 1이면 Range("레이블" & intCount)는 Range("레이블1")이므로 '레이블1' 로 이름을 정의한 셀 범위를 의미하고, Cells(2, 3)은 해당 범위에서 2행 3열에 있는 셀을 의미합니다.
- intNo의 값이 1이면 Range("주소록").Cells(intNo, 8)은 '주소록' 으로 이름을 정의한 셀 범위의 1행 8열에 있는 '주소1' 을 의미합니다.
- '레이블1' 의 2행 3열에 '주소록' 의 1행 8열에 있는 '주소1' 을 넣고, '레이블1' 의 3행 3열에 '주소록' 의 1행 9열에 있는 '주소2' 와 공백(" "), 1행 5열에 있는 '회사' 를 & 연산자로 연결해서 넣습니다.

```
        Range("레이블" & intCount).Cells(5, 1) = Range("주소록").Cells(intNo, 6)
        If Range("주소록").Cells(intNo, 6) = "" Then
            Range("레이블" & intCount).Cells(5, 1) = Range("주소록").Cells(intNo, 7)
        End If
```

- 레이블 범위의 5행 1열에 '주소록' 의 6열에 있는 '부서' 를 넣습니다.
- If~End If 문에서는 '주소록' 의 6열에 있는 부서가 비어 있을 경우 7열에 있는 '직위' 를 넣도록 합니다.

```
        Range("레이블" & intCount).Cells(5, 2) = Range("주소록").Cells(intNo, 2)
        Range("레이블" & intCount).Cells(5, 3) = "귀 하"
        Range("레이블" & intCount).Cells(6, 3) = "우) " & Range("주소록").Cells(intNo, 10)
```

- 레이블 범위의 5행 2열에 '주소록' 의 2열에 있는 '이름' 을 넣습니다.
- 레이블 범위의 5행 3열에 '귀 하' 를 넣습니다.
- 레이블 범위의 6행 3열에 "우) "와 10열에 있는 우편번호를 & 연산자로 연결해서 넣습니다.

```
    Next
```

■ For~Next 문은 용지 한 장에 인쇄하려고 하는 레이블의 개수 12만큼 반복해서 실행됩니다.
■ intCount 변수의 값이 1부터 12까지 1씩 증가하므로 처음에는 '주소록'의 1행에 있는 값들이 '레이블1' 범위에 채워지고, 두 번째는 '주소록'의 2행에 있는 값들이 '레이블2' 범위에 채워지게 됩니다.
■ For~Next 문이 모두 끝나면 '레이블1'부터 '레이블12'까지 범위에 '주소록'의 1행부터 12행까지에 있는 값들이 모두 채워지게 됩니다.

End Sub

**7.** [주소레이블] 워크시트에서 단추 컨트롤의 텍스트를 『주소 레이블 만들기』로 수정한 다음 임의의 셀을 클릭해서 컨트롤 선택을 해제하고, 다시 단추 컨트롤을 클릭해서 매크로를 실행합니다.

· '레이블' 범위가 지워지고 각 범위마다 '주소록'의 1행부터 12행까지에 있는 고객 정보가 채워집니다.

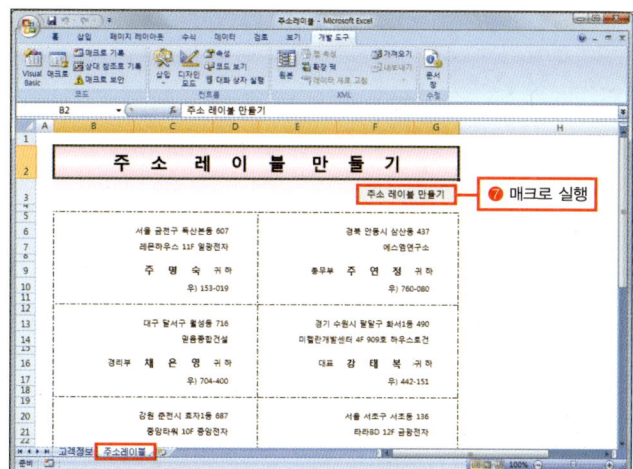

---

## [03] 모든 고객의 주소 레이블을 작성하고 인쇄하는 매크로 코드

**1.** '만들기' 매크로 코드는 12개의 주소 레이블을 만듭니다. 이것을 '주소록'에 있는 고객의 수만큼 반복하도록 다음과 같이 매크로 코드를 수정합니다.

```
Sub 만들기()
    Dim intNo As Integer
    Dim intCount As Integer
    Dim intPage As Integer
    Dim intTotal As Integer
    Dim intCheck As Integer
```

■ intPage 변수는 intCount 변수로 12개의 주소 레이블을 작성하는 부분을 '주소록'의 모든 고객에 대한 레이블을 작성할 수 있도록 반복하는 For~Next 문의 카운트 변수로 사용됩니다.
■ intTotal 변수는 '주소록'의 행 개수(고객의 수)를 저장합니다.
■ intCheck 변수는 인쇄를 계속할 것인지를 결정하는 사용자의 답을 저장합니다.

```
    intTotal = Range("주소록").Rows.Count
```

■ '주소록' 범위에 들어 있는 행(Rows)의 개수(Count)를 구해서 intTotal 변수에 저장합니다.
■ 현재 [고객정보] 워크시트에 들어 있는 고객의 수는 '104'이며 이 값이 intTotal 변수의 값이 됩니다.

**For intPage = 1 To Int(intTotal / 12) + 1**

- Int 함수는 intTotal의 값을 12로 나누어 정수 부분만 취합니다.
- intTotal의 값이 104이므로 'Int(intTotal/12)=8'로 계산됩니다. '12*8=96' 이기 때문에 여기에 '1'을 더해서 '12*9=108'로 최대 108개의 주소 레이블을 작성할 수 있도록 조정합니다.
- intPage 변수가 1부터 9까지 1씩 증가하면서 변하는 동안 For~Next 문에 있는 명령문 그룹이 반복 실행됩니다.

```
    Range("레이블").ClearContents
    For intCount = 1 To 12
        ... 생략 ...
    Next
    Worksheets("주소레이블").PrintPreview
```

- '레이블' 범위의 내용을 ClearContents 메서드로 지운 다음 For~Next 문으로 12개의 레이블 작업을 합니다.
- 레이블 작성이 모두 끝나면 '주소레이블' 워크시트(Worksheets)를 인쇄 미리 보기(PrintPreview)로 실행합니다.
- 테스트가 모두 끝난 다음에는 PrintPreview 메서드를 PrintOut 메서드로 바꿔서 프린터로 출력할 수 있도록 해야 합니다.

```
    intCheck = MsgBox("인쇄를 계속 하시겠습니까?", vbYesNo)
    If intCheck = vbNo Then Exit Sub
```

- 한 페이지 인쇄가 끝난 후 다음 12개의 레이블 작업을 계속할 것인지를 결정하는 부분입니다.
- 메시지 상자(MsgBox)로 메시지를 출력하고 [예]와 [아니오] 단추를 표시(vbYesNo)합니다.
- 사용자가 클릭한 단추는 intCheck 변수에 저장되는데, If 문으로 [아니오] 단추를 클릭해서 intCheck 변수에 vbNo 값이 저장된 경우 매크로를 종료(Exit Sub)합니다.
- 사용자가 [예] 단추를 클릭하면 intCheck 변수에 vbYes 값이 저장되고 계속해서 For~Next 문이 반복됩니다.

```
    Next
End Sub
```

**2.** [주소레이블] 워크시트에서 단추를 클릭하여 매크로를 실행하면 1번부터 12번까지 레이블이 작성되고 인쇄 미리 보기가 실행됩니다.

**3.** 인쇄 내용을 확인하고 [인쇄 미리 보기 닫기](🗙)를 클릭합니다.

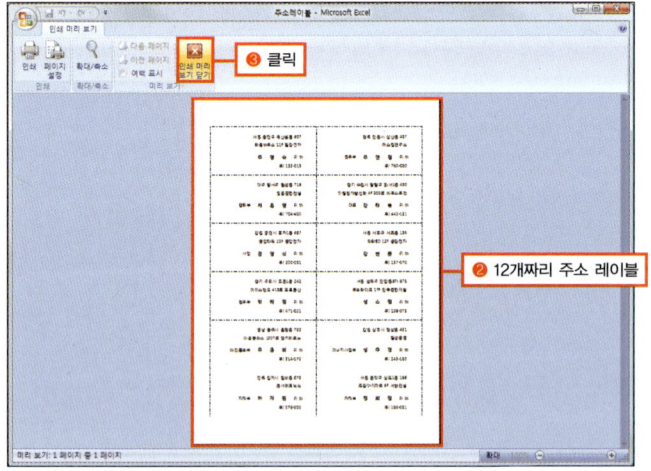

❸ 클릭

❷ 12개짜리 주소 레이블

**4.** 한 페이지 인쇄가 끝나면 다음 레이블을 작성하기 전에 인쇄를 계속할 것인지 묻는 메시지 상자가 나타납니다. 여기에서 [예] 단추를 클릭하면 다음 12개의 레이블이 작성되고 다시 인쇄 미리 보기가 실행됩니다.

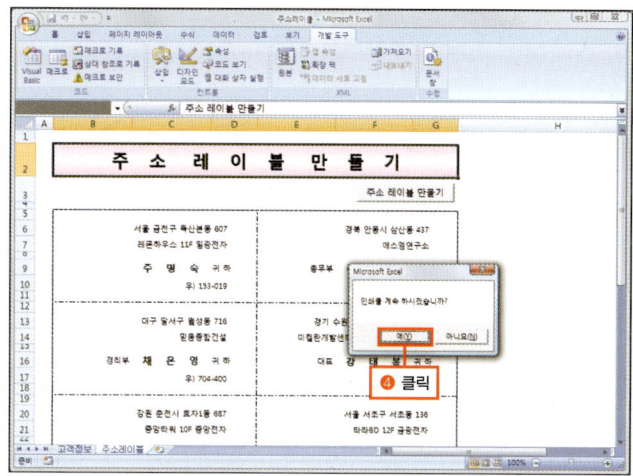

**5.** 인쇄를 계속 하다가 마지막까지 다다를 경우, 또 주소 레이블이 12개로 딱 떨어지지 않을 경우 마지막 인쇄 페이지에는 다음과 같이 실제 내용이 없는 빈 레이블이 몇 개 표시될 수도 있습니다.

**6.** 마지막 인쇄 페이지에서 [인쇄 미리 보기 닫기(🗙)]를 클릭합니다.

• 마지막 페이지에서 내용이 없는 주소 레이블에 '귀 하'나 '우'와 같은 의미 없는 문자열이 표시되지 않도록 매크로를 수정해야 합니다.

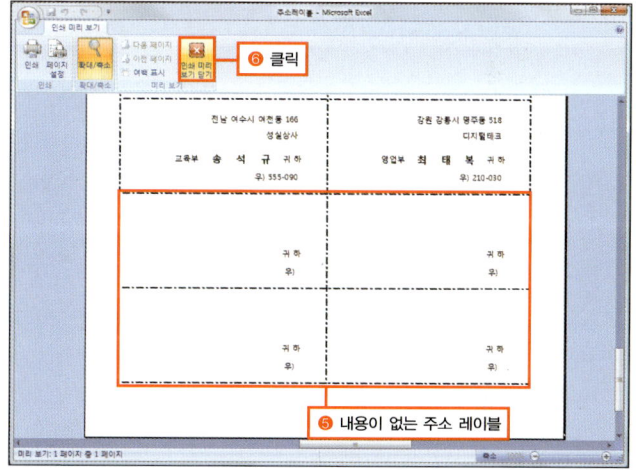

**7.** 마지막 페이지까지 인쇄가 끝났지만 인쇄를 계속할 것인지 묻는 메시지 상자가 나타납니다. 여기에서는 [예] 단추나 [아니요] 단추를 클릭했을 때 똑같이 매크로가 종료됩니다.

• 마지막 페이지까지 인쇄한 후에는 인쇄 계속 여부를 묻는 메시지 상자가 나타나지 않도록 수정해야 합니다.

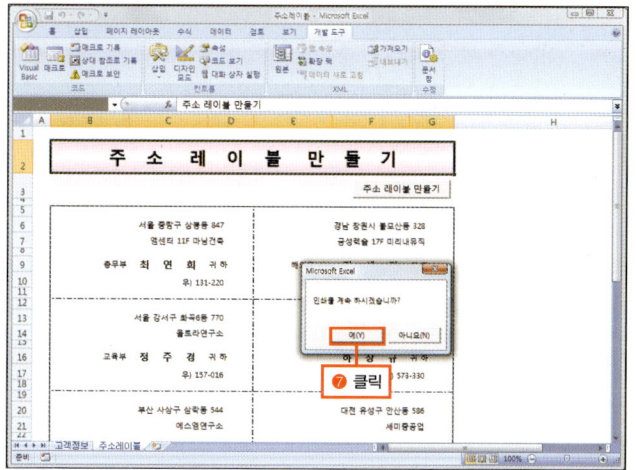

## 04 오류 처리를 위한 매크로 코드

**1.** '만들기' 매크로 코드에 주소록에 데이터가 없을 때와 마지막 페이지까지 인쇄했을 때를 위한 코드를 추가로 입력합니다.

```
Sub 만들기()
    .... 생략 ....
    intTotal = Range("주소록").Rows.Count
    If intTotal = 0 Then
        MsgBox "주소록에 데이터가 없습니다."
        Exit Sub
    End If
```

- intTotal 변수에 저장된 '주소록'의 행 개수가 '0'이면 메시지 상자(MsgBox)를 표시합니다.
- 메시지 상자에서 [확인] 단추를 클릭하면 매크로를 종료(Exit Sub)합니다.

```
... 생략 ....
        If intNo = intTotal Then Exit For
    Next
    Worksheets("주소레이블").PrintPreview
    If intNo >= intTotal Then Exit Sub
    intCheck = MsgBox("인쇄를 계속 하시겠습니까?", vbYesNo)
    If intCheck = vbNo Then Exit Sub
... 생략 ...
```

- For~Next 문의 마지막에서 intNo의 값이 intTotal 값과 같은지 If 문으로 비교해서 같을 경우 마지막 고객까지 레이블 작성이 완료된 것이므로 Exit For 문으로 For~Next 문을 빠져 나갑니다.
- PrintPreview 메서드로 인쇄 미리 보기를 실행한 다음 메시지 상자(MsgBox)를 표시하기 전에 If 문으로 intNo의 값이 intTotal 과 같으면 인쇄를 계속할 것인지를 묻지 않고 바로 매크로를 종료(Exit Sub)합니다.

**2.** [주소레이블] 워크시트에서 단추를 클릭해서 매크로를 실행하고, 인쇄 계속을 묻는 메시지 상자에서 계속 [예] 단추를 클릭합니다. 마지막 페이지의 인쇄 미리 보기에서 의미 없는 문자열 없이 비어 있는 주소 레이블을 확인할 수 있습니다.

**3.** [인쇄 미리 보기 닫기]( )를 클릭하면 마지막 페이지까지 인쇄했으므로 더 이상 인쇄 계속을 묻는 메시지 상자가 나타나지 않고 매크로가 종료됩니다.

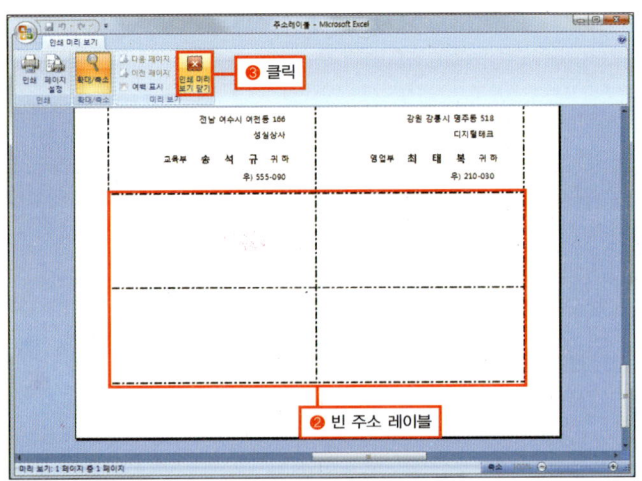

# U p g r a d e

# 생일자만 골라서 주소 레이블을 만들자

● **시작 파일** : Theme-5\시간절약\주소레이블-UP.xlsm    ● **완성 파일** : Theme-5\완성파일\주소레이블-UP.xlsm

주소 레이블을 만드는 매크로를 복사하고 일부 코드를 수정해서 생년월일이 특정 월에 해당되는 고객만 주소 레이블이 작성되도록 설정해 봅니다. 이 매크로를 응용하면 생일이나 특정 조건을 만족하는 데이터만 대상으로 레이블을 만들 수 있습니다.

## 01 | 월을 선택하는 콤보 상자 만들기

**1.** [개발 도구] 탭 → [컨트롤] 그룹 → [삽입]()을 클릭하고 [양식 컨트롤] 영역에서 [콤보 상자]()를 선택합니다.

**2.** 마우스로 드래그해서 콤보 상자를 그린 다음 콤보 상자에서 마우스 오른쪽 단추를 클릭하고

**3.** [컨트롤 서식] 메뉴를 선택합니다.

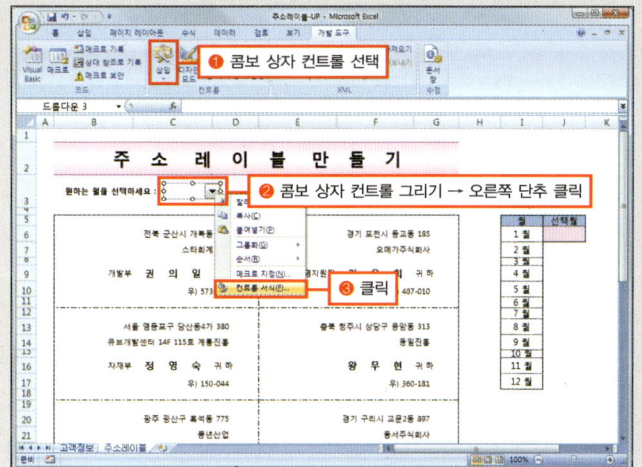

**4.** [컨트롤 서식] 대화상자의 [컨트롤] 탭에서 [입력 범위]를 [I6:I17]로 지정하고, [셀 연결]에 『선택월』을 입력한 다음

**5.** [확인] 단추를 클릭합니다.

- [I6:I17] 범위에 숫자 1부터 12까지가 '0 월' 표시 형식을 사용하여 1 월, 2 월, … 형태로 표시되어 있습니다.
- [J6] 셀에 '선택월'로 미리 이름을 정의해 두었습니다.

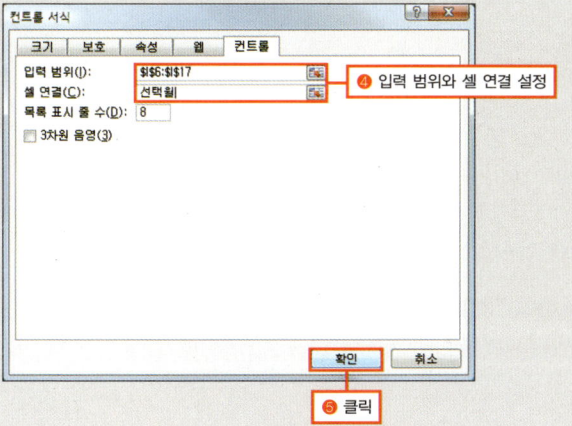

**6.** Esc를 눌러서 컨트롤 선택을 해제한 다음 콤보 상자의 목록 단추를 클릭하고 원하는 월을 선택합니다.

**7.** 콤보 상자에서 몇 번째 항목을 선택했는지 '선택월' 셀(J6)에 숫자로 표시됩니다. 이 숫자를 매크로 코드에서 사용하여 주소록의 생년월일을 검사합니다.

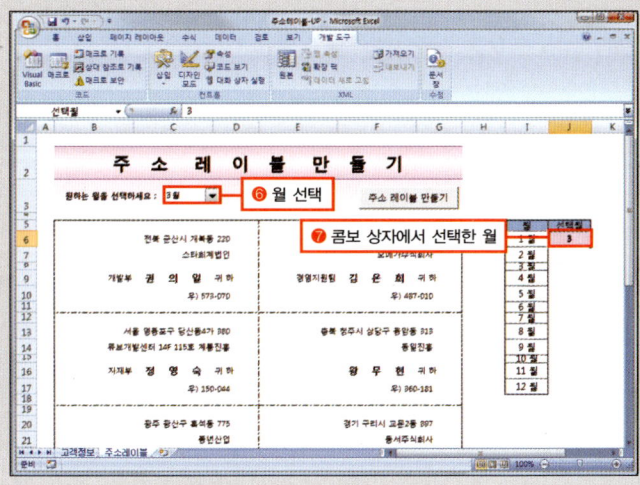

## 02 ι 생일자만 레이블을 작성하는 매크로 코드

**1.** [개발 도구] 탭 → [코드] 그룹 → [Visual Basic]()을 클릭해서 [Microsoft Visual Basic] 창을 열고 'Sub 만들기()' ~ 'End Sub' 까지 마우스로 드래그해서 블록을 지정하고

**2.** 표준 도구 모음에서 [복사]()를 클릭하거나 Ctrl+C를 눌러서 복사합니다.

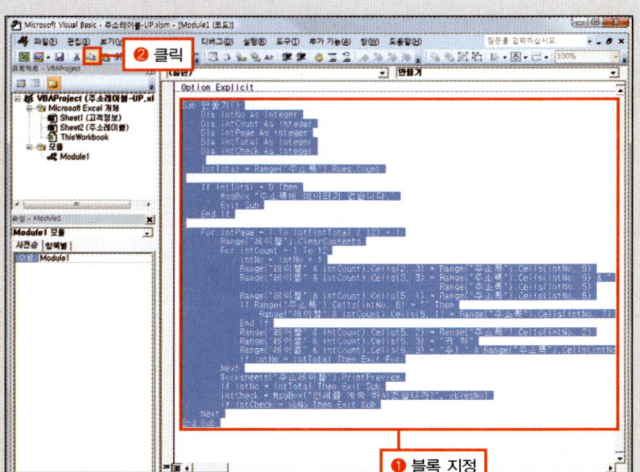

**3.** '만들기' 매크로의 'End Sub' 아래로 커서를 이동한 다음 [붙여넣기]()를 클릭해서 복사한 매크로 코드를 삽입합니다.

**4.** 그리고 다음과 같이 '만들기' 매크로를 '생일레이블' 매크로로 코드를 수정합니다.

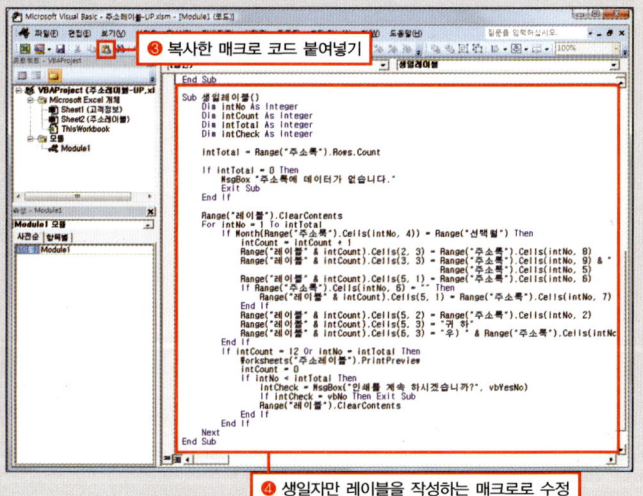

**5.** '만들기' 매크로 코드를 복사해서 일부 수정한 '생일레이블' 매크로 코드는 다음과 같습니다.

```
Sub 생일레이블()
    Dim intNo As Integer
    Dim intCount As Integer
    Dim intTotal As Integer
    Dim intCheck As Integer
```

- 매크로 실행에 필요한 변수를 선언합니다.
- intPage 변수는 필요 없으므로 해당 줄에서 [Ctrl]+[Y]를 눌러서 삭제합니다.

```
    intTotal = Range("주소록").Rows.Count
    If intTotal = 0 Then
        MsgBox "주소록에 데이터가 없습니다."
        Exit Sub
    End If
```

- intTotal 변수에 '주소록'의 전체 개수를 저장하고 intTotal의 값이 0이면 메시지를 표시한 후 매크로를 종료하는 부분입니다.
- 변경없이 그대로 사용합니다.

```
    Range("레이블").ClearContents
```

- For~Next 문을 시작하기 전에 '레이블' 범위의 내용을 먼저 지워줍니다.
- 입력 위치가 달라졌습니다.

```
    For intNo = 1 To intTotal
```

- intNo 변수가 1부터 전체 개수(intTotal)까지 1씩 증가하면서 변하는 동안 For~Next 문에 포함되어 있는 명령문 그룹을 반복 실행합니다.

```
        If Month(Range("주소록").Cells(intNo, 4)) = Range("선택월") Then
            intCount = intCount + 1
            Range("레이블" & intCount).Cells(2, 3) = Range("주소록").Cells(intNo, 8)
            Range("레이블" & intCount).Cells(3, 3) = Range("주소록").Cells(intNo, 9) & "" & _
                                Range("주소록").Cells(intNo, 5)
            Range("레이블" & intCount).Cells(5, 1) = Range("주소록").Cells(intNo, 6)
            If Range("주소록").Cells(intNo, 6) = "" Then
                Range("레이블" & intCount).Cells(5, 1) = Range("주소록").Cells(intNo, 7)
            End If
            Range("레이블" & intCount).Cells(5, 2) = Range("주소록").Cells(intNo, 2)
            Range("레이블" & intCount).Cells(5, 3) = "귀 하"
            Range("레이블" & intCount).Cells(6, 3) = "우) " & Range("주소록").Cells(intNo, 10)
        End If
```

- 레이블을 무조건 출력하는 것이 콤보 상자에서 선택한 월에 해당될 때만 출력합니다.
- Month 함수로 '주소록'의 4열에 있는 생년월일에서 '월'만 구한 값이 '선택월' 셀에 있는 값과 같으면 레이블을 작성합니다.
- intCount 변수는 레이블 하나를 작성할 때마다 1씩 증가합니다. 이 변수의 값이 12가 되면 한 페이지에 인쇄할 12개의 레이블을 모두 작성했다는 뜻입니다.

```
        If intCount = 12 Or intNo = intTotal Then
            Worksheets("주소레이블").PrintPreview
            intCount = 0
```

- intCount 변수가 12와 같으면 한 페이지에 12개의 레이블이 모두 작성되었다는 뜻입니다.
- intNo가 intTotal과 같으면 '주소록'의 마지막까지 비교가 끝났다는 뜻입니다.
- Or 연산자로 두 가지 경우 중 하나라도 해당이 되면 PrintPreview 메서드로 인쇄 미리 보기를 실행하고, intCount 변수의 값을 0으로 초기화합니다.

```
        If intNo 〈 intTotal Then
            intCheck = MsgBox("인쇄를 계속 하시겠습니까?", vbYesNo)
            If intCheck = vbNo Then Exit Sub
            Range("레이블").ClearContents
        End If
```

- intNo가 intTotal 보다 작다는 것은 아직 '주소록'에 비교할 데이터 행이 남아 있다는 뜻입니다.
- 아직 작업이 남아 있을 때 인쇄를 계속할 것인지를 묻고 [아니요] 단추를 클릭하면 매크로를 종료(Exit Sub)합니다.
- [예] 단추를 클릭했을 때는 ClearContents 메서드로 '레이블' 범위의 내용을 지워 다음 작업을 준비합니다.

```
        End If
    Next
End Sub
```

## 03 ㅣ 매크로 실행 단추 만들고 실행하기

**1.** '주소 레이블 만들기' 단추 컨트롤을 Ctrl 을 누른 상태에서 왼쪽으로 드래그하여 복사한 다음 텍스트를 '생일자 레이블 만들기'로 수정합니다.

**2.** '생일자 레이블 만들기' 단추를 마우스 오른쪽 단추로 클릭하고 [매크로 지정] 메뉴를 선택합니다.

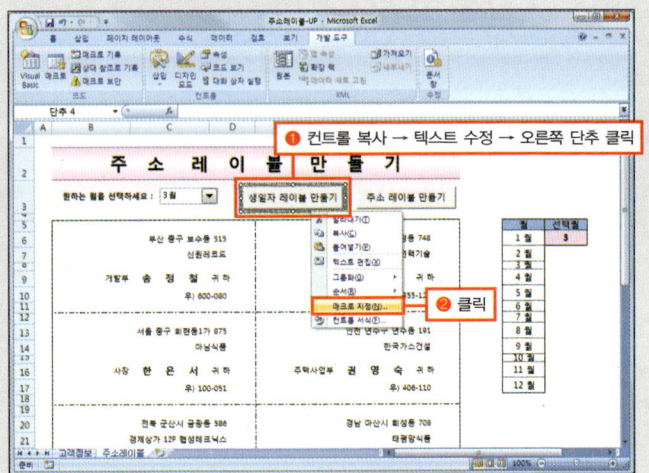

**3.** [매크로 지정] 대화상자에서 [생일레이블]을 선택하고

**4.** [확인] 단추를 클릭합니다.

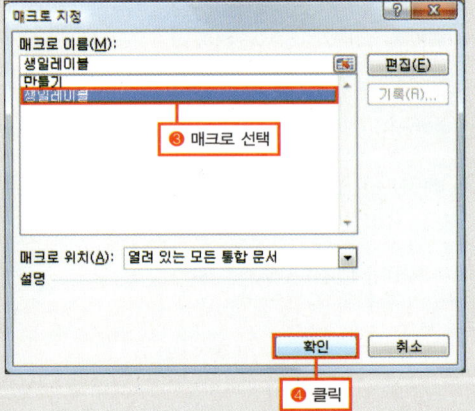

**5.** 콤보 상자의 목록 단추를 누르고 원하는 월을 선택한 다음

**6.** '생일자 레이블 만들기' 단추를 클릭해서 매크로를 실행합니다.

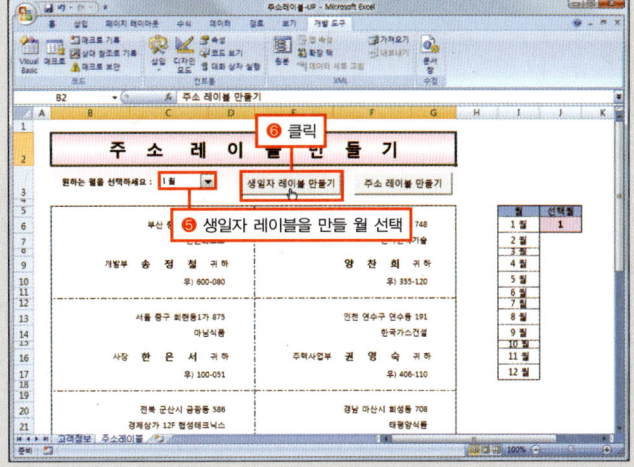

**7.** 생년월일이 콤보 상자에서 선택한 월에 해당되는 주소 레이블이 만들어지고 인쇄 미리 보기가 실행되면 인쇄 내용을 확인하고

**8.** [인쇄 미리 보기 닫기](🔳)를 클릭합니다.

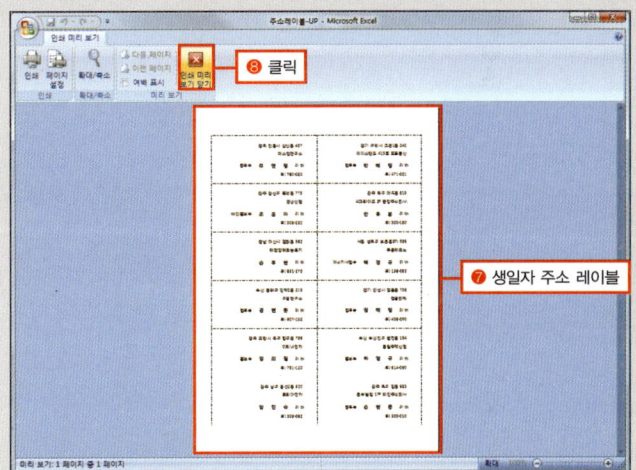

**9.** 생일자 레이블이 12개를 넘는 경우 인쇄 계속 여부를 묻는 메시지 상자가 나타나는데 여기에서 [예] 단추를 클릭합니다.

• 생일자 레이블이 12개 이하일 경우에는 메시지 상자가 나타나지 않습니다.

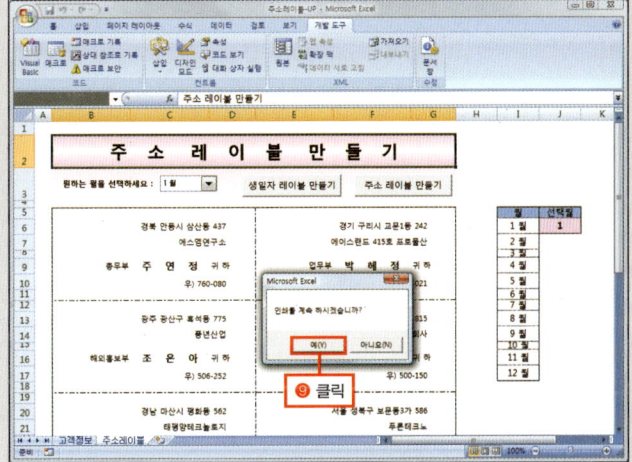

**10.** 다음 페이지의 인쇄 미리 보기가 실행되면 내용을 확인하고

**11.** [인쇄 미리 보기 닫기]( )를 클릭합니다. 마지막 생일자 레이블 페이지가 인쇄 미리 보기로 실행된 후에는 인쇄 계속 여부를 묻는 메시지 상자가 나타나지 않고 매크로가 종료됩니다.

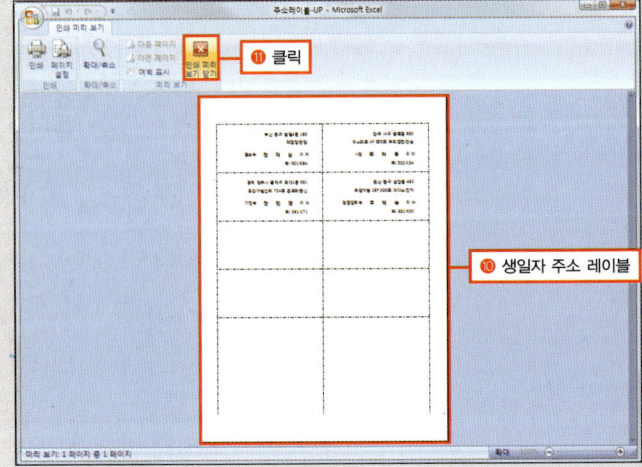

**12.** 매크로가 종료되면 [I:J] 열 범위의 열 머리글을 드래그해서 블록으로 지정하고 마우스 오른쪽 단추를 클릭한 다음

**13.** [숨기기] 메뉴를 선택해서 화면에서 숨겨줍니다.

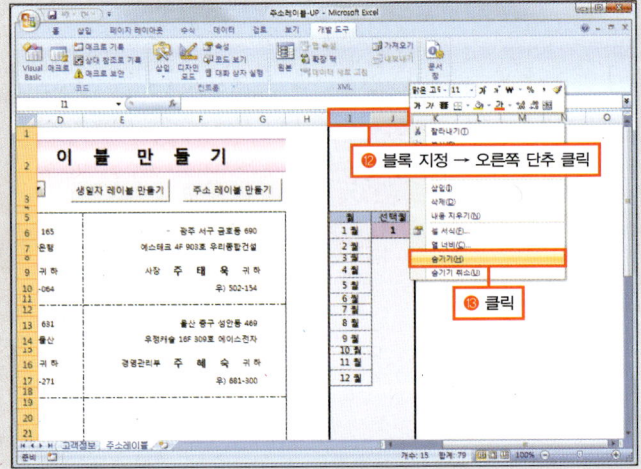

# 여러 파일의 데이터를
# 하나의 시트에 통합하기

S e c t i o n

# 04

여러분이 데이터 관리 업무를 맡고 있다면 여러 지점이나 여러 부서 등에서 보내온 데이터를 하나로 취합하는 작업이 필요할 수 있습니다. 여기에서는 6개의 대리점에서 보내온 4분기 판매 데이터를 하나의 시트로 통합하는 과정을 매크로로 자동화하는 방법을 살펴보려고 합니다. 대상이 되는 파일을 열고 데이터가 들어 있는 셀 범위를 복사한 다음, 통합 워크시트에 복사한 데이터를 붙여 넣고, 열어 놓은 대상 파일을 닫는 과정이 자동화의 대상입니다.

P r e v i e w     ● **시작 파일** : Theme-5\시간절약\데이터통합.xlsm     ● **완성 파일** : Theme-5\완성파일\데이터통합.xlsm

## 뷰 티 컬 렉 션 제 4 분 기 상 품 판 매 보 고 서

대리점 데이터 가져오기     선택한 파일을 복사해서 붙여 넣는 매크로의 실행 단추     등록 개수 :     642

| 판매점 | 판매일자 | 상품코드 | 상품명 | 규격 | 판매가 | 수량 | 할인율 | 금액 |
|---|---|---|---|---|---|---|---|---|
| 더조은화장품 | 10/01 | OI-204EN029 | 리프팅 마스크 | 130g | 4,100 | 9 | | 36,900 |
| 더조은화장품 | 10/03 | SI-943EH019 | 슬리밍 마스크 | 100ml | 8,350 | 6 | | 50,100 |
| 더조은화장품 | 10/03 | BG-320AD083 | 오일프리 썬크림 | 50ml | 5,600 | 12 | 8% | 61,824 |
| 더조은화장품 | 10/03 | ZM-059WM060 | 콜라제닉 스킨커버 | SPF20 | 14,820 | 44 | 10% | 586,872 |
| 더조은화장품 | 10/04 | ZP-265PK017 | 퓨어 비타 코스 | 12ml*4 | 28,710 | 11 | 8% | 290,545 |
| 더조은화장품 | 10/04 | GY-138SN015 | 엑스트라 비비크림 | 45ml | 9,760 | 13 | 12% | 111,654 |
| 더조은화장품 | 10/05 | EF-967AJ066 | 포밍 배스 | 300ml | 5,850 | 21 | 6% | 115,479 |
| 더조은화장품 | 10/05 | EM-622BD042 | 콜라겐 필러 | 15ml | 9,030 | 18 | | 162,540 |
| 더조은화장품 | 10/06 | AN-087LP094 | 하이드라 크림 | 50g | 12,620 | 42 | 2% | 519,439 |
| 더조은화장품 | 10/06 | FT-414LU074 | 모이스처 바디로션 | 300ml | 6,670 | 22 | | 146,740 |
| 더조은화장품 | 10/07 | AN-087LP094 | 하이드라 크림 | 50g | 10,180 | 5 | | 50,900 |
| 더조은화장품 | 10/08 | BG-320AD083 | 오일프리 썬크림 | 50ml | 6,220 | 40 | 16% | 208,992 |
| 더조은화장품 | 10/09 | QA-725IL037 | 마사지 필링 | 130g | 3,800 | 15 | 16% | 47,880 |
| 더조은화장품 | 10/10 | AN-087LP094 | 하이드라 크림 | 50g | 12,130 | 37 | 16% | 377,000 |
| 더조은화장품 | 10/10 | MD-903JW062 | 뉴포맨 2종 | 150ml*2 | 16,800 | 33 | 16% | 465,696 |
| 더조은화장품 | 10/12 | GY-138SN015 | 엑스트라 비비크림 | 45ml | 9,500 | 40 | 12% | 334,400 |
| 더조은화장품 | 10/12 | CM-068PD053 | 파운데이션 브러쉬 | 개 | 8,250 | 5 | 2% | 40,425 |
| 더조은화장품 | 10/12 | EF-967AJ066 | 포밍 배스 | 300ml | 5,850 | 28 | 4% | 157,248 |
| 더조은화장품 | 10/13 | JB-936NS009 | 트리트먼트 세럼 | 40ml | 15,170 | 50 | | 758,500 |
| 더조은화장품 | 10/14 | EC-013QO029 | 아이라이너 우드 펜슬 | 개 | 3,130 | 49 | 8% | 141,100 |
| 더조은화장품 | 10/14 | GY-138SN015 | 엑스트라 비비크림 | 45ml | 9,410 | 49 | 14% | 396,537 |

대상 파일의 데이터를 통합 파일로 복사

## 01  파일 통합 매크로의 작업 과정 살펴보기

**1.** [데이터통합.xlsm] 파일의 [판매보고서] 워크시트의 [6] 행부터 대상 파일의 데이터가 복사됩니다. 다음은 현재 세 개의 파일 내용이 통합되었을 때 [판매보고서] 워크시트입니다.

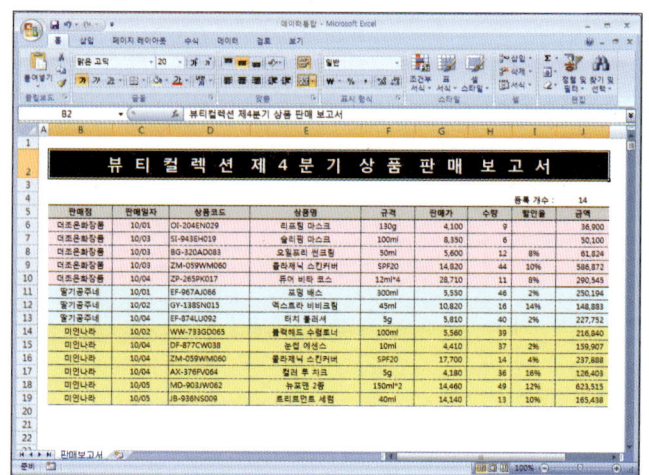

- 다음 파일의 데이터를 복사한 후 붙여넣기를 실행할 때 시작 위치는 [C20] 셀이 되어야 할 것입니다.
- [B] 열에는 복사한 데이터 행의 개수만큼 해당 대리점 이름을 입력합니다.
- 붙여넣기를 실행할 셀의 위치를 계산하기 위해 [J4] 셀의 값이 사용됩니다. [J4] 셀에는 '개수'로 이름이 정의되어 있는데 현재 [판매보고서] 워크시트에 몇 개의 데이터 행이 등록되어 있는지를 COUNTA 함수로 계산했습니다.

**2.** 각 대리점에서 보내온 파일의 [제4분기] 워크시트에 필드 이름을 제외하고 [8] 행부터 실제 데이터가 들어 있습니다. 모든 대리점의 보고서 양식은 동일하며 실제 데이터의 개수만 각각 다릅니다.

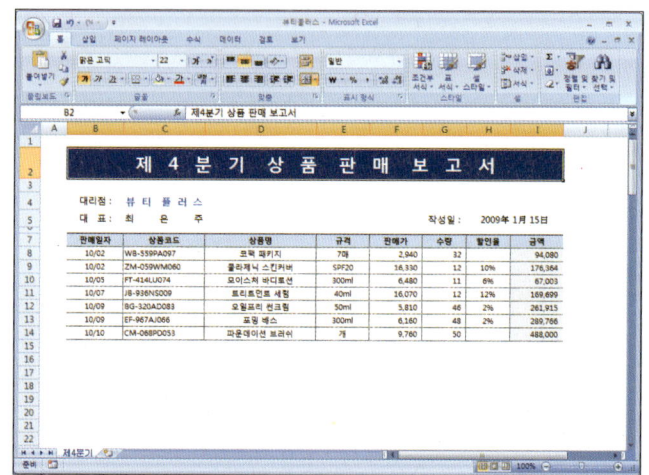

- [B7] 셀이 들어 있는 데이터 범위 전체를 먼저 구하고, 필드 이름을 제외시키도록 데이터 범위의 크기를 조정한 다음 복사합니다.
- [제4분기] 워크시트의 [C4] 셀에 있는 대리점 이름은 [판매보고서] 워크시트의 [B] 열에 입력할 값으로 사용됩니다.

**3.** 매크로를 이용한 작업 과정은 다음과 같습니다.

| | |
|---|---|
| **1. 변수 선언하기** | ■ 매크로에서 임시로 특정 값을 저장하기 위해 몇 개의 변수를 미리 선언합니다. |

↓

| | |
|---|---|
| **2. 통합할 파일 선택** | ■ [열기] 대화상자를 실행하고 사용자가 직접 통합할 대상 파일을 선택합니다.<br>■ Ctrl 이나 Shift 를 함께 사용해서 여러 개의 파일을 선택할 수 있습니다. |

↓

| | |
|---|---|
| **3. 대상 데이터 복사** | ■ 선택한 파일을 열고 [B7] 셀이 들어 있는 데이터 범위를 변수에 저장합니다.<br>■ 필드 이름을 제외하기 위해 변수에 저장한 데이터 범위의 크기를 조정합니다.<br>■ 변수에 저장한 데이터 범위를 복사합니다.<br>■ 파일을 열면 새로 연 파일이 활성화됩니다. |

↓

| 4. 통합 워크시트에 붙여넣기 | ▪ [데이터통합] 파일의 [판매보고서] 워크시트를 활성화합니다.<br>▪ '개수' 셀의 값을 이용해서 붙여넣기를 실행할 시작 위치를 정합니다.<br>▪ 복사한 데이터를 붙여넣기 합니다. |
| --- | --- |

⬇

| 5. 대리점 이름 입력 | ▪ '개수' 셀의 값과 복사한 데이터 범위의 행 개수를 이용하여 대리점 이름을 입력할 범위를 변수에 저장합니다.<br>▪ 변수에 저장한 데이터 범위에 대리점 이름을 입력합니다.<br>▪ [C6] 셀의 서식을 대리점 이름을 입력한 셀 범위에 복사합니다. |
| --- | --- |

⬇

| 6. 대상 파일 닫기 | ▪ 복사 후 붙여넣기 과정이 끝났으므로 대상 파일을 닫습니다.<br>▪ 3번 과정부터 6번 과정까지 선택한 파일의 개수만큼 반복합니다. |
| --- | --- |

## [02]　[열기] 대화상자에서 파일을 선택하는 매크로 코드

**1.** [데이터통합] 파일의 [판매보고서] 워크시트에서 [개발도구] 탭 → [코드] 그룹 → [Visual Basic](🏠)을 클릭합니다.

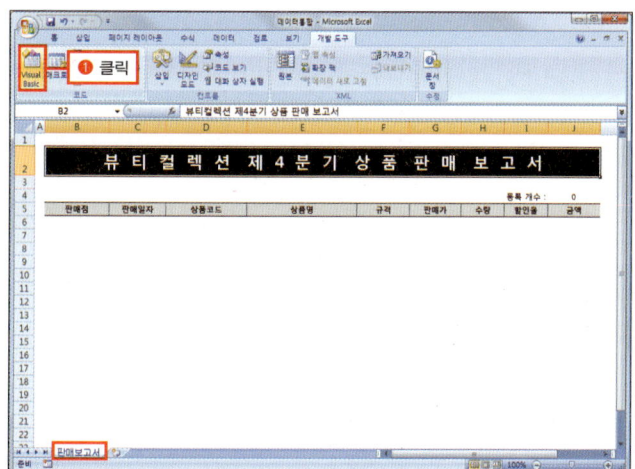

**2.** [Microsoft Visual Basic] 창이 열리면 [삽입] 메뉴를 클릭하고 [모듈]을 선택해서 새로운 모듈 시트를 만듭니다.

**3.** 모듈 시트에 『Sub DataCellection』까지 입력하고 Enter 를 누르면 Sub~End Sub 구조의 매크로가 만들어집니다.

• 매크로는 모듈 시트에 작성합니다.
• Sub~End Sub 사이에 필요한 매크로 코드를 입력하게 됩니다.

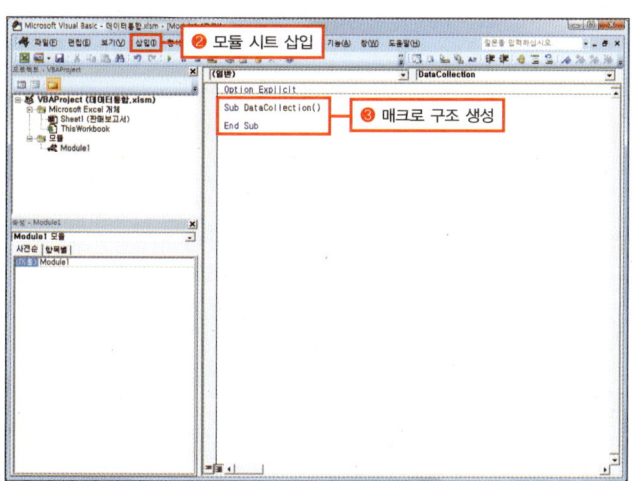

**4.** Sub~End Sub 사이에 다음과 같이 매크로 코드를 입력합니다.

• [열기] 대화상자를 표시하고 사용자가 통합할 파일을 선택한 다음 [열기] 단추를 클릭할 때까지의 과정입니다.

```
Sub DataCollection()
    Dim varFiles As Variant
    Dim strName As String
```

- 'Dim 변수이름 As 데이터형식'과 같이 변수를 선언합니다.
- 데이터 형식이 Variant이면 어떤 값이든지 저장이 가능합니다.
- varFiles 변수는 [열기] 대화상자에서 사용자가 선택한 파일 이름을 저장합니다
- strName 변수는 통합 파일의 이름을 임시로 저장하기 위한 문자형(String) 변수입니다.

```
    varFiles = Application.GetOpenFilename(filefilter:="Excel Files(*.xlsx),*.xlsx", _
        Title:="통합할 파일 선택", MultiSelect:=True)
```

- 명령문이 길기 때문에 두 줄로 나누어 입력한 것으로 첫 번째 줄의 마지막에 공백과 밑줄(_)을 입력해서 명령문이 다음 줄에서 계속 이어진다는 것을 알려줍니다. 두 줄의 명령문은 실제로 하나의 명령문입니다.
- GetOpenFilename 메서드를 이용해서 [열기] 대화상자를 표시하고 사용자가 파일을 선택하여 열 수 있도록 합니다.
- filefilter 인수는 [열기] 대화상자에 표시할 파일 형식을 지정합니다. 여기에서는 '*.xlsx' 형식의 엑셀 2007 통합 문서 파일을 표시하게 합니다.
- Tiltle 인수는 대화상자의 제목을 지정하기 위해 사용합니다.
- MultiSelect 인수에 True를 지정하여 사용자가 Ctrl이나 Shift 를 사용하여 여러 개의 파일을 선택할 수 있도록 합니다.
- [열기] 대화상자에서 선택한 파일들은 varFiles 변수에 저장됩니다. GetOpenFilename 메서드는 대화상자를 표시하기만 하고 실제로 선택한 파일을 열어 주지는 않습니다.

```
    If TypeName(varFiles) = "Boolean" Then Exit Sub
```

- 'If 조건 Then 명령문' 형식으로 사용해서 조건이 참일 때 지정한 명령문을 실행합니다. 여기서는 조건이 참일 때 프로시저를 끝내도록 'Exit Sub' 명령문을 사용했습니다.
- varFiles 변수는 [열기] 대화상자에서 선택한 파일 이름을 저장하고 있습니다. 하지만 [열기] 대화상자에서 [취소] 단추를 클릭했을 때는 파일 이름을 저장하지 않고 False 값을 대신 저장합니다.
- TypeName 함수는 varFiles 변수에 저장되어 있는 값의 종류를 알아내는데 사용합니다.
- TypeName 함수의 결과가 "Booleab"과 같다는 것은 [열기] 대화상자에서 [취소] 단추를 클릭해서 False 값이 반환되었다는 것입니다. [취소] 단추를 클릭했을 때 Exit Sub 문을 사용하여 무조건 매크로를 종료합니다.

```
    strName=ThisWorkbook.Name
    MsgBox strName
End Sub
```

- [열기] 대화상자에서 파일을 선택하고 [열기] 단추를 클릭했을 때 If 문 아래의 명령문이 실행됩니다.
- strName 변수에 현재 통합문서(ThisWorkbook)의 이름(Name)을 저장합니다.
- MsgBox 메서드는 strName 변수에 저장되어 있는 값을 메시지 상자로 표시합니다. 이 부분은 매크로의 실행 결과를 테스트하기 위해 임시로 삽입한 것입니다.

**5.** 매크로 코드 입력이 끝나면 표준 도구
모음에서 [Sub/사용자 정의 폼 실행](▶)
을 클릭합니다.

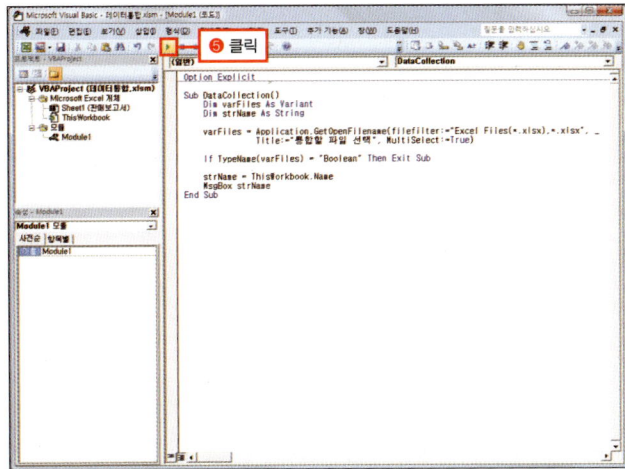

**6.** 제목이 '통합할 파일 선택'으로 표시되
는 [열기] 대화상자가 실행되면 'Theme-
5\시간절약\Temp' 폴더를 열고 원하는 파
일들을 선택한 후

**7.** [열기] 단추를 클릭합니다.

• Ctrl 을 누른 채 파일을 차례로 클릭해서 여러 개
의 파일을 선택할 수 있습니다.

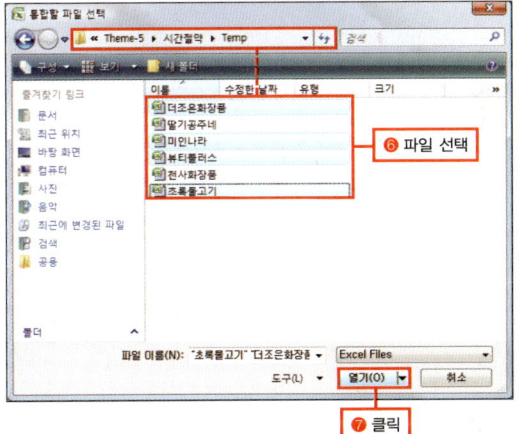

**8.** [열기] 대화상자에서 파일을 선택하고
[열기] 단추를 클릭했다면 다음과 같이 현재
통합 문서의 이름을 표시하는 메시지 상자
가 나타납니다. [확인] 단추를 클릭합니다.

• [열기] 대화상자에서 [취소] 단추를 클릭했다면
메시지 상자가 표시되지 않고 바로 매크로가 종
료(Exit Sub)됩니다.

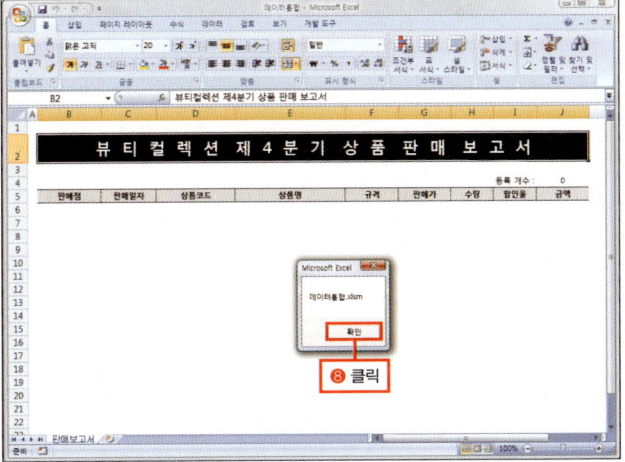

## [03] 선택한 파일을 차례로 열고 데이터 범위를 설정하는 매크로 코드

**1.** 'DataCollection' 매크로 코드에 다음과 같이 선택한 파일을 여는 부분을 추가로 입력합니다.

```
Sub DataCollection()
    Dim varFiles As Variant
    Dim strName As String
    Dim varTemp As Variant
    Dim dataBook As Workbook
    Dim dataRange As Range
    Dim dataTitle As String
```

- varTemp 변수는 선택한 파일을 하나씩 따로 지정해서 작업하기 위해 필요합니다.
- dataBook 변수는 선택한 파일 즉, 복사할 데이터가 들어 있는 통합 문서(Workbook)를 저장합니다.
- dataRange 변수는 파일을 열고 복사할 데이터 범위(Range)를 저장합니다.
- dataTitle 변수는 대상 파일에서 [C4] 셀에 있는 대리점 이름을 저장하기 위한 문자형(String) 변수입니다.

```
    varFiles = Application.GetOpenFilename(filefilter:="Excel Files(*.xlsx),*.xlsx", _
            Title:="통합할 파일 선택", MultiSelect:=True)
    If TypeName(varFiles) = "Boolean" Then Exit Sub
    strName = ThisWorkbook.Name
    MsgBox strName
```

- MsgBox 부분은 파일 선택을 테스트하기 위해 임시로 입력했던 부분입니다.
- 명령줄에서 Ctrl+Y를 눌러 MsgBox 코드를 삭제합니다.

```
    For Each varTemp In varFiles
```

- For Each ~ Next 구조의 명령문 그룹으로 사이에 있는 6줄의 명령문을 반복 실행합니다.
- varFiles 변수에는 [열기] 대화상자에서 선택한 파일들이 들어 있는데 2개의 파일을 선택했다면 For Each ~ Next 사이의 명령문 그룹은 모두 2번 반복해서 실행됩니다. 하나만 선택했다면 한 번만 실행됩니다.
- varTemp 변수는 varFiles 변수에 있는 파일을 하나씩 차례로 저장하기 위한 것입니다.
- '미인나라.xlsx'와 '초록물고기.xlsx' 파일을 선택했을 경우 맨 처음에 varTemp 변수는 '미인나라.xlsx' 파일을 담고, 두 번째로 실행될 때 '초록물고기.xlsx' 파일을 담게 됩니다.

```
        Set dataBook = Workbooks.Open(varTemp)
```

- varTemp 변수에 들어 있는 통합 문서(Workbooks)를 열어서(Open) dataBook 변수에 저장합니다.
- 통합 문서(Workbook), 워크시트(Worksheet), 범위(Range) 등의 데이터 형식으로 선언한 변수에 값을 저장하기 위해서는 'Set 변수명 = 개체' 형식의 대입문을 사용해야 합니다.

```
        Set dataRange = dataBook.Worksheets(1).Range("B7").CurrentRegion
```

- dataRange 변수에 셀 범위를 저장하는 명령문입니다.
- dataBook 변수에 들어 있는 통합 문서의 1번 워크시트(Worksheets(1))에서 [B7] 셀(Range("B7"))이 들어 있는 현재 영역(CurrentRegion) 전체를 dataRange 변수에 저장합니다.

```
        dataTitle = dataBook.Worksheets(1).Range("C4")
```

- dataBook 변수에 들어 있는 통합 문서의 1번 워크시트(Worksheets(1))에서 [C4] 셀(Range("C4"))의 값을 dataTiltle 변수에 저장합니다.
- [C4] 셀에는 대리점 이름이 들어 있습니다.

```
        datáRange.Select
        MsgBox dataTitle
```

- 테스트를 위해 임시로 입력한 코드입니다.
- dataRange 변수에 들어 있는 셀 범위를 선택(Select)하고, MsgBox 함수로 dataTitle 변수에 들어 있는 대리점 이름을 메시지 상자로 보여줍니다.
- varTemp 변수에 있는 통합 문서를 열고, 데이터 범위 전체를 dataRange 변수에 저장하고, 대리점 이름을 dataTitle 변수에 저장하는 과정이 제대로 이루어졌는지 확인할 수 있습니다.

```
dataBook.Close SaveChanges:=False
```

- dataBook 변수에 들어 있는 통합 문서를 닫습니다(Close).
- SaveChanges 인수에 False 값을 지정해서 통합 문서를 닫을 때 변경 사항을 저장하지 않도록 합니다.

```
    Next
End Sub
```

- Next 문은 For Each 문의 마지막을 의미합니다.
- For Each~ Next 명령문 그룹이 선택한 파일의 개수만큼 반복 실행된 다음에는 Next 문 다음의 명령문이 이어서 실행됩니다.

2. [Sub/사용자 정의 폼 실행](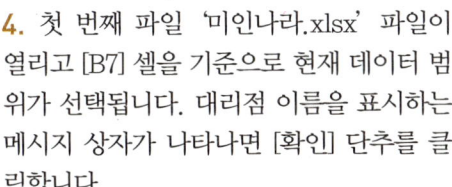)을 클릭해서 매크로를 실행하면 [열기] 대화상자가 실행됩니다. 여기에서 '미인나라'와 '초록물고기' 파일을 선택하고

3. [열기] 단추를 클릭합니다.

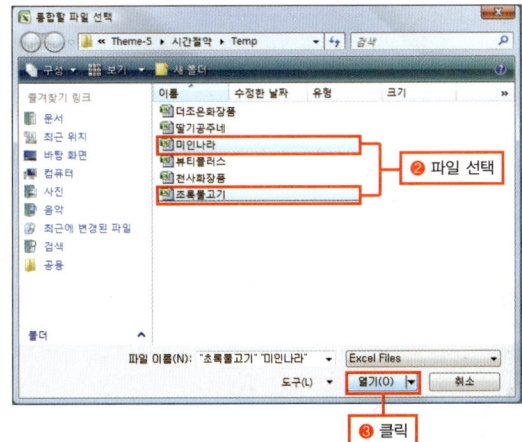

4. 첫 번째 파일 '미인나라.xlsx' 파일이 열리고 [B7] 셀을 기준으로 현재 데이터 범위가 선택됩니다. 대리점 이름을 표시하는 메시지 상자가 나타나면 [확인] 단추를 클릭합니다.

- [확인] 단추를 클릭하면 Close 메서드에 의해 현재 파일을 저장하지 않고 닫습니다.

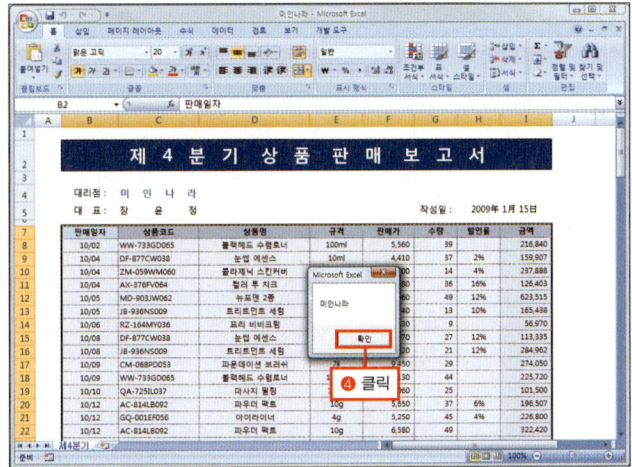

**5.** 계속해서 두 번째 파일 '초록물고기.xlsx' 파일이 열리고 데이터 범위를 선택한 다음 메시지 상자로 대리점 이름을 표시합니다. 여기에서도 [확인] 단추를 클릭합니다.

• 더 많은 파일을 선택했으면 이 과정이 마지막 파일까지 반복됩니다.

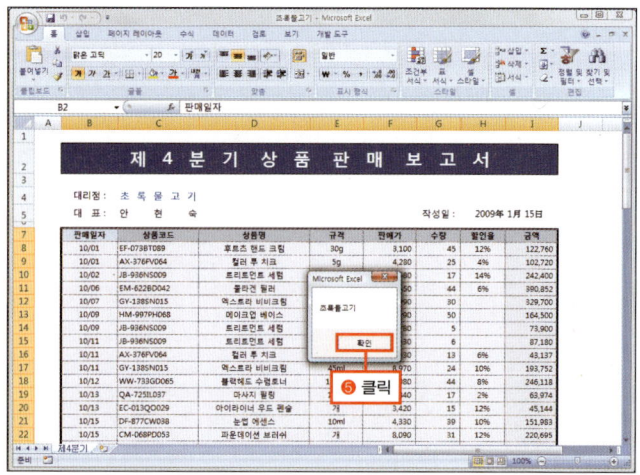

## 04 선택한 파일의 데이터 범위를 복사하여 붙여 넣는 매크로 코드

**1.** 'DataCollection' 매크로 코드에 선택한 파일의 데이터 범위를 복사한 다음 [판매보고서] 워크시트에서 붙여넣기를 실행하는 다음 코드를 추가로 입력합니다.

```
Sub DataCollection()
    Dim varFiles As Variant
    Dim strName As String
    Dim varTemp As Variant
    Dim dataBook As Workbook
    Dim dataRange As Range
    Dim dataTitle As String
    Dim intRow As Integer
    Dim intCol As Integer
    Dim intCount As Integer
```

■ intRow 변수는 복사할 데이터 범위의 행 개수를 저장합니다.
■ intCol 변수는 복사할 데이터 범위의 열 개수를 저장합니다.
■ intCount 변수는 '개수' 셀의 현재 값을 저장하기 위한 정수형(Integer) 변수입니다.

```
    varFiles = Application.GetOpenFilename(filefilter:="Excel Files(*.xlsx),*.xlsx", _
        Title:="통합할 파일 선택", MultiSelect:=True)
    If TypeName(varFiles) = "Boolean" Then Exit Sub
    strName = ThisWorkbook.Name
    For Each varTemp In varFiles
        Set dataBook = Workbooks.Open(varTemp)
        Set dataRange = dataBook.Worksheets(1).Range("B7").CurrentRegion
        dataTitle = dataBook.Worksheets(1).Range("C4")
        intRow = dataRange.Rows.Count − 1
        intCol = dataRange.Columns.Count
```

- intRow 변수에 dataRange 변수에 저장된 데이터 범위에 포함되어 있는 행(Rows)의 개수(Count)에서 1을 뺀 값을 저장합니다.
- intCol 변수에 dataRange 변수에 포함되어 있는 열(Columns)의 개수(Count)를 저장합니다.

**Set dataRange = dataRange.Offset(1, 0).Resize(intRow, intCol)**

- dataRange 변수에 저장되어 있는 데이터 범위의 크기를 intRow와 intCol 변수 값을 이용하여 재설정(Resize)합니다.
- 만약에 dataRange 변수에 [B7:I112] 범위가 들어 있다면 여기서 새로 필요한 범위는 [7] 행에 있는 필드 이름을 제외한 [B8:I112] 범위입니다. 이때 intRow의 값은 '106' 이고 intCol의 값은 '8' 입니다.
- intRow의 값은 '106' 이고 intCol의 값은 '8' 이라면 dataRange에서 1행 0열 떨어져 있는(Offset(1,0)) [B8] 셀부터 106행, 8 열에 해당하는 [B8:I112] 범위로 크기를 재설정(Resize)해서 dataRange 변수에 저장합니다.

**dataRange.Copy**
**Workbooks(strName).Worksheets(1).Activate**

- dataRange 범위를 복사(Copy)합니다.
- strName 변수에 '데이터통합.xlsm' 파일 이름이 들어 있으므로 해당 통합 문서(Workbooks)의 1번 워크시트(Worksheets(1)) 를 활성화(Activate)합니다.

**intCount = Range("개수")**
**Range("C5").Offset(intCount + 1, 0).Select**
**ActiveSheet.Paste**

- intCount 변수에 '개수' 셀에 계산되어 있는 현재 등록 데이터의 개수를 저장합니다.
- intCount 변수의 값이 '0' 이라면 [C5] 셀에서 Offset(intCount+1, 0) 즉, 1행 0열 떨어져 있는 [C6] 셀을 선택(Select)합니다. 이 부분이 복사한 데이터를 붙여 넣을 시작 셀을 정하는 중요한 부분입니다.
- 현재 시트(ActiveSheet)에 복사한 데이터를 붙여넣기(Paste) 합니다.

*dataRange.Select*
*MsgBox dataTitle*
dataBook.Close SaveChanges:=False
　Next
End Sub

- dataRange 범위를 선택(Select)하고, dataTitle 변수의 대리점 이름을 메시지 상자로 표시하는 것은 테스트를 위한 임시 명령 문입니다.
- 해당 줄로 커서를 이동한 후 Ctrl+Y를 눌러서 명령문을 삭제합니다.

**2.** [Sub/사용자 정의 폼 실행](▶)을 클릭 하고 [열기] 대화상자에서 하나의 파일만 선택한 다음

**3.** [열기] 단추를 클릭합니다.

- 아직 매크로가 완성되지 않았으므로 테스트를 위 해 하나의 파일만 선택합니다.

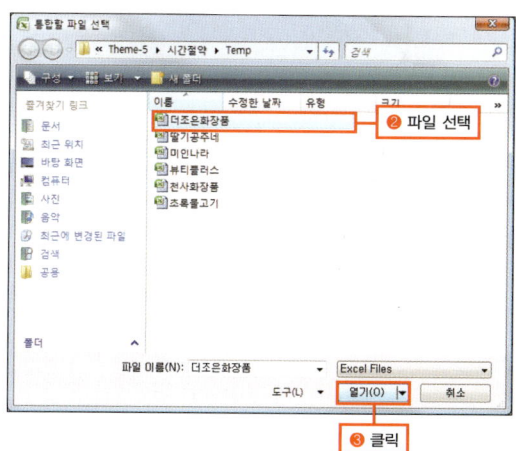

4. 선택한 파일이 열리고 데이터 범위를 복사한 다음 [판매보고서] 워크시트에 붙여넣기를 수행하는 과정이 실행되면 다음과 같은 결과를 얻을 수 있습니다.

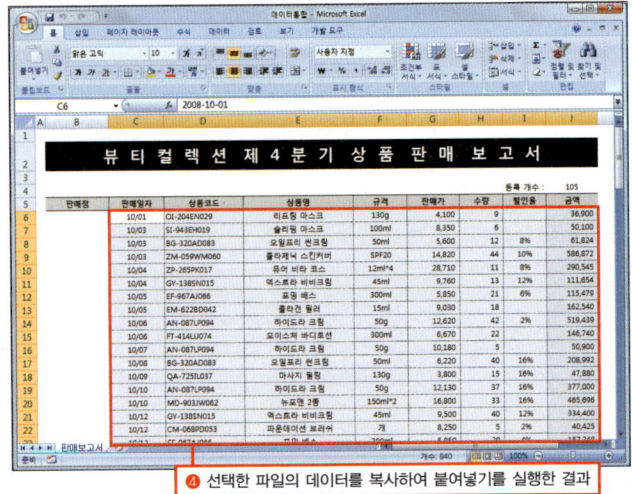

❹ 선택한 파일의 데이터를 복사하여 붙여넣기를 실행한 결과

## 05  대리점 이름을 입력하고 서식을 복사하는 매크로 코드

1. 'DataCollection' 매크로 코드에 대리점 이름을 입력한 다음 [C6] 셀의 서식을 복사해서 적용하는 매크로 코드를 추가로 입력합니다.

```
Application.DisplayAlerts = False
Application.ScreenUpdating = False
```

- DisplatAlerts 속성을 False 값으로 지정해서 매크로가 실행되는 동안 경고 메시지나 확인 메시지가 표시되지 않도록 설정합니다. 이것은 데이터를 복사한 다음 붙여 넣을 때 클립보드에 데이터가 남아 있다는 메시지가 나타나는 것을 막기 위한 것입니다.
- ScreenUpdating 속성을 False 값으로 지정해서 매크로가 실행되는 동안 화면이 업데이트(갱신) 되지 않도록 설정합니다. 이것은 파일을 열고 복사 후 붙여넣기 등을 실행할 때 창 전환이나 붙여 넣은 결과 등이 계속해서 바뀌는 것을 막기 위한 것입니다.

```
For Each varTemp In varFiles
    Set dataBook = Workbooks.Open(varTemp)
    Set dataRange = dataBook.Worksheets(1).Range("B7").CurrentRegion
    dataTitle = dataBook.Worksheets(1).Range("C4")
    intRow = dataRange.Rows.Count − 1
    intCol = dataRange.Columns.Count
    Set dataRange = dataRange.Offset(1, 0).Resize(intRow, intCol)
    dataRange.Copy
    Workbooks(strName).Worksheets(1).Activate
    intCount = Range("개수")
    Range("C5").Offset(intCount + 1, 0).Select
    ActiveSheet.Paste
    Range("C6").Copy
    Set dataRange = Range(Range("B5").Offset(intCount + 1, 0), Range("B5").Offset(intCount + intRow, 0))
```

- 선택한 파일에서 데이터를 복사하여 [판매보고서] 워크시트에 붙여 넣은 후 현재 활성 시트는 [판매보고서] 시트입니다. Copy 메서드를 사용해서 활성 시트의 [C6] 셀을 복사(Copy)합니다. [C6] 셀에는 복사하여 붙여 넣은 데이터가 들어 있고, 서식도 지정되어 있습니다.
- dataRange 변수에 붙여 넣은 데이터 범위의 [B] 열에 대리점 이름을 입력하기 위한 셀 범위를 계산해서 저장합니다.
- Range(Range, Range)는 첫 번째 Range부터 두 번째 Range까지의 셀 범위를 구하기 위한 것입니다.
- intCount 변수의 값이 '0'이고 intRow 변수의 값이 '106'이라면 첫 번째 Range는 [B5] 셀에서 1행 0열 떨어져 있는 [B6] 셀이 됩니다. 이 셀은 대리점 이름이 입력될 시작 셀입니다.
- 두 번째 Range는 [B5] 셀에서 106행, 0열 떨어져 있는 [B112] 셀이 됩니다. 이 셀은 대리점 이름이 입력될 마지막 셀입니다.
- Range(Range, Range)는 [B6:B112] 범위를 반환하게 되고, 이 범위가 dataRange 변수에 저장됩니다.

```
        dataRange.Value = dataTitle
        dataRange.PasteSpecial xlPasteFormats
        Application.CutCopyMode = False
```

- dataRange 변수에 저장된 범위의 값(Value)으로 dataTitle 변수에 저장된 대리점 이름을 넣습니다. 결국 대리점 이름이 들어갈 범위에 한 번에 대리점 이름을 입력하는 부분입니다.
- dataRange 변수의 셀 범위에 선택하여 붙여넣기(PasteSpecial)를 서식(xlPasteFormats) 옵션으로 실행합니다. 이렇게 하면 앞에서 복사한 [C6] 셀의 서식이 대리점 이름을 입력한 셀 범위에 적용됩니다.
- CutCopyMode 속성을 False 값으로 지정해서 워크시트에서 복사한 셀 주위에 표시되는 움직이는 테두리를 해제합니다.

```
        dataBook.Close SaveChanges:=False
    Next
    Range("B2").Select
```

- For Each~Next 명령문 그룹을 모두 실행한 다음 마지막으로 셀 포인터의 위치를 [B2] 셀을 선택(Select)해서 지정합니다.

**2.** [Sub/사용자 정의 폼 실행](▶)을 클릭하고 [열기] 대화상자에서 하나의 파일만 선택한 다음

**3.** [열기] 단추를 클릭합니다.

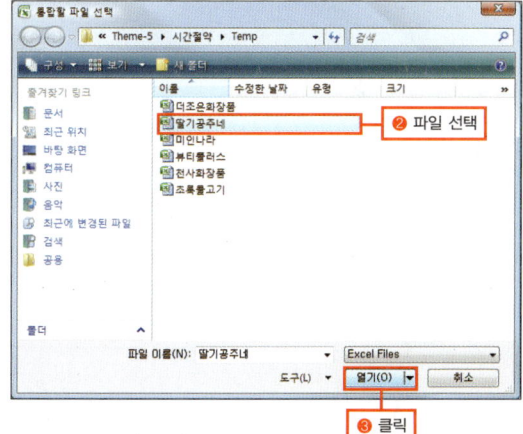

**4.** 선택한 파일의 데이터가 원래 있던 데이터의 다음 행에 이어서 복사되고, [B] 열에 대리점 이름이 입력됩니다. 대리점 이름이 입력된 셀 범위에는 [C6]과 동일한 셀 서식이 적용됩니다.

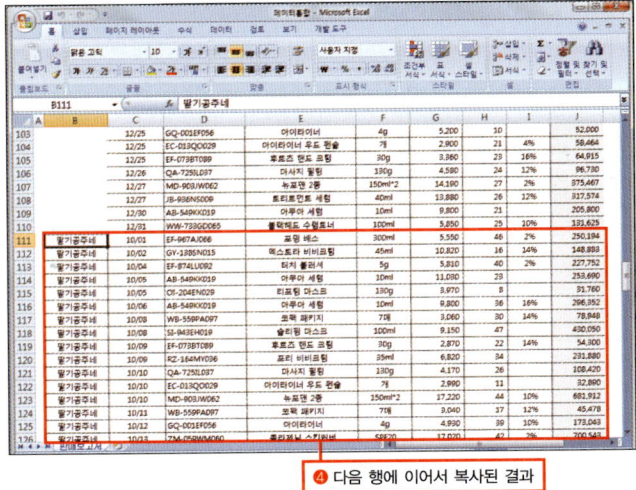

④ 다음 행에 이어서 복사된 결과

## 06 매크로 단추를 만들어 통합 매크로 실행하기

**1.** 먼저 이미 복사해 놓은 데이터를 모두 제거하고 실행을 테스트하겠습니다. [C6] 셀에서 Ctrl + Shift + ↓ 를 눌러서 마지막 판매일자까지 블록을 지정합니다.

**2.** [홈] 탭 → [셀] 그룹 → [삭제]( 삭제 )의 목록 단추를 클릭하고

**3.** [시트 행 삭제]를 선택해서 행 전체를 삭제합니다.

**4.** [개발 도구] 탭 → [컨트롤] 그룹 → [삽입]( )을 클릭하고 [양식 컨트롤] 영역에 있는 [단추]( )를 선택합니다.

**5.** 마우스 왼쪽 단추를 클릭한 채 드래그해서 단추 컨트롤을 그리고

**6.** 자동으로 실행되는 [매크로 지정] 대화 상자에서 [DataCollection] 매크로를 선택한 다음

**7.** [확인] 단추를 클릭합니다.

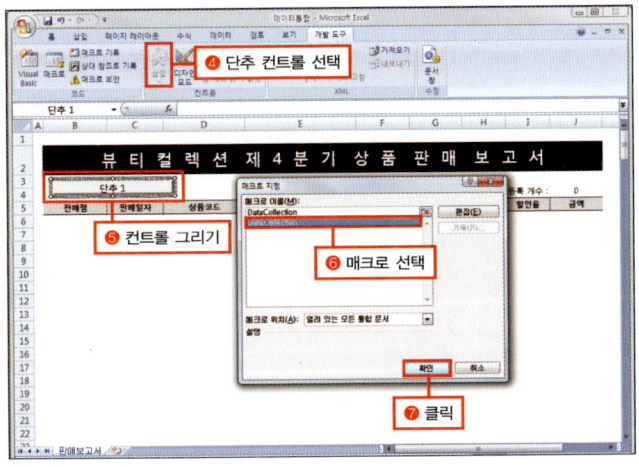

**8.** 단추의 텍스트를 『대리점 데이터 가져오기』로 수정한 다음 임의의 셀을 클릭해서 컨트롤 선택을 해제합니다. 준비가 되었으면 단추를 클릭해서 매크로를 실행합니다.

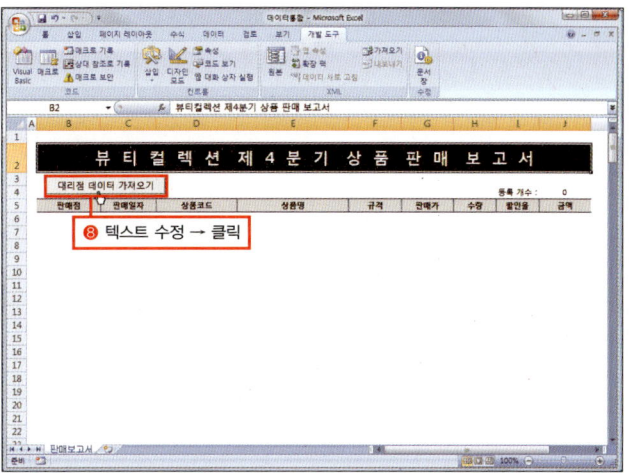

**9.** [열기] 대화상자가 실행되면 첫 번째 파일을 클릭하고 마지막 파일을 Shift 를 누른 채 클릭해서 모든 파일을 선택한 다음

**10.** [열기] 단추를 클릭합니다.

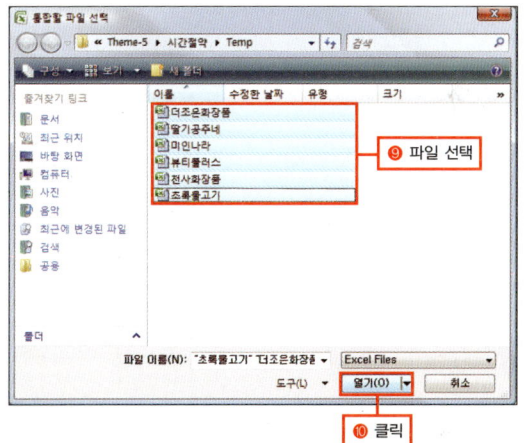

**11.** [판매보고서] 워크시트에 다음과 같이 선택한 파일의 모든 데이터가 차례대로 복사됩니다. [J4] 셀의 등록 개수를 보고 몇 개의 데이터가 복사되었는지 확인할 수 있습니다.

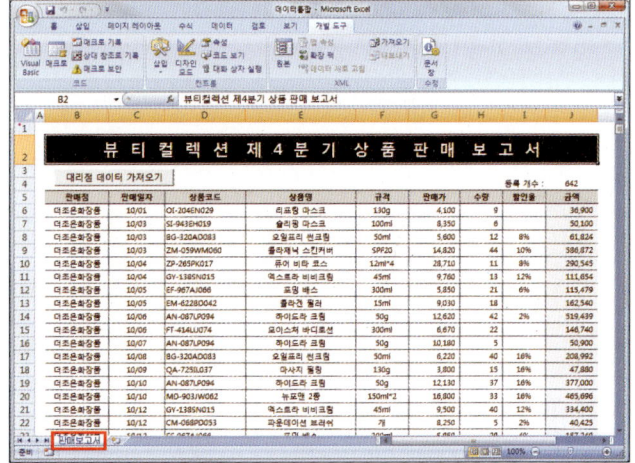

# U  p  g  r  a  d  e    여러 파일의 시트를 현재 파일에 복사하자

● **시작 파일** : Theme-5\시간절약\데이터통합-UP.xlsm    ● **완성 파일** : Theme-5\완성파일\데이터통합-UP.xlsm

데이터를 가져오려는 파일을 열고 그 파일에 있는 첫 번째 워크시트를 통합 파일의 마지막에 추가하는 매크로로 작성합니다. 이 매크로는 데이터만 복사하는 것이 아니라 시트를 통째로 복사하는 것으로, 대상 파일의 첫 번째 시트에 가져오려는 데이터가 들어 있는 것으로 간주합니다. 시트를 복사해서 가져올 때 이미 같은 이름의 시트가 있을 경우 무시하고 다음 파일로 넘어가는 방법에 대해 배울 수 있습니다.

## 01 | 시트 통합 매크로 코드

**1.** [MAIN] 워크시트에 있는 단추 컨트롤을 마우스 오른쪽 단추로 클릭하고

**2.** [매크로 지정] 메뉴를 선택합니다.

**3.** [매크로 지정] 대화상자가 실행되면 [매크로 이름]에 『SheetCollection』을 입력하고

**4.** [새로 만들기] 단추를 클릭합니다.

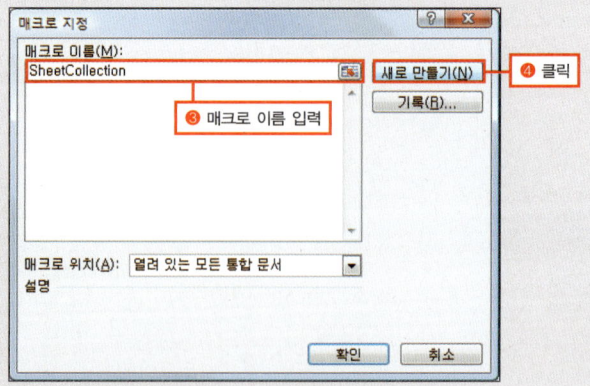

**5.** [Microsoft Visual Basic] 창이 열리고 모듈 시트에 'Sub SheetCollection() ~ End Sub' 매크로 구조가 만들어지면 다음과 같이 매크로 코드를 입력합니다.

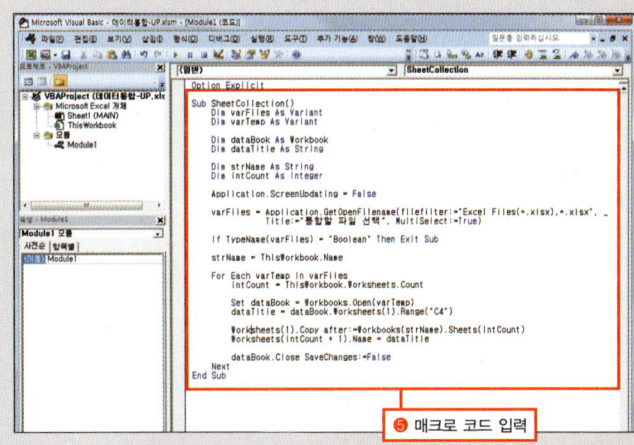

❺ 매크로 코드 입력

**6.** 'SheetCollection' 매크로 코드는 다음과 같습니다. 많은 부분이 'DataCollection' 매크로 코드와 동일합니다. 달라진 부분을 중심으로 설명합니다.

```
Sub SheetCollection()
    Dim varFiles As Variant
    Dim varTemp As Variant
    Dim dataBook As Workbook
    Dim dataTitle As String
    Dim strName As String
    Dim intCount As Integer
```

- 매크로 실행에 필요한 변수를 선언합니다.
- 대부분의 변수는 DataCollection 매크로에서의 역할과 동일합니다.

```
    Application.ScreenUpdating = False
    varFiles = Application.GetOpenFilename(filefilter:="Excel Files(*.xlsx),*.xlsx", _
            Title:="통합할 파일 선택", MultiSelect:=True)
    If TypeName(varFiles) = "Boolean" Then Exit Sub
    strName = ThisWorkbook.Name
```

- 화면 업데이트(ScreenUpdating)를 중지(False)시킵니다.
- [열기] 대화상자를 표시하고 사용자에게 통합할 파일을 한 개 이상 선택하게 합니다.
- [열기] 대화상자에서 [취소] 단추를 클릭했다면 이후의 코드를 실행하지 않고 매크로를 종료(Exit Sub)합니다.
- strName 변수에 현재 통합 문서(ThisWorkbook)의 이름(Name)을 저장합니다.

```
    For Each varTemp In varFiles
        intCount = ThisWorkbook.Worksheets.Count
```

- varTemp 변수에 varFiles 변수에 있는 파일 이름을 하나씩 담아 For Each ~ Next 사이의 명령문 그룹을 실행합니다.
- intCount 변수에 현재 통합 문서(ThisWorkbook)의 워크시트(Worksheets) 개수(Count)를 세어 저장해 둡니다.
- intCount 변수는 파일을 열어 시트를 복사할 때 위치를 지정하기 위해 필요합니다.

```
        Set dataBook = Workbooks.Open(varTemp)
        dataTitle = dataBook.Worksheets(1).Range("C4")
```

- dataBook 변수에 varTemp 파일을 열어 저장합니다.
- dataTitle 변수에 새로 연 파일(dataBook)의 첫 번째 워크시트(Worksheets(1))에서 [C4] 셀에 있는 대리점 이름을 저장해 둡니다.
- dataTitle 변수에 저장된 값은 시트를 복사한 다음 이름을 바꾸기 위해 필요합니다.

```
    Worksheets(1).Copy after:=Workbooks(strName).Sheets(intCount)
    Worksheets(intCount + 1).Name = dataTitle
```

- 새로 연 파일에서 첫 번째 워크시트를 strName 통합 문서의 지정한 곳에 복사(Copy)합니다.
- intCount 변수의 값이 '1'이라면 새로 연 파일의 첫 번째 워크시트는 strName 통합 문서의 '1'번째 시트 다음(after)에 복사됩니다.

```
    dataBook.Close SaveChanges:=False
  Next
End Sub
```

- 시트 복사가 끝나면 dataBook 통합 문서를 저장하지 않고(SaveChanges:=False) 닫습니다(Close).
- For Each ~ Next 명령문 그룹을 선택한 파일 개수만큼 반복 실행한 다음 매크로가 종료(End Sub)됩니다.

**7.** [Sub/사용자 정의 폼 실행](▶)을 클릭하면 [열기] 대화상자가 나타납니다. 여기에서 원하는 파일을 선택하고

**8.** [열기] 단추를 클릭합니다.

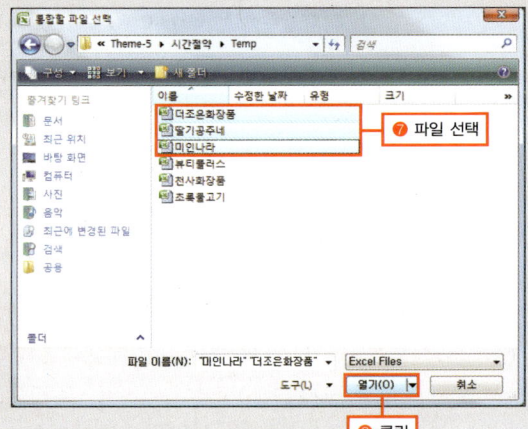

**9.** 매크로 실행이 끝나면 선택한 파일의 개수만큼 복사된 워크시트를 확인할 수 있습니다. 복사된 워크시트의 이름은 대리점 이름으로 변경된 상태입니다.

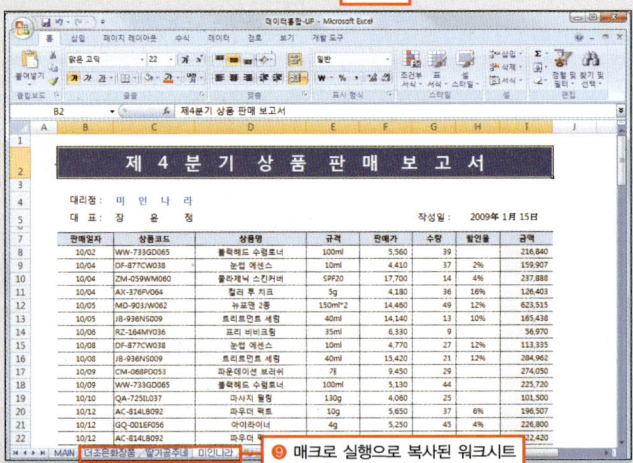

**왜 그런지 궁금해**

매크로를 다시 실행하고 같은 파일을 중복해서 선택한 다음 [열기] 단추를 클릭하면 이미 같은 이름의 워크시트가 존재하기 때문에 에러가 발생합니다. 다음과 같이 오류 메시지가 표시되면 [종료] 단추를 클릭해야 합니다. [디버그] 단추를 클릭하면 오류가 발생한 명령문이 무엇인지 확인할 수 있습니다.

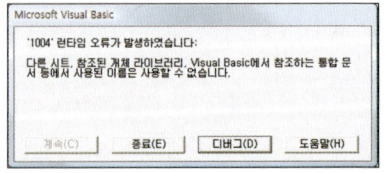

## 02 | 이미 가져온 파일을 무시하는 매크로 코드

**1.** 'SheetCollection' 매크로 코드를 다음과 같이 수정합니다.

```
Sub SheetCollection()
    Dim varFiles As Variant
    Dim varTemp As Variant
    Dim dataBook As Workbook
    Dim dataTitle As String
    Dim strName As String
    Dim intCount As Integer
    Dim intCheck As Integer
    Dim Flag As Boolean
```

- 두 개의 변수를 추가로 선언합니다.
- intCheck 변수는 For~Next 명령문의 카운트 변수로 사용하고, Flag 변수는 같은 이름의 시트가 이미 존재하는지 여부를 검사하여 그 결과를 저장하기 위해 사용합니다.

```
    Application.ScreenUpdating = False
    varFiles = Application.GetOpenFilename(filefilter:="Excel Files(*.xlsx),*.xlsx", _
            Title:="통합할 파일 선택", MultiSelect:=True)
    If TypeName(varFiles) = "Boolean" Then Exit Sub
    strName = ThisWorkbook.Name
    For Each varTemp In varFiles
        intCount = ThisWorkbook.Worksheets.Count
        Set dataBook = Workbooks.Open(varTemp)
        dataTitle = dataBook.Worksheets(1).Range("C4")
        Workbooks(strName).Activate
```

- 선택한 파일을 열면 새로 연 파일이 활성화됩니다.
- 대리점 이름을 dataTitle 변수에 저장한 다음 통합 파일(데이터통합-UP.xlsm)을 활성화(Activate)합니다.
- 통합 파일의 이름은 strName 변수에 저장되어 있습니다.

```
        Flag = False
        For intCheck = 1 To intCount
            If Worksheets(intCheck).Name = dataTitle Then
                Flag = True
                Exit For
            End If
        Next
```

- Flag 변수에 일단 False 값을 설정합니다.
- For~Next 명령문 그룹은 통합 파일의 시트 개수만큼 반복하면서 같은 이름의 시트가 존재하는지를 검사하기 위한 것입니다.
- intCheck 변수를 카운트 변수로 사용해서 intCheck 변수가 1부터 intCount 변수의 값까지 1씩 증가하면서 명령문 그룹이 반복 실행됩니다. intCount 변수의 값이 '4'라면 For~Next 명령문 그룹은 4번 반복됩니다.
- 'If 조건 Then ~ End If' 명령문은 intCheck번째 워크시트(Worksheets(intCheck))의 이름(Name)이 dataTitle 변수에 들어 있는 대리점 이름과 같을 때 Flag 변수를 True 값으로 설정하고 'Exit For' 문에 의해 For~Next 명령문 그룹을 빠져나갑니다.
- 통합 파일의 시트 이름을 앞에서부터 하나씩 dataTitle 변수의 값과 비교해서 같은 이름이 있을 경우 그 결과를 Flag 변수에 True 값으로 저장하기 위한 부분입니다.

```
    dataBook.Activate
    If Not Flag Then
        Worksheets(1).Copy after:=Workbooks(strName).Sheets(intCount)
        Worksheets(intCount + 1).Name = dataTitle
    End If
```

- dataBook 통합 문서를 활성화(Activate)합니다.
- Flag 변수에 False 값이 들어 있으면 If 문의 조건 'Not Flag=True' 가 됩니다. 이것은 같은 이름의 시트가 없다는 뜻이므로 dataBook 통합 문서의 첫 번째 시트를 통합 파일(dataName)의 마지막으로 복사하고, 이름을 변경하는 명령문을 실행합니다.
- Flag 변수에 True 값이 들어 있으면 'Not Flag=False' 가 되어 같은 이름의 시트가 있는 것이므로 If~End If 사이의 명령문을 실행하지 않습니다.

```
        dataBook.Close SaveChanges:=False
    Next
    Worksheets("MAIN").Range("B2").Select
End Sub
```

- 파일 통합이 모두 끝나면 'MAIN' 워크시트의 [B2] 셀을 선택(Select)하고 매크로를 종료(End Sub)합니다.

**2.** [MAIN] 워크시트에서 '데이터 가져오기' 단추 컨트롤을 클릭해서 매크로를 실행합니다.

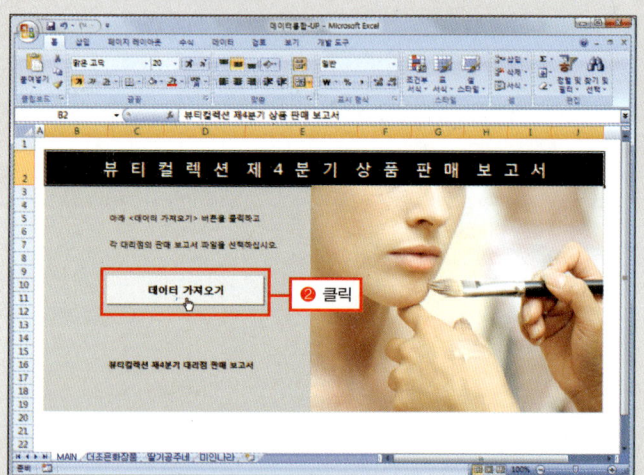

**3.** [열기] 대화상자가 실행되면 통합할 파일을 모두 선택하고

**4.** [열기] 단추를 클릭합니다.

- 테스트를 위해 앞에서 이미 통합했던 파일까지 선택하기 바랍니다.

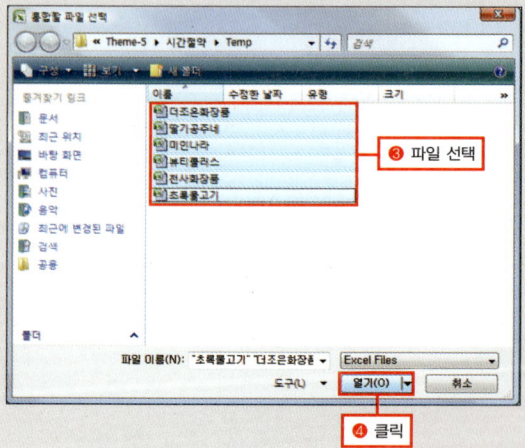

**5.** 매크로 실행 도중 오류 없이 이미 통합된 파일은 건너 뛰고 나머지 파일들의 통합이 성공적으로 이루어져야 합니다.

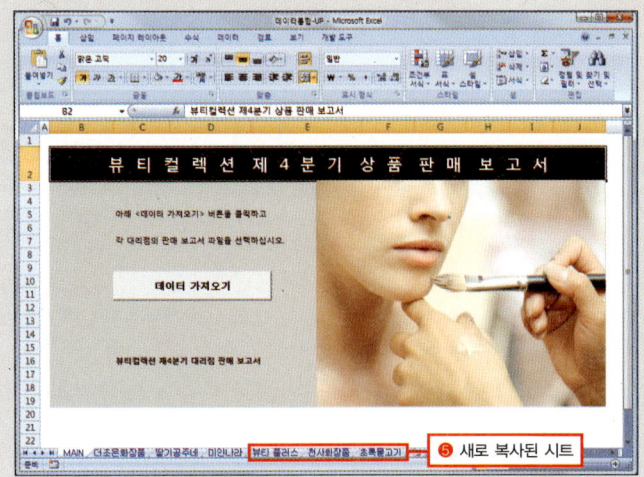

# 입력, 수정, 검색, 삭제까지 너무 완벽한 엑셀 명함관리

S e c t i o n

## 05

명함 관리는 엑셀에서 데이터를 입력, 수정, 검색, 삭제하는 일반적인 모든 과정이 포함되어 있습니다. 따라서 명함 관리를 정확하게 이해하고 작성할 수 있다면 고객 관리, 거래처 관리 등을 비롯해서 다양한 형태의 데이터를 수월하게 관리할 수 있는 문서를 만들 수 있게 됩니다.

P r e v i e w  ● **시작 파일** : Theme-5\시간절약\명함관리.xlsm  ● **완성 파일** : Theme-5\완성파일\명함관리.xlsm

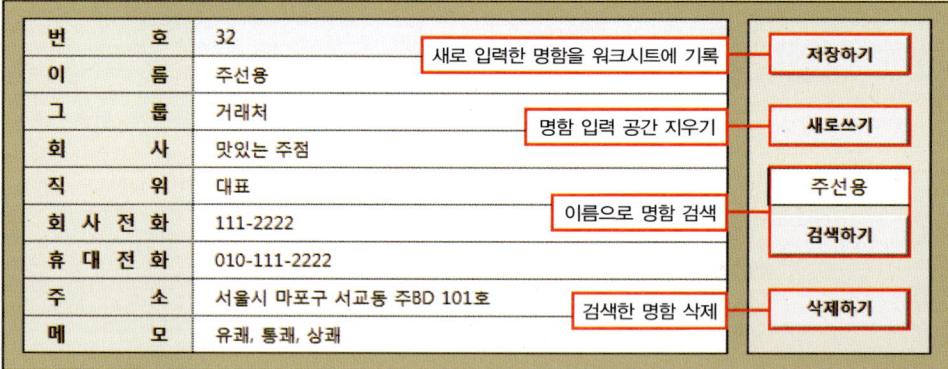

### 행복한 동행을 위한 인맥 만들기 **명함관리**

| 번 호 | 32 |
|---|---|
| 이 름 | 주선용 |
| 그 룹 | 거래처 |
| 회 사 | 맛있는 주점 |
| 직 위 | 대표 |
| 회 사 전 화 | 111-2222 |
| 휴 대 전 화 | 010-111-2222 |
| 주 소 | 서울시 마포구 서교동 주BD 101호 |
| 메 모 | 유쾌, 통쾌, 상쾌 |

새로 입력한 명함을 워크시트에 기록 → 저장하기

명함 입력 공간 지우기 → 새로쓰기

주선용
이름으로 명함 검색 → 검색하기

검색한 명함 삭제 → 삭제하기

사람을 많이 아는 것은 중요하지 않다. 사람들에게 감동을 주는 것이 중요하다.

## **01** 명함관리에 필요한 이름 정의하기

**1.** [수식] 탭 → [정의된 이름] 그룹 → [이름 정의]( 이름 정의 )를 클릭합니다.

**2.** [새 이름] 대화상자에서 [이름]을 『개수』로 입력하고 [참조 대상]에 『=COUNTA(명함!$B:$B)-2』를 입력한 다음

**3.** [확인] 단추를 클릭합니다.

- 이름 '개수'는 [명함] 워크시트의 [B] 열에서 비어 있지 않은 셀의 개수를 COUNTA 함수로 구한 다음 제목과 필드 이름을 제외시키기 위해 '2'를 뺍니다. 이름 '개수'는 현재 입력되어 있는 명함의 개수가 됩니다.

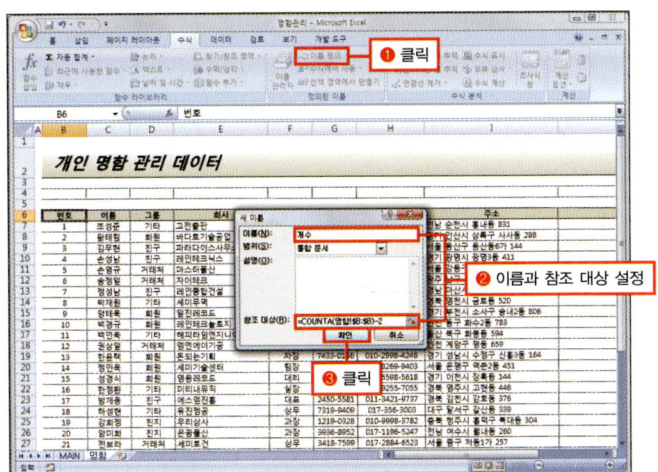

**4.** 같은 방법으로 다음과 같이 모두 7개의 이름을 추가로 정의합니다.

| 이름 | 참조 대상 |
|---|---|
| 명함 | =MAIN!$D$6:$D$13<br>[MAIN] 워크시트에서 명함 내용을 입력하는 셀 범위입니다. |
| 현재번호 | =MAIN!$D$5<br>[MAIN] 워크시트에서 명함의 번호가 자동으로 표시되는 셀입니다. |
| 입력범위 | =OFFSET(명함!$B$6,현재번호,0,1,9)<br>'현재번호'를 이용해서 [명함] 워크시트에서 명함이 저장될 범위를 구합니다.<br>'현재번호'가 '5'라면 OFFSET 함수는 [B6] 셀에서 5행 0열 떨어진 [B11] 셀부터 1행 9열 크기의 [B11:J11] 범위를 '입력범위'로 반환합니다. |
| 서식 | =명함!$B$4:$J$4<br>새 명함을 '입력범위'에 기록할 때 미리 서식을 지정하기 위해 사용되는 범위입니다.<br>'서식' 범위를 복사한 다음 '입력범위'에 서식만 선택하여 붙여넣기를 실행합니다. |
| 검색번호 | =MAIN!$K$6<br>명함을 검색하고 그 명함의 번호를 임시로 저장하기 위해 사용하는 셀입니다.<br>'검색번호'가 비어 있으면 새 명함을 입력하는 것이고, '검색번호'가 비어 있지 않으면 기존의 명함을 검색해서 수정한다는 뜻이 됩니다. |
| 검색키 | =MAIN!$G$9<br>명함을 검색하기 위해 이름을 입력하는 셀입니다. |
| 이름범위 | =OFFSET(명함!$C$6,1,0,개수,1)<br>[명함] 워크시트에서 현재 이름이 입력되어 있는 셀 범위입니다.<br>'개수'의 값이 '32'라면 OFFSET 함수는 [C7:C38] 범위를 반환합니다. |

**5.** [명함] 워크시트에서 서식 지정을 위해 사용한 [4:5] 열 범위의 열 머리글을 이용해서 블록으로 지정하고 마우스 오른쪽 단추를 클릭한 다음

**6.** [숨기기] 메뉴를 선택해서 화면에서 숨깁니다.

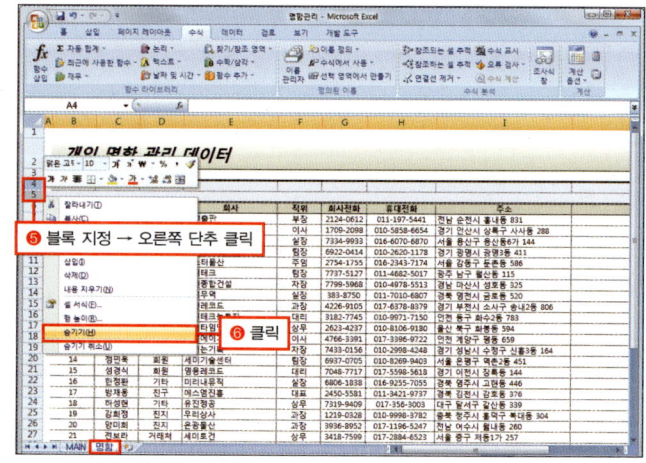

## 02 새로 입력한 명함을 저장하는 매크로 코드

**1.** [MAIN] 워크시트의 [D5] 셀에 『=IF(검색번호="",개수+1,검색번호)』를 입력해서 새로 입력할 명함의 번호를 계산합니다. 이 셀에는 '현재번호'로 이름이 정의되어 있습니다.

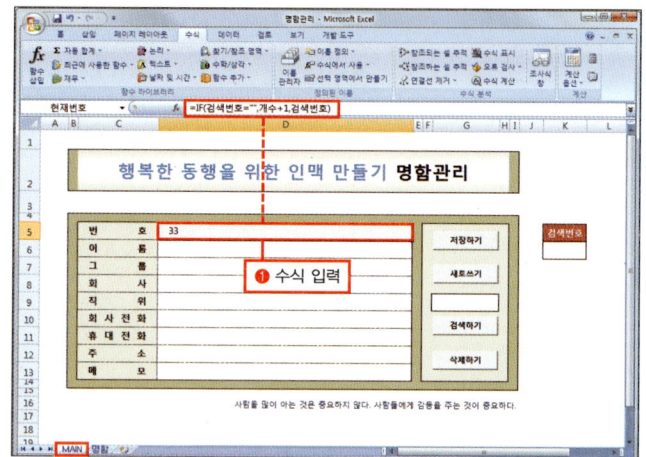

**2.** '명함' 범위의 각 셀에 새로 입력할 명함 정보를 입력합니다.

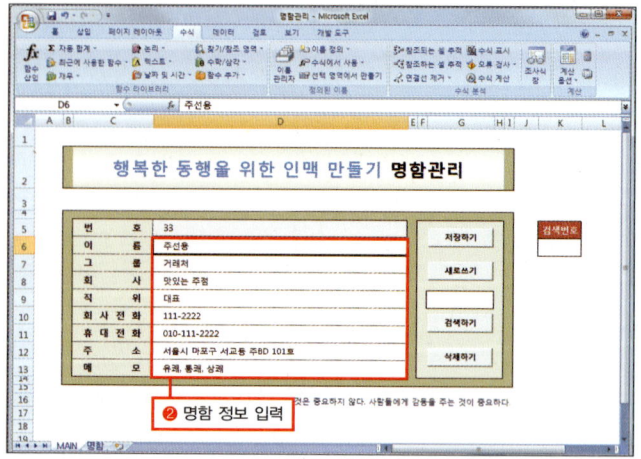

**3.** 이름 상자에 『입력범위』를 입력한 후 Enter 를 누르면 새 명함이 저장될 셀 범위가 블록으로 선택됩니다. 이 범위의 각 셀에 '명함' 범위에 입력한 데이터를 넣는 매크로를 작성할 것입니다.

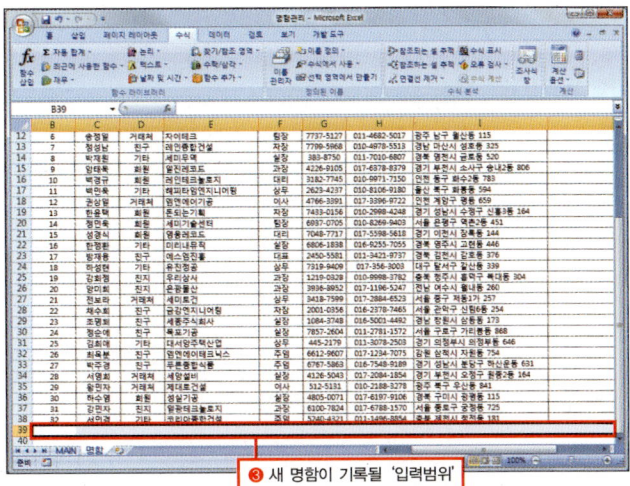

❸ 새 명함이 기록될 '입력범위'

**4.** [개발 도구] 탭 → [코드] 그룹 → [Visual Basic](🖼)을 클릭해서 [Microsoft Visual Basic] 창을 열고 [삽입] 메뉴 → [모듈]을 선택해서 모듈 시트를 삽입합니다.

**5.** 모듈 시트에 『Sub CardSave』까지 입력하고 Enter 를 눌러 'Sub CardSave() ~ End Sub' 매크로 구조를 만듭니다.

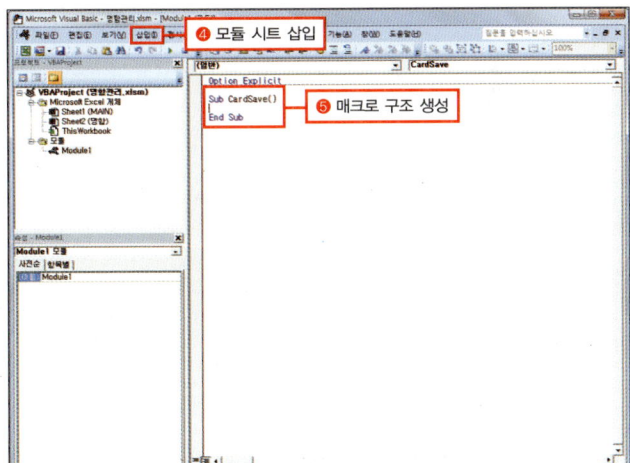

❹ 모듈 시트 삽입
❺ 매크로 구조 생성

**6.** 'Sub~End Sub' 사이에 '명함' 범위에 있는 데이터를 '입력범위'에 기록하는 매크로 코드를 다음과 같이 입력합니다.

```
Sub CardSave()
    Dim intCount As Integer
```

- For~Next 문에서 카운트 변수로 사용할 정수형(Integer) 변수를 선언합니다.

```
    If Range("명함").Item(1) = "" Then
        MsgBox "명함에서 이름은 반드시 입력해야 합니다."
        Range("명함").Item(1).Select
        Exit Sub
    End If
```

- '명함'으로 이름을 정의한 범위(Range)의 1번째 항목(Item)이 비어 있으면 If~End If 사이의 명령문 그룹을 실행합니다. '명함' 범위의 첫 번째 항목은 '이름'입니다.
- MsgBox 함수로 이름을 입력하라는 메시지를 표시한 다음 '명함' 범위의 첫 번째 항목에 해당하는 셀을 선택(Select)합니다.
- 그런 다음 매크로를 종료(Exit Sub)합니다.

```
Range("서식").Copy
Range("입력범위").PasteSpecial Paste:=xlPasteFormats
Application.CutCopyMode = False
```

- '서식' 범위를 복사(Copy)합니다. 이 범위는 새로 입력한 명함의 입력 범위에 적용할 서식이 들어 있습니다.
- '입력범위'에 선택하여 붙여넣기(PasteSpecial)를 실행합니다. 이때 붙여넣기(Paste) 옵션을 서식(xlPasteFormats)으로 지정합니다.
- 서식 복사가 끝나면 CutCopyMode 값을 False로 지정해서 복사한 셀 범위에 남아있는 움직이는 테두리를 해제합니다.

```
For intCount = 1 To 8
    Range("입력범위").Item(intCount + 1) = Range("명함").Item(intCount)
Next
```

- '명함' 범위의 데이터를 '입력범위'에 기록하는 부분입니다.
- intCount 변수가 1부터 8까지 1씩 증가하면서 변하는 동안 For~Next 문에 들어 있는 명령문이 실행됩니다.
- intCount의 값이 1일 때 '입력범위'의 2번째 셀에 '명함' 범위의 1번째 셀 값을 입력합니다. 이것은 '명함' 범위에는 '번호'가 포함되어 있지 않기 때문에 '이름'부터 입력을 시작하는 것입니다.
- intCount의 값이 8일 때는 '입력범위'의 9번째 셀에 '명함' 범위의 8번째 셀인 '메모'가 입력됩니다.

```
Range("입력범위").Item(1).Formula = "=ROW()−ROW($B$6)"
```

- 이름부터 메모까지 입력이 모두 끝나면 마지막으로 '입력범위'의 1번째 셀에 따옴표 안의 수식(Formula)을 그대로 입력합니다.
- [명함] 워크시트에서 '번호'는 수식에 의해 순차적으로 일련 번호를 표시합니다.

```
Range("명함").ClearContents
Range("검색번호").ClearContents
```

- 저장이 모두 끝났으므로 ClearContents 메서드를 이용하여 '명함' 범위의 내용을 모두 지워줍니다.
- '검색번호' 셀의 내용도 ClearContents 메서드로 지우는데 이것은 명함을 검색하고 저장할 경우 '검색번호' 셀에 검색한 명함의 번호가 남아있지 않도록 하기 위해 필요합니다.

```
End Sub
```

**7.** [MAIN] 워크시트에서 '저장하기' 단추를 마우스 오른쪽 단추로 클릭하고 [매크로 지정] 메뉴를 선택합니다.

**8.** [매크로 지정] 대화상자에서 [CardSave] 매크로를 선택하고

**9.** [확인] 단추를 클릭합니다.

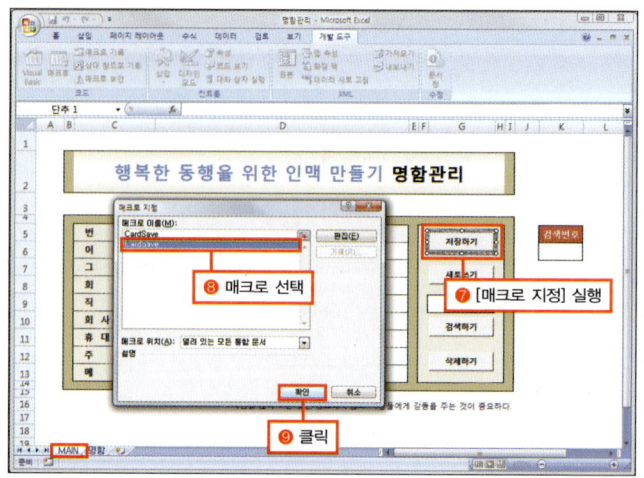

**10.** 임의의 셀을 클릭해서 단추 컨트롤의 선택을 해제한 다음 '저장하기' 단추를 클릭하면 현재 입력되어 있던 명함이 [명함] 워크시트에 기록되고 '명함' 범위가 모두 지워집니다.

• 새 명함이 추가로 저장되면 '개수'의 값이 1 증가하고, '현재번호'에 표시되는 번호 역시 1 증가합니다.

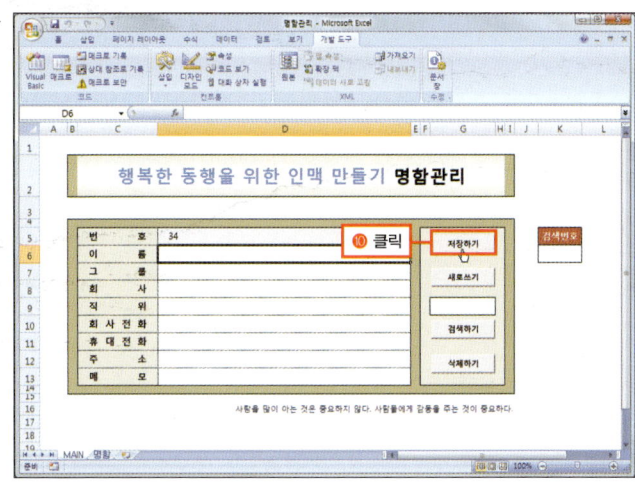

**11.** [명함] 워크시트의 마지막 행에 명함이 바르게 저장되었는지 확인합니다.

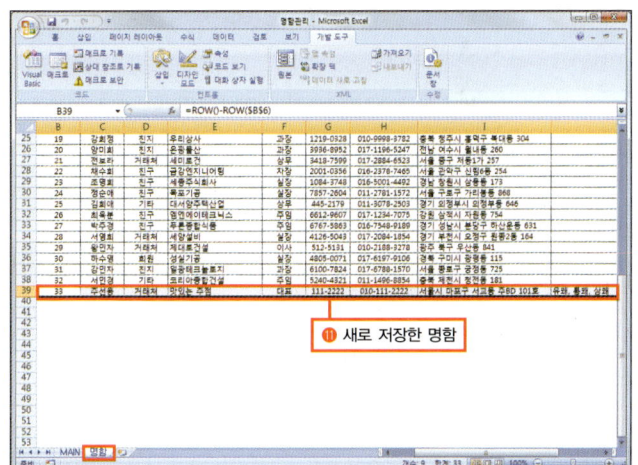

## [03] 명함을 새로 쓰기 위해 '명함' 범위를 지우는 매크로 코드

**1.** [Microsoft Visual Basic] 창의 모듈 시트에 다음과 같이 'CardClear' 매크로를 추가로 입력합니다. 이 매크로는 단 두 줄로 구성되는데 '명함' 범위와 '검색번호' 셀의 내용을 ClearContents 메서드를 이용해서 지웁니다.

```
Sub CardClear()
    Range("명함").ClearContents
    Range("검색번호").ClearContents
End Sub
```

**2.** [MAIN] 워크시트에서 '새로쓰기' 단추를 마우스 오른쪽 단추로 클릭하고 [매크로 지정] 메뉴를 선택한 다음

**3.** [CardClear] 매크로를 선택하고

**4.** [확인] 단추를 클릭합니다.

- '명함' 범위의 각 셀에 임의로 내용을 입력한 다음 '새로쓰기' 단추 컨트롤을 클릭하면 '명함' 범위의 내용이 모두 지워집니다.

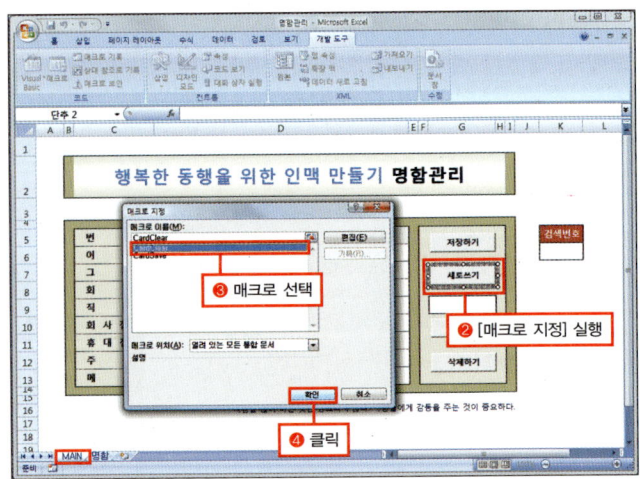

## 04 이름으로 명함을 검색하는 매크로 코드

**1.** 모듈 시트에 명함을 검색하는 'CardFind' 매크로 코드를 추가로 입력합니다.

```
Sub CardFind()
    Dim intCount As Integer
    Dim intCol As Integer
```

■ intCount 변수와 intCol 변수는 모두 For~Next 문에서 카운트 변수로 사용됩니다.

```
    If Range("검색키") = "" Then
        MsgBox "검색할 이름을 입력하고 다시 실행하십시오."
        Range("검색키").Select
        Exit Sub
    End If
```

■ '검색키' 셀에 검색할 이름이 입력되어 있지 않으면 메시지 상자(MsgBox)를 표시합니다.
■ 메시지 상자에서 사용자가 [확인] 단추를 클릭하면 '검색키' 셀을 선택(Select)하고 매크로를 종료(Exit Sub)합니다.

```
    Range("명함").ClearContents
    Range("검색번호").ClearContents
```

■ 검색을 시작하기 전에 '명함' 범위와 '검색번호' 셀의 내용을 ClearContents 메서드로 지웁니다.

```
    For intCount = 1 To Range("이름범위").Count
```

■ intCount 변수가 1부터 '이름범위'의 개수(Count)까지 증가하는 동안 For~Next 문에 포함되어 있는 다음 명령문 그룹을 반복해서 실행합니다.

```
        If Range("검색키") = Range("이름범위").Item(intCount) Then
            Range("검색번호") = intCount
            For intCol = 1 To 8
                Range("명함").Item(intCol) = Range("입력범위").Item(intCol + 1)
            Next
            Exit Sub
        End If
```

- '검색키'의 값과 '이름범위'에서 intCount번째 셀의 값이 같으면 원하는 이름을 찾은 것이므로 If~End If 사이의 명령문을 실행합니다.
- '검색번호' 셀에 intCount 변수의 값을 그대로 입력합니다. 이 값은 검색된 명함의 번호입니다.
- '검색번호'에 '5'가 입력되면 '현재번호' 셀의 값이 '5'가 되므로 '입력범위'는 [B11:J11] 범위가 됩니다.
- intCol 변수가 1부터 8까지 변하면서 '명함' 범위의 intCol번째 셀에 '입력범위'의 intCol+1번째 셀 값을 입력합니다. '입력범위'의 첫 번째 셀에 있는 번호는 가져가지 않습니다.
- For~Next 문이 모두 끝나고 '명함' 범위에 찾은 명함의 정보가 기록되었으면 매크로를 종료(Exit Sub)합니다.

```
    Next
    MsgBox "요청하신 이름에 해당하는 명함이 없습니다."
```

- For~Next 문이 실행되는 동안 매크로가 종료되지 않았다면 '검색키'로 입력한 이름을 찾지 못했다는 것입니다.
- 명함이 없다는 메시지 상자(MsgBox)를 표시하고 매크로를 종료합니다.

```
End Sub
```

**2.** [MAIN] 워크시트에서 '검색하기' 단추를 마우스 오른쪽 단추로 클릭하고 [매크로 지정] 메뉴를 선택합니다.

**3.** [매크로 지정] 대화상자에서 [CardFind] 매크로를 선택하고

**4.** [확인] 단추를 클릭합니다.

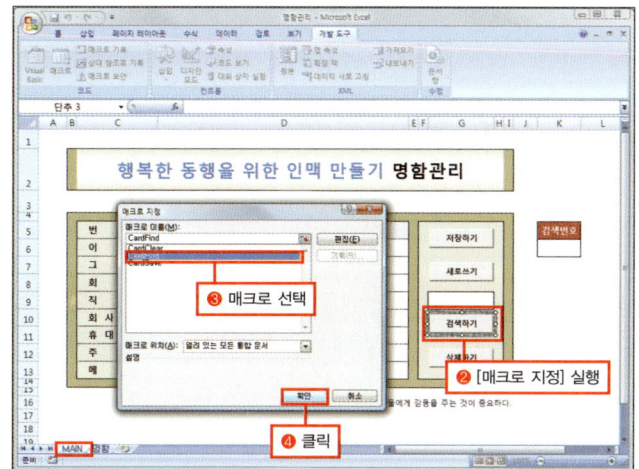

**5.** [MAIN] 워크시트의 [G9] 셀에 검색할 이름을 입력한 다음

**6.** '검색하기' 단추를 클릭해서 매크로를 실행하면 '이름범위'에서 같은 이름을 찾았을 때 '명함' 범위에 내용이 표시됩니다.

- [G9] 셀에 입력한 이름을 찾을 수 없는 경우에는 메시지 상자가 나타나 명함이 없음을 알려줍니다.

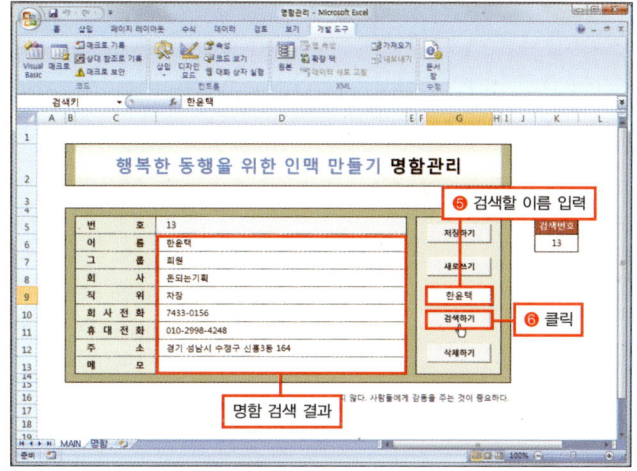

# [05]  검색한 명함을 삭제하는 매크로 코드

**1.** 모듈 시트에 명함을 검색하는 'CardDel' 매크로 코드를 추가로 입력합니다.

```
Sub CardDel()
    If Range("검색번호") = "" Then
        MsgBox "먼저 명함을 검색한 다음 삭제할 수 있습니다."
        Exit Sub
    End If
```

- 명함 삭제는 명함을 검색한 다음에만 사용할 수 있습니다.
- '검색번호' 셀이 비어 있으면 현재 검색된 명함이 없는 것이므로 메시지 상자(MsgBox)로 메시지를 표시하고 매크로를 종료 (Exit Sub)합니다.

```
    Range("입력범위").EntireRow.Delete xlUp
```

- 검색한 명함이 있을 때는 해당 명함을 삭제하는 명령이 실행됩니다.
- '검색번호' 셀에 명함 번호가 있으면 '현재번호'가 '검색번호'와 동일한 값을 가지게 되고, '현재번호'에 의해 '입력범위'가 계산됩니다.
- 셀을 위로 밀기(xlUp) 옵션을 사용해서 '입력범위'에 포함되어 있는 행(EntireRow)을 삭제(Delete)합니다.
- [삭제] 대화상자에서 [셀을 위로 밀기] 옵션을 선택하고 [확인] 단추를 클릭하는 것과 동일한 작업입니다.

```
    Range("명함").ClearContents
    Range("검색번호").ClearContents
    MsgBox "명함을 삭제했습니다."
```

- 검색한 명함을 삭제했으므로 '명함' 범위와 '검색번호' 셀의 내용을 ClearContents 메서드를 이용해서 지웁니다.
- 마지막으로 명함을 삭제했다는 메시지 상자(MsgBox)를 보여줍니다.

```
End Sub
```

**2.** [MAIN] 워크시트에서 '삭제하기' 단추를 마우스 오른쪽 단추로 클릭하고 [매크로 지정] 메뉴를 선택합니다.

**3.** [매크로 지정] 대화상자에서 [CardDel] 매크로를 선택하고

**4.** [확인] 단추를 클릭합니다.

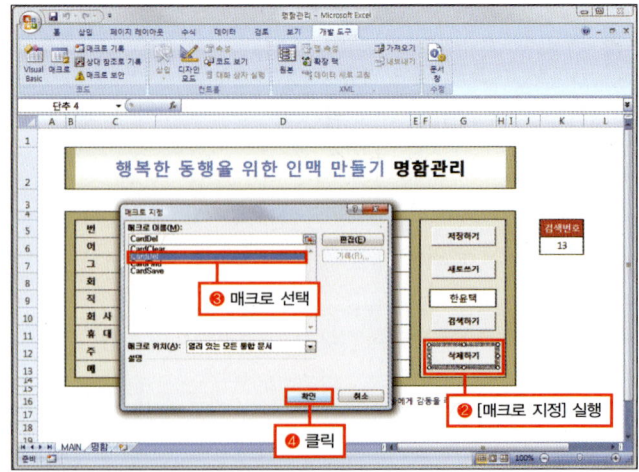

**5.** [G9] 셀에 이름을 입력하고 '검색하기' 단추를 클릭해서 명함을 검색합니다.

**6.** 현재 검색된 명함을 삭제하기 위해 '삭제하기' 단추를 클릭합니다.

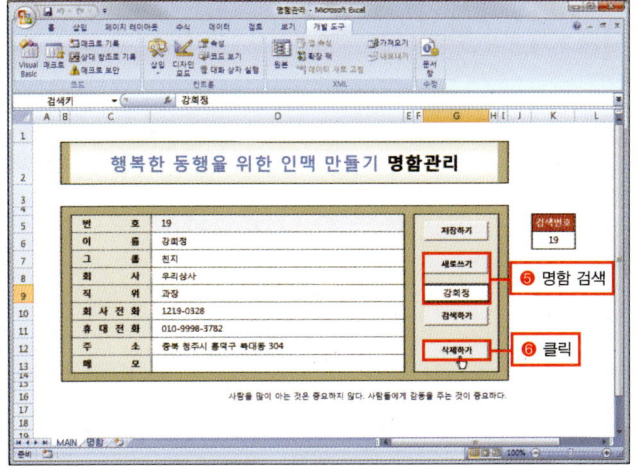

**7.** 명함 삭제가 완료되면 메시지 상자가 표시됩니다. [확인] 단추를 클릭하고 [명함] 워크시트에서 해당 명함이 바르게 삭제되었는지 확인합니다.

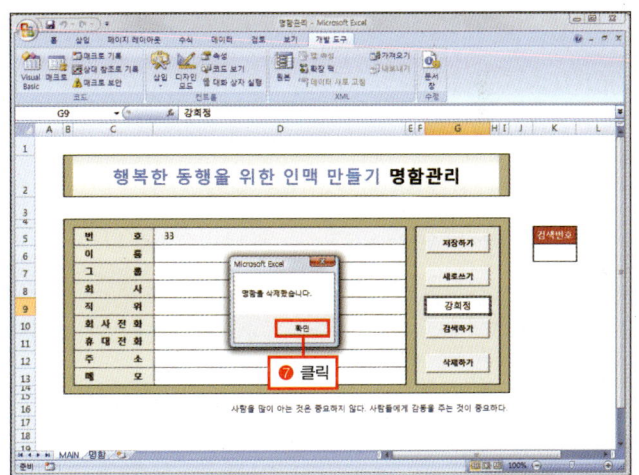

**8.** '검색번호'를 표시하기 위해 임시로 사용한 [K] 열 머리글을 마우스 오른쪽 단추로 클릭하고

**9.** [숨기기] 메뉴를 선택해서 화면에서 숨겨줍니다.

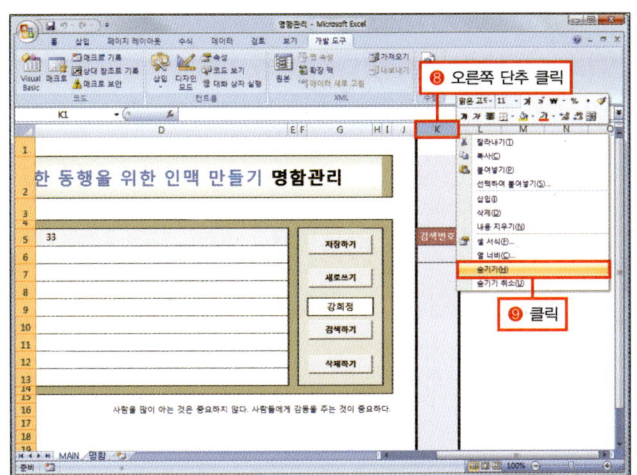

# Upgrade     같은 이름의 명함이 여러 개 있을 때를 대비하자

● **시작 파일** : Theme-5\시간절약\명함관리-UP.xlsm ● **완성 파일** : Theme-5\완성파일\명함관리-UP.xlsm

회원 ID, 고객번호, 사번, 주민등록번호 등 데이터베이스에서 고유한 값을 가지는 필드를 검색 기준으로 사용할 때는 문제가 없지만 이름과 같이 중복 입력될 수 있는 필드를 검색 기준으로 사용하려면 동명이인 처리 작업을 해줘야 합니다. 여기에서는 주어진 이름에 해당하는 첫 번째 명함을 표시하고 같은 이름이 또 발견될 경우 사용자에게 다음 명함을 표시할 것인지 묻는 메시지를 나타낼 것입니다. 사용자가 선택한 답에 따라 그대로 검색을 멈추거나 다음 명함을 표시합니다.

## 01 | 중복된 이름을 체크하는 매크로 코드

**1.** 모듈 시트에서 'CardFind' 매크로 코드를 다음과 같이 수정합니다.

```
Sub CardFind()
    Dim intCount As Integer
    Dim intCol As Integer
    Dim blnCheck As Boolean
    Dim intCheck As Integer
```

- 중복 이름을 검사할 때 필요한 두 개의 변수를 추가로 선언합니다.
- blnCheck 변수는 True 또는 False 값을 저장하는 불린형(Boolean) 변수로 주어진 이름을 찾는데 성공했을 때 True 값으로 설정됩니다. 처음에 blnCheck 변수는 False 값으로 시작됩니다.
- intCheck 변수는 메시지 상자를 표시하고 사용자가 클릭한 [예] 또는 [아니오] 단추의 값을 저장할 때 사용됩니다.

```
    If Range("검색키") = "" Then
        MsgBox "검색할 이름을 입력하고 다시 실행하십시오."
        Range("검색키").Select
        Exit Sub
    End If
    Range("명함").ClearContents
    Range("검색번호").ClearContents

    For intCount = 1 To Range("이름범위").Count
        If Range("검색키") = Range("이름범위").Item(intCount) Then
            If blnCheck Then
                intCheck = MsgBox("같은 이름의 명함이 발견되었습니다." & _
                        Chr(10) & Chr(10) & "다음 명함을 보시겠습니까?", vbYesNo)
                If intCheck = vbNo Then Exit Sub
            End If
```

- blnCheck 변수의 값은 처음에 False 값으로 시작되기 때문에 처음 이름을 찾았을 때는 'If blnChen Then'의 조건이 거짓 (False)이기 때문에 If~End If 사이의 명령문이 실행되지 않습니다.
- 두 번째로 같은 이름을 찾았을 경우 blnCheck 변수에는 True 값이 들어 있으므로 If~End If 사이의 명령문이 실행됩니다. 즉, 중복된 이름을 찾았을 경우에만 두 개의 명령문이 실행됩니다.
- 메시지 상자(MsgBox)로 같은 이름의 명함이 발견되었음을 알리고 사용자가 클릭한 단추의 종류를 intCheck 변수에 저장합니다. 단추 종류를 'vbYesNo'로 설정했기 때문에 메시지 상자에는 [예]와 [아니요] 단추가 표시됩니다.
- intCheck 변수의 값이 'vbNo'와 같으면 사용자가 [아니요] 단추를 클릭한 것이므로 매크로를 종료(Exit Sub)합니다.
- 사용자가 [예] 단추를 클릭하면 intCheck 변수에 'vbYes' 값이 저장되고 End If 다음의 명령문을 실행하게 됩니다.

```
        Range("검색번호") = intCount
        For intCol = 1 To 8
            Range("명함").Item(intCol) = Range("입력범위").Item(intCol + 1)
        Next
        blnCheck = True
```

- '검색번호' 셀에 intCount 변수의 값을 표시하고, '명함' 범위에 검색한 명함 정보를 표시합니다.
- 그리고 blnCheck 변수에 True 값을 설정해서 명함 검색에 성공했다는 정보를 저장해 둡니다.

```
      End If
    Next
    If Not blnCheck Then MsgBox "요청하신 이름에 해당하는 명함이 없습니다."
```

- blnCheck 변수가 처음 시작한대로 마지막까지 False 값을 가지고 있다면 명함을 찾지 못했다는 것을 의미합니다.
- 'Not blnCheck'는 blnCheck 변수가 True 값이 아니라는 뜻(False)으로 명함을 찾지 못했으므로 메시지 상자로 명함이 없다는 것을 알리고 매크로를 종료합니다.

```
End Sub
```

**2.** [MAIN] 워크시트에서 [G9] 셀에 검색할 이름으로 『주선용』을 입력하고

**3.** '검색하기' 단추를 클릭합니다.

- [명함] 워크시트에 '주선용'이라는 이름의 명함이 모두 3개 입력되어 있습니다.

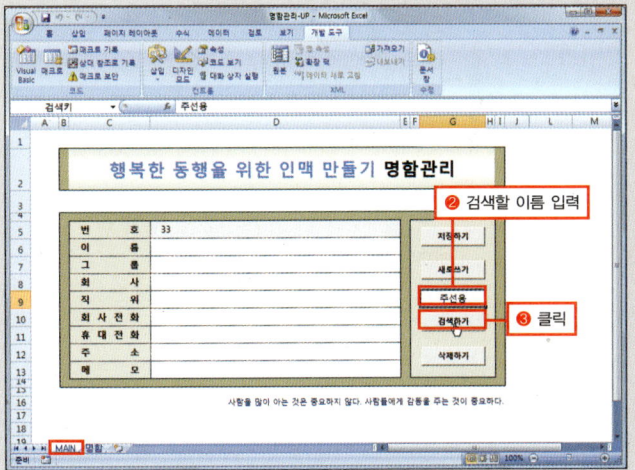

**4.** 첫 번째로 발견한 '주선용'에 대한 명함 내용을 표시한 다음 메시지 상자로 같은 이름이 발견되었음을 알립니다. 다음 명함을 보기 위해 [예] 단추를 클릭합니다.

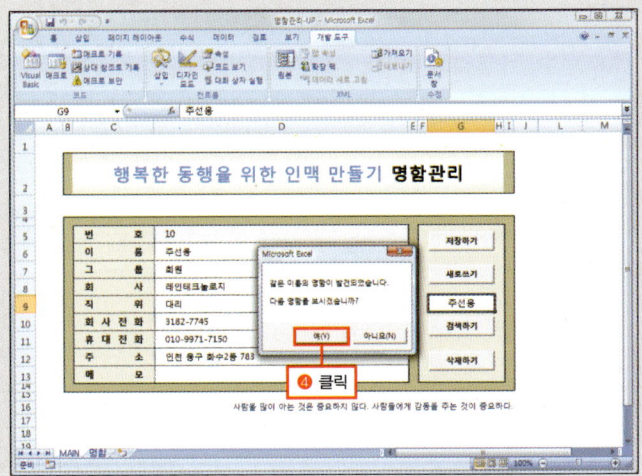

**5.** 두 번째 '주선용'에 대한 명함이 표시되고 다시 다음 명함을 볼 것인지 묻는 메시지 상자가 나타납니다. 이번에는 [아니요] 단추를 클릭해서 세 번째 명함을 표시하지 않고 그대로 매크로가 종료되는 것을 확인합니다.

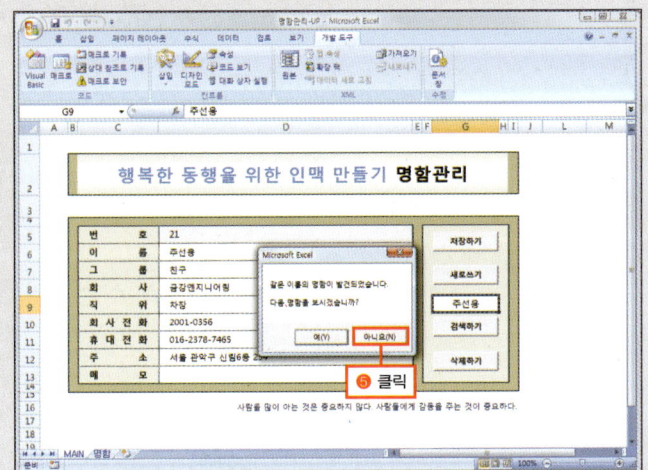

## 02 | 수식 보호하기

**1.** [MAIN] 워크시트에서 모두 선택 단추(▢)를 클릭해서 워크시트 전체를 블록으로 지정합니다.

**2.** [홈] 탭 → [셀] 그룹 → [서식](🔲서식⁻)을 클릭하고

**3.** [셀 잠금]을 클릭해서 선택한 모든 셀의 '잠금' 속성을 해제합니다.

• 기본적으로 셀의 '잠금' 속성은 모두 설정되어 있습니다.

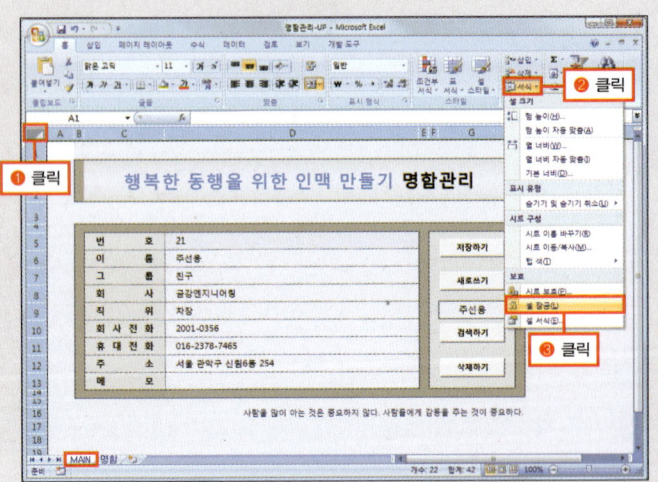

**4.** 현재 번호를 수식으로 계산해서 표시하는 [D5] 셀을 클릭하고

**5.** [홈] 탭 → [셀] 그룹 → [서식]([서식])을 클릭한 다음

**6.** [셀 잠금]을 선택해서 [D5] 셀의 '잠금' 속성을 설정합니다.

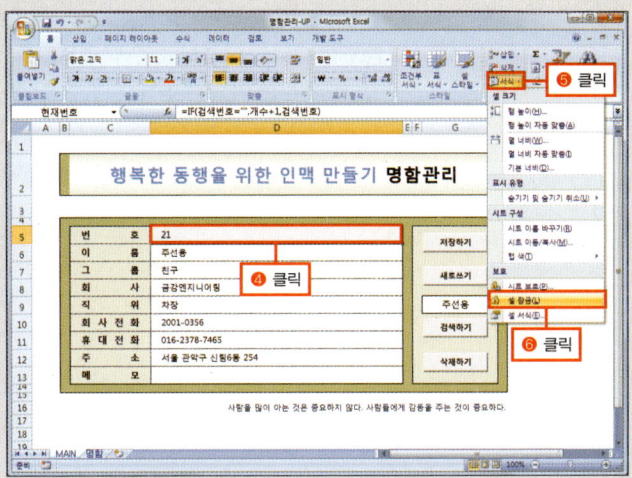

**7.** [홈] 탭 → [셀] 그룹 → [서식]([서식])을 클릭하고 [시트 보호]를 선택하여 [시트 보호] 대화상자를 실행합니다.

**8.** 워크시트에서 허용할 내용에서 [잠긴 셀 선택]의 선택을 해제한 다음

**9.** [확인] 단추를 클릭합니다.

- '잠금' 속성이 설정되어 있는 [D9] 셀은 선택할 수도 없고 수정할 수 없도록 보호됩니다.
- 다른 모든 셀은 '잠금' 속성이 해제되어 있으므로 선택과 수정이 모두 가능합니다.

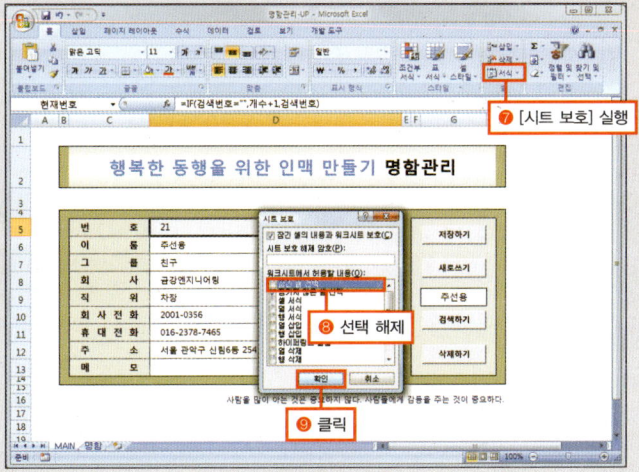

# 부록 CD의 필수 함수 강좌 목록

## 날짜 시간 함수

DATE
DATEDIF
DATEVALUE/TIMEVALUE
EDATE
EOMONTH
HOUR/MINUTE/SECOND
TIME
TODAY/NOW
YEAR/MONTH/DAY
WEEKDAY

## 텍스트 함수

CHAR/CODE
FIND
LEFT/RIGHT/LEN
LOWER/UPPER/PROPER
MID
REPLACE
REPT
SEARCH
SUBSTITUTE
TEXT
WON
FIXED

## 통계 함수

AVERAGE
COUNT
COUNTA
COUNTBLANK
COUNTIF
FORECAST
CORREL
FREQUENCY
LARGE/SMALL
MAX/MIN

MEDIAN
MODE
PERCENTRANK
RANK
TREND
GROWTH

## 조회 함수

CHOOSE
GETPIVOTDATA
HLOOKUP
INDEX
INDIRECT
LOOKUP
MATCH
OFFSET
ROW/COLUMN
TRANSPOSE
VLOOKUP

## 수학 함수

ABS
CEILING
FLOOR
INT
MOD
QUOTIENT
RAND
RANDBETWEEN
ROUND
ROUND UP
ROUND DOWN
ROMAN
SIGN
SUBTOTAL
SUM
SUMIF

SUMPRODUCT
TRUNC

## 논리 정보 함수

IF
AND/OR
IS
N
NA

## 데이터베이스 함수

DSUM
DAVERAGE
DCOUNT
DCOUNTA
DMAX
DMIN
DPRODUCT
DSTDEV
DSTDEVP
DVAR
DVARP
DGET

## 재무 함수

FV
NPER
PMT
PPMT
IPMT

**YoungJin.com Y.**
영진닷컴

# 돈 되는 엑셀 2007 실무 활용 기술

1판 1쇄 발행  2008년 7월 15일
1판 10쇄 발행 2014년 4월 30일

저   자    두드림기획(이형범)
발 행 인    김길수
발 행 처    (주)영진닷컴
주   소    서울특별시 금천구 가산동 664번지 대륭테크노운 13차 10층

대표전화    1588-0789
대표팩스    (02) 2105-2200
등   록    2007. 4. 27. 제16-4189호

값 **18,000** 원
(부록 CD-ROM 포함)

ⓒ 2008., 2014.  (주)영진닷컴

ISBN 978-89-314-3715-7

※ 본 도서의 내용 문의는 저자 홈페이지(www.edodream.com)로 해주시기 바랍니다.

http://www.youngjin.com